Bettina Blanck

Erwägungsorientierung, Entscheidung
und Didaktik

Erwägungskultur in Forschung,

Lehre und Praxis

(herausgegeben von Werner Loh)

Band 2

Menschheitsgeschichtlich bedacht sind in den letzten Jahrhunderten – vom Mikrobereich der Atome bis zum Makrobereich des Weltraums, von der Gentechnik bis zur Robotertechnik – reproduzierbare und radikal neue Ergebnisse gewonnen worden. Trotzdem bestehen in den Wissenschaften nicht nur hinsichtlich ihrer Grundlagen einander widersprechende Auffassungen – von der Mathematik über Physik und Biologie bis hin zu den Kulturwissenschaften –, sondern auch darüber, wie mit diesen Ergebnissen praktisch umgegangen werden sollte. Viele dieser Differenzen sind in Weltbildern verankert, die zuweilen über mehrere tausend Jahre zurück verfolgbar sind. Es gibt bisher keine Tradition, die derartige Differenzen erforschend in *Erwägungen* einzubringen trachtet. Erwägen ist ein konstitutiver Bestandteil menschlicher Problembewältigung als Entscheidungsprozess. Erwägungen können erinnert und damit auch als Geltungsbedingungen von Lösungen bewahrt und verbessert werden, insbesondere für Erwägungen, wie zu erwägen sei; hierdurch werden Erwägungsforschungsstände möglich. In der Reihe *Erwägungskultur in Forschung, Lehre und Praxis* werden Arbeiten veröffentlicht, die sich am Konzept des Erwägens orientieren. Es werden sowohl Grundlagen als auch spezifische Anwendungsfragen behandelt. Methodisch reicht das Spektrum von der Zusammenführung unterschiedlicher Auffassungen, die zu Erwägungen herausfordern, bis hin zu kombinatorischen Vorgehensweisen. Die Reihe soll Tradierungen ermöglichen, die der Relevanz entsprechend sich in Forschung, Lehre und Praxis methodisch um Verbesserungen von Erwägungen umfassend kümmern.

Erwägungsorientierung, Entscheidung und Didaktik

von Bettina Blanck

mit 41 Übersichten und Diagrammen

 Lucius und Lucius

Anschrift der Autorin:

Bettina Blanck
Univ.-GH Paderborn
FB 1
Warburger Str. 100
33098 Paderborn

Die Deutsche Bibliothek – CIP-Einheitsaufnahme

Erwägungsorientierung , Entscheidung und Didaktik / von Bettina
Blanck. – Stuttgart : Lucius und Lucius, 2002

   (Erwägungskultur in Forschung, Lehre und Praxis ; Bd. 2)
   ISBN 3-8282-0208-X

   Zugl.: Paderborn, Univ., Diss. 2001

© Lucius & Lucius Verlagsgesellschaft mbH, Stuttgart 2002
  Gerokstr. 51, D-70184 Stuttgart

Das Werk einschließlich aller seiner Teile ist urheberrechtlich geschützt.
Jede Verwertung außerhalb der engen Grenzen des Urheberrechtsgeset-
zes ist ohne Zustimmung des Verlages unzulässig und strafbar. Das gilt
insbesondere für Vervielfältigung, Übersetzungen, Mikroverfilmungen
und die Einspeicherung, Verarbeitung und Übermittlung in elektronischen Systemen.

Druck und Einband: Rosch-Buch, Scheßlitz

Printed in Germany

Danksagung

Die Entwicklung von Konzepten geschieht in bestimmten sozialen Kontexten und lebt vom diskursiven Austausch mit anderen Menschen. Je länger man ein Thema verfolgt und je heterogener die Kontexte und Mentalitäten sind, in bzw. mit denen man eigene Thesen erörtern kann, umso schwieriger ist es, retrospektiv genau anzugeben, von was und wem man sich hat anregen und korrigieren lassen. Bei einem so grundlegenden Themengebiet wie »Entscheidung« kommt hinzu, daß es ständig gegenwärtig ist. Alltag und Zusammenleben mit anderen Menschen sind geprägt von »Entscheidungen«, die wir treffen können oder müssen und die andere über uns treffen. Von daher erhält man fortwährend Anregungen und neue Problemstellungen.

Beim Nachdenken über das Schreiben einer Danksagung und darüber, wie dies »erwägungsorientiert« geschehen könnte, fiel mir auf, daß Danksagungen üblicherweise an die Personen gerichtet sind, die z. B. als Kolleginnen und Kollegen oder Freunde und Freundinnen die Arbeit unterstützt, kritisch begleitet und gefördert haben. Was aber ist mit den Auseinandersetzungen mit Menschen, die einem weniger wohlgesonnen sind oder mit solchen Diskussionsverläufen, die freundschaftlich begannen und mit dem Ende dieser Freundschaft schlossen? Ich habe für die Frage »verantwortbarer Entscheidungen« gerade auch von diesen, teilweise traurigen und mich auch empörenden Auseinandersetzungen und Konfrontationen viel gelernt. Daß es in unserer Kultur keine Traditionen zu geben scheint, auch sie explizit zu erwähnen, ohne daß dies als »Abrechnung«, »Anprangerung« o. ä. empfunden werden dürfte, lädt aus erwägungsorientierter Sicht zu allerlei Vermutungen ein. Sie sollen hier aber nicht weiter erörtert werden. Stattdessen folge ich der Üblichkeit und möchte mich wenigstens bei einigen langjährigen Begleiterinnen und Begleitern meiner Arbeit herzlich bedanken.

Frank Benseler und Annedore Prengel, die die vorliegende Arbeit als Dissertation begleitet und begutachtet haben, gehören für mich zu den wenigen Menschen im Wissenschaftsbetrieb, für die das selbst denkende und kritische Subjekt nicht nur ein Lippenbekenntnis ist und die mich ermutigt haben, Wissenschaft und Subjektivität zusammenzudenken.

Frank Benselers Offenheit für Alternativen in Erwägungsprozessen, sein Einlassen auf das denkbar Mögliche und sein Interesse für gesellschaftliche Zukunftsentwürfe, bei denen man, wie wir in der Herausgebergruppe von »Ethik und Sozialwissenschaften« (ab 2002: »Erwägen Wissen Ethik«) sagen, einfach mal "spinnen" muß, machen selbst Prüfungen zu spannenden Diskussionen, an deren Ende man nicht nur erarbeitetes eingebracht, sondern mit dem eigenen Denken ein Stück weiter gekommen ist. Frank Benseler zählt für mich zu den wenigen Menschen, die, wenn die Argumentation stimmig ist, auch den eigenen Neigungen eher unliebsame Positionen erwägend nicht nur zulassen, sondern durchaus lustvoll streitend sich erschließen wollen und insofern »Erwägungskultur« praktizieren. Daß »Erwägungsorientierung« sich nicht mit einem dezidiertem Engagement für eine konkrete Position ausschließen muß, habe ich bei Frank Benseler insbesondere in der Gründungsphase von »Ethik und Sozialwissenschaften« erfahren und schätzen gelernt, als es etliche professorale Bedenkenträger und -trägerinnen gegenüber dem Konzept gab, die uns schon im Vorfeld ein Scheitern vorhersagten. Ich weiß nicht, wer in der Funktion als Hochschullehrer vergleichbar bereit gewesen wäre, sich auf dieses kreative Experiment mit seinen Unwägbarkeiten und Gefahren des Scheiterns einzulassen.

Mit Annedore Prengel verbindet mich eine besondere Geschichte. Erstmals begegnete ich ihr auf einem Kongreß der Internationalen Assoziation von Philosophinnen im Jahre 1984 in Heidelberg. Ich weiß nicht mehr den genauen Titel ihrer Veranstaltung, aber es ging darum, sich malend und diskutierend mit der Aussage: "Ich bin eine Philosophin" auseinanderzusetzen und dieses war für mich ein Schlüsselerlebnis und Impuls für die Suche nach Konzepten eines subjektiven und dennoch wissenschaftlichen Denkens. Eine Stärke erwägungsorientierten Denkens liegt für mich darin, daß es durch die Entfaltung von Subjektivität »Objektivität« ermöglicht. Als Annedore Prengel dann Jahre später als Professorin an die Universität Gesamthochschule Paderborn berufen wurde, lernte ich insbesondere im Feministischen Kolloquium ihren differenztheoretischen Ansatz im Umgang mit Vielfalt kennen, der dort gleichsam auch handlungspraktisch in der Art der Diskussion verschiedenster Themen umgesetzt wurde. Inzwischen lehrt Annedore Prengel an der Universität Halle. Die Teilnahme an ihren Forschungskolloquien ist immer inspirierend, finden sich hier doch Forschende mit ganz unterschiedlichen Themenstellungen zusammen, so daß man die Möglichkeit hat, Blicke in fremde Gebiete zu werfen und fremde Blicke auf das eigene Gebiet zu erfahren. Besonders anregend ist, daß Annedore Prengel in ihren Arbeiten grundsätzliche mit konkreten pädagogischen Fragen verbindet. Daß ich noch vor Abschluß dieser Arbeit mich auf das Referendariat an einer Grundschule eingelassen habe, um dort weitere konkrete handlungspraktische Anregungen für die zukünftige Entwicklung einer »Erwägungsdidaktik« zu gewinnen, ist sicherlich dem Wunsch zu verdanken, ähnliche Verbindungen von grundsätzlicher Konzepte-Entwicklung einerseits sowie ihrer Vermittlung in und mit verschiedenen Handlungspraxen zu erarbeiten.

Meine ältesten, langjährigsten, Denkgefährten in Sachen "Erwägungsorientierung und Erwägungskultur" sind Rainer Greshoff und Werner Loh, die beide »Ethik und Sozialwissenschaften« mit gegründet haben. Ohne unseren freundschaftlichen Zusammenhalt während der gemeinsamen Gründungsphase und in der gemeinsamen Herausgabezeit, gerade auch in materiell unversorgten Zeiten, hätte es die Zeitschrift wohl nicht oder nur kurz gegeben. - Wie viel ich insbesondere aus den Arbeiten von und den Auseinandersetzungen mit Werner Loh gelernt habe, wird durch die Verweise auf seine Arbeiten nur ansatzweise deutlich. Mit Werner Loh *nicht* einer Meinung zu sein, führt zu den produktivsten und kreativsten Diskussionen, die ich kenne.

Reinhard Keil-Slawik, der seit 1995 mit zu der Herausgebergruppe von »Ethik und Sozialwissenschaften« gehört, hat durch sein kritisches Befragen eines erwägenden Umgangs mit Alternativen und sein Verständnis von Mehrperspektivität u. a. meinen Blick für alternative Verständnisse von Erwägen schärfen geholfen. Durch ihn erhielt ich die Chance, das Erwägungskonzept mit Informatikerinnen und Informatikern zu diskutieren.

Durch die Mitherausgabe der Zeitschrift »Ethik und Sozialwissenschaften« mußte und muß ich das Konzept eines erwägenden Umgangs mit Vielfalt immer wieder gegenüber Wissenschaftlerinnen und Wissenschaftlern verschiedenster Disziplinen erläutern, verteidigen, aber auch präzisierend ergänzen und korrigieren. Hierdurch ergaben sich häufiger intensive Briefwechsel und Gespräche, in denen ich immer etwas gelernt habe. Adäquat alle Personen zu nennen, würde eine lange Liste ergeben, bei der ich dennoch das Gefühl hätte, jemanden vergessen zu haben. Hinzu kommt die eingangs angedeutete Problemlage des Lernens aus Diskussionen mit weniger »wohlgesonnenen« Personen. Von daher möchte ich aus diesem Kontext hier niemanden explizit hervorheben.

Wichtig waren mir die Diskussionen mit den Mitgliedern des »Erwägungskreises«, zu denen gegenwärtig Thorsten Bührmann, Bardo Herzig, Ulrich Kazmierski, Werner Loh, Werner Roth und ich gehören (vgl. auch I. 2.1, Nr. (7), Anmerkung 2). Die leider viel zu seltenen Treffen in diesem interdisziplinären Diskussionskreis sind erwägungsmäßig immer sehr inspirierend und lassen derartig viele Erwägungsprojekte »aushecken«, daß wir »locker« mehrere Institute von »Erwägungsforscherinnen« und »Erwägungsforschern« mit Aufträgen »versorgen« könnten.

»Erwägungsorientierung« ist für mich nicht nur eine wissenschaftstheoretische Forschungs- und Arbeitshaltung, sondern eine existentielle Lebenseinstellung. Menschen zu finden, die diese Lebenseinstellung teilen und mit denen man freundschaftlich verbunden ist, bedeutet ein besonders Glück. Ich möchte hier meine Freundin Sabine Sögtrop nennen, mit der ich ausdauernd erwägen und diskutieren kann. Wenn ich allein an unsere Gespräche über ihre Arbeit als Lehrerin an einer Hauptschule und meine Erfahrungen mit Universitätsseminaren und Unterricht in der Grundschule denke und ihre vielen kreativen Bewältigungen im Umgang mit der Vielfalt des Schulalltags, dann meine ich, daß sie hierüber eigentlich ein Buch schreiben müsste, damit auch andere von ihren Überlegungen profitieren könnten! Nicht zuletzt hätte ich wohl ohne ihr Miterwägen - zusammen mit dem von Werner Loh - das schmerzliche Ende einer Freundschaft und das bittere Erleben des Scheiterns von Erwägung nicht so gut verarbeiten können.

Je öfter man eine eigene Arbeit liest, um so blinder wird man gegenüber der Wahrnehmung von »Tippfehlern«. Ich danke besonders Ricarda Wolf für ihr auch inhaltlich genaues Gegenlesen.

Zum Schluß noch ein herzliches Danke an all' diejenigen aus den verschiedensten Lebensbereichen, die, wie auch meine Großmutter Alice und meine Mutter Ruth, Geduld zeigten, wenn ich ihnen immer wieder wegen meiner Arbeit etwas nicht zusagen konnte. Ob dies besser werden wird, will ich angesichts laufender Projekte und zukünftiger weiterer Vorhaben nicht versprechen, aber ich werde mich weiterhin um eine »erwägungsoffene« Gestaltung unserer Beziehungen bemühen.

Einfaches Inhaltsverzeichnis

I. Einleitung

II. »Entscheidung« aus erwägungsorientierter Perspektive

III. Exemplarische Anwendung auf didaktische Problemlagen

Ausführliches Inhaltsverzeichnis

I. Einleitung

II. »Entscheidung« aus erwägungsorientierter Perspektive

III. Exemplarische Anwendung auf didaktische Problemlagen

I. Einleitung

1. Problementfaltung, Zielsetzung und Überblick zum Aufbau der Arbeit

(1) *Individuelle und soziale Relevanz von »Entscheidung«*[1]: Sowohl einzelne Lebensläufe als auch soziales menschliches Zusammenleben sind davon bestimmt, daß immer wieder Entscheidungen zu treffen sind. Je nach Kontext, Mentalität und Verständnis dessen, was mit einer Entscheidung zu leisten ist, mag man eher die Notwendigkeit und Last einer Entscheidung fürchten oder die Freiheit einer Entscheidung schätzen. Was von den einzelnen oder in sozialen Gruppen in jeweiligen Lebensbereichen und jeweiligen Kulturen entschieden werden kann oder muß, wird auch mit davon abhängen, in welchem Ausmaß Vorgaben - wie z. B. Traditionen und Gewohnheiten - von Entscheidungen entlasten bzw. Entscheidungsfreiheiten einschränken. Individuelles Leben und soziales Zusammenleben scheinen weitgehend eine Mischung aus Entscheidungen und Vorgaben, als zwei verschiedene Arten der Lösungsfindung, zu sein. Die These von Edward Shils, nach der in "no society could life be lived entirely under the domination of tradition" (1981, 27), läßt sich so gesehen um die These ergänzen, daß es ebenso wenig ein Leben in einer Kultur geben kann, welches völlig von Entscheidungen bestimmt ist. Denn individuelle und kulturelle Entwicklungen wären wohl nur in sehr begrenztem Ausmaß möglich, wenn immer wieder alles neu entschieden werden müßte und es keine selbst- oder fremdgesetzten Vorgaben wie Gewohnheiten oder Traditionen gäbe, die für neue kreative Entscheidungen entlasten würden.

(2) *Umgang mit Vielfalt und »Entscheidung«*: Nimmt man in einem ersten Schritt an, daß es in »Entscheidungen« um einen wie auch immer zu präzisierenden Umgang mit verschiedenen Möglichkeiten (Alternativen) geht, so liegt es nahe zu vermuten, daß je verbreiteter pluralistische und demokratische Orientierungen und Strukturen in einer Kultur sind, um so hilfreicher Entscheidungswissen und Entscheidungskompetenzen sein müßten. 'Entscheidungswissen' umfaßt dabei auch ein Wissen um reflexive Entscheidungen, wie etwa Entscheidungen, nicht zu entscheiden. Entscheidungskompetenz hat, wer über Entscheidungswissen verfügt und dieses anzuwenden vermag. Man wird vermutlich das Verhalten anderer in Entscheidungszusammenhängen um so adäquater einzuschätzen vermögen, je umfassender Entscheidungswissen und Entscheidungskompetenzen sind.

Mitglieder demokratischer pluralistischer Kulturen, die diese bei aller Kritik und möglichen Verbesserungswünschen mittragen, können bzw. müssen aber nicht

1

nur mit ihren Entscheidungen eine wie auch immer näher zu bestimmende Auswahl treffen und insofern jeweilige Vielfalt für sich einschränken können. Sie werden sich auch bemühen, die pluralistisch-demokratische Verfaßtheit ihrer Kultur zu bewahren und insofern Vielfalt fördern wollen. Denn diese Vielfalt bildet eine Voraussetzung dafür, daß die einzelnen überhaupt entscheiden und die individuellen Entscheidungen verschieden ausfallen können. Auch wenn etwa die Verfassung einer Gesellschaft wesentliche Rahmenbedingungen und Grundlagen für die Sicherung eines demokratischen Pluralismus geben mag, wird immer wieder zu bedenken sein, welche Positionen diesen Pluralismus gefährden oder bereichern könnten. Insofern Positionen, die als mögliche Gefährdungen eines demokratischen Pluralismus verdächtigt werden, ihrerseits aus Entscheidungszusammenhängen hervorgegangen sind, könnte ein umfassendes Entscheidungswissen sich als hilfreich bei ihrer Kritik erweisen und einen Beitrag zur Pflege von Vielfalt leisten. Denn werden nicht z. B. diejenigen, die für manipulierend gestellte Entscheidungsfragen sensibilisiert sind, sich weniger leicht indoktrinieren lassen und Vorgehensweisen aufdecken können, in denen etwa Positionen inadäquat gegenübergestellt oder andere adäquate Möglichkeiten weggelassen werden? Doch wie müßte ein solches Entscheidungswissen und wie müßten dementsprechende Entscheidungskompetenzen beschaffen sein, welche sowohl individueller als auch sozialer Vielfaltskompetenz förderlich wären?

(3) *Interdisziplinäres Interesse an »Entscheidung«*: Wer sich Entscheidungswissen aneignen möchte, erfährt bald, daß über »Entscheidung« in den verschiedenen wissenschaftlichen Disziplinen, insbesondere in der Philosophie, Politologie, Psychologie, Rechtswissenschaft, Soziologie, Theologie und Wirtschaftswissenschaft, geforscht wird. Da geht es etwa um Fragen nach Möglichkeiten der Begründung und Bewertung in Entscheidungszusammenhängen, die möglichst effektive und rationale Gestaltung von »Entscheidungen« oder um Probleme ihrer Durchsetzung. Interesse gibt es sowohl für als relevant erachtete »Entscheidungen« in einzelnen Biographien als auch für Entscheidungsverhalten in großen sozialen Zusammenhängen, wie etwa bei Abstimmungen bzw. Wahlen. Wissenschaftlich wird nicht nur geforscht, was unter "Entscheidung" in verschiedenen Disziplinen mit ihren unterschiedlichen Gegenstandsbereichen zu verstehen ist, sondern es wird auch reflexiv vor allem in wissenschaftstheoretischen Arbeiten nach Geltungsbedingungen wissenschaftlicher »Entscheidungen« gefragt.

Bei näherer Sichtung des reichhaltigen Angebots an Forschungsergebnissen über »Entscheidung« zeigt sich, daß das, was unter dem Terminus "Entscheidung" erörtert wird, sehr verschieden und kontrovers ist. Wer sich nun nicht einem vorhandenen Angebot an Entscheidungswissen anschließen mag und an den Aufbau eines Wissens über »Entscheidungen« den Anspruch stellt, dieser sollte möglichst umfassend die unterschiedlichen Perspektiven und Positionen vorhandener Forschungen berücksichtigen, sieht sich selbst vor ein Entscheidungsproblem gestellt. Die vorliegende Arbeit greift diese Herausforderung auf und versucht, einen Horizont für eine erwägungsorientierte Erörterung des Problems zu entwickeln.

(4) *Zielsetzung*: Mit der Arbeit werden drei Zielsetzungen verfolgt. Im Zentrum steht eine erwägungsorientierte Auseinandersetzung mit verschiedenen Verwendungsweisen des Terminus "Entscheidung" und seinen Abwandlungen wie "Entscheiden", innerhalb derer das eigene Verständnis verortet werden soll. Was ein "erwägungsorientiertes Vorgehen" bedeutet, wird im folgenden 2. Abschnitt dieser Einleitung noch näher erläutert. Zum Verständnis der hier dargelegten Überlegungen genügt zunächst die Umschreibung, daß bei einem erwägungsorientierten Vorgehen, jeweilige möglichst problemadäquate Vielfalt an Perspektiven und Alternativen in besonderer Weise berücksichtigt werden. Positionen sollen nicht nur in Auseinandersetzung mit jeweiligen Alternativen gefunden oder neu entwickelt werden, sondern die jeweils erwogenen Alternativen sind ein Begründungsbestandteil der jeweils vertretenen Lösung. Erwogene und bewahrte Alternativen werden als eine Geltungsbedingung genutzt, weil sie die Begründungsqualität der jeweils vertretenen Position bzw. Lösung transparenter machen.

Die Erarbeitung eines »Erwägungsforschungsstandes für Entscheidung«, der verschiedene Verwendungsweisen des Terminus "Entscheidung" bestimmen läßt, ist eine Voraussetzung dafür, die eingangs behauptete soziale und individuelle Relevanz von »Entscheidungen« genauer zu fassen. An die Klärung dieser Frage knüpft die zweite Zielsetzung der Arbeit an, nach der das erarbeitete erwägungsorientierte Entscheidungswissen exemplarisch auf didaktische Problemlagen angewendet werden soll. In dem Maße, wie Entscheidungskompetenzen kulturell bedeutsamer werden, ist zu fragen, was solche Kompetenzen auszeichnet und wie sie erworben werden können. Die in dieser Arbeit entwickelten Konzepte münden in Thesen für eine »Erwägungsdidaktik«. Ihre Umsetzung in »Erwägungsseminaren« wird als exemplarische Anwendung erörtert.

Die dritte Zielsetzung der Arbeit resultiert aus bislang fehlenden Forschungstraditionen erwägungsorientierter Alternativenzusammenstellungen und Entscheidungsaufbereitungen. Erwägungsorientierte Methoden für den qualitativen Bereich sind zu entwickeln. Die Zielsetzung einer Entfaltung erwägungsorientierten Vorgehens ist außerdem wegen des besonderen Wechselverhältnisses von Methode und Gegenstand der Arbeit relevant. Wenn »Entscheidung« Gegenstand der Arbeit ist und dieser Erwägung als Bestandteil hat sowie weiterhin die Klärung des Gegenstandes »Entscheidung« methodisch erwägungsorientiert sein soll, dann ist das Wechselverhältnis zwischen Gegenstand und erwägungsorientierter Methode insofern besonders zu beachten. Denn weder sollte die Erwägungsorientierung einseitig das Verständnis des Gegenstandes prägen noch sollte ein spezifischer Gegenstandsbereich die Erwägungsorientierung einschränken. Es ist deshalb von besonderer Relevanz, den Ausdruck "Alternative" zu klären, um derartige Einschränkungen so weit es geht aufheben zu können. Der Bezug auf Alternativen erfordert reflexiv, auch alternative Umgangsweisen mit Alternativen zu bedenken. Die Erwägungsorientierung mit ihrem Entscheidungsverständnis soll durch die erwägungsorientierte Auseinandersetzung mit »Entscheidung« reflexiv verortbarer werden. Auf allen Ebenen der Erwägungsorientierung ist dabei das Wissen um Nicht-Wissen als jeweilige Grenze des Erwägens einzubeziehen.

(5) *Überblick zum Aufbau der Arbeit*: Die Erwägungsorientierung bestimmt den Aufbau der Arbeit, der im folgenden kurz skizziert wird. Zuerst wird auf die Grobgliederung eingegangen.

Nach der Einleitung, in der die »Erwägungsorientierung« und ihre methodischen Konsequenzen für die Arbeit erläutert werden, folgen zwei weitere Hauptteile, die ihrerseits in verschiedene Kapitel und Unterkapitel gegliedert sind.

Um ein Verweisen möglichst übersichtlich zu gestalten, wurden die einzelnen Abschnitte von Kapiteln und ihren Unterkapiteln innerhalb eines jeden Hauptteils fortlaufend durchnumeriert, wobei diese Numerierung in einfache Klammern gesetzt ist. Im ausführlichen Inhaltsverzeichnis, welches dem einfachen Inhaltsverzeichnis folgt, sind alle diese Abschnitte aufgeführt. Die »Erwägungstafeln« (s. I., 2.3, Nr. (20)) werden ebenfalls in den einzelnen Hauptteilen durchnumeriert. Erwägungstafeln in den zugehörigen Anmerkungen erhalten eine eigene Zählung.

Die erste Zielsetzung, nämlich eine erwägungsorientierte Auseinandersetzung mit verschiedenen Verwendungsweisen des Terminus "Entscheidung", wird im II. Teil der Arbeit behandelt. Im III. Teil wird das erarbeitete erwägungsorientierte Entscheidungswissen exemplarisch auf didaktische Problemlagen (zweite Zielsetzung) angewendet. Die dritte Zielsetzung, die Entfaltung erwägungsorientierter Vorgehensweisen, wird in beiden Teilen verfolgt. Die Arbeit endet mit einigen Schlußbemerkungen. Diese grobe Gliederung der Arbeit soll nun überblicksartig inhaltlich etwas angereichert werden.

Wie bereits erwähnt, gibt es für eine Erwägungsorientierung in qualitativen Bereichen bislang keine Forschungstraditionen. Die Darstellung der Erwägungs-orientierung als Forschungsansatz (I. 2) konzentriert sich auf das Erwägungs-konzept, wie es von Mitgliedern der »Forschungsgruppe Erwägungskultur« ent-wickelt und verfolgt wird. Nun ist es nicht so, daß der Umgang mit Alternativen in den qualitativen Bereichen der Wissenschaften bisher keine Rolle gespielt hat. Wenn von einer Erwägungsorientierung behauptet wird, sie ginge diesbe-züglich neue Wege, ist dies also in Auseinandersetzung mit bisherigen Umgangs-weisen mit qualitativen Alternativen zu begründen. In Kapitel I., 2.2 wird der Unterschied zwischen bisherigen und erwägungsorientierten Umgangsweisen an der Unterscheidung zwischen Genese- und Geltungsfunktion von Alternati-ven festgemacht. Dies geschieht nicht allein in abgrenzender Absicht, sondern auch mit Blick auf mögliche Anknüpfungspunkte. Didaktische Problemlagen rücken dabei insofern in den Blick, als ein veränderter Umgang mit erwogenen Alternativen Konsequenzen für die Vermittlung von Konzepten haben müßte. Auch hier bestehen Anknüpfungsmöglichkeiten, selbst wenn es keine explizit erwägungsorientierten pädagogischen Forschungstraditionen gibt. Ein solcher Anknüpfungsbezug für eine erwägungsorientierte Gestaltung von Lehr- und Lern-prozessen ist das Konzept einer »Pädagogik der Vielfalt«. Der I. Teil schließt mit einer Erläuterung des methodischen Vorgehens. Unter dem Stichwort "Wege der Begriffsklärung" (I., 2.3, Nr. (19)) wird in Auseinandersetzung mit unter-schiedlichen Einschätzungen auf die Relevanz von Bestimmungen bzw. Defini-tionen für erwägungsorientiertes Vorgehen eingegangen. Insbesondere möglichst unterschiedliche und beispielsorientierte Bestimmungen werden als hilfreich für erwägungsorientiertes Arbeiten herausgestellt. Als wesentliche Methode für die Erschließung vorhandener Vielfalt, um sie als Alternativen erfaßbar zu machen, werden spezifische kombinatorische Verfahren, sogenannte »Erwägungstafeln«, vorgestellt.

Im II. Teil der Arbeit sollen durch eine erwägungsorientierte Diskussion von Beispielen und eine erwägungsorientierte Auseinandersetzung mit verschiede-nen Auffassungen aus der Literatur alternative Verwendungsweisen des Termi-nus "Entscheidung" herausgearbeitet und damit jeweilige Intuitionen präzisier-barer gemacht werden.

Dabei geht es zunächst um mögliche Gegenstände von »Entscheidungen«. Je nach Verständnis von "Entscheidung" gibt es verschiedene Auffassungen dazu, worüber überhaupt Entscheidungen getroffen werden können. Es folgt eine Er-örterung dessen, was unter "Alternativen" in Entscheidungszusammenhängen verstanden wird. Wie schon erwähnt, wird mit dieser Erörterung auch die Ziel-setzung verfolgt, das Erwägungskonzept selbst weiter zu entfalten. In Ausein-andersetzung mit verschiedenen Positionen und Disziplinen wird vorgeschlagen, »Lösungsalternativen« von »Erwägungsalternativen« und »Bewertungs-alternativen« zu unterscheiden. Insofern Alternativenzusammenstellungen sprach-lich als »Oder-Verknüpfungen« faßbar sind, wird dementsprechende Logik-Li-teratur herangezogen, um den Terminus "Alternative" zu bestimmen. Im Zu-sammenhang mit der Bewertung von Erwogenem und möglichen Bewertungs-alternativen wird u. a. auf die Problemlage unterschiedlicher Einschätzungen von Stimmenthaltung eingegangen. Eine Erörterung zum alternativen Umgang mit Erwägungsalternativen beendet die Auseinandersetzung mit dem Terminus "Alternative".

Im weiteren Verlauf des II. Teils werden nun unterschiedliche Verwendungs-weisen des Terminus "Entscheidung" entlang der Diskussion um "hinreichen-de" bzw. "nicht-hinreichende Gründe" als ein Merkmal von »Entscheidungen« dargelegt. Die leitenden Stichworte, unter denen dabei verschiedene Diskussi-onsstränge behandelt werden, sind: "Wissen versus Nicht-Wissen", "Rationali-tät versus Nicht-Rationalität", "Deduzierbarkeit versus Nicht-Deduzierbarkeit", "Letztbegründetheit versus Nicht-Letztbegründetheit" und "Nicht-Willkür ver-sus Willkür". Im Anschluß an diese Erörterungen wird auf 'Bewußtsein' als mögliches Merkmal von 'Entscheidung' eingegangen. Verschiedene Verständ-nisse von "Bewußtsein" werden berücksichtigt.

Mit unterschiedlichen Verständnissen von "Entscheidung" hängen auch unter-schiedliche Auffassungen über Trägerinnen bzw. Träger und Betroffene von Entscheidungen zusammen. Auch zu diesen Aspekten findet eine erwägungs-orientierte Auseinandersetzung statt.

Der II. Teil schließt mit einer Bestimmung und Verortung des eigenen Entschei-dungsverständnisses, aus welchem sich leitende Ideen für den III. Teil der Ar-beit ergeben.

Zu Beginn des III. Teils, der exemplarischen Anwendung auf didaktische Pro-blemlagen, wird die bereits den beiden ersten Kapiteln vorangestellte Vermu-tung, nach der Entscheiden für Menschen sowohl individuell als auch sozial grundlegend relevant ist, aufgegriffen und mit dem erarbeiteten Entscheidungs-wissen analysiert. Dabei geht es um die spezifische Fragestellung, inwiefern Menschen in sogenannten pluralistischen demokratischen Kulturen in besonde-rer Weise fähig sein sollten, Entscheidungen zu treffen, und inwiefern sie über dementsprechende Kompetenzen verfügen. Im Mittelpunkt der Darstellung der leitenden Ideen für eine Erwägungsdidaktik stehen eine Erläuterung und Dis-kussion wesentlicher Aspekte einer Erwägungsdidaktik, wie sie sich aus dem erarbeiteten Verständnis von "Entscheidung" erschließen lassen, sowie die Erläuterung der methodischen Ansprüche an die Gestaltung von erwägungsorientierten Lehr- und Lernprozessen. Mit der Erörterung des Konzeptes von »Erwägungsseminaren« und deren bisheriger Umsetzung erhält die Auseinandersetzung mit »Entscheidung« und das erarbeitete Entscheidungsverständnis einen handlungspraktischen exemplarischen Bezug. Dieser hat seinerseits die konzeptuellen Überlegungen und die Auseinandersetzung mit der Literatur wesentlich geprägt, so daß sich hiermit der Kreis von Theorie und Handlungspraxis schließen läßt. Folgende Skizze mag die Vernetzungen und Zusammenhänge zwischen den einzelnen Kapiteln veranschaulichen:

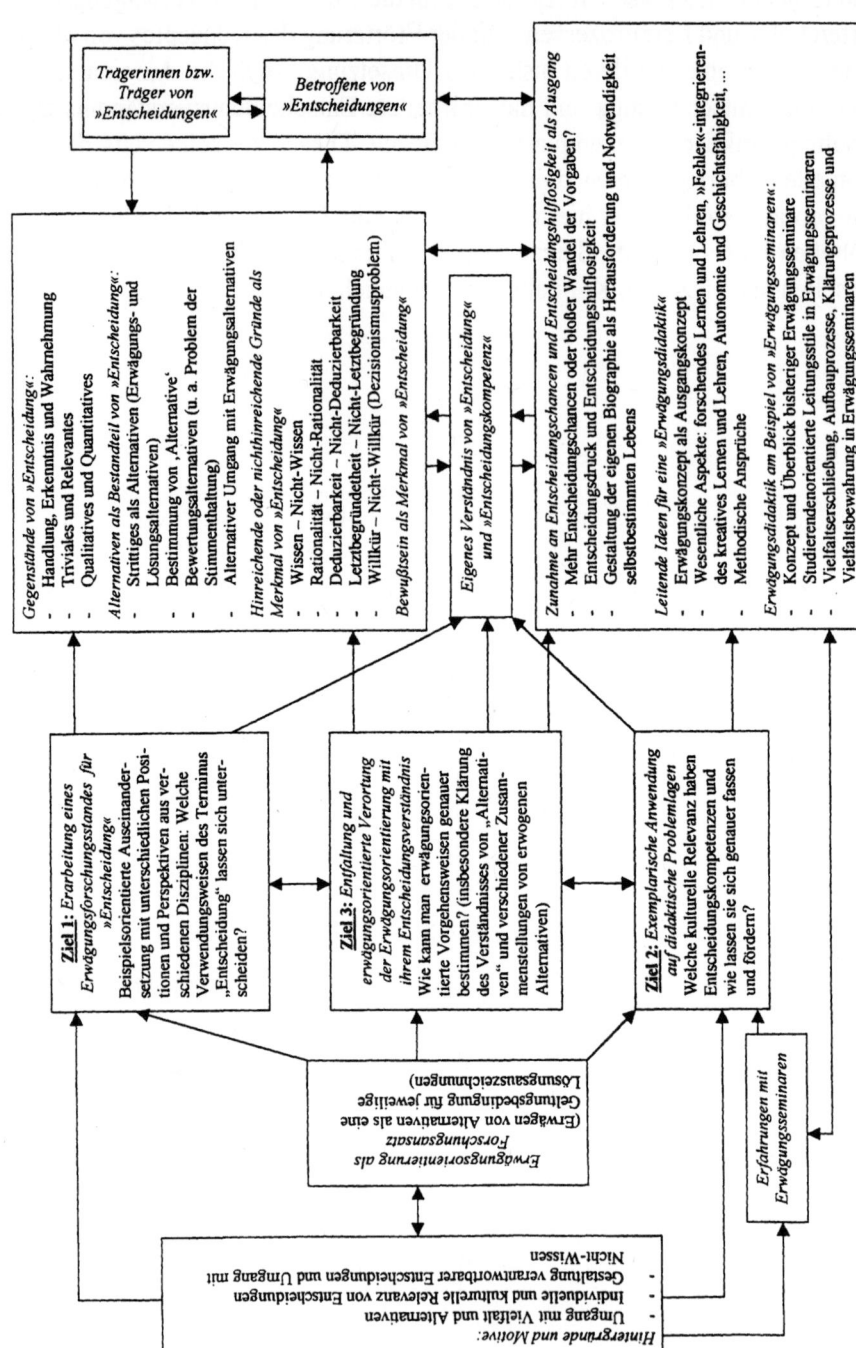

Überblickskizze zum Aufbau der Arbeit

2. Erwägungsorientierung als Forschungsansatz

(6) *Vorbemerkung*: Wie schon erwähnt ist die im folgenden dargelegte Erwägungsorientierung ein Forschungsansatz mit einem spezifischen Entscheidungsverständnis. Damit sind Gegenstand und Forschungsorientierung dieser Arbeit in besonderer Weise aufeinander bezogen und miteinander verwoben. »Entscheidung« soll mittels einer spezifischen Entscheidungsorientierung, einer Erwägungsorientierung, analysiert werden. Dieses erwägungsorientierte Entscheidungsverständnis kann deshalb hier zunächst nur intuitiv eingeführt werden, denn sein Grundbegriff 'Entscheidung' und die verschiedenen Verständnisse des Terminus "Entscheidung" werden ja erst im weiteren Verlauf der Arbeit analysiert und erörtert. Die folgende Darlegung der Erwägungsorientierung soll das Vorgehen dieser Arbeit aber vor der Erörterung der Verwendungsweisen des Ausdrucks "Entscheidung" verorten und somit den Horizont offenlegen und umreißen, in den sie eingebettet ist. Die Ergebnisse der Auseinandersetzung mit verschiedenen Verständnissen von »Entscheidung« sind auf die Erwägungsorientierung, von der aus die Arbeit ihren Ausgang nimmt, rückzubeziehen.

2.1 Das Erwägungskonzept

(7) *Der Kerngedanke*: Der in dieser Arbeit gewählten Erwägungsorientierung als Forschungsansatz liegt das von der »Forschungsgruppe Erwägungskultur Paderborn« entwickelte Konzept eines spezifischen erwägungsorientierten Umgangs mit Alternativen, genannt "Erwägungskonzept", zugrunde.[2] Der Kerngedanke des Erwägungskonzeptes besteht darin, daß sich die in einem Entscheidungszusammenhang erwogenen und dann bewahrten Alternativen als eine Geltungsbedingung für die schließlich gesetzte Lösung und zur Einschätzung und Darlegung der Begründungs- und Verantwortbarkeitsqualität jeweiliger gesetzter Lösungen nutzen lassen. "Erwägungsalternativen" als die jeweils in einem Entscheidungszusammenhang erwogenen Alternativen werden von "Lösungsalternativen" unterschieden. Mit "Lösungsalternativen" werden die unterschiedlichen möglichen Lösungen bezeichnet, zu denen verschiedene Personen oder dieselben Personen zu verschiedenen Zeiten bei gleicher Fragestellung gelangen können. Von Relevanz ist das Erwägungskonzept vor allem immer dann, wenn jeweilige Lösungen zu einem Problem, einer Frage, einem Auswahlgedanken o. ä. mit dem Anspruch vertreten werden, die (vorerst) "geeignetesten", "besten", "sinnvollsten" o. ä. zu sein. Denn hängt die Glaubwürdigkeit solcher Ansprüche und die Verantwortbarkeit derart ausgezeichneter Lösungen nicht wesentlich mit davon ab, inwiefern man problemadäquate Alternativen zu der bevorzugten Lö-

sung erwogen hat und anzugeben vermag? Auch eine Dezision im Sinne der Setzung einer Lösung, für die man keine hinreichenden Gründe dafür anzugeben vermag, warum sie anderen vorzuziehen sei, ist um so nachvollziehbarer, je problemadäquater die jeweils erwogenen Alternativen angegeben werden können. Das gilt auch für den Aufschub einer Lösungssetzung. Die Frage nach den erwogenen Alternativen ist schließlich für das Erwägungskonzept selbst zu stellen: Ob und in welchem Ausmaß zu erwägen sei, ist selbst zu erwägen. Mit dieser Frage gelangt man auf eine reflexive Ebene. Bedenkt man etwa, daß andere Ansprüche an Entscheidungszusammenhänge gestellt oder daß diese nicht eingelöst werden können, und will man keinen Erwägungsdogmatismus vertreten, so dürfen Alternativen zum Erwägungsanspruch des Erwägungskonzeptes, wie etwa die Möglichkeit, nur eingeschränkt Alternativen zu berücksichtigen oder auch die Erwägung, gar nicht zu erwägen, nicht ausgeschlossen werden.

(8) *Vorteile eines erwägungsorientierten Vorgehens*: Unter einem "erwägungsorientierten Vorgehen" bzw. einer "erwägungsorientierten Perspektive" verstehe ich im folgenden, daß ein mehr oder weniger strittiges Thema, wie etwa 'Entscheidung', in einem möglichst problemadäquaten Spektrum an Alternativen (von Argumenten, Beispielen, Deutungen, Lösungsvorschlägen, Positionen usw.) entfaltet und erörtert wird, wobei angestrebt wird, die erwogenen Alternativen als eine Geltungsbedingung für jeweilige Lösungsauszeichnungen zu nutzen, offenzulegen und zu bewahren. Diese Zielsetzung kann man zusammenfassend als die Erarbeitung eines "Erwägungsforschungsstandes zum Thema 'Entscheidung'" bezeichnen. Eine solche angestrebte Verortung jeweiliger Lösungen in einem erwogenen Alternativenspektrum hat meines Erachtens gegenüber Vorgehensweisen, bei denen Alternativen zwar auch in der Genese jeweiliger Lösungen genutzt werden mögen, nicht aber mit zu den Geltungsbedingungen nach einer Lösungssetzung zählen, neben dem schon angedeuteten Begründungs- und Verantwortbarkeitsvorteil, folgende weitere Vorteile:

• In dem Maße, wie erwogene Alternativen als eine Geltungsbedingung von Lösungen auch nach einer Lösungssetzung bewahrt werden, sind die Lösungen besser kritisierbar. Denn es ist dann leichter nachweisbar, wenn etwas nicht adäquat bedacht wurde, weil z. B. einige wichtige Alternativen nicht berücksichtigt wurden. Auf diese Weise wird ein Lernen aus Fehlern erleichtert, und es lassen sich etwa auch manipulierende Lösungssetzungen eher aufdecken und zurückweisen.
• Auch für eine Person, die sich selbst bislang noch nicht mit einem bestimmten Problem befaßt hat und die eine Lösung von anderen übernehmen will (oder übernehmen soll), wird die Begründungsqualität durch die Verortung der Lösung in einem Alternativenspektrum besser einschätzbar. Ist beispielsweise nach-

vollziehbar, ob alle problemadäquaten Alternativen bedacht wurden und mit angebbaren hinreichenden Gründen - die ggf. ihrerseits auch hinsichtlich möglicher Alternativen bedacht wurden - eine oder auch keine Alternative den anderen vorzuziehen ist, so hätte eine derartige Lösung eine andere Qualität als eine, bei der erkennbar ist, daß zwar auch Verschiedenes erwogen wurde, es aber nicht genau erkennbar ist, inwiefern es sich bei diesen Erwägungen um Alternativen handelte und wieso diese nicht als mögliche Lösungen in Frage kamen.

• Die Bewahrung auch von solchen erwogenen Alternativen, die man zunächst für wenig geeignet gehalten hat, kann in neuen Kontexten relevant werden. Denn bewahrte Alternativen müssen nicht neu entwickelt werden.

(9) *Irritationen über den Anspruch des Erwägungskonzeptes*: Das Erwägungskonzept ist selbst zu erwägen und gegenüber alternativen Einschätzungen seines Anspruchs zu begründen. Mögliche Einwände gegenüber dem Erwägungskonzept lassen sich meines Erachtens im Horizont zweier entgegengesetzter Irritationen ausmachen. Auf der einen Seite erscheint das Erwägungskonzept trivial und überflüssig: Denn ist das Erwägen von Alternativen nicht insbesondere in den Wissenschaften eine Selbstverständlichkeit? Wird hier gleichsam künstlich etwas betont und eingefordert, was schon längst bewährte Praxis und insofern trivial ist, weil es zu keinen neuen Erkenntnissen beiträgt? Auf der anderen Seite hingegen mag das Erwägungskonzept als »unerfüllbar« erscheinen: Ist es überhaupt machbar, die jeweils problemadäquaten Alternativen möglichst vollständig zu erfassen, oder ist dieser Anspruch der beste Weg, nie zu einem Ergebnis zu gelangen? Haben wir es nicht schon vielfach mit einer hohen Komplexität zu tun, die durch ein Bewahren von jeweils erwogenen Alternativen, damit man diese als eine Geltungsbedingung für die jeweilige Qualität einer bevorzugten Lösung angeben und nutzen kann, noch unbewältigbarer würde?

(10) *Verortung des Anspruchs des Erwägungskonzeptes*: Vom Erwägungskonzept ausgehend wird nicht bestritten, daß das Erwägen von und Auseinandersetzen mit Alternativen[3] als ein konstitutives Merkmal von Wissenschaft angesehen werden muß und dort auch eine reflexive Tradition hat. Denn sowohl in der Genese von Lösungen als auch für ein Fortschreiten zu besseren Lösungen sowie für die jeweilige Geltung von Lösungen werden Alternativen als relevant erachtet. Vom Erwägungskonzept ausgehend wird außerdem nicht bestritten, daß sich in den Wissenschaften auch forschungsförderliche Anknüpfungspunkte dafür finden lassen, inwiefern ein Bewahren der jeweils erwogenen Alternativen als eine Geltungsbedingung auch nach einer Lösungssetzung sinnvoll sein könnte. Hieraus sind meines Wissens aber keine eigenständigen Forschungstraditionen entstanden. Entgegen den etablierten Forschungstraditionen eines eher

»kämpfenden« Umgangs mit Alternativen betont das Erwägungskonzept die Möglichkeiten eines »integrierenden und bewahrenden« Umgangs mit Alternativen und möchte jeweiligen Forschungsständen an Lösungen Erwägungsforschungsstände zur Seite stellen. Das »Neue« des Erwägungskonzeptes besteht also im Aufgreifen eines spezifischen Umgangs mit erwogenen Alternativen und in den Forschungsfragen, was ein Bewahren von jeweils erwogenen Alternativen als eine Geltungsbedingung auch nach einer Lösungssetzung für die Wissenschaften, aber auch für andere gesellschaftliche Bereiche, bedeuten würde, und welche Möglichkeiten seiner Umsetzung es geben könnte. Für diese zunächst einmal zusammenfassende thesenartige Verortung des Erwägungskonzeptes und seine Verteidigung gegenüber den genannten Irritationen sollen im folgenden exemplarisch einige Belege angeführt werden.

2.2 Genese- und Geltungsfunktion von Alternativen - Verortung, Anknüpfungspunkte und Realisierbarkeit des Erwägungskonzeptes

(11) *Umgang mit Alternativen in der Genese von Lösungen*: Der Umgang mit Alternativen in der Genese von Lösungen läßt sich unter einer individuellen und einer sozialen Perspektive betrachten. Individuell wird das Erwägen von Alternativen in Zusammenhang mit kritischem Denken und der Vermeidung von Kritikimmunisierung und Dogmatismus gesehen. "Individuell" soll hier dabei nicht heißen, daß beim Erwägen nicht auf Positionen eingegangen und rückgegriffen werden kann, die bereits vorliegen und von anderen früher bereits oder gegenwärtig als Lösungen favorisiert wurden oder werden. Mit individueller Perspektive soll lediglich das einzelne Erwägen von Alternativen von einer sozial stattfindenden Auseinandersetzung zwischen Vertreterinnen und Vertretern verschiedener Lösungsalternativen unterschieden werden. Hinsichtlich der sozialen Perspektive rückt vor allem die Frage nach der Art der Auseinandersetzung in den Vordergrund.

Individuell wird dem Erwägen von Alternativen, z. B. von John Dewey, eine zentrale Rolle für kritisches Denken zugesprochen: "The essence of critical thinking is suspended judgment; and the essence of this suspence is inquiry to determine the nature of the problem before proceeding to attempts at its solution. [...] Since suspended belief, or the postponement of a final conclusion pending further evidence, depends partly upon the presence of rival conjectures as to the best course to pursue or the probable explanation to favor, *cultivation of a variety of alternative suggestions* is an important factor in good thinking" (1978, 238f.). Daß die "stete Gewohnheit, die eigene Meinung zu verbessern und zu vervollständigen durch Vergleich mit den Ansichten anderer", nicht mit einer anhaltenden Verunsicherung einherzugehen und nicht, "Zweifel und Zaudern in das praktische Handeln zu bringen" braucht, wird von John Stuart Mill betont (1991, 32), wenn er in dieser Gewohnheit "die einzig sichere Grundlage zu dauerndem Vertrauen in das Handeln eines Menschen" sieht: "Denn wenn jemand alles kennt, was gegen ihn geltend gemacht werden kann, wenn er seine Stellung gegen alle Gegner gefestigt hat, wenn er weiß, daß er Einwürfe und Schwierigkeiten gesucht und nicht gemieden hat und daß er kein Licht ausgeschlossen hat, das von irgendeiner Richtung aus auf den zu beurteilenden Gegenstand fällt wenn er das alles erfahren hat -, dann hat er ein Recht, sein Urteil für begründeter zu halten als das irgendeiner Einzelperson oder einer Mehrheit, die nicht durch einen ähnlichen Prozeß hindurch gegangen sind" (a. a. O.).

Daß man auch nach dem Finden einer Lösung nicht aufhören sollte, nach weiteren Alternativen zu suchen, hat für Hans Albert damit zu tun, daß "auch unsere besten Problemlösungen bestimmte Schwächen haben, die sich über kurz oder lang zeigen werden", weshalb "die Suche nach alternativen Lösungen und die vergleichende Bewertung konkurrierender Lösungen eine wichtige Forderung einer adäquaten Konzeption rationaler Praxis" sei, jedenfalls "soweit die dabei zu berücksichtigenden Kosten ein solches Verfahren sinnvoll erscheinen lassen" (1978, 26). Gäbe es für jeweilige Lösungen Gewißheit im Sinne von sicheren Begründungen, bräuchte man nicht weiter nach Alternativen zu suchen: "Könnten wir unsere Lösungen in dieser Weise sicher begründen, dann würde sich die Suche nach alternativen Lösungen erübrigen und eine vergleichende Bewertung käme kaum in Betracht" (a. a. O.). An dieser Stelle zeigt sich, wie eng die individuelle und soziale Seite des Umgangs mit Alternativen verbunden sein können. Denn wer, weil es keine Gewißheit gibt, weiter nach Alternativen suchen will, mag dafür auch versuchen, die jeweiligen Möglichkeiten sozialer Auseinandersetzung zu nutzen, so wie dies Mill beschrieben hat: "Die bestbegründeten Überzeugungen haben keine andere Sicherheit, auf die sie sich stützen könnten, als die beständige Einladung an die ganze Welt, sie als unbegründet zu erweisen. Wenn die Herausforderung nicht angenommen wird oder wenn sie angenommen wird und fehlschlägt, so sind wir noch immer weit genug von Gewißheit entfernt, aber wir haben das Beste getan, was der augenblickliche Stand der menschlichen Vernunft zuläßt. Wir haben nichts geduldet, was der Wahrheit verwehren könnte, zu uns zu dringen: Wenn nur die Grenzen offengelassen werden, so können wir hoffen, daß, wenn es eine bessere Wahrheit gibt, sie auch gefunden wird, sobald der menschliche Geist imstande ist, sie aufzunehmen. Und in der Zwischenzeit können wir uns darauf verlassen, daß wir uns der Wahrheit so weit genähert haben, als es in unseren Tagen überhaupt möglich ist. Dies ist das Maß von Gewißheit, das ein irrender Mensch überhaupt erreichen kann, und dies der einzige Weg, auf dem es möglich ist" (1991, 32f.).

Wer das Erreichen von Gewißheit für möglich hält, mag zwar die Suche nach weiteren Alternativen abbrechen, wenn er oder sie eine dementsprechend gewisse Lösung gefunden zu haben meint. Dies besagt aber nicht, daß nicht auch in der Genese einer solchen gewissen Lösung Alternativen eine relevante Rolle spielen können. Folgt man den Überlegungen von Immanuel Kant, dann ist ein Erlangen von Gewißheit abhängig von alternativen Erwägungen: "Denn durch Einwürfe wird die Gewißheit zur Deutlichkeit und Vollständigkeit gebracht, und keiner kann von einer Sache gewiß sein, wenn nicht Gegengründe rege gemacht worden, wodurch bestimmt werden kann: wie weit man noch von der Gewißheit entfernt, oder wie nahe man derselben sei" (1981b, 514 (A 129)).

Die sozialen Auseinandersetzungen zwischen Vertreterinnen und Vertretern unterschiedlicher Positionen werden von vielen als Kampf, Konkurrenz oder Wettstreit beschrieben. Obwohl die einzelnen in diese Konkurrenz mit vorerst eingenommenen Positionen gehen, ist die Konkurrenz zwischen den Lösungsalternativen insofern als ein Geneseprozeß zu verstehen, als durch die Konkurrenz die (vorerst) beste Lösung ermittelt werden soll. Nach Karl R. Popper ist die "Wissenschaft, und insbesondere der wissenschaftliche Fortschritt, [...] nicht das Ergebnis isolierter Leistungen, sondern der *freien Konkurrenz der Gedanken*. Denn die Wissenschaft braucht immer mehr Konkurrenz zwischen Hypothesen und immer rigorosere Prüfungen. Und die konkurrierenden Hypothesen müssen durch Personen vertreten werden: sie brauchen Anwälte, Geschworene und sogar ein Publikum. Diese persönliche Vertretung muß institutionell organisiert werden, wenn sie verläßlich funktionieren soll. Und diese Institutionen müssen unterhalten und gesetzlich geschützt werden. Letztlich hängt der Fortschritt in sehr hohem Maße von politischen Faktoren ab, von politischen Institutionen, welche die Gedankenfreiheit garantieren: von der Demokratie" (1979, 121; s. hierzu auch Popper 1984, 224 Anm. 2 oder Albert 1987, 175). Auch für Paul K. Feyerabend "ist der Wettstreit der Theorien - oder, weniger platonisch gesprochen, die Diskussion von Alternativen durch individuelle Wissenschaftler, Philosophen, Politiker usw. - die Ursache, die allmähliche Verbesserung aller Theorien wie auch des Bewußtseins der Mitwirkenden die Wirkung" (1981, 131).[4]

Dazu, wie der Wettstreit zwischen den alternativen Positionen am besten für eine Weiterentwicklung in den Wissenschaften gestaltet werden sollte, gibt es verschiedene Überlegungen. Sollte die Konkurrenz so früh wie möglich beginnen, oder ist es vielleicht unter bestimmten Bedingungen sinnvoll, jeweiligen alternativen Positionen erst einmal eine Nische zur Entwicklung zu geben und ihnen eine gewisse Schonfrist einzuräumen? So vermutet Imre Lakatos beispielsweise, daß je *"früher der Wettstreit* (zwischen verschiedenen Forschungspro-

grammen; B.B.) *beginnt, desto besser ist es für den Fortschritt"* (1982: 68).
Andererseits gibt er zu bedenken: "Ein neues Forschungsprogramm, das eben
erst in den Wettstreit eingetreten ist, mag damit beginnen, daß es 'alte Tatsachen' auf neue Weise erklärt, aber es kann lange Zeit in Anspruch nehmen,
bevor man ihm die Produktion 'wirklich neuer' Tatsachen zugesteht. [...] *Es ist
darum nicht ratsam, ein in frühem Wachstum begriffenes Forschungsprogramm
schon darum beiseite zu schieben, weil es ihm nicht gelungen ist, einen mächtigen Rivalen zu überholen. Wir dürfen es nicht aufgeben, wenn es in Abwesenheit seines Rivalen eine progressive Problemverschiebung dargestellt hätte. Und eine neu interpretierte Tatsache muß ganz sicher als neue Tatsache
gelten, ohne Rücksicht auf die unverschämten Prioritätsansprüche amateur-
hafter Tatsachensammler. Ein junges Forschungsprogramm, das sich rational
als eine progressive Problemverschiebung rekonstruieren läßt, sollte für eine
Weile vor einem mächtigen etablierten Rivalen geschützt werden"* (1982, 70).

Einen Grund dafür, warum den individuellen Erwägungen nicht so recht zu trau-
en sei und die Qualität wissenschaftlicher Lösungen als vom Prozeß der Auseinandersetzung abhängig gesehen wird, mag man mit Thomas S. Kuhn in der Identifikation der Wissenschaftlerinnen und Wissenschaftler mit ihren jeweiligen Positionen sehen. Mit zunehmender Identifikation, so scheint es, besteht die Gefahr, sich nicht mehr auf Alternativen einzulassen: "Gefahr für die Theorie ist
daher Gefahr für das wissenschaftliche Leben, und obwohl die Wissenschaft
durch solche Gefährdungen Fortschritte macht, übersieht sie der einzelne Wissenschaftler, solange er nur kann. Das tut er besonders dann, wenn ihn seine
eigene bisherige Tätigkeit bereits auf die Verwendung der bedrohten Theorie
festgelegt hat" (1978, 283). Es ist zu vermuten, daß derartige Alternativenabwehr, die ja in deutlichem Gegensatz zu den beschriebenen Idealvorstellungen
steht, mit Mechanismen der sozialen Konkurrenzorientierung zusammenhängt,
wonach etwa nur die "Siegenden" belohnt werden, was dann zu einer zunehmenden Bereitschaft führen mag, sowohl individuelles Erwägen als auch die
sozialen Auseinandersetzungen einzugrenzen. Von daher stellt sich die Frage,
ob die soziale Konkurrenzorientierung nicht durch eine andere Orientierung ersetzt oder ergänzt werden könnte, die diese Problemlage zumindest abzumil-
dern in der Lage ist. Bevor ich einige Überlegungen zu einem bewahrenden
Umgang mit Alternativen skizziere und der Frage nachgehe, ob ein bewahren-
der und wertschätzender Umgang auch mit "unterlegenen" Alternativen als eine
Geltungsbedingung eine mögliche Richtung für eine andere Orientierung sein
könnte, will ich noch kurz auf einige Überlegungen von Kuhn etwas näher eingehen.

(12) *Exkurs zu Thomas S. Kuhn: Alternativenkonkurrenz und Fortschritt:* Kuhns

Überlegungen zum Umgang mit Alternativen in Forschungsprozessen, wobei er vor allem an die Naturwissenschaften denkt, sind insofern besonders interessant, weil er ein Berücksichtigen von Alternativen nicht auf allen Ebenen und in allen Stadien gleichermaßen kontinuierlich für relevant hält und sie in gewisser Weise vom Fortschritt jeweiliger Disziplinen sogar ausklammert. Denn nach Kuhn findet eine Konkurrenz von Alternativen vor allem in Zeiten außerordentlicher Wissenschaftsphasen, sogenannten vorparadigmatischen Zeiten bzw. Zeiten unreifer Wissenschaften, statt. Fortschritte hingegen erfolgen vor allem in Zeiten normaler Wissenschaftsphasen, in denen Alternativen keine so grundlegende Rolle spielen: "In der ganzen Vorparadigma-Periode, wenn es eine Vielzahl konkurrierender Schulen gibt, läßt sich ein Fortschritt kaum nachweisen, es sei denn innerhalb der Schulen. [...] Kurz, Fortschritt scheint nur in Zeiten normaler Wissenschaft offenkundig und gesichert zu sein" (1981, 174). Natürlich probiert eine Forscherin bzw. ein Forscher, die mit normaler Wissenschaft befaßt sind "auch bei der Suche nach der Lösung eines bestimmten Rätsels eine Anzahl von Alternativen" aus, damit wird aber nicht das Paradigma erprobt (1981, 155). Mit Kuhn kann man also verschiedenen Ebenen und Stadien des Erwägens von Alternativen unterscheiden. In vorparadigmatischen Zeiten werden auch zu den Grundlagen Alternativen erwogen oder überhaupt erst erfunden (s. 1981, 89), die in Zeiten reifer Wissenschaft als nicht-hinterfragbare Grundlagen für Fortschritte genommen werden. Daß Kuhn derartig bestimmten Fortschritten keineswegs voll vertraut, wird erkennbar, wenn er seiner Überlegung zum Fortschritt in "Zeiten normaler Wissenschaften" den Satz anschließt: "Während dieser Perioden aber könnte die wissenschaftliche Gemeinschaft die Früchte ihrer Arbeit in keiner anderen Weise betrachten" (1981, 174). Diese hier zum Ausdruck kommende Skepsis hinsichtlich der Fähigkeit von Wissenschaftlerinnen und Wissenschaftlern, adäquat einzuschätzen, ob Fortschritte vorliegen oder nicht, hängt mit ihrer größeren Vorurteilsanfälligkeit zusammen im Unterschied zu Wissenschaftlerinnen und Wissenschaftlern, die in vorparadigmatischen Zeiten sozialisiert wurden, wie Kuhn an anderer Stelle am Beispiel der Paradigmenvielfalt in der physikalischen Optik beschreibt: "Von der frühesten Antike bis zum Ende des 17. Jahrhunderts gab es kein einheitliches System von Paradigmen in der physikalischen Optik. Stattdessen vertraten viele Leute viele verschiedene Auffassungen über die Natur des Lichts. Einige fanden nur wenige Anhänger, aber eine Reihe von ihnen wurden zum Ausgangspunkt dauerhafter Schulen in der optischen Theorie. Der Historiker kann zwar das Auftreten neuer Gesichtspunkte wie auch wechselnde Beliebtheit der alten feststellen, aber nie gab es auch nur annähernden Konsens. Demzufolge sah sich ein Neuanfänger auf diesem Gebiet unvermeidlich einer Vielzahl gegensätzlicher Gesichtspunkte gegenüber; er mußte die Gründe für jeden prüfen, und es gab immer gute Gründe. Daß er eine Entscheidung traf und sich entsprechend verhielt, konnte die anderen Möglichkeiten nicht völlig aus seinem Blickfeld verdrängen. Diese ältere Art der Ausbildung war offensichtlich besser geeignet, vorurteilslose Wissenschaftler hervorzubringen, die neuen Erscheinungen gegenüber aufgeschlossen und in ihrem Ansatz flexibel waren. Andererseits kann man sich des Eindrucks kaum erwehren, daß die physikalische Optik während dieser Zeit einer liberaleren Ausbildung sehr wenig vorankam" (1978, 314f.). Kuhn glaubt nicht, daß in vorparadigmatischen Zeiten nicht auch "wichtige Arbeit geleistet" wurde, "ehe der durch Konsens hervorgebrachte Reifezustand erreicht war" (1978, 315). Der Unterschied zur reifen Wissenschaft besteht darin, daß erst sie "zu jenem raschen und folgenreichen wissenschaftlichen Fortschritt führt, den wir aus den letzten Jahrhunderten gewohnt sind. Hierbei geht die Entwicklung von einem Konsens zum nächsten, und gewöhnlich gibt es keinen Wettstreit zwischen verschiedenen Ansätzen. Außer unter ganz besonderen Verhältnissen hält der Vertreter einer reifen Wissenschaft nicht inne, um sich mit andersartigen Erklärungs- oder Experimentierweisen zu beschäftigen" (1978, 316). Für wie adäquat auch immer man Kuhns Beschreibungen von wissenschaftlichen Forschungsprozessen erachtet[5] und wie immer man die heutige Wissenschaftslandschaft beschreiben würde, aus erwägungsorientierter Perspektive sind seine Überlegungen allein schon deshalb wichtig, weil sie die Fragen aufwerfen, inwiefern ein Bedenken von Alternativen in verschiedenen Stadien und auf verschiedenen Ebenen unterschiedlich hilfreich sein kann und was die Alternativen zu einem Alternativen berücksichtigenden Vorgehen sein könnten.

(13) *Bewahren von Alternativen als eine Geltungsbedingung auch nach der Setzung jeweiliger Lösungen*: Zurück zu den sozialen konkurrenzorientierten Auseinandersetzungen zwischen Vertreterinnen und Vertretern verschiedenster Positionen. Konkurrenz in den Wissenschaften kann, wie z. B. von Georg Simmel, als ein Kampf angesehen werden, der sich nicht gegen die Gegner bzw. Gegnerinnen richtet, sondern bei dem um ein gemeinsames Ziel gerungen wird: "Konkurrenz auf wissenschaftlichem Gebiet" ist ein "Kampf, der sich nicht gegen den Gegner, sondern auf das gemeinsame Ziel richtet, wobei supponiert wird, daß die von dem Sieger gewonnene Erkenntnis auch für den Unterlegenen Gewinn und Förderung ist" (1992, 325). Und wie ist es umgekehrt? Könnte es auch Gründe geben, warum die unterlegenen Positionen dem Sieger bzw. der Siegerin förderlich sind? Oder sind sie nur unnützer Ballast, allenfalls für historische Darstellungen von Interesse? Bei Paul K. Feyerabend findet man Argumente, die unterlegenen Positionen bleibende Relevanz zusprechen. Für Feyerabend tragen widerlegte Theorien "zum Gehalt ihrer siegreichen Konkurrenten bei" (1981, 130). Deshalb plädiert er für eine Bewahrung auch der "unterlegenen" Alternativen: "Sobald man aber erkennt, daß die Widerlegung (und damit auch die Bestätigung) einer Theorie ihre Einbeziehung in eine Familie miteinan-

der unverträglicher Alternativen verlangt, in diesem Augenblick gewinnt die Diskussion dieser Alternativen größte methodologische Bedeutung und sollte auch in die Darstellung der schließlich anerkannten Theorie eingehen" (1981, 103, Anm. 72). Auch für Niklas Luhmann hängt die "Qualität" einer Entscheidung nicht nur von der "gewählten Alternative" ab: "Die Identität eines Entscheidungsaktes profiliert sich deshalb nicht nur in der gewählten Alternative, sondern auch gegen den Horizont anderer Möglichkeiten, vor denen sie bevorzugt worden ist. Daher ändert eine Entscheidung ihre Qualität auch ohne Änderung des durch sie ausgelösten Ablaufs, wenn eine vergessene oder übersehene Alternative plötzlich auftaucht und nachträglich hineininterpretiert werden muß" (1993a, 338). In solchen Überlegungen erhalten die in der Genese jeweils erwogenen Alternativen eine bleibende Funktion auch über die Setzung einer Lösung hinaus zugesprochen: Sie sind als eine Geltungsbedingung nicht nur in der Genese der jeweiligen Lösung relevant, sondern sind in ihrer Funktion als eine Geltungsbedingung zu bewahren.[6] Solange man nun einem eher geradlinigen Fortschrittsverständnis anhängt und jeweilige aktuelle Forschungsstände für die bislang "besten" hält, wird die Motivlage zum Bewahren der erwogenen Alternativen als eine Geltungsbedingung vermutlich wesentlich geringer sein, als wenn man - wie auch Feyerabend - einem eher relativistischen Pluralismus zuneigt oder wie Lakatos annimmt, "daß auch ein weit zurückgebliebener Gegner noch immer ein Comeback erleben kann" (1974, 283). Mit dieser Einstellung wird man weitaus motivierter sein, jeweils unterlegene Alternativen als Erwägungen zu bewahren. Denn: "Kein Vorteil für eine Seite darf jemals als absolut endgültig angesehen werden. Kein Triumph ist unvermeidbar, noch ist die Niederlage eines Programms unvermeidbar. Hartnäckigkeit und Bescheidenheit haben also größeren 'rationalen' Spielraum. *Aber die Liste der Erfolge und der Mißerfolge der konkurrierenden Programme muß aufgezeichnet und zu allen Zeiten öffentlich vorgelegt werden*" (Lakatos 1974, 283). Feyerabend hält das Bewahren von Alternativen sogar für konstitutiv für eine "freie Gesellschaft": *"Eine freie Gesellschaft ist eine Gesellschaft, in der alle Traditionen gleiche Rechte und gleichen Zugang zu den Zentren der Erziehung und andren Machtzentren haben.* Wenn Traditionen Vorteile und Nachteile nur dann haben, wenn man sie vom Standpunkt anderer Traditionen aus betrachtet, dann ist die Wahl *einer* Tradition als Grundlage einer freien Gesellschaft ein Akt der Willkür, der entweder mit Gewalt durchgesetzt werden muß oder durch einen freien Austausch zwischen den die Gesellschaft bewohnenden Traditionen begründet werden kann. Im letzten Fall ist die Einschränkung vorübergehend und kann durch Fortsetzung des Austausches (der Diskussion) wieder aufgehoben werden. Man kann versuchen, diese Möglichkeit durch besondere Institutionen offen zu halten, zum Beispiel im Sinne der folgenden *Ergänzung*: die Traditionen, die durch einen freien Austausch vorübergehend von den Zentren der Erziehung und anderen

Machtzentren entfernt wurden, sind in besonderen Institutionen aufzubewahren und es ist Sorge zu tragen, daß freie Diskussionen von ihnen immer Gebrauch machen. Eine freie Gesellschaft dieser Art hat also ein weitaus umfassenderes Gedächtnis, als moderne liberale Gesellschaften, und sie setzt dieses Gedächtnis auch entschiedener ein" (1980, 72f.).

Mir ist keine Stelle bekannt, wo Feyerabend näher dargelegt hätte, wie ein solches Gedächtnis beschaffen sein müßte, das man mit Reinhard Keil-Slawik insofern als ein "externes Gedächtnis"[7] bezeichnen könnte, weil es nicht für einzelne Individuen als alleinige Trägerinnen und Träger zu konzipieren wäre, sondern ein Ort der Bewahrung sein müßte, der allen zugänglich wäre. Das Erwägungskonzept läßt sich auch als ein Forschungsprojekt zur Erarbeitung von Grundlagen für ein solches externes Gedächtnis verstehen, mit dem jeweils erwogene Alternativen zu einem Problem in Form von Erwägungsforschungsständen bewahrt werden, die dann von den einzelnen bei ihren jeweiligen Entscheidungen[8] genutzt werden können. Im Sinne der bereits angesprochenen Selbstreferentialität des Erwägens des Erwägens wären in einem solchen externen Gedächtnis auch Alternativen zum erwägenden Umgang mit Alternativen sowie überhaupt verschiedene Methoden und Vorgehensweisen im Umgang mit Vielfalt erwägungsorientiert zusammenzustellen und zu bewahren. Aus erwägungsorientierter Perspektive käme es darauf an, daß dieses Gedächtnis - wie Feyerabend es nennt - "entschieden eingesetzt" würde. Wenn man die historischen Erwägungs- und Lösungsalternativen als eine Geltungsbedingung bewahren und nutzen will, dann müssen sie "lebendig" bleiben und immer wieder auch nachgefragt werden, um die Begründungsqualität aktueller eigener und fremder Entscheidungen einzuschätzen. Ein externes Gedächtnis, das den Status eines staubigen Aktenschrankes oder Museums hätte, in die man all das auslagert und abschiebt, was zwar irgendwie mal ganz interessant war, dem nun aber keine aktuelle Bedeutung mehr beigemessen wird, würde zwar auch der Bewahrung von Alternativen etwa im Sinne einer historischen Dokumentation oder Archivierung dienen. Die so bewahrten Alternativen wären aber nicht als nutzbare jeweilige Geltungsbedingungen für aktuelle Lösungssetzungen zusammengestellt. Ein externes Gedächtnis, welches auch die Funktion übernehmen sollte, zu jeweiligen Problemlagen die entsprechenden Erwägungs- und Lösungsalternativen aufzubereiten und zu bewahren, würde auch eine wichtige Rolle im Festhalten und Aufzeigen von Lücken und Grenzen jeweiligen Wissens übernehmen. Denn überall dort, wo es zu bestimmten Fragen z. B. zwar bereits erste Antworten gibt, aber noch wenig oder keine Alternativen erarbeitet werden konnten, würde auf noch zu schließende Forschungslücken[9] aufmerksam gemacht.

(14) *Veränderung von Konkurrenz durch Integration von Alternativen auf der*

Erwägungsebene? - *Erwägungs- und Lösungspluralismus*: Darüber, inwiefern eine Erwägungsorientierung die Konkurrenz zwischen Vertreterinnen und Vertretern kontroverser Positionen einschließlich der angesprochenen Folgen wie Alternativenabwehr verändern könnte, lassen sich angesichts dessen, daß es keine Forschungstraditionen des Bewahrens von Alternativen als einer Geltungsbedingung für jeweilige Lösungen gibt, nur Vermutungen anstellen. Welche Mentalitäten durch eine Erwägungsorientierung gefördert werden könnten, läßt sich ahnen, wenn Wolfgang Welsch über sein Konzept einer "Transversalen Vernunft" feststellt: "Aber das theoretische Bewußtsein prinzipiell möglicher Alternativen vermag uns davor zu bewahren, diese Lösung dann gegen neue Befragungen für immun, sie als die transsituativ gültige Lösung schlechthin und für alle Zeiten anzusehen - und dadurch ihre Gültigkeit in eine hyperbolische Behauptung zu verkehren" (2000, 89, Nr. (90)). Für eine Veränderung des Konkurrenzverhaltens durch eine Erwägungsorientierung sprechen meines Erachtens außerdem folgende Überlegungen: Durch die Geltungsbedingung, daß die erwogenen Alternativen mit über die Qualität der jeweils bevorzugten Lösung bestimmen, wird die Identifikation mit jeweiligen Lösungen auf die ihnen zuzurechnenden Erwägungsforschungsstände ausgedehnt, wenn nicht sogar dorthin verlagert. Denn wird sich eine Person, die möglichst gut begründete Lösungen im Sinne des Erwägungskonzeptes haben möchte, also Lösungen, zu denen man möglichst umfassend die adäquaten Alternativen angeben kann, nicht leichter von bisher eingenommenen Lösungen trennen können und diese dann, wenn es angemessen ist, zukünftig den Geltungserwägungen überantworten? Andererseits mag man einwenden, ob die Identifikation mit Erwägungsforschungsständen sowie die Zielsetzung, diese, wenn es sinnvoll ist, weiter zu entwickeln und auszubauen, nicht nur zu einer anderen Art von Konkurrenz führen würde, nämlich einer Konkurrenz zwischen Vertreterinnen und Vertretern unterschiedlicher Erwägungsforschungsstände? Ein derartiger Einwand würde meines Erachtens außer acht lassen, daß die Erwägungsorientierung nicht auf irgendeiner Ebene oder in einem bestimmten Stadium mit einer dogmatischen Beendigung[10] vereinbar ist. Für die Konkurrenz zwischen Personen mit unterschiedlichen Erwägungsforschungsständen hieße dies, daß es keine ausgrenzende, die Auffassungen der Gegnerinnen bzw. Gegner eliminierende sein könnte, sondern daß man sich um alternative Integrationsmöglichkeiten bemühen müßte (zum Problem des Schaffens eines gemeinsamen Rahmens vgl. auch Blanck/Herzig/Loh 1999, 150, Nr. (31)).[11] Das Vorliegen unterschiedlicher Erwägungsforschungsstände würde dazu führen, nach Meta-Erwägungsforschungsständen zu suchen, das Vorliegen von Meta-Erwägungsforschungsständen nach Meta-Meta-Erwägungsforschungsständen usw. Es wäre herauszufinden, ob diese Iterationen irgendwann in einen Leerlauf gelangen könnten, etwa weil nur noch Wiederholungen vorkommen würden, oder ob dies prinzipiell nicht möglich ist.

Die Integrationsbemühungen auf der Erwägungsebene und ein dort bestehender radikaler Pluralismus dürfen nicht verwechselt werden mit dem, was die einzelnen bereit sind auf der Lösungs- bzw. deren Realisierungsebene zuzulassen.[12] Die Unterscheidung in "Nicht-Übernahme" und "Ausschluß", die Wolfgang Welsch für sein Konzept einer Transversalen Vernunft unterstreicht (1995, 926f.)[13], ist auch für das Erwägungskonzept zu betonen: Daraus, daß auf der Erwägungsebene keine noch so mißliebige, aber problemadäquate Position ausgeschlossen werden soll, folgt nicht, daß sie für die Lösungs- bzw. Realisierungsebene übernommen wird. Auch daß jeweilige Erwägungsebenen selbst reflexiv erwägend zu bedenken sein sollten - etwa in Form von Erwägungsforschungsständen in den Wissenschaften - bedeutet nicht, daß man "positionslos" wird. Man "nimmt die Position einer Erwägungsorientierung ein, in der die je eigenen Lösungen als potentielle Lösungen verortet werden können" (Blanck/Herzig/Loh 1999, 150, Nr. (32)). Es ist zu vermuten, daß diejenigen, die sich intensiv mit alternativen Positionen auf der Erwägungsebene auseinandergesetzt haben und meinen, die eigene gesetzte Lösung gut gegenüber diesen alternativen Positionen begründen zu können, sich wenig dafür einsetzen werden, daß andere Lösungsmöglichkeiten erhöhte Realisierungschancen erhalten sollten, insbesondere dann nicht, wenn sie als eine Bedrohung der eigenen Realisierungen von Lösungen angesehen werden. So gesehen könnte es in gewissen Fällen zu einer Verschärfung der Konkurrenz auf der Realisierungsebene kommen. Andererseits ist zu fragen, wann es zu solchen Situationen kommen wird. Vermutlich wird es dazu noch am ehesten kommen, wenn Personen mit Erwägungsorientierung auf solche treffen, die erwogene Alternativen nicht als Geltungsbezug für jeweilige Lösungen akzeptieren und diese Position auch nicht reflexiv gegenüber Alternativen begründen wollen. In anderen Fällen wiederum wird die intensive Auseinandersetzung mit Alternativen auf der Erwägungsebene hingegen eine Konkurrenz auf der Realisierungsebene hinfällig werden lassen, wenn etwa eingesehen wird, daß jeweilige Lösungsvorlieben dezisionär (im Sinne von nicht mit hinreichenden Gründen den anderen vorziehbar) begründet sind und es sinnvoll sein könnte, verschiedene Realisierungen zugleich zu versuchen. Es wäre eine eigene Forschungsaufgabe herauszufinden, bei welchen Problemen mit welchen Erwägungsalternativen welcher Lösungs- bzw. Realisierungspluralismus sinnvoll sein könnte. Berücksichtigt man z. B. die Überlegungen von Klaus Peter Rippe zu einer "argumentativen Diskussionskultur", dann scheint es, in die hier von mir verwendete Terminologie übertragen, für ihn zum Lebendighalten von Geltung und Kritikoffenheit jeweiliger Positionen dazuzugehören, daß diese auch als Lösungen, nicht bloß als Erwägungsalternativen, weiter bestehen: "Ziel einer solchen Diskussionskultur, wie ich sie hier verstehe, ist nicht der Konsens. Möglicherweise käme Konsens zustande, nachdem die wahre moralische Antwort für einen Konfliktfall gefunden wurde. Aber selbst dies

wäre nicht wünschenswert. Abweichende Meinungen könnten weiterhin bestehen - und sie sollten es, um die Geltung jener Antwort, die einige oder die
Mehrheit für die wahre halten, zu hinterfragen und damit lebendig zu erhalten"
(1997, 140). Ich verstehe Rippes "abweichende Meinungen" hier in einer zweifachen Referenz: zum einen sind sie jeweilige Lösungen, die einige Personen
vertreten, zum anderen sind diese Lösungen für andere Personen - die andere
Lösungen, wie etwa die Mehrheitsmeinung, vertreten - zu erwägende Alternativen, vor denen ihre Position ihre Geltung verantworten und sich hinterfragen
lassen muß.

(15) *Vorteile für Lehr-/Lernprozesse durch die Bewahrung von Alternativen
als eine Geltungsbedingung*: Ein weiteres Argument für ein Bewahren erwogener Alternativen auch nach einer erfolgten Lösungssetzung, an das sich das
Erwägungskonzept anknüpfen läßt, findet man bei John Stuart Mill. Seine Überlegungen sind insofern besonders interessant, weil er ein Wissen um die jeweiligen Alternativen selbst bei zweifelsfreiem Wissen für relevant erachtet: "Wenn
die Menschheit fortschreitet, wird die Zahl der Lehren, über die kein Zweifel
mehr besteht, beständig zunehmen, und das Gedeihen der Menschheit kann
beinahe bemessen werden nach der Wichtigkeit und Zahl der Wahrheiten, die
nicht mehr bezweifelt werden können. [...] Aber obgleich diese gradweise Ein-
engung der Meinungsverschiedenheiten notwendig ist, in des Wortes doppelter
Bedeutung, nämlich unvermeidlich und unerläßlich, so brauchen wir daraus noch
nicht zu schließen, daß alle ihre Folgen segensreich seien. Der Verlust einer so
wichtigen Hilfe für die kluge und lebendige Aufnahme einer Wahrheit, wie sie
die Notwendigkeit darstellt, sie zu erklären und gegen Widersacher zu verteidigen, schmälert nicht unerheblich das Wohltätige ihrer allgemeinen Anerkennung, wenn sie ihren Wert auch nicht ganz aufzuwiegen vermag. Wo man diesen Vorteil nicht länger haben kann, da sollten - wie ich meine - die Lehrer der
Menschen sich um einen Ersatz bemühen; einen Kunstgriff müßte man finden,
um die Schwierigkeit der Frage für das Bewußtsein des Lernenden ebenso gegenwärtig zu erhalten, als ob sie ihm aufgezwungen würde von einem Kämpfer
der Gegenpartei, der ihn bekehren will" (1991, 61). Ich sehe in diesen Überlegungen Mills zwei Komponenten, die ein Bewahren von Alternativen selbst bei
zweifelsfreien Lösungen, wenn es die denn je geben können sollte, sinnvoll
erscheinen lassen. Einerseits kann man ein Alternativenwissen als didaktisches
Mittel nutzen, um Lösungen zu plausibilisieren. Darüber hinaus würde ein Bewahren von Alternativen selbst bei zweifelsfreien Lösungen vor allem aber bedeuten, daß solche Lösungen nicht heteronom als vorgegebene (Glaubens-)Lö-
sungen übernommen bzw. gelernt werden müßten. Stattdessen könnte jede und
jeder autonom nachvollziehen, warum eine bestimmte Lösung die (vorerst) beste oder richtige ist. Eine Bewahrung des Erwägungswissens (Wissen um die

möglichen alternativen Lösungen) würde die autonomen Entscheidungs- und Verantwortungsmöglichkeiten fördern und müßte ein relevanter Gesichtspunkt für erziehungswissenschaftliche Orientierungen sein, die sich Zielen wie »Demokratie-«, »Entscheidungs-« und »Handlungsfähigkeit«, »Mündigkeit« und »Verantwortungsfähigkeit« verpflichtet fühlen. Denkt man allein an den Aufbau von Lehrbüchern, so wäre in diesen nicht nur Lösungswissen, sondern das ihm zuzurechnende Erwägungswissen aufzunehmen. Insofern das, was gelehrt und gelernt werden kann, auf Lösungswissen bezogen ist, verwundert es nicht, wenn man keine Traditionen einer erwägungsorientierten Vermittlung von deskriptiven und präskriptiven Konzepten finden kann. Wollte man, wie Wilhelm Schmid für eine Pädagogik der Lebenskunst formuliert, eine "Bildung", die "verbunden ist mit dem Gewinn von Wahlmöglichkeiten" (1998, 312), so wären aber nicht nur die entsprechenden Wissensstände dementsprechend zuzubereiten, sondern es wären Fähigkeiten des Umgangs mit Vielfalt und Alternativen, die man auch "Pluralitäts-" oder "Entscheidungskompetenzen" nennen könnte, zu vermitteln.

(16) *Anknüpfungsmöglichkeiten an eine Pädagogik der Vielfalt*: Auch wenn meines Wissens bislang keine Forschungstraditionen eines erwägungsorientierten Lehrens und Lernens entwickelt wurden, so gibt es andererseits sehr wohl für das Erwägungskonzept relevante pädagogische Konzepte, wie z. B. die "Pädagogik der Vielfalt" von Annedore Prengel (u. a. 1993 (bzw. die 2. Auflage 1995), 1999a, s. auch Ulf Preuss-Lausitz 1993), in deren Zentrum das Vorhandensein von und der Umgang mit Vielfalt stehen. Vielfalt wird dabei an der Differenz zwischen den einzelnen Individuen mit ihren jeweiligen Lebensgeschichten, kulturellen Verwurzelungen und Lebensstilen, Fähigkeiten und Schwächen usw. festgemacht. Eine Pädagogik der Vielfalt "versteht sich als Pädagogik der intersubjektiven Anerkennung zwischen gleichberechtigten Verschiedenen" (Prengel 1993, 62 (bzw. 1995, 62)). Nach der hier verwendeten Unterscheidung zwischen Vielfalt und Alternativen auf einer Erwägungs- und einer Lösungs- bzw. Realisierungsebene nimmt eine Pädagogik der Vielfalt ihren Ausgang von einer Vielzahl an gelebten Lösungs-/Realisierungsalternativen. Auf den ersten Blick scheinen eine Pädagogik der Vielfalt und das auf Entscheidung bezogene Erwägungskonzept nicht unmittelbar etwas miteinander zu tun zu haben. Denn geht es nicht, vereinfachend zugespitzt formuliert, in einer Pädagogik der Vielfalt um die Anerkennung und Wertschätzung von Vielfalt und Alternativen vor allem auch auf einer Lösungs-/Realisierungsebene, wohingegen es dem Erwägungskonzept zunächst einmal nur um eine radikale Pluralität auf der Erwägungsebene geht, der keine dementsprechende Vielfalt auf der Lösungs- bzw. Realisierungsebene korrespondieren muß?

Insofern eine Pädagogik der Vielfalt nicht beliebige Vielfalt zulassen will (vgl. Prengel z. B. 1993, 183 (bzw. 1995, 184)), sondern eine "Vielfalt durch gute Ordnung" (s. Prengel 1999b) intendiert, ist zu fragen, welche Vielfalt einer demokratisch-pluralistischen Gesellschaft förderlich ist und welche nicht. Eine besondere Nähe zwischen einer Pädagogik der Vielfalt sowie dem Konzept einer Vielfalt durch gute Ordnung und dem Erwägungsansatz sehe ich in der Betonung der Standortbezogenheit und Subjektivität allen Erkennens (s. etwa Prengel 1999b, 37f.) und einem reflexiven Wissen hierüber, welches mit einer Sensibilität für Wissen um Nicht-Wissen bzw. Grenzen jeweiligen Wissens (s. etwa a. a. O., 38) sowie dem Bewußtsein für Mehrperspektivität und der Fähigkeit zu *erwägende[m] Perspektivenwechsel* (a. a. O., 41) verbunden ist und welches mit der Entwicklung einer Mentalität einhergeht, für die ein spezifischer Umgang mit eigenen Fehlern und Schwachstellen sowie eine Offenheit und Neugier für andere Positionen kennzeichnend ist: "Wage ich es, auch die Kehrseiten, Brüche und Schwachstellen meiner Einsichten zu suchen und das nicht, um alles wasserdicht zu machen, sondern im Wissen darum, daß Wissen unvollkommen ist, so bricht mir kein Zacken aus der Krone, sondern ich kann lernen, mit Begeisterung mehrdimensional zu denken" (a. a. O., 34). - "Für erziehungswissenschaftliche Streitkultur folgt aus der Reflexion der Ausschnitthaftigkeit jeglicher Erkenntnis eine weniger an Rechthaberei als an Neugierde auf andere Positionen orientierte Haltung" (a. a. O., 38; zu einigen Vermutungen über Erwägungsmentalitäten vgl. insbes. Kap. II., 2.3.3.4, Nr. (73)). Betrachtet man die "Elemente einer Pädagogik der Vielfalt" (s. Prengel 1993, 183-196 (bzw. 1995, 184-196)) näher, dann stellt sich z. B. hinsichtlich der Entwicklung eines Selbstverstehens und Verstehens anderer sowie der Entwicklung reflexiver Fähigkeiten, wie das Erfassen eigener Begrenztheiten, die Frage, inwiefern sich diese durch eine vielfalts- und erwägungsorientierte Entscheidungskompetenz unterstützen ließen. Denn wenn, wie vermutet, eine Erwägungsorientierung zu einer Abmilderung von ausgrenzendem Konkurrenzverhalten und einer größeren Offenheit für Alternativen führen könnte, müßte sich dies nicht auch günstig auf diese Verstehens- und Reflexionsfähigkeiten auswirken? In meinen Überlegungen zur Entwicklung einer Erwägungsdidaktik werde ich hierauf zurückkommen (s. Kap. III, 2., Nr. (18)).

(17) *Zur »Machbarkeit« des Erwägungskonzeptes*: Angesichts der verschiedenen Anknüpfungspunkte, die sich in der Literatur für die Entfaltung von Erwägungsforschungstraditionen finden lassen, stellt sich die Frage, warum dies bisher nicht geschehen ist. Diese Frage zu verfolgen wäre selbst ein umfassendes Forschungsprojekt, dem hier nicht näher nachgegangen werden soll.[14] Womöglich könnte die fehlende Entfaltung von Erwägungsforschungstraditionen auch mit der zweiten, in (6) geäußerten Irritation gegenüber dem Erwägungs-

konzept zusammenhängen, ob es überhaupt machbar sei, die jeweils problem-adäquaten Alternativen vollständig zu erfassen, oder ob dieser Anspruch nicht vielmehr der beste Weg sei, nur noch selten oder sogar nie zu einem Ergebnis zu gelangen? Haben wir es nicht schon mit hinreichender Komplexität zu tun, die durch ein Bewahren von jeweils erwogenen Alternativen, damit man diese als eine Geltungsbedingung für die jeweilige Qualität einer bevorzugten Lösung angeben und nutzen kann, nur gefährlich weiter vergrößert würde? Kommt es angesichts dessen, was zuweilen als »Informationsflut« bezeichnet wird, gerade auch für Lehr-/Lernprozesse nicht vielmehr darauf an, auszuwählen und einzu-schränken, was vermittelt werden soll?

Auf diese Fragen Antworten zu geben ist insofern schwierig, weil es bisher keine entfalteten Erwägungstraditionen gibt, die die hier geäußerten Befürch-tungen bestätigen würden. Das gleiche trifft für mit dem Erwägungskonzept verknüpfte Hoffnungen und Einwände gegen diese Befürchtungen zu, die ich im folgenden kurz skizzieren will, weil sie meines Erachtens zumindest dazu beitragen können, das Erwägungskonzept weniger mißzuverstehen.

Wenn jemand den Anspruch des Erwägungskonzeptes nach möglichst problem-adäquater Zusammenstellung aller Alternativen zu einem Problem für nicht machbar hält, so kann das daran liegen, daß vom jeweiligen Problembezug ab-gesehen und darauf hingewiesen wird, daß sich immer wieder neue Aspekte, Erkenntnisse usw. ergeben können. Es wird unterstellt, daß es sich bei einer Zusammenstellung von erwogenen Alternativen um eine »endgültige«, »abso-lute«, nicht weiter zu verbessernde Erfassung handeln soll. Eine solche Auffas-sung mag dann zu einer Position wie der von Hans Albert führen, nach dem es "zu jeder Theorie *unendlich viele mögliche Alternativen* und gleichzeitig *un-endlich viele mögliche Anomalien* (Gegenbeispiele)" gibt, "so daß die Suche nach geeigneten Problemlösungen nie als abgeschlossen gelten kann. Jede bis-her unentdeckte Lösung kann sich später als im Sinne der geltenden Maßstäbe vorzugswürdig erweisen" (1987, 88). Aus der Perspektive eines Kritischen Rationalismus kommt es vor allem darauf an, daß der Prozeß des Forschens und Suchens nicht an irgendeiner Stelle abgebrochen wird: "Die Pointe eines methodischen Kritizismus, der an die Stelle der klassischen Methodologie tre-ten kann, liegt nicht darin, jeweils eine bestimmte Problemlösung durch ein Begründungsverfahren irgendwelcher Art endgültig auszuzeichnen, sondern darin, *alternative* Lösungsvorschläge - Theorien, Erk[l]ärungen, Beschreibun-gen - zu *konstruieren* und zu *kritisieren*, das heißt sie in bezug auf ihre kompa-rative Leistung zu beurteilen, um eine *Entscheidung* zwischen ihnen zu ermög-lichen" (Albert 1987, 89). Auch wenn in einem Zitat wie dem von Albert die zukünftige Korrigierbarkeit jeweiliger Wissensstände hervorgehoben wird, darf dies meines Erachtens nicht dahingehend interpretiert werden, daß man nicht zu jeweiligen Zeitpunkten versuchen sollte, die problemadäquaten Alternativen etwa durch ein kombinatorisches Vorgehen so umfassend und vollständig wie möglich zu bestimmen (vgl. hierzu etwa auch Hans-Joachim Niemann, der eine Gemeinsamkeit zwischen Kritischem Rationalismus und der Transversalen Vernunft von Welsch darin sieht, daß beide sämtliche Alternativen in ihren Entscheidungen berücksichtigen wollen (2000, 130, Nr. (8)). Worauf es Albert und anderen Vertreterinnen und Vertretern eines Kritischen Rationalismus ankommt, ist, daß man eine vielleicht einmal gefundene vollständige Zusammenstellung von Alternativen nicht für »endgültig«, im Sinne von unverbesserbar, erklärt. In diesem Sinne wird Alberts Auffassung, daß es "kein System von Regeln geben" kann, "das endgültige Entscheidungen ermöglicht", vom Erwägungskonzept geteilt (Albert 1987, 83). Denn aus Sicht des Erwägungskonzeptes sind die jeweilige vollständige Zusammenstellung der problemrelevanten Alternativen sowie die zukünftige Verbesserung jeweiliger Erwägungszusammenstellungen einschließlich eines Bemühens um solche Verbesserungen kein Widerspruch. Auch wenn mit dem Erwägungskonzept davon ausgegangen wird, daß die Begründungsqualität von Problemlösungen mit entfalteten Erwägungsforschungsständen gegenüber Lösungsvorschlägen mit weniger entfalteten Erwägungsforschungsständen besser ist, ist dies kein Plädoyer, selbst bei einer vorerst »vollständigen« Zusammenstellung von problemadäquaten Alternativen den weiteren Suchprozeß abzubrechen und die gefundene vollständige Zusammenstellung für unverbesserbar und in diesem Sinne für »endgültig« zu erklären. So wie man die jeweiligen Lösungen offen gegenüber Kritik und Verbesserungen halten kann, so lassen sich auch die jeweiligen Erwägungszusammenstellungen als eine Geltungsbedingung für Korrekturen und Widerlegungen offenhalten. Es mag vielleicht an den unterschiedlichen Hervorhebungen von Zukunftsperspektive beim Kritischen Rationalismus (prinzipieller Fallibilismus aller bisher gefundenen Lösungen) und Vergangenheitsperspektive beim Erwägungskonzept (Bewahren von erwogenen Alternativen als eine Geltungsbedingung auch nach einer Lösungssetzung) liegen, daß die jeweils anderen Perspektiven auf den ersten Blick für manche in den Hintergrund treten, auch wenn das zumindest für das Erwägungskonzept nicht zutreffend ist. Denn das Bewahren der jeweils erwogenen Alternativen zielt auch auf verantwortungsvollere Entscheidungsmöglichkeiten in der Zukunft.

Unabhängig von dem skizzierten möglichen Mißverständnis, das Erwägungskonzept könne irgendwelche illusionären Absolutheitsansprüche verfolgen, bleibt das Problem der steigenden »Informationsflut«, wenn zusätzlich zur Masse an jeweiligen konkurrierenden Lösungsalternativen auch noch die Erwägungsalternativen hinzukommen. Insofern es bisher keine entfalteten erwägungsorientierten Methoden des Erzeugens, Bestimmens, Zusammenstellens und Bewahrens von (insbesondere qualitativen[15]) Alternativen gibt, muß sich erst noch zukünftig zeigen, ob die mit dem Erwägungskonzept verbundene Hoffnung berechtigt ist, daß eine allmähliche Aufklärung über jeweilige Vielfalt nicht nur zu einer größeren Übersichtlichkeit dessen führen mag, was jeweils "alternativ" genannt wird, sondern vielleicht auch zu einer Reduzierung an Vielfalt führen könnte, weil sich etwa verschiedenes als »Scheinalternative« herausstellt.[16] Bei »Scheinalternativen« denke ich z. B. an diejenigen Fälle, wo gleiche Konzepte nur unter verschiedenen Schlagworten abgehandelt werden oder Lösungsmöglichkeiten als einander ausschließend gegenübergestellt werden, die gut miteinander vereinbar sind.

Selbst wenn sich aber derartige Hoffnungen als trügerisch erweisen sollten, ist meines Erachtens damit nicht die Machbarkeit des Erwägungskonzeptes in Frage gestellt, insofern dieses vor allem auf eine Veränderung jeweiliger Mentalitäten zielt. Wichtig für die Umsetzung des Erwägungskonzeptes ist es meinem Verständnis nach weniger, daß alles in Erwägungen eingebettet wird, zumal dies nicht möglich wäre, sondern daß herauszufinden ist, wo und wann Erwägen überhaupt sinnvoll ist. Entscheidend ist meiner Meinung nach vielmehr, ob durch die Orientierung am Erwägungskonzept jeweilige Entscheidungszusammenhänge und Lösungssetzungen transparenter und besser einschätzbar werden, und sei es, daß man erkennt, wie wenig man an Alternativenwissen hat oder daß bestimmte Lösungssetzungen dezisionär sind. Vom Erwägungskonzept aus bedacht käme es darauf an, daß Erwägungswissen und Erwägungskompetenz je nach konkretem Entscheidungszusammenhang etwa zu mehr Bescheidenheit und Vorsicht (insbesondere beim Wissen um Nicht-Wissen), aber auch größerer Sicherheit im Umgang mit Unsicherheit, höherer Gelassenheit (etwa beim Feststellen dezisionärer Entscheidungskonstellationen) oder zu verantwortbarerem Engagement für eine Position führen könnte (wenn die Erwägungszusammenstellung (vorerst) ermöglicht, daß eine bestimmte Position gegenüber den problemadäquaten Alternativen vorzuziehen ist).[17]

Für die »Machbarkeit« einer erwägungsorientierten Gestaltung von Lehr-/Lernprozessen hieße dies, daß keineswegs »alles« in Erwägungen eingebettet vermittelt werden müßte. Es käme vielmehr auf die Vermittlung eines erwägungsorientierten Entscheidungswissens und die Förderung einer Erwägungsorientierung an, indem von den Lernenden und Lehrenden erwogen würde, wann es sinnvoll sein könnte zu prüfen, ob jeweilige Lösungsvorgaben gegenüber Alternativen begründet sind. - Um besser einschätzen zu können, ob die angenommenen Unterschiede zwischen Erwägungs- und Lösungsmentalitäten, die vermutlich ihren Ausdruck in entsprechenden Lösungs- und Erwägungskulturen finden, angemessen sind, wäre allerdings erst noch herauszufinden, wie ein erwägungsorientiertes Entscheidungswissen aufgebaut und vermittelt werden könnte und inwiefern sich vorhandene Vielfalts- und Entscheidungskompetenzen durch Erwägungswissen und -kompetenzen verändern.

2.3 Methodische Überlegungen

(18) *Ausgangslage*: Auch wenn es bisher keine entfalteten systematischen Methoden eines erwägungsorientierten Vorgehens gibt, legt die skizzierte Erwägungsorientierung doch zumindest die Richtung nahe, in der methodische Verfahren zu suchen und zu erproben sind. Zum einen sind Vorgehensweisen zu wählen, die einen möglichst adäquaten Horizont an Alternativen zu erschließen helfen. Vorschnelle Festlegungen auf jeweils spezifische Positionen, die den Blick für Alternativen einschränken, sind zu vermeiden. Nimmt die Erschließung eines Erwägungshorizontes ihren Ausgang von einer bestimmten Position, so kommt es darauf an, diese so zu analysieren und zu erwägen, daß jeweilige Positionen in einem Alternativenhorizont zu verorten sind. Teilt man die Auffassung von Ulla Bock, nach der man zur "Objektivität [...] nur über ein klares Bewußtsein von der Subjektivität" gelangt (1988, 66), dann würde so gesehen eine erwägende Verortung jeweiliger Positionen durch Entfaltung jeweiliger Subjektivität mehr Objektivität ermöglichen. Hierfür wären Methoden sinnvoll, die jeweilige Positionen in einer Weise zu analysieren helfen, daß zu ihnen Alternativen entwickelbar sind. Um bei der Erschließung eines adäquaten Horizontes von Alternativen nicht in ein beliebiges Abschweifen und Verzetteln in jeweilige Vielfalt abzugleiten, ist außerdem nach Methoden zu suchen, die angeben lassen, was jeweils noch eine "adäquate Alternative" zu nennen ist oder wo nur Scheinalternativität besteht. Insofern Entscheidungen auf Alternativen bezogen sind, wird der Auseinandersetzung mit dem Alternativenbegriff eine grundlegende Relevanz in dieser Arbeit beigemessen (vgl. II. 2.3). Neben Vorgehensweisen, die Alternativen erschließen lassen, sind zum anderen Vorgehensweisen zu suchen, die jeweilige Erwägungshorizonte möglichst übersichtlich erfassen, zusammenstellen und bewahren lassen. Inwiefern die neuen Informationstechnologien sich dabei zur Repräsentation und Bewahrung von erwogenen Alternativen besonders eignen könnten, ist eine Forschungsfrage, die aber im Rahmen dieser Arbeit nicht verfolgt wird.

Es geht also darum, sowohl für die Erfassung von Alternativen als eine Geltungsbedingung in der Genese von Lösungen als auch für die Bewahrung erwogener Alternativen nach einer Lösungssetzung Methoden zu finden. Die erwägungsorientierte Zusammenstellung geeigneter Methoden für erwägungsorientiertes Vorgehen ist eine eigenständige Forschungsarbeit, bei der u. a. herauszufinden wäre, bei welchen Problemen welche Methoden adäquat sind. Die hier gewählte und im folgenden skizzierte Vorgehensweise kann im Rahmen dieser Arbeit zwar plausibilisiert, nicht aber selbst gegenüber zu erwägenden Alternativen umfassend verortet und begründet werden.

(19) *Wege der Begriffsklärung:* "Entscheidung" ist ein Terminus, der sowohl im Alltag als auch in verschiedenen wissenschaftlichen Disziplinen verbreitet ist. Will man sich einen Überblick über verschiedene Verwendungsweisen des Ausdrucks "Entscheidung" verschaffen, um sich ein möglichst umfassendes Wissen über »Entscheidung« zu erarbeiten und um herauszufinden, ob es einen transdisziplinären Begriffskern gibt, dann ist es sinnvoll, vorfindbare Verwendungsweisen aus unterschiedlichen Gebieten zusammenzubringen.

Die Suche nach verschiedenen Verwendungsweisen ist um zwei weitere Methoden zur Erschließung von Vielfalt ergänzbar: Unterschiedliche Positionen sind nicht nur in verschiedenen Disziplinen, sondern auch innerhalb jeweiliger Disziplinen zu vermuten, so daß hier ein weiterer Focus liegen sollte, wenn man sich ein möglichst umfassendes Einzugsgebiet unterschiedlicher Verwendungsweisen erschließen will. Bei der Zusammenstellung solcher Verwendungsweisen ist das hermeneutische Problem zu bedenken, inwiefern man jeweilige Autorinnen und Autoren adäquat interpretiert. Das, was eine Person aus einer bestimmten Perspektive als unterschiedliche Verwendungsweisen deutet, kann von einer anderen Perspektive aus (von derselben oder einer anderen Person) anders gesehen werden. Von daher wären jeweilige Deutungen von Autoren und Autorinnen aus erwägungsorientierter Perspektive ihrerseits in einem Spektrum zu erwägender Deutungsalternativen anzugeben. Alternative Verwendungsweisen des Ausdrucks "Entscheidung" ließen sich so gesehen auch durch eine erwägungsorientierte Interpretation einzelner Autorinnen und Autoren erschließen. Im Sinne des vorigen Abschnitts (Nr. (18)) wäre dies auch als eine Methode der Entfaltung von Subjektivität, nämlich als Entfaltung einer eigenen ersten Deutung, zu beschreiben.

Um den Gefahren projizierender Deutungen sowie eines bloßen Streites um Worte zu begegnen, wird eine beispielsorientierte Suche nach verschiedenen Verwendungsweisen angestrebt. Dabei sollten die Beispiele möglichst einfach sein. Eine Beispielsorientierung bietet sich auch deshalb an, weil durch sie ein transdisziplinärer Gegenstandsbereich konstituierbar ist. Zu Beginn des Kapitels II werden deshalb verschiedene Beispiele, wie sie u. a. in der Literatur zu finden sind, aufgeführt. Sie sollen einerseits einen ersten Horizont für unterschiedliche Verwendungsweisen und Abgrenzungen des Terminus "Entscheidung" geben, andererseits als Bezug für die nachfolgenden Erörterungen der verschiedenen Merkmale und Aspekte von »Entscheidung« genutzt werden.

Begriffsklärung im hier angestrebten Sinne bedeutet Suche nach Definitionen bzw. Bestimmungen, mit denen sich jeweilige Verständnisse zusammenfassen und von anderen abgrenzen lassen. In der Literatur wird eine derartige Zielsetzung zuweilen als Ausdruck von Herrschaftsgebaren kritisiert. Für Olav Münzberg beispielsweise wirken "Festlegungen gleich welcher Art [...] aufgrund ihrer Knappheit anziehend und sind aufgrund ihres Moments von Eindeutigkeit, die das, was widersprechen könnte, mit Macht beiseite schiebt, verlockend. Aber in Wahrheit sind sie oft nur Ausdruck von Herrschaft und haben wie Definitionen Seiten von Herrschaftsbildung" (1980, 154). Andere, wie Alexander Rüstow, halten Definitionen in der Mathematik zwar für ein sachgemäßes Verfahren, nicht jedoch in anderen Gebieten. Rüstow hält die "Gewohnheit für jeden Gegenstand zunächst einmal eine Begriffsbestimmung zu geben und jede Darlegung mit Definitionen zu beginnen, als ob der Verstand sagen wollte: "Die Welt, sie war nicht, eh' ich sie erschuf"" für eine "besonders bezeichnende herrische Allüre des Rationalismus" (1957, 25). Insbesondere auch aus feministischer Perspektive werden Definitionen als patriarchales Machtinstrument kritisiert (vgl. etwa Senta Trömel-Plötz 1982, 145ff.). Für Uta C. Schmidt können dabei auch feministische Ansätze wie "die feministische Diskurstheorie nicht das grundlegende Problem lösen [...], daß jede Form von Bezeichnung einen Akt der Beschneidung und der Herrschaft darstellt" (1989, 19). Möglich sei nur die Etablierung einer "Benennung[s]- und Erfahrungspraxis, die sich um Heterogenes, Vielfältiges dreht und versucht, gegenüber eigenen wie fremden Übergriffen auf der Hut zu sein, um den Schaden möglichst gering zu halten" (a. a. O.).[18]

Insofern kaum "ein wissenschaftlicher Terminus [...] so viele Bedeutungen wie der Ausdruck "Definition"" hat (Reinhard Kleinknecht 1979, 1), kann im Rahmen der Zielsetzung dieser Arbeit diese Diskussion nicht aufgegriffen werden, um das eigene Verständnis von "Definition" umfassend erwägungsorientiert zu verorten. Auf der Grundlage der für die Arbeit relevanten Unterscheidung zwischen Alternativen als eine Geltungsbedingung in der Genese von Lösungen und Alternativen als eine Geltungsbedingung nach einer Lösungssetzung sowie der mit ihr verbundenen Unterscheidung in Erwägungs- und Lösungsalternativen ist jedoch eine Verortung des eigenen Verständnisses möglich.

Nimmt man die angeführten Zitate über den Herrschaftscharakter von Definitionen als Bezug, so fällt auf, daß Definitionen eine Alternativen verdrängende bzw. unterdrückende Funktion zugeschrieben wird. Der Herrschaftsverdacht gegen Definitionen richtet sich meines Erachtens gegen die Unterdrückung von Lösungsalternativen. Wenn mit Definitionen andere Menschen etwa auf bestimmte Rollen festgelegt werden und sie selbst nicht die Möglichkeit haben und daran gehindert werden, sich selbst zu bestimmen (zu definieren), dann werden Definitionen diskriminierend und herrscherlich eingesetzt. Meine Vermutung ist, daß hier nicht Definitionen Herrschaft entstehen lassen, sondern daß herrscherliche Verhältnisse bereits bestehen und sich darin zeigen, wie Definitionen ein- und vor allem durchgesetzt werden. Die Frage ist, ob Definitionen auch anders verwendet werden können und welche Rolle hierbei eine Unterscheidung von Alternativen als eine Geltungsbedingung in der Genese von Lösungen und nach Lösungssetzungen haben könnte. Was wäre, wenn für jeweilige Definitionen (als Lösungssetzungen) die erwogenen Alternativen als eine zu bewahrende Geltungsbedingung relevant wären? Könnten sie dann weiterhin so effektvoll für herrscherliche und diskriminierende Zwecke eingesetzt werden? Ich denke nicht, denn die Aufmerksamkeit für die jeweils erwogenen Alternativen und reflexiv auch für die Erwägungsmängel würde die Kontextbezogenheit und Vorläufigkeit jeweiliger Definitionen offen legen und sie damit befrag- und kritisierbar machen. In eine ähnliche Richtung scheinen mir die Überlegungen Prengels zu gehen, wenn sie in Anknüpfung an Theodor W. Adorno festhält: "Da wir uns über die Welt nicht ohne begriffliche Konstruktionen verständigen können, bleibt uns nur die unaufhörliche Anstrengung, immer wieder zu versuchen, "über den Begriff durch den Begriff hinauszugelangen" (Adorno)" (Prengel 1999b, 45).[19]

Adornos Überlegungen zu Begriffen lassen sich aus erwägungsorientierter Perspektive fast wie ein Plädoyer für die Konzipierung eines erwägungsorientierten Definitionsverständnisses lesen. Inwiefern dies eine adäquate Interpretation Adornos sein könnte und wie sie sich gegenüber alternativen Interpretationen verorten ließe, wäre zu erforschen. Hier möchte ich nur exemplarisch auf Passagen hinweisen, die die Weiterentwicklung meines Verständnisses eines erwägungsorientierten Definitionsbegriffs gefördert haben (erste Überlegungen zur Rolle von Definitionen vgl. Blanck 1988, 12f.). Wenn Adorno davon spricht, daß es "das Scharnier negativer Dialektik" sei, die "Richtung der Begrifflichkeit zu ändern, sie dem Nichtidentischen zuzukehren", und daß vor "der Einsicht in den konstitutiven Charakter des Nichtbegrifflichen im Begriff [...] der Identitätszwang" zerginge, "den der Begriff ohne solche aufhaltende Reflexion mit sich führt" (1982, 24), dann erinnert mich die Reflexion auf das Nichtbegriffliche im Begriff und die Zuwendung zum Nichtidentischen an eine Reflexion auf das Andere als alternative Bestimmungsmöglichkeit. Wenn ich Adorno richtig verstanden habe, dann schließt sein Begriffsverständnis jeweiliges Wissen um Nicht-Wissen ein und verweist mit der Reflexion auf das Nicht-

Identische auf andere Möglichkeiten: "Der unnaive Gedanke weiß, wie wenig er ans Gedachte heranreicht, und muß doch immer so reden, als hätte er es ganz" (1982, 26). "Urteil und Schluß, die Denkformen, deren auch Kritik des Denkens nicht entraten kann, enthalten in sich kritische Keime; ihre Bestimmtheit ist allemal zugleich Ausschluß des von ihnen nicht Erreichten, und die Wahrheit, die sie organisieren wollen, verneint, wenngleich mit fragwürdigem Recht, das nicht von ihnen Geprägte. Das Urteil, etwas sei so, wehrt potentiell ab, die Relation seines Subjekts und seines Prädikats sei anders als im Urteil ausgedrückt. Die Denkformen wollen weiter als das, was bloß vorhanden, »gegeben« ist" (1982, 30). Wenn Urteile jeweilige Festlegungen sind, die andere Möglichkeiten ausschließen, die Reflexion hierauf das aber zumindest wieder in Erinnerung ruft und Denkformen über das, was bloß vorhanden ist, hinauswollen, dann scheint mir dieses Konzept ein Entwurf für ein nicht-herrscherliches Begriffs- und Definitionsverständnis zu sein, bei dem ein "Identitätszwang" - wie Adorno es nennt - durch Reflexion auf jeweilige Grenzen und das, was nicht bestimmt wurde, aufgehoben wird (zergeht). Die Frage für mich ist, wie sich Adornos Überlegungen methodisch umsetzen lassen. Meine Arbeitshypothese ist, wie bereits dargelegt, daß ein Bewahren jeweils erwogener Alternativen als eine Geltungsbedingung für jeweilige Lösungen (Definitionen) herrscherliche Ansprüche in doppelter Hinsicht zurückweisen könnte. Denn durch die Angabe der erwogenen Alternativen könnte sowohl eine Relativierung auf das, was erwogen wurde, als auch reflexiv bedacht auf das, was nicht erwogen wurde, hergestellt werden.[20] In diesem Sinne ist die Aufklärungsarbeit über verschiedene Verwendungsweisen des Terminus "Entscheidung" auch ein Abstekken eines Feldes möglicher Definitionen, zu dem reflexiv alternative Felder entwickelbar sein müßten.

(20) *Qualitative kombinatorische Verfahren zur Erstellung von Erwägungstafeln*: Eine Möglichkeit, Vielfalt als Alternativen zu erschließen und auch darzustellen, sind qualitativ-kombinatorische Verfahren. Unter qualitativ-kombinatorischen Verfahren verstehe ich die von Gabriele Gutzmann und Werner Loh beschriebenen kombinatorischen Vorgehensweisen (z. B. Gutzmann 1982, 1983; z. B. Loh 1980, Blanck erstmals 1984, zuletzt zusammen mit Herzig/Loh 1999, 149, Nr. (23)f.; 150, Nr. (32)): "Kombinatorische Theoriebildung läßt Wirkliches mit Möglichem konfrontieren, zeigt Wirkliches als eine Möglichkeit des Möglichen und erzeugt Bewußtsein von Möglichem" (Gutzmann 1982, 69). Qualitatives kombinatorisches Vorgehen darf nicht mit mathematischer Kombinatorik verwechselt oder gleichgesetzt werden. Denn: "Kombinatorisches Denken ist also keineswegs nur mathematische Kombinatorik. Selbsterfahrung ist es nicht gegenüberzustellen; vielmehr erfordert es einen hochreflexiven Umgang mit sich selbst. Auch poetischen Erkenntnis- und Ausdrucksformen

kann es zugrundegelegt werden. Es erfordert allerdings die Bereitschaft zunächst zur Distanz von Wahrheitsannahmen, gesetzten Zielen oder etwa Vorstellungen von Geschichten, indem es das denkbar Mögliche ins Spiel und zur Prüfung bringt. Damit wirkt es ideologischem Denken entgegen, das "einen gegebenen gesellschaftlichen Zustand [...] gegen seine historischen Alternativen verwahr(t) und abschirm(t), ja die historische Begrenztheit eines bestehenden Zustandes leugne(t).""[21] (Gutzmann 1983, 121). Qualitativ-kombinatorische Verfahren nehmen ihren Ausgang von vorhandenen Überlegungen und Vermutungen. Durch systematische Kombinatorik einzelner Aspekte und Dimensionen können mögliche Verbindungen und Beziehungen erschlossen werden. Die einfachste Möglichkeit, sich kombinatorisch Möglichkeiten zu erschließen, besteht in der kombinatorischen Zusammenstellung, ob etwas zutrifft oder nicht zutrifft. Ein verbreitetes Beispiel für dieses kombinatorische Vorgehen sind die sogenannten Wahrheitstafeln der klassischen Aussagenlogik.

Wollte man die skizzierten Überlegungen zur Unterscheidung in Alternativen als eine Geltungsbedingung in der Genese jeweiliger Lösungen und Alternativen als eine zu bewahrende Geltungsbedingung nach einer Lösungssetzung in der angegebenen Weise kombinatorisch aufbereiten, um sich die diesbezüglichen Möglichkeiten zu erschließen, so wären folgende vier Möglichkeiten zu berücksichtigen:

	Alternativen sind in der Genese von jeweiligen Lösungen als eine Geltungsbedingung relevant (+) oder nicht relevant (-)	*Alternativen sind nach einer jeweiligen Lösungssetzung als eine zu bewahrende Geltungsbedingung relevant (+) oder nicht relevant (-)*
1. Zeile:	+	+
2. Zeile:	+	-
3. Zeile:	-	+
4. Zeile:	-	-

Erwägungstafel 1

Insofern solche Kombinatoriktafeln zu jeweiligen Aspekten einen Erwägungshorizont erschließen lassen, werde ich sie im folgenden als "Erwägungstafeln" bezeichnen. Die in dieser Arbeit verfolgte Erwägungsorientierung läßt sich der ersten Zeile der Erwägungstafel 1 zurechnen. Folgt man den angeführten Auffassungen über den verbreiteten Umgang mit Alternativen in den Wissenschaften, so gibt die zweite Zeile diese Position wieder. Die dritte Zeile erscheint auf den ersten Blick nur als eine widersprüchliche Konstellation deutbar. Denn wenn Alternativen in der Genese von einer Lösung keine relevante Rolle spielen, wieso sollten sie als bewahrte Alternativen nach der entsprechenden Lösungssetzung plötzlich relevant sein? Bei weiteren Überlegungen mag man dann auf eine Geschichte wie die folgende kommen: Eine Ärztin muß eine riskante und bisher kaum praktizierte Notoperation vornehmen. Aufgrund des Zeitdrucks kann sie keine bzw. kaum alternative Vorgehensweisen erwägen, sondern muß sich so schnell wie möglich auf eine Lösung festlegen. In der Genese dieser Lösung kann zu erwägenden Alternativen also wenig Relevanz beigemessen werden. Anders mag es nach der Lösungsrealisierung aussehen. Nach der Operation, wie immer sie auch ausgegangen sein mag, kann die realisierte Lösung etwa daraufhin geprüft werden, inwiefern sie zukünftig praktiziert werden sollte und ob sie gegenüber alternativen Vorgehensweisen vorzuziehen ist. Selbst wenn sich aber an einer Alternativenzusammenstellung nach der Lösungssetzung im Vergleich zur Alternativenzusammenstellung in der Genese der Lösung nichts ändern würde, kann sich die Einschätzung des bewahrten Erwägungsspektrums ändern. Denn die Realisierung einer Lösung kann zu neuen, für oder gegen sie sprechenden Erkenntnissen führen. Damit kann sich ggf. ihre Begründungsqualität gegenüber den erwogenen und bewahrten Alternativen ändern. Ein Wissen über die bewahrten Alternativen stellt so gesehen einen jeweiligen Erwägungsstand dar, der durch neues Wissen einschließlich reflexiven Wissens um Nicht-Wissen ergänzt oder korrigiert werden mag. Die Überlegungen zur dritten Zeile zeigen, wie Deutungsversuche zu einer Zeile dazu führen, eine Erwägungstafel weiter zu klären und zu differenzieren. Die Ausgangstafel wäre z. B. erweiterbar um die Dimension "gleiche/ungleiche Alternativen in der Genese und nach der Lösungssetzung". Hinsichtlich des Merkmals "relevant" könnte man genauer werden und beachten, ob vielleicht jemand sehr wohl Alternativen etwa in der Genese einer Lösung für "relevant" erachtet, aus Zeitgründen dieser Relevanz aber nicht gerecht zu werden vermag. Die vierte Zeile schließlich öffnet den Erwägungshorizont für diejenigen Fälle, in denen Lösungssetzungen vollzogen werden oder stattfinden, ohne daß Alternativen relevant sind. Eine Deutung der vierten Zeile könnte darin bestehen, an Lösungssetzungen zu denken, die nicht durch Entscheidungen gefunden, sondern als Vorgaben (z. B. eigene Gewohnheiten oder fremde Traditionen) übernommen werden. Insofern die Negation eines Aspektes nicht positiv bestimmt, was statt dessen der Fall ist, wären auch hier noch genauere Analysen und Klärungen erforderlich, wollte man mit der Ausgangs-Erwägungstafel weiterarbeiten.

Die Wahrheitstafeln der klassischen Aussagenlogik sind nicht, wie in meiner Deutung der Erwägungstafel 1, zeilenweise, sondern spaltenweise zu interpretieren. Bei einer Viererkombinatorik gibt es 16 zu erwägende Möglichkeiten.[22] Als Beispiel sei der diskutierte Zusammenhang zwischen Definitionen und Herrschaft aufgegriffen und kombinatorisch zusammengestellt:

Definitionen werden aufgestellt (+) bzw. werden nicht aufgestellt (-)	Herrschaftsbeziehungen bestehen (+) bzw. bestehen nicht (-)	Mögliche Beziehungen zwischen Definitionen und Herrschaft				
		Spalte 1	Spalte 2	Spalte 3	......	Spalte 16
+	+	+	+	+		-
+	-	+	-	-		-
-	+	+	+	-		-
-	-	+	+	+		-

Erwägungstafel 2

Spalte 2 gibt die Befürchtung wieder, daß Definitionen mit Herrschaft einhergehen: Zwar mag es auch Herrschaftsbeziehungen ohne Definitionen (3. Zeile),
nicht aber Definitionen ohne Herrschaft (2. Zeile) geben. In Spalte 3 wird der
Zusammenhang zwischen Definition und Herrschaft noch enger gefaßt: Keine
Definition ohne Herrschaft (2. Zeile), aber auch umgekehrt keine Herrschaft
ohne Definition (3. Zeile). Demgegenüber wurde von mir die These vertreten,
daß Herrschaft und Definition zwar zusammen auftreten und Definitionen herrscherlich genutzt werden mögen, daß aber umgekehrt Definitionen genausogut
in aufklärerischer, nicht herrscherlicher Absicht verwendet werden können. Nach
meinem Verständnis kann die 2. Zeile genauso wie alle anderen Zeilen vorkommen (1. Spalte). Ein spezifischer Zusammenhang zwischen Herrschaft und Definition wird negiert. Für eine Bestimmung von "Definition" heißt dies, daß das
Merkmal "Herrschaft" nicht für konstitutiv erachtet, wie umgekehrt auch der
Aspekt der "Definition" nicht konstitutiv für 'Herrschaft' gehalten wird.

Die systematische Zusammenstellung jeweils aller merkmalsbezogenen denkbaren Möglichkeiten wird häufig auch unsinnige oder widersprüchliche Kombinatoriken erzeugen lassen. So macht etwa in der Erwägungstafel 2 die Spalte
16 wenig Sinn. Denn wenn weder Herrschaft noch Definition vorkommen, er-
übrigt sich die Frage nach ihrer möglichen Beziehung. Doch auch solche Fälle
sind relevant, wenn man die jeweils erwogenen Alternativen als eine Geltungsbedingung in der Genese einer jeweiligen Lösung und nach ihrer Setzung betrachtet. Denn diese »unsinnigen« Fälle lassen kontrollieren, ob man kombinatorischen Regeln gefolgt ist. Sie vervollständigen den jeweiligen Erwägungshorizont und geben dadurch mehr Sicherheit für die Einschätzung der jeweiligen
Qualität einzelner Lösungsauszeichnungen.

Neben dem skizzierten Vorgehen, jeweilige Aspekte unter dem Aspekt ihres
Zutreffens bzw. Nicht-Zutreffens sowie ihrer Berücksichtigung bzw. Nichtbe-
rücksichtigung kombinatorisch zusammenzustellen, mag man auch direkt kom-

binatorisch verschiedene Merkmale verschiedener Dimensionen miteinander verbinden , wie etwa in folgender Erwägungstafel:

Die in \ Lösungsfindung erfolgt der und ggf. nach \ durch eine der Genese der Lösung erwogenen Alternativen werden	Entscheidung	Vorgabe
als eine Geltungsbedingung bewahrt	1. Feld	2. Feld
nicht als eine Geltungsbedingung bewahrt	3. Feld	4. Feld

Erwägungstafel 3

Mit dieser Erwägungstafel läßt sich eine Leitfrage dieser Arbeit zugespitzt verorten: Findet bisheriges Entscheidungsverhalten, etwa auch in den Wissenschaften, im wesentlichen in Feld 3 statt? Ist die Übernahme von Lösungen durch Vorgaben, wie z. B. bei der Tradierung von Konzepten in Lehr- und Lernprozessen, dementsprechend im wesentlichen in Feld 4 zu verorten?

Gabriele Gutzmann und Werner Loh haben in ihren Arbeiten weitere mögliche Unterscheidungen kombinatorischer Vorgehensweisen vorgeschlagen, die für eine entfaltete Theorie qualitativer Kombinatoriken zu entwickeln wären. Für diese Arbeit spielen diese Differenzierungen zwar keine Rolle, sie sollen aber kurz angedeutet werden, um Perspektiven zukünftiger Arbeiten einer erwägungsorientierten kombinatorischen Auseinandersetzung mit Entscheidung anzureißen und wenigstens eine ansatzweise Verortung der eigenen Position vorzunehmen. Nach Gutzmann und Loh könnte man beispielsweise ein auf Begriffsentwicklung bezogenes Vorgehen "reflexive Kombinatorik" nennen und von einer "sachlichen Kombinatorik" unterscheiden, deren Ziel es wäre, "Kombinationen, die in bestimmten Gegenstandsbereichen vorliegen, theoretisch kombinatorisch zu rekonstruieren" (Gutzmann 1982, 68f.; s. Loh 1980, 102). Für den Bereich "sachlicher Kombinatorik" nennt Gutzmann folgende weitere Möglichkeiten: "Mit Hilfe von 'vorkombinatorischen' Begriffen kann etwa ein Gegenstandsbereich ausgewählt werden, der nun kombinatorisch untersucht wird: *partialisierende Kombinatorik*. Oder aber es wird versucht, größere Kombinationszusammenhänge von Gegenstandsbereichen theoretisch kombinatorisch zu rekonstruieren, z. B. Evolutions- oder auch Geschichtsprozesse: *totalisierende Kombinatorik*. Alle diese Formen von Kombinatorik können wiederum mehr skizzenhaft oder mehr ausgearbeitet sein" (1982, 69). Gutzmann verweist auch auf das enge Verwobensein verschiedener kombinatorischer Vorgehensweisen:

"Sachliche Kombinatorik ohne ausreichende Vorratspolster reflexiv kombinatorisch erzeugter Begrifflichkeit erfordert immer wieder skizzenhafte ad hoc Herstellung von Begriffen und Selbstreflexion über mögliche Verfahren hierzu; andererseits bedarf reflexive Kombinatorik vermutlich des engen Kontaktes mit sachlich kombinatorischem Vorgehen" (a. a. O.). Loh unterscheidet u. a. zwischen spezialistischer und generalistischer Kombinatorik (s. 1980, 2), "Wege-, Konkretions-, Stückwerk- und Skizzenkombinatorik" (1980, 104f.) oder heuristischer und systematischer Kombinatorik (s. 1980, 254). In einer späteren Arbeit, zusammen mit Rainer Greshoff veröffentlicht, unterscheidet Loh "Existenzkombinatorik" (Greshoff/Loh 1987, 41ff.), die dem von mir dargelegten Verfahren entspricht, jeweilige Aspekte nach ihrem Zutreffen oder Nicht-Zutreffen kombinatorisch zusammenzustellen, und "Beziehungskombinatorik" (1987, 43ff.).

In dieser Arbeit wird vor allem sachlich-partialisierende heuristische Kombinatorik, im wesentlichen in Form von Existenzkombinatoriken, genutzt. Inwiefern sich die dargelegten Kombinatoriken als eine Grundlage für hierauf aufbauende komplexere erwägungsorientierte qualitativ-kombinatorische Theoriearbeit über Entscheidung werden nutzen lassen, mögen zukünftige Forschungsarbeiten zeigen. Aus erwägungsorientierter Perspektive, für die das jeweilige Wissen um die Begrenztheit und Kontextbezogenheit ein zentraler Gesichtspunkt ist, wäre dabei meines Erachtens insbesondere herauszufinden, inwiefern jeweils eine kombinatorische Begriffsbildung im Sinne von Gutzmann und Loh möglich ist. Es wäre zu beachten, welche Aspekte, Merkmale, Dimensionen usw. jeweiliger Kombinatoriken ihrerseits sich kombinatorischen Verfahren verdanken und wo dieser Prozeß jeweils (vorerst) enden muß. Sollten etwa Merkmale, die untereinander zusammenhängen, nicht kombinatorisch verknüpft werden (s. hierzu Loh 1980, 257)? Oder gibt es hierfür Ausnahmen? Vorhandene Kombinatoriken könnten genutzt werden, unterschiedliche Formen qualitativ-kombinatorischen Vorgehens zu bestimmen. Insbesondere wäre dabei das Problem der kombinatorischen Explosion[23] zu berücksichtigen. Könnten die neuen Informationstechnologien diesbezüglich unterstützende Hilfen anbieten?

II. »Entscheidung« aus erwägungsorientierter Perspektive

1. »Entscheidung« als grundlegende menschliche Tätigkeit?

(1) *Homo decidens?* Entscheidungen zu treffen mag man als selbstverständlichen Bestandteil des alltäglichen menschlichen Lebens betrachten: "We all make decisions, sometimes dozens in the course of a day. [...] the ability to deliberate, to weigh different courses of action, and then to decide on one of them, is a distinctively human activity, or at least an activity which sets man and the higher animals apart from other creatures. It is as much *decisio* as *ratio* that constitutes the distinguishing mark of human beings. Homo may not always be *rationalis*, but he is always *decidens*" (McCall 1987, 261).[1] Wenn Entscheiden so alltäglich wäre - auf die weiteren Merkmale, die McCall nennt, möchte ich hier zunächst nicht eingehen -, dann mag man sich u. a. fragen, wann und wie wir diese Kompetenz entwickeln. Finden sich erste Ansätze von Entscheidungskompetenz bereits im frühsten Säuglingsalter, mit Beginn erster Wahrnehmungsdifferenzierungen, Identifizierungen und dementsprechenden Verhaltens- und Handlungsweisen? Nach Berichten aus der Säuglingsforschung sind anscheinend schon Säuglinge in der Lage, stimmliche, taktile oder visuelle Wahrnehmungen nicht nur zu unterscheiden, sondern sie zeigen auch deutliche Vorlieben für jeweils Vertrauteres. Bei Martin Dornes (1996) findet man z. B. folgende zwei Berichte über Experimente aus der Säuglingsforschung:

(2) *Zwei Beispiele aus der Säuglingsforschung*: a) "Eine Gruppe von Müttern liest ihren Kindern im Mutterleib eine bestimmte Geschichte öfter vor. Nach der Entbindung haben die Neugeborenen die Möglichkeit, über einen speziell konstruierten Schnuller und das Saugen daran eine Tonbandwiedergabe der Geschichte abzurufen. Sie haben dabei je nach Saugrhythmus, den sie verwenden, die Wahl zwischen der Geschichte mit der mütterlichen Stimme und derselben Geschichte mit einer anderen Stimme. Sie bevorzugen signifikant die Geschichte mit der mütterlichen Stimme. In einer Kontrollgruppe ohne intrauterine Vorlesungen ist das nicht der Fall. Ähnliche Experimente zeigen, daß eine Geschichte, die bereits intrauterin gehört wurde, einer neuen vorgezogen wird, wenn die Stimme gleich ist. Hier wird also der Text, nicht die Stimme erkannt" (Dornes 1996, 41). - Der letzte Satz scheint mir mißverständlich formuliert. Wenn die Stimme gleich ist, ist sie bekannt und wird auch wiedererkannt. Weil sie im letzteren Experiment gleich ist, spielt sie nur keine weitere Rolle für die Differenzierungen, die der Säugling macht. Hierfür ist die Bekanntheit des Textes ausschlaggebend.[2]

b) In der Schilderung eines Experiments zur kreuzmodalen Wahrnehmung, dem Prozeß, "in dem die verschiedenen Sinneswahrnehmungen miteinander in Beziehung gesetzt werden", heißt es (Dornes 1996, 43): "Kreuzmodale Wahrnehmung funktioniert erstaunlicherweise bereits von Geburt an. Gibt man 20 Tage alten Kindern einen Schnuller mit Noppen zum Saugen und zeigt ihnen hinterher die Bilder von zwei Schnullern - einen mit Noppen, einen ohne -, so blicken sie länger den genoppten Schnuller an. Sie stellen also anscheinend eine Verbindung her zwischen dem, was sie im Mund gefühlt haben, und dem, was sie sehen. Natürlich ist dabei sichergestellt, daß der Schnuller, an dem sie gesaugt haben, dabei nicht gesehen worden ist. [...] Ähnliche Ergebnisse erhält man, wenn man unvertrautere Objekte verwendet und den Neugeborenen, statt zwei Schnuller zwei Zylinder gibt. Der eine ist elastisch und verformbar, der andere hart und unverformbar. Bei der anschließenden visuellen Präsentation werden zwei Hände gezeigt, die den elastischen Zylinder verbiegen, den unelastischen nicht. Auch hier stellen die Säuglinge einen Zusammenhang her zwischen dem gefühlten und dem gesehenen Zylinder. Haben sie auf dem elastischen Zylinder gekaut, so bevorzugen sie bei der anschließenden visuellen Präsentation das Bild dieses Zylinders" (Dornes 1996, 43).

(3) *Fragen*: Auch wenn vielleicht Grundlagen solcher Fähigkeiten angeboren sein mögen, scheint ihre weitere Entwicklung wesentlich durch Lernen bestimmt zu sein.[3] Die Frage ist, ob man zunehmend verbesserte Wahrnehmungsdifferenzierungen und Identifizierungen, wenn schon nicht selbst als Ausdruck von Entscheidungen, so doch zumindest als Voraussetzung für Entscheidungen betrachten sollte.[4] Die Beantwortung dieser Frage hängt davon ab, was man genauer unter "Entscheidung" verstehen will. Hierbei stellt sich heraus, daß dies alles andere als einfach ist: "Deciding looks like a simple activity on the face of it, but when you get down to thinking about what it involves it turns out to be extremely complex" (McCall 1987, 261). Dies mag mit ein Grund dafür sein, daß die Verwendung des Ausdrucks "Entscheidung" sehr vielfältig ist. Die folgende Auseinandersetzung mit verschiedenen Verwendungsweisen des Terminus "Entscheidung" wird u. a. exemplarisch deutlich machen, gegenüber welchen Alternativen sich z. B. eine alltagsorientierte Bestimmung wie die von McCall abzugrenzen hat. Auch weitere für McCall relevante Merkmale werden dabei aufgegriffen. So wird z. B. gefragt werden: Sind nur Menschen oder auch Tiere entscheidungsfähig? Welche Rolle kommt dem Erwägen und Bewerten von Alternativen zu? Sind Entscheidungen immer auf Handlungen bezogen? Gibt es rationale und nicht-rationale Entscheidungen?

2. Fragen und Probleme bei der Bestimmung von 'Entscheidung'

(4) *Vorbemerkung*: Der Ausdruck "Entscheidung" wird in den Disziplinen, wie Philosophie, Politologie, Psychologie, Rechtswissenschaft, Soziologie, Theologie und Wirtschaftswissenschaft, verschieden verwendet. Auch innerhalb jeweiliger Disziplinen ist der Gebrauch nicht einheitlich, so daß Schwierigkeiten bestehen, den jeweiligen Bedeutungsumfang des Sprachgebrauchs zu bestimmen. Um für diese Arbeit einen höheren Klärungsgrad zu erreichen, soll die Begriffsentwicklung zu dem Terminus "Entscheidung" und seinen Abwandlungen, wie z. B. "entscheiden", problemorientiert an Hand von Beispielen für »Entscheidungen« dargelegt werden.

2.1 Beispielsorientierte Entfaltung des Problemhorizontes

(5) *Beispiele*: Die folgenden Beispiele finden sich zum Teil in ähnlichen Versionen auch in der Literatur. Sie werden hier zunächst nur stichwortartig eingeführt. Ihre jeweiligen Ausgestaltungen, von denen es abhängen kann, ob man von "Entscheidung" sprechen will oder nicht, finden im Verlauf der weiteren Erörterungen statt. Der Einfachheit halber erhält jedes Beispiel einen Namen und es werden die Beispiele in alphabetischer Reihenfolge aufgeführt:

Baustil-Beispiel:
Während es in einem Ort einleuchtende Gründe gibt, für die Kirche einen gotischen Baustil zu wählen, gibt es keine Gründe für die Wahl eines bestimmten Baustils für das Postamt. Werden in beiden Fällen »Entscheidungen« getroffen? (Vgl. hierzu Hermann Lübbe 1971, 14.)

Beerenpflück-Beispiel:
Ein kleines Kind, welches gerade den Unterschied zwischen Himbeeren und Erdbeeren erklärt bekommen hat, hilft den älteren Geschwistern, aus einem Beet, in welchem beide Beerensorten durcheinander wachsen, Himbeeren zu pflücken. Während die Geschwister einfach nur zuzugreifen scheinen, muß das kleine Kind zuweilen überlegen, bevor es eine Beere pflückt oder stehenläßt. Trifft das kleine Kind eine »Entscheidung« und »entscheiden« die Geschwister nicht? (Vgl. hierzu McCall 1987, 265.)

Bergkletter-Beispiel:
Eine Person, die einen schwierigen Felsen erklettert, bemerkt, daß sich über ihr zwei Möglichkeiten des Festhaltens und Weiterkletterns befinden. Während sie sich kurz ausruht, nimmt sie allerdings kaum Notiz von ihnen. Plötzlich rutscht

sie mit den Füßen ab, und im Bruchteil einer Sekunde ergreift sie eine der beiden Haltemöglichkeiten. Hat sie eine »Entscheidung« getroffen? (Vgl. hierzu McCall 1987, 273.)

Bienen-Beispiel:
Zu einem Bienenstock kehren einige Bienen zurück, die darauf dressiert wurden, Nektar von einem Boot aus der Mitte eines Sees zu holen. Mit einem Bienentanz signalisieren sie nun den anderen Bienen den Weg. Die ortskundigen signaldeutenden Bienen reagieren nicht. Haben sie eine »Entscheidung« getroffen, daß die vorgetanzten Informationen "unsinnig" sein müssen, weil es auf einem See keinen Nektar zu holen gibt? (Vgl. James L. Gould/Carol Grant Gould 1997, 124f.)

Bierflaschen-Beispiel:
Wenn man sich aus der Kühltheke in einem Schnellimbiß eine Flasche alkoholfreies Bier nehmen will und dafür zwischen zwei gleichen Flaschen wählen muß, hat man dann eine »Entscheidung« getroffen? (Vgl. zu diesem Beispiel Rüdiger Bittner 1992a, 21, Nr. (22), der allerdings nicht von "gleichen" Flaschen spricht, sondern nur davon, daß er zwischen beiden "keinen Vorteil ausmachen kann".)

Chemieleistungskurs-Beispiel:
Ein Gymnasiallehrer würde gern den Chemieleistungskurs in der Oberstufe übernehmen. Die Direktorin bestimmt aber, daß er statt dessen zwei Grundkurse übernehmen soll. Wie sollte man es bezeichnen, wenn jemand - entgegen oder in Übereinstimmung mit eigenen Vorlieben - die »Entscheidung« anderer übernehmen soll?

Dienstreise-Beispiel:
Eine Managerin und ein Manager überlegen, ob sie mit dem Zug oder mit dem Auto zu einer wichtigen Besprechung von Aachen nach Köln fahren wollen. Ist ihr jeweiliger Entschluß für eine der beiden Möglichkeiten eine »Entscheidung«? (Vgl. hierzu Eisenführ/Weber 1994, 9f.)

Fadenverlieren-Beispiel:
Eine Person will sich ein bestimmtes Buch aus dem Regal holen. Beim Gang zum Regal im anderen Raum kommt sie am Bad vorbei und stellt fest, daß die Waschmaschine fertig ist. Sie hängt die Wäsche auf. Danach geht sie zurück zum Schreibtisch, wobei sie das Gefühl hat, irgend etwas gewollt zu haben. Angestrengt denkt sie nach, erwägt verschiedenes, ihr fällt auch ein, daß sie sich ein Buch holen wollte, aber sie weiß beim besten Willen nicht mehr wel-

ches. Schließlich gibt sie das Nachgrübeln auf. Viel später beim Essen fällt es ihr plötzlich wieder ein. Hat in der Zwischenzeit eine nicht-bewußte »Entscheidung« stattgefunden, von der nur das Ergebnis, die wiedergefundene Lösungssetzung ans Bewußtsein dringt?

Kartoffelkauf-Beispiel:
Eine Person geht auf den Wochenmarkt, um Kartoffeln zu kaufen. Nachdem sie weiß, welche Sorte sie kaufen möchte, muß sie sich noch überlegen, wieviel Kilogramm sie haben will. Ist diese Überlegung eine »Entscheidung«?

Lichtschalter-Beispiel:
Obwohl man weiß, daß es keinen Sinn macht, den Lichtschalter zu drücken, weil die Glühbirne nicht mehr funktioniert, drückt man beim Betreten des dunklen Raums wie gewohnt auf den Schalter. Liegt dieser Handlung eine (nicht-bewußte) »Entscheidung« zugrunde?

Medikamenten-Dosierungs-Beispiel:
Eine Ärztin muß die richtige Dosierung eines Medikamentes festlegen, bei dem sowohl eine zu geringe als auch eine zu hohe Dosierung tödlich für den Patienten sein kann. Handelt es sich bei dieser Festlegung um eine »Entscheidung«? (Vgl. hierzu auch Werner Loh 1992, 71, Nr. (20).)

1-Personen-Wahl-Beispiel:
Für den Posten des bzw. der Parteivorsitzenden steht nur eine Person zur Verfügung und ist bereit, sich wählen zu lassen. Sind die Stimmabgaben der einzelnen Parteimitglieder einerseits sowie andererseits das Wahlergebnis insgesamt »Entscheidungen« oder Resultate von »Entscheidungen«? (Vgl. Wilhelm Keller 1954, 236.)

Priesterberufs-Beispiel:
Ist die Wahl für den Beruf des Priesters eine »Entscheidung«? (Vgl. hierzu Heinrich Rombach 1970, 357.)

Puppe-Mensch-Beispiel:
Bei der Annäherung an ein Schaufenster schwankt eine Person, ob eine bestimmte Gestalt in diesem Fenster ein Mensch oder eine Kleiderpuppe ist. Trifft sie eine »Entscheidung«, wenn sie sich auf eine Deutung festlegt? (Vgl. hierzu Husserl 1985, 99f.).

Raucher/Raucherin-Beispiel:
Eine Person hat beschlossen, aus gesundheitlichen Gründen das Rauchen auf-

zugeben. In einer Arbeitspause ist sie nun hin und her gerissen zwischen der Gewohnheit und Lust, doch eine Zigarette zu rauchen, und dem Vorsatz, mit dem Rauchen aufzuhören. Befindet sich diese Person in einer »Entscheidungssituation«? (Vgl. hierzu Hans Thomae 1992, 92, Nr. (16)-(18) oder auch Bernd P. Löwe 1992, 66, Nr. (9) oder Rüdiger Bittner 1992a, 18/19, Nr. (8)/(9).)

Rettungs-Beispiel:
Eine Person springt von einer Brücke ins Wasser. Eine andere springt sofort, ohne zu zögern, hinterher, um sie zu retten. Geht dieser Handlung eine »Entscheidung« voraus? (Vgl. hierzu Viktor E. Frankl 1975, 313.)

Schachcomputer-Beispiel:
Eine Person spielt mit einem Computer Schach. Basieren nur die jeweiligen Spielzüge der Person oder auch die des Computers auf »Entscheidungen«?

Schimpansen-Beispiel:
Ein Schimpanse hat gelernt, wie sich mit einem Stock Termiten aus deren Bauten angeln lassen. Ein Problem dabei ist, jeweils einen adäquaten Stock zu finden bzw. sich ihn entsprechend zurechtzubrechen oder zu beißen. »Entscheidet« der Schimpanse beim Herstellen des Werkzeugs? (Zu Beschreibungen und möglichen Deutungen des Termitenangelns vgl. z. B. Peter-René Becker 1993, 99ff. oder James L. Gould/Carol Grant Gould 1997, 99.)

Schnuller-Beispiel:
Mit diesem Beispiel soll das schon geschilderte Experiment aus der Säuglingsforschung aufgegriffen werden. Treffen Säuglinge, wenn sie die vertraute Stimme der Mutter "herbeischnullern" eine »Entscheidung« für die Stimme der Mutter bzw. eine »Entscheidung« gegen die fremde Stimme?

Schwangerschaftsunterbrechungs-Beispiel:
Eine Frau ist ungewollt schwanger geworden. Ihr ist schnell klar, daß sie eine Abtreibung möchte. Handelt es sich (dennoch) um eine »Entscheidung«? (Vgl. zu diesem Beispiel Hans Thomae 1992, 92, Nr. (19).)

Socken-Beispiel:
»Entscheide« ich, wenn ich morgens erst den linken und dann den rechten Socken anziehe? (Vgl. hierzu Bittner 1992a, 21, Nr. (22) und Hauke Brunkhorst 1992, 46, Nr. (7).)

Stimmenthaltungs-Beispiel:
Nach reiflicher Überlegung geht eine Person nicht zur Bundestagswahl. Ist diese Stimmenthaltung eine »Entscheidung«?

Tierversuchs-Beispiel:
Sollte man Tierversuche, bei denen die Tiere leiden, in Kauf nehmen, wenn dadurch Medikamente entwickelt und schwerkranken oder gar todkranken Menschen geholfen werden könnte? Ist eine Antwort auf diese Frage eine »Entscheidung«? (Vgl. hierzu Walter Gölz 1992, 53, Nr. (2) und 54, Nr. (5).)

Verirrten-Beispiel:
Eine Person hat sich in einem Wald verirrt. Sie weiß nicht, welchen Weg sie einschlagen muß, um aus dem Wald herauszugelangen. Trifft diese Person eine »Entscheidung«, wenn sie schließlich doch eine Richtung wählt und losgeht? (Vgl. H. Lübbe 1971, 17f. oder René Descartes 1979, 24.)

Waschzwang-Beispiel:
Obwohl jemand weiß, daß das dauernde Händewaschen nicht sinnvoll ist und er bzw. sie sogar darunter leidet, es immer wieder zu tun, kann sie bzw. er es nicht unterlassen. Liegen hier zwei sich widersprechende »Entscheidungen« vor, von denen sich eine immer wieder durchsetzt? (Zur Beschreibung von solchem Zwangsverhalten vgl. z. B. Stavros Mentzos 1982, 159ff. oder Nico Niedermeier/Michael Zaudig 1998, insbesondere 8.)

Kürzeste-Weg-Beispiel:
Wenn jemand drei Wege von der Universität zum Bahnhof vergleicht, um den kürzesten Weg herauszufinden, stellt das Lösen dieser Aufgabe eine »Entscheidung« dar?

Zeitschriften-Gründungs-Beispiel:
Eine Gruppe Wissenschaftlerinnen und Wissenschaftler überlegt, ob sie gemeinsam eine neue Diskussions-Zeitschrift gründen und herausgeben sollen. Schließlich findet eine Abstimmung statt, und man beschließt, sich auf diese Unternehmung einzulassen. Wurde damit eine »Entscheidung« getroffen, die der Gruppe zuzurechnen ist?

(6) *Weitere Fragen:* Die vergleichende Betrachtung dieser Beispiele fordert zu Fragen heraus, mit denen sich der Problemhorizont um die Verwendung des Ausdrucks "Entscheidung" weiter entfalten läßt:[5]

- Was kann alles Gegenstand von »Entscheidungen« sein? (z. B. Handlungen, Erkenntnisse, Wahrnehmungen, Triviales, Relevantes, Qualitatives, Quantitatives?)
- Welches sind die Merkmale des Begriffes zu dem Terminus "Entscheidung"? (z. B. Alternativen, die abgewogen, erwogen und bewertet werden, Bewußtsein, das Vorliegen von Gründen?) Geht es in »Entscheidungen« immer um Alternativen? Was sind Alternativen?

- Wer kann »Entscheidungen« treffen? (z. B. Menschen (und ab welchem Entwicklungsstadium, schon als Säuglinge?), Tiere, Computer, Roboter, einzelne Individuen, Gruppen?)
- In welcher Weise kann man von »Entscheidungen« betroffen sein? (z. B. Unterscheidung zwischen »Entscheidungen«, die jemand für sich trifft, und solchen, von denen - intendiert oder nicht intendiert - andere betroffen sind).

Folgende Skizze mag eine erste Orientierung über diese Fragen bieten:

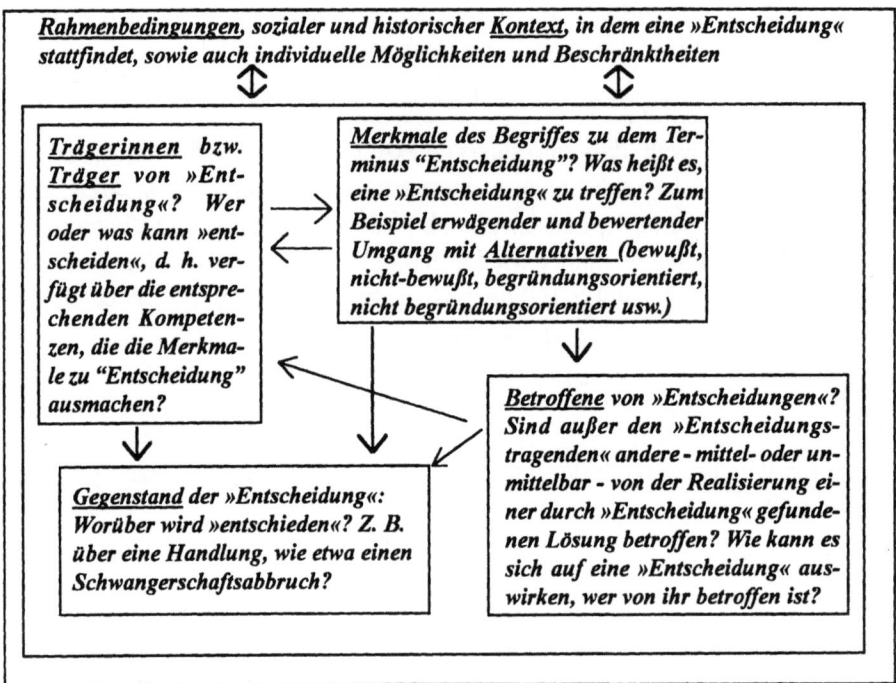

Hierauf aufbauende Fragen sind etwa:
- Welche Beziehungen und Vernetzungen sind zwischen »Entscheidungen« gleicher oder verschiedener Art möglich (z. B. Verhältnisse der Voraussetzung, der Konkurrenz, der Ergänzung (Teil-Ganzes, Perspektiven), der Bestätigung, der Widerlegung, des reflexiven Aufeinanderbezogenseins)?
- Was sind Alternativen zum Begriff 'Entscheidung' (z. B. 'Gewohnheit', 'Routine', 'Tradition', 'Vorgabe')?
- Welche Probleme treten bei welchen Verständnissen von "Entscheidungen" auf (z. B. das Problem der Freiheit)?

Die verschiedenen Fragen sind eng miteinander verwoben. Verwendet man etwa den Ausdruck "Entscheidung" nur für außerordentlich selten vorkommende Situationen, in die manche Menschen vielleicht ihr ganzes Leben lang nicht hineingeraten, so werden die hierfür erforderlichen Kompetenzen vermutlich weitaus weniger Beachtung in Tradierungs-, Sozialisations- und Lehr-/Lernprozessen finden, als wenn man mit dem Ausdruck "Entscheidung" viele alltägliche und auch wichtige Situationen bezeichnet. Je nachdem, welche Antwort man auf die Frage nach den Merkmalen des Begriffes zu dem Terminus "Entscheidungen" gibt, wird man mit diesen zugleich darüber bestimmen, wer oder was »entscheiden« kann. Hält man etwa nur bewußte »Entscheidungen« für möglich, so wird man - je nachdem, was man unter "bewußt" genauer versteht - Tiere, Säuglinge, Roboter und Computer als mögliche Träger bzw. Trägerinnen von »Entscheidungen« ausschließen bzw. nur sehr eingeschränkt zulassen. Oder: Für wen sowohl einzelne Individuen als auch mehrere Individuen und Gruppen als Träger von »Entscheidungen« in Frage kommen, der bzw. die wird zwischen individuellen und kollektiven Entscheidungen differenzieren können.

(7) *Vorhaben*: Im folgenden möchte ich auf diese Fragen eingehen, um die vielfältigen Verwendungsweisen des Ausdrucks "Entscheidung" zu verdeutlichen und um einen Erwägungshorizont für die eigene Verwendung angeben zu können. Dieser Erwägungshorizont soll ein Wissen darüber aufbauen, was man implizit oder explizit negiert, wenn man bestimmten Sprachregelungen folgt. Ein solches Wissen um Alternativen läßt sich systematisch gut mit den in I. 2.3, Nr. (20) dargestellten Erwägungstafeln zusammenfassen. Wo es möglich ist, werden deshalb im folgenden exemplarisch erste Erwägungstafeln als Arbeitstafeln für den Aufbau eines Erwägungshorizontes vorgeschlagen.

2.2 Mögliche Gegenstände bei der Verwendung des Ausdrucks "Entscheidung"

(8) *Überblick*: Über das, woraufhin eine Entscheidung getroffen werden kann - im folgenden "Gegenstand" einer Entscheidung genannt -, gibt es verschiedene Auffassungen. Nimmt man die angegebenen Beispiele als Bezug, dann lassen sich verschiedene Systematisierungen dessen, worüber »entschieden« werden kann, vornehmen. So mag man »Entscheidungen« etwa danach differenzieren, ob ihre Gegenstände Ziele (Priesterberufs-Beispiel) und/oder Mittel (Dienstreise-Beispiel), bereits Vorfindbares (Socken-Beispiel) und/oder Denkbares/Neues (Zeitschriften-Gründungs-Beispiel), Deskriptives (kürzeste-Weg-Beispiel) und/oder Präskriptives (Tierversuchs-Beispiel) sind. Oder man könnte »Entscheidungen« danach unterscheiden, ob sie über etwas getroffen werden, was beginnen bzw. entstehen (Zeitschriften-Gründungs-Beispiel), erhalten bzw. bewahrt werden (Schnuller-Beispiel) oder beendet bzw. vergehen (Schwanger-

schaftsunterbrechungs-Beispiel) soll. Die Beispiels-Zuordnung ist hier mehr oder weniger intuitiv erfolgt; sie wäre bei Verfolgung dieser Differenzierungs-möglichkeiten verschiedener Gegenstände von Entscheidungen genauer her-auszuarbeiten. Für die Entwicklung eines Konzeptes umfassender Entscheidungs-kompetenz wären solche und weitere Differenzierungsmöglichkeiten zu erfor-schen. In diesem Abschnitt sollen exemplarisch drei andere grundlegende und unterschiedliche Verwendungen des Ausdrucks "Entscheidung" hinsichtlich mög-licher Gegenstände herausgearbeitet werden. Zunächst wird 1. auf Handlung, Erkenntnis und Wahrnehmung, dann 2. auf Triviales und Relevantes, schließ-lich 3. auf Qualitatives und Quantitatives als mögliche Gegenstände bei der Verwendung des Ausdrucks "Entscheidung" eingegangen.

2.2.1 Handlung, Erkenntnis und Wahrnehmung als mögliche Gegenstände bei der Verwendung des Ausdrucks "Entscheidung"

(9) *Exemplarische Zuordnungen*: Orientierte man sich an Beispielen wie dem Bierflaschen-, dem Schwangerschaftsunterbrechungs-, dem Verirrten- oder dem Schimpansen-Beispiel, so wäre die Verwendung des Terminus "Entscheidung" auf den Bereich praktischen Handelns bezogen. Nimmt man das kürzeste-Weg- oder das Puppe-Mensch-Beispiel[6], so würde die Verwendung des Ausdrucks "Entscheidung" auch die Bereiche des Erkennens und Wahrnehmens betreffen.

(10) *Handlungsintention als Bezug*: Wenn in der Literatur zumeist Beispiele für Entscheidungen in bezug auf praktische Handlungen diskutiert werden, so mag dies mit daran liegen, daß insbesondere die Wirtschaftswissenschaften ihre Auseinandersetzungen um Rationalisierungsmöglichkeiten von Entscheidungen in Betrieben und Organisationen wesentlich als Analyse von Handlungen und den Umgang mit Handlungsalternativen betreiben.[7] Handlungen, für die man sich entschieden hat, mögen gelingen oder mißlingen, man kann auch daran gehindert werden, sie auszuführen. Doch auch in solchen Fällen des Mißlin-gens oder der Verhinderung einer praktischen Handlung bleibt der Bezug auf eine intendierte Handlung erhalten.[8]

Will man die Verwendung des Wortes "Entscheidung" zwar auf praktische Hand-lungen beziehen, ohne daß diese in irgendeiner Weise ausgeführt werden muß, so mag man zu der Position von Frederic Schick (1997) gelangen. Schick schlägt eine Verwendung des Ausdrucks "choosing" vor, dessen Gegenstand zwar "possible actions"[9] sind, diese praktischen Handlungen müssen aber nicht not-wendigerweise stattfinden: "I am distinguishing choosing from acting, from acting *on* a choice. Often we choose before we act, in preparation for action. [...] And

sometimes the action isn't then taken: we lose interest, or are hit by a truck, or are denied the occasion. [...] But whether or not we move into action, there was always a coming-to-want, at least where our mind was open before, for it then no longer is. And the change from open to closed - our coming-to-want this or that - was our choice.
Choosing is thus an inner changing, a coming-over to something new" (1997, 12).

(11) *Erkenntnisse als Bezug*: Greift man Überlegungen wie die von Martin Irle in seiner Auseinandersetzung mit der Theorie der kognitiven Dissonanz von Leon Festinger auf, so lassen sich Gründe dafür finden, die Verwendung des Wortes "Entscheidung" nicht nur auf praktische Handlungen - mögen diese nun gelingen, mißlingen oder verhindert werden - zu beziehen. Irle will sein Verständnis von "Entscheidung" nicht allein auf Handlungen, sondern auch auf Erkenntnisse und Urteile beziehen: "Jede Veränderung von Erkenntnissen, jeden Gewinn von Erkenntnissen, kann man jedoch ebenso als Ergebnis eines Entscheidungsvorganges ansehen; das gilt auch für Wahrnehmungs-Urteile" (1978, 290).[10] Solche Erkenntnis-Entscheidungen werden nach Irle durch "*Prozesse der Informationsverarbeitung*" hervorgerufen (1975, 319) und sind ihrerseits als Informationsverarbeitungsprozesse zu verstehen (s. 1978, 290). Insofern Handlungs-Entscheidungen[11] dabei für Irle "immer Konsequenzen von Erkenntnis-Entscheidungen" sind, während umgekehrt "aus Erkenntnis-Entscheidungen nicht zwingend und nicht immer unmittelbar Handlungs-Entscheidungen" folgen müssen, scheinen Erkenntnis-Entscheidungen sogar grundlegender zu sein (1978, 290).

Wichtig ist es meines Erachtens zu beachten, daß man nicht die Rolle von Erkennen und Erkenntnis für Handlungs-Entscheidungen mit Erkenntnis-Entscheidungen selbst gleichsetzt. So mag jemand wie Peter Schuttpelz (1987) einen Zusammenhang zwischen Erkennen und Handeln bei seiner Bestimmung von "Entscheidung" sehen, wenn einer Entscheidung eine Vermittlungsfunktion zwischen Erkennen und Handeln zugesprochen wird: "Eine *Entscheidung* fällen heißt, aus einem Feld real gegebener und erkannter Möglichkeiten jene Variante auszuwählen, die unter den gegebenen Bedingungen der fixierten Zielfunktion am besten entspricht oder zu entsprechen scheint. Der Entscheidungsprozeß reicht mithin von der Zielorientierung über das Erkennen der Entscheidungssituation, die Ermittlung und Bewertung der Varianten bis hin zur Wahl der günstigsten und dem Entschluß, in einer bestimmten Weise vorzugehen. Als geistiger Prozeß ist die Entscheidung also ein vermittelndes Glied zwischen Erkennen und Handeln" (1987, 493). Ob das Erkennen hierbei sich selbst Entscheidungen verdankt - und nur insofern würde ich von einer "Erkenntnis-Entscheidung" sprechen wollen - oder ob dies nicht der Fall ist, wäre genauer zu klären. Geht man davon aus, daß Lösungen - seien diese nun für praktische Handlungen bestimmt oder Erkenntnisse im Sinne von deskriptiven und präskriptiven Konzepten - nicht nur über Entscheidungen gewonnen, sondern häufig als Vorgaben (z. B. Traditionen) übernommen werden, so sind systematisch bedacht vier Möglichkeiten denkbar, wie die Entscheidungsanteile in bezug auf Erkenntnisse und Handlungen verteilt sein mögen. Jemand mag z. B. einerseits Erkenntnisse von anderen übernehmen (und in diesem Sinne nicht entscheiden), andererseits aber die vorgegebenen Erkenntnisse nutzen, um eigenständig eine Handlungs-Entscheidung zu treffen (3. Zeile der nachfolgenden Erwägungstafel).

	Erkenntnis ver- *dankt sich einer*	*Handlung* ver-* *dankt sich einer*
1. Zeile:	Entscheidung	Entscheidung
2. Zeile:	Entscheidung	Vorgabe
3. Zeile:	Vorgabe	Entscheidung
4. Zeile:	Vorgabe	Vorgabe

Erwägungstafel 1

(* "Handlung" ist hier im Sinne von "praktischer Handlung" gemeint. Daß man "Handlung" auch anders verstehen kann und etwa zwischen "inneren" und "äußeren" Handlungen differenzieren mag, wird im folgenden noch thematisiert.)

Irle bedenkt in der zitierten Textstelle also die Möglichkeit der 1. Zeile. Unter Berücksichtigung meiner Überlegungen wäre etwas vorsichtiger zu formulieren: Handlungs-Entscheidungen sind nicht immer Konsequenzen von Erkenntnis-Entscheidungen, sondern die in Handlungs-Entscheidungen angewandten Erkenntnisse können sich auch Vorgaben verdanken. Welche vorgegebenen Erkenntnisse bei jeweiligen Handlungs-Entscheidungen genutzt werden, mag dabei dann wieder Gegenstand einer reflexiven Entscheidung über die adäquaten Erkenntnisse als Mittel zur Bewältigung der anstehenden Handlungs-Entscheidung sein.

Die Vernachlässigung von Erkenntnis-Entscheidungen hängt für Irle damit zusammen, daß lange Zeit unterstellt wurde, daß nur Handlungs-Entscheidungen die Realität verändern könnten und zwar *"durch exekutive Handlungen, welche einen Entschluß am Ende eines Entscheidungsprozesses ,realisieren"* (1975, 320). Dabei können *"Erkenntnis-Entscheidungen [...] die Realität weit nachhaltiger ändern, indem sie Handlungen in die Realität hinein ermöglichen, die vorher nicht möglich oder gar unvorstellbar waren.* Handlungsentscheidungen sind Anwendungen von Erkenntnissen. Durch Erkenntnis-Entscheidungen werden die einen Hypothesen (Theorien) verworfen und die anderen Hypothesen (Theorien) als wahr in das Selbst aufgenommen: Die betroffene Person entschließt sich, weitere einkommende Informationen an dieser Hypothese (Erkenntnis) zu messen und/oder diese Hypothese (Erkenntnis) in Handlungen anzuwenden" (1975, 320).

(12) *Beispiele*: Greift man Irles Überlegungen auf, daß das, was für Erkenntnis- und Handlungs-Entscheidung gilt, auch auf Wahrnehmungs-Entscheidungen zutrifft, so läßt sich das Puppe-Mensch-Beispiel meines Erachtens als Beispiel für eine Wahrnehmungs- und Erkenntnis-Entscheidung nehmen. Die Gestalt, die eine Person bei der Annäherung an ein Schaufenster wahrnimmt, läßt sich nicht eindeutig als Mensch oder Puppe identifizieren. Die Person versucht deshalb, genauer hinzusehen und ihre Wahrnehmung mit Hilfe ihres Wissens über Unterschiede zwischen Menschen und Kleiderpuppen zu interpretieren. Schließlich legt sie sich auf eine Deutung fest, indem sie etwa die Argumente, die für die Deutung 'Puppe' sprechen, höher bewertet als diejenigen, die sie für die Deutung 'Menschen' gefunden hat. Damit ist diese Wahrnehmungs- und Erkenntnis-Entscheidung abgeschlossen. Ihr mögen Handlungen folgen, etwa ein nahes Herangehen an das Schaufenster, um die gewählte Deutung zu überprüfen und hieran anschließend vielleicht sogar bei falscher Deutung das baldigste Aufsuchen eines Augenarztes bzw. einer Augenärztin. Diese möglichen Folgehandlungen sind Ergebnisse weiterer Entscheidungen, deren Gegenstände die Fragen nach bestimmten Handlungen sind: Man hat entschieden, die durch die Wahrnehmungs- und Erkenntnis-Entscheidung gefundene Deutung durch ein Herangehen an das Schaufenster zu überprüfen, bzw. hat entschieden, bei einer falschen Deutung alsbald wie möglich eine Ärztin bzw. einen Arzt aufzusuchen.

Hält man sich zunächst einmal nur an die Unterscheidung zwischen Wahrnehmung, Erkenntnis und Handlung, so könnte man das Schnuller-Beispiel als eines interpretieren, an dem sich die Beteiligung aller drei Bereiche verdeutlichen läßt. Der Säugling nimmt vermutlich zunächst wahr, daß, je nach Saugrhythmus, zwei verschiedene Stimmen zu hören sind. Als nächstes erkennt er wohl, daß es sich bei einer der Stimmen um die bekannte Stimme (seiner Mutter) handelt. Da er es vorzieht, diese vertraute Stimme zu hören, handelt er entsprechend und schnullert nur noch in dem Rhythmus, bei dem diese Stimme (der Mutter) zu hören ist. Inwiefern dieses Beispiel in anderer Beziehung strittig sein kann, wird noch in der Diskussion um Bewußtsein als ein Merkmal von »Entscheidung« deutlich werden (s. II. 2.5, Nr. (110)ff.).

(13) *Zwischenbilanz*: Alternative Verwendungsweisen des Ausdrucks "Entscheidung" ergeben sich also dadurch, daß man ihn nur für praktisches Handeln

verwendet[12] oder zusätzlich - wie Irle - die Bereiche des Erkennens und Wahrnehmens, die man auch als deskriptive Bereiche bezeichnen mag, einbezieht (vgl. hierzu auch Werner Loh 1992, 69, Nr. (13) und 70, Nr. (15)). Die Bereiche des Wahrnehmens und Erkennens gelangen dabei als mögliche Gegenstände bei der Verwendung des Ausdrucks "Entscheidung" insbesondere bei denjenigen in den Blick, die die menschliche Informationsverarbeitung als Entscheidungsprozeß verstehen (vgl. statt anderer Bernhard Kraak 1991, z. B. 86f.).[13]

(14) *Verschiedene Verwendungsweisen des Ausdrucks "Handlung"*: Wenn man den Ausdruck "Entscheidung" im Zusammenhang mit zumindest intendierten Handlungen verwenden will, sind die verschiedenen Verwendungsweisen des Ausdrucks "Handlung"[14] zu berücksichtigen, die zu alternativen Verwendungsweisen des Ausdrucks "Entscheidung" führen können.

Was soll "Handlung" genannt werden? Sind z. B. sogenannte Unterlassungen »Handlungen«? Und wenn nicht, hat diejenige Person, die man etwa wegen einer unterlassenen Hilfeleistung anklagt, keine Entscheidung getroffen? Welche Konsequenzen hat es für Verwendungsweisen des Ausdrucks "Entscheidung", wenn dieser auf praktische Handlungen eingeschränkt ist?

(15) *Unterlassung als Handlung?* Mit der Ausgestaltung des Puppe-Mensch-Beispiels soll die Relevanz dieser Fragen veranschaulicht werden: Angenommen, eine Person nähme die Unsicherheit in ihrer Sehwahrnehmung als Anlaß für eine Art Sehtest um herauszufinden, ob sie zur Augenärztin bzw. zum Augenarzt gehen sollte. Wenn sie nun bei der allmählichen Annäherung an das Schaufenster ziemlich schnell eindeutig wahrnehmen könnte, um was es sich handelt, würde sie nicht zur Augenärztin bzw. zum Augenarzt gehen. Kann man dieses Unterlassen auch als Handeln bezeichnen, oder ist Unterlassung nicht geradezu das Gegenteil von Handlung? Dieter Birnbacher erörtert beide Möglichkeiten (1995, 32-35) und schlägt eine Abgrenzung von Unterlassung und Handlung vor: "Die Grundform des Unterlassens läßt sich so bestimmen, daß zwei Bedingungen individuell notwendig und zusammen hinreichend sind: die *Nicht-Ausführung* einer Handlung und die *Möglichkeit*, sie auszuführen" (1995, 32). Birnbacher stellt an seine "terminologische Festlegung" u. a. den Anspruch, daß "Unterlassen [...] als *Kontrastbegriff* zum Handeln bestimmt werden" sollte. "Die Explikation sollte zur Konsequenz haben, daß sich Handeln und Unterlassen wechselseitig ausschließen" (1995, 31). Demgegenüber bezeichnet Donald Davidson "alles, was eine handelnde Person absichtlich tut - einschließlich absichtlicher Unterlassungen -, als Handlung" (1985, 21, Anm. 2). Auch Jürgen Rödig verwendet den Ausdruck "Handlung" als gemeinsamen Oberbegriff für "Tun" und "Unterlassen". Für ihn fallen "Tun und Unterlassen nicht

nur gleichermaßen unter den Begriff des Verhaltens, sondern auch der Handlung" (1969, 98). Und für Edmund Heinen können die "in den einzelnen Alternativen enthaltenen Handlungsmöglichkeiten" zu einem Entscheidungsproblem "sowohl in einem Tun als auch in einem Unterlassen bestehen" (1976a, 21). Auffallend an Heinens Formulierung ist, daß er davon spricht, daß *in* einzelnen Alternativen jeweils zwei Handlungsmöglichkeiten enthalten sind, nämlich Tun und Unterlassen. Damit werden meines Erachtens Tun und Unterlassen gleichsam zu Indikatoren des Ergebnisses der verschiedenen Bewertung einzelner Alternativen. Zustimmung zu bzw. positive Bewertung von einer praktischen Handlungsmöglichkeit mag dann in ein Tun münden, wohingegen Ablehnung bzw. negative Bewertung einer Handlungsmöglichkeit zur Unterlassung führen kann (zur möglichen Unterscheidung von Erwägungs- und Bewertungsalternativen vgl. Punkt II. 2.3.3).

Bestimmte man Unterlassung als Fehlen einer praktischen Handlung, so bedeutete dies für einen (allein) auf praktische Handlung bezogenen Entscheidungsbegriff, daß man bei dem Puppe-Mensch-Beispiel nur dann von einer "Entscheidung" reden dürfte, wenn die Person zur Augenärztin bzw. zum Augenarzt gehen würde. Auch bei dem Stimmenthaltungs- und dem Raucher/Raucherin-Beispiel wäre es fraglich, ob die jeweiligen Personen Entscheidungen treffen. Denn im ersten Beispiel handelte jemand in dem Sinne nicht, als sie oder er nicht zur Wahl ging, im zweiten Beispiel handelte jemand insofern nicht, als sie oder er sich keine Zigarette anzündete.

(16) *»Innere« und »äußere« Handlung*: Die Analyse dieser Beispiele kann aber auch ganz anders ausfallen, wenn weitere Differenzierungen in bezug auf die Verwendung des Ausdrucks "Handlung" vorgenommen werden. So könnte man mit der von Birnbacher getroffenen Unterscheidung in äußere und innere Handlung und dementsprechend in äußere und innere Unterlassung fragen, ob im Stimmenthaltungs- und Raucher/Raucherin-Beispiel zwar keine äußere, wohl aber eine innere Handlung stattfindet (s. 1995, 34f.). Nach der in diesem Abschnitt entwickelten Unterscheidung verschiedener Verwendungsweisen des Ausdrucks "Entscheidung" in bezug auf Handlungen, Erkenntnisse und Wahrnehmungen hätte dies für diejenigen, die den Ausdruck "Handlung", wie z. B. Kraak, nicht nur auf "sichtbare oder hörbare Bewegungen [...], etwa Schreib- oder Sprechhandlungen, sondern auch" auf "innere Denkbewegungen, und zwar als kognitive Handlungen" beziehen (1991, 39), keine Ausgrenzung von Erkenntnissen und Wahrnehmungen als Gegenständen von Entscheidungen zur Folge, weil ihr Verständnis von "Handlung" als Oberbegriff bereits Erkenntnisse und Wahrnehmungen als "innere" Handlungen mitumfaßt (vgl. auch Kraak 1999, 5, Nr. (21), wo er explizit schreibt, "Denken ist *geistiges Handeln*").

(17) *Willentliche Steuerung, Zwangsverhalten und Gewohnheiten*: Die Festle-gung, daß innere und äußere Handlungen willentlich und absichtlich steuerbar sein sollen, führt dazu, zwanghaft auftretende Gedanken (z. B. Birnbacher 1995, 34f.) oder Verhaltensweisen, wie sie in dem Waschzwang-Beispiel angespro-chen werden, nicht als Handlungen zu bezeichnen. Soll sich die Verwendung des Ausdrucks "Entscheidung" nur auf willentlich steuerbare Handlungen be-ziehen, so wären damit das Waschzwang- aber auch das Lichtschalter-Beispiel keine Beispiele für Entscheidung. Zwar wird in dem Lichtschalter-Beispiel das gewohnheitsmäßige, automatische Verhalten unter normalen Umständen, d. h., wenn die Glühbirne funktioniert, wohl nicht als unangenehm und entgegen dem Willen erlebt. Im Gegenteil scheinen mir solche Gewohnheiten auch deshalb so gut zu funktionieren, weil sie gleichsam in Übereinstimmung mit dem Willen erfolgen und sich dieser "entlastet zurückziehen" kann. Bei Gewohnheiten fehlt eine willentliche bewußte Steuerung, weil sie nicht mehr als notwendig erach-tet wird.

Eine einfache Systematisierung zu Zwang und Gewohnheit mag folgende Kom-binatorik bieten:

	Verhalten wird als sinnvoll und in Übereinstimmung mit Willen erlebt (+) bzw. Ver-halten wird als nicht sinnvoll und nicht in Übereinstim-mung mit Willen erlebt (-)	*Die fehlende oder vorlie-gende Übereinstimmung von Willen und Verhalten wird beim Verhalten be-wußt erlebt (+) bzw. nicht bewußt erlebt (-)*	*Mögliche Interpretation*
1. Zeile:	+	+	bewußtes Handeln
2. Zeile:	+	-	gewohnheitsmäßiges Verhalten
3. Zeile:	-	+	zwanghaftes Verhalten
4. Zeile:	-	-	evtl. Rückfall in Gewohnheit, die man nicht mehr will (z. B. sich nach dem Essen eine Zi-garette anzuzünden, obwohl man sich dies eigentlich abge-wöhnen und darauf achten wollte, es zukünftig zu lassen)

Erwägungstafel 2

Daß das Unsinnige beim Zwang bewußt erlebt wird, findet sich in vielen Be-schreibungen und Bestimmungen von Zwang in der psychiatrischen Literatur (vgl. z. B. Karl Jaspers 1973, 239f. oder Nico Niedermeier/Michael Zaudig 1998, 1ff.). Jürgen Margraf betont, daß es auffällt, "daß Zwangsgedanken bzw. -handlungen systematisch im Widerspruch zur Persönlichkeit der Betroffenen stehen" (1998, 19). Zwänge können sich - wie in dem Zitat von Margraf deut-lich wird - sowohl auf Gedankliches, Vorstellungen als auch auf Handlungen beziehen (s. z. B. auch W. Bräutigam 1973, 587). Niedermeier/Zaudig unterscheiden außer Zwangsgedanken und Zwangshandlungen noch Gedankenzwänge, die sie als "Sonderform der Zwangshandlungen" betrachten: "Eine Sonderform der Zwangshandlungen stellen die Gedankenzwänge dar, die scheinbar zu den Zwangsgedanken gehören, da sie auf gedanklicher Ebene stattfinden. Sie werden jedoch zu den Zwangshandlungen gerechnet. Sie gehören deshalb zu den Zwangshandlungen, da die Betroffenen über diese gedanklichen Rituale aufkommende Anspannung und Angst zu neutralisieren suchen" (1998, 9). So wird etwa ein Zwangsgedanke wie "Töte deine Mutter!" durch den Gedankenzwang "10mal hintereinander denken: Deine Mutter ist gut" zu neutralisieren versucht (1998, 10). Das Merkmal der Bewertung als "unsinnig" der jeweiligen Vorstellung oder Handlung wird von vielen Autoren bzw. Autorinnen als wichtiges Unterscheidungsmerkmal zum "Wahn" erachtet, so z. B. von Hans Jörg Weitbrecht und Johann Glatzel (1979, 25f.). Gerd Huber (s. 1981, 264f.) unterscheidet zwischen Zwangsphänomenen im engeren und solchen im weiteren Sinne. Für ihn gehört das Merkmal der Einschätzung als "unsinnig" nur zu den Zwangsphänomenen im engeren Sinne.

Für die Diskussion zur Verwendung des Ausdrucks "Entscheidung" ist dabei relevant, daß zwanghaftes Vorstellen oder Verhalten mit einem Fehlen von Wahl- oder Entscheidungsfreiheit einhergeht. So schreibt etwa Jaspers: "Normalerweise lebt das Ich ungezwungen in den Wahrnehmungen, die es gerade macht, in der Angst, die es fühlt, in den Erinnerungen oder den Träumereien, denen es nachgeht; sei es, daß es sich ihnen ohne Wahl triebhaft hingibt, sei es, daß es willkürlich sich erwählt, worauf seine Aufmerksamkeit gerichtet sein soll, was es zum Gegenstand seiner Affekte machen will. Wenn nun das Ich in dieser Wahl nicht mehr Herr ist, wenn es keinen Einfluß darauf hat, welchen Gegenstand es sich zum jeweiligen Bewußtseinsinhalt machen will, wenn vielmehr *der Bewußtseinsinhalt auch gegen diesen Willen der augenblickliche Inhalt bleibt,* so stellt sich das Ich diesem Inhalt, den es nicht verdrängen kann, aber verdrängen möchte, kämpfend gegenüber, und dieser Inhalt erhält den Charakter des psychischen Zwanges" (1973, 111).

Es wäre zu erforschen, ob man Zwang mit dem hier eingebrachten erwägungsorientierten Entscheidungsverständnis (s. insbesondere I. 2 und II. 5) beschreiben könnte. Dabei könnte man etwa folgende drei Interpretationsrichtungen nutzen, um zwanghaftes Vorstellen und Handeln näher zu untersuchen: 1.) Sind zwanghafte Vorstellungen oder Handlungen vielleicht als eine Diskrepanz zwischen Entscheidungsüberlegungen und einer hieran anschließenden entgegengesetzten und insofern mißlingenden Lösungssetzung und Realisierung charakterisierbar? Die Lösungssetzung und ihre Realisierung widersprechen dem, was man tun würde, wenn man sich an der für sinnvoll erachteten Entscheidung orientieren würde. Von den Erwägungen und Bewertungen her wäre eine Vorstellung oder eine Handlung eigentlich "negativ" einzuschätzen und z. B. das erneute Waschen der Hände zu unterlassen. Eine Person mit zwanghaften Vorstellungen oder Zwangsverhalten leidet vermutlich deshalb an ihren Vorstellungen oder dem Verhalten, weil sie einerseits eigentlich um die "sinnvollere" Alternative weiß, dennoch immer wieder die als "unsinnig" bewertete Alternative als Lösung setzt und realisiert. 2.) Läßt sich dieses "eigentliche" Wissen und das ihm entgegengesetzte Verhalten oder Vorstellen vielleicht auch als eine Konkurrenz verschiedener Entscheidungsüberlegungen interpretieren, wobei etwa bewußte, nicht-bewußte, rationale und nicht-rationale Entscheidungen miteinander konkurrieren? 3) Ist der als unsinnig bewertete Zwang vielleicht als Ergebnis einer Konfusion von verschiedenen (und unterschiedlich bewußten) Problemen, Entscheidungen und Lösungen beschreibbar? Hierher gehörte insbesondere eine Auseinandersetzung mit Thesen, Überlegungen und Interpretationen zur Funktion von Zwang aus der psychiatrischen Literatur.

Gewohnheiten mag man auch dadurch charakterisieren, daß Wiederholungen, z. B. von Handlungen, stattfinden. Dies reicht meines Erachtens aber nicht aus, um Gewohnheiten von Entscheidungen abzugrenzen. Wenn man mit "Entscheidung" ein wie auch immer näher zu präzisierendes Erwägen und Bewerten von Alternativen verbindet, wäre es nicht einsichtig, warum Wiederholungen von etwa gleichen Handlungen nicht dennoch auf Entscheidungen basieren können sollen. Von einer "Gewohnheit" würde ich erst dann sprechen wollen, wenn man sich z. B. bei Handlungen ohne weiteres Erwägen und Bewerten automatisch daran orientiert, wie man sich zuvor verhalten hat. Bei einer Gewohnheit folgt man so gesehen einer Vorgabe, d. h. einer Lösung, die man selbst irgendwann oder jemand anderes auf eine Frage gesetzt hat, die man nicht neu bedenkt. Werner Kirsch hat dies folgendermaßen beschrieben: "In vielen Situationen reagiert das Entscheidungssubjekt auf einen Stimulus völlig gewohnheitsmäßig, ohne daß zwischen Stimulus und Reaktion eine spürbare Phase des Nachdenkens und Abwägens sichtbar wird. Der Mensch ist mit der Situation vertraut. Er handelt, wie er in der gleichen Situation schon früher entschieden und gehandelt hat. Es werden weder alternative Handlungsmöglichkeiten gesucht, noch Informationen über mögliche Konsequenzen gewonnen. Das Entscheidungssubjekt verfügt über ein Repertoire möglicher Reaktionen. [...] Problemlösungsverhalten und damit echtes Entscheiden ist erst dann erforderlich, wenn das Individuum einer neuen Situation begegnet, für die es keine "passende" Reaktion besitzt" (1997, 395).[15] Dagegen möchten beispielsweise Helmut Jungermann u. a. auch die routinemäßige oder automatische Auswahl zwischen möglichen gleichen Optionen als "Entscheidungen" bezeichnen, allerdings nur "wenn diese das Resultat früherer, auf "höherer" Ebene angesiedelter Entscheidungen sind, die auf Grund häufiger Wiederholung routinisiert wurden" (1998, 29).

(18) *Fragen zum Merkmal der 'willentlichen Steuerung'*: Das Schnuller- und das Schimpansenbeispiel würden unter Nutzung des Merkmals "willentlich steuerbar" vermutlich problematisch werden. Es wäre genauer zu klären, was "willentlich steuerbar" heißen soll. Hier kommen Ausdrücke wie "Bewußtsein" oder "Reflexion" ins Spiel, die ihrerseits unterschiedlich bestimmt und verwendet werden (vgl. exemplarisch zur Diskussion um »Bewußtsein« Sybille Krämer (Hg.) 1996a, Thomas Metzinger (Hg.) 1996 oder Henrik Walter 1998). Sollen das Schimpansen- und das Schnullerbeispiel eher als Beispiele für nicht-bewußtes, unreflektiertes, instinktgesteuertes Verhalten verstanden werden, so daß von »Handlungen« und »Entscheidungen« nicht die Rede sein kann? Oder soll man sich auf weite Verwendungen der Ausdrücke "Entscheidung" und "Handlung" einlassen, bei denen diese Beispiele doch zutreffend wären? Geht man davon aus, daß es so etwas wie angeborene Emotionskategorien gibt, zu denen etwa das Wohlbefinden gehört (vgl. Walter J. Perrig u. a. 1993, z. B. 50), dann könnte man das Schnuller-Beispiel so interpretieren, daß der Säugling nur dieser Kategorie folgt, wenn er die Stimme der Mutter herbeischnullert. Müßten dann aber nicht auch einige Situationen im Erwachsenenleben daraufhin geprüft werden, ob jeweils eine »Entscheidung« getroffen oder nur den angeborenen Anlagen gefolgt wird? Wenn jemand z. B. den Radiosender wechselt, weil er oder sie sich bei einer bestimmten Musik erheblich wohler fühlt als bei einer anderen, wurde dann eine »Entscheidung« getroffen oder - vergleichbar dem Säugling - nur einer angeborenen Emotionskategorie gefolgt? Aber auch wenn die Emotionskategorie "Wohlbefinden" ein uns erblich vorgegebenes Bewertungskriterium wäre, ist dieses nicht sehr unterbestimmt bzw. offen und läßt so viele verschiedene Belegungen zu, so daß man doch von "Entscheidung" sprechen kann? Hinter dieser Frage verbirgt sich die grundsätzliche Frage nach der Einheit einer »Entscheidung« und den Minimalvoraussetzungen und Bedingungen, die erfüllt sein sollten, um etwas "Entscheidung" zu nennen.

2.2.2 Triviales und Relevantes als mögliche Gegenstände bei der Verwendung des Ausdrucks "Entscheidung"

(19) *»Entscheidung« als Alltagsphänomen*: Wie zu Beginn von II. 1, Nr. (1) dargelegt, kann man mit McCall »Entscheidungen« als selbstverständlichen Bestandteil des alltäglichen Lebens auffassen. Auch Herbert Hax versteht den "Begriff der Entscheidung in einem weiteren Sinne [...], so daß er alle Wahlakte umfaßt" (1965, 10). Er grenzt sich damit explizit vom "allgemeinen Sprachge-

brauch" und einer Betriebspraxis ab, die dazu neige, "nur die Wahlakte der obersten Leitung, die von größerer Bedeutung sind, als Entscheidungen zu bezeichnen. Bei den weniger schwerwiegenden Wahlakten der mittleren und unteren Instanzen spricht man eher von Maßnahmen oder Dispositionen" (1965, 10). Für Niklas Luhmann ist es "unbestreitbar [...], daß Menschen sich laufend genötigt sehen, sich zu entscheiden" (1994, 272), und Dominik H. Enste stellt fest: "Jeden Tag treffen wir eine Vielzahl von Entscheidungen ("Nehme ich die Einladung an? Welches Kleid ziehe ich an? Welcher Termin ist wichtiger?")" (1998, 442). Eine Verwendung des Ausdrucks "Entscheidung" wäre demnach umfassend anzulegen. Erich Rothacker beschreibt anschaulich, was es bedeutet, "[...], daß der Mensch sich unausgesetzt entscheiden m u ß. Im kleinsten wie im größten. Daß er niemals aus dieser Notwendigkeit heraustreten kann. Im großen mag man an Herakles am Scheidewege denken. Man muß aber dieses Entscheiden nicht in jedem Falle dramatisieren. Auch im kleinen und kleinsten: greifen wir e n t - w e d e r mit der rechten o d e r mit der linken Hand zu, o d e r mit beiden Händen, o d e r gar nicht; gehen wir e n t w e d e r rechts o d e r links o d e r vorwärts o d e r rückwärts o d e r suchen einen Ausweg nach unten o d e r, wenn es geht, nach oben. [...] Sein Leben [das Leben des Subjekts] als zeitliche Folge zwischen Geburt und Tod stellt sich als e i n e l ü c k e n l o s p u l s i e - r e n d e F o l g e v o n E n t s c h e i d u n g e n dar" (1965, 11).

Bei einem solchen weitgefaßten Verständnis wären alle in II. 2.1 genannten Beispiele, jedenfalls was den Aspekt des Trivialen und Relevanten anbelangt, adäquate Beispiele für »Entscheidungen«. So gesehen müßte etwa auch im "Socken-Beispiel" eine Entscheidung stattfinden, nämlich dann, wenn eine Reihenfolge des Anziehens festgelegt werden sollte: Will man erst den linken und dann den rechten Socken oder umgekehrt erst den rechten und dann den linken Socken anziehen?

Ich habe das "Socken-Beispiel" hier absichtlich so formuliert, daß eine triviale Entscheidung noch von einem gewohnheitsmäßigen Handeln unterscheidbar ist. Letzteres läge vor, wenn eine Person nicht neu über die Reihenfolge des Anziehens der Socken nachzudenken bräuchte und einfach ihrer Gewohnheit folgte. Systematisch bedacht wäre damit meine Position der 2. Deutungsspalte der am Ende dieses Abschnitts stehenden Erwägungstafel zurechenbar, nach der Entscheidungen sich sowohl auf Relevantes als auch auf Triviales beziehen mögen, jedoch gewohnheitsmäßiges Denken und Handeln nicht mitumfassen. Das heißt jedoch nicht, daß Gewohnheiten sich nicht aus Entscheidungen haben entwickeln können. Die Genese einer Gewohnheit durch Entscheidung ist zu unterscheiden von der "Entscheidungslosigkeit" der Gewohnheit. Helmut Jungermann u. a. zählen solche Gewohnheiten - wie bereits in einem kurzen Zitatausschnitt erwähnt (s. o. II. 2.2.1, Nr. (17)) - noch mit zu den Entscheidungen. Nach ihnen sind dies routinisierte Entscheidungen einer ersten Ebene von Entscheidungen: "Die erste Ebene von Entscheidungen ist dadurch charakterisiert, daß die möglichen Optionen stets gleich sind und zwischen ihnen routinemäßig oder automatisch gewählt wird. In solchen Situationen sprechen wir nur dann von *Entscheidungen*, wenn diese das Resultat früherer, auf "höherer" Ebene angesiedelter Entscheidungen sind, die auf Grund häufiger Wiederholung routinisiert wurden" (1998, 29). Auch bei anderen Autoren findet man Bezeichnungen wie "routinemäßige Entscheidungen" (s. Heinen 1985, 24) oder "Routine-Entscheidungen" (s. Arbeitskreis Hax 1964, 687f.). Für Heinen "stehen die völlig *routinemäßigen Entscheidungen*" den *"echten Entscheidungen, die im Extremfall ein in alle Einzelheiten gehendes Durchdenken des Entscheidungsproblems voraussetzen [...] gegenüber"* (1985, 24). "Routineverhalten liegt vor, wenn die bewußte Wahl zwischen Alternativen durch die Entwicklung fixierter Reaktionen auf bestimmte Stimulantien, d. h. Anreize der Umwelt, ersetzt wird. Von echten Entscheidungen kann hier kaum noch gesprochen werden. Der Handlungsweise gehen keine besonderen Überlegungen voraus. Der einzelne verhält sich einfach so, wie er es in gleichen oder ähnlichen Situationen früher getan hat; er wendet schematisierte Faustregeln an" (Heinen 1976b, 73). Vom Arbeitskreis Hax der Schmalenbach-Gesellschaft wird folgende Bestimmung getroffen: "Wenn eine Aufgabe in gleicher oder ähnlicher Form regelmäßig auftritt, dann wird sich der Mensch schließlich gar nicht mehr der Tatsache bewußt, daß er eine Wahl trifft. Er weiß aus Erfahrung, daß sich für das jeweilige Problem eine bestimmte Lösung bewährt hat und entscheidet gewohnheitsmäßig ohne vorheriges Abwägen und Überlegen. Der Ablauf ist in gewisser Beziehung mechanisiert, und insofern ähnelt die Routine-Entscheidung der programmierten Entscheidung der Maschine. Sie unterscheidet sich aber dadurch wesentlich von ihr, daß der Mensch jederzeit die Möglichkeit hat, auf Grund neuer Erkenntnisse oder wegen einer Änderung der Bedingungen von der Gewohnheit abzuweichen und anders zu entscheiden" (1964, 687; der Aufsatz wird im Literaturverzeichnis unter "Hax" als "Arbeitskreis Hax ..." angeführt). Das, was für einige Routine-Verhalten noch als "Entscheidung" bezeichnen läßt, scheint so gesehen einerseits mit der Genese der Gewohnheit als auch - wie beim Arbeitskreis Hax deutlich wird - mit der Möglichkeit der Veränderbarkeit der Gewohnheit zusammenzuhängen. Es stellt sich meines Erachtens aber trotzdem die Frage, ob man ein gewohnheitsmäßiges Denken und Handeln, welches zwar aus Entscheidungen hervorgegangen sein mag und wieder in Entscheidungen überführt werden kann, deshalb selbst auch "Entscheidung" nennen sollte. Systematisch bedacht gibt es jedenfalls, je nachdem, ob man Gewohnheiten mit zu Entscheidungen zählen will oder nicht und ob man außerdem sowohl Relevantes und Triviales (s. Hax, z. B. 1965, 10; Jungermann

u. a. 1998, z. B. 3) oder nur eines von beiden als mögliche Gegenstände von "Entscheidung" betrachten will (s. wie in Spalte 3 und 4), 16 Möglichkeiten, den Ausdruck "Entscheidung" diesbezüglich zu verwenden. In der weitesten Fassung würde dies bedeuten, den Ausdruck "Entscheidung" sowohl für Triviales als auch Relevantes und sowohl für Gewohnheiten als auch keine Gewohnheiten zu verwenden (Spalte 1). Im Zweifelsfalle würde man für die Verwendung des Ausdrucks "Entscheidung" keinen dieser Aspekte als bestimmend erachten (Spalte 16).

Gegenstand von Entscheidung ist	Gewohnheitsmäßiges Denken und Handeln erfolgt (+) / erfolgt nicht (-) aufgrund von Entscheidung	5 von 16 möglichen Deutungen					
		1.	2.	3.	4.	...	16.
Triviales	+	+	-	-	+	...	-
Triviales	-	+	+	-	+	...	-
Relevantes	+	+	-	+	-	...	-
Relevantes	-	+	+	+	-	...	-

Erwägungstafel 3

An Brunkhorsts Einwänden, das "Socken-Beispiel" als "Entscheidung" zu bezeichnen, wird deutlich, daß "Entscheidung" in engem Zusammenhang mit "Begründbarkeit" gesehen werden kann: "Ein gänzlich unbegründetes (und unbegründbares) Verhalten ist kein Sich-entscheiden. Wenn wir morgens erst nach der einen und dann nach der anderen Socke greifen und es auch genau so gut anders hätten tun können, entscheiden wir uns nicht, welche Socke wir zuerst anziehen wollen" (1992, 46, Nr. (7)). Es würde den Rahmen dieser Arbeit sprengen, auf die verschiedenen Verständnisse von "Begründung", "Begründbarkeit", "Rationalität" und Möglichkeiten und Grenzen rationaler Entscheidungen umfassend einzugehen. Soweit es für die hier intendierte Zielsetzung sinnvoll und machbar ist, wird es aber in II. 2.4 noch einen Einblick in einige Diskussionsstränge zu den aufgezählten Stichworten geben.

Andere Umschreibungen im Horizont dessen, was ich hier "Triviales" nenne, wären Ausdrücke wie "Belangloses", "Marginales", "Alltägliches", "Irrelevantes", in gewissem Sinne auch "Situatives", "Kurzperspektivisches". Das, was hier mit "Relevantes" bezeichnet wird, soll auch für das stehen, was andere als "Bedeutsames", "Besonderes", "Zentrales", "Grundsätzliches"/"Fundamentales", "Existentielles" und in gewissem Sinne auch "Längerperspektivisches" bezeichnen mögen.

Bei Thomae finden sich etwa außer der Gegenüberstellung von Alltags- und

Krisenentscheidungen (1992, 91, Nr. (13)) Gegenüberstellungen wie Belangloses und Existentielles (vgl. 1992, 92, Nr. (18)). Kersting stellt die "lebenspraktisch marginalen Entscheidungssituationen" den "lebenspraktisch bedeutsamen Handlungslagen" gegenüber (1992a, 24, Nr. (5)). Martin H. Krieger setzt sich mit der Unterscheidung in "big" und "little decisions" auseinander, nach der "big decisions" verstanden werden "as choices (and their consequent changes or transformations) that are seen as discontinuous, abrupt, and unique - and so they are usually thought to be important and of great consequence" und "little decisions" gegenübergestellt werden, "which are marginal, commensurable, and additive" (1986, 779). Krieger nimmt die Unterscheidung in große und kleine Entscheidungen zum Anlaß, eine Kultur des Entscheidungen-Treffens (culture of decisionmaking) und eine Theorie der Entscheidung zu erwägen, die die Ausgrenzung von "big decisions to a residual or grandiose category" (1986, 793) aufhebt, indem neben Entscheidungspraktiken, die für sogenannte kleine Entscheidungen charakteristisch sind, weitere Praktiken berücksichtigt werden, mit denen man sogenannte große Entscheidungen erfassen könnte (z. B. a. a. O.).

Es wäre eine Forschungsaufgabe, zu genaueren Bestimmungen der Verwendung der verschiedenen Termini zu gelangen, die hier im Horizont der Bezeichnungen "Relevantes" und "Triviales" angesprochen wurden, um so z. B. herauszufinden, wann etwa Situatives zugleich Grundsätzliches sein könnte usw. Exemplarisch sei hier auf eine Möglichkeit des verschiedenen Verständnisses von "Existentiellem" hingewiesen. Für Hubert Feger ist in "der großen Mehrzahl der alltäglichen Situationen, aber auch der existentiellen Entscheidungen, [...] der Ablauf glatt und unproblematisch, nicht durch einen Hiatus von Besinnung, Abwägen, Hin- und Hergerissensein gestört" (1992, 51, Nr. (7)). Wenn Feger es für möglich hält, daß existentielle Entscheidungen auch unproblematisch ablaufen können, so grenzt er sich damit z. B. von Thomae ab, für den - wie Feger selbst feststellt - "echte" Entscheidungen sich in einer "Position des Ungewöhnlichen" befinden (1992, 51, Nr. (7); zu Thomaes Bestimmung von "echter" Entscheidung siehe im folgenden die Nr. (22)).

(20) *Relevanz alltäglicher »Entscheidungen«*: Daß Gegenstände von »Entscheidungen« gerade auch Alltägliches und Triviales sein können, muß nicht mit einer Einschätzung solcher Entscheidungen als irrelevant einhergehen. So ist etwa für Georg Lukács die Selbstverständlichkeit und Alltäglichkeit, »Entscheidungen« zu treffen, von konstitutiver Relevanz für Gesellschaft und die Persönlichkeit und den Charakter eines Menschen: "Wie das gesellschaftliche Sein sich aus sich vielfach kreuzenden Ketten solcher Alternativentscheidungen aufbaut, so auch das einzelne Menschenleben aus deren Nacheinander und Aus-

einander. Von der ersten Arbeit, als Genesis des Menschwerdens des Menschen bis zu den subtilsten seelisch-geistigen Entschlüssen formt der Mensch seine Umwelt, hilft sie aufzubauen und auszubauen und formt zugleich mit diesen selben eigenen Aktionen sich selbst aus einer bloß naturhaften Einzelheit zu einer Individualität innerhalb einer Gesellschaft. [...] Das, was wir die Persönlichkeit eines Menschen nennen, ist ein solches Geradesosein seiner Alternativentscheidungen. [...] Sein [des Menschen] echter Charakter verwirklicht sich jedoch in seinem Geradesosein gerade darin und dadurch, aus welcher Möglichkeit eine Tat wird. Natürlich gehört auch die Möglichkeit zu seinem Gesamtbild, denn ihre Überwindung ist ebenfalls Gegenstand einer Alternativentscheidung; das dabei Ausschlaggebende bleibt aber doch: wird sie bejaht oder verneint, wird aus ihr eine Handlung oder bleibt sie eine bloße, letzthin zur Unwirksamkeit verurteilte Möglichkeit. Die Substanz eines Menschen ist also das, was im Laufe seines Lebens sich als Kontinuität, als Richtung, als Qualität der ununterbrochenen Kette dieser Entscheidungen zusammenfügt. Man darf ja, gerade wenn man den Menschen ontologisch richtig verstehen will, nie vergessen, daß diese Entscheidungen sein Wesen ununterbrochen determinieren, aufwärts oder abwärts lenken. Für einen Maler ist nicht bloß das eine Alternative, ob er dieses oder jenes Bild malen soll; jeder Pinselstrich ist eine Alternative und was dabei kritisch erworben und für den nächsten Strich verwertet wird, zeigt am deutlichsten, was seine Person als Künstler vorstellt. Das gilt aber allgemein ontologisch gesprochen für jede menschliche Tätigkeit, für jede Beziehung zwischen den Menschen" (1986, 233f.).

Unabhängig von der Bewertung der Relevanz von »Entscheidungen« könnte auch bei einer Verwendung des Ausdrucks "Entscheidung" in einem weiten - triviale und relevante Gegenstände umfassenden - Sinne eine Unterscheidung in triviale und relevante »Entscheidungen« insofern sinnvoll sein und sich nutzen lassen, als mit ihr verschiedene Arten von »Entscheidungen« auseinanderzuhalten wären.

(21) »Entscheidung« als Ausnahmefall: Es gibt jedoch auch andere Auffassungen, wie etwa die von Michael Landmann, Otto Friedrich Bollnow, George Katona, Birnbacher oder Thomae, die die Verwendung des Ausdruck "Entscheidung" auf eher selten vorkommende und relevante Situationen und Gegenstände eingrenzen.

Während des VII. Symposiums über "Situation und Entscheidung" im Rahmen des dritten deutschen Kongresses für Philosophie 1950 vertritt Landmann u. a. folgende These: "Für die weitaus überwiegende Zahl unserer Handlungen entscheiden wir uns nicht, sondern folgen wir einfach der Tradition oder wir tun das, was uns evidentermaßen das Richtige scheint. Entscheidung gibt es erst dort, wo mehrere Möglichkeiten des Handelns sichtbar geworden sind, von denen für jede etwas spricht. Indem eine deskriptive Ethik sonst nicht bedachte Handlungsmöglichkeiten vor Augen rückt, nötigt sie zu häufigeren und schwierigeren Entscheidungen. Aber weder kann noch soll das Leben eine unaufhörliche Kette von Entscheidungen sein" (1952, 278). Auch Bollnow stellt auf demselben Symposium in seinen Thesen 5-8 fest, daß Entscheidungen zwar bedeutsam sind, keineswegs jedoch ständig stattfinden: "5. Ohne Entscheidung verläuft das Leben, wo der einmal gefaßte Entschluß in die Wirklichkeit umgesetzt wird. Das Handeln setzt zwar die Entscheidung voraus, ist aber darum nicht selbst Entscheidung, ja die Orientierung an der immer neuen Entscheidung würde dem Handeln die erforderliche Stetigkeit nehmen. 6. Überall, wo sich das seelische und geistige Leben in einer normalen Stetigkeit entfaltet, ist für Entscheidung überhaupt kein Raum, und alle Stetigkeit beruht darauf, daß eben keine Entscheidung ist. Entscheidung wird erst dort nötig, wo der stetige Ablauf gestört ist, wo eine plötzliche Richtungsänderung erforderlich wird, und es ist eine Übertreibung, das Wesentliche im menschlichen Leben an solche Störungsstellen zu legen, so gewiß es diese gibt und so bedeutsam diese sind. 7. Ohne Entscheidung verläuft überall das Leben, wo es in der Geborgenheit eines gesicherten Zustands verläuft. Diese Geborgenheit bedeutet nicht gedankenlosen Leerlauf, wozu sie die Übertreibung der Entschiedenheit gern machen möchte, sondern sie bedeutet tiefer alles Leben, das sich auf dem Boden fester Überzeugungen und im Rahmen bestimmter sittlicher Haltungen und Tugenden abspielt. Das aber bedeutet keineswegs die Beschränkung auf einen ewig sich gleichen[den] Zustand, ohne die Möglichkeit eines Fortschritts. 8. Ohne Entscheidung verläuft das Leben, wo es aus seinen Tiefen heraus schöpferisch ist. Der große Dichter z. B. entscheidet sich, wenn er sich entschließt, ein angefangenes Werk abzubrechen und ein anderes statt dessen wieder aufzunehmen, aber das eigentliche Schaffen bewegt sich in einer Ebene, wo so etwas wie Entscheidung unbekannt ist" (1952, 274f.).

Katona, der "genuine decision making" als "problem solving behavior" beschreibt (s. 1964, 54), meint: "Problem-solving behavior is a relatively rare occurence. It would be incorrect to assume that everyday behavior consistently manifests such features as arousal of a problem, deliberation, or taking consequences of the action into consideration. Behavior which does not manifest these characteristics predominates in everyday life and in economic activities as well. [...] The main alternative to problem-solving behavior is not whimsical or impulsive behavior (which was considered the major example of "irrational" behavior by nineteenth century philosophers). When genuine decision making does not take place, habitual behavior is the most usual occurrence: people act as they have acted before under similar circumstances, without deliberating and choosing" (1964, 54).

Für Birnbacher gilt: "Eine "Entscheidung" ist nur in Zeiten extremer Verunsicherung fällig" (in: Kaufmann u. a. 1992, 107, Nr. (7)). Konkret bezogen auf die europäischen Gesellschaften bedeutet dies für Birnbacher: "Heute besteht eine derartige [Entscheidungen erfordernde] Unsicherheit zumindest in Europa im politischen Bereich nicht mehr, da die demokratischen Grundprinzipien mehr oder weniger unangefochten sind. Der Dissens beschränkt sich auf dazu marginale Fragen wie die der prozentualen Anhebung der Mehrwertsteuer und der Asylgesetzgebung. Erheblicher ist die Verunsicherung im moralischen und persönlichen Bereich - im Sinne des vielzitierten "Orientierungsverlusts". Hier besteht in der Tat ein gewisser Spielraum für moraldezisionistische Entscheidungen" (a. a. O.).

Thomaes Verständnis einer "echten Entscheidung", auf das im folgenden etwas näher eingegangen wird, ähnelt Birnbachers Überlegungen.

(22) »Echte« Entscheidung nach Hans Thomae: Wenngleich Thomae einerseits von "Alltags-" und "Krisenentscheidungen" (s. 1992, 91, Nr. (13)) spricht, möchte er den Ausdruck "Entscheidung" eigentlich nur für »Entscheidungen« nehmen, die relevant sind. Charakteristisch für solche "echten Entscheidungen" - wie Thomae sie auch nennt - ist, daß bei »echten Entscheidungen« ein "Konflikt zwischen Grundüberzeugungen und existentiellen "Anliegen" wirklich eintritt" (1992, 92, Nr. (19)). Zu einer »echten Entscheidung« gehört "eine Betroffenheit durch eine Unzulänglichkeit der Überzeugungssysteme, welche sonst unser Handeln bestimmen" (1992, 92, Nr. (16)). Für Thomae ist eine »Entscheidung« eine von vier möglichen Reaktionsweisen auf multivalente Hauptformen. Eine »Entscheidung« liegt für ihn nur dann vor, wenn eine mehrdeutige Situation als Konflikt "zwischen existentiell bedeutsamen Zukunftsausrichtungen" erlebt wird, "der nur durch eine propulsive Weiterentwicklung des Kerns der Persönlichkeit beendet werden kann" (1960, 90). Betrachtet man mit diesem Verständnis von "Entscheidung" die Beispiele in II. 2.1, so wird man in einem ersten Klärungsansatz vermutlich nur noch das Tierversuchs-Beispiel, das Priesterberufs-Beispiel und das Schwangerschaftsunterbrechungs-Beispiel solchen »Entscheidungen« zurechnen können, in denen es im Sinne Thomaes um Relevantes geht. Aber selbst derartige in unserer Kultur wohl von vielen als schwierig erachtete Entscheidungssituationen müssen nach Thomae keineswegs immer eine »echte Entscheidung« von den einzelnen verlangen. Denn: "Nicht einmal im Falle der Auseinandersetzung für oder gegen eine Schwangerschaftsunterbrechung findet stets eine "echte" Entscheidung statt. Nicht selten erhiel-

ten Mitarbeiter, welche Personen, die in einem solchen "Konflikt" gestanden hatten, befragten, die Antwort: "Bei unserer Lage war das von Anfang an klar, daß es sein muß, wir können uns kein Kind leisten." Aber auch die andere Alternative trat so selbstverständlich auf: "Bei unserer Einstellung war das von vorn herein klar, so etwas kommt nicht in Frage." Durch die Abwesenheit von Unsicherheit und Erwägungsprozessen tragen solche Verläufe den Stempel von "Dezisionen", wenn auch eine "Letztbegründung" in beiden Fällen gegeben war" (1992, 92, Nr. (19)).[16] Dieses Zitat macht meines Erachtens deutlich, daß das Erleben einer Situation als eine echte, existentielle »Entscheidungssituation« für Thomae individuell sehr verschieden ausfallen kann. Was für die einen eine existentielle Situation darstellt, muß dies für die anderen noch längst nicht sein. Ob "der für echte Entscheidungen kennzeichnende Konflikt zwischen Grundüberzeugungen und existentiellen "Anliegen" wirklich eintritt", kann man nach Thomae weder "von außen noch von innen" bestimmen (1992, 92, Nr. (19)). Eine »echte Entscheidung« läßt sich deshalb auch nicht durch einen Gesetzgeber erzwingen (ebd.).

Obwohl es im Medikamenten-Dosierungs-Beispiel im wortwörtlichen Sinne um "Leben und Tod" geht, liegt hier, wenn ich Thomae richtig interpretiere, kein »Entscheidungskonflikt« in dem Sinne vor, als daß die Ärztin zwischen "verschiedenen existentiell bedeutsamen Zukunftsausrichtungen" bzw. Grundüberzeugungen hin und her gerissen wäre. Auch von einer "Unzulänglichkeit der Überzeugungssysteme" wird man jedenfalls wohl dann nicht sprechen mögen, wenn die Zielsetzung für die Ärztin unumstritten ist und sie das Leben des Patienten retten will. Was vorliegt, könnte man eine "Unzulänglichkeit des Wissenssystems" in bezug auf das Medikament nennen. Das Medikamenten-Dosierungs-Beispiel hat zwar eine hohe existentielle Relevanz, weil es um das Leben eines Menschen geht und weil die Ärztin dieses Leben retten möchte und sich hierfür verantwortbar empfindet. Es mag die Ärztin auch in einen schrecklichen Konflikt über die Höhe der Dosierung stürzen. Dieser Konflikt selbst ist aber nicht unbedingt existentiell in dem Sinne, als daß Grundüberzeugungen der Ärztin in einem Konflikt stehen müßten. Daß die Folgen einer Entscheidung existentiell äußerst relevant sein können (im Sinne von "(über)lebenswichtig" oder zumindest "lebenslaufsbedeutsam"), darf nicht mit der »Entscheidung« selbst verwechselt werden. Beides mag zwar häufig zusammenkommen (1. Zeile der nachfolgenden Erwägungstafel), ist aber dennoch zu trennen:

	Die »Entscheidung« wird von der »entscheidungstreffenden« Person ...	Die Folgen einer »Entscheidung« sind für die »entscheidungstreffende« Person ...
1. Zeile:	als existentiell relevant erlebt	existentiell relevant
2. Zeile:	als existentiell relevant erlebt	nicht existentiell relevant
3. Zeile:	nicht als existentiell relevant erlebt	existentiell relevant
4. Zeile:	nicht als existentiell relevant erlebt	nicht existentiell relevant

Erwägungstafel 4

Wird die »Entscheidung« als existentiell relevant erlebt, die Folgen schließlich stellen sich als weniger relevant heraus (2. Zeile), so mag dies vielleicht auf einer falschen Situationseinschätzung der »entscheidungstreffenden« Person beruhen. Ebenso könnte die Konstellation der 3. Zeile auf eine Fehleinschätzung zurückzuführen sein, wobei diese Situation in ihren längerfristigen Auswirkungen vermutlich gravierender sein wird. Denn hätte die »entscheidungstreffende« Person auch nur geahnt, daß die Folgen ihrer »Entscheidung« existentiell relevant sein würden, hätte sie vielleicht entsprechend aufwendiger ihre »Entscheidung« gestaltet. Das muß noch nicht unbedingt etwas über die Qualität der »Entscheidung« aussagen, bedenkt man etwa, daß eine Person ohne existentiellen Grundkonflikt ihrer Überzeugungen wahrscheinlich viel gelassener ist und insofern auch souveräner »entscheiden« könnte. Genauso mag aber die Gelassenheit auch zu einer Haltung der Lässigkeit bei der »Entscheidung« führen.

In dem Medikamenten-Dosierungs-Beispiel läge meines Erachtens für die Ärztin eine existentiell relevante »Entscheidungslage« im Sinne Thomaes erst dann vor, wenn die Situation für die Ärztin Auslöser für einen Konflikt ihrer Grundüberzeugungen wäre, der etwa dazu führte, sie am Sinn ihres Berufs zweifeln zu lassen. Das wäre dann aber eine andere »Entscheidung«, die man als eine "Folge-Entscheidung" bezeichnen mag. Nicht jede relevante Folge einer »Entscheidung« muß in eine solche "Folge-Entscheidung" münden. Außerdem macht das Medikamenten-Dosierungs-Beispiel deutlich, daß diejenige Person, die eine »Entscheidung« trifft, nicht auch zugleich die (alleinige) Betroffene von der »Entscheidung« sein muß. Man kann »Entscheidungen«, die existentiell im Sinne Thomaes verlaufen mögen oder nicht, für sich und für andere treffen (vgl. hierzu auch Punkt II. 4). Unter diesem Gesichtspunkt ließen sich die 2. und 4. Zeile weiter bedenken. Daß Folgen für die »entscheidungstreffende« Person nicht existentiell relevant sind, muß ja nicht bedeuten, daß die Folgen nicht für andere existentiell relevant sein können, unabhängig davon, ob dies von der »entscheidungstreffenden« Person intendiert und gewußt wird oder nicht.

'Existentielle Unsicherheit' und 'Erwägungsprozesse' als Merkmale von 'Entscheidung' scheinen bei Thomae vor allem ein Bewertungsproblem im Umgang mit Alternativen zu sein. Zu den angestellten Erwägungen fehlt eine eindeutige Bewertungsperspektive, mit der sich eine bestimmte Erwägung als die geeignetste Lösung auszeichnen läßt. Woran es in echten Entscheidungssituationen im Thomaeschen Sinne fehlt, ist eine Instanz, die "einfach der Vernunft oder dem wohlverstandenen Interesse zum "Siege" verhelfen muß [...]. Die vernünftige, das Interesse der Persönlichkeit auf weite Sicht hin sichernde und wahrende Reaktion kann die eine oder andere der antizipierten Möglichkeiten sein. Eine eindeutige Dominanz der einen Seite als der dieses wahre Interesse sichernden und vertretenden ist hier nicht vorhanden. Es ist also ein Vakuum im Innern spürbar geworden, nicht wie bei manchen Ambitendenzen infolge des Mangels an "Motiven", sondern weil zwei zentrale Tendenzen einander gegenüberstehen, von denen jede das wahre Interesse der Persönlichkeit zu vertreten beansprucht" (1960, 88).

Je nachdem, wie mit dieser Unsicherheit und den Erwägungen umgegangen wird, unterscheidet Thomae zwischen "wägenden", "wagenden", "wachsenden" und "retardierenden" Entscheidungen (s. Thomae 1960, 163-167). Insofern es für die "wagende" Entscheidung charakteristisch ist, daß "die Beendigung der Unentschiedenheit nicht durch eine Klärung der Situation möglich ist, sondern durch ein Sichhineinstellen in die eine der Möglichkeiten vollzogen werden muß" (1960, 163), erinnert sie - wie Thomae feststellt - an das, "was man im Anschluß an Carl Schmitt als Dezision von andern Versuchen, mit einer ungewissen Zukunft zurechtzukommen, abhebt" (Thomae 1992, 92, Nr. (20)). Thomae teilt diese Einschätzung aber nicht: "Für Politik, Rechtswesen und Wirtschaft, d.h. für alle Organisationsentscheidungen mag das in Grenzen sinnvoll sein. Die Einführung dieser Unterscheidung in Betrachtungen über die persönliche Lebensführung, d.h. in die Ethik, trägt der Vielfalt menschlichen Verhaltens und seiner inneren Begründung nicht Rechnung" (Thomae 1992, 92, Nr. (20)).

Daß Thomae den Ausdruck "Dezision" mit einer anderen Bedeutung verwendet, wird meiner Meinung nach in der bereits zitierten Textstelle deutlich, in der er "Dezisionen" für Lösungsfindungsprozesse verwenden will, in denen Unsicherheit und Erwägungsprozesse fehlen (s. (Thomae 1992, 92, Nr. (19)). Das Gemeinsame in beiden Verwendungsweisen könnte man darin sehen, daß in beiden Fällen es nicht die Erwägungsprozesse sind, die zu einer Lösung führen und diese zu begründen helfen. Im Fall der selbstverständlichen Entscheidung für bzw. gegen einen Schwangerschaftsabbruch sind die Erwägungen gleichsam überflüssig, weil die Lösung im Grunde schon feststeht. Den Fall der "wagenden" Entscheidung, der Thomae die an Carl Schmitt orientierte Verwendungsweise von "Dezision" zurechnet, nützen die Erwägungen sozusagen nichts, weil sie es nicht ermöglichen, mit Gründen eine Lösungsmöglichkeit einer anderen vorzuziehen. Unterscheiden lassen sich beide Verwendungsweisen dadurch, daß es einmal eigentlich doch keine subjektiv existentiell verunsichernde Situation ist, die im anderen Fall hingegen besteht:

Situation wird subjektiv als existentiell verunsichernd erlebt	Erwägungen tragen zur Begründung einer Lösung bei	Interpretationsvorschläge (der Zeilen) für die Verwendung von "Dezision"
+	+	
+	-	Thomae in 1992, 92, Nr. (20)
-	+	
-	-	Thomae in 1992, 92, Nr. (19)

Erwägungstafel 5

(23) *Folgen verschieden weit gefaßter Verwendungsweisen von "Entscheidung"*: Ob man den Ausdruck "Entscheidung" in einem engen oder weiten Sinne verwendet, ist zunächst bloß eine Festlegung des Gebrauchs eines Wortes, die es aber in Diskussionen zu beachten gilt, wenn man sich nicht in einen Streit um Worte verwickeln lassen will. Mit der Wahl der jeweiligen Bedeutung sind etwa unterschiedliche Konsequenzen für weitere Forschungen über »Entscheidung« oder für die Leitung und Organisation eines Betriebes verbunden. So sind etwa nach einem weiten Verständnis, wie dem von Hax, "alle in einer Organisation tätigen Personen" als "Entscheidungsträger" zu sehen: "Eine Entscheidung in diesem [weiten] Sinne ist also nicht nur die Genehmigung eines großen Investitionsprojektes durch den Aufsichtsrat, sondern auch die Disposition des Werkmeisters über die Arbeitsverteilung, die Einstellung eines Arbeiters durch die Personalabteilung oder der Entschluß eines Verkäufers, nicht den Kunden A, sondern den Kunden B aufzusuchen" (1965, 10). Auch wenn man bei "der praktischen Lösung konkreter Organisationsprobleme [...] meist die vereinfachende Annahme machen [würde], daß nur die Personen, die schwerwiegende Entscheidungen zu treffen haben, als Entscheidungsträger anzusehen sind", weil es erst diese Vereinfachung ermöglicht, "das zu lösende Problem auf einen überschaubaren Umfang zu reduzieren", warnt Hax davor, daß dies "nicht so weit gehen [darf], daß die praktische Brauchbarkeit der Ergebnisse wesentlich beeinträchtigt wird. [...] Welches Ergebnis der Betrieb erzielt, hängt von den zahl-

reichen Einzelentscheidungen aller beteiligten Personen ab" (1965, 11). Dem-gegenüber hat beispielsweise Thomaes Verständnis von »echten Entscheidun-gen« zu folgendem Vorgehen bei der Erforschung von »Entscheidungsverhal-ten« geführt: "Es muß daher einmal der umgekehrte Weg eingeschlagen wer-den. Nicht möglichst einfache und dadurch überschaubare Tatbestände dürfen zum Ausgangspunkt genommen werden. Durch die Stellung der Frage nach der "schwersten Entscheidung" soll vielmehr die Wahrscheinlichkeit erhöht wer-den, daß Berichte über echte Entscheidungen in ausreichender Zahl gewonnen werden können. Von dem Studium solcher Berichte aus sollte dann das von Einflüssen aus Beobachtungen über Ambitendenzen, Überformungen und im-pulsive Reaktionen gereinigte Bild der Entscheidung gekennzeichnet werden" (1960, 100).

2.2.3 Qualitatives und Quantitatives als mögliche Gegenstände bei der Verwendung des Ausdrucks "Entscheidung"

(24) *Hinführung*: Die Verwendung der Ausdrücke "Qualität" und "Quantität" sowie ihre Beziehung untereinander ist umstritten.[17] Anders als bei den bisher diskutierten möglichen Gegenständen bei der Verwendung des Ausdrucks "Ent-scheidung" ist dies meines Wissens aber kein Streitpunkt hinsichtlich der Fra-ge, was man "Entscheidung" nennen will. Im Rahmen der Überlegungen über mögliche Gegenstände bei der Verwendung des Ausdrucks "Entscheidung" möchte ich diese Unterscheidungsmöglichkeit insofern nutzen, um mögliche Gegenstände, über die entschieden werden soll, danach zu unterscheiden, ob die Unterschiede, die zwischen ihnen bestehen, sich quantifizieren lassen oder ob diese Möglichkeit nicht besteht. Denn an dem Vergleich von qualitativen und quantitativen Alternativen lassen sich unterschiedliche Möglichkeiten der Bestimmung und Erfassung jeweiliger problemadäquater Alternativen festma-chen, die m. E. hilfreich für den Aufbau von Entscheidungswissen und die Ent-faltung von Entscheidungskompetenzen sein könnten (vgl. hierzu II. 2.3.3.4).

(25) *Quantifizierbarkeit von Alternativen*: Im kürzeste-Weg-Beispiel und dem Kartoffelkauf-Beispiel lassen sich die Unterschiede zwischen den verschiede-nen Wegen bzw. die Unterschiede zwischen den verschiedenen Kartoffelmengen quantifizieren, wobei verschiedene Maßeinheiten gewählt werden mögen. In anderen Beispielen, etwa im Dienstreise-Beispiel und dem Puppe-Mensch-Bei-spiel, ist eine derartige Quantifizierung zur Bestimmung der Unterschiede nicht möglich. Daß man eine zahlenmäßige Gewichtung bei der Bewertung etwa der Möglichkeiten, mit dem Zug oder dem Auto zu fahren, vornehmen kann, darf man meines Erachtens nicht damit verwechseln, daß sich die verschiedenen

Möglichkeiten selbst nicht mit Hilfe von Quantifizierungen bestimmen lassen. Nur insofern es einmal möglich ist, die Unterschiede zwischen den Gegenständen, über die eine Entscheidung getroffen werden soll, (allein) quantifizierend zu erfassen und einmal nicht, möchte ich von Qualitativem und Quantitativem als möglichen Gegenständen bei der Verwendung des Ausdrucks "Entscheidung" sprechen.

(26) *Unterschiede zwischen qualitativ und quantitativ bestimmbaren Alternativen*: Das, was quantitativ bestimmbare Alternativen gegenüber qualitativ bestimmbaren Alternativen auszeichnet, läßt sich in einem ersten Zugriff wie folgt beschreiben: Mit der Möglichkeit, nach Regeln Zuordnungen von Zahlen zu jeweiligen Maßeinheiten vorzunehmen, ist es relativ leicht, zum einen innerhalb angegebener Grenzen die problemadäquaten Alternativen vollständig zu erfassen, zum anderen über die vorfindbaren Möglichkeiten auch noch die denkbaren zu bestimmen und außerdem Approximationszusammenhänge herzustellen, die Wissen um Nicht-Wissen benennbar machen lassen.[18] Bezogen auf das Kartoffelkauf-Beispiel könnte eine vollständige Bestimmung der problemadäquat denkbaren Alternativen etwa so aussehen: Eine Person, die mindestens 5 kg, höchstens aber 10 kg Kartoffeln kaufen will, hat in der Dimension von möglichen Pfundangaben 11 denkbare Alternativen. Weitere, unter 5 kg bzw. über 10 kg liegende Mengenmöglichkeiten ließen sich leicht angeben, was in diesem Falle aber nicht problemadäquat wäre, da ja eine Unter- und eine Obergrenze besteht. Einmal angenommen, die Person ginge sehr spät auf den Markt und unglücklicherweise gäbe es nur noch an einem Stand einen Restposten von max. 6,5 kg Kartoffeln zu kaufen, dann ließen sich von den 11 problemadäquat denkbaren Möglichkeiten angesichts der vorfindbaren Möglichkeiten nur 4 realisieren. Eine approximationsfähige Entscheidungskonstellation wäre das Kartoffelkauf-Beispiel z. B. dann, wenn die Person wegen fehlender Gewichte unter 500 g die Kartoffelmengen nicht unterhalb von Pfundangaben auswiegen lassen kann, obwohl ihr dies - aus welchen Gründen auch immer - eigentlich lieber wäre. Da es nicht möglich ist, die bevorzugte Menge von etwa 6,350 kg zu kaufen, wählt sie eine Menge von 6,500 kg. Approximationsfähig wäre diese Entscheidungskonstellation, weil die Person ihre Erwägungen verschiedenen Abstraktions- bzw. Konkretionsebenen zuordnen kann. In dem Beispiel hier vermag sie zusätzlich zu der Ebene der realisierbaren Möglichkeiten (etwa des Kartoffelkaufens in Pfundmengen) weitere Ebenen (etwa Kartoffelmengen in 250g-, 100g-, 50g- usw. Stufungen) anzugeben, auch wenn sie in der konkreten Situation keine Approximation bis zu einer der weiteren Ebenen durchführen kann. Wie man mit approximationsfähigen Entscheidungskonstellationen jeweiliges Unwissen angebbar machen kann, läßt sich auch gut am kürzeste-Weg-Beispiel erläutern. Anhand eines Stadtplans mag eine Person im kürzeste-

Weg-Beispiel vielleicht bis auf 200 Meter genau feststellen, welcher Weg kürzer ist. Weg A mit ca. 3800 m Länge ist eindeutig kürzer als Weg B mit ca. 5400 m Länge. Hingegen ist es nicht möglich, einen Unterschied zwischen Weg A und Weg C festzustellen. Mit einer genaueren Innenstadtkarte hingegen wäre leicht entscheidbar, daß Weg A mit 3700 m Weg B mit 3800 m vorzuziehen ist. Das Wissen um genauere Bestimmungsmöglichkeiten von Strecken erlaubt es der Person mit dem grobrastigeren Stadtplan, ihr Unwissen bzw. die Grenzen ihres Wissens sicher zu benennen, wenn es denn erforderlich wäre.

Für »Entscheidungskonstellationen«, in denen es um qualitative Alternativen geht, die nicht in diesem Sinne quantitativ bestimmbar sind, fehlt es demgegenüber an entwickelten Methoden und Regeln, jeweilige Alternativen leicht so zusammenzustellen, daß erkennbar ist, ob man die denkbaren oder nur die vorfindbaren Alternativen und ob man die Alternativen vollständig oder nicht vollständig erfaßt hat. Auch die Anlage von »Entscheidungskonstellationen« als approximationsfähige gestaltet sich bei qualitativen Alternativen weitaus schwieriger.

So mögen zwar Klassifikationen in der Biologie für approximationsfähige Entscheidungskonstellationen genutzt werden. Sie sind selbst aber nicht unumstritten; jeweils andere Taxonomien können für sinnvoll erachtet werden und es fehlt an allgemein anerkannten Methoden. Nach Ernst Mayr zeigt "die Geschichte der Taxonomie", daß die biologische Klassifikation "ein schwieriges und überaus umstrittenes Verfahren" ist (1975, 114) und daß sich in "der Vergangenheit [...] Taxonomen bemerkenswert wenig über die Methoden und Leitlinien" äußerten, ja sogar anzunehmen ist, "daß sie ihre Ergebnisse oft intuitiv erzielten" (1975, 182). Nach Mayr gibt es insbesondere "für Kategorien oberhalb der Art keine Definitionen, die nicht willkürlich wären" (1975, 88). "Kategorie bedeutet zugleich kategorienmäßiger Rang, und bis jetzt ist noch kein Rezept gefunden worden, nach dem eine objektive Bemessung des Ranges von Taxa möglich wäre. Es gibt kaum ein höheres Taxon, welches nicht von einigen Spezialisten höher und von anderen niedriger eingestuft worden wäre" (1975, 89).[19]

Außerdem sind biologische Taxonomien auf das empirisch Vorfindbare hin entworfen. Hermann Weyl beschreibt den Unterschied zu quantifizierenden Vorgehensweisen wie folgt: "Dabei hat man (wie etwa in der beschreibenden Botanik und Zoologie) von vornherein nur die *wirklich vorhandenen* Gegenstände im Auge und richtet die Klassenbildung so ein, daß die Begriffe nach dem Zeugnis der Erfahrung möglichst zahlreiche "Konnotationen" mit sich führen. Im Gegensatz dazu wird bei der mathematisch-physikalischen, der "funktionalen Begriffsbildung" nicht subtrahiert[20], sondern es werden einzelne für sich herausgeschaute, kontinuierlicher Abstufungen fähige Momente [...] *variabel gemacht*, und der Begriff erstreckt sich hier nicht über die wirklichen, sondern über alle *möglichen* so hervorgehenden Gegenstände" (1966, 190f.). Weyl schließt sich der Auffassung von Ernst Mach an: "Die *beliebige Verfeinerung*, die leichte *Uebersicht* und Handhabung eines ganzen *Continuums* von Fällen, von dessen *Vollständigkeit* wir zugleich überzeugt sind, begründet den Vorzug solcher *quantitativer* Aufstellungen" (Mach 1981, 459; zitiert von Weyl 1966, 191).

Für Mach sind *"quantitative* wissenschaftliche Aufstellungen als *einfachere* und zugleich *umfassendere* Specialfälle *qualitativer* Aufstellungen anzusehen" (1981, 458), was er an folgender Beispielsgegenüberstellung aus Chemie[21] und Physik deutlich macht: "Zink giebt in verdünnter Schwefelsäure eine farblose, Eisen eine blassblaugrüne, Kupfer eine blaue Lösung, Platin gar keine. Für jeden Fall habe ich eine *besondere* Aufstellung nöthig. Ist ein Gas in einem mit Manometer und Thermometer versehenen Gefäss eingeschlossen, so finde ich für verschiedene Thermometeranzeigen verschiedene Manometerstände. Auch hier habe ich zunächst eine Reihe *verschiedener* Fälle, die jedoch untereinander grosse *Aehnlichkeit* haben, und sich nur durch die *Zahl* der Thermometergrade und die Zahl der Längeneinheiten der Manometersäule unterscheiden. Trage ich in einer Tabelle zu jedem Thermometerstand den Manometerstand ein, so folge ich eigentlich zunächst nur dem Schema bei obiger chemischer Aufstellung. Allein ich habe schon den Vorteil, dass die Thermometer- und Manometerstände je eine *Reihe* bilden, deren Glieder ich durch Anwendung des Zahlensystems ohne neue Erfindung in *beliebig feiner Weise unterscheiden kann*. Ein weiterer Blick lehrt mich, dass die einzelnen in der Tabelle dargestellten Fälle untereinander grosse Aehnlichkeit zeigen, dass jeder Manometerstand aus dem Thermometerstand durch eine einfache Zähloperation gewonnen werden kann, dass diese Operation für *alle* Fälle in der Art übereinstimmt, dass demnach die ganze Tabelle durch eine zusammenfassende *Herstellungsregel* derselben [...] *ersetzt* und *überflüssig* gemacht werden kann" (1981, 458).[22]

Machs Darlegungen veranschaulichen meines Erachtens, wieso Alternativen quantitativ leichter umfassend hinsichtlich Vollständigkeit und Denkbarkeit bestimmbar sind, als dies qualitativ möglich ist. Wie schwierig sich eine umfassende adäquate Bestimmung von qualitativen Alternativen gestaltet, kann man schon bei einfachen Fragen ahnen. Wie lassen sich etwa im Dienstreise- oder Puppe-Mensch-Beispiel die Alternativen vollständig angeben? Was wären hier denkbare Alternativen und wann könnte man von approximationsfähigen »Entscheidungskonstellationen« sprechen? Im folgenden Abschnitt II. 2.3.2, insbesondere Nr. (36), wird das Puppe-Mensch-Beispiel diesbezüglich ansatzweise etwas näher diskutiert werden.

(27) *Vereinbarkeit der diskutierten Unterscheidungsmöglichkeiten zur Bestimmung des Gegenstands jeweiliger »Entscheidungen«*: Am Ende meiner Überlegungen zu verschiedenen Gegenständen bei der Verwendung des Ausdrucks "Entscheidung" möchte ich noch auf die Vereinbarkeit der verschiedenen Möglichkeiten verweisen. So können sich »Entscheidungen«, in denen es um Quantitatives oder Qualitatives geht, sowohl auf Triviales, wie im Kartoffelkauf- oder Dienstreise-Beispiel, als auch auf Relevantes, wie etwa im Medikamenten-Dosierungs-Beispiel oder im Tierversuchs-Beispiel, beziehen. Auch andere Kombinationen hinsichtlich der Bestimmung der jeweiligen Gegenstände, auf die sich die Verwendung des Ausdrucks "Entscheidung" beziehen soll, sind denkbar. Qualitatives und Relevantes mag sich auf das Handlungsinteresse einer einzelnen Person beziehen, wie etwa im Priester-Berufs-Beispiel. Usw. Die getroffenen Unterscheidungen in Handlungen, Erkenntnisse und Wahrnehmungen, Triviales und Relevantes sowie Qualitatives und Quantitatives als mögliche Gegenstände bei der Verwendung des Ausdrucks "Entscheidung" schließen sich also keineswegs untereinander aus, sondern sind auf verschiedene Weise untereinander verknüpfbar.

(28) *Überleitung*: Im folgenden möchte ich auf die Frage eingehen, inwiefern das, worauf sich »Entscheidungen« beziehen, seien es nun Handlungen, Erkenntnisse, Wahrnehmungen, Quantitatives oder Qualitatives, verschieden sein muß oder auch gleich sein kann. Will man z. B. auch für eine Wahl zwischen qualitativ und quantitativ Gleichem, wie man dies etwa beim Bierflaschen-Beispiel annehmen mag, den Ausdruck "Entscheidung" verwenden? Die Hintergrundfrage, die dabei zu klären ist, betrifft meines Erachtens das, was man unter "Alternativen" verstehen will, und inwiefern bei »Entscheidungen« in irgendeiner Form Alternativen vorliegen müssen.

2.3 Alternativen als Bestandteile von »Entscheidungen«

(29) *Zur Ausgangslage*: So verschieden Bestimmungen von "Entscheidungen" auch sein mögen, Alternativen werden von vielen als ein wesentlicher Bestandteil genannt. Nach Hermann Lübbe beispielsweise ist "eine Entscheidung [...] fällig, wenn es angesichts alternativer Möglichkeiten zu handeln gilt, [...]" (1971, 17). Für McCall "there is no choice or decision without conscious consideration of alternatives" (1987, 266, Anm. 10). Franz Eisenführ und Martin Weber nennen als eine von vier Komponenten, in die man das Entscheidungsproblem zerlegen kann, die "Handlungsalternativen, zwischen denen zu wählen ist" (1994, 9; s. auch Weise u. a. 1993 in dem obigen Zitat in Anmerkung 12 in II. 2.2.1). Und für Thomae scheint sich eine "Minimalklassifikation von Entscheidungen [...] aus dem Ausmaß zu ergeben, in dem das Merkmal »Gewahrwerden von Alternativen« in die Definition einer Konfliktsi-

tuation eingeht und inwieweit bei dem »Abwägen der Alternativen« Handlungskonsequenzen berücksichtigt werden, welche *motivationale Relevanz* besitzen" (1974, 21).

2.3.1 Zur Verwendung des Ausdrucks "Alternative" für Strittiges in »Entscheidungszusammenhängen«

(30) *Zwei erste Einschätzungen und das Puppe-Mensch-Beispiel von Edmund Husserl*: Was heißt es, "Alternativen wahrzunehmen und abzuwägen"? In vielen Äußerungen wird dies in Zusammenhang gebracht, sich mit Zweifelhaftem, Fragwürdigem, Strittigem, Unsicherem, Ungewissem oder ähnlichem auseinanderzusetzen.

Nach Dieter Birnbacher besteht eine Entscheidung im "Normalfall [...] in dem Übergang von einem anfänglichen Zustand der Unsicherheit zu einem Zustand relativer Sicherheit durch die Vergegenwärtigung der Gründe, die für oder gegen eine Option sprechen" (1992a, 7f., Nr. (3), vgl. auch die bereits zitierte Auffassung von Schick (in II. 2.2.1, Nr. (10)), für den eine Entscheidung einen inneren Wandel von "open to closed" bedeutet (1997, 12).).[23]

Besonders anschaulich schildert Husserl in seinem Puppe-Mensch-Beispiel, worin die Strittigkeit der Alternativen bestehen und wie man versuchen mag, "aus dem Zweifel heraus zur Gewißheit zu gelangen, den Zweifel durch E n t - s c h e i d u n g zu lösen, zu dem zweifelhaft Gewordenen Stellung zu nehmen" (1985, 326): "Wir sehen etwa in einem Schaufenster eine Gestalt stehen, die wir zunächst für einen wirklichen Menschen halten, etwa einen gerade dort beschäftigten Angestellten. Dann aber werden wir schwankend, ob es sich nicht um eine bloße Kleiderpuppe handelt. Der Zweifel kann sich bei näherem Hinsehen nach der einen oder anderen Seite lösen; aber es kann auch eine Zeitlang ein Schwebezustand des Zweifels, ob Mensch oder Puppe, aufrechterhalten bleiben. Dabei überschieben sich zwei Wahrnehmungsauffassungen; die eine hält sich in der normal verlaufenen Wahrnehmung, mit der wir anfingen; wir sahen eine Weile einen Menschen da, einstimmig und unbestritten wie die anderen Dinge der Umgebung. Es waren normale, teils erfüllte, teils unerfüllte Intentionen, in der kontinuierlichen Folge des Wahrnehmungsprozesses sich normal erfüllend ohne jeden Widerstreit, ohne jeden Bruch. Dann aber erfolgt nicht ein glatter Bruch in Form einer entschiedenen Enttäuschung, also nicht ein Widerstreit einer Erwartungsintention gegen eine neu eintretende Wahrnehmungserscheinung mit Durchstreichung der ersteren; vielmehr erhält nun mit einem Male der volle, konkrete Gehalt an eigentlicher Erscheinung einen sich darüber schiebenden zweiten Gehalt: die visuelle Erscheinung, die mit Farbigkeit erfüllte Raumgestalt, war vorher mit einem Hof von Auffassungsintentionen ausgestattet, der den Sinn abgab "menschlicher Leib" und überhaupt "Mensch"; jetzt schiebt sich darüber der Sinn "bekleidete Puppe". Am eigentlichen Gesehenen ändert sich nichts, ja gemeinsam ist auch noch mehr; beiderseits sind gemeinsam apperzipiert Kleider, Haare u. dgl., aber einmal Fleisch und Blut, das andere Mal etwa bemaltes Holz. Ein und derselbe Bestand an Empfindungsdaten ist die gemeinsame Unterlage von zwei übereinander gelagerten Auffassungen. Keine von beiden ist während des Zweifels durchstrichen; sie stehen in wechselseitigem Streit, jede hat gewissermaßen ihre Kraft, ist durch die bisherige Wahrnehmungslage und ihren intentionalen Gehalt motiviert, gleichsam gefordert. Aber Forderung steht gegen Forderung, eines bestreitet das andere und erfährt von ihm das gleiche. Es bleibt im Zweifel ein unentschiedener Streit" (1985, 99f.).

(31) *Lösungsnotwendigkeit trotz bestehender Zweifel - Diskussion des Verirrten-Beispiels*: Denkt man an das Verirrten-Beispiel, so wird deutlich, daß es aber trotz bestehender Zweifel geradezu überlebensnotwendig sein kann, zu einer Lösung zu gelangen. Für die im Walde verirrte Person, die über keinerlei Wissen darüber verfügt, wo sie sich befindet, ist der Zweifel darüber, welchen Weg sie gehen muß, um aus dem Wald herauszugelangen, eigentlich unauflösbar, jedenfalls dann, wenn sie Gründe dafür angeben können wollte, warum ein Weg dem anderen gegenüber zu bevorzugen wäre. Die Frage ist, ob man bei einer derartigen Unwissenheit noch von einer "Entscheidung" sprechen will, wenn die Person schließlich doch dahin gelangt, einen Weg zu wählen? Für Lübbe "ist der Fall des Verirrten" der "klassische Fall, an dem überlieferterweise die ethische Theorie die Logik einer [...] Entscheidung durchspielt" (1971, 17). Nach Lübbe kommt es hierbei auf den Aspekt an, "daß unter mehreren gleichgültigen Möglichkeiten sich der Verirrte für eine entscheiden muß, ohne wissen zu können, ob sie die günstigste oder auch nur die rettende ist" (a. a. O.). Eine "Entscheidung" liegt nach dieser Verwendung also gerade dann vor, wenn man trotz fehlender Gründe zu einer Lösung gelangt, was man als "Dezision" bezeichnen mag (s. hierzu II. 2.2.2, Nr. (22)). Zu einem solchen Verständnis von "Entscheidung" würde es dazugehören, daß Zweifel über die adäquatere Alternative nicht beseitigbar sind und man trotzdem eine der anderen vorzieht und als Lösung weiter verfolgt. Werner Kirsch schlägt vor, in solchen Situationen deshalb auch genauer zu formulieren und nicht zu sagen, daß eine Entscheidung ein Problem löse, sondern daß eine Entscheidung ein Problem handhabbar mache (vgl. 1994, 10f.). Kirsch vertritt die These, "daß von einer wirklichen Lösung in aller Regel nicht gesprochen werden kann. Probleme werden oftmals lediglich "**gehandhabt**", nicht jedoch in einem engeren Sinne

des Wortes "gelöst". [...] Man entscheidet sich oft für "Lösungen", die man selbst nur als vorläufig, unvollständig oder unbefriedigend wahrnimmt" (1994, 10). Zuweilen entscheidet man sich dabei auch für eine Lösung, die sich im nachhinein nicht nur als schlechte Alternative, sondern als "falsch" (im Sinne von "gar keine Alternative") erweist. So sind etwa für die im Walde verirrte Person alle Wege mögliche Alternativen unter der Fragestellung: "Welchen Weg nehme ich, um herauszugelangen?". Verfügte sie über eine Karte, so könnte sie wissen, daß drei Wege nicht als Alternativen zu betrachten sind. Denn einer der Wege ist eine Sackgasse; die beiden anderen Wege treffen aufeinander und stellen sich als Rundweg heraus, der wieder an den Ausgangspunkt zurückführen würde. Sackgasse und Rundweg kommen bezüglich der Zielsetzung, aus dem Wald herauszugelangen, überhaupt nicht als Alternativen in Betracht. Diese Ausmalung des Verirrten-Beispiels zeigt, wie Nicht-Wissen dazu führen kann, etwas richtigerweise als adäquate Alternativen zu berücksichtigen, was mit etwas mehr Wissen sich als falsch herausstellen würde. Auch wenn sich in vielen Situationen nichts daran ändern lassen mag, könnte ein reflexives Entscheidungswissen darüber, daß das Ausmaß des Nicht-Wissens die Gefahren nicht nur von schlechter Alternativenwahl, sondern auch von gänzlich falschen Lösungssetzungen erhöht, hilfreich sein, um jeweilige Entscheidungskonstellationen einzuschätzen, etwa indem man sich weniger Illusionen macht und vorbereitet ist auf ein mögliches Scheitern oder Mißlingen.

(32) *Erhalt oder Beseitigung des Zweifels nach der Lösungssetzung*: Eine solche Situation wird anschaulich von Descartes in seinen Überlegungen zum Verirrten-Beispiel geschildert. Descartes will sich in Situationen, in denen "die Vernunft mich verpflichten würde", unentschlossen "in meinen Urteilen zu sein", er aber, "um so glücklich wie möglich weiterzuleben", "in meinen Handlungen nicht unentschlossen [...] bleiben" kann (1979, 22), u. a. an folgendem Grundsatz orientieren: "in meinen Handlungen so fest und entschlossen wie möglich zu sein und den zweifelhaftesten Ansichten, sobald ich mich einmal dafür entschieden, nicht weniger standhaft zu folgen, als wenn sie ganz sicher gewesen wären, indem ich hierin wie die Reisenden verfuhr, die, wenn sie sich im Walde verirrt finden, nicht bald hierhin, bald dorthin schweifen, noch weniger auf derselben Stelle stehenbleiben, sondern immer so viel wie möglich gerade und nach derselben Richtung fortgehen müssen und diese nicht aus schwachen Rücksichten verändern dürfen, auch wenn es anfänglich vielleicht bloß der Zufall war, der sie bestimmt hat, diese Richtung zu wählen; denn so werden sie, wenn auch nicht, wohin sie wollen, doch wenigstens an irgendein Ziel kommen, wo sie sich wahrscheinlich besser befinden werden als mitten im Walde. Und so ist es, weil die Handlungen des Lebens oft keinen Aufschub dulden, ein richtiger Grundsatz, daß, wenn wir die *wahrsten* Ansichten nicht deutlich zu erkennen

(discerner) vermögen, wir den *wahrscheinlichsten* folgen und selbst, wenn wir keine größere Wahrscheinlichkeit bei den einen als bei den andern bemerken, wir dennoch für eine uns entscheiden (déterminer) müssen und sie dann, soweit ihre *praktische* Bedeutung reicht, nicht mehr als zweifelhaft ansehen dürfen, sondern als ganz wahr und sicher, weil so jener Grundsatz ist, der uns zu dieser Entscheidung vermocht hat. Und dadurch habe ich die Fähigkeit gewonnen, mich von aller Reue und allen inneren Vorwürfen zu befreien, welche die Gewissen schwacher und schwankender Gemüter zu beunruhigen pflegen, die sich gehen lassen ohne feste Richtung und die Dinge als gut behandeln, die sie nachher als schlecht beurteilen" (1979, 24f.).

An Descartes Überlegungen fällt die Trennung in praxisnotwendiges Handeln und Vernunfturteile auf. Diese Trennung beachtend, ließen sich vielleicht über den Umgang mit zweifelhaften, strittigen Alternativen in Entscheidungszusammenhängen folgende zwei Möglichkeiten auseinanderhalten: Die Beseitigung von Zweifeln kann sich entweder darauf beziehen, daß man trotz der Zweifel zu einer Lösung gelangen muß oder möchte, sei diese nun auf Erkenntnisse, Wahrnehmungen oder Handlungen bezogen. In diesem Falle verfolgt man zwar eine Lösung, die Zweifel bleiben aber erhalten. Oder aber die Beseitigung von Zweifeln bedeutet nicht nur ihre Rückstellung, um handeln zu können, sondern eine echte, gleichsam gedächtnismäßige Streichung oder aber zumindest starke Abwertung der Alternativen, wie immer und in welcher Phase eines Entscheidungszusammenhangs man sich das genauer vorzustellen hat.[24] Insofern Descartes es nur in bezug auf praktisches Handeln für notwendig - im Sinne von Lübbe für überlebensnotwendig - hält, alle Zweifel beiseite zu schieben, erhält er sich so gesehen die Möglichkeit, die Zweifel ggf. zu nutzen, um in seinen Erkenntnissen weiterzukommen: "In der Theorie kann man folgenlos Irrtümer korrigieren. In der Praxis des Lebens wirkt in gewissen Fällen der Zwang, bei einer getroffenen Entscheidung zu bleiben, auch wenn sich inzwischen herausgestellt hat, daß man eine bessere hätte treffen können" (Lübbe 1971, 27). (Zur möglichen Relevanz des Bewahrens von erwogenen Alternativen vgl. Punkt I. 2.2, Nr. (13)ff.)

(33) *Zum Bestehenbleiben der Alternativenkonkurrenz beim Entscheiden im Sinne Rüdiger Bittners:* Auch für Bittner beendet eine »Entscheidung« nicht die Umstrittenheit der Alternativen. Für ihn sind "Sachen, die entschieden werden, [...] im Prinzip strittig" (1992a, 18, Nr. (3)). "Entscheiden ist eine Antwort sozusagen ins Gesicht der konkurrierenden Ansprüche, nicht ihre Beseitigung" (Bittner 1992a, 18, Nr. (5)). Wie ist das bei Bittner zu verstehen? Wenn Entscheiden - im Sinne Bittners - nicht unbedingt eine Konkurrenz der Alternativen beseitigt, so muß man berücksichtigen, daß "Entscheiden" für Bittner nicht eine

individuelle Entscheidung bedeutet - hierfür wählt er die Bezeichnung "sich Entscheiden". Da Bittner seine Bestimmung von "sich Entscheiden" aber aus seinem Verständnis von "Entscheiden" entwickelt, findet die Konkurrenz von Alternativen beim Entscheiden sich beim sich Entscheiden wieder. Im folgenden möchte ich kurz auf Bittners Unterscheidung eingehen, da mit ihr meines Erachtens verschiedene Formen von Alternativenkonkurrenz bedacht werden.

Beim Entscheiden - im Sinne Bittners - liegen die konkurrierenden Alternativen sozial verteilt vor, sie werden z. B. durch verschiedene Parteien in einem Streit vor Gericht vertreten. Ein Urteilsspruch eines Richters bzw. einer Richterin mag zwar einen solchen Streit beenden, wenn das Gericht eine Autorität für beide Parteien ist und mit dem Spruch bestimmt wird, wie "hinsichtlich dieser Sache verfahren werden soll" (Bittner 1992a, 18, Nr. (5)). Dies muß - so interpretiere ich Bittner - aber keineswegs damit einhergehen, daß die verlierende Partei ihren Anspruch aufgibt. Sie beugt sich gleichsam nur dem Urteil und insofern ist die Konkurrenz zwischen ihnen nicht beseitigt: "Kläger und Beklagter sind genötigt, den Spruch des Gerichts hinzunehmen, weil auf seiner Seite die Macht steht, ihn gegen sie durchzusetzen" (Bittner 1992a, 18, Nr. (6)). Die Nicht-Beseitigung der Konkurrenz hängt meiner Meinung nach damit zusammen, daß die verschiedenen Positionen für die jeweiligen Parteien keine zu erwägenden Alternativen sind, zwischen denen sie eine adäquate auswählen möchten. Vielmehr haben sich die jeweiligen Parteien bereits für eine Lösung entschieden. Die Konkurrenz entsteht so gesehen zwischen verschiedenen Lösungsalternativen, etwa weil es beiden Parteien nicht möglich erscheint, daß ihre Lösungen gleichermaßen verfolgt und realisiert werden können.

Bei Birnbacher und Husserl besteht Strittigkeit, weil jemand noch keine Lösung gefunden hat, bei Bittner besteht Strittigkeit bzw. Konkurrenz, weil verschiedene Personen verschiedene Lösungen gefunden haben und es ihnen nicht möglich erscheint, daß sie beide gleichermaßen ihre Lösungen realisieren. Die Strittigkeit bezieht sich einmal auf Alternativen, die ich im folgenden "Erwägungsalternativen" nenne, und das andere Mal auf Alternativen, die ich im folgenden als "Lösungsalternativen" bezeichne.[25] Je nach Referenz können Erwägungsalternativen auch Lösungsalternativen und umgekehrt Lösungsalternativen auch Erwägungsalternativen sein. Für die Richterin bzw. den Richter sind die von den verschiedenen Parteien vertretenen Lösungsalternativen nach meinem Verständnis Erwägungsalternativen, hinsichtlich derer entschieden werden muß, welche nach geltendem Recht ihren Lösungsanspruch verwirklichen darf. Zur (vorläufigen) Klärung einer Konkurrenz von Lösungsalternativen durch eine Entscheidung würde somit deren gedankliche Rückführung in Erwägungsalternativen gehören.

(34) *Zum Bestehenbleiben der Alternativenkonkurrenz beim sich Entscheiden im Sinne Rüdiger Bittners:* Wie überträgt nun Bittner sein Verständnis einer Konkurrenz von Alternativen beim Entscheiden auf sein Verständnis von sich Entscheiden? Inwiefern liegt beim sich Entscheiden eine gleiche oder eine andere Art von Strittigkeit der Alternativen vor? Läßt sich die Strittigkeit der Alternativen von Bittners Verständnis von sich Entscheiden genauso wenig in Übereinstimmung mit der von Birnbacher und Husserl gemeinten Strittigkeit bringen?

Bittner beschreibt die Probleme einer Übertragung seines Verständnisses von Entscheiden auf ein sich Entscheiden mit folgenden Worten: "Also: Wer eine Sache entscheidet, der bestimmt kraft Autorität, wie in dieser im Prinzip strittigen Sache verfahren werden soll und schließt damit dem Anspruch nach Streit über sie aus. Wie dieser Begriff von Entscheiden auf sich Entscheiden übertragen werden kann, leuchtet nicht unmittelbar ein. Denn beim sich Entscheiden ist nur ein Mensch im Spiel. Er müßte mit sich selbst in Streit kommen können, und er müßte auch noch gegen sich als Streitenden eine überparteiliche Autorität besitzen" (1992a, 18, Nr. (7)).

Das Problem, wie man "mit sich selbst streiten" kann, schlägt Bittner vor so aufzulösen, daß es heißen solle, unvereinbare Dinge zu wollen (s. 1992a, 18, Nr. (8)). Die "Ansprüche der Parteien" werden "beim sich Entscheiden als Erwägungen[26] gefaßt", so daß eine Person selbst wie "widerstreitende Parteien sein" kann (1992a, 19, Nr. (14)). So mag jemand einerseits Lust auf eine Zigarette haben, andererseits aus gesundheitlichen Gründen lieber nicht mehr rauchen wollen. Im Unterschied zu Birnbacher und Husserl meint Bittner nun, daß ein sich Entscheiden nicht unbedingt die Überwindung dieses Zustandes bedeuten muß: "Wer sich entschieden hat, nicht mehr zu rauchen, will trotzdem jetzt diese Zigarette" (1992a, 18, Nr. (8)). Bittner glaubt, daß in den meisten Fällen die widerstrebenden Bestrebungen trotz eines sich Entscheidens erhalten bleiben. Würde man "sich Entscheiden als Überwindung dieses Zustandes erklären", führte dies "in die Schwierigkeit, daß wir uns dann kaum je entscheiden" (1992a, 18, Nr. (8)). Insbesondere "in schwerwiegenden Dingen" ließe "ein sich Entscheiden kaum je die gegenläufigen Erwägungen kurzerhand verstummen" (1992a, 20, Nr. (15)). Den Vorteil des Bestehenbleibens von Strittigkeit sieht Bittner darin, daß es so möglich wird, neue Informationen aufzunehmen und Entscheidungen rückgängig zu machen (s. 1992a, 20, Nr. (15)). Einmal abgesehen davon, inwiefern es sinnvoll ist, davon zu sprechen, eine Entscheidung rückgängig zu machen,[27] stellt sich die Frage, ob bei einer Beseitigung der Strittigkeit im Sinne Birnbachers oder Husserls diese Beseitigung unbedingt auch bedeuten muß, daß man den Streit gleichsam völlig aus seinem Gedächtnis streicht und die widerlegten bzw. ausgeschlossenen Alternativen vergißt.

Die Aufgabe der Autorität, die zwischen den widerstreitenden Bestrebungen in einer Person entscheidet, übernimmt nach Bittner deren Wille[28]: "Was die autoritative Bestimmung, wie verfahren werden soll, im Fall von Entscheiden ist, das ist im Fall von sich Entscheiden dies, daß der sich Entscheidende dahin gelangt, dies oder jenes in der anstehenden Sache zu wollen. Sich Entscheiden ist Willensbildung angesichts von Erwägungen" (1992a, 19, Nr. (13)). Ich verstehe Bittner so, daß, analog dem Entscheiden eines Richters bzw. einer Richterin, mit dem Willen bestimmt wird, welche Position verwirklicht werden darf. Was immer es auch heißen mag, angesichts von Erwägungen etwas zu wollen - Bittner selbst sagt, er habe hierauf keine Antwort (1992a, 20, Nr. (16)) -, auch beim sich Entscheiden wird die Umstrittenheit der Alternativen durch die Entscheidung nicht unbedingt beseitigt. Als Unterschied zwischen Bittners Entscheiden und sich Entscheiden erachte ich vor allem, daß ein Bestehenbleiben der Umstrittenheit der Alternativen beim Entscheiden weniger diejenigen belastet, die die Entscheidung getroffen haben, als dies beim sich Entscheiden der Fall ist (s. hierzu auch II. 4, wo ich auf Unterschiede zwischen »Entscheidungen« eingehe, die daraus resultieren, ob sie einen selbst betreffen oder ob sie für andere getroffen werden.) Auch wenn die Richterin bzw. der Richter natürlich die widerstreitenden Parteien repräsentieren muß, wird wohl in vielen Fällen - so vermute ich - die Distanz zu diesen Alternativen größer bzw. das Hin- und Hergerissensein zwischen den umstrittenen Alternativen kleiner sein als beim sich Entscheiden. Dies könnte auch mit einer klareren Bewertungslage bei den Gerichtsentscheidungen zusammenhängen. Trotz eines Auslegungsspielraums geben die geltenden Gesetze zumindest Kriterien als Hinweise für eine Bewertung vor. Für Bittner ist es dabei jedoch wichtig, daß juristische Entscheidungen "restlos nicht aus Normen ableitbar" sind (1992a, 20, Nr. (18)). Nach Bittner "gebären Normen keine Entscheidungen", sondern sie können wie Sachverhalte bei Entscheidungen "in Betracht" gezogen werden. So gesehen hält Bittner diesbezüglich den Dezisionismus Carl Schmitts für "unaufregend wahr" (1992a, 20, Nr. (18)).

(35) *Zusammenfassung: Konkurrenz von Lösungsalternativen und Konkurrenz von Erwägungsalternativen*: Die Auseinandersetzung mit den Positionen von Birnbacher und Husserl einerseits sowie Bittner andererseits lassen zwei grundlegende Möglichkeiten der Bestimmung von Alternativenkonkurrenzen in »Entscheidungszusammenhängen« erkennen. Für die einen (etwa Birnbacher/Husserl) wird die Strittigkeit von Alternativen durch »Entscheidungen« (zumindest von der Intention her und vorerst) beseitigt. Für andere (etwa Bittner) scheint

weniger die Aufhebung bzw. Beseitigung der Alternativenkonkurrenz das Ziel einer »Entscheidung« zu sein, als daß man überhaupt zu einer Lösung, zu einem Willensbeschluß, gelangt. Außerdem kann man Formen der Alternativenkonkurrenz danach unterscheiden, ob die strittigen Alternativen (auch) sozial verteilt vorliegen (wie dies beim gerichtlichen Entscheiden nach Bittner zutrifft) oder (nur) individuell erwogen werden. Wenn eine Alternativenkonkurrenz vorliegt, weil verschiedene Personen unterschiedliche Positionen vertreten, so mag man dies eine "Konkurrenz von Lösungsalternativen" nennen. Findet die Konkurrenz von Alternativen hingegen intrapersonell statt, mag man von einer "Konkurrenz von Erwägungsalternativen" sprechen. Auch wenn, wie im Falle einer Gerichtsentscheidung, eine Konkurrenz von Lösungsalternativen Anlaß für eine »Entscheidung« sein mag, müssen die strittigen Alternativen für den Richter bzw. die Richterin zu Erwägungsalternativen werden. Denn konstitutiv für eine »Entscheidung« ist, daß diejenigen, die sie treffen, eben noch nicht eine bestimmte Lösung bzw. Position in der Sache vertreten, die zur »Entscheidung« steht. Derart strittige Alternativen in »Entscheidungen« sind so gesehen immer Erwägungsalternativen. (Darauf, inwiefern man den Terminus "Entscheidung" so verwenden mag, daß die strittigen Alternativen in Entscheidungszusammenhängen keine Erwägungsalternativen, sondern nur "Bewertungsalternativen" sind, werde ich noch eingehen (s. II. 2.3.3.1, Nr. (46)f.)).

2.3.2 Zur Bestimmung von 'Alternative' in »Entscheidungszusammenhängen«

(36) *Diskussion des Puppe-Mensch-Beispiels von Edmund Husserl:* Analysiert man die ausführliche Schilderung des Puppe-Mensch-Beispiels von Husserl (s. o. II. 2.3.1, Nr. (30)) unter der Fragestellung, warum die verschiedenen Wahrnehmungsauffassungen miteinander im Streite liegen und als 'Alternativen' bestimmbar sein mögen, so scheinen drei Aspekte von Relevanz zu sein: Erstens werden die verschiedenen Wahrnehmungsdeutungen allein von einer Person repräsentiert. Zweitens haben die Wahrnehmungsauffassungen denselben Bezug, d. h. hier, sie beziehen sich auf ein und denselben Gegenstand bzw. Bestand an Empfindungsdaten.[29] Drittens kann nur eine der beiden Wahrnehmungsdeutungen zutreffen.

In derartigen »Entscheidungszusammenhängen« scheint etwas nur dann eine Alternative zu etwas anderem zu sein, wenn es dieselbe Person ist, die um die verschiedenen Möglichkeiten weiß und sie als Erwägungsalternativen auffaßt.[30] Würden also in dem Husserlschen Puppe-Mensch-Beispiel die verschiedenen Wahrnehmungsdeutungen nicht von einer Person, sondern verteilt von zwei Personen gemacht, die sich ihrer jeweiligen Wahrnehmung sicher sind und zudem nichts davon wissen, daß jemand anderes in bezug auf denselben Gegenstand zu einer anderen Interpretation gelangt ist, dann gäbe es für diese beiden Personen keine Alternativen. Für eine dritte Person hingegen, die die verschiedenen Deutungen mitgeteilt bekommt, lägen in dieser Referenz Lösungsalternativen vor. Auch für die beiden Personen könnte sich die Unkenntnis über Alternativen ändern, wenn sich die beiden etwa über ihre jeweiligen Wahrnehmungen austauschten und feststellen würden, daß sie dasselbe verschieden wahrnehmen. Wenn es ihnen nicht gleichgültig ist, wessen Wahrnehmung die adäquate ist, werden sie vermutlich beginnen, sich gegenseitig ihre Deutung plausibel zu machen, und überprüfen, inwiefern die andere Deutung besser als die eigene sein könnte. Ein solcher Dialog würde vielleicht folgendermaßen verlaufen: "Ja, siehst Du denn nicht, daß das, was wir da vorn sehen, völlig unbeweglich ist?" - "Von dieser Entfernung aus kann man doch gar nicht erkennen, ob sich jemand ein wenig bewegt, atmet oder ähnliches. Nur weil das, was wir da sehen, sich nicht exaltierend aufführt, sondern sich ruhig verhält, muß es doch keine Kleiderpuppe sein. Ich glaube nach wie vor, daß es sich um einen Schaufensterdekorateur bzw. eine Schaufensterdekorateurin handelt. Arbeite Du mal in so einem Fenster. Da kann man nicht so unkontrolliert herumhampeln. Außerdem denke ich, daß wir Bewegungen auch wegen der Schaufensterscheibe nicht so gut erkennen können." - "Ja gut, da magst Du recht haben. Es ist schade, daß sich nicht weitere Kleiderpuppen oder Menschen im Schaufenster befinden. Da hätten wir Vergleichsmöglichkeiten. Aber sieh' mal, da geht jemand vor das Schaufenster. Na, wenn das jetzt nicht deutlich ist! Im Schaufenster steht eine Puppe! Vergleich' doch nur die unterschiedlichen Silhouetten! Kommt Dir die im Schaufenster nicht verdächtig symmetrisch, zu proportional und viel zu klein vor?" - "Also, das ist ja nun gar kein Argument. Schau Dir doch mal unsere verschiedenen Silhouetten an. Noch leben wir nicht im Zeitalter geklonter und deshalb physisch gleich aussehender Menschen. - Ich denke, das vor dem Schaufenster ist eher ein kräftiger Mann und im Schaufenster steht eine junge Frau. Ist ja sowieso eigentlich ein typischer Frauenberuf, Schaufensterdekorateurin." - "Das darf doch wohl nicht wahr sein. Als ob es nicht auch zierliche, kleinwüchsige Männer und starke Frauen gibt, gerade im Zeitalter von noch nicht geklonten Menschen! Also, selbst wenn es im Schaufenster ein Mensch wäre, müßte es noch längst keine Frau sein. Aber wie gesagt, für mich spricht alles nach wie vor dafür, daß es sich um eine Kleiderpuppe handelt. Oh, sieh mal, jetzt scheint jemand von hinten die Puppe aus dem Schaufenster herauszuheben." - "Wieso herauszuheben? Ich würde sagen: "Die Dekorateurin verläßt vorsichtig das Schaufenster."" - "Vorsichtig? Du meinst wohl eher, wie ein ferngesteuerter Roboter." - "Ferngesteuert ist gut. Schließlich ist von Deinem Geister-Akteur, der die angebliche Puppe gerade herausgehoben hat, nichts zu sehen."

Daß etwas nur eine Erwägungsalternative zu etwas anderem ist, wenn ein gemeinsamer Bezug vorhanden ist, wird sowohl im Husserlschen Puppe-Mensch-Beispiel als auch in der hier weitergedachten Variante deutlich. Würde dieselbe Person ihre zwei Wahrnehmungsdeutungen nicht auf denselben Gegenstand bzw. auf denselben Bestand an Empfindungsdaten beziehen, sondern etwa auf zwei unterschiedliche Gegenstände im Schaufenster bzw. auf unterschiedliche Bestände von Empfindungsdaten, gäbe es hinsichtlich der Fragen "Was ist das dort? Und was ist das da?" keine alternativen Antworten. Es würde sich um zwei voneinander getrennte Fragen mit jeweils mehr oder weniger eindeutiger Antwort handeln, etwa: "Dort steht eine Kleiderpuppe. - Dahinter agiert eine Dekorateurin bzw. ein Dekorateur." Beide Antworten könnten zutreffen. Im Zusammenhang mit weiteren Überlegungen, etwa der Frage, ob jemandem die Frisur der Kleiderpuppe mehr zusagt als die des Dekorateurs oder der Dekorateurin, mögen Wahrnehmungen von verschiedenen Gegenständen bzw. verschiedenen Beständen an Empfindungsdaten zu Erwägungsalternativen werden. Die vergleichende Betrachtung der Frisuren von Kleiderpuppe und Dekorateur bzw. Dekorateurin würde einen gemeinsamen Bezug herstellen. Insofern man diese Frage erst dann als beantwortet betrachtet, wenn eine der beiden erwogenen Frisuren besser bewertet wird als die andere, muß eine Auswahl stattfinden. Eine Bewertung, bei der beide erwogenen Frisuren als "die bessere" bewertet würden, wäre keine adäquate Beantwortung der Fragestellung. - In der Ausgestaltung des Husserlschen Puppe-Mensch-Beispiels zu einem Streitgespräch zwischen zwei Personen sind deren unterschiedliche Wahrnehmungsdeutungen nur dann für jede Person Erwägungsalternativen und nicht nur Lösungsalternativen, wenn sich ihre Deutungen nicht nur auf denselben Gegenstand beziehen und beide Personen den gleichen Auswahlgedanken und das gleiche Erkenntnisinteresse haben sowie um ihre widerstreitenden Deutungen wissen, sondern wenn beide Personen die unterschiedlichen Deutungen als Erwägungen in ihre jeweiligen Entscheidungen aufnehmen.[31] Würden die verschiedenen Wahrnehmungsdeutungen der beiden Personen, die von den einzelnen auf einen Gegenstand bzw. einen Bestand an Empfindungsdaten (etwa einer Gestalt im einem Schaufenster) bezogen würden, nicht unter dem gleichen Auswahlgedanken stehen und von dem gleichen Erkenntnisinteresse geleitet sein (wie etwa dann, wenn die eine Person die Kleidung, und die zweite Person die Frisur der Gestalt im Schaufenster erfassen will), dann würden sich die verschiedenen Deutungen nicht untereinander ausschließen, wenn die Personen sie gegenseitig aufgreifen würden. Die Deutungen könnten der Möglichkeit nach beide zutreffen und wären keine zu erwägenden Alternativen. Es würden statt dessen zwei verschiedene, einander ergänzende Aspekte erfaßt, die die einzelnen auf jeweils denselben Gegenstand bzw. denselben Bestand an Empfindungsdaten bezögen und die beide zutreffen könnten. Erst dann, wenn die beiden Personen zu der Gestalt im Schaufenster zu einander sich ausschließenden

Deutungen gelangen und beide die jeweils anderen Deutungen für ihre jeweilige Entscheidung aufgreifen würden, lägen Erwägungsalternativen vor.[32]

(37) *»Oder-Verknüpfung« als sprachliches Erkennungszeichen von Alternativen in »Entscheidungszusammenhängen« und Logik-Literatur*: Sprachlich wird dieses für Alternativen in Entscheidungszusammenhängen charakteristische sich Ausschließen von z. B. unterschiedlichen Deutungen meistens durch ein "Oder", genauer durch ein "Entweder-Oder", kenntlich gemacht: Entweder ist die Gestalt im Schaufenster ein Mensch oder aber eine Kleiderpuppe.[33] In der Logik-Literatur werden u. a. auch solche "Entweder-Oder-Verknüpfungen" analysiert. Dabei sind unterschiedliche Bezeichnungen und Verwendungsweisen in der älteren und neueren Logik-Literatur auseinanderzuhalten. In der älteren Logik-Literatur werden Aussagenverknüpfungen mit der Bedeutung eines "Entweder-Oder" unter den Stichworten "Disjunktion", etwa als "disjunktive Urteile", erörtert (vgl. z. B. Benno Erdmann 1907, 552; Rudolf Hermann Lotze 1989a, etwa § 69, ders. 1989b § 343; Christoph Sigwart 1921a, etwa § 37; Theodor Ziehen 1974, etwa 707ff.). Dagegen wird das "Entweder-Oder" in der neueren Logik-Literatur unter dem Stichwort "Kontravalenz", gelegentlich auch "strenge Disjunktion" oder "große Alternative" genannt, behandelt. Der Ausdruck "Disjunktion", auch als "Adjunktion", "Alternative" oder "logische Summe" bezeichnet, wird in der neueren Logik-Literatur für solche »Oder-Verknüpfungen« verwendet, bei denen es möglich sein soll, daß auch beide Aussagen zutreffen, d. h. in der klassischen Aussagenlogik "wahr" sein können sollen (s. statt anderer z. B. Joseph Maria Bochenski 1983, 29, 33).[34] Für Erdmann sind solche dreigliedrigen Disjunktionen "mangelhafte Disjunktionen", "deren letztes Glied die beiden ersten zu einem neuen Gliede vereinigt: 'S ist entweder Pα oder Pβ oder Pα Pβ', weil die Wahrheit eines der Glieder die anderen nicht vollständig ausschließe: '[...] Eine Linie ist entweder gerade, oder krumm, oder aus beiden gemischt'" (1907, 556f.). Es werden gewissermaßen Alternativen verschiedener Qualität zusammengestellt, Erdmann spricht von "einseitigen" und "doppelseitigen" Gliedern (1907, 557).

(38) *»Oder-Verknüpfungen« in der älteren Logik-Literatur und weitere Analyse des Puppe-Mensch-Beispiels*: Nach Christoph Sigwart ist es "die Function der Partikel o d e r, solche unvereinbare Hypothesen, die gleich ungewiss sind, zu verknüpfen; und zwar nicht bloss Prädicate eines und desselben Subjects, sondern überhaupt Annahmen, die sich - aus irgend einem Grunde - ausschliessen, deren Verhältnis also in einem hypothetischen Urteile ausgesprochen werden kann, das die Bejahung der einen Annahme mit der Verneinung der anderen verknüpft" (1921a, 311). Sigwart unterscheidet zwei Weisen, wie das "Oder" einander ausschließende Sätze verknüpfen kann.

Einerseits lassen sich mit dem "Oder" Sätze dergestalt verknüpfen, daß man sagt: "A ist B oder C", heisst: "A ist vielleicht B, vielleicht C: wenn es B ist, ist es nicht C, wenn es C ist, ist es nicht B" (1921a, 311). Hierzu würde das Puppe-Mensch-Beispiel passen. Die Gestalt im Schaufenster ist vielleicht ein Mensch, vielleicht eine Kleiderpuppe; wenn es ein Mensch ist, ist es keine Kleiderpuppe, wenn es eine Kleiderpuppe ist, ist es kein Mensch. In welchen Fällen - wie Sigwart schreibt - "die Bejahung der einen Annahme mit der Verneinung der anderen verknüpft" sein mag, wäre genauer zu diskutieren. Dies scheint meines Erachtens nur dann zutreffen zu können, wenn die Disjunktion die jeweils pro-blemadäquaten Alternativen vollständig[35] erfaßt. Im Puppe-Mensch-Beispiel je-denfalls kann man aus der Verneinung der einen Deutung der Gestalt als Kleider-puppe nicht unbedingt auf eine Bejahung der Deutung "Mensch" schließen. Die Gestalt im Schaufenster könnte etwa ein Hologramm oder z. B. ein Klei-derständer sein, an dem einige Garderobe hängt und den die betreffende Person für eine Kleiderpuppe oder einen Menschen hält.

Mit dem "Oder" können nach Sigwart andererseits auch Sätze verknüpft wer-den, die Möglichkeiten ausdrücken, die sich nur zu einem bestimmten Ort und Zeitpunkt ausschließen (s. 1921a, 311). So ist zwar eine bestimmte Menge H_2O zu einem bestimmten Ort und Zeitpunkt entweder flüssig oder fest oder gasför-mig. Auch läßt sich von einem bestimmten Menschen zu einem bestimmten Ort und Zeitpunkt sagen, daß er bzw. sie entweder schläft oder wach ist. Zeitlich nacheinander können aber die sich zu einem Zeitpunkt ausschließenden Mög-lichkeiten sehr wohl vorkommen. Mit Sigwart könnte man Alternativen danach unterscheiden, ob sie als Dispositionen einem gemeinsamen Träger zugerech-net werden und nacheinander vorkommen können oder ob jede Alternative je-weils einem eigenen Träger zuzurechnen ist und die Alternativen wie im Pup-pe-Mensch-Beispiel nicht nachzeitig zutreffen können. Dieselbe Gestalt im Schaufenster kann nicht zum Zeitpunkt t_1 eine Kleiderpuppe und zum Zeitpunkt t_2 ein Mensch sein.

(39) »Oder-Verknüpfung« und »Entscheidung«: Bei allen Unterschieden er-weist sich die ältere Logik-Literatur mit ihren Überlegungen über Disjunktio-nen als hilfreich für die Bestimmung von "Alternativen" in »Entscheidungszu-sammenhängen«. Dabei wird von den Autoren auch ein direkter Bezug zwi-schen Oder-Verknüpfungen und Entscheidung (Wahl) hergestellt, wie folgende Zitate von Lotze und Sigwart exemplarisch belegen mögen: "Das disjunctive Urtheil allein drückt ein eigenthümliches Verhältniß seiner verschiedenen Glie-der aus: es gibt seinem Subject gar kein Prädicat, schreibt ihm aber die noth-wendige Wahl zwischen einer bestimmten Anzahl verschiedener vor" (Lotze 1989a, 94f.). "Je bestimmter das disjunctive [Urtheil] seinem Subjecte die Wahl

zwischen verschiedenen Prädicaten vorschreibt, um so weniger kann es bei diesem Entweder Oder sein Bewenden haben; die Wahl muß vollzogen werden. Die Entscheidung aber darüber, w e l c h e s p^1 oder p^2 dem S gebühre, kann nicht aus seiner bisher allein gegebenen Unterordnung unter M fließen, denn eben als Art von M hat es noch die freie Auswahl; sie kann nur fließen aus der eigenthümlichen Differenz, durch welche sich S, als d i e s e Art des M, von anderen Arten des M unterscheidet" (Lotze 1989a, 100). "Wenn eine Hypothese A ist B ungewiss ist: so ist der nächste Ausdruck davon, dass weder ihre Bejahung noch ihre Verneinung vollzogen werden kann; ich stehe vor einer unentschiedenen Wahl" (Sigwart 1921a, 310). "Führt die Entwicklung einer bestimmenden Frage nur zur Aufstellung eines d i s j u n k t i v e n U r t e i l s [...], ohne dass die Möglichkeit vorläge, aus diesem zu einer Entscheidung zu gelangen: so bleibt die Untersuchung zunächst vor einer Frage stehen, die unlösbar ist; die eigentliche Deduction hat ein Ende, und das Denken kann nur die verschiedenen Möglichkeiten übersehen, ungewiss, welche derselben gilt" (Sigwart 1921b, 319).

(40) *Neuere Logik-Literatur*: Obwohl, wie schon erwähnt, auch die neuere Logik-Literatur, genauer die sogenannte klassische Aussagenlogik, sich ebenfalls mit dem sich ausschließenden Oder unter den Stichworten "Kontravalenz", "strenge Disjunktion" oder "große Alternative" befaßt, wird dies meines Wissens nach nicht unter der Perspektive einer Entscheidungssituation diskutiert[36] und werden die Glieder einer Disjunktion nicht als Alternativen im Sinne der älteren Logik-Literatur erörtert. Wenn in der klassischen Aussagenlogik die Glieder der Kontravalenz nicht unter dem Aspekt der Entscheidung betrachtet werden, so hängt dies damit zusammen, daß es in der klassischen Aussagenlogik "nur auf das Verhältnis der Wahrheitswerte, nicht auf den Inhalt der Sätze ankommt" (Bocheński 1983, 30, wo er dies für die Implikation und Replikation nochmals betont; daß dies für die Aussagenlogik insgesamt gelten soll, kann man den einleitenden Bemerkungen über Wahrheitsfunktoren entnehmen (s. 1983, 27)). Auch nach Willard V. O. Quine genügt es, um "die Wahrheit oder Falschheit einer Negation, Konjunktion oder Alternation bestimmen zu können, [...] die Wahrheit oder Falschheit ihrer Glieder zu kennen" (1974, 33).[37] Alfred Tarski begründet die Entscheidung dafür, "die Disjunktion irgendzweier Sätze als ein sinnvolles Ganzes anzusehen, auch dann, wenn keinerlei Zusammenhang zwischen dem Inhalt oder der Form der beiden Sätze besteht" (1977, 36), folgendermaßen: "Als die Schöpfer der modernen Logik das Wort *"oder"* in ihre Überlegungen einbezogen, wollten sie, vielleicht unbewußt, seine Bedeutung vereinfachen und klarer machen. Die Bedeutung sollte frei werden von allen psychologischen Begleitumständen, insbesondere von jeglichem Wissen oder Nicht-Wissen" (1977, 35; Tarski unterscheidet in diesem Kontext zwar

zwischen nicht-ausschließender und ausschließender Bedeutung der Disjunktion, ordnet diesen beiden Möglichkeiten aber keine eigenen Bezeichnungen zu). Eine ähnliche Argumentation liest man bei Gottlob Frege: "Man ist gewohnt, bei Sätzen, die mit einem "oder" verbunden sind, anzunehmen, daß der Sinn des einen mit dem des andern etwas zu tun habe, daß zwischen ihnen irgend eine Verwandtschaft bestehe; und in einem gegebenen Falle wird man eine solche vielleicht auch angeben können; aber in einem andern Falle wird man eine andere haben, so daß es unmöglich sein wird, eine Sinnverwandtschaft anzugeben, die immer mit dem "oder" verknüpft wäre und zu dem Sinn dieses Wortes gerechnet werden könnte" (Frege 1986, 80). Beispiele wie "2 x 2 = 5 oder New York ist eine große Stadt" (s. Tarski 1977, 35) oder "Friedrich der Große siegte bei Roßbach, oder zwei ist größer als drei" (Frege 1986, 80) werden als adäquate Disjunktionen betrachtet. Im Unterschied zur älteren Logik-Literatur fällt damit in der klassischen Aussagenlogik die Bedingung, daß die Glieder einer (ausschließenden[38]) Oder-Verknüpfung unter einen gemeinsamen Oberbegriff subsumierbar sein müssen und untereinander begrifflich nicht subsumierbar sein dürfen, weg. Damit aber läßt sich meines Erachtens mit den Verwendungsweisen des (ausschließenden) Oder der klassischen Aussagenlogik nicht mehr viel für eine Bestimmung von Alternativen in »Entscheidungszusammenhängen« anfangen.

2.3.3 Bewertungs- und Erwägungsalternativen

(41) *Aufgabenstellung*: Mit den bis hierhin mit Hilfe älterer Logik-Literatur entwickelten Bestimmungsmöglichkeiten von 'Alternativen' in »Entscheidungszusammenhängen« sollen einige der in II. 2.1, Nr. (5) aufgeführten Beispiele unter der Fragestellung, inwiefern Alternativen hier überhaupt noch Anlaß und Bestandteil einer Entscheidung sind, bedacht werden. Dabei scheinen besonders diejenigen Beispiele klärungsbedürftig, in denen nur gleiche Möglichkeiten, wie in dem Bierflaschen-Beispiel, Gegenstand einer Entscheidung sein sollen.

2.3.3.1 Alternativität und »Entscheidung« bei gleichen Möglichkeiten sowie bei einer Möglichkeit

(42) *Diskussion des Bierflaschen-Beispiels unter Berücksichtigung des Beerenpflück-Beispiels*: Angesichts gleicher Flaschen - hinsichtlich eines bestimmten Anspruchsniveaus für Identifizierungen - scheint es auf den ersten Blick wenig sinnvoll, von »Entscheidung« zu sprechen, wenn hierfür Erwägungsalternativen vorliegen müssen. Denn daß die Flaschen für eine Person hinsichtlich des

jeweiligen Anspruchsniveaus an Identifizierung "gleich" sind, heißt ja gerade, daß es in diesem Kontext nichts zwischen ihnen zu erwägen gibt. Will eine Person eine von den Flaschen haben, dann könnte sie potentiell jede nehmen. Im folgenden soll der Frage nachgegangen werden, inwiefern auch das Wollen einer Bierflasche in einem Entscheidungszusammenhang stehen kann. Dabei soll zunächst das Übergehen der positiven Bewertung, eine Bierflasche zu wollen, in eine Handlung, eine Flasche zu ergreifen, erörtert werden. Danach wird die positive Bewertung einer Bierflasche selbst als eine mögliche »Entscheidung« zwischen zwei alternativen Bewertungen diskutiert.

Was ist, wenn eine Person angesichts mehrerer Bierflaschen eine von ihnen ergreifen will? Inwiefern werden durch den handlungspraktischen Bezug die als gleich betrachteten Flaschen dann doch Erwägungsalternativen und Gegenstand einer »Entscheidung«? Oder ist es nicht angemessener in solchen Fällen, so wie McCall (1987) dies für ähnliche Situationen vorschlägt, schlicht vom "Nehmen" bzw. "Ergreifen" einer Flasche zu sprechen? McCall beschreibt den Unterschied zwischen "picking" and "choosing" u. a. an folgendem Beerenpflück-Beispiel: "If I go into the garden to pick raspberries I don't *choose* them, even though the raspberries may be growing in the same bed as the strawberries. Why not? Because the decision to pick raspberries rather than strawberries has already been made; I do not make it again with each berry I pick. If each berry called for a new decision whether to pick a strawberry or a raspberry, then I would be choosing, not picking. On the other hand, although each berry does not require a separate *practical* decision, it may require a separate *cognitive* decision, particular if the picker is, say, only five years old" (1987, 265). Kann man diese Beschreibung auf das Bierflaschen-Beispiel übertragen? Meines Erachtens bestehen zwei wesentliche Unterschiede. Erstens gibt es im Bierflaschen-Beispiel keine zwei verschiedenen Biersorten, analog zwei verschiedenen Beerensorten. So gesehen könnte man vermuten, daß es im Bierflaschen-Beispiel erst recht um ein bloßes "Nehmen" bzw. "Ergreifen" geht. Zweitens aber soll im Bierflaschen-Beispiel nur eine Flasche genommen werden, während im Beerenpflück-Beispiel nichts über die Menge der zu pflückenden Beeren gesagt wird und es vielleicht sogar darum geht, alle, die man entdecken kann, zu pflücken. Im folgenden gehe ich zunächst davon aus, daß die geübte erwachsene Person im Beerenpflück-Beispiel aus der Perspektive von McCall deshalb weder eine kognitive noch eine praktische »Entscheidung« treffen muß, weil sie alle Beeren pflücken will. Im Bierflaschen-Beispiel ist dies anders. Weil nur eine Flasche genommen werden soll, kann sich beim Übergang von der positiven Bewertung, eine Flasche zu nehmen, zur Handlung, eine zu ergreifen, ein kognitives »Entscheidungsproblem« stellen. Denn folgt man bezüglich des Ergreifens einer Flasche nicht irgendwelchen Gewohnheiten, etwa immer die erste in der ersten Reihe zu ergreifen, so muß man etwa klären: Soll man z. B. nun die vordere linke statt der vorderen rechten nehmen, weil man besseren Zugang zur linken Seite des Kühlregals hat, oder einfach eine aus der Mitte nehmen? Dieses handlungspraktisch relevante kognitive »Entscheidungsproblem« kann nun dazu führen, daß nicht mehr alle Flaschen potentiell positiv bewertet werden können. Einige Flaschen befinden sich dermaßen außer Reichweite, daß sie nun negativ bewertet werden müssen. Die Gründe, die zu dieser negativen Bewertung führen, bedeuten dabei keine Korrektur bzw. Zurücknahme der Bewertung, daß potentiell eigentlich jede Flasche genommen werden könnte, wenn man eine von ihnen will. Durch den handlungspraktischen Bezug stellt sich ein »Entscheidungsproblem«, das unabhängig von der Bewertungsfrage ist, eine Flasche nehmen zu wollen oder nicht. Das Bierflaschen-Beispiel kann also zu einem »Entscheidungsproblem« werden, wenn sich durch einen handlungspraktischen Bezug ein Auswahlgedanke stellt. Dies könnte allerdings auch beim Beerenpflück-Beispiel eintreten. Denn selbst wenn alle Beeren gepflückt werden sollen, können sich handlungspraktische »Entscheidungsprobleme« ergeben, etwa wenn man sich fragt, ob man "wild" drauflospflücken oder systematisch, von rechts nach links und/oder von oben nach unten vorgehen will.

Ich möchte nun auf die zweite Überlegung zurückkommen, inwiefern selbst hinsichtlich einer Bierflasche ohne handlungspraktische Folgeprobleme eine Entscheidungskonstellation gegeben sein kann. Meines Erachtens finden mit dem Wollen der einen Flasche und dem Nicht-Wollen der anderen Flasche zwei verschiedene Bewertungen statt. Die eine Bierflasche wird zustimmend, positiv bzw. bejahend, die andere ablehnend, negativ bzw. verneinend bewertet. Insofern es nicht von vornherein feststeht, welche Flasche welche Bewertung findet, stehen sich deshalb schon bei einer einzelnen Flasche eine positiv zustimmende bzw. bejahende und eine negativ ablehnende bzw. verneinende Bewertungsform gegenüber. Unter einem Oberbegriff 'Bewertung' wären diese »positive« oder »negative« Bewertungsform als Alternativen bestimmbar.

Wenn ich hier von "Bewertung" im einfachen Sinne mit den Möglichkeiten der Zustimmung und Ablehnung spreche, so ist damit noch offen, auf welchen Wegen man zu einer solchen Bewertung gelangen kann. Insbesondere in der betriebswirtschaftlichen Literatur findet sich eine Vielzahl von Vorschlägen an Gewichtungs- und Bewertungsmethoden für verschiedene Problemlagen und Entscheidungskonstellationen. Auf deren jeweilige Vor- und Nachteile kann im Rahmen dieser Arbeit nicht näher eingegangen werden. Es fällt jedoch auf, daß der Ausdruck "Bewertung" verschieden verwendet wird. Nach Weise u. a. geht es bei der Bewertung von (Erwägungs-)Alternativen, wofür Ökonomen zumeist "Nutzen der Alternativen" sagen würden, um "ihre Vergleichbarmachung" (1993, 43).

Um bewerten zu können, benötige man "Präferenzen oder eine Nutzenfunktion" (1993, 142). (Erwägungs-)Alternativen mit Hilfe von Präferenzen oder einer Nutzenfunktion zu bewerten heiße, diese Alternativen "ordnen zu können", und zu klären, "in welcher Reihenfolge" man sie "nutzenmäßig einschätzt" (1993, 143). Weise u. a. verwenden hierfür auch den Ausdruck "Alternativkosten", mit denen der "entgangene Nutzen der besten der abgewählten Alternativen" bezeichnet wird (1993, 142). Für Weise u. a. kann den Präferenzen, mit denen bewertet wird, "eine *Ordinal-* oder eine *Kardinal-Skala* zugrundeliegen. Ordinale Präferenzen können nur gemäß einer Rangfolge geordnet werden, kardinale Präferenzen können mit Hilfe eines Maßes gemessen werden [...]" (1993, 143). Engels verwendet den Ausdruck "Bewertung" sehr viel spezifischer. Für ihn ist Bewertung nur "eine Methode zur Lösung von Entscheidungsproblemen" (1962, 27; s. auch 27f.): "Bewertung ist ein rationales Entscheidungskalkül, bei dem der Wert kardinal und in Geld gemessen wird" (1962, 23). Eine ordinale Messung ist für Engels keine Bewertung (s. 1962, 23). Der Ausdruck "Bewertung" wird nicht nur genutzt, um einen spezifischen Aspekt von Entscheidung zu bezeichnen, sondern er wird auch selbst - wie z. B. von Heinen - als ein "Entscheidungsakt", nämlich eine "Bewertungsentscheidung", betrachtet, bei der "aus mehreren möglichen Kostenwerten einer auszuwählen ist" (1976b, 129; vgl. auch 1985, 108). Unabhängig davon, wie die einzelnen nun genau die Ausdrücke "Entscheidung" und "Bewertung" verwenden, weisen Bestimmungen wie die von Heinen darauf hin, daß die verschiedenen Phasen und Komponenten eines Entscheidungszusammenhangs ihrerseits Bezug von reflexiven Entscheidungen sein mögen (vgl. hierzu auch den folgenden Punkt II. 2.3.3.3). Die von der Betriebswirtschaftslehre angebotenen sogenannten Bewertungsfunktionen oder Entscheidungsregeln lassen sich als reflexive alternative Möglichkeiten verstehen, wie Bewertungen von Alternativen selbst alternativ vorgenommen werden können. Insofern man bei einer spezifischen Entscheidung also zunächst über die angemessene Bewertungsfunktion entscheiden muß oder will, wird die Frage nach der Art der Bewertung Gegenstand einer zweiten, reflexiven Entscheidung. Sollen reflexive Entscheidungen etwa für bestimmte Bewertungsfunktionen dabei eine wirkliche Hilfe und Erleichterung für die Entscheidungstreffenden sein, so ist aber zu beachten, daß "nichts gewonnen" wäre, "wenn die Beurteilung der angebotenen [Bewertungs]Funktionen Φ ebenso schwierig wäre wie das Ausgangsproblem, nämlich die Beurteilung der einzelnen Aktionen a ∈ A" (Günter Bamberg/Gerhard Coenenberg 1996, 31, Anm. 2). Außerdem wäre meines Erachtens bei einer Auseinandersetzung mit den verschiedenen Bewertungsmethoden zu prüfen, inwiefern die Quantifizierungen bzw. Mathematisierungen tatsächlich eine höhere Genauigkeit beim Bemühen um eine adäquate Einschätzung von jeweiligen »Entscheidungskonstellationen« ermöglichen, so wie dies z. B. Engels hoffnungsvoll formuliert: "Der Formalismus [das heißt für

Engels weitgehend Mathematisierung, s. etwa 1962, 2] zwingt zur Beweisführung und macht sie kontrollierbar, wogegen die verbale Argumentation schwierig zu durchschauen ist und deshalb oft genug die Unklarheit des Autors verdeckt und die Problemstellung verwischt" (1962, 3). Insbesondere wenn man von einer subjektiven bzw. individuellen Geprägtheit aller Entscheidungen ausgeht (s. hierzu etwa Laux 1998, 59f.), stellt sich m. E. die Frage, ob die Mathematisierungen letztlich nur so gut und hilfreich sein können, wie zuvor auch die qualitativen Sachverhalte, auf die sich die jeweiligen Zahlen dann beziehen, bestimmt und geklärt worden sind. Herbert A. Simon weist auf die Gefahr hin, jeweilige Probleme so "hinzubiegen", daß sie sich überhaupt mit quantifizierenden Verfahren bearbeiten lassen, und daß dies nicht funktionieren kann: "Die Anwendbarkeit der Techniken aus Unternehmensforschung und Managementtheorie ist stark eingeschränkt, weil die Probleme hier so quantifiziert werden müssen, daß die verfügbaren mathematischen Techniken auf sie angewendet werden können. Um z.B. eine lineare Programmierung für die Lösung eines Problems anwenden zu können, muß das Problem zuerst so übersetzt (oder gewendet oder hingebogen) werden, daß es in die Form linearer Gleichungen, linearer Restriktionen und einer linearen Ergebnisfunktion paßt. Wenn die Welt keine derartigen Eigenschaften vorzuweisen hat oder nicht auf diese Weise annähernd richtig beschrieben werden kann, wird die lineare Programmierung nicht funktionieren" (1993, 102). Wäre angesichts solcher Bedenken nicht zu klären, inwiefern Entscheidungen, sowohl mit als auch ohne den Einsatz quantifizierender bzw. mathematisierender Verfahren, von Methoden der Bestimmung und Vergleichbarmachung von qualitativen Alternativen, die auch eine qualitative Entfaltung von Subjektivität ermöglichten, profitieren könnten?

Um auf meine Überlegung zurückzukommen, 'Bewertung' als Oberbegriff für positive und negative Bewertungsformen als Alternativen zu verstehen: Eine derartige disjunktive Zusammenstellung von Bewertungsalternativen erinnert an Ziehens negativ-disjunkte bzw. kontrapositorische Bestimmung von Begriffspaaren wie weißes und nicht-weißes Papier (s. 1974, 563), Erdmanns kontradiktorische Disjunktion der Art "'S ist entweder P, oder nicht P'" (1907, 554) oder Sigwarts Verständnis der "Antiphasis" als den "einfachsten Fall eines disjunktiven Urteils [...], sofern von ihr [der Antiphasis] das Gesetz des ausgeschlossenen Dritten gilt" (1921a, 312). Auf das Bierflaschen-Beispiel übertragen und unter der Annahme, daß es nur zwei Bewertungsformen[39] gibt, ließe sich formulieren: Jede Bierflasche kann entweder gewollt (positiv bewertet) oder nicht gewollt (negativ bewertet) werden. Unter dem Gesichtspunkt der Bewertung liegen demnach schon bei einer einzigen Möglichkeit Alternativen, nämlich einander ausschließende Bewertungsalternativen vor, die demnach von Erwägungsalternativen zu unterscheiden sind.

(43) *»Entscheidung« als bloße Klärung einer Bewertungsfrage*: In der Literatur findet man Beispiele dafür, wo der Ausdruck "Entscheidung" auch dann
verwendet wird, wenn allein Bewertungsalternativen und keine Erwägungsalternativen vorliegen. So schreibt etwa Wilhelm Keller: "Gemeinhin denkt man
beim Begriff der Entscheidung an eine Wahl zwischen mehreren Möglichkeiten. Allein gerade das macht nicht ihr eigentliches Wesen aus. Dieses liegt nicht
in der Tatsache mehrerer Möglichkeiten, sondern darin, daß überhaupt eine
Möglichkeit *ergriffen* wird. Auch das ist ein »Wählen«, aber nicht im Sinn eines »Wählens zwischen . .«, sondern im Sinn des »Erwählens von . .«. Darum
kann durchaus auch da von Entscheidung die Rede sein, wo keine »Wahl« in
jenem üblichen Sinn stattfindet und kein Schwanken zwischen verschiedenen
Möglichkeiten vorausgeht; also auch da, wo z. B. nur eine einzige Abzielung
überhaupt möglich ist oder eine bestimmte Möglichkeit sich so sehr von selbst
aufdrängt, daß die Setzung sie sogleich und ohne Schwanken ergreift. Denn
auch hier wird - wie wir sahen - der Gegenstand und das ihn motivierende Ziel
doch erst durch die wirkliche Setzung tatsächlich zum Gegenstand und zum
Ziel, und in eben diesem Sinn ist auch dieses »wahlfreie« Setzen ein Wählen,
freilich eben nicht im Sinn des Aus-wählens, sondern des Er-wählens als Einsetzen, Ernennen, Zu-etwas-machen. Damit ist auch *diese* Wollenssetzung ein
Entscheid. Sie ist es, insofern in ihr für das Seinsollen dessen entschieden wird,
was da gewollt wird" (1954, 103). Und an anderer Stelle betont Keller: "Entscheidung ist primär nicht das »Entscheiden zwischen ...«, sondern das »Sich
entscheiden für etwas«. Nur weil in der Entscheidung *etwas* ergriffen wird,
kann sie auch Entscheidung zwischen Mehrerem sein. Sich für etwas entscheiden, heißt: eben *dieses* erwählen. Erwählen wiederum bedeutet nicht »Wählen
zwischen ...«, sondern: etwas zu etwas ausersehen. Mit dem Erwählen ist die
Tatsache der auswählenden Wahl nur sekundär und nicht einmal notwendig
verbunden. Ich kann auch etwas oder jemanden erwählen, wo dieses Etwas
oder dieser Jemand das einzige in Frage kommende Objekt ist. Erwählen heißt,
ein Bestimmtes für eine besondere Aufgabe oder zu einem vorgegebenen Zwecke
ausersehen. Entsprechend sind Wahlen ihrem eigentlichen Sinne nach nicht Veranstaltungen des Auswählens, sondern Ernennungen des Berufenen oder für
berufen Erachteten, und sie haben nur unter bestimmten Bedingungen, bei einer
Mehrzahl von Kandidaten, die Form des »Auswählens«. Aber auch ein alleini-
ger Kandidat wird in einem ausdrücklichen Wahlakt »gewählt«. Genau in diesem Sinn ist auch das Entscheiden als Sich-entscheiden-für ... ein bestimmen-
des Ausersehen von etwas zu etwas; und mag es immerhin zugleich ein ausson-
derndes »Entscheiden zwischen ...« sein, so ist doch dies nicht sein Wesen.
Entscheidung ist in diesem Sinne von der Zahl der Möglichkeiten unabhängig"
(1954, 236f.)

Kellers Unterscheidung in einen erwählenden und auswählenden Umgang mit Alternativen läßt sich meiner Meinung nach gut mit einer Unterscheidung in Erwägungs- und Bewertungsalternativen interpretieren. Den Ausdruck "Erwägungsalternativen" hatte ich ja in Abgrenzung zu "Lösungsalternativen" für diejenigen verschiedenen strittigen Möglichkeiten eingeführt, die von einer Person repräsentiert werden und hinsichtlich derer sie zu einer Auswahl gelangen möchte (s. Punkt II. 2.3.1, Nr. (33)). Wenn nach Keller beim Erwählen "kein Schwanken zwischen verschiedenen Möglichkeiten" (1954, 103) stattfindet, so können damit meines Erachtens nur "Erwägungsalternativen" gemeint sein. Bewertungsalternativen scheinen mir hingegen sehr wohl auch beim Erwählen vorzuliegen. Erwählen wird von Keller in den beiden Zitaten als die positive Bewertung einer Möglichkeit beschrieben. Zum Erwählen als einer "Wollenssetzung", die ein "Entscheid" ist (s. 1954, 103) und die eine positive Bewertung einer Möglichkeit bedeutet, gehört auch die Möglichkeit des Nicht-Wollens als negativer Bewertung der einen Möglichkeit, wie dies z. B. bei Wahlen mit einem Kandidaten der Fall ist.

Auch bei anderen Autoren findet sich ein Verständnis von "Entscheidung", das bloß eine zu erwägende Möglichkeit umfaßt. So liegt für Wolfram Engels eine "Wahlsituation" bereits dann vor, wenn "1. mindestens eine Alternative, also wenigstens zwei Aktionsmöglichkeiten gegeben sind, wobei es gleichgültig ist, ob die Alternative in einem Tun oder Unterlassen besteht. 2. Jede Aktionsmöglichkeit mindestens eine andere ausschließt" (1962, 83; vgl. auch das oben in II. 2.2.1, Nr. (15) erwähnte Zitat von Heinen). Insofern Engels' Bestimmung handlungsbezogen ist, finden die Bewertungsalternativen ihren Ausdruck darin, daß man jedem Tun oder auch Unterlassen positiv oder negativ gegenüberstehen und zu dementsprechenden Bewertungen und Aktionsmöglichkeiten (einschließlich der Möglichkeit des Unterlassens) gelangen kann. Irle, der den Ausdruck "Entscheidung", wie dargelegt, nicht nur auf Handlungen, sondern auch auf Erkenntnisse und Wahrnehmungen bezogen sehen möchte (s. Punkt II. 2.2.1, Nr. (11)), hält eine Entscheidung ebenfalls bereits für möglich, wenn nur eine Möglichkeit (Irle spricht m. E. nicht ganz so glücklich von "einer Alternative") verschieden bewertet werden kann: "Jede Entscheidung besteht aus der Wahl zwischen mindestens zwei Alternativen, auch dann, wenn zwischen der Akzeptanz und Nicht-Akzeptanz einer Alternative (= Aufrechterhaltung des Status Quo) entschieden wird" (1978, 289). Werner Kirsch knüpft an Kellers Überlegungen des Erwählens an und hält es ebenfalls für "denkbar, daß im Rahmen eines Entscheidungsprozesses lediglich **eine** Lösung des Entscheidungsproblems entwickelt wird, auf die sich das Individuum dann festlegt" (1994, 10). Für Kirsch u. a. ist eine solche Verwendung des Ausdrucks "Entscheidung" charakteristisch für einen weiter gefaßten Entscheidungsbegriff, wie er ihres Erachtens "immer häufiger" verwandt wird (s. 1973, 21). Kirsch u. a. sehen es als eine Konsequenz eines solchen weit gefaßten Entscheidungsbegriffes, daß "sich die Unterschiede von Entscheidungsprozeß und Problemlösungsprozeß " verwischen und sich nichts mehr gegen "die synonyme Verwendung der Begriffe" einwenden ließe (1973, 21; s. auch Kirsch 1994, 10).

(44) *Zusammenfassung der Möglichkeiten der Verwendung des Ausdrucks "Entscheidung" unter Berücksichtigung der Unterscheidung zwischen Erwägungs- und Bewertungsalternativen*: Verwendungsweisen des Ausdrucks "Entscheidung" lassen sich also danach unterscheiden, ob er nur beim Vorliegen von Erwägungs- und Bewertungsalternativen (1. Spalte der nachfolgenden Erwägungstafel) oder auch beim bloßen Vorliegen von Bewertungsalternativen (2. Spalte der nachfolgenden Erwägungstafel) verwendet wird.

	Es liegen mindestens zwei Erwägungsalternativen vor (+) bzw. liegen nicht vor (-)	*Es liegen Bewertungsalternativen vor (+) bzw. liegen nicht vor (-)*	*Mögliche Verwendungen des Ausdrucks "Entscheidung" ("+" heißt "trifft zu", "-" heißt "trifft nicht zu")*		
1. Zeile:	+	+	+	+	...
2. Zeile:	+	-	-	-	...
3. Zeile:	-	+	-	+	...
4. Zeile:	-	-	-	-	...

Erwägungstafel 6

Die Erwägungstafel 6 gibt mögliche Verwendungsweisen des Ausdrucks "Entscheidung" an, wenn man zwischen Erwägungs- und Bewertungsalternativen unterscheidet. Den Zeilen lassen sich verschiedene einzelne Beispiele zuordnen. So mag man etwa nach den bisherigen Ausführungen das Puppe-Mensch-Beispiel der ersten, das Bierflaschen-Beispiel der dritten Zeile zurechnen. Die Verwendung des Ausdrucks "Entscheidung" kann entweder den Umfang von nur einer Zeile oder von mehreren Zeilen haben. Um letztere Möglichkeit(en) darstellen zu können, ist eine Berücksichtigung aller Zeilen sinnvoll, wobei es systematisch bedacht 16 (2^4) mögliche Kombinationen (Spalten) gibt. Die beiden ausgeführten Spalten geben die hier diskutierten Verwendungsmöglichkeiten des Ausdrucks "Entscheidung" an.

Hält man das Vorliegen von Bewertungsalternativen als ausreichend dafür, um von einer "Entscheidung" zu sprechen, so wäre es bezogen auf das Bierflaschen-Beispiel gar nicht erforderlich, daß man, in der Hoffnung, doch noch Unterschiede festzustellen und so zu Erwägungsalternativen zu gelangen, dem-

94

entsprechende Differenzierungsüberlegungen zu den gleichen Flaschen anstellt. Es würde reichen, wenn man die beiden Flaschen hinsichtlich der Fragestellung, welche man nehmen wolle, so bewertet, daß man weiß, welche von beiden man nehmen will, also zur Entscheidung übergeht, wie zu handeln ist. Entscheidungssituationen, in denen nur Bewertungsalternativen vorliegen, könnten sowohl solche sein, in denen nur *eine* Erwägungsmöglichkeit oder aber mehrere *gleiche* Erwägungsmöglichkeiten[40] zur Entscheidung steht bzw. stehen. Mehrere gleiche erwogene Möglichkeiten, "Erwägungsmöglichkeiten" genannt, sind nicht als Erwägungs*alternativen* aufzufassen.

Wird nur eine Möglichkeit erwogen und bewertet - sei es aus Unwissenheit oder warum auch immer -, so mag man mit Husserl auch davon sprechen, daß das disjunktive Gegenglied (bzw. die disjunktiven Gegenglieder) außerthematisch bleibt bzw. bleiben muß, wie im Falle von Unwissen. Nur eine der "streitenden Möglichkeiten" tritt "bewußtseinsmäßig" hervor, "während die anderen unbeachtet im Hintergrund bleiben" können, "in der Weise leerer und thematisch unvollzogener Vorstellungen" (Husserl 1985, 372). Fragte man etwa in einer Variation des Puppe-Mensch-Beispiels bloß, ob die Gestalt im Schaufenster ein Mensch sei, so wäre das disjunktive Gegenglied (im hier verwendeten Wortgebrauch die Erwägungsalternative) außerthematisch. Würde hingegen die Frage zu entscheiden sein, ob es sich um eine Puppe oder einen Menschen handele, so wäre das disjunktive Gegenglied zu 'Mensch' thematisch (s. a. a. O.). Ob außerthematische Erwägungen bewußtseinsmäßig hervortreten können, wäre zu diskutieren. Es mag sein, wenn man entschieden hat, als was etwas einzuschätzen ist, daß dann alternative Deutungen irrelevant sind und insofern bewußtseinsmäßig nicht hervortreten (Zeile 2 der nachfolgenden Erwägungstafel). In den Fällen hingegen, wo man nur meint zu wissen, was etwas nicht ist, und es einem rätselhaft bleibt, um was es sich handeln könnte, könnten, so vermute ich, die außerthematischen - etwa im Sinne von bisher unbekannten - Erwägungsalternativen besonders bewußtseinsmäßig hervortreten (Zeile 3 der nachfolgenden Erwägungstafel):

	Positive Bewertung einer Erwägung war ...	*Außerthematische Erwägungsalternativen ...*
1. Zeile:	möglich	treten bewußtseinsmäßig hervor
2. Zeile:	möglich	treten bewußtseinsmäßig nicht hervor
3. Zeile:	nicht möglich	treten bewußtseinsmäßig hervor
4. Zeile:	nicht möglich	treten bewußtseinsmäßig nicht hervor

Erwägungstafel 7

Ob ein Wissen um Nicht-Wissen von Erwägungsalternativen problematischer erlebt wird, wenn man keine Antwort auf eine Entscheidungsfrage weiß, als wenn man glaubt, eine Lösung zu haben, wird vermutlich auch noch von anderen Bedingungen abhängen (vgl. hierzu die Überlegungen über unterschiedliche Bedingungen und Möglichkeiten des Erwägens und Zusammenstellens von Erwägungsalternativen in II. 2.3.3.4). Abgesehen etwa von der Relevanz, die jeweiligen Entscheidungen beigemessen wird, vermute ich, daß insbesondere die Mentalität der entscheidungstreffenden Person mitbestimmend dafür ist, wann außerthematische Erwägungsalternativen bewußtseinsmäßig hervortreten oder nicht. Wer etwa eine Erwägungsmentalität hat und für den bzw. die deshalb die erwogenen Alternativen als eine Geltungsbedingung relevant sind, wird selbst dann, wenn eine positive Bewertung einer Erwägung möglich war und eine Lösung gesetzt werden konnte, sich fragen, wie denn die möglichen Alternativen aussehen könnten und ob die gefundene Lösung sich wohl gegenüber diesen anderen (noch nicht bekannten/außerthematischen) Möglichkeiten behaupten könnte (zu Mentalitätenunterschieden beim Erwägen und Zusammenstellen von Alternativen vgl. II. 2.3.3.4, (73)).

Wichtig bei der Einschätzung von Beispielen danach, ob es in ihnen nur um Bewertungs- oder auch um Erwägungsalternativen geht, ist es, darauf zu achten, ob die negative Bewertung einer Möglichkeit nicht logisch eine andere Möglichkeit zur Folge hat, auch wenn diese explizit nicht erwähnt wird. So scheint es im Schwangerschaftsunterbrechungs-Beispiel, so, wie es von Thomae geschildert wird, auf den ersten Blick nur um Bewertungsalternativen zu gehen: "Nicht einmal im Falle der Auseinandersetzung *für* oder *gegen* eine Schwangerschaftsunterbrechung findet stets eine "echte" Entscheidung statt" (1992, 92, Nr. (19); Hervorhebungen von B. B.). Zustimmung oder Ablehnung zum Abbruch würde ich als Bewertungsalternativen interpretieren. Insofern die negative Bewertung des Abbruchs positiv eine Fortsetzung der Schwangerschaft bedeutet, geht es aber auch um Erwägungsalternativen. Mit Sigwart könnte man vielleicht so formulieren: Nur wenn eine negative Bewertung einer Erwägungsmöglichkeit es völlig unbestimmt läßt, welche andere(n) Erwägungsmöglichkeit(en) statt dessen positiv bewertet werden könnte(n), kann man davon ausgehen, daß nur Bewertungsalternativen vorliegen. Bei Bewertung einer Möglichkeit, die gleichsam eine sich verändernde Disposition eines Trägers bzw. einer Trägerin ist, würde jede negative Bewertung zugleich andere Erwägungen beinhalten. Um Sigwarts Beispiel aus II. 2.3.2, Nr. (38) aufzugreifen: Dasselbe H_2O kann zu einem Zeitpunkt t_1 als "nicht flüssig" negativ bewertet werden. Auch wenn man nur erwogen hatte, ob dieses H_2O flüssig oder nicht flüssig ist, bedeutet die negative Bewertung nicht, daß man nun keine positiven Erwägungen anstellen kann. Denn wenn das H_2O nicht flüssig ist, so muß es entweder fest oder gasförmig sein. Voraussetzung dafür, daß mit der negativen Bewertung einer Möglichkeit eine mögliche andere Erwägung in den Horizont gelangt, ist aber, daß man über ein derartiges Wissen verfügt. Wer etwas bisher nur in flüssiger Form kennt, wird bei einer negativen Bewertung keine Vermutungen darüber anstellen (können), ob es z. B. gasförmig könnte. Es wäre zu untersuchen, inwiefern das bloße Vorliegen von Bewertungsalternativen auch ein Ausdruck für das bisherige geringe Wissen der entscheidungstreffenden Person sein kann. Entwicklungspsychologisch ließe sich fragen, ob man, vereinfacht formuliert, die Entwicklung vom Säugling hin zum Erwachsenen als einen Weg von einem "Bewertungsalternativen-Entscheiden" hin zu einem immer mehr auch "Erwägungsalternativen-Entscheiden" erfassen kann.

2.3.3.2 Möglichkeiten und Kriterien der Bewertung

(45) *»Entscheidung« bei nur einer Bewertungsmöglichkeit bzw. Bewertungsform?* Bei der Beantwortung der Frage, was es überhaupt heißen kann, daß es nur eine Bewertungsmöglichkeit - im folgenden auch "Bewertungsform" genannt - gibt, ist meines Erachtens die Unterscheidung zwischen Bewertungskriterium (etwa "*kühles* Bier" oder "Lebendigkeit" (hinsichtlich der Unterscheidung zwischen Kleiderpuppe und Mensch)) und Bewertungsform (z. B. Zutreffen oder Nichtzutreffen eines Kriteriums) zu beachten. In dem Sinne, daß Kriterien zutreffen oder nicht zutreffen können, gibt es, wenn es ein Kriterium gibt, zwei alternative Bewertungsmöglichkeiten bzw. -formen (Bewertungsalternativen), nämlich eine positive oder negative Bewertung.[41] Der Fall, daß nur eine Bewertungsform vorliegt bzw. nur eine Bewertung möglich ist, müßte demnach darin bestehen, daß man nur zustimmen oder nur ablehnen kann, etwa weil man den reflexiven Anweisungen von Vorgesetzten folgt, ihren Erwägungen in jedem Fall bewertend zuzustimmen bzw. nicht zuzustimmen.[42] Bei einer Vorgabe von mindestens zwei Erwägungsalternativen durch eine Vorgesetzte bzw. einen Vorgesetzten entstünde dann das Problem, daß man zwischen diesen Alternativen nicht auswählen könnte. Denn wenn man weiterhin die reflexive Anweisung befolgen wollte, etwa alle Erwägungen von Vorgesetzten positiv zu bewerten, so könnte man nicht eine Alternative einer oder mehreren anderen vorziehen. Die Frage ist, ob die »Erwägungsalternativen« überhaupt noch als solche zu bezeichnen sind, wenn ihre Bewertungsform - unabhängig vom Inhalt der Erwägungen und unabhängig von Bewertungskriterien - von vornherein schon feststeht, oder ob sie nicht vielmehr für diejenigen, deren Bewertungsform feststeht, bereits entschiedene Antworten, Lösungen sind? Wenn es aber für diejenigen, für die die Bewertungsform feststeht, gerade deshalb gar keine Erwägungsalternativen geben kann, dann würde es keinen Sinn machen, von "Entscheidung"

zu sprechen, jedenfalls dann, wenn 'Alternativen' Bestandteil der Verwendung des Ausdrucks "Entscheidung" sein sollen.

(46) *Erwägungsmöglichkeit bzw. Erwägungsalternativen, Bewertungskriterium, Bewertungsalternativen*: Was Erwägungsmöglichkeit bzw. Erwägungsalternativen, was Bewertungskriterium und was Bewertungsalternative ist, hängt von der jeweiligen Fragestellung und dem Auswahlgedanken bzw. der Zielsetzung ab.[43] Bezüglich der Fragestellung: "Will ich dieses Bier hier?" mit der zu erwägenden Möglichkeit *"dieses* Bier" mag das Bewertungskriterium "kühl" sein. Die ihm entsprechenden Bewertungsformen wären: "Ja, es ist mir kühl genug" bzw. "Nein, es ist mir nicht kühl genug" sein. Was in diesem Zusammenhang Bewertungskriterium ist, könnte in einer anderen Situation eine Erwägungsmöglichkeit sein. Die Fragestellung wäre dann: "Will ich dieses kühle Bier hier?"; "kühles Bier" wäre die zu erwägende Möglichkeit. Ein mögliches Bewertungskriterium könnte dann vielleicht die "Magenverträglichkeit" sein. Würde das Bier als nicht so kühl eingeschätzt, daß es Magenprobleme bereiten wird, so würde die Anwendung dieses Kriteriums zu einer positiven Bewertung führen. Würde das Bier hingegen als zu kühl empfunden und mit potentiellen Magenproblemen in Verbindung gebracht, so würde es zu einer negativen Bewertung kommen. Wie Bewertungsalternativen zu Erwägungsalternativen werden können, läßt sich am Schwangerschaftsunterbrechungs-Beispiel zeigen. Im Schwangerschaftsunterbrechungs-Beispiel, so wie es von *Thomae* geschildert wird, scheint es - wie oben dargelegt (II. 2.3.3.1, Nr. (44)) - auf den ersten Blick nur um Bewertungsalternativen zu gehen. Die Situation ließe sich aber auch anders beschreiben. Unter der Fragestellung: "Wie will ich mit der bestehenden Schwangerschaft umgehen?" könnte man "Fortsetzung der Schwangerschaft" oder "Abbruch der Schwangerschaft" als Erwägungsalternativen bestimmen, die jeweils zu bewerten wären.

(47) *Anwendung von Bewertungskriterien*: Von den Bewertungskriterien und den Bewertungsformen ist deren Anwendung zu unterscheiden. Wenn man zu jeweiligen Kriterien jeweils zwei alternative Bewertungsformen hat, mag es vorkommen, daß man die Kriterien nicht oder nur unvollständig anwenden kann. In diesen Fällen verfügte man dann über keine oder nur beschränkte kriterienbezogene Bewertungsmöglichkeiten. Auch ist der Fall zu berücksichtigen, daß keine Kriterien vorhanden sind, aber dennoch bewertet wird. Folgende kombinatorische Zusammenstellung gibt einen Überblick über die hier angesprochenen Möglichkeiten:

	Bewertungskriterium ist vorhanden (+) oder nicht vorhanden (-)	Anwendung des Kriteriums ist möglich (+) oder nicht (-) oder nur teilweise (z. T.)	Bewertung findet statt (+) oder findet nicht statt (-)
1. Zeile:	+	+	+
2. Zeile:	+	-	+
3. Zeile:	-	+	+
4. Zeile:	-	-	+
5. Zeile:	+	z. T.	+
6. Zeile:	-	z. T.	+
7. Zeile:	+	+	-
8. Zeile:	+	-	-
9. Zeile:	-	+	-
10. Zeile:	-	-	-
11. Zeile:	+	z. T.	-
12. Zeile:	-	z. T.	-

Erwägungstafel 8

Insofern die 3., 6., 9. und 12. Zeile in sich widersprüchlich sind, weil nicht vorhandene Bewertungskriterien weder ganz noch zum Teil angewandt werden können, bräuchte man sie bei weiteren Überlegungen nicht zu verfolgen.

Das kürzeste-Weg-Beispiel ließe sich mit den hier angesprochenen Unterscheidungen etwa in folgender Weise ausgestalten: Für eine Person, die wissen möchte, welcher von drei Wegen der kürzeste zum Bahnhof ist, ist die "Kürze" das relevante Bewertungskriterium. Verfügt sie über einen aktuellen Stadtplan und vermag diesen adäquat zu lesen, dann kann sie das Kriterium auch anwenden und eine entsprechende Bewertung vornehmen (1. Zeile). Wenn es trotz Kriteriums und der Möglichkeit, es auch anzuwenden, zu keiner Bewertung kommt (7. Zeile), dann mag dies etwa daran liegen, daß die Person den Bewertungsvorgang abgebrochen hat, aus welchen Gründen auch immer. Vielleicht ist sie beim Lesen des Stadtplans von einer anderen, ihr bekannten Person angesprochen worden, die ebenfalls auf dem Weg zum Bahnhof ist, aber den kürzesten Weg bereits kennt, und der sie sich nun einfach anschließt. Hat die Person hingegen keine Möglichkeit, ihr Kriterium auf die drei möglichen Wege anzuwenden, etwa weil sie keinen Stadtplan hat und niemand da ist, den sie fragen könnte, dann kann sie nicht begründet, also mittels Kriterien, bewerten. Die Möglichkeit der Bewertung hat sie natürlich trotzdem, denn sie kann willkürlich einen Weg positiv bewerten und wählen (2. Zeile), was manche auch als "Dezision" bezeichnen würden (s. hierzu im folgenden auch II. 2.4.1). Die Möglichkeit einer dezisionären Bewertung[44] besteht auch im Falle, daß kein Kriterium vorliegt und man keiner eigenen Vorgabe (z. B. Gewohnheit) folgen oder sich einer Vorgabe anderer anvertrauen möchte (4. Zeile). Stünde der Person nur ein veralteter Stadtplan zur Verfügung, um ihr Kriterium auf drei mögliche Wege anzuwenden, so könnte es sich ergeben, daß sie sich mit Hilfe des Stadtplans zwar erschließen kann, daß Weg b kürzer als Weg c ist, Weg a hingegen nicht verzeichnet ist, so daß sie zwar Gründe hätte, Weg b dem Weg c vorzuziehen, allerdings keine kriteriumsbezogenen Gründe dafür, daß Weg b auch Weg a vorzuziehen sei (5. Zeile). In solchen Fällen, in denen man ein Kriterium nur teilweise anwenden und damit auch nur eine teilweise begründete Bewertung treffen kann, könnte man von einer "Teildezision" sprechen. Die Erwägungen wären also weiter zu differenzieren.

Wie kann man zu einer Bewertung gelangen, wenn man keine Kriterien hat bzw. diese nicht ausreichen, um Gründe für die Bevorzugung einer Alternative vor der anderen zu haben? Für Keller löst sich diese Frage dadurch auf, daß für ihn "in concreto überhaupt *nirgends* von einer absoluten *Indifferenz der Situation, vor* der Wollenssetzung, gesprochen werden kann. Eine solche ist tatsächlich real gar nicht möglich - dem steht zutiefst die Historizität und die Individualität des faktischen menschlichen Daseins entgegen - sie bildet nur einen konstruktiven Grenzfall" (1954, 113). Auch "in scheinbar noch so aequivalenten Situationen hat das effektive Handeln stets wieder seine spezifischen gegebenen Gründe. Diese können freilich sehr verborgen und oft genug auch völlig zufällig sein" (1954, 112), wie Keller an einem Wege-Beispiel veranschaulicht: In einem Park kann man "um ein Rondell herum auf durchaus gleichen Pfaden zum selben erstrebten Punkt gelangen" (1954, 112). Auch hier wird "nicht einfach in *reiner* Willkür, d. h. gänzlich aus dem Nichts »gewollt«. Bei unreflektiertem Verhalten wird sich in solcher Situation das Handeln automatisch nach den zufälligen Umständen gestalten: In unserm ersten Beispiel [das Parkpfade-Beispiel] würde der Weg etwa nach der zufälligen Schrittstellung vor dem Rondell gewählt, oder im Sinn gewisser Gewohnheiten, oder gemäß physischer Eigenheiten z. B. Asymmetrien, oder endlich auf Grund unbewußter Faktoren wie etwa Nachwirkungen früherer Erlebnisse, kategorialer Haltungen, erworbener Bindungen, die sich als Sympathien und Antipathien auswirken, oder heimlicher Symbolbedeutungen, die die Richtungen oder Zahlen für mich haben, usw." (1954, 112). Auch der vielzitierte Esel Buridans - wenn man denn Esel als Entscheidungsträger für sinnvoll erachtet -, der zwischen zwei Futterhaufen gleicher Größe und Güte steht, muß nicht verhungern, weil er sich nicht zu entscheiden vermag. Eine "erste zufällige Wendung des Kopfes" könne z. B. das Problem schnell lösen (1954, 113). Selbst wenn man sich zwischen gleichen Möglichkeiten entscheiden muß, wird in dem Moment der "Zuwendung zu ihnen [...] und damit [...] in ihnen - praktisch unvermeidlich - sogleich eine Differenz gestiftet: im Grenzfall die des bloßen Nacheinander" (1954, 115). - Windelband, an den Keller methodisch in seiner

Analyse des Wollens anknüpft (s. 1954, 45, 61), diskutiert die beiden Beispiele unter der Fragestellung, ob es so etwas wie eine "motivlose Wahlentscheidung" gibt (s. 1918, 38ff.). Er schlägt vor, "Entscheidungen dieser Art zu den Leistungen des psychophysischen Mechanismus" zu rechnen (1918, 39). Hinsichtlich des Spaziergängers vor dem runden Beet mit den gleichen Wegen würden in "dem Augenblicke der Entscheidung über die Richtung [...] die Stellung und der noch wirksame Bewegungsantrieb im Zusammenhange mit dem Bau und den funktionellen Gewohnheiten eine vollkommen genügende Indikation zum Einschlagen einer der möglichen Richtungen" (1918, 40) geben. Die Entscheidung würde "dem Spiel des Mechanismus überlassen" (a. a. O.). So gesehen bräuchte auch der Esel zwischen den beiden Heubündeln nicht zu verhungern (s. 1918, 45).

(48) *Widerstreitende Kriterien: Diskussion des Raucher/Raucherin-Beispiels und des Tierversuchs-Beispiels*: Schwierigkeiten bei der Bewertung von Erwägungsalternativen oder auch nur einer Möglichkeit kann man nicht nur haben, wenn man keine Kriterien hat oder diese nicht oder nur zum Teil anzuwenden vermag, sondern auch dann, wenn man es mit einander widerstreitenden Kriterien zu tun hat. Dies ist etwa im Raucher-/Raucherin-Beispiel oder im Tierversuchs-Beispiel der Fall.

Im Raucher-/Raucherin-Beispiel sind die Gewohnheit und Lust, eine Zigarette zu rauchen, und der Vorsatz, aus gesundheitlichen Gründen nicht zu rauchen, zwei widerstreitende mögliche Bewertungskriterien, die reflexiv zu »entscheiden« sind, um zu einer Bewertungsform (Zustimmung oder Ablehnung) zu gelangen. Zu dem Erwägungsgedanken 'Rauchen einer Zigarette' gibt es zwei mögliche Bewertungskriterien mit je zwei möglichen Bewertungsalternativen, die als reflexive Erwägungsalternativen reflexiv zu bewerten sind. Werden die beiden vorhandenen Kriterien gleich stark empfunden, so mag es sinnvoll sein, wenn man nicht dezisionär »entscheiden« will und über hinreichend Zeit verfügt, nach zusätzlichen reflexiven Bewertungskriterien zu fragen.

In dem Tierversuchs-Beispiel mag man als widerstreitende Bewertungskriterien auf der einen Seite den Tierschutzgedanken und auf der anderen Seite die mögliche Rettung von Menschenleben bzw. Linderung von menschlichem Leid sehen. In seinen Überlegungen zu diesem Beispiel macht Gölz deutlich, daß zwischen diesen beiden Kriterien keineswegs immer eindeutig menschliches Leben bzw. Verringerung menschlichen Leids höherzustellen ist (1992, 53, Nr. (2) ff.). Gölz geht sogar so weit, das Fazit zu ziehen: "Weder die Erlaubnis noch das Verbot von Tierversuchen lässt sich rational hinreichend begründen. [...] Der eine hält es für rational, dass das Tötungsverbot deswegen auch gegenüber Tieren gilt, weil diese ebenfalls Lebewesen sind wie wir. Der andere hält das Gegenteil für rational, weil Tiere als Lebewesen nicht auf derselben Stufe stehen wie der Mensch" (1992, 54, Nr. (5)). (Auf die hier angesprochene Problemlage hinreichender Gründe für Lösungen, die durch Entscheidungen gefunden werden, gehe ich noch unter Punkt II. 2.4 ein.) Rechnet man die von Gölz verschiedenen Personen zugesprochenen Argumentationen einer Person zu, so erhält man einen Eindruck, wie ein intraindividueller reflexiver Bewertungskriterienstreit aussehen könnte.

Insbesondere im Tierversuchs-Beispiel wird deutlich, daß einander widerstreitende mögliche Kriterien damit zusammenhängen können, daß sich in einer aktuellen Entscheidungslage (etwa der Frage: "Kann ich den Tierversuchen zustimmen?") andere Zielsetzungen, die einem wichtig sind, bemerkbar machen (etwa die Zielsetzung, daß menschliches Leben zu bewahren sei). Insofern ist ein reflexiver Kriterienstreit Ausdruck verschiedener Zielsetzungen und zeigt, daß Entscheidungen nicht isoliert zu betrachten, sondern im Zusammenhang mit anderen Zielsetzungen, die Ergebnisse anderer Entscheidungszusammenhänge sein mögen, zu bedenken sind. Wenn Bewertungskriterien auf die jeweiligen Zielsetzungen (man mag hierfür auch "Aufgaben-", "Frage-" bzw. "Problemstellung" oder "Auswahlgedanken" sagen) bezogen sind, liegt es nahe, bei einander widerstreitenden Bewertungskriterien zu prüfen, ob eine Zielsetzung oder die Beziehungen mehrerer verschiedener Zielsetzungen untereinander hinreichend geklärt ist bzw. sind. Hierbei mag es hilfreich sein, zwischen kurz- und längerperspektivischen, grundlegenden und weniger relevanten, Fundamental- oder Instrumentalzielen zu unterscheiden. Bezogen auf das Raucher/Raucherin-Beispiel etwa könnte man das Rauchen aus Lust und Gewohnheit, als ein kurzperspektivisches, wenig relevantes Ziel, dem Nicht-Rauchen, als einem längerperspektivischen, grundlegenden Instrumentalziel zur Erhaltung der Gesundheit (als einem Fundamentalziel), gegenüberstellen. In den entscheidungstheoretischen Überlegungen der Betriebswirtschaftslehre kommt der Klärung von Zielen eine wichtige Rolle zu (vgl. statt anderer Eisenführ/Weber 1994, insbesondere Kapitel 3, s. auch Anm. II., 43). Überhaupt läßt sich ein großer Teil der betriebswirtschaftlichen Überlegungen zum Thema »Entscheidung« als Auseinandersetzung und Entwicklung von Methoden zur Bewältigung oder zumindest Handhabung der Klärung von Bewertungsfragen verstehen. Auf die hierbei vorgenommenen Unterscheidungen, wie z. B. in »Entscheidungen« unter Sicherheit oder Risiko oder »Entscheidungen« bei einem Ziel oder mehreren Zielen, sowie auf Differenzierungen und entsprechende Bewältigungsstrategien und -methoden kann im Rahmen dieser Arbeit nicht eingegangen werden (vgl. statt anderer Eisenführ/Weber 1994). Die Überlegungen dieser Arbeit behandeln die Voraussetzungen für solche Unterscheidungen bzw. deren mögliche Kritik, insofern es um eine Klärung solcher Termini wie "Alternative", "Erwägung", "Bewertung" oder "Entscheidung" geht.

Scheitern die Versuche, etwa durch Klärung der Ziele, einen reflexiven Bewertungskriterienstreit zugunsten eines Kriteriensatzes oder einer Kriterienordnung aufzulösen, so bleibt einer Person, die eine Lösung setzen will bzw. muß, nur noch die Möglichkeit, ohne hinreichende Gründe - dezisionär - eine Alternative positiv zu bewerten und den anderen vorzuziehen (hierauf werde ich noch in Punkt II. 2.4.1 und 2.4.5 eingehen). Derartige Entscheidungskonstellationen erinnern an "Versuchs- oder Experimentalsituationen", auf die man sich im Bewußtsein eines Nicht-Wissens, aber mit dem Ziel, mehr Wissen durch den Versuch bzw. das Experiment zu erlangen, einläßt.

2.3.3.3 Stimmenthaltung als dritte Bewertungsalternative? - Zu Deutungen von Wahlenthaltung unter Beachtung der Vernetzung von »Entscheidungen« verschiedener Ebenen

(49) *Problemanriß und Überblick*: Im Zusammenhang mit der Frage, wie zu bewerten ist, wenn man keine Kriterien hat bzw. diese nicht ausreichen oder nicht so angewendet werden können, um eine Möglichkeit anderen vorzuziehen, ist auch die Problemlage der Stimmenthaltung zu behandeln. Sollte man Stimmenthaltung als "dritte Bewertungsalternative" neben den Möglichkeiten der Zustimmung und Ablehnung bezeichnen? Lukács etwa stellt die Stimmenthaltung - allerdings in Klammern - neben die bejahenden und verneinenden Reaktionsmöglichkeiten der Menschen auf die gesellschaftliche Umgebung (s. 1986, 235).

Bei "Stimmenthaltung" denkt man in demokratischen Gesellschaften vor allem an »Entscheidungszusammenhänge«, in denen »Einzelentscheidungen« zu einem Abstimmungs- bzw. Wahlergebnis zusammengefaßt werden (s. hierzu auch die Überlegungen zu Entscheidungen mit mehreren Trägern bzw. Trägerinnen in II. 3.2.). In welchen »Entscheidungszusammenhängen« werden auch diejenigen zu erfassen versucht, die sich der Stimme enthalten? Welche Bedeutung wird einer Stimmenthaltung beigemessen? Wird sie überhaupt in Zusammenhang mit einer »Entscheidung« gesehen? Gilt sie als gleichberechtigte und gleichwertige Bewertungsart neben Zustimmung und Ablehnung? Welches Vorverständnis und Konzept von Stimmenthaltung haben Personen, die Wahl- bzw. Stimmenthaltungen erforschen, und wie wirkt sich dieses auf die Befragungen, Analysen und Interpretationen von Enthaltungen aus? Derartige Fragen geben einen Horizont für das Thema "Stimmenthaltung" an. Die folgenden Überlegungen konzentrieren sich auf Fragen und Deutungen von "Stimmenthaltung", die sich ergeben, wenn man beachtet, daß »Entscheidungen« auf verschiedenen Ebenen der Reflexion getroffen werden können. Das Beispiel der Stimmenthaltung ermöglicht, in Auseinandersetzung mit Deutungen zur Stimm- bzw. Wahlenthaltung herauszuarbeiten, wie »Entscheidungen« verschiedener Ebenen und wie »Entscheidungen« und »Vorgaben« (Traditionen, Gewohnheiten) miteinander vernetzt und aufeinander verwiesen sein können. Damit soll hier exemplarisch gezeigt werden, welche Relevanz die Beachtung eines entfalteten erwägungsorientierten »Entscheidungsverständnisses« sowohl für ein Verstehen individuellen und sozialen Verhaltens als auch für die Konzipierung neuer Formen von »Entscheidungskompetenz« bei Abstimmungen haben könnte.

Die folgenden Überlegungen nehmen ihren Ausgang von einem Deutungsvorschlag von Stimmenthaltung als reflexiver negativer Bewertung. Die hierbei relevante Beachtung verschiedener Ebenen der Reflexion wird in der anschließenden Auseinandersetzung mit verschiedenen Interpretationen der Wahlforschung genutzt, um beispielsweise so gegensätzliche Fälle zu bedenken wie den einer Stimmenthaltung aus Desinteresse und den einer aus Interesse an einem »Entscheidungszusammenhang«. Dabei wird deutlich werden, daß Stimmenthaltung nicht mit »Entscheidungslosigkeit« gleichgesetzt werden darf. Denn die »Entscheidungslosigkeit« einer Ebene mag aus einer »Entscheidung« einer anderen Ebene resultieren. »Entscheidungszusammenhänge« lassen sich aber nicht nur danach unterscheiden, ob in ihnen »Entscheidungen« auf verschiedenen Ebenen der Reflexion getroffen werden, sondern auch danach, inwiefern in ihnen Vorgaben eine Rolle spielen. Dies wird am Beispiel des sogenannten "Wahlgehorsams" thematisiert. Inwiefern die Beachtung verschiedener Ebenen im Umgang mit Erwägungsalternativen aufschlußreich sein kann, Stimmenthaltung zu interpretieren, wird an Überlegungen zum reflexiven Einschätzen von Erwägungsalternativen in »Entscheidungszusammenhängen« deutlich. Abschließend wird auf »Vorgabe-« und »Entscheidungsorientierungen« als Orientierungen eingegangen, die in »Entscheidungszusammenhängen« und für die Art einer Stimmenthaltung mitbestimmend sein können, und es wird ein Vorschlag für differenziertere Wahlverfahren dargelegt.

(50) *Stimmenthaltungen und ungültige Stimmen*: Zunächst einmal fällt auf, daß Stimmenthaltungen bei Abstimmungen oder Wahlen in der Bundesrepublik Deutschland sehr unterschiedlich erfaßt werden. Denkt man etwa an Abstimmungen über Gesetzesvorlagen im Deutschen Bundestag oder die Wahl des Bundestagspräsidenten bzw. der Bundestagspräsidentin, so werden neben den Ja- und Nein-Stimmen auch die Enthaltungen gezählt. Darüber hinaus wird die Gesamtzahl der gültigen und ungültigen Stimmen gezählt, und aus der Zahl aller Stimmabgaben läßt sich die Wahlbeteiligung erschließen und ist die Zahl derjenigen Abgeordneten erfaßbar, die - aus welchen Gründen auch immer - nicht teilgenommen haben. Bei Kommunal-, Landtags- oder Bundestagswahlen hin-

gegen gibt es nur die Möglichkeit der positiven Zustimmung zu einer Partei, die die entsprechende negative Bewertung der konkurrierenden Parteien impliziert. Neben den gültigen werden auch die ungültigen Stimmabgaben festgehalten. Die Anzahl der Enthaltungen läßt sich nur indirekt und sehr allgemein durch Zahlen über die Höhe der Wahlbeteiligung bzw. der Nicht-Wahlbeteiligung schätzen. Selbst wenn man ein Verständnis von "Stimmenthaltung" vertritt, nach dem alle, die nicht an der Wahl teilgenommen haben, zu den Sich-Enthaltenden zählen, darf die Anzahl der Nicht-Wählenden nicht mit den Stimmenthaltungen gleichgesetzt werden. Denn man muß davon ausgehen, daß ein Teil der ungültig abgegebenen Stimmzettel im Sinne einer aktiven Stimmenthaltung zu deuten ist. In welchem Ausmaß dies der Fall ist, läßt sich nicht genau feststellen. Denn bei leer abgegebenen Stimmzetteln ist nicht einschätzbar, ob diese mit zu den aus Unwissen oder Versehen falsch ausgefüllten zu zählen sind oder ob sie zu der Gruppe der Stimmzettel von Nicht-Wählenden und sogenannten "Protest-Wählenden" gehören, die etwa auch durchgestrichene oder mit Bemerkungen versehene Stimmzettel abgeben (s. hierzu Michael Eilfort 1994, 62f.). Dazu, warum einige auf diese Weise ihre Stimmenthaltung zum Ausdruck bringen und andere dadurch, daß sie sich nicht an der Wahl beteiligen, lassen sich verschiedene Gründe und Motive vermuten. Einen ungültigen Stimmzettel abzugeben, statt nicht an der Wahl teilzunehmen, mag etwa durch sozialen Druck, an der Wahl teilzunehmen, motiviert oder auch von der Überlegung geleitet sein, nicht den bloß desinteressierten Nicht-Wählenden zugerechnet zu werden, sondern den Unmut über die Wahl so deutlich wie möglich kundzutun. Nach Eilfort kann es jedenfalls "nach wie vor" als sicher "gelten, daß es eine nicht genau definierbare Zahl von Wählern gibt, die Nichtwähler im Sinn einer aktiven Verweigerung des Wählens selbst im Wahllokal sind" (1994, 62).

(51) *Stimmenthaltung als reflexive negative Bewertung*: Nimmt man zunächst einmal solche aktiven Nicht-Wählenden als Bezug für die Frage, ob diese mit ihrer Stimmenthaltung durch Abgabe einer ungültigen Stimme eine Bewertung treffen, so scheint die "Verweigerung des Wählens selbst im Wahllokal" als eine reflexive negative Bewertung deutbar. Reflexiv ist diese negative Bewertung insofern, als sie sich auf den Versuch bezieht, über eine »Entscheidung« herauszufinden, welcher Partei etwa man die Stimme geben möchte. Die »Entscheidung«, welcher Partei man die Stimme geben möchte, im folgenden auch "»Entscheidung« erster Ebene" genannt, hat früher - aus welchen Gründen auch immer - nicht zu einem zufriedenstellenden Ergebnis geführt. Veranlaßt eine solche als unbefriedigend erfahrene »Entscheidungskonstellation« einer ersten Ebene dazu, sich z. B. zu fragen, ob man überhaupt noch an der Wahl teilnehmen will, dann findet eine reflexive »Entscheidung«, im folgenden auch "»Entscheidung« einer zweiten Ebene" genannt, statt. Die negative Bewertung dieser Frage ist so gese-

hen eine reflexive negative Bewertung. Mit ihr wird die »Entscheidungskonstellation« der ersten Ebene negativ bewertet. Stimmenthaltung im Sinne der aktiven Abgabe einer ungültigen Stimme oder der eher passiven Nichtteilnahme an der Wahl mag eine Folge dieser negativen reflexiven Bewertung sein. Unter dem Gesichtspunkt, daß adäquate Alternativen koordiniert sein sollten, wäre eine solche Stimmenthaltung keine gleichwertige Bewertungsform, weil sie nicht der ersten Ebene angehört. Sie wäre eine reflexive negative Bewertung, eine Bewertung der zweiten Ebene. Daß man mit einer solchen Stimmenthaltung die Ebene der Bewertungsformen von Zustimmung und Ablehnung der ersten Ebene verläßt, wird auch deutlich, wenn man zwischen folgenden zwei aufeinander bezogenen Fragen unterscheidet: "Wen werden Sie wählen?" und "Wissen Sie schon, ob Sie wählen werden?" Wenn eine Person auf die erste Frage (vorerst noch) keine Partei nennen kann, wird sie vielleicht so etwas erwidern wie: "Ich weiß es (noch) nicht." Diese Äußerung mag eine mögliche Stimmenthaltung zum Ausdruck bringen. Die entsprechende Antwort dieser Person auf die zweite Frage wäre eine Negation: "Nein, ich weiß noch nicht, ob ich wählen werde." Der Stimmenthaltung auf die erste Frage korrespondiert also eine Negation auf die zweite Frage, welche den »Entscheidungszusammenhang« der ersten Frage in Frage stellt.

Die Gründe für eine reflexive negative Bewertung eines »Entscheidungszusammenhangs« erster Ebene mögen verschieden sein. Sie werden mit davon abhängen, was in dem reflexiven Aufeinanderbezogensein von »Entscheidungen« verschiedener Ebenen thematisch ist. Gegenstände einer reflexiven »Entscheidung« über einen »Entscheidungszusammenhang« erster Ebene können die dortigen Erwägungen, Bewertungen (Bewertungskriterien und Bewertungsformen) oder auch die Zielsetzung und der Sinn der »Entscheidung« sein. Auch die Abfolge aufeinander bezogener »Entscheidungen« verschiedener Ebenen wird vermutlich die Art ihrer Beziehung beeinflussen können. Beginnt man etwa mit der Frage, welche Partei man wählen möchte und gelangt dann hierüber reflektierend zu dem Problem, ob man überhaupt wählen will? Oder befaßt man sich zunächst mit der Frage, ob man überhaupt wählen will, und leitet dann aus dieser reflexiven »Entscheidung« ab, ob man sich auf eine »Entscheidung« erster Ebene, in diesem Falle eine bestimmte anstehende Wahl, einlassen will? Im folgenden werden derartige unterschiedliche Arten des reflexiven Aufeinanderbezogenseins nur ansatzweise berücksichtigt werden können. Es wäre ein eigenes Forschungsprojekt, die möglichen Zusammenhänge systematisch zu untersuchen.

(52) *Interpretationen von Stimm- bzw. Wahlenthaltung aus Sicht der Wahlforschung*: Die hier konzipierten reflexiv »entscheidenden« beschriebenen Nicht-Wählenden bzw. Stimmenthaltenden könnten den von Eilfort als "neuer Nichtwählertyp" sich abzeichnenden Nicht-Wählenden zurechenbar sein, die als po-

litisch interessierte und informierte Bürgerinnen und Bürger "Wahlenthaltung als Ergebnis einer bewußten, politischen Entscheidung" (1994, 346) praktizieren. Was aber ist mit den anderen Nicht-Wählenden? Welche Deutungen finden sich in der Literatur zu dieser ja keineswegs "homogenen Gruppe", wie schon Ralf-Rainer Lavies feststellte (1973, 160)? Bei welchen Nicht-Wählenden könnte man auch von einer Stimmenthaltung sprechen, die eine Form der Bewertung in einem »Entscheidungszusammenhang« wäre? Dabei wäre zu prüfen, ob sich eine Stimmenthaltung als Bewertung von anderen Formen der Bewertung, wie Zustimmung und Ablehnung, unterscheidet.

Folgt man den Einschätzungen Eilforts, so hatte lange Zeit weder die allgemeine Öffentlichkeit noch die Wahlforschung ein großes Interesse an Stimm- bzw. Wahlenthaltungen. Eilfort schreibt in seiner Bestandsaufnahme der Literatur zum Thema Wahlforschung hinsichtlich der Berücksichtigung von Wahlenthaltung insgesamt sogar von einer "Chronik des Mangels" (1994, 63). Neben "methodischen Schwierigkeiten bei der Erfassung der Nicht-Wähler" (Eilfort 1994, 67ff.) wird für die Bundesrepublik Deutschland die hohe Wahlbeteiligung als eine wesentliche Ursache für das Desinteresse sowohl bei Wissenschaftlerinnen und Wissenschaftlern als auch für das geringe öffentliche Interesse gesehen (s. Eilfort 1994, 66; Jürgen W. Falter/Siegfried Schumann 1994, 161f.).[45] Insbesondere Vertreter und Vertreterinnen eines input-orientierten Demokratieverständnisses[46] mögen dabei die hohe Wahlbeteiligung als Zeichen für ein verbreitetes Demokratieverständnis im Sinne einer aktiven Mitbestimmung möglichst vieler Bürgerinnen und Bürger genommen haben. Den wenigen Nicht-Wählenden wird vor allem Desinteresse unterstellt, und man fragt sich deshalb eher, wie dies Desinteresse in ein demokratiefähigeres Verhalten gewendet werden könne (vgl. hierzu Eilfort 1994, 63), als daß man in Erwägung zieht, daß eine Wahlenthaltung sehr wohl auch das Ergebnis einer »entscheidungsorientierten« Auseinandersetzung mit den angebotenen Alternativen sein könnte. Wahl- bzw. Stimmenthaltung wird als Indikator dafür genommen, daß es aus Desinteresse zu keiner »Entscheidung« gekommen sei. Enthaltung in diesem Sinne ist keine Bewertungsform in dem »Entscheidungszusammenhang«, welcher Partei man die Stimme geben möchte, sondern zeigt an, daß es gar nicht erst dazu gekommen ist, sich auf diesen »Entscheidungszusammenhang« einzulassen. Diese Nicht-Wählenden haben keinen diesbezüglichen »Entscheidungsbedarf«.

(53) *Desinteresse und Wahlenthaltung*: »Interesse bzw. Desinteresse an Politik« und »Beteiligung bzw. Nicht-Beteiligung an einer Wahl« sind wichtige Analyseaspekte in den Forschungen zur Wahlenthaltung.[47] Nach Eilfort war dabei lange Zeit die These verbreitet, daß ein hohes Interesse an Politik zur Stimmabgabe, ein niedriges zur Abstinenz führe (s. etwa 1994, 254; s. auch Lazarsfeld

u. a. 1968, 80ff.). Im Mittelpunkt dieser These stehen systematisch bedacht die erste und letzte Möglichkeit (Zeile 1 und 4) nachfolgender Erwägungstafel. Die Möglichkeiten einer gewollten[48] Wahlenthaltung trotz hohen Interesses an Politik (2. Zeile) sowie einer Wahlbeteiligung, obwohl nur ein geringes Interesse an Politik besteht (3. Zeile), werden dabei nicht verfolgt bzw. nicht für relevant erachtet.

	Interesse an Politik	*Beteiligung an einer Wahl*	*Vermuteter Zusammenhang in der Literatur*
1. Zeile:	hoch	findet statt	+
2. Zeile:	hoch	findet nicht statt	-
3. Zeile:	gering	findet statt	-
4. Zeile:	gering	findet nicht statt	+

Erwägungstafel 9

Aufgrund anderer Untersuchungen und Deutungen, mit denen »stimmfaule« und desinteressierte Nicht-Wählende von interessierten und mit Gründen an der Wahl nicht-teilnehmenden Nichtwählenden unterschieden werden, mußte dieser vermutete Zusammenhang zwischen Interesse an Politik und Wahlbeteiligung aber vorsichtiger und differenzierter formuliert werden. Die These geht nun nur noch in Richtung einer Erhöhung der Wahrscheinlichkeit, daß gewählt wird, wenn u. a. ein starkes Interesse an Politik besteht und umgekehrt, daß ein schwaches Interesse an Politik ein mitauslösender Faktor dafür sein kann, daß die Tendenz zur Wahlenthaltung wächst (vgl. Falter/Schumann 1994, 208). Eilfort stellt in seiner Studie über "Die Nichtwähler" u. a. fest: "Je höher das Interesse [an Politik], desto größer scheint tatsächlich die Neigung zur Stimmabgabe zu sein. Ebenso auffällig ist, daß ein ausgeprägt niedriges politisches Interesse bzw. Desinteresse mit hoher Wahrscheinlichkeit zur Wahlenthaltung führt. Die letzte der "alten Regeln" aber scheint außer Kraft: Starkes und sehr starkes politisches Interesse hat nicht mehr die Stimmabgabe als automatische Folge" (Eilfort 1994, 256). Auch bereits Lazarsfeld u. a. fanden in einer empirischen Studie in der Gruppe der vorsätzlichen Nicht-Wählenden Personen, die "nicht ohne Interesse an der Wahl" waren, die aber "keinen Unterschied zwischen den beiden Kandidaten" sahen "oder glaubten, daß das Wählen kein Hilfsmittel gegen bestehende soziale Übelstände sei" (1968, 81).

Bezogen auf die Erwägungstafel 9 gerät damit die zweite Zeile in den Blick. Interesse an Politik und einer Wahl kann durch die Auseinandersetzung mit den angebotenen Alternativen dazu führen, keiner Partei die Stimme zu geben: "Wahlenthaltung kann die Konsequenz eines als unzureichend empfundenen personellen und programmatischen Angebots durch die Parteien sein. Wer nach eigener Einschätzung keine Wahl hat, macht sich keine Qual" (Eilfort 1994, 275f.). Außerdem weist der zweite Teil des Zitats von Lazarsfeld u. a. noch auf die Möglichkeit hin, daß man an Politik interessiert sein mag, aber eine Wahlbeteiligung nicht für geeignet hält, die eigenen Interessen zu verfolgen.[49] Dieser Aspekt erinnert an das Merkmal der "Systemzufriedenheit" bzw. "Systemunzufriedenheit". Unter Berücksichtigung dieses Merkmals läßt sich fragen, ob Systemzufriedenheit bzw. Systemunzufriedenheit bei einem hohen bzw. geringen Interesse an Politik eher zu einer Wahlbeteiligung oder zur Nichtteilnahme führt. Falter und Schumann weisen darauf hin, daß niedrige Wahlbeteiligungsraten in der Literatur "als Anzeichen von Systemzufriedenheit" gedeutet werden, wenn ein geringes politisches Interesse besteht, aber auch "als Indiz für latente politische Unzufriedenheit und Entfremdung" genommen werden (1994, 210). Die Unzufriedenheit kann mit einem geringem oder hohen Interesse an Politik einhergehen und in beiden Fällen zur Enthaltung führen, wie dies Falter und Schumann für ihre eigene Untersuchung der Bundestagswahl von 1990 feststellen (1994, 210f.). Kombinierte man den Aspekt der Zufriedenheit bzw. Unzufriedenheit mit den 4 Möglichkeiten der Erwägungstafel 9, so wären bereits 8 Fälle zu bedenken.

(54) *Deutungsvorschläge unter Berücksichtigung verschiedener Ebenen unterschiedlicher »Einzelentscheidungen«:* Wer Wahlen aus einer prinzipiellen Systemunzufriedenheit grundsätzlich ablehnt, hat keinen Anlaß, sich auf eine konkrete Wahl einzulassen. Hier liegt das oben beschriebene mögliche Verhältnis zwischen zwei Entscheidungen verschiedener Ebenen vor, welches man vielleicht als eines zwischen "Ober-" und "Unter-Entscheidung" bezeichnen könnte. Eine grundsätzliche allgemeine, über eine Entscheidung gewonnene Einstellung, aus Systemunzufriedenheit nicht zu wählen, ist dabei von allen spezifischen potentiellen Entscheidungen, sich an einer bestimmten Wahl zu beteiligen, zu unterscheiden. Das Ergebnis der vielleicht als "Ober-Entscheidung" zu bezeichnenden »Entscheidung« regelt alle potentiellen »Unter-Entscheidungen«. Im Falle einer »Ober-Entscheidung«, die dazu führt, die Beteiligung an Wahlen grundsätzlich als sinnloses Unterfangen zu betrachten, führt dies dazu, daß alle potentiellen »Unter-Entscheidungen« »überflüssig« sind.

Wie immer man auch die Beziehungen zwischen verschiedenen Ebenen von »Entscheidungen« genauer bestimmen mag, ob man überhaupt zwischen ihnen unterscheidet, scheint wesentlich mit zu verschiedenen Deutungen von Wahlenthaltungen beizutragen. Wer eine Wahlteilnahme bzw. Nicht-Wahlteilnahme aus der Perspektive von nur einer »Entscheidungsebene« aus analysiert, wird vermutlich eher z. B. so argumentieren: "Wer sich an der Wahl beteiligt - im

Sinne von: eine gültige Stimme abgeben -, der bzw. die hat »entschieden«, wen sie oder er zukünftig gern z. B. als regierende Partei hätte. Wer sich nicht an der Wahl beteiligt - Wahlbeteiligung im Sinne von: eine gültige Stimme abgeben -, der bzw. die hat keine »Entscheidung« getroffen, wen sie oder er zukünftig z. B. gern als regierende Partei hätte." Kennzeichnend für eine solche Betrachtung scheint mir zu sein, daß »Entscheidung« gleichgesetzt wird mit der Setzung einer Lösung (bei einer Parteienwahl wäre dies die Abgabe einer gültigen Stimme für die bevorzugte Partei). Der Fall, daß ein »Entscheidungsversuch« nicht zur Setzung einer Lösung führt[50], gelangt meines Erachtens erst oder zumindest besser ins Blickfeld, wenn man beachtet, daß es möglicherweise »Entscheidungen« verschiedener aufeinander verwiesener Ebenen gibt. Erst die Unterscheidung von aufeinander bezogenen »Entscheidungen« verschiedener Ebenen macht deutlich, daß die »Entscheidungslosigkeit« der einen Ebene aus dem Sichstellen einer »Entscheidung« auf einer anderen Ebene resultieren kann. Eilforts bereits zitierte Aussage "Wer nach eigener Einschätzung keine Wahl hat, macht sich keine Qual" (1994, 276) wäre dementsprechend genauer zu fassen: "Wer nach eigener Einschätzung aufgrund einer reflexiven »Entscheidung« eine »Entscheidung« einer ersten Ebene nicht für sinnvoll hält, ist durch die reflexive »Entscheidung« dahin gekommen (verkürzend könnte man auch sagen, hat sich reflexiv dafür »entschieden«), sich keine (weitere) Qual mehr mit der möglichen »Entscheidung« der ersten Ebene zu machen. Damit ist nichts darüber gesagt, wie aufreibend sich die reflexive »Entscheidung« gestaltet hat."

Läßt sich mit der Unterscheidung von »Entscheidungen« verschiedener Ebenen auch für die 3. Zeile der Erwägungstafel 9 eine Situation bedenken? Warum sollte eine Person sich bei geringem Interesse trotzdem an einer Wahl beteiligen? Eine Erklärung könnte sein, daß sie auf einer zweiten Ebene durch eine »Entscheidung« zu dem Vorsatz gekommen ist, sich an Wahlen zu beteiligen, weil dies ihrem Verständnis nach zu ihren Pflichten als demokratiebewußter Bürgerin bzw. demokratiebewußtem Bürger zählt. Diese »Ober-Entscheidung« könnte dann leitend dafür sein, sich auch dann bei spezifischen Wahlen zu beteiligen, wenn das konkrete gegenwärtige Interesse eher gering wäre. Die Formulierung "konkretes gegenwärtiges Interesse" weist m. E. aber auf eine Problemlage hin, in die man mit einem solchen Deutungsversuch gerät. Insofern man die »Ober-Entscheidung« ihrerseits als Indikator für ein "Interesse an Politik" nehmen kann, wären bei derartigen Beispielsanalysen verschiedene Ebenen von Interessen zu unterscheiden. Die Erwägungstafel müßte dementsprechend verändert werden.

(55) *Lösungsfindung durch »Entscheidung« oder Vorgabe und Vernetzung verschiedener Ebenen*: Unter Heranziehung verschiedener Deutungen in der Literatur kann man auch zu einer anderen Interpretation der 3. Zeile der Erwägungs-

tafel 9 gelangen. Durch die Überlegungen zu "Wahlgehorsam" (s. etwa Ursula Feist 1994, 5) und "grundsätzlichen Nicht-Wählenden" (s. etwa Eilfort 1994, 57f.) wird deutlich, daß man bei verschiedenen Ebenen nicht davon ausgehen kann, daß auf allen versucht wird, eine Lösung über eine »Entscheidung« zu finden. Statt über eine »Entscheidung« zu versuchen eine Lösung zu finden, was ge- oder mißlingen kann, mag man sich auch an einer Vorgabe orientieren. Das mag eine fremdgesetzte Vorgabe (z. B. staatlich auferlegte Wahlpflicht, bestimmte Traditionen) oder eine selbstgesetzte Vorgabe (z. B. individuelle Gewohnheit) sein.[51] Den Unterschied zwischen einer selbst- und fremdgesetzten Vorgabe kann man an ihrer Genese festmachen. Eine fremdgesetzte Vorgabe ist eine Lösung, zu der andere durch »Entscheidung« gelangt sein mögen. Eine selbstgesetzte Vorgabe hingegen ist eine Lösung, zu der ich selbst irgendwann einmal aufgrund einer »Entscheidung« gekommen bin und die ich mir dann zu einer Vorgabe für zukünftige gleiche Kontexte mache, um z. B. nicht jedes Mal neu zu »entscheiden«.[52] Systematisch bedacht sind folgende vier Möglichkeiten denkbar, wie bei zwei Ebenen Entscheidungsfreiheit gegeben oder nicht gegeben sein kann bzw. genutzt oder nicht genutzt wird:

	Ebene 1: Lösungsversuch bzw. Lösungsfindung, z. B., welcher von den zur Wahl stehenden Parteien man die Stimme gibt, erfolgt durch eine	Ebene 2: Lösungsversuch bzw. Lösungsfindung, z. B., ob man an der Wahl überhaupt teilnehmen will, erfolgt durch eine
1. Zeile:	Entscheidung	Entscheidung
2. Zeile:	Entscheidung	Vorgabe
3. Zeile:	Vorgabe	Entscheidung
4. Zeile:	Vorgabe	Vorgabe

Erwägungstafel 10

Die Erwägungstafel 10 läßt offen, ob das Ergebnis der durch Vorgaben oder/und »Entscheidungen« gefundenen Lösungen der verschiedenen Ebenen eine Teilnahme, im Sinne von Abgabe einer gültigen Stimme, oder eine Wahlenthaltung, welche man je nach Verständnis in bestimmten Kontexten als "Stimmenthaltung" bezeichnen mag, ist. Mit Hilfe dieser Tafel läßt sich m. E. eine mögliche Erklärung für die Konstellation der 3. Zeile der Erwägungstafel 9 geben. Es läßt sich fragen, inwiefern eine Beteiligung an einer Wahl trotz nur geringen Interesses nicht (nur) das Ergebnis eigener »Entscheidungen« ist, sondern vielmehr aus dem Folgen von fremd- bzw. selbstgesetzten Vorgaben resultiert. Orientiert man sich an der 2. Zeile der Erwägungstafel 10, dann wäre eine mögliche Deutung der 3. Zeile der Erwägungstafel 9 z. B.: Hinsichtlich der Frage, ob man überhaupt an einer Wahl teilnehmen will, besteht keine »Entscheidungsfreiheit«, da es z. B. eine Wahlpflicht gibt. Befolgt man diese (was auf einer weiteren reflexiven Ebene entschieden worden ist), dann wird man sich auf eine Entscheidung darüber einlassen, welcher Partei oder Person man die Stimme gibt, auch wenn man nur ein geringes Interesse hat.

Wenn z. B. Ursula Feist fragt: "Sind aus den wahlgehorsamen, disziplinierten Deutschen mehr und mehr selbstbewußte Demokraten geworden, die ihre Möglichkeiten ausschöpfen: auswählen, abwählen, nichtwählen?" (1994, 5), so kommt dabei die Beachtung der Möglichkeit, daß die Teilnahme an einer Wahl, reflexiv bedacht, Ausdruck von Gehorsam sein kann, gut zum Ausdruck. Man gehorcht der Devise: "Wählen ist Bürger- bzw. Bürgerinnenpflicht". Inwiefern Wahlpflicht dabei einfach als fremdgesetzte Vorgabe befolgt wird oder aber irgendwann einmal in einer »Entscheidung« als sinnvoll bewertet und zu einer generellen Selbstverpflichtung gesetzt wurde, wäre in jedem Einzelfalle zu untersuchen. Man mag solches Verhalten als bloß "formaldemokratisch" bezeichnen (vgl. hierzu etwa Eilfort 1994, 322f.). Unter dieser Perspektive kann man zu weiteren anderen Sichtweisen gelangen und nun gleichsam spiegelverkehrt in der Wahlenthaltung eine Bürgerinnen- bzw. Bürgerpflicht sehen, die Ausdruck demokratischer Mündigkeit sein kann, "wenn das personelle und programmatische Angebot keiner Partei höheren Ansprüchen genüge" (Eilfort 1994, 279).

Systematisch bedacht kommt man von der Möglichkeit des Wahl-Gehorsams durch Negation zur Möglichkeit von Nicht-Wahl-Gehorsam. In der Literatur finden sich Beispiele für dementsprechende ortsspezifische Traditionen. Falter und Schumann weisen darauf hin, daß "es in der Bundesrepublik geradezu Hochburgen der Wahlenthaltung zu geben" scheint, "deren Wurzeln sich - beispielsweise in Ostbayern - mancherorts bis ins 19. Jahrhundert zurückverfolgen lassen" (1994, 187). Und wer (gehorsames) Mitglied der Zeugen Jehovas ist, darf weder aktiv noch passiv wählen (s. hierzu Eilfort 1994, 58). Der Unterschied zwischen der Vorgabe zur Wahlbeteiligung und der zur Wahlenthaltung besteht meines Erachtens darin, daß die Vorgabe zur Wahlenthaltung im Gegensatz zu einer Vorgabe zur Wahlbeteiligung eine Entscheidung 1. Stufe überflüssig macht.

Die 3. Zeile der Erwägungstafel 9 läßt sich aber auch mit der 4. Zeile der Erwägungstafel 10 in Verbindung bringen. Gerade wenn eine Person keiner selbstgesetzten, sondern einer fremdgesetzten Vorgabe folgt und sie sich zudem nicht für Politik interessiert, könnte es sein, daß sie sich bei ihrer Stimmabgabe ebenfalls von einer Vorgabe leiten läßt. So wird vielleicht in alter Familientradition eine bestimmte Partei gewählt. Zu unterscheiden ist dabei wieder, ob diese Vorgabe eine fremdgesetzte (z. B. von den Eltern) ist oder über eine »Entschei-

dung« gewonnen wurde und nun als selbstgesetzte Vorgabe von möglichen zukünftigen neuen »Entscheidungen« entlasten soll.

(56) *Weitere Fragen*: Versucht man alle vier Zeilen der Erwägungstafel 10 daraufhin zu bedenken, was stattgefunden haben könnte, wenn es zu einer Stimmenthaltung oder Wahlbeteiligung gekommen ist, so wird deutlich, daß einzelne
Aspekte spezifischer bestimmt werden müßten. Es wäre bei allen »Entscheidungen« der 1. und 2. Ebene anzugeben, ob sie die Auszeichnung einer Lösung
ermöglichen oder nicht. Gelingt dies auf der 2. Ebene, so wäre dort außerdem
zu berücksichtigen, ob die Entscheidung zu einer Wahlteilnahme führt oder nicht.
Im letzteren Falle ist dann ein kombinatorisches Bedenken mit den Möglichkeiten der 1. Ebene hinfällig, da sich auf dieser Ebene keine über eine »Entscheidung« oder Vorgabe zu lösende Frage mehr stellt. Vor allem ergibt sich aus den
Deutungen dieser wie auch der anderen Erwägungstafeln und den bisherigen
Erörterungen, daß es von dem jeweiligen Verständnis von "Wahlbeteiligung"
und den Möglichkeiten einer Wahlbeteiligung abhängt, was als "Wahlenthaltung"
oder "Stimmenthaltung" bezeichnet werden soll. Zählt nur die Abgabe eines
gültigen oder auch die eines ungültigen Stimmzettels zur »Wahlbeteiligung«?
Wenn Stimmenthaltungen explizit nicht auf den Wahlzetteln ankreuzbar sind,
sind dann die ungültigen Stimmzettel als »Enthaltungen« einzustufen? »Enthalten« sich nicht auch in gewisser Weise diejenigen ihrer Stimme, die nicht aufgrund eigener »Entscheidungen« oder selbstgesetzter Vorgaben ihre Stimme vergeben? Oder geben sie doch ihre Stimme ab, insofern sie sich reflexiv - aus
welchen Gründen auch immer - zu diesem Wahlgehorsam entschieden haben?
Wie will man es bezeichnen, wenn jemand irgend etwas ankreuzt und mit dieser
Stimmvergabe inhaltlich nichts verbindet? Was ist mit denen, die durch ihre
Auseinandersetzung z. B. mit dem Parteienangebot dahin kommen, ihre Stimme
nicht abzugeben? Unterscheiden sie sich von Personen, die erst angesichts der
Stimmzettel (im Wahllokal, zu Hause bei einer Briefwahl) reflexiv »entschei-
den«, sich nicht zu beteiligen und nichts abgeben? Was wäre, wenn auf den
Stimmzetteln ankreuzbar wäre, daß man die Alternativenzusammenstellung als
unzureichend bewertet? Usw. Usf.

Die verschiedenen Möglichkeiten, "Wahlbeteiligung", "Wahlenthaltung" und
"Stimmenthaltung" zu bestimmen und zu deuten, zeigen m. E. exemplarisch,
wie unterschiedliche unthematisierte und unreflektierte Einstellungen und Vorverständnisse sowie das Ausblenden alternativer Möglichkeiten den Blick auf ganz
andere Deutungen verstellen können. Es wäre in diesem Zusammenhang m. E.
auch vergleichend zu untersuchen, inwiefern bei einem inputorientierten Demokratieverständnis eher bedacht wird, ob es sich bei Stimmenthaltungen auch um
reflexive »Entscheidungen« handeln könnte als bei einem eher outputorientierten

Demokratieverständnis. Umgekehrt wäre zu fragen, ob bei einem output-orientierten Demokratieverständnis eher überlegt wird, daß Wahlbeteiligung nicht gleichzusetzen ist mit einer eigenständigen »Entscheidung« und daß eine Wahl-beteiligung z. B. auch als Ausdruck für "Wahlgehorsam" gedeutet werden kann. Grundsätzlich müßte bei Feststellungen über geändertes Wählendenverhalten mitbedacht werden, inwiefern "Ursachen von Wahlenthaltung nicht neu sind, sondern zuvor nur verdeckt wurden" (Eilfort 1994, 351), und zwar sowohl im Bewußtsein der Wählenden als auch der Wahlforscherinnen und -forscher. Für die in dieser Arbeit verfolgten Überlegungen über die Entwicklung und Förde-rung von »Entscheidungsprozessen« in Lehr/Lernprozessen weisen derartige Überlegungen zu Demokratieverständnis und Wahlenthaltung m. E. auf grund-legend verschiedene Menschenbilder hin, von denen es vermutlich mit abhängt, wie Möglichkeiten des Erlernens von »Entscheidungskompetenz« eingeschätzt werden. Die folgenden Überlegungen zum Problem der reflexiven Einschätzung von Erwägungsalternativen zeigen nochmals, wie wichtig für derartige »Ent-scheidungskompetenz« ein Wissen um verschiedene Ebenen in »Entscheidungs-zusammenhängen« ist. Dieses Wissen wäre m. E. in Wahl- und Abstimmungs-verfahren zu berücksichtigen, wenn man den sich abzeichnenden gesellschaftli-chen Wandel von »Vorgabe-« hin zu mehr »Entscheidungsorientierung« unter-stützen wollen würde.

(57) *Zum Problem der reflexiven Einschätzung von Erwägungsalternativen*: Wahlen erfordern von den Wählenden, Bewertungen zwischen angebotenen Er-wägungsalternativen zu treffen. Die angebotenen Alternativen sind nicht als Er-wägungsalternativen von den Wählenden zusammengestellt worden. Für den Verlauf der Entscheidung einer ersten Ebene bedeutet dies, daß die Wählenden zu einer Einschätzung der angebotenen Alternativen als für sie adäquate oder inadäquate Erwägungsalternativen gelangen müssen. So mag eine Person z. B. die Parteien A, B, C und D für mehr oder weniger adäquate Erwägungsalterna-tiven erachten, Partei E und F hingegen als eher inadäquat in dem Sinne betrach-ten, als sie z. B. meint, diese Parteien dürften sich gar nicht der Wahl stellen. Die Einschätzung der angebotenen Alternativen als geeignete Erwägungsalternati-ven ist nicht mit deren Bewertung gleichzusetzen. Vielmehr liegt hier eine refle-xive Ebene vor: Es wird reflexiv bewertet, was als Erwägung taugt, um so für die (Wahl-)Bewertung eine Voraussetzung zu schaffen. Der Versuch, die angebo-tenen Alternativen einzuschätzen, kann auch zu dem Ergebnis führen, daß man reflexiv nicht einzuschätzen vermag, ob die Alternativen für die (Wahl-)Erwägung nun adäquat sind oder nicht.

Vorausgesetzt die angebotenen Alternativen werden für die Wahl erwogen und bewertet, ergeben sich also folgende Möglichkeiten: Die angebotenen Alternativen werden erwogen und bewertet und können hinsichtlich ihrer Adäquatheit reflexiv eingeschätzt werden oder nicht. Ist eine Einschätzung möglich, so können die Alternativen für adäquat oder für inadäquat gehalten werden. Ob Wählende nach dem reflexiven Erwägen und Bewerten der angebotenen Alternativen sich zur Teilnahme an der Wahl in dem Sinne reflexiv entschließen, daß sie eine gültige Stimme abgeben (wollen) oder nicht, ist also in Abhängigkeit von diesem reflexiven Erwägen und Bewerten zu sehen. Ohne reflexive Einschätzung sind angebotene Alternativen nicht als adäquate oder inadäquate Erwägungsalternativen auszuzeichnen. Auch eine Einschätzung des Nichteinschätzen-Könnens der angebotenen Alternativen als Erwägungsalternativen wäre als Ergebnis einer reflexiven Auseinandersetzung mit den angebotenen Alternativen zu bedenken. Weitere Abstufungen werden hier vereinfachend fortgelassen. Zu einer Wahl kann man gehen - oder auch nicht -, ohne eine solche reflexive Einschätzung vorgenommen zu haben, oder aber man hat sie getroffen. Stellt man diese Möglichkeiten kombinatorisch zusammen, so sind 6 Konstellationen zu berücksichtigen:

Die angebotenen Alternativen werden reflexiv erwogen und bewertet und ...	Die Teilnahme an der Wahl i. S. der Abgabe einer gültigen Stimme ...	Mögliche Deutungen der Zeilen: Lösungsauszeichnung einer Alternative nach dem Erwägen und Bewerten ...
werden für adäquat gehalten	findet statt	ist möglich und erfolgt entweder dezisionär oder mit hinreichenden Gründen
werden für adäquat gehalten	findet nicht statt	wäre möglich im Sinne der Deutungen von Zeile 1, unterbleibt aber, weil man z. B. keine Lösungssetzung dezisionär treffen will oder weil man mit dem System zufrieden ist und man eine Teilnahme nicht für erforderlich hält
werden für inadäquat gehalten	findet statt	ist nur möglich in dem Sinne, daß man dem kleinsten Übel die Stimme gibt oder einen Denkzettel (Protestwahl) verteilt
werden für inadäquat gehalten	findet nicht statt	wird angesichts des inadäquaten Alternativenangebots für nicht sinnvoll erachtet, was möglicherweise auf einem ungültigen und mit entsprechenden Bemerkungen versehenen Stimmzettel vermerkt ist
können nicht eingeschätzt werden	findet statt	ist nicht möglich, man orientiert sich bei der Stimmabgabe an anderen (Familie, Freundinnen, Kolleginnen) oder entscheidet dezisionär
können nicht eingeschätzt werden	findet nicht statt	ist nicht möglich; da man sich z. B. lieber nicht auf die Meinungen von anderen verlassen will, gibt man keine gültige Stimme ab

Erwägungstafel 11

Die 5. und 6. Zeile dieser Erwägungstafel lassen sich auch als zwei mögliche Umgangsweisen eines Wissens um Nicht-Wissen interpretieren. Wenn man trotz eines Versuchs des reflexiven Erwägens und Bewertens der angebotenen Alternativen diese nicht meint einschätzen zu können, so hat man meines Erachtens damit ein Wissen oder Bewußtsein um Nicht-Wissen aufgebaut. Mit der 6. Zeile gelangt damit eine weitere Möglichkeit in den Blick, warum es zu einer Stimmenthaltung kommen mag. Wer aus Wissen um das eigene Nicht-Wissen nicht an einer Wahl teilnimmt, trifft eine reflexive negative Bewertung der »Entscheidungskonstellation«. Im Unterschied zu den bisher andiskutierten Gründen werden hierbei aber nicht einzelne Aspekte des »Entscheidungszusammenhangs« reflexiv als negativ bewertet (etwa das Angebot der zur Wahl stehenden Parteien). Das, was man nicht einzuschätzen vermag, könnte ja sehr wohl eine adäquate Zusammenstellung von Alternativen sein. Bei einer reflexiven negativen Bewertung einer Entscheidungskonstellation aus dem Bewußtsein des Wissens um Nicht-Wissen bleibt zunächst offen, woran es liegt, daß die angebotenen Alternativen nicht als adäquat oder inadäquat eingeschätzt werden können. Das mag an der Darbietung der Alternativen, an fehlenden »Entscheidungskompetenzen« oder zu hohem Anspruchsniveau hinsichtlich einer »Entscheidung«, an Randbedingungen, wie zu knappen Zeitressourcen o. ä. liegen. Dieses Wissen um Nicht-Wissen ist kein Nicht-Wissen aus Desinteresse, um das man reflexiv auch ein Wissen haben mag.

(58) »Vorgabe-« und »Entscheidungsorientierung«: Das Interesse an einer Wahl kann nach der Studie von Lazarsfeld u. a. auch zurückgehen und eine Wahlenthaltung begünstigen, wenn ein Individuum durch seine Zugehörigkeit zu verschiedenen sozialen Gruppen (z. B. Kirchen-, Gewerkschafts-, Vereinsmitgliedschaften, Berufskolleginnen und -kollegen, Familie usw.) bei einer Wahl in Interessenkonflikte gerät, da es durch die unterschiedlichen Gruppenzugehörigkeiten ganz entgegengesetzten Einflüssen ausgesetzt ist (s. 1968, 92-101): "Bei vielen Interessenkonflikten entgeht man der unangenehmen Situation am besten, wenn man deren Bedeutung verringert und die Lösung des Konfliktes nicht der Mühe wert hält" (Lazarsfeld u. a. 1968, 98f.). Nach Falter und Schumann wurde in "der Bundesrepublik [...] die Person des praktizierenden Katholiken mit Gewerkschaftsbindung nachgerade zum Prototypen eines unter cross pressure stehenden Wählers hochstilisiert, der, in seinen politischen Präferenzen zwischen Union und SPD hin- und hergerissen, einmal zur einen, dann wieder stärker zur anderen Richtung neige und dazu tendiere, sich seltener als der Durchschnitt an Wahlen zu beteiligen, um dem in Wahlzeiten verstärkt auf ihn einwirkenden sozialen und mentalen Druck zu entgehen" (1994, 188/191).[53] Falter/Schumann stellen in ihrer diesbezüglichen Untersuchung der Bundestagswahl von 1990 jedoch fest, daß die Cross-Pressure-Hypothese sich "in der Bundesrepublik als recht erklärungsbedürftig erwiesen hat" und "1990 für die Erklärung der Wahlenthaltung nur von geringem Nutzen zu sein" scheint (1994, 191). Es könnte sein, daß diese zeitlich 50 bzw. 46 Jahre auseinanderliegenden Erhebungen mit einem Wandel des »Entscheidungsverhaltens« in westlichen industrialisierten Ländern zusammenhängen. Peter Gluchowski beschreibt das durch soziokulturellen Wandel und Wertewandel

geänderte Spektrum an Wahlverhaltensweisen: Wertewandel und soziokulturel-
ler Wandel "führten insgesamt zu einer zunehmenden Vielfalt von individuellen
Lebensformen und Lebensweisen mit ihren eigenen Lebensstilen und den daraus
folgenden Ansprüchen an die Politik. Im Zuge des Generationenwechsels entwik-
kelte sich so eine stärker politisch interessierte und involvierte Wählerschaft, die
bei Wahlen nicht mehr so stark wie früher nach gewachsenen Parteibindungen
entscheidet, sondern zunehmend politische Themen, individuelle Problemsichten,
aber auch taktische Überlegungen jenseits der traditionellen Weltanschauungen
und sozialen Herkünfte zur Grundlage ihrer Wahlentscheidung macht" (1991,
210). Von anderen Autoren bzw. Autorinnen wird die zunehmende Individualisierung mit der Unterscheidung in Pflicht- und Akzeptanzorientierung einerseits
und Entfaltungsorientierung andererseits zu erfassen versucht. Nach Dittrich überwiegt z. B. bei "den eher "pflichtorientierten" Werttypen [...] sehr deutlich das
Streben nach Konformität mit sozialen Bezugsgruppen und gesellschaftlichen
Normen, was im einzelnen durch die bevorzugte Selbstzuschreibung persönlicher
Eigenschaften, wie "Pflichtbewußtsein", "Akzeptanz von Recht und Ordnung",
"Anpassungsbereitschaft" und "Konfliktvermeidung" angezeigt wird. Dagegen
sind die Persönlichkeitsmerkmale bei den eher "Entfaltungsorientierten" vorran-
gig gekennzeichnet durch die verschiedenen Spielarten individualistischer Neigungen, die eine hohe Leistungsmotivation ebenso einschließen können wie den
Wunsch nach weniger Arbeit und mehr Freizeitgenuß. So äußern stärker entfal-
tungsorientierte Menschen überdurchschnittlich häufig die Bereitschaft zur "Übernahme von Verantwortung", "Überzeugung anderer Menschen", "politischen
Konfliktaustragung", daneben aber auch den Wunsch, "das Leben genießen" zu
können, ohne sich über das notwendige Maß hinaus dafür plagen zu müssen"
(1991, 180f.). Wie immer man die hier angeführten einzelnen Charaktereigen-
schaften in ihren Zuordnungen für adäquat hält oder nicht, insgesamt scheinen sie
mir in Richtung einer Unterscheidung zwischen Vorgabe- und Entscheidungsorientierung zu gehen. Einen starken Indikator hierfür sehe ich vor allem in der Gegenüberstellung der beiden Aussagen "Mir ist wichtig, in einer Gesellschaft zu
leben, in der Bewährtes geschätzt und geachtet wird" (Traditionen als Vorgaben)
und "Mir ist wichtig, in einer Gesellschaft zu leben, in der die Bürger an allen Entscheidungen beteiligt sind" (s. Dittrich 1991, 181).

(59) *Erwägungsvorschlag für differenziertere Wahlverfahren*: Es wäre zu diskutieren, ob einige Möglichkeiten der Stimmenthaltung als reflexive negative
Bewertung in die bisherigen Wahlverfahren integriert werden sollten. Da es
meines Wissens bisher keine Wahlverfahren gibt, mit denen solche Stimmenthaltungen[54] von anderen Arten der Stimmenthaltung (etwa aus Desinteresse,
plötzlicher Erkrankung o. ä.) erfaßt werden, können genau diese »bewußten,
politischen Entscheidungen« nicht in den Wahl- bzw. Abstimmungsergebnissen

berücksichtigt werden. Wäre eine entfaltetere Berücksichtigung von Stimment-haltungen, die Ergebnisse von reflexiven »Entscheidungen« sind, nicht gerade für aufklärungsbereite demokratische Wahl- bzw. Abstimmungsverfahren relevant?[55] Denkt man an diejenigen, die bei Befragungen vor einer Wahl noch "unentschlossen" sind, so ist zu vermuten, daß auch etliche von ihnen am Wahltag die Möglichkeit einer ankreuzbaren Stimmenthaltung nutzen würden, so daß hierauf demokratisch legitimiert reagiert werden könnte.

Wollte man verschiedene Arten von Stimmenthaltungen als reflexive negative Bewertung berücksichtigen, so wäre in Anlehnung an die Erwägungstafel 11 zu beachten, daß die negative reflexive Bewertung einer »Entscheidungskonstellation« nicht zugleich bedeuten muß, daß die zur Wahl stehenden Alternativen als inadäquat bewertet werden (1. Zeile der Erwägungstafel 11). In das Problem, nicht mit hinreichenden Gründen eine Alternative anderen vorziehen zu können, kann man genausogut bei als adäquat wie bei als inadäquat erachteten Erwägungsalternativen gelangen. Von daher wäre zu bedenken, daß man auf dem Wahlzettel bei einer reflexiven negativen »Entscheidung« zugleich mitangeben können sollte, ob man die zur Wahl stehenden Alternativen für adäquat oder inadäquat hält oder gar nicht einzuschätzen vermag. - Wie immer auch solche Verfahren genauer gestaltet werden mögen, sie wären meines Erachtens mit weiteren grundlegenden demokratietheoretischen Überlegungen zu verknüpfen: Sollte etwa eine Kandidatin bzw. ein Kandidat oder eine Partei auch dann eine bestimmte Aufgabe übernehmen und die Wahl annehmen, wenn sich die Mehrheit enthalten hat?[56] Oder müßte ein solches Ergebnis zu einer verbesserten Aufbereitung der Wahlsituation führen, sei es nun, daß die Unterschiede zwischen den Alternativen deutlicher herausgestellt, nach adäquateren Alternativen gesucht, die Problemlage, hinsichtlich der abgestimmt werden soll, neu bedacht wird usw.? Da es schon allein zeitlich nicht möglich ist, daß sich alle bei allen Fragen gleichermaßen kompetent und entscheidungsfähig machen, wäre auch zu klären, bei welchen Fragen dies in welchem Ausmaß erforderlich ist und bei welchen Fragen man nicht schon wieder mit einer Abstimmung bzw. Wahl behelligt werden möchte.[57] Dieser Gedankenstrang kann im Rahmen dieser Arbeit nicht weiter verfolgt werden. Er läßt aber meines Erachtens ahnen, wie ein entfalteter erwägungsorientierter »Entscheidungsbegriff« zumindest zur Erwägung differenzierterer Abstimmungs- und Wahlmöglichkeiten führen könnte.[58]

2.3.3.4 Alternativer Umgang mit Erwägungsalternativen

(60) *Ansatz*: Die Güte von Lösungen, die aus Entscheidungen hervorgehen, hängt auch von der Art des Erwägens ab. Die bisherigen Erörterungen zeigen, daß

Alternativen verschieden erwogen werden können. Für die Entfaltung eines erwägungsorientierten Entscheidungskonzeptes ist somit zu klären, welche Weisen des Umgangs mit Erwägungsalternativen zu berücksichtigen sind:
- Wie lassen sich Erwägungsalternativen zusammenstellen?
- Welche Entscheidungskonstellationen begünstigen oder schränken die Art des Erwägens einzelner Möglichkeiten als auch des Zusammenstellens von Erwägungsalternativen ein?
- Für welchen Entscheidungszusammenhang ist welches Erwägen jeweiliger Möglichkeiten und welche Zusammenstellung von Erwägungsalternativen adäquat?

(61) *Alternativen von Erwägungsalternativen:* Zusammenstellungen von Erwägungsalternativen lassen sich danach unterscheiden, in welchem Ausmaß diese regelorientiert erfolgt sind und nach welchen Regeln vorgegangen wurde. Klassifikationen bieten Orientierungen für Regeln. Welche Klassifikation man bei Erwägungen nutzt, hängt von den jeweiligen Situationen und dem Vorwissen ab. Standard-Klassifikationen, wie z. B. biologische Taxonomien, sind von situativ-individuell aufgebauten Klassifikationen zu unterscheiden, auch wenn letztere Standard-Klassifikationen als Ressourcen nutzen mögen. Wenn in dem Puppe-Mensch-Beispiel vom Oberbegriff 'Gestalt' ausgegangen wird, zu dem 'Puppe' und 'Mensch' als konkretisierende und koordinierte Unterbegriffe gebildet werden, dann liegt eine situativ angepaßte Klassifikation vor. Wird nun weiterhin 'Mensch' zu 'Mann' konkretisiert und die Deutung der Gestalt als 'Puppe' der Deutung der Gestalt als 'Mann' als Alternative gegenübergestellt, dann liegen 'Mann' und 'Puppe' in dieser Klassifikation nicht mehr auf derselben Ebene. Sie sind keine koordinierten Alternativen. Um dies feststellen zu können, braucht man demnach mindestens drei Ebenen.

Weiter kann man der Regel folgen, sich allein auf vorfindbare Gegenstände zu beziehen oder darüber hinausgehend - wie auch immer, z. B. mehr oder weniger intuitiv oder/und systematisch - die denkbaren Gegenstände berücksichtigen zu wollen. So werden etwa im Dienstreise-Beispiel die Managerin und der Manager in der Regel vermutlich ihre Überlegungen auf vorfindbare Fahrzeuge beschränken und keine denkbaren, im Sinne von neuen Fahrzeugen, erdenken und erwägen. Andererseits könnte eine perspektivisch denkende Managerin bzw. ein perspektivisch denkender Manager insofern vielleicht eine denkbare Möglichkeit einbeziehen, als sie jeweils erwägen, daß sie sofort vom Zug aufs Auto umsteigen würden, wenn es sich bei diesem um ein 1,5 Liter-Auto handeln würde. Ein Beispiel für die Orientierung an denkbaren Möglichkeiten ist das Zeitschriften-Gründungs-Beispiel, bei dem durch die Zielsetzung, eine neuartige Diskussionszeitschrift herauszugeben, die Zusammenstellung von Erwägungen wohl eher kreativ und auf Denkbares denn auf bereits Vorfindbares bezogen sein wird.

Inwiefern dabei die möglichen neuen Konzepte auf bisherige zurückgreifen und im wesentlichen nur neue Kombinationen einzelner bekannter Elemente bedeuten oder auch neue Elemente beinhalten, ist dabei zunächst offen.

Als letzte mögliche Regel soll hier noch bedacht werden, daß man Vollständigkeit für die zu erwägenden Alternativen anstrebt, sei es, daß man nur Vorhandenes berücksichtigen will (wie z. B. mit einer biologischen Taxonomie), oder sei es, daß man alle jeweils denkbaren Fälle erfassen möchte (wie z. B. mit einer Kombinatorik). Man kann schließlich auch explizit die »negative« Regel haben, keine solche Vollständigkeiten zu wollen.

(62) *Diskussion eines Vorschlags zur Systematisierung alternativer Zusammenstellungen von Erwägungsalternativen*: In folgender Merkmalskombinatorik[59] (s. Frank Benseler u. a. 1994, 19) werden Aspekte, die auch in der bisherigen Diskussion dieser Arbeit eine Rolle spielten, genutzt, um Möglichkeiten aufzuzeigen, wie Erwägungsalternativen zusammengestellt werden können:

Approximationsfähigkeit

+   −

		qualitativ	quantitativ	qualitativ	quantitativ
Vollständigkeit	denkbare	1	z.B. phys. Messung	Selbstref. Verortung dieser Tafel	4
	vorfindbare	z.B. biol. Taxonomie	6	7	8
Unvollständigkeit	denkbare	9	10	11	12
	vorfindbare	13	14	15	16

Erwägungstafel 12

Zur Erläuterung der Merkmalskombinatorik sei hinzugefügt und betont, daß die Dimensionen "Vollständigkeit-Unvollständigkeit" sowie "denkbar-vorfindbar" immer problem-, und personenrelativ gemeint sind. Erkennbar ist dies in der Merkmalskombinatorik an der Selbstverortung der Kombinatorik in Feld 3. Daß die Kombinatorik die denkbaren Alternativen angeben läßt, ist bezogen auf die Merkmale bzw. Dimensionen, mit denen kombinatorisch umgegangen wird. Ob diese Dimensionen, die ihrerseits aus Entscheidungen hervorgegangen sein mögen, geeignet sind, bleibt hiervon unberührt. Andere Personen mögen andere Dimensionen als relevant erachten, um Zusammenstellungen von Alternativen zu unterscheiden. Außerdem sind die Dimensionen, mit denen hier kombinatorisch umgegangen wird, als gleichwertige gedacht. Sie sind nicht mißzuverstehen als Verhältnisse von Ober- und Unterbegriffen, als Angaben von koordinierten Alternativen. 'Approximationsfähigkeit (+)/Approximationsunfähigkeit (-)' sind nicht als Oberbegriffe zu 'qualitativ/quantitativ' und 'Vollständigkeit/Unvollständigkeit' nicht als Oberbegriffe zu 'denkbar/vorfindbar' gedacht. Die Kombinatorik gibt mit einer Ausnahme zunächst einmal Möglichkeiten der Zusammenstellung von Alternativen im disjunktiven (auf Auswahl bezogenen) und konjunktiven (auf Aufzählung bezogenen) Sinne an (s. o. II. 2.3.2, Anmerkung 30). Mit Ausnahme der Dimension "Approximationsfähigkeit bzw. Approximationsunfähigkeit" können alle anderen Dimensionen nicht nur disjunktiv für die Zusammenstellung von Erwägungsalternativen in Entscheidungszusammenhängen genutzt, sondern auch angewandt werden, um konjunktiv - unabhängig von Entscheidungszusammenhängen - Alternativen zusammenzustellen. Aus heutiger Sicht scheint mir deshalb die Dimension "Approximationsfähigkeit bzw. Approximationsunfähigkeit", die nur auf Entscheidungen bezogen zu verstehen ist, nicht mehr in diese Kombinatorik zu passen (im folgenden wird hierauf in Nr. (68) noch eingegangen), wenngleich sie relevant zur Unterscheidung von Entscheidungskonstellationen ist, wie sich auch in der folgenden Zuordnung einiger bisheriger Beispiele erkennen läßt.

(63) *Exemplarische Anwendung der Merkmalskombinatorik auf die bisherigen Überlegungen und Beispiele*: Fragt man nach dem Umgang mit Erwägungsalternativen in den bisherigen Beispielen, so fällt auf, daß diese sich - je nach Ausgestaltung - verschiedenen Kästchen zurechnen lassen. Das Kartoffelkauf- oder das Medikamenten-Dosierungs-Beispiel können so angelegt sein, daß die entscheidungstreffende Person ein Möglichkeitenbewußtsein im Sinne von Feld 3, 6, 10, 14 oder 4, 8, 12, 16 hat. So mag die Ärztin, die über die lebensrettende oder todbringende Dosierung entscheiden muß, etwa daran denken, wie hilfreich es wäre, wenn sie über genauere Dosierungsmittel verfügen würde. Sie bezieht damit denkbare Möglichkeiten in ihre Erwägungen ein, die ihre verfügbaren Dosierungsmöglichkeiten genauer gestalten ließen. Insofern hat sie bei ihren Entscheidungsüberlegungen ein Approximationsbewußtsein, und sie besäße auch die Fähigkeit zur Approximation aufgrund der Anwendung von Zahlenzuordnungen zu einer feineren Maßeinheit, wenn es denn nur die Möglichkeit einer feineren Messung gäbe. Da mit Hilfe von Zahlenzuordnungen auch eine Methode besteht, jeweilige Vollständigkeit innerhalb eines bestimmten Intervalls herzustellen, würde sie sich mit ihren Überlegungen in Feld 3 bewegen. Ein Kind hingegen, das zum Kartoffelkauf auf den Markt geht und noch wenig

geübt ist im Umgang mit Zahlen, könnte vielleicht ein Möglichkeitenbewußtsein im Sinne von Feld 16 haben. Geht man davon aus, daß ein Einlassen auf das Erwägen verschiedener Möglichkeiten auch etwas mit dem jeweiligen Relevanzbewußtsein zu tun hat, dann ist im Kartoffelkauf-Beispiel auch eine des Rechnens kundige und approximationsfähige Person vorstellbar, die aber trotzdem im Sinne von Feld 16 agiert und etwa zwischen zwei abgepackten Säcken von Kartoffeln mit einmal 5 kg und einmal 7,5 kg einen Sack wählt, ohne weitere vorfindbare Abfüllungen von etwa 10 kg oder 2,5 kg zu berücksichtigen oder etwa über denkbare Abfüllmengen nachzudenken. So, wie sich die Beispiele mit quantitativen Erwägungsalternativen je nach konkreter Ausmalung verschiedenen Feldern zuordnen lassen, läßt sich dies auch für die Beispiele mit qualitativen Erwägungsalternativen durchspielen. Als Beispiel für eine Bestimmung des Umgangs mit qualitativ bestimmbaren Erwägungsalternativen mit Hilfe der Merkmalskombinatorik läßt sich selbstreferentiell auch ein Blick auf das Vorgehen in dieser Arbeit werfen.

(64) *Selbstreferentielle Verortung*: In dieser Arbeit sollen verschiedene Verständnisse von »Entscheidung« zusammengestellt und erwägungsorientiert aufbereitet werden, um jeweilige Verständnisse von »Entscheidung« und reflexive »Entscheidungen« für ein bestimmtes »Entscheidungsverständnis« in einem Wissen um alternative Verständnisse verorten zu können. Der Umgang mit zu erwägenden Alternativen ist also zentral für die Arbeit. Ziel ist es, eine disjunktive Klassifikation von Alternativen über »Entscheidung« vorzubereiten. Insofern Bausteine für eine derartige Klassifikation allererst erarbeitet werden müssen, geht es bei der Analyse der Beispiele für »Entscheidung« auch um einen konjunktiven Umgang mit Alternativen. Dabei muß bezogen auf die Merkmalskombinatorik von Benseler u. a. geklärt werden, welche Zusammenstellung (welches Feld der Kombinatorik) von jeweils zu erwägenden Alternativen angestrebt werden soll.[60] Diese Frage läßt sich aber nicht pauschal für alle Schritte der Arbeit beantworten. Vielmehr hängt es von der konkreten Aufgabenstellung ab, welche Zusammenstellungen von Erwägungsalternativen intendiert werden. So setzt sich etwa die Beispielszusammenstellung für »Entscheidungen« zu Beginn der Arbeit sowohl aus vorfindbaren Beispielen aus der Literatur zusammen als auch aus neu erdachten. Sowohl die Bezugnahme auf die Literatur als auch auf denkbare Möglichkeiten ist dabei nicht an Vollständigkeit oder Approximationsfähigkeit orientiert. Der diesbezügliche Umgang mit zu erwägenden Alternativen ist den Feldern 11 und 15 zuzurechnen. Ein Anspruch, alle Beispiele aus der vorfindbaren Literatur (Feld 7) zu berücksichtigen, wäre nicht realisierbar. Dies ist auch insofern nicht erforderlich, als die Beispiele nur Ausgang für die Systematisierung verschiedener Entscheidungsverständnisse sein sollen. Wenn die Systematisierung (insbesondere als Kombinatorik) zu Überlegungen führt, denen noch

keine Beispiele zuzuordnen sind, sind diese zu suchen oder zu erfinden. Mit derartigen Überlegungen bewegt sich die Zusammenstellung von zu erwägenden Alternativen dann in den Feldern 11 oder 3 (bei Aufstellung von Kombinatoriken). Weil die vorgefundenen Beispiele der Systematisierung dienen, werden die Texte, aus denen die Beispiele entstammen, nicht unter hermeneutischen Gesichtspunkten (damit meine ich hier vor allem Alternativen erwägende Deutungen) ausgelegt, wenn die Schilderung der Beispiele für die Systematisierungsabsicht reicht. In diesen Fällen findet keine Auseinandersetzung mit zu erwägenden Alternativen statt. Im Sinne der Unterscheidung von Bewertungs- und Erwägungsalternativen (s. o. II. 2.3.3) wird über jeweilige einzelne Möglichkeiten nur insofern eine »Entscheidung« getroffen, als sie positiv oder negativ bewertet werden können hinsichtlich der Frage, ob sie in die Diskussion über »Entscheidung« aufgenommen werden sollen oder nicht.

(65) *Fragen zur Merkmalskombinatorik*: Vor dem Hintergrund der bislang diskutierten Überlegungen zur Erarbeitung eines erwägungsorientierten Wissens über Entscheidung ist zu fragen:
- Ist die Unterscheidung in 'denkbar/vorfindbar' nicht zweideutig und weiter auszudifferenzieren in 'nur vorfindbar', 'nur denkbar' sowie 'vorfindbar und denkbar'?
- Ist ein Hervorheben der Dimension 'qualitativ/quantitativ' sinnvoll und warum ist diese Dimension anderen Dimensionen, wie etwa 'Erkenntnis-/Handlungsbezug', 'trivial/relevant', 'Mittel-/Ziel' usw., vorzuziehen?
- Werden in der Merkmalskombinatorik Dimensionen ganz verschiedener Qualität verbunden und ist die Kombinatorik vielleicht - diese Unterschiede berücksichtigend - in andere Kombinatoriken zu überführen?
- Wäre es sinnvoll, die Unterscheidung in koordinierte und nicht-koordinierte Alternativen zu nutzen, um unterschiedliche Arten der Zusammenstellung von Erwägungsalternativen zu differenzieren? Wie hängt die Unterscheidung in koordinierte und nicht-koordinierte Alternativen mit Approximationsfähigkeit bzw. Approximationsunfähigkeit zusammen?

Meine folgende Auseinandersetzung mit den aufgeführten Fragen will Indikatoren für die Einschätzung anführen, daß in der vorliegenden Merkmalskombinatorik heterogene Dimensionen verwendet werden, sowie Vorschläge für mögliche Weiterentwicklungen der Merkmalskombinatorik machen.

(66) *Vorfindbare, nur denkbare sowie vorfindbare und denkbare Alternativen*: Zunächst möchte ich auf die Unterscheidung in denkbare und vorfindbare Alternativen sowie die Unterscheidung von Zusammenstellungen von denkbaren und vorfindbaren Erwägungsalternativen eingehen. Betrachtet man den Deutungs-

vorschlag »physikalische Messung« für Feld 2, so ist "denkbar" sowohl bezogen auf bekannte Meßergebnisse als auch auf denkbare, noch nicht vorgefundene. "Denkbar" meint so gesehen "Vorfindbares einschließende als auch über Vorfindbares hinausgehende weitere" Möglichkeiten. Eine Differenzierung in 'nur denkbar', 'nur vorfindbar' sowie 'denkbar und vorfindbar' hätte meines Erachtens den Vorteil, in bezug auf Alternativenzusammenstellungen »reine« Zusammenstellungen von 'nur denkbaren' oder 'nur vorfindbaren' von »Mischzusammenstellungen« aus vorfindbaren und denkbaren Möglichkeiten differenzieren zu können. Nimmt man einmal nur diese drei Unterscheidungen und kombiniert sie mit der Dimension 'Vollständigkeit/Unvollständigkeit', so könnte man z. B. eine biologische Taxonomie, die sich auf nur vorfindbares bezieht, von einer Erfindungserwägung, in der nur denkbare Möglichkeiten zusammengestellt werden, und von einer Mischzusammenstellung, wie etwa im Falle des Periodensystems der chemischen Elemente, unterscheiden:

	vollständig	*unvollständig*
nur denkbar	1.	2. z. B. "reine" Erfindungserwägung
nur vorfindbar	3. z. B. biologische Taxonomie	4.
vorfindbar und denkbar	5. z. B. Periodensystem der Elemente, physikal. Messung	6. verschiedene "Mischverhältnisse" denkbar (s. Text)

Erwägungstafel 13

Wenn in Feld 6 vermerkt ist, daß verschiedene "Mischverhältnisse" denkbar sind, so ist damit gemeint, daß es in bezug auf eine Zusammenstellung von denkbaren und vorfindbaren Erwägungsalternativen drei Möglichkeiten gibt, warum diese unvollständig ist. Es mögen nur die denkbaren Alternativen unvollständig und die vorfindbaren Alternativen vollständig oder die denkbaren Alternativen vollständig und die vorfindbaren Alternativen unvollständig oder aber die denkbaren und die vorfindbaren Alternativen unvollständig erfaßt sein.

Als ein Beispiel für eine Erfindungserwägung mag man an den Zeitpunkt denken, als es noch keine Flugzeuge gab, und insofern alle Erwägungen über potentielle Flugzeuge denkbare Erwägungsalternativen waren. Das Periodensystem der Elemente von Dimitri Mendelejeff ist meines Erachtens ein besonders beeindruckendes Beispiel für die Vorteile einer regelorientierten Zusammenstellung, die über das Vorfindbare hinausgehend denkbare Möglichkeiten zu berücksichtigen versucht. Indem Mendelejeff die seiner Zeit bekannten Elemente nach bestimmten Regeln (Wiederkehr von bestimmten Eigenschaften, steigendes Atomgewicht[61]) sortierte, wurde er auf eine Reihe von Lücken aufmerksam, für die sich denkbare, bislang noch nicht entdeckte Elemente vermuten ließen (s. Mendelejeff 1996, insbesondere 91-99 (Erstveröffentlichung 1871)). Das u. a. von Mendelejeff 1871 vorhergesagte Element Germanium, das von ihm als "Ekasilicium" bezeichnet wurde (1996, 94ff.), wird 1886 von Clemens Winkler entdeckt, der schreibt: *"Es besteht kein Zweifel, daß das neugefundene Element nichts anderes als das fünfzehn Jahre vorher von Mendelejew vorausgesagte Eka-Silicium ist. Es ist kaum möglich, ein eindrucksvolleres Beweismaterial für die Richtigkeit der Periodizitätslehre zu finden ..."* (zitiert nach Alfred Neubauer 1981, 16).

(67) *Mischmöglichkeit 'qualitativ und quantitativ'*: Das Periodensystem der Elemente ist auch insofern interessant, weil in ihm quantitative Bestimmungen (Sortierung nach Ordnungszahlen) mit qualitativen Bestimmungen (spezifischen Eigenschaften) verknüpft werden. Insofern scheint es sinnvoll, die Dimension 'qualitativ/quantitativ' in bezug auf Möglichkeitenzusammenstellungen um die Mischmöglichkeit 'quantitativ und qualitativ' zu ergänzen. Danach wären die Deutungsbeispiele »physikalische Messung« und »Periodensystem der Elemente« in getrennten Feldern zu verorten. Nach den hier angeführten Infragestellungen, ob eine Unterscheidung in quantitativ/qualitativ überhaupt sinnvoll ist (s. II. 2.2.3, Nr. (24), insbesondere dazu Anmerkung 17), wäre es meines Erachtens aber auch zu erwägen, ob man nicht auf diese Dimensionierungsmöglichkeit verzichten will, bzw. wäre es zu begründen, warum man sie trotz bestehender Kritik an der Gegenüberstellung von quantitativ/qualitativ nutzen und etwa auch anderen Dimensionierungsmöglichkeiten, wie 'trivial/relevant' usw., vorziehen will.

(68) *Heterogenität der Dimensionen*: Die bisherigen Überlegungen haben gezeigt, inwiefern die Dimensionen 'denkbar/vorfindbar' und 'qualitativ/quantitativ' genauer ausdifferenziert werden können. Insbesondere die Diskussion des Begriffs 'denkbar' und seine Einschränkung als »reine« Form auf 'nur denkbar' hat deutlich werden lassen, daß mit dem bisherigen Dimensionsmerkmal 'denkbar' zu Heterogenes erfaßt werden konnte. Eine weitere Heterogenität der Dimensionen mag man darin sehen, daß sich die Dimension 'Vollständigkeit/Unvollständigkeit' meines Erachtens nur auf das Gesamt einer jeweiligen Erfassung und Darstellung von Möglichkeiten bezieht, wohingegen sich die Dimensionen 'denkbar/vorfindbar' und 'qualitativ/quantitativ' auch auf einzelne Möglichkeiten anwenden lassen.

Grundlegender scheint aber die Differenz der bisher bedachten Dimensionen der Erwägungstafel von Benseler u. a. zur Dimension der 'Approximationsfähigkeit/Approximationsunfähigkeit' zu sein, weil diese sich auf spezifische Fähigkeiten bzw. Kenntnisse einer Person in einem jeweiligen Entscheidungszusammenhang, nämlich die Fähigkeiten, jeweilige einzelne Alternativen hinreichend genau zu bestimmen, sowie ihr jeweiliges Wissen über Nicht-Wissen und die Grenzen von begründbaren Entscheidungen bezieht. Mit der Dimension der 'Approximationsfähigkeit/Approximationsunfähigkeit' befindet man sich bereits mitten in der Erfassung eines jeweiligen Entscheidungsprozesses, in dem die jeweiligen Alternativen unter einem Auswahlgedanken erwogen und nur eine als Lösung gesetzt werden kann. Dagegen hat die Zusammenstellung von Möglichkeiten mit Hilfe der anderen Dimensionen zunächst einmal noch nichts mit einer Entscheidung zu tun, auch wenn sie disjunktiv auf einen Entscheidungszusammenhang angewendet werden mag. Die Lebewesen, die z. B. von einer biologischen Taxonomie erfaßt werden, sind in dieser aufzählenden konjunktiven Zusammenstellung zunächst nicht als sich ausschließende Alternativen zu verstehen. Erst wenn sich etwa angesichts eines bestimmten Tieres die Frage stellt, um was für ein Tier es sich handelt, kann man mit Hilfe einer vorliegenden Taxonomie Erwägungsalternativen bestimmen. Bei Benseler u. a. zeigt sich dieser Unterschied zwischen den Dimensionen m. E. daran, daß einmal vom Zusammenstellen, auch Herstellen von Erwägungsalternativen und vom Erstellen eines Erwägungshorizontes (s. 1994, 18) die Rede ist, was ich aus heutiger Sicht als "konjunktiven Aufbau einer Klassifikation" bezeichnen würde. Das andere Mal hingegen wird von Entscheidungskonstellationen (s. 1994, 19) gesprochen, die auf den disjunktiven Umgang mit Erwägungsalternativen verweisen. Die Vermischung der Dimensionen wird ersichtlich, wenn man bedenkt, daß für eine konkrete »Entscheidung« nicht alle z. B. von einer Taxonomie erfaßten Möglichkeiten gleichzeitig Erwägungsalternativen sein können, jedenfalls dann nicht, wenn man einen Alternativenbegriff vertritt, bei dem die Begriffe, mit denen man jeweils etwas als alternativ (disjunkt/einander ausschließend) betrachtet, nicht in einem Subsumtionsverhältnis stehen dürfen. So gesehen läßt sich eine Taxonomie für verschiedene Zusammenstellungen von jeweiligen Erwägungsalternativen in konkreten »Entscheidungskonstellationen« nutzen. Spezifische Zusammenstellungen von Erwägungsalternativen sind danach zu unterscheiden, ob und in welchem Ausmaß sie in entsprechende Erwägungshorizonte eingebettet sind oder nicht. Wollte man die Kombinatorik so anlegen, daß mögliche Zusammenstellungen von Alternativen sich sowohl konjunktiv als auch disjunktiv nutzen lassen, so könnte man den Gedanken der 'Approximation' vielleicht einbeziehen, indem man zwischen Approximationen ermöglichenden und Approximationen nicht ermöglichenden Zusammenstellungen unterscheidet.

(69) *Approximationsfähigkeit, abgeschlossene und unabgeschlossene Approximationen sowie Approximationsbewußtsein*: Benseler u. a. haben »Entschei-

dungskonstellationen« "approximationsfähig" genannt, wenn sich Erwägungen
so stufen lassen, "daß man sagen kann, bis zu welcher Stufe eine begründbare
Auswahl möglich ist, und [...] sich dann noch mindestens eine Stufe angeben"
läßt, "unterhalb der nicht mehr derart auszuwählen ist" (1994, 19). Diese Bestimmung scheint mir inzwischen verbesserbar zu sein.

Zunächst ist zu fragen, warum man nicht auch dann von "approximationsfähig"
sprechen sollte, wenn eine Person Erwägungen zu stufen[62] vermag und ihr dies
auch bis zur (vorerst) letzten Konkretionsebene gelingt. Meines Erachtens erweist sich ein Verständnis von "Approximationsfähigkeit" als nachteilig, wenn
es auf Entscheidungskonstellationen eingeschränkt wird, in denen man mindestens noch eine Ebene angeben kann, ab der man nicht mehr mit Gründen auszuwählen vermag. In der Merkmalskombinatorik von Benseler u. a. besteht so
nämlich das Problem, daß es mit einem derart eingeschränkten Verständnis von
"Approximationsfähigkeit" nicht möglich ist, von einer Zusammenstellung, wie
etwa einer Taxonomie, zu sagen, alle Bestimmungsmöglichkeiten in einer Entscheidungskonstellation seien "approximationsfähig". Für Zusammenstellungen
von Erwägungsalternativen, die auf der jeweils untersten Ebene einer Taxonomie zu verorten wären, würde das Merkmal "approximationsfähig" nicht zutreffen. Würde man hingegen "approximationsfähig" auch auf solche »Entscheidungskonstellationen« anwenden, in denen eine Person ihre Erwägungen nach
Ebenen sortieren und bis zur letzten Ebene auch auswählen kann, dann könnte
man das Merkmal "approximationsfähig" auf das Gesamt einer gegliederten
Erwägungsalternativenzusammenstellung beziehen. Da ich keinen Grund sehe,
den Ausdruck "approximationsfähig" nur zu gebrauchen, wenn man zwar ein
Wissen um weitere Approximationsmöglichkeiten hat, dieses aber nicht weiter
nutzen kann, verwende ich "approximationsfähig" auch für solche Konstellationen, in denen eine Person bis zur (vorerst) letzten Ebene eine Auswahl zu treffen vermag. »Approximationsfähig« wären danach alle »Entscheidungskonstellationen« mit mindestens zwei Abstraktions- bzw. Konkretionsebenen zu einem
Oberbegriff (also insgesamt drei Ebenen), die jeweilige Erwägungen konstituieren. Die 1994 verfolgte Absicht, mit dem Merkmal 'Approximationsfähigkeit'
Wissen um Nicht-Wissen einzubeziehen, geht hierdurch nicht verloren, insbesondere dann nicht, wenn man zwischen Approximationen, die bis zur jeweils
problemadäquaten Ebene gelungen sind, von Approximationen, die nicht bis zur
(vorerst) letzten Ebene vorgedrungen sind, unterscheiden würde. Man könnte
zwischen (vorerst) »abgeschlossenen« und (vorerst) »unabgeschlossenen« Approximationen differenzieren.

Meines Erachtens wäre »Wissen um Nicht-Wissen« von einem »Wissen um
Grenzen des Wissens« zu unterscheiden. Mit dem folgenden Vorschlag zwi-

schen »Approximationsfähigkeit« und »Approximationsbewußtsein« zu differenzieren, läßt sich meines Erachtens die Unterscheidung in »Wissen um Nicht-
Wissen« und »Wissen um Grenzen des Wissens« genauer fassen. So würde ich
von einem »Wissen um Nicht-Wissen« dann sprechen, wenn jemand - wie im
Verirrten-Beispiel - prinzipiell zwar über ein Wissen verfügt, also etwa approximationsfähig ist, es aber in der konkreten Entscheidungskonstellation nicht anzuwenden vermag.[63] Eine solche Person könnte ziemlich genau wissen, was sie
alles hinsichtlich der Längen der Wegemöglichkeiten nicht weiß. Von einem
»Wissen der Grenzen des Wissens« würde ich eher sprechen wollen, wenn eine
Person weiß, daß sie nicht weiß, was sie nicht weiß. Das, was ich im folgenden
"Approximationsbewußtsein" nennen möchte, scheint mir in diese Richtung zu
gehen. "Approximationsbewußtsein" liegt für mich vor, wenn eine Person bis
zu einer bestimmten (vorerst) letzten Ebene approximieren kann und zu ihr ein
Approximationsbewußtsein in dem Sinne hat, als sie vermutet, daß es eigentlich weitere Konkretionen geben können müßte. Anders als bei einem Wissen
um ein bloß situatives Nicht-Wissen hat sie aber keine Ahnung, wie diese Konkretionen beschaffen sein könnten, wenn es sie denn überhaupt gibt, was sie ja
nur vermuten kann. Als Beispiel für »Approximationsbewußtsein« möchte ich
nochmal das Puppe-Mensch-Beispiel variierend aufgreifen. Es gibt »Entscheidungskonstellationen«, in denen eine Person einen »Alternativenstrang« sehr
gut, den anderen kaum kennt. So mag sie im Puppe-Mensch-Beispiel keine Probleme haben, die Gestalt im Schaufenster hinsichtlich der Erwägung 'Mensch'
vielfältigst weiterzukonkretisieren (etwa 'Mann', 'Frau', 'Kind', 'alter' und 'junger' Mann, 'alte' und 'junge' Frau usw.), während sie von Schaufensterpuppen
keine Ahnung hat. Sofern nun jemand aber diese Ahnungslosigkeit reflektiert
und vermutet, daß sich die Erwägung 'Puppe' genauso weiterkonkretisieren lassen müßte wie die Erwägung 'Mensch', verfügt sie oder er zwar hinsichtlich
der Erwägung 'Puppe' über keine Fähigkeit zur Approximation, sie oder er hat
aber ein Bewußtsein hierfür, welches im Verlauf eines »Entscheidungszusammen-
hanges« relevant werden könnte. Ich halte die Dimension des vorhandenen bzw.
nicht-vorhandenen Approximationsbewußtseins insofern für relevant und als eine
eigenständige Dimension beachtenswert, weil sie - paradox formuliert - davor
bewahren kann, trotz einer situativen und problemadäquaten Vollständigkeit von
zusammengestellten Erwägungsalternativen, die potentielle Korrigierbarkeit allen Wissens, also auch aller Zusammenstellungen von Erwägungsalternativen,
nicht aus den Augen zu verlieren. Eine Person, die approximationsfähig, aber
nicht approximationsbewußt ist, wird sich vermutlich viel eher Illusionen über
den Stand ihres Wissens hingeben und dessen jeweilige Historizität übersehen
und von daher unter Umständen zu dogmatischen und verabsolutierenden Ar-
gumentationsweisen übergehen als eine Person, die approximationsfähig und
approximationsbewußt ist.

(70) *Zusammenhänge zwischen der Fähigkeit zur Approximation und dem Bestimmen von koordinierten und nicht-koordinierten Alternativen:* Hängt die Unterscheidung in koordinierte und nicht-koordinierte begriffliche Alternativen mit der Eigenschaft der Approximationsfähigkeit bzw. Approximationsunfähigkeit zusammen und könnte dies für die Zusammenstellung von Erwägungsalternativen Folgen haben? Geht man von der Minimalanlage einer »Entscheidungskonstellation«, in der Alternativen erwogen werden, aus, so sind, wie bereits dargelegt, nur zwei Ebenen erforderlich, die in einem Abstraktions-/Konkretionsverhältnis zueinander stehen. Zum einen muß es eine Ebene geben, auf der der Auswahlgedanke, die Frage o. ä., in Form eines Oberbegriffs aufgefaßt wird, sowie eine weitere und zur Ebene des Oberbegriffs konkretere Ebene, auf der mindestens zwei Antwortmöglichkeiten in Form von Unterbegriffen bestimmt sind. Bei einer derartigen minimalen Entscheidungskonstellation sind die Unterbegriffe allemal koordinierte begriffliche Alternativen, solange keine weiteren Differenzierungen eingeführt werden. Bei nur zwei-ebenigen »Entscheidungszusammenhängen« erhält man durch die Bezeichnung der Alternativen als "koordiniert" keinen Erkenntniszuwachs. Dies ändert sich ab »Entscheidungskonstellationen« mit drei Ebenen, ab denen sich koordinierte von nicht-koordinierten begrifflichen Alternativen unterscheiden lassen. Um einschätzen zu können, daß es sich bei diesen Alternativen um nicht-koordinierte handelt, bedarf es wie bei der Möglichkeit zur Approximation mindestens dreier Ebenen. Zu einer Ebene mit einem Auswahlgedanken muß es mindestens zwei Konkretionsebenen geben. Fragt man mit Hilfe des Begriffs 'Gestalt' (1. Ebene), um was es sich im Schaufenster handelt, dann mag man mit den Begriffen 'Puppe' und 'Mensch' Alternativen erwägen. Eine dritte Ebene wird erreicht, wenn 'Puppe' zu 'männlichem Modell' und zu 'weiblichem Modell' sowie 'Mensch' zu 'Frau' und 'Mann' hin konkretisiert werden. Mit der Anzahl der Erwägungsalternativen auf der 2. Ebene wird die Anzahl potentieller »Alternativenstränge« angelegt. Nicht-koordinierte begriffliche Alternativen lägen vor, wenn sich jemand zwischen den Erwägungen »'Puppe' oder 'Frau'« entscheiden wollte. Bei drei Ebenen mit jeweils zwei Erwägungsalternativen zu jedem nächsthöheren Oberbegriff sind insgesamt sieben koordinierte Fälle (fünf zweistrangige: 'Puppe'-'Mensch'; 'männliches Puppenmodell'-'Mann'; 'männliches Puppenmodell'-'Frau'; 'weibliches Puppenmodell'-'Mann'; 'weibliches Puppenmodell'-'Frau' sowie zwei einstrangige: 'Frau'-'Mann'; 'männliches Puppenmodell'-'weibliches Puppenmodell') und vier nicht-koordinierte Fälle ('Puppe'-'Frau'; 'Puppe'-'Mann'; 'Mensch'-'weibliches Puppenmodell'; 'Mensch'-'männliches Puppenmodell')[64] denkbar.

Unter der Berücksichtigung der Möglichkeiten abgeschlossenen und unabgeschlossenen Approximierens wären alle diese »Entscheidungskonstellationen«

als "approximationsfähig" zu bezeichnen. Dabei könnte man »reine« abgeschlossene und »reine« unabgeschlossene approximationsfähige von »gemischten« approximationsfähigen »Entscheidungskonstellationen« unterscheiden. "Gemischte" approximationsfähige »Entscheidungskonstellationen« lägen dann vor, wenn ein »Alternativenstrang« zu Ende approximiert werden könnte, was bei einem anderen »Alternativenstrang« nicht möglich wäre. Unter der Annahme, daß zwei Alternativenstränge über die gleiche Zahl an Approximationsabschnitten verfügten, lägen bei gemischten approximationsfähigen »Entscheidungskonstellationen« immer nicht-koordinierte Alternativen und bei reinen abgeschlossenen immer koordinierte Alternativen vor. Bei reinen unabgeschlossenen approximationsfähigen »Entscheidungskonstellationen« wäre es ab vier Ebenen sowohl möglich, daß koordinierte als auch nicht-koordinierte Alternativen vorliegen könnten (vgl. Feld 4 in nachfolgender Kombinatorik mit dem Fall nicht-koordinierter Alternativen; die Zusammenstellung der Erwägungsalternativen Puppe-Mensch wäre ein Fall von koordinierten Alternativen in einer reinen unabgeschlossen approximationsfähigen »Entscheidungskonstellation« mit vier Ebenen). Bei drei Ebenen müßten es immer koordinierte Alternativen sein (Feld 3 nachfolgender Kombinatorik).

Die angedeuteten Zusammenhänge zwischen koordinierten und nicht-koordinierten Alternativen sowie verschieden approximationsfähigen und nicht-approximationsfähigen Entscheidungskonstellationen werden für den Fall, daß jeweils nur zwei Erwägungsalternativen zu einem jeweiligen nächsthöheren Begriff vorliegen, in folgender, auf der nächsten Seite abgedruckten Merkmalskombinatorik systematisch erfaßt.

In dieser Erwägungstafel 14 ist die jeweils vorerst "letzte" Erwägungszusammenstellung durch Unterstreichung und Fettsetzung gegenüber dem kursiv gesetzten Auswahlgedanken 'Gestalt' hervorgehoben. Die normal gesetzten Begriffe stehen für den jeweiligen Erwägungshorizont und geben die Möglichkeiten wieder, die eine Person in einer spezifischen »Entscheidungskonstellation« erwogen hat. In den Feldern der Kombinatorik wird somit sowohl Mit-Erwogenes als auch der jeweils vorerst letzte Stand des Erwägens angegeben.

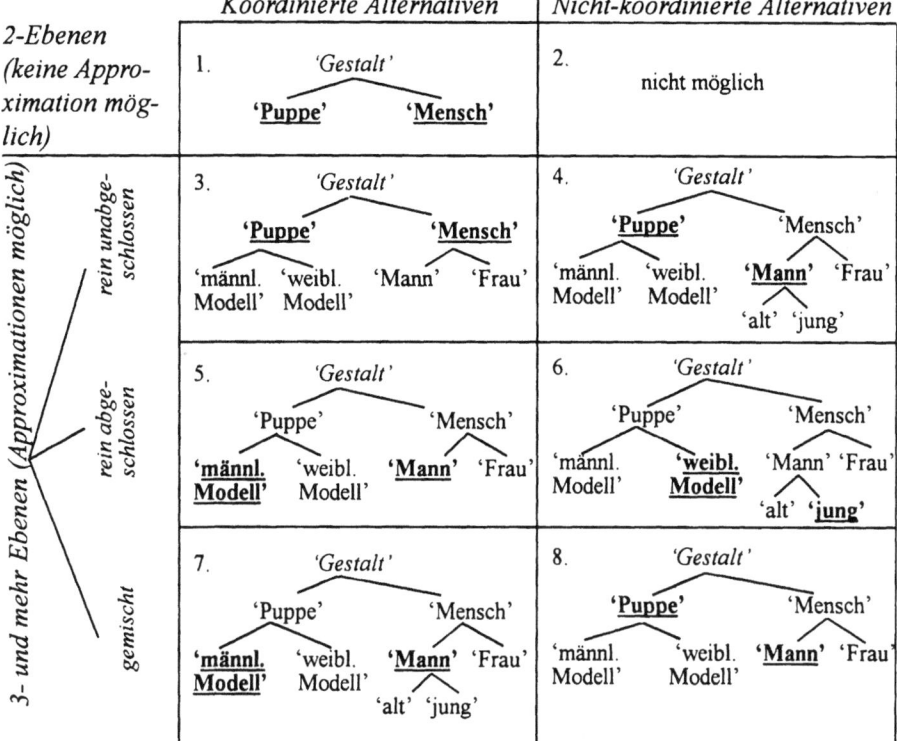

Erwägungstafel 14

(71) *Aufgreifen der Fragen zu unterschiedlichem Erwägen und Zusammenstellen von Erwägungsalternativen in unterschiedlichen »Entscheidungskonstellationen«*: Selbst wenn man über ein umfassendes Wissen über alternative Zusammenstellungen von Erwägungsalternativen verfügen würde, besagt dies noch nichts darüber, wie jeweilige einzelne Möglichkeiten erwogen werden und wann man sinnvollerweise welches Vorgehen wählen sollte. Denkt man etwa an das Schwangerschaftsunterbrechungs-Beispiel, wo es nur zwei denkbare Erwägungen gibt, nämlich die Fortsetzung oder den Abbruch der Schwangerschaft, dann wird deutlich, daß je nach Problemstellung es zwar leicht sein kann, die jeweiligen Erwägungsalternativen problemadäquat vollständig zu erfassen, es hingegen schwierig ist und vermutlich sehr Verschiedenes bedeuten kann, die beiden jeweiligen Möglichkeiten adäquat zu erwägen. Ich möchte deshalb nun auf die beiden weiteren Fragenkomplexe aus II. 2.3.3.4, (60) zurückkommen, in denen es zum einen um unterschiedliches Erwägen einzelner Möglichkeiten sowie förderliche und hinderliche Bedingungen des Erwägens und Zusammenstellens von Erwägungsalternativen und zum anderen um die Frage ging, in welchem »Entscheidungszusammenhang« welches Erwägen jeweiliger Möglichkeiten und wel-

che Zusammenstellung von Erwägungsalternativen adäquat ist. Ich möchte Fragen zur Kontextabhängigkeit des Erwägens und des Zusammenstellens von Erwägungsalternativen verfolgen und daran anschließend unter Berücksichtigung von Mentalitätsdifferenzen unterschiedliches Erwägen erörtern.

(72) *Beispiele für die Kontextabhängigkeit des Erwägens und des Zusammenstellens von Erwägungsalternativen:* Zu den Bedingungen, die jeweiliges Erwägen einzelner Möglichkeiten sowie auch die Zusammenstellung von Erwägungsalternativen beeinflussen, zählen Zeit, Ressourcen, Interessen- und Motivlagen der Entscheidungtreffenden. Folgende Zusammenhänge lassen sich vermuten: Je größer der Zeitdruck, um so wahrscheinlicher wird es bei gewissen Problemlagen, daß nicht adäquat erwogen werden kann. Wer beim Zusammenstellen von Erwägungsalternativen auf vorhandenes eigenes oder fremdes Wissen zurückgreifen kann, befindet sich in einer anderen Ausgangslage als eine Person, die die zu erwägenden Alternativen erst noch entdecken muß bzw. kann. In diesen Zusammenhang gehören die Überlegungen von Hans-Joachim Grabitz und Gisla Grabitz-Gniech, die zu bedenken geben, ob sich die begleitenden kognitiven Prozesse in Wahl-Situationen mit Entdeckungsphase von solchen mit einer vorgegebenen Alternativenmenge, wie dies in den meisten von ihnen berücksichtigten Experimenten anscheinend der Fall ist, unterscheiden lassen müßten (s. 1973, 545). Wem eine »Entscheidungslage« eher fremd ist und wer nur wenig über die zur Erwägung stehenden Möglichkeiten weiß, wird es eher schwer haben, zu differenzierten Zusammenstellungen zu gelangen, in denen sich koordinierte von nicht-koordinierten Erwägungsalternativen unterscheiden lassen. Wer es mit quantitativen Erwägungsalternativen zu tun hat und sich mit den erforderlichen Maßeinheiten auskennt, hat es leichter, jeweilige Zusammenstellungen umfassend (das Denkbare einbeziehend) und vollständig anzulegen als eine Person, die dies für eine Zusammenstellung von qualitativen Erwägungsalternativen anstrebt. Wer im großen und ganzen zufrieden mit der jeweiligen Situation ist, über die z. B. in einer Wahl neu abgestimmt werden soll, wird je nach Mentalität und der sonstigen Beanspruchung durch andere »Entscheidungen« wahrscheinlich wenig motiviert sein, sich mit denkbaren neuen Parteien zu befassen.

Auf die Frage, welche Erwägungen einzelner Möglichkeiten und welche Zusammenstellungen von Erwägungsalternativen in welchen »Entscheidungskonstellationen« jeweils adäquat sind, wird es je nach Kontext verschiedene Antworten geben. Bei einer Einschätzung darüber, ob eine Erwägung oder eine Zusammenstellung von Erwägungsalternativen adäquat ist, müßte auch mitberücksichtigt werden, wer diese Adäquatheitsfeststellung trifft, nämlich die entscheidungstreffende oder eine beobachtende und womöglich betroffene Person. An welchem bzw. wessen Anspruchsniveau wird eine Adäquatheitsfeststellung ausgerichtet? Was für die eine Person eine adäquate Zusammenstellung von Alternativen ist, muß dies noch lange nicht für eine andere sein. So mag eine Person z. B., die sich hinsichtlich der Frage über die zukünftige Berufswahl umfassend über Erwägungsalternativen kundig gemacht hat, es gänzlich unangemessen finden, wenn eine andere Person nur die bisher in der Familie ausgeübten Berufe als Erwägungsalternativen in Betracht zieht.

(73) *Mentalitätendifferenzen als Gründe für unterschiedliches Erwägen und Zusammenstellen von Erwägungsalternativen:* Mentalitäten entwickeln sich in unterschiedlichen kulturellen Kontexten. So lernen etwa Kinder je nach »Entscheidungsverhalten« der Eltern, "selber verschiedene Alternativen zu reflektieren und sich danach zu entscheiden" (Dieter Geulen 1989, 241). Geulen hebt in einer zusammenfassenden Darstellung diesbezüglicher Untersuchungen von Sozialisationsbedingungen (von Hess und Shipman sowie Bee und anderen) hervor, daß eine "entscheidende Bedingung" dafür, daß ein Bedenken und Abwägen von verschiedenen Handlungsmöglichkeiten gefördert wird, darin besteht, "daß schon dem Kind in den Interaktionen mit der Mutter stets verschiedene Handlungsmöglichkeiten gezeigt werden und daß die Entscheidung zwischen diesen vom Kind selbst vollzogen wird. [...] Denkprozesse werden dagegen nicht angeregt durch einen Erziehungsstil, der sich auf massive physische Interventionen oder direkte Befehle an das Kind beschränkt, die entweder überhaupt nicht begründet oder nur durch Rekurs auf die vorgeblich allgemeingültigen, absoluten, nicht in Frage zu stellenden Normen legitimiert werden" (1989, 240).[65] Wie stark jeweilige kulturelle Erfahrungen Mentalitäten im Umgang mit Alternativen prägen und dann nicht ohne weiteres durch Einführung neuer Strukturen in die Herkunftskultur transformierbar sind, wird in einer Schilderung von Merwyn S. Garbarino erkennbar, in der es um die Auswirkungen des Einführens von geheimen Wahlen in einem Indianerreservat, der Big Cypress Indian Reservation, geht (1967). Obwohl die Institutionalisierung von Wahlen begrüßt wird, übernehmen diese nicht die ihnen zugedachte Funktion, nämlich die zeitliche Verkürzung von »Entscheidungen« durch Delegation an die jeweils gewählten Vertreterinnen und Vertreter. Diese Indianer behalten ihren traditionellen Weg möglichst einmütiger Lösungsfindungen bei (s. 1967, 465). Das geht so weit, daß auch diejenigen, die sich nicht an der Wahl beteiligt haben und von denen gewußt wird, daß sie dies auch zukünftig nicht tun werden (nämlich die Eigentümer kleinerer Viehherden), berücksichtigt werden: "[...] they [the elected leaders] do not ignore the non-voters. In spite of the fact that is well known who will vote and who will not, the leaders still seek group consensus before important decisions are made" (1967, 467). Den Gewählten fällt hier also eher die Rolle einer Mediatorin bzw. Mediators zu (s. 1967, 469). Untersuchungen wie die von

Garbarino legen es nahe, daß man »Entscheidungsweisen« und Mentalitäten zu einer Grundlage der Unterscheidung von Kulturen bzw. von kulturellen Lebensbereichen machen und zur Beschreibung kulturellen Wandels heranziehen könnte. Nach Garbarino ist "the study of decision making [...] a useful approach to culture change because it is a study of process, and culture change is a process" (1967, 469).

2.4 'Hinreichende Gründe' oder 'nicht-hinreichende Gründe' als ein Merkmal bei der Verwendung des Ausdrucks "Entscheidung"

(74) *Fragezusammenhänge*: Mit der Frage, ob Gründe relevant für »Entscheidungen« sind oder nicht, gerät man in einen Wust von kontrovers diskutierten Fragen, wie etwa: Was sind »Gründe«? Wann sind sie »hinreichend« und wann »nicht-hinreichend«? Hängt dies mit jeweiligem Wissen oder Nicht-Wissen zusammen? In welchem Zusammenhang stehen »hinreichende Gründe« mit »Rationalität«? Was will man unter »Rationalität« bzw. »Nicht-Rationalität«/»Irrationalität« verstehen? Weisen nicht-hinreichende Gründe auf »Irrationalität«, hinreichende Gründe auf »Rationalität« hin? Was haben »hinreichende Gründe« und »Rationalität« mit der Möglichkeit der Deduktion/Ableitbarkeit oder mit »Letztbegründung« zu tun? Inwiefern besteht ein Zusammenhang zwischen Gründen und dem Problem »Freiheit oder Determinismus«? Hat das Angebenkönnen von Gründen etwas mit Berechenbarkeit und Vorhersagbarkeit, ein Mangel an Gründen hingegen etwas mit Willkür, subjektiver Beliebigkeit, Unberechenbarkeit und Unvorhersagbarkeit zu tun? Sind Gründe abzugrenzen von »Motiven« oder »Ursachen«? Im deutschsprachigen Raum wird ein Teil dieser Fragen auch unter dem Stichwort "Dezision"/"Dezisionismus" behandelt. Hier soll auf diesen Problemkreis nur insofern eingegangen werden, als damit weitere unterschiedliche Verwendungsweisen des Ausdrucks "Entscheidung" erörterbar werden. Der angedeutete Problemhorizont wird dabei unter den Stichworten "Wissen/Nicht-Wissen", "Rationalität/Nicht-Rationalität", "Deduktion/Nicht-Deduktion", "Letztbegründung/Nicht-Letztbegründung" und "Berechenbarkeit/Willkür" diskutiert.

2.4.1 'Wissen' als Merkmal von 'hinreichenden' und 'Nicht-Wissen' als Merkmal von 'nicht-hinreichenden Gründen'

(75) *Das Verirrten-Beispiel*: Ein Bezugspunkt in der Diskussion um die Relevanz des Angebenkönnens bzw. Nicht-Angebenkönnens von Gründen bei dem, was man "Entscheidung" nennen möchte, ist das "Verirrten-Beispiel". Für Hermann Lübbe ist es der "klassische Fall" einer "eigentlichen Entscheidung" (1971,

17), für den er auch das Wort "Dezision" verwendet (s. o. II. 2.3.2, Nr. (31)).
Wie bereits zitiert (II. 2.3.2, Nr. (31)), kommt es für Lübbe dabei darauf an, daß
eine verirrte Person angesichts verschiedener Wegemöglichkeiten sich für eine
Möglichkeit "entscheiden muß, ohne wissen zu können, ob sie die günstigste
oder auch nur die rettende ist" (1971, 17). Die verirrte Person hat nur wenig
Wissen. Denn sie kennt die Wege nicht in ihrem Verlauf, sondern nur ihren
jeweiligen Beginn. Die zu erwägenden Möglichkeiten sind also äußerst merk-
malsarm. Charakteristisch für eine derartige Situation ist es nach Lübbe, daß ein
Zwang bestehen muß, eine Entscheidung zu treffen: "»Dezision« heiße eine
Entscheidung dann, wenn sie in einer Situation unter Zeitdruck und entspre-
chendem Handlungszwang fällt, bevor noch die »Gründe«, das heißt Zweck-
Mittel-Relationskenntnisse beieinander waren, die sie im materiellen Sinne zur
»richtigen«, erfolgssicheren Entscheidung hätten machen können" (1971, 156).
Und weiter: "Dezisionen sind Entscheidungen, durch die in Notsituationen gegebenen Handlungszwangs ein Graben mangelnder theoretischer Gewißheit, ob
auch die Bedingungen des Erfolgs der Entscheidungen gegeben seien, übersprungen wird" (1971, 157).

Mit dem Merkmal "Zeitdruck und Entscheidungszwang" grenzt Lübbe sein Verständnis von "Entscheidung" von dem von "Wahl" ab: "»Entscheidung« heißt
nicht ohne weiteres der Akt, sich auf eine unter sich ausschließenden Möglichkeiten, deren Vorzüge und Nachteile nicht völlig durchschaubar sind, festzulegen; ein solcher Akt hieße eher »Wahl«. Zur Entscheidung wird die Wahl erst
unter den Wirkungen eines Zwangs, der sie unumgänglich macht." (1971,19; s.
auch Lübbe 1978, 70). Der Zwang zur Entscheidung durch das Befristetsein der
Entscheidungssituation kann vorgegeben (1971, 20) oder auch ein aktiv selbstgesetzter sein: "Die Kunst, sich Termine zu setzen, als die Kunst, jenen Zeitdruck zu erzeugen, der weder lähmt noch verschwenderisch macht, ist im Falle
hinausschiebbarer Entscheidungen, die schließlich doch fallen sollten, eine Technik, sie fällig zu machen" (1971, 21).

Mit dem Merkmal des 'Setzens einer Lösung', obwohl man die Vor- und Nachteile einer solchen Lösung gegenüber anderen Möglichkeiten nicht hinreichend
abzuschätzen vermag, grenzt Lübbe seine Verwendung der Worte "Entscheidung" bzw. "Dezision" von "Entschluß" bzw. "Entschlossenheit" ab: "Entschlossen ist, wer weiß, was er will und entsprechend handelt. Entschieden hat sich,
wer angesichts alternativer Möglichkeiten den Graben der Ungewißheit, welche die richtige oder bessere ist, übersprungen und sich festgelegt hat" (1971,
18f.).

Wenn Lübbe die zur Erwägung stehenden Wege-Möglichkeiten im Verirrten-

Beispiel als "gleichgültige Möglichkeiten" (s. 1971, 17) bezeichnet, so sind diese "gleichgültig" für die betreffende Person aufgrund ihres Wissens um ihr Unwissen bzw. Nicht-Wissen. (Vgl. eine in die gleiche Richtung gehende Interpretation Lübbes bei Georg Kohler, der von einer "Lücke im Wissen" spricht, die bei Lübbe mit einer Dezision "überquert wird" (1990, 40f.).) Keine hinreichenden oder, wie Lübbe schreibt, "entscheidenden" (s. 1971, 17) Gründe für das Einschlagen eines Weges angeben zu können müßte nach Lübbes Verständnis von Gründen als Zweck-Mittel-Relationskenntnissen (s. 1971, 156) dann heißen, daß die verirrte Person hinsichtlich der Ziel- bzw. Zwecksetzung, etwa möglichst schnell aus dem Wald herauszufinden, nicht das geeignete Mittel kennt, also nicht weiß, welchen Weg sie hierfür einschlagen muß.

(76) *Das Baustil-Beispiel*: Keine hinreichenden Gründe für eine Lösungssetzung zu haben kommt meiner Meinung nach bei Lübbe aber auch noch in einem anderen Sinn vor. Orientiert man sich an seinem "Baustil-Beispiel", dann sind in diesem Fall die Erwägungsmöglichkeiten keineswegs so unbekannt wie die Wege im Verirrten-Beispiel. Verschiedene Baustile, wie etwa Gotik oder Renaissancestil, die man für den Bau einer Kirche, eines humanistischen Gymnasiums oder eines Postamtes in Preußen wählen könnte, sind gut bekannt. Das, was in diesen Fällen die Wahl eines Baustils zur Dezision machen kann, liegt nicht an einem mangelnden Wissen über die Erwägungsalternativen, sondern hat etwas mit fehlenden entscheidenden, im Sinne von normative Orientierung liefernden Bewertungskriterien zu tun: "Wenn es den großen verbindlichen Baustil nicht mehr gibt, muß man sich zwischen den historisch überlieferten Möglichkeiten entscheiden. Daß für die Kirche die Gotik in Frage kommt und fürs humanistische Gymnasium einzig ein Renaissancestil, hat einleuchtende Gründe, die wiederum das Entscheidungsmoment bei solcher Wahl schwächen. Dagegen ein Postamt in Preußen: Seine Funktion ist von technologischer Geschichtslosigkeit. Insofern entspricht dann der backsteingotische Stil seiner Fassade dem normativen Nichts einer Situation reiner Entscheidung" (1971, 14). Lübbe spricht auch von einem "Entscheidungszwang aus Geltungsschwäche von Traditionen" als "geistesgeschichtliche[m] Analogon der privaten Situation eines Zwangs zur Wahl zwischen gleichgültigen Möglichkeiten" (1971, 15).

(77) *Deutungsvorschlag*: Geht man davon aus, daß »hinreichende Gründe für die Bevorzugung einer Lösungsmöglichkeit vor anderen zu haben« etwas damit zu tun hat, inwiefern es gelingt, mit Hilfe von Bewertungskriterien die jeweiligen Erwägungsalternativen so unterschiedlich zu bewerten, daß eine Möglichkeit sich als die adäquatere erweist, dann zeigen die zwei Beispiele Lübbes, daß dies sowohl wegen mangelnden Wissens über die zu erwägenden Alternativen als auch wegen Unklarheit über die Bewertungskriterien scheitern kann. Auch

Unklarheit über Bewertungskriterien läßt sich mit Lübbes Verständnis von Gründen als Zweck-Mittel-Relationskenntnissen fassen: Ziel- bzw. Zwecksetzung im Baustil-Beispiel ist es, aus verschiedenen bekannten Baustilen den angemessenen für ein Postamt in Preußen zu finden, wobei es an einem geeigneten Mittel, nämlich einem adäquaten Bewertungskriterium, fehlt, mit dem sich begründen ließe, warum ein bestimmter Stil den anderen vorzuziehen wäre. Wenn über zu erwägende Alternativen hinreichendes oder mangelndes Wissen bestehen kann und die Bewertungskriterien klar oder unklar sein können, dann sind systematisch bedacht vier Konstellationen für »Entscheidungen« zu beachten, in denen es keine hinreichenden Gründe geben kann:

	Über die Erwägungsal-ternativen besteht	*Die Bewertungs-kriterien sind*	*Deutungsvorschlag für Lübbes Beispiele für Dezision*
1. Zeile:	hinreichendes Wissen	klar	
2. Zeile:	hinreichendes Wissen	unklar	Baustil-Beispiel
3. Zeile:	mangelndes Wissen	klar	Verirrten-Beispiel
4. Zeile:	mangelndes Wissen	unklar	

Erwägungstafel 15

Wenn die Erwägungsalternativen bekannt und die Bewertungskriterien klar sind (1. Zeile), so müßte eine Lösungssetzung, für die man keine hinreichenden Gründe angeben kann, obwohl man dies sich von der »Entscheidung« erhofft und intendiert hat, damit zusammenhängen, daß es mindestens zwei Möglichkeiten gibt, die problemadäquat gleichwertige Lösungsmöglichkeiten darstellen. Dabei mögen diese gleichwertigen Lösungsmöglichkeiten als gleichermaßen "gut" oder "schlecht" erachtet werden. Diese Situation muß - insbesondere wenn man die Lösungsmöglichkeiten für gleichermaßen "gut" hält - keineswegs als unbefriedigend erlebt werden. Denn kann man nicht sehr wohl meinen, daß die angewandten Bewertungskriterien einem völlig ausreichen, um die Erwägungsalternativen einzuschätzen, auch wenn dies nicht zu Differenzierungen führt, die eine eindeutige Rangfolge festlegen lassen? Wenn eine Person mit Hilfe des Stadtplans feststellt, daß es entsprechend ihrem Anspruchsniveau an Genauigkeit zwei gleichermaßen kurze Wege zum Bahnhof gibt, dann wären noch genauere Angaben überflüssig und Zeitverschwendung. In diesem Sinne ist es »rationaler«, ohne solche genaueren und vielleicht dann differenzierenden Angaben einen der beiden Wege zu nehmen. Der ersten Zeile lassen sich somit Dezisionen zuordnen, die keineswegs aus Unwissen und Unklarheiten resultieren müssen, sondern hinsichtlich des vertretenen Anspruchsniveaus im Wissen um eine problemadäquate Gleichwertigkeit getroffen werden. In den Wirtschaftswissenschaften wird dieser Sachverhalt auch als "Indifferenz" bezeichnet: "Die zwei Aktionen sind in dem Sinne indifferent, daß klare Gründe dafür existieren, sie als äquivalent zu betrachten" (Bernhard Roy 1980, 468, vgl. auch Anmerkung II, 58). Wenn in solchen Situationen der Indifferenz, in denen weitere Erwägungen irrelevant sind, dezisionär eine Alternative als Lösung gesetzt wird, so bedeutet dies nach Birnbacher trotz des Elementes von "Blindheit und Beliebigkeit, von Arationalität und Amoralismus, das Dezisionen in Entscheidungen einbringen", deshalb gerade nicht die Aufhebung einer "unabhängig begründete[n] Rationalität, Richtigkeit oder Stimmigkeit dieser Entscheidungen [...]. Im Gegenteil: Indem sie das Patt zwischen zwei oder mehr der wählbaren Optionen auflösen, verhelfen sie dieser allererst zur Verwirklichung. Wer zwischen A und B indifferent ist, [...] tut nur gut daran, sich durch die Unentscheidbarkeit seines Dilemmas nicht von der Entscheidung für eine der Alternativen abhalten zu lassen" (1992b, 97, Nr. (11)).[66]

Kontrastiert man die Merkmalszusammenstellung der 1. mit der der 4. Zeile, so kommt es in der Konstellation der 4. Zeile zu einer Lösungssetzung, für die man keine hinreichenden Gründe angeben kann, weil sowohl hinsichtlich der Erwägungsalternativen mangelndes Wissen als auch hinsichtlich der Bewertungskriterien Unklarheit besteht. Dabei mag das mangelnde Erwägungswissen mit dazu beitragen, daß man über keine klaren Bewertungskriterien verfügt. Anders als im Verirrtenbeispiel, bei dem trotz der Unbekanntheit der verschiedenen Wege durch die Problemstellung das Bewertungskriterium »klar« ist, nämlich den kürzesten Weg nehmen zu wollen, um aus dem Wald herauszukommen, lassen sich »Entscheidungszusammenhänge« vorstellen, in denen die Problemstellung nicht zu klaren Bewertungskriterien verhilft. Daß auch das Kriterium »Kürze« noch kein eindeutiges Kriterium zu sein braucht und der Präzisierung bedürfen kann, wird deutlich, wenn man den Ort des Geschehens nicht in einem geologisch ebenen Gebiet ansiedelt. Denn dann kann etwa ein streckenmäßig kürzester Weg zeitlich weitaus »länger« sein, etwa weil große Höhenunterschiede zu überwinden sind. »Kürze« wäre so gesehen zu »so schnell wie möglich« zu präzisieren. Wenn von den Problemstellungen keine eindeutigen Bewertungskriterien zu gewinnen sind, so wird das verschiedene Gründe haben können. Die Problemstellung mag zu abstrakt oder zu konkret sein, um Kriterien für die Bewertung der unbekannten Möglichkeiten zu gewinnen. Möglicherweise schwankt man auch, gerade weil man die Erwägungsmöglichkeiten nicht oder nur wenig kennt, zwischen einander widerstreitenden Kriterien. Wird z. B. eine Person etwa in einer Erbschaftsangelegenheit von einer anderen aufgefordert, sich zwischen dreien ihr gänzlich fremden Teilen zu entscheiden, welches sie haben wolle, ohne daß auch nur im entferntesten erkennbar ist, für was man diese Teile gebrauchen könnte, dann läge m. E. eine Konstellation vor, die der 4. Zeile entsprechen würde. Vermutlich gelangen aber ziemlich bald Bewertungskriterien in den Horizont, wenn die Person anfängt, sich die Problemstellung zu präzisieren. Sie mag etwa überlegen: »Bei aller Unklarheit über die Teile, wenn ich mich für eines entscheide, dann muß ich es transportieren können. Mit welchen Teilen kann ich dies überhaupt? Will ich mir ggf. einen Transporter mieten? Wohin könnte ich das Teil in meiner Wohnung stellen? Sollte ich vielleicht lieber das kleinste auswählen, egal was es auch immer sein mag?« Usw.

2.4.2 'Rationalität' als Merkmal von 'hinreichenden' und 'Nicht-Rationalität' als Merkmal von 'nicht-hinreichenden Gründen'

(78) *Verschiedene Verwendungsweisen des Terminus' "Rationalität"*: Dem Terminus "Rationalität" werden verschiedene Bedeutungen zugesprochen (vgl. Hans Lenk 1986, 20ff., der von mindestens 21 Bedeutungen spricht, James March 1986 (dt. 1990), Gerhard Vollmer 1992, s. auch die kontroverse Diskussion um den Hauptartikel von Herbert Schnädelbach 1998 oder Helmut Brentel 1999). Die Vielfalt der Verwendungsweisen rührt z. B. auch von unterschiedlichen Positionen zu »Deduzierbarkeit«, »Letztbegründung« oder »Berechenbarkeit« (im Sinne von "Nicht-Willkür") her (vgl. hierzu im folgenden II. 2.4.3, 2.4.4, 2.4.5). Die Vielfalt der Verwendungsweisen von "Rationalität" hängt weiterhin u. a. damit zusammen, daß »Rationalität« einmal »Gefühl«/»Emotion« gegenübergestellt, daß andere Mal mit ihm/ihr als vereinbar gesehen wird (vgl. Ronald de Sousa 1987 (dt. 1997) oder den Hauptartikel von Brigitte Scheele und die hieran anschließende Kritik und Replik 1996). Nach Henrik Walter dominiert zwar das "Bild der Emotionen als Gegner der Rationalität, ja als etwas, daß es zu überwinden und zu beherrschen gilt, [...] auch heute noch die Lehrmeinung in der orthodoxen Kognitionswissenschaft" (1997, 160). Inzwischen habe sich jedoch innerhalb der kognitiven Neurowissenschaft eine Gegenauffassung etabliert, die man "*emotive* Neurowissenschaft" nennen könnte (a. a. O.). Diese habe empirische Belege dafür gesammelt, "daß Gefühle bei Entscheidungen nicht nur eine hilfreiche, sondern eine *unersetzbare* Rolle spielen. Neuere Forschungen an Patienten mit Hirnschädigungen geben Hinweise darauf, daß Entscheidungsprozesse, die von Gefühlen abgeschnitten sind, zu "schlechten" Entscheidungen führen. Nur durch die leitende und stabilisierende Rolle von Gefühlen, Ahnungen und Wertungen bleiben wir davor bewahrt, durch die hohe Flexibilität unserer kognitiven Fähigkeiten zu einem Spielball äußerer Faktoren zu werden" (a. a. O.). Zu den Konzepten, die das Zusammenspiel von Emotionalität/Gefühl und Rationalität betonen, gehören auch der "Entwurf einer fraktalen Affektlogik" von Luc Ciompi (1997) und die Überlegungen zu einer "emotionalen Intelligenz" von Daniel Goleman (1996).

Eine andere Frage, deren unterschiedliche Beantwortung zu ganz verschiedenen

Verwendungsweisen des Terminus "Rationalität" führt, ist die nach dem Zusammenhang zwischen »Bewußtsein« und »Rationalität«. Wird »Rationalität« nur als »bewußter« Akt oder wird auch eine »nicht-bewußte Rationalität« angenommen (z. B. Karl Oeter 1992, etwa 87, Nr. (18), in Abschnitt II. 2.5 werde ich hierauf noch zurückkommen)? Angesichts der Vielfalt unterschiedlicher Verwendungsweisen und Abgrenzungen von "Rationalität" wird ahnbar, daß eine Erläuterung von "hinreichenden" Gründen mit dem Verweis auf "Rationalität" sehr Verschiedenes bedeuten kann.[67] Für eine Differenzierung zwischen »Entscheidungen«, die zu hinreichend begründeten Lösungssetzungen führen, und »Entscheidungen«, die zu nicht-hinreichend begründeten Lösungssetzungen (Dezisionen) gelangen lassen, wäre dies zu beachten. (Zur Relevanz des jeweiligen Rationalitätskonzeptes für den Gebrauch des Wortes "Dezisionismus" vgl. auch Michael Th. Greven (1992); Greven hält "das jeweilige Rationalitätskonzept" für ein "verdecktes Element", "das sprachlich zunächst nicht zum Ausdruck kommt, im Dezisionismusvorwurf aber schließlich eine tragende Rolle" spielt (1992, 196f.).)

Im folgenden möchte ich das im letzten Abschnitt angesprochene Zeit- und Wissensproblem in bezug auf Rationalität aufgreifen und Lübbes Unterscheidung zwischen wissenschaftlichem Wissen und wissenschaftlichen Gründen sowie lebenspraktischem Wissen und lebenspraktischen Gründen skizzieren. Lübbe vertritt eine auf jeweilige Zwecke und Mittel bezogene Auffassung von Gründen und Rationalität; Rationalität kann in verschiedenen Qualitäten vorliegen. Sein Verständnis läßt sich dem Konzept der »begrenzten Rationalität« zuordnen, wie dieses Herbert A. Simon vertritt. Am Beispiel der Position von Simon und seiner Abgrenzung einer "bounded rationality" von einer "absoluten Rationalität" werden zwei verschiedene Konzepte von »Rationalität« kontrastiert, die ahnen lassen, welche unterschiedlichen Bedeutungen eine Bezeichnung von Gründen als "hinreichende" oder "nicht-hinreichende" mit Verweis auf jeweilige Rationalitätsverständnisse haben kann.

(79) *Wissenschaftliche Rationalität und lebenspraktische Gründe*: Orientiert man sich an Lübbes Beispielen, so fällt auf, daß es Gründe gibt, die ihrerseits umfassender bedacht werden können, und solche, bei denen dies nicht möglich ist. Umfassend Gründe bedenken zu können hängt nach Lübbe vor allem davon ab, über die hinreichenden Zeitressourcen zu verfügen und nicht unter dem Zwang zu stehen, möglichst schnell eine Entscheidung zu treffen. Während nach Lübbe in "der Praxis des Lebens [...] oft nicht die Zeit gegeben" ist, "letzte oder auch nur vorletzte Zweifel auszuräumen" (1971, 25), habe man in der "wissenschaftliche[n] Praxis [...], von Ausnahmefällen abgesehen", die Zeit - so übernimmt Lübbe Descartes' Überlegungen -, "»Übereilungen und Vorur-

teile sorgfältig zu vermeiden und über nichts zu urteilen, was sich meinem Denken nicht so klar und deutlich darstellte, daß ich keinen Anlaß hätte, daran zu zweifeln«" (Lübbe 1971, 25 mit Zitat von Descartes 1960, 31, wo allerdings in der Übersetzung nur von "Übereilung" und nicht von "Übereilungen" die Sprache ist). Idealtypisch gedachte Wissenschaft kann für Lübbe Probleme lösen, "potentielle Entscheidungssituationen klären und damit als solche aufheben. Wer Bescheid weiß, braucht sich nicht zu entscheiden; er folgt der klaren Logik der Sache" (1971, 22). Wenn Lübbe fortfährt, daß Wissenschaft die Funktion habe, "den Entscheidungszwang durch die Rationalität des evidenten Sachzwangs abzulösen" (a. a. O.), so scheint es naheliegend, derartig umfassend bedachte Gründe, die die Wissenschaft einem für die Bevorzugung einer Lösungsmöglichkeit vor anderen soll liefern können, als "rationale" Gründe zu bezeichnen. In Lübbes Sprachgebrauch können die Termini "Lösung" und "Entscheidung" gegenübergestellt werden: "In der Praxis sind statt Lösungen Entscheidungen fällig" (1971, 27).

Gründe, die in der Praxis des Lebens herangezogen werden mögen, hängen bei Lübbe eng mit "Regeln, Gesetze[n], Meinungen, Traditionen, an denen man sich normalerweise orientieren kann" (1971, 18), zusammen. Umgekehrt bedeutet es für Lübbe, grundlos eine Entscheidung treffen zu müssen, was für ihn ja der klassische Fall einer Entscheidung ist, wenn keine "Möglichkeit der Orientierung an Normen" bestehe (1971, 15) bzw. wenn man aus Zeitmangel keine Möglichkeit habe, ein bekanntes Verfahren anzuwenden, das "den Abgrund des Mangels an festlegenden Gründen fürs Handeln" ausfüllen könnte (1971, 20), und das Subjekt allein mit der Entscheidung ist (s. z. B. 1971, 18). Keine Möglichkeit der Orientierung an Regeln, Normen usw. zu haben kann also sowohl bedeuten, daß man keine entsprechenden problemadäquaten Normen usw. kennt, als auch, daß man sie zwar kennt, aus Zeitgründen aber nicht anzuwenden und insofern sie auch nicht als Orientierung zu nutzen vermag. Im "Traditionsverfall" (der einen Verlust von orientierenden Normen bedeutet) intensiviert sich für Lübbe "der dezisionistische Charakter der geschichtlichen Existenz. [...] Das historische Bewußtsein, das aus Traditionen emanzipiert diese historisiert, katalogisiert sie damit als gegenwärtig gleichgültige Möglichkeiten, zwischen denen, durch geschichtliche Bildung und Gestimmtheit des Lebens vermittelt, eine Entscheidung zu treffen ist" (1971, 14).

Daß Traditionen einem in jeweiligen Situationen "die Entscheidung abnehmen" und "Gründe" für die Bevorzugung einer Lösung geben können, darf aber nicht damit verwechselt werden, die Traditionen ihrerseits für gut begründet zu halten: "Tradition gilt nicht aus der Evidenz ihrer guten Gründe, sondern aus der Evidenz der Unmöglichkeit, ohne sie auszukommen", was vor allem am Zeitmangel liegt (Lübbe 1978, 69). Auf Traditionen wird so gesehen aus pragmatischen Gründen[68] zurückgegriffen. Wenn dieser Rückgriff auf Gründe, die Traditionen liefern können, im Bewußtsein um die Begründungsqualität der jeweiligen Tradition erfolgt, dann mag eine Person etwa "mancherlei Gründe haben anzunehmen, daß die Traditionen moralischer und politischer Art, die unsere Lebenspraxis bestimmen, mangelhaft und revisionsbedürftig sind. Aber die Revision kann stets nur im Detail erfolgen, während wir im übrigen nicht umhin können, uns auf die Tradition zu verlassen, und zwar unabhängig davon, wie weit wir mit dem Unternehmen ihrer Generalrevision bereits gelangt sind" (1978, 69).

Daß Gründe, die sich Gewohnheiten bzw. Traditionen verdanken, aus umfassenden Auseinandersetzungen resultieren - wie sie idealerweise nach Lübbe in der Wissenschaft möglich sei -, ist zwar nicht auszuschließen, kann aber von denjenigen, die einfach nur auf sie zurückgreifen, weil sie eben nun einmal gerade greifbar sind und etwa das »Etikett« des »Bewährten« tragen, nicht angegeben werden. Solche Gründe als "rational" zu bezeichnen wird für viele - bei aller Dunkelheit und Differenz dessen, was man unter "rational" verstehen möchte - vermutlich zumindest weniger akzeptabel sein, als wenn es durch Wissenschaft gewonnene Gründe wären. Andererseits macht Lübbe deutlich, daß es nicht möglich sei, alles gleichermaßen umfassend zu begründen. Wer umfassend nach wissenschaftlichen Gründen forscht, ist in lebenspraktischen Bereichen auf »Lösungen« angewiesen, die mit Traditionen, geltenden Normen, Meinungen oder Regeln begründet werden: "In der Praxis ist gerade derjenige, der theoretisch alles in Frage stellt, darauf angewiesen, daß alles beim alten bleibt. Der theoretische Radikalismus hat sein praktisches Gegenteil zur Bedingung" (1971, 27). Zwar ist es nachvollziehbar, daß gute Entscheidungen nur oder zumindest leichter möglich sind, wenn man zugleich durch Gewohnheiten o. ä. entlastet ist.[69] Ob das, was einen entlastet, schlechter begründet sein muß, als das, was man aktuell zu begründen versucht, wäre dabei m. E. genauer zu klären. Wären nicht auch gut begründete Routinen und Traditionen denkbar, für die man sogar besonders umfassende Begründungen aufgestellt hat, die bei Bedarf auch abrufbar wären?

(80) *Unterschiedliche Rationalitätsniveaus:* Verknüpft man Lübbes Überlegung, daß ein "Mangel an rationalen Bestimmungsgründen des Handelns" sich darin zeigt, daß "ausreichende Gründe, so und nicht anders zu handeln, fehlen" (1971, 21), mit seinen Ausführungen über alltagspraktisches Rückgreifen auf Gründe, die Regeln, Meinungen oder Traditionen anbieten und die ausreichen, so und nicht anders zu handeln, dann wären derartige alltagspraktische »Entscheidungen« nicht schon deswegen "irrational" zu nennen, weil sie nicht wissenschaftlichen Standards entsprechen[70]: "Fragen, auf die antworten zu können Wissenschaft Aussicht hat, richten sich nicht aufs Ganze, sondern stets aufs Detail.

Politisches Handeln aber ist nicht zuletzt Handeln in nicht durchrationalisierten, komplexen Situationen. Zwar ist es so, daß nach den Naturwissenschaften nun auch Sozial- oder Handlungswissenschaften wie Ökonomie, Psychologie und Soziologie zunehmend in den Rang technologisch umsetzbarer Wissenschaften einrücken. Dennoch bleibt es aus prinzipiellen Gründen dabei, daß nicht jede Situation, in der wir uns unter politischem Entscheidungs- und Handlungszwang befinden, wissenschaftlich durchrationalisiert ist. Oder umgekehrt: gerade die Komplexität einer nicht durchrationalisierten Situation ist die Situation der politischen Entscheidung und Handlung. Das heißt nun abermals keineswegs, daß die politische Entscheidung irrational, blinde Dezision sei. Es heißt lediglich, daß wir uns gerade im politischen Handeln an Argumenten orientieren, die nicht exakt, sondern plausibel, nicht in Versuchsreihen bewiesen, sondern lebenserfahrungsmäßig bewährt sind - Topoi nennen wir in aristotelischer Tradition solche Argumente nicht exakt wissenschaftlicher Art, durch die wir uns auf die Totalität wissenschaftlich nicht durchrationalisierter Situationen beziehen. Traditionell nennen wir das Subjekt solcher Argumente den gesunden Menschenverstand. Es ist das keine Größe mystischer Art, die über Einsichten aus höherer Quelle verfügte, sondern die Instanz, durch die wir die Anschlüsse der uns im Fortschritt der Wissenschaft zuwachsenden Möglichkeiten an die stets schon vorweg vorhandene Wirklichkeit und deren Notwendigkeiten herstellen und kontrollieren" (1971, 60f.).

Wenn aber "ein Mangel an rationalen Bestimmungsgründen" nicht "irrational" sein muß, dann liegt es nahe, hier eine Rationalität zu unterstellen, die nur mit geringem Anspruchsniveau versehen ist. In einer späteren Arbeit formuliert Lübbe in diesem Sinne, "daß die Einsicht in die lebensführungspraktischen Konsequenzen knapper Zeit ihrerseits eine rationale Entscheidung ist, und die Entscheidungen, die wir in der Konsequenz dieser Einsicht treffen, haben damit ihrerseits rationalen Charakter" (1990, 340). Es kann also gute bzw. ausreichende Gründe dafür geben, nicht mit ausreichenden Gründen eine Lösung zu setzen, so daß reflexiv eine Begründung vorliegt, nicht zu begründen.

Wie eingeschränkt der Rationalitätsgehalt jeweiliger Gründe ist, hängt für Lübbe auch davon ab, inwiefern jeweilige Zwecke und Mittel geklärt und beherrschbar sind. Für Lübbe sind Gründe und Rationalität auf jeweilige Zwecke und Mittel bezogen, wenn er Gründe als "Zweck-Mittel-Relationskenntnisse" (1971, 156) bestimmt oder wissenschaftlich rationales (rationelles[71]) Handeln von eingeschränkter Rationalität wie folgt abgrenzt: "Rationalität will ich im folgenden eine Eigenschaft technologisch programmierter, erfolgskontrollierter Handlungen nennen. Und eine Technologie ist dabei eine in die Darstellung von Zweck-Mittel-Relationen umgesetzte wissenschaftliche Theorie, die der doppelten Forderung unterworfen ist, solche Relationen nach dem Prinzip des größten Nutzens ökonomisch zu optimieren und die unerwünschten, das heißt nicht zum Zweck gehörigen Nebenwirkungen der verwendeten Mittel kontrollierbar zu halten. In den Bereichen der Technik und Ökonomie und in der Ökonomie vorzugsweise im betriebswirtschaftlichen Bereich handeln wir noch am ehesten rationell im Sinne der angegebenen Definition. Rationell können wir handeln, wo erstens die Zwecke distinkt definiert und technologisch beherrschbar sind, und wo zweitens unter den am Handlungszusammenhang Teilnehmenden die Zwecke selbst nicht im Streit sind. Daraus folgt umgekehrt: wo die Zwecke selbst noch im Streit sind, wo ferner wegen der technologisch nicht beherrschbaren Kompliziertheit der Handlungssituation uns die Wissenschaft zwar vielleicht nicht sogleich, aber doch schließlich im Stich läßt - dort ist die Rationalität unseres Handelns mindestens eingeschränkt" (1971, 54).

(81) *Begrenzte und absolute Rationalitätsvorstellungen*: Lübbes Rationalitätsverständnis umfaßt verschiedene Arten, die sich nach dem Ausmaß der Begründungsfähigkeit unterscheiden. Alltagspraktische Rationalität liegt zwischen wissenschaftlicher Rationalität auf der einen Seite und Irrationalität auf der anderen Seite. Extremalisiert man hohe Rationalität hin zu einer absoluten, dann erhält man eine Abstufung, die Herbert A. Simon benutzt, der "begrenzte Rationalität" ("bounded rationality") einem Göttlichkeitsmodell der Rationalität (so die etwas freie Übersetzung von "Olympian model", z. B. 1993, 29 (engl. 1983, 19)) gegenüberstellt. Statt von "bounded rationality" spricht Simon auch von dem "Verhaltensmodell" bzw. dem "Verhaltensmodell begrenzter Rationalität" ("behavioral model" bzw. "behavioral model of bounded rationality"; z. B. a. a. O.). An anderer Stelle wird die "bounded rationality" auch als "procedural rationality" und ihr Gegenpart als "substantive rationality" bezeichnet (Simon 1997, z. B. 293).[72]

Wenn ich im folgenden diesen Aspekt aus der umfassenden Rationalitätsdiskussion herausgreife, so geschieht dies, weil man m. E. mit diesen unterschiedlichen Verständnissen von "Rationalität" und "Gründen/Begründung" eine Interpretationshilfe für so gegensätzliche Äußerungen hat wie: "Es gibt keine Dezisionen, im Sinne von: Entscheidungen geben immer Gründe her für die Bevorzugung einer Lösung vor anderen Möglichkeiten" (z. B. Hubert Feger, der es für fragwürdig hält, ob es Dezisionen gibt (1992, etwa 48, Zusammenfassung, 50, Nr. (4), 51, Nr. (6)) oder: "Es gibt nur Dezisionen, im Sinne von: Durch Entscheidungen können nie hinreichende Gründe für die Bevorzugung einer Lösungsmöglichkeit vor anderen gefunden werden" (z. B. Rüdiger Bittner, für den jede Entscheidung in dem Sinne eine Dezision ist, als sich keine Entscheidung aus Gründen ableiten lasse (1992b, 43, Nr. (1)).

Wenn Simon die Theorie des subjektiv erwarteten Nutzens ("subjective expected utility (SEU) theory") als ein "Göttlichkeitsmodell" der Rationalität bezeichnet, so will er damit zum Ausdruck bringen, daß diese Theorie nicht berücksichtigt, daß "individual human beings are limited in knowledge, foresight, skill and time" (1957, 199). Statt dessen gehe die Theorie des subjektiv erwarteten Nutzens davon aus, "that the decision maker contemplates, in one comprehensive view, everything that lies before him. He understands the range of alternative choices open to him, not only at the moment but over the whole panorama of the future. He understands the consequences of each of the available choice strategies, at least up to the point of being able to assign a joint probability distribution to future states of the world. He has reconciled or balanced all his conflicting partial values and synthesized them into a single utility function that orders, by his preference for them, all these future states of the world" (1983, 13f., dt.: 1993, 23).

Ein »Göttlichkeitsmodell« der Rationalität ist die Theorie der SEU insofern, als den einzelnen Subjekten göttliche (i. S. von allumfassende, absolute, perfekte) Fähigkeiten unterstellt werden. Mit Volker Kunz könnte man auch von einer "individuellen 'Superrationalität'" sprechen (1997, 7). Solche subjektiv absoluten Fähigkeiten sind von objektiv absoluten Fähigkeiten zu unterscheiden. Folgt man der Analyse von Volker Kunz, dann stellt das "SEU-Konzept den Abschluß einer intensiven Diskussion dar, in der auf eine zunehmende Subjektivierung der Konzeptvariablen (Nutzen und Erwartungen) gedrängt wurde" (1997, 74). Kunz bestimmt in einer Merkmalskombinatorik das SEU-Konzept durch einen zweifachen Bezug auf Subjektivität sowohl bei der Nutzen- (Wert-) Variablen als auch bei der Wahrscheinlichkeits-Variablen und grenzt es damit von drei Alternativen ab:

Wahrscheinlichkeits-Variable	Nutzen- (Wert-) Variable	
	objektiv	subjektiv
objektiv	EV-Konzept	EU-Konzept
subjektiv	SEV-Konzept	SEU-Konzept

(übernommen aus Kunz 1997, 75)

"Je nach Objektivierung der Konzeptvariablen spricht man von EU-, EV- oder SEV-Ansatz. [...] Im Konzept des erwarteten Nutzens (EU-Ansatz) sind die Wahrscheinlichkeiten objektiv gegeben, das S entfällt daher. In den EV- und SEV-Konzepten wird ein absoluter Wertstandard zugrunde gelegt. Hier wird auf der Basis des objektiven Wertes einer Handlung entschieden. Daher wird das U ('Utility[']) zum V ('Value')" (1997, 74). So gesehen wäre das SEU-Konzept gegenüber den alternativen Konzepten das am stärksten eingeschränkte (subjektivierte/individualisierte) »Göttlichkeitsmodell«, wenn man davon ausgeht, daß in allen vier Fällen jeweils »vollständig« erwogen und bewertet würde.[73]

Ein Modell als individuelles »(Selbst-)Entscheidungs-Göttlichkeitsmodell« ist von einem »Vorgabe-Göttlichkeitsmodell« (Fremd-Entscheidung) abgrenzbar, bei dem die Rationalität nicht jeweiligen Menschen, sondern nur einem »göttlichen Wesen« zugerechnet würde. Was »rational« ist, würde dann nur von diesem göttlichen Wesen bestimmbar sein, Menschen und andere nicht-göttliche Wesen könnten allenfalls, wenn sie dazu in der Lage sind, diese göttlichen Bestimmungen als Vorgaben für sich zu nutzen versuchen.

In Abgrenzung zu dem »Göttlichkeitsmodell« von Rationalität formuliert Simon das Konzept einer begrenzten Rationalität, in dem er drei Kernthesen der SEU mit der Wirklichkeit menschlicher Möglichkeiten und Begrenzungen konfrontiert und in Frage stellt. Die in Frage gestellten Thesen der SEU lauten: "[...] choices are made (1) among a given, fixed set of alternatives; (2) with (subjectively) known probability distributions of outcomes for each; and (3) in such a way as to maximize the expected value of a given utility function" (1997, 291). Aus der Perspektive von Theorien der begrenzten Rationalität werden diese Annahmen in bezug zu dem gesetzt, "what is known, empirically, about human thought and choice processes, and especially what is known about the limits of human cognitive capacity for discovering alternatives, computing their consequences under certainty or uncertainty, and making comparisons among them" (1997, 291). Konkret heißt dies für die Erforschung von Entscheidungsverhalten: Ad (1): "Instead of assuming a fixed set of alternatives among which the decision maker chooses, we may postulate a process for generating alternatives" (1997, 291). Untersucht man, wie Alternativen generiert werden, so zeige sich schnell, "that under most circumstances it is not reasonable to talk about finding 'all the alternatives'" (1997, 292). Ad (2): "Instead of assuming known probability distributions of outcomes, we may introduce estimating procedures for them, or we may look for strategies for dealing with uncertainty that do not assume knowledge of probabilities" (1997, 291). Es gebe kognitive Grenzen, die Zukunft vorherzusehen, was sich besonders dramatisch etwa bei Entscheidungen über Krieg und Frieden zeige (s. 1997, 292). Ad (3): "Instead of assuming the maximization of a utility function, we may postulate a satisficing strategy" (1997, 291). Man müsse beachten, daß menschliches Entscheidungsverhalten in Wirklichkeit nicht immer konsistent sei (s. 1997, 292). Simon bezeichnet den nur nach "befriedigenden" Lösungen strebenden Menschen gegenüber dem "maximierenden" "homo oeconimicus" auch als "homo organisans" (vgl. etwa Simon 1981, 31).

Es soll bezüglich der Gegenüberstellung eines absoluten und eines relativen Rationalitätsverständnisses am Beispiel von Simons Abgrenzung der SEU-Theorie und des Konzeptes einer begrenzten Rationalität nicht auf die Diskussion dieser Gegenüberstellung eingegangen und erörtert werden, inwiefern diese inzwischen vielleicht als »überholt« gelten muß.[74] Denn für die hier verfolgte Erörterung des Problems von hinreichenden und nicht-hinreichenden Gründen als Merkmal bei der Verwendung des Wortes "Entscheidung" ist das im Kontext dieser Arbeit nicht erforderlich. Worauf es mir bei der Darlegung dieser Gegenüberstellung ankommt, ist, darauf hinzuweisen, inwiefern mit ihr die erwähnten unterschiedlichen Einschätzungen gedeutet werden können, wonach es für die einen nur Dezisionen (i. S. von nicht-hinreichend begründeten »Entscheidungen«) gibt und für andere jede »Entscheidung« irgendwelche hinreichenden Gründe für die Bevorzugung einer Lösung hat. Wer einen Zusammenhang zwischen »hinreichenden Gründen« und »Rationalität« sieht und dabei ein »absolutes Rationalitätsverständnis« im skizzierten Sinne vertritt, der oder die wird vermutlich »rational begründete Entscheidungen« - wenn überhaupt - nur sehr selten für menschenmöglich halten. Eine Person mit dieser Position wird dann wohl davon ausgehen, daß letztlich durch menschliche »Entscheidungen« nur Lösungen gefunden werden, die nicht-hinreichend begründet (dezisionär) sind. Wer hingegen zwar einen Zusammenhang zwischen »hinreichenden Gründen« und »Rationalität« sieht, dabei aber ein »relativiertes Rationalitätsverständnis« vertritt, die oder der wird vermutlich eher dazu neigen zu behaupten, daß es für alle durch Entscheidungen gefundenen Lösungen hinreichende Gründe gibt.[75]

Folgt man den Ausführungen von Greven, dann hat das Aufkommen derartiger gegensätzlicher Einschätzungen im Bereich politischer Entscheidungen viel damit zu tun, ob man noch an allgemeinverbindliche Normen und Regeln glaubt oder "angesichts des Säurebades der Modernisierung und Säkularisierung keine rationalitätsstiftenden, allgemeine Geltung fraglos begründenden normativen Bezugssysteme mehr" erkennen kann, und welche Schlußfolgerungen man hieraus zieht (1992, 199). Ist hieraus zu folgern, daß Begründungen »rational« nicht mehr möglich sind, oder ist »eingeschränkte Rationalität« auch als »rational« und nicht als »irrational« einzuschätzen (vgl. Kirchgässner 1991, 33)? Das Problem, daß »bounded rationality« mit der Konnotation einer minderen Rationalitätsform gegenüber einer »unbounded rationality« verbunden ist und nicht als adäquates Verständnis von "Rationalität", welches ein inadäquates Verständnis ersetzt hat, verstanden wird, hat in der Diskussion des Simonschen Konzeptes auch dazu geführt, zu bedauern, daß es nicht bei dem Ausdruck "satisficing" geblieben ist: "'Satisficing' was a good word, albeit troublesome to proofreaders. 'Bounded rationality', by contrast, in implying the possible existence of some form of 'unbounded' rationality, construes a contradiction in terms" (Robin Marris 1992, 198). Marris schlägt vor, von "intelligent rationality" zu sprechen (s. 1992, 199).

In der Diskussion um »Entscheidung« und das, was man unter "hinreichenden", "nicht-hinreichenden Gründen" und "Rationalität" verstehen will, ist Simons Abgrenzung des SEU-Modells der Rationalität von einer begrenzten Rationalität nur ein Beispiel für die Unterscheidung zwischen einem "absolut" zu nennenden und von Menschen kaum oder gar nicht erfüllbaren und einem dagegen historisch sowie individuell relativen, begrenzten Rationalitätsverständnis. Zu einer vergleichbaren Problemlage führt auch die Unterscheidung zwischen einem deduktiven und einem nicht-deduktiven Rationalitätsverständnis sowie die Unterscheidung zwischen einem Letztbegründung für möglich haltenden und Letztbegründung nicht für möglich haltenden Verständnis.

2.4.3 'Deduzierbarkeit' als Merkmal von 'hinreichenden' und 'Nicht-Deduzierbarkeit' als Merkmal von 'nicht-hinreichenden Gründen'

(82) *Fragen- und Thesenzusammenhänge:* Wer hinreichende Gründe in »Entscheidungszusammenhängen« nur dann als gegeben sieht, wenn diese deduzierbar sind, wird, je nachdem ob er oder sie derartige Deduzierbarkeit überhaupt für möglich hält, entweder hinreichend begründete Lösungssetzungen mehr oder weniger für den Ausnahmefall halten oder sogar nur nicht-hinreichend begründete Lösungssetzungen für möglich halten. Wer hingegen ein Verständnis von "hinreichenden Gründen" hat, welches weit gefaßt ist und nicht auf Deduktion beschränkt ist - etwa auch Motive als Gründe berücksichtigt (z. B. Hubert Feger 1992, z. B. 50, Nr. (4)[76]) oder »nicht-bewußte Gründe« für möglich hält (z. B. Karl Oeter 1992, 85f., Nr. (6)ff.)[77] -, wird eher dazu neigen, daß immer irgendwelche hinreichenden, im Sinne von ausschlaggebenden Gründe vorliegen und es keine Dezisionen gibt.

Zwei Fragen sind also zu unterscheiden: Erstens: Hält man ein deduktives Angeben von Gründen in »Entscheidungszusammenhängen« für möglich? Zweitens: Versteht man unter "hinreichenden Gründen" in »Entscheidungszusammenhängen«, daß die Gründe deduzierbar sein müssen, oder erachtet man alle »ausschlaggebenden Gründe« - unabhängig von ihrer sonstigen Qualität - für »hinreichend«? Je nach Beantwortung dieser Fragen werden 'hinreichende Gründe' als ein oder gerade als kein Merkmal von 'Entscheidungen' aufgefaßt werden. Exemplarisch sollen die angedeuteten Zusammenhänge im folgenden belegt werden.

(83) *Beispiel: Die unterschiedlichen Positionen von Rüdiger Bittner und Dieter Birnbacher:* Für Rüdiger Bittner ist klar: "Dezisionismus entspringt einer Konfusion. Daß rechtliche, politische und persönliche Entscheidungen sich nicht

aus Gründen ableiten lassen, ist wahr" (1992a, 21, Nr. (20), vgl. auch 1992c, 98, Nr. (1)). Wenn etwa Juristen "entscheiden, ist ihre Entscheidung nicht bloß nicht restlos, sondern restlos nicht aus Normen ableitbar" (1992a, 20, Nr. (18)).[78] Damit entfällt für Bittner "die Versuchung, als "reine", "eigentliche" Entscheidung, als "Entscheidung an sich" diejenige herauszuheben, die, gleichsam souverän, sich nicht aus Erwägungen von Normen und Sachverhalten herleiten läßt" (1992a, 20, Nr. (19)). "Daß rechtliche, politische und persönliche Entscheidungen nicht in Anbetracht von Gründen getroffen werden, folgt daraus nicht" (1992a, 21, Nr. (20), vgl. auch 1992c, 98, Nr. (1)). Und weiter: "Die Behauptung, daß sehr oft Leute sich mit Gründen entscheiden, sagt nichts darüber, wie gut diese Gründe sind. Vielleicht entscheidet sich nie ein Mensch wohlbegründet: das ist eine andere Frage" (1992a, 21, Nr. (21)).

Dagegen meint Birnbacher, daß sehr wohl zwischen "Entscheidungsgründen und Entscheidungsinhalten [...] eine deduktive logische Beziehung" bestehen kann, und zwar immer dann, "wenn die Entscheidung nichts anderes als die Anwendung einer vom Entscheider vertretenen situationsrelevanten Regel" sei (1992b, 94, Nr. (4)). Birnbacher wendet sich gegen Bittners Überlegungen: "In der Tat wird der von Bittner geleugnete Fall: die logisch hinreichend begründete Entscheidung, durch alle Entscheidungen exemplifiziert, in denen eine situationsrelevante Regel auf eine Situation angewendet wird. Das gilt jedenfalls dann, wenn für die Situation nur eine einzige Regel von der allgemeinen Form "In einer Entscheidungssituation des Typs S, entscheide dich für die Option mit der Eigenschaft F" einschlägig ist. Lautet etwa meine persönliche Regel für S (den Einkauf von Zucker), mich im Zweifelsfall für die Option mit F (dem geringsten Kilogrammpreis) zu entscheiden, ist meine faktische Entscheidung für die preisgünstigste Sorte (Alternative A) durch meine Gründe logisch hinreichend begründet. Aus der allgemeinen Regel, in Situationen des Typs S im Zweifelsfall die Alternative mit F zu wählen, sowie aus der Tatsache, daß eine Situation des Typs S vorliegt und keine andere Regel für diese Situation einschlägig ist, folgt deduktiv die selbstadressierte Aufforderung, mich für A zu entscheiden. Während die Entscheidung für A - als Entscheidungsakt - durch die sie bestimmenden Gründe weder logisch noch kausal impliziert ist, ist sie dennoch durch die sie bestimmenden Gründe logisch hinreichend begründet. Die Trivialisierung des Dezisionismusproblems bei Bittner scheint sich also dem Fehlschluß zu verdanken, daß das, was auf der kausalen Ebene gilt, auch auf der logischen Ebene gelten müsse" (1992b, 94, Nr. (4)).[79]

Birnbachers Zuckerkauf-Beispiel erinnert an das Kartoffelkauf- und das Kürzeste-Weg-Beispiel, in denen es ebenfalls um quantifizierbare Alternativen geht. Danach müßte erst eine Frage wie etwa "Welches Zuckerangebot ist das preisgünstigste?" die von Birnbacher geschilderte Situation zu einer »Entscheidungs-situation« machen. Die Anwendung der Regel, den preisgünstigsten Zucker zu nehmen, entspräche der Zielsetzung und dem hieraus resultierenden Bewertungs-kriterium. Das Beispiel von Birnbacher macht deutlich, daß die Grenze, ab der eine Situation noch als »Entscheidungszusammenhang« bestimmbar ist oder ab der es sich nur noch um eine Aufgabenbewältigung und Regelanwendung han-delt, vermutlich zumindest zuweilen fließend sein kann.[80] Einmal abgesehen da-von zeigen aber die unterschiedlichen Argumentationen von Bittner und Birnba-cher, wieso es für den einen kaum und für den anderen sehr wohl sinnvoll sein kann, begründete von nicht-hinreichend begründeten »Entscheidungen« zu un-terscheiden (was nicht verwechselt werden darf mit der Qualität der Gründe).

2.4.4 'Letztbegründetheit' als Merkmal von 'hinreichenden' und 'Nicht-Letztbegründetheit' als Merkmal von 'nicht-hinreichenden Gründen'

(84) *Vermutete Zusammenhänge*: So wie ein Verständnis von "hinreichenden Gründen" als deduktiver Zusammenhang die Möglichkeit von »Entscheidun-gen«, die zu nicht-hinreichend begründeten (dezisionären) Lösungssetzungen führen, stark erhöhen, wenn nicht sogar zu einer Eigenschaft von »Entscheidun-gen« machen kann - jedenfalls dann, wenn man Deduktionen eher für schwierig und selten gegeben hält -, so ähnlich kann die Problemlage sein, wenn ein Ver-ständnis von "hinreichenden Gründen" als "Letztbegründungen" vorliegt. Wer den Anspruch der Letztbegründetheit an eine hinreichend begründete Lösung stellt und diesen für schwer, wenn überhaupt, einlösbar hält, wird eher dazu neigen, von den meisten oder sogar allen durch »Entscheidungen« gefundenen Lösungen zu sagen, daß sie nicht hinreichend begründet (dezisionär) sind. Wer hingegen Letztbegründung für kein sinnvolles Kriterium zur Bestimmung von "hinreichend begründet" hält und auch keine Deduktion erwartet, sondern sich mit der Angabe von irgendwelchen Gründen zufrieden gibt, wird dieselben Lö-sungssetzungen, die jemand mit einem Letztbegründungsanspruch als "dezisio-när" bezeichnet, für hinreichend begründet einschätzen.

(85) *Beispiele für unterschiedliche Positionen*: Einen Eindruck über die ver-schiedenen Verständnisse und Bewertungen von »Letztbegründung« erhält man im Themenheft "Ethik und Dezisionismus" der Zeitschrift »Ethik und Sozial-wissenschaften« von 1992. Birnbacher stellt dort in seiner Replik fest, daß es bei denjenigen, die "Dezisionen als nicht-rationale Entscheidungen" interpretie-ren, davon abhängt, welches Anspruchsniveau an die Kriterien für rationale Be-gründetheit gestellt werden, ob es noch sinnvoll ist, hinreichend begründete von nicht-hinreichend begründeten Entscheidungen zu unterscheiden (s. 1992b, 95,

Nr. (8)): "Je anspruchsvoller die Kriterien, desto größer der Trivialisierungs-effekt", der beim Konzept der "Letztbegründung" dazu führt, "sämtliche Ent-scheidungen dezisionär" werden zu lassen, da "eine Letztbegründung aller un-seren täglichen Entscheidungen zugrundeliegenden Annahmen ein Ding der Un-möglichkeit ist" (1992b, 95, Nr. (8)). Umgekehrt kann man mit Werner Nienhüser/ Wolfgang Weber argumentieren, daß, wenn "man also jede Begründung als hin-reichend akzeptiert, [...] sich ein Dezisionismusproblem kaum stellen" dürfte (1992, 77, Nr. (24)). Bittner verbindet sein Verständnis von "Letztbegründung" mit dem Bemühen des "Begründen[s] von Gründen", was "vom Hundertsten ins Tausendste", nicht aber "auf eine letzte Begründung" bzw. zu "letzten" Grün-den führe; Letztbegründung sei "eine Obsession", denn wir hätten schon genug an "den ersten, allenfalls an den zweiten Gründen dafür, dies oder jenes zu wollen, [...] genug zu tun" (1992a, 21, Nr. (21)). Für Bittner ist die negative Bewertung der Möglichkeit von derartiger Letztbegründung "kein Argument für Dezisionismus" (a. a. O.). Auch Kersting hält "eine Letztbegründung weder für möglich noch für nötig" (1992a, 30, Nr. (21)) und schlägt ein seines Erachtens angemesseneres Begründungskonzept der "pragmatische[n] Rechtfertigung" vor (1992a, 31, Nr. (21)). Die Einschätzung Kerstings, daß Befürworterinnen bzw. Befürworter von Letztbegründung diese als "die einzig erfolgversprechende Antidezisionismusvorkehrung" betrachten (1992a, 29, Nr. (19)), wird von Hauke Brunkhorst in seiner Kritik als "falsche(n) Fundamentalopposition" bezeichnet (1992, 47, Nr. (10)). Brunkhorst betont in seiner Interpretation von Karl-Otto Apel und Wolfgang Kuhlmann, daß man "Letztbegründung" nicht "mit einem platonisch-cartesischen Programm inhaltlich-substantieller Letztbegründung" identifizieren dürfe (1992, 47, Nr. (11))[81], sondern daß es bei "Letztbegrün-dung" um ein spezifisches Diskussionsverhalten gehe, das keineswegs festlegen würde, was "am Schluß [...] herauskommt" (1992, 47, Nr. (12)). Nach Matthias Kettner beinhaltet die "Idee der Letztbegründung [...], daß zwei, wenn sie argu-mentativ die Gültigkeit von etwas bestreiten bzw. verteidigen, ein Selbstver-ständnis als Argumentierende miteinander teilen, das beiden Gründe gibt, be-stimmte Voraussetzungen als gültig anzuerkennen, und zwar Gründe, die ratio-nal definitiv sind, d.h. die gegebenenfalls jeder kritischen Infragestellung im Licht von anderen Gründen standhalten würden. "Begründung" in "Letztbe-gründung" steht für die argumentative Praxis der Bewertung von Gründen mit Gründen als mehr oder weniger gut; [...]. Letztbegründung zielt aber nicht auf Gründe rationaler Wahl unter Handlungsoptionen (Handlungsgründe), sondern auf unbegrenzt intersubjektiv verbindliche Gründe - "letzte" Gründe -, etwas (z.B. eine Aussage, eine Norm) als allgemeingültig (als wahr, als richtig) anzu-erkennen" (1992, 61, Nr. (16)). Bittners Einschätzung, daß Letztbegründung eine Obsession sei, hält Kettner entgegen, "daß Skeptizismus dann ebenfalls als eine Obsession zu betrachten ist" (a. a. O.). Eine weitere mögliche Position zur

Frage von Letztbegründung wird von Walter Gölz vertreten, der "für einen moralphilosophischen Agnostizismus in Bezug auf das Problem sogenannter letzter Überzeugungen" plädiert (1992, 58, Nr. (23)).

Orientiert man sich an diesen Zitaten, so fällt auf, daß bei Einschätzungen über die Möglichkeit von »Letztbegründungen« zu beachten ist, ob es erstens um Inhalte oder/und[82] bestimmte formale Verfahren geht und zweitens ob Letztbegründungen Begründungen von Begründungen, also Begründungsketten, sind oder/und reflexive Bewertungen von Gründen mit Gründen. Mit Carl Friedrich Gethmann und Rainer Hegselmann mag man von einer "horizontalen" und einer "vertikalen" Begründungsrichtung sprechen: "Horizontal ist eine Begründung dann, wenn sie auf Prämissen zurückgreift, die geeignet sein könnten, eine Behauptung zu stützen oder zu verteidigen. Vertikal ist eine Begründung, wenn auf die Regeln der horizontalen Begründung rekurriert wird" (1977, 346). Bei der "Bewertung von Gründen mit Gründen" mag man die Reflexion auf die Regeln der Begründung als einen zentralen Aspekt betrachten. Für Gethmann und Hegselmann beinhaltet die "Zuspitzung der Begründungsproblematik auf eine Letztbegründungsproblematik [...], daß das Begründungsproblem auf die Frage der Begründbarkeit der Begründungsregeln eingeschränkt werden kann" (1977, 346).

(86) *Zur Position von Karl-Otto Apel*: Liest man bei Karl-Otto Apel nach, dessen Name eng mit dem Terminus "Letztbegründung"[83] verbunden ist und der nach Gethmann und Hegselmann "den weitestgehenden Anspruch der Letztbegründetheit erhoben" hat (1977, 346f.), was dieser unter "Letztbegründung" versteht, so findet man bei ihm folgende *"Letztbegründungsformel"*, wie er sie selber nennt: "Ideale Sprechsituationen und Kommunikationsgemeinschaften können also, wie ich es von allen Präsuppositionen des transzendent[al]en Sprachspiels behauptet habe, *weder ohne aktuellen Selbstwiderspruch bestritten noch ohne petitio principii deduktiv bewiesen werden*" (Diskussionsbeitrag von Apel in: Willi Oelmüller (Hg.) 1978, 165; s. auch Apel 1976a, z. B. 72f. oder Apel 1986, 27). Apel geht es um "die normativen Bedingungen der Möglichkeit des Denkens qua Argumentierens" (1990, 354, s. auch 1976b, 411). "Die letzte "Begründung" besteht hier nicht in einer Herleitung des Vernünftigseins aus etwas anderem, sondern in dem reflexiven Nachweis, daß jede Bestreitung der Anerkennung der Vernunftformen auf einen *performativen Selbstwiderspruch* hinausläuft" (Apel 1990, 354). *"Als ernsthaft Argumentierender*, der aufrichtig die intersubjektiv gültige Wahrheit sucht - z. B. die Wahrheit über die Gültigkeit des Prinzips der Ethik - ist man notwendigerweise auch schon fürs Moralischsein entschieden: Man hat mit den Regeln der Argumentation zugleich auch die ethischen Normen einer idealen Argumentationsgemeinschaft, und damit zugleich das formalprozedurale Prinzip der Diskursethik, als letztverbindliches

Prinzip für die Lösung aller Normenkonflikte in der Lebenswelt, anerkannt. Doch damit ist nicht gezeigt, daß ein Mensch sich nicht *gegen* das Moralischsein und insofern freilich auch *gegen das Vernünftigsein im Sinne des Willens zur Wahrheit, entscheiden* kann. Geschähe dies prinzipiell, so käme es freilich der Selbstzerstörung gleich" (1990, 356). Die Tatsache, daß es (bisher) keine idealen, sondern nur reale (und am Maßstab der idealen Kommunikationsgemeinschaft gemessen defizitäre) Kommunikationsgemeinschaften gibt (s. 1976b, 426f.), bedeutet für Apel, daß sich sein Ansatz zwar nicht vollständig umsetzen läßt, er jedoch wenigstens *"zwei grundlegende regulative Prinzipien* für die langfristige moralische Handlungsstrategie jedes Menschen [aus ihm] ableiten" kann (1976b, 431): "Erstens muß es in allem Tun und Lassen darum gehen, das *Überleben* der menschlichen Gattung als der *realen* Kommunikationsgemeinschaft sicherzustellen, zweitens darum, in der realen die *ideale* Kommunikationsgemeinschaft zu verwirklichen. Das erste Ziel ist die notwendige Bedingung des zweiten Ziels; und das zweite Ziel gibt dem ersten seinen Sinn, - den Sinn, der mit jedem Argument schon antizipiert ist" (a. a. O.).

Apel grenzt sein (Letzt-)Begründungsverständnis von einem deduktiven ab.[84] Diese Abgrenzung ist u. a. für die Kontroverse zwischen Vertretern und Vertreterinnen eines kritischen Rationalismus, wie z. B. Hans Albert, und Transzendentalpragmatikerinnen und -pragmatikern, wie Apel, relevant, wenn von Alberts Zurückweisung des Begründungsdenkens behauptet wird (wie etwa von Apel 1976b, 405f. oder Gethmann/Hegselmann 1977, 345), daß ihr "ein deduktives Modell der Begründung" zugrunde liege (Albert 1980, 193). Albert hält dagegen daran fest, daß seine "Kritik am Begründungsdenken nicht von einer solchen Einschränkung abhängig ist" (a. a. O.; zu dieser Kontroverse vgl. auch statt anderer Gethmann/Hegselmann, 1977, insb. 344ff.). Selbst wenn er von Apels und Kuhlmanns vertretenem Verständnis von "Letztbegründung" als nichtdeduktivem "Aufdecken vorhandener Einsichten" (1982, 90) ausgeht, bleibt für Albert das Problem, daß ein "Verfahren der Aufdeckung [...] nun durchaus dazu führen" mag, "daß vorhandene Überzeugungen ans Licht gebracht werden, aber eine Garantie ihrer Wahrheit ist damit keineswegs ohne weiteres verbunden. Das implizit vorhandene "Wissen" mag durchaus schwerwiegende Irrtümer enthalten. [...] Wieso soll denn das, was Apel und Kuhlmann durch Rückbesinnung auf die notwendigen Bedingungen der Argumentation aufgedeckt haben, unanzweifelbar sein? Und inwiefern kann für diese "Einsichten" eine Wahrheitsgarantie beansprucht werden?" (1982, 91). Demgegenüber versucht Apel nachzuweisen, daß auch das Prinzip der Kritik des kritischen Rationalismus einer Letztbegründung bedürfe: "Kritik kann nicht - wie es bei BARTLEY und ALBERT den Anschein hat - gewissermaßen *selbstgenügsame Letztinstanz* rationaler Argumentation sein: sie muß ihrerseits einen *transzendentalpragmatischen*

Rahmen - ein sinnvolles Sprachspiel - voraussetzen, in dem mögliche kritische Argumente und mögliche Begründungen durch Rückgang auf "paradigmatische" Evidenz einander im Prinzip korrespondieren" (1976a, 65).[85] Und weiter: "Eine solche Rechtfertigung des Prinzips der Kritik ist aber gerade dann und nur dann möglich, wenn sich das Prinzip nicht absolut setzt, sondern sich selbst durch das Prinzip der Selbstbegründung kritischer Vernunft durch *transzendentale Reflexion* auf ihre Bedingungen der Möglichkeit einschränkt. Die Pointe philosophischer Letztbegründung liegt dann in dem reflexiven - transzendentalpragmatischen und nicht deduktiven - Argument, daß man weder für noch gegen die Regeln des transzendentalen Sprachspiels argumentieren oder sich praktisch entscheiden kann, ohne diese Regeln vorauszusetzen" (1976a, 76).

(87) *Zum Problem der adäquaten Erfassung notwendiger Bedingungen von Argumentation*: Der Streitpunkt in der Letztbegründungsdebatte ist weniger, ob es notwendige Bedingungen der Argumentation gibt, als vielmehr, ob es ein unbezweifelbares Erfassen dieser Bedingungen gebe.

So betont etwa Hans-Jürgen Wendel den Unterschied zwischen der Notwendigkeit einer Sache, wie etwa spezifischen Argumentationsvoraussetzungen, und deren adäquatem Erfassen (1996, 50ff.), was zur Konsequenz habe, daß "der Versuch, sich über eigenes implizites Wissen zu vergewissern, eben bereits fehlbare Praxis ist" (1996, 54f.).[86] Für Konrad Ott "kann nicht bestritten werden, daß sich bereits in den Diskursregeln normative Grundvorstellungen ausdrükken. Die Regeln können aber so angewandt werden, daß die in ihnen ausgedrückten Vorstellungen im Diskurs überprüft werden können und dürfen. Das *in* den Regeln Vorausgesetzte kann *unter* den Regeln thematisiert und eingeholt werden. Solche Selbstthematisierungsmöglichkeiten sind, wie man von Luhmann lernen kann, auf Theorieebenen zulässig. Sie führen nicht in Widersprüche. Man kann folglich die normativen Gehalte der Regeln zugeben und zugleich an der Proreduralität der Diskursethik festhalten" (1997, 285).

Auch wenn es William Warren Bartley mit seinem pankritischen Rationalismus[87] um die Entwicklung eines Rationalitätskonzeptes geht, in dem "die Begriffe der Begründung und der Kritik ausdrücklich voneinander" getrennt werden (1987, 136; engl. 1984, 124), sind seine Überlegungen zu möglichen Voraussetzungen von Argumentation für die Kontroverse um Letztbegründung meines Erachtens interessant. Denn Bartleys Vorschlag eines kritikoffenen Umgangs mit den Voraussetzungen des Argumentierens macht plausibel, daß, selbst wenn man nicht nur annimmt, es gebe unhintergehbare Voraussetzungen des Argumentierens, sondern zudem noch, daß man diese adäquat erfaßt habe, dennoch sehr unterschiedliche Schlüsse hinsichtlich der Relevanz dieser Erkenntnis und des zukünftigen Umgangs mit ihr gezogen werden können: Bartley schlägt in seiner Auseinandersetzung mit der Frage, ob es irgendeinen Teil der Logik gibt, der "(innerhalb der Argumentationssituation) unter allen Umständen unrevidierbar" ist (1987, 276; engl. 1984, 251), folgendes "Revidierbarkeitskriterium" vor: "Eine Position wäre (in einer Argumentationssituation) unrevidierbar, genau dann, wenn es keine Umstände gibt, unter denen sie aufgegeben werden kann, ohne das Ausmaß zu verringern, in dem das System als Ganzes der Kritik ausgesetzt ist. Solche unrevidierbaren Positionen würden, falls es sie gibt, die absoluten Voraussetzungen kritischer Argumentation darstellen" (1987, 279; engl. 1984, 253). Bartley meint den Satz vom Widerspruch als einen Bestandteil einer Minimallogik als "eine absolute Voraussetzung der Argumentation identifiziert" zu haben, (1987, 282; engl. 1984, 256): "[...] wenn Widersprüche zugelassen wären, könnte Falschheit nicht zurückübertragen werden, und Kritik im angestrebten Sinne wäre unmöglich. Der Satz vom Widerspruch führt stets zu einer Stärkung der Kritik. Jeder Versuch, ihn aufzugeben, führt nicht bloß zu einer Schwächung, sondern zu einer Minimierung von Kritik" (1987, 276f.; engl. 1984, 251f.).[88] Die Identifizierung dieser absoluten Voraussetzung ist für Bartley aber weder die Identifizierung eines Grundsatzes, "von dem alles übrige abgeleitet werden kann, noch eine Kategorie, mit der alles übrige übereinstimmen muß" (1987, 282; engl. 1984, 256). Bartley hält es aus seiner pankritischen rationalistischen Perspektive für notwendig, die "Praxis zu argumentieren und der Logik zu gehorchen - genau wie alles andere - einer umfassenden Kritik und Ablehnung gegenüber" offenzuhalten: "Die Tatsache, daß Argumentation eine Minimallogik als nicht revidierbar voraussetzt, kennzeichnet in keiner Weise eine *Bindung oder Verpflichtung* von seiten des pankritischen Rationalismus. Gewiß sind die Praxis kritischer Argumentation und die Logik miteinander verbunden. Man kann ohne eine Minimallogik genausowenig argumentieren, wie man ohne zu atmen leben oder ohne Sprache sprechen kann. Nichts von diesen dreien - leben, sprechen, argumentieren - erfordert eine irrationale Bindung an ein Dogma" (1987, 287; engl. 1984, 260 - vgl. auch 1987, 147f.; engl. 1984, 134).

(88) *Zum Problem eines »Restdezisionismus«*: Ein weiterer Streitpunkt in der Diskussion um Apels Konzept der Letztbegründung findet unter dem Stichwort "Restdezisionismus" statt. Ausgangspunkt hierfür ist die bereits oben zitierte Auffassung Apels, daß Menschen immer noch die Möglichkeit haben, sich gegen das Moralischsein und gegen das Vernünftigsein zu entscheiden (s. 1990, 356), und daß "jeder - auch der Philosoph - die Teilnahme am transzendentalen Sprachspiel der transzendentalen Kommunikationsgemeinschaft in jedem Augenblick seines Lebens *willentlich bekräftigen muß*" (1976b, 421, s. auch 1990, 356). Für Apel ist "die *Realisierung der Vernunft* in der Welt" dem "freien Engagement" der Diskussionsteilnehmenden "anheimgegeben: einer immer wieder zu erneuernden

Entscheidung, die ihnen niemand abnehmen oder aufzwingen kann" (1976b, 413). Für Apel ist diese Entscheidung eine "Wahl des »criticist frame«" (a. a. O.).

Für Autoren wie Wilhelm K. Essler (1982) oder Jürgen Habermas (1973) besteht wegen dieser immer wieder zu erneuernden Entscheidung bzw. willentlichen Bekräftigung in Apels Letztbegründungskonzept "eine dezisionistische Restproblematik" (Habermas 1973, 152, Anm. 160). Essler interpretiert die zitierte Textstelle von Apel (1976b, 413) sogar dahingehend, daß Apel es "klar gesehen" habe, daß "die Mitglieder dieser transzendentalpragmatischen Kommunikationsgemeinschaft bei ihrer philosophischen Arbeit an mindestens einer Stelle eine Entscheidung treffen müssen und daß sie also dem Dezisionismus nicht entkommen" (Essler 1982, 335). Auch Gethmann und Hegselmann teilen die Einschätzung, daß ein Mangel "der Apelschen Letztbegründungsargumentation [...] im Dezisionismus hinsichtlich der Zustimmung gesehen werden" kann (1977, 351).[89] In ihren Überlegungen darüber, "welche Individuen diese willentliche Bekräftigung verweigern könnten", nennen sie u. a. den Fall, daß jemand zwar anerkennen mag, "daß im Vollzug des Argumentierens gewisse unvermeidbare Prinzipien mitgesetzt werden", diese werden "jedoch beispielsweise prinzipiell für unerfüllbar" gehalten (1977, 351). So jemand könnte dann zwar "gegebenenfalls Apels gesamter Argumentation folgen aber genau die willentliche Bekräftigung des "schon immer" Mit- und Vorausgesetzten verweigern", weil "die Tatsache des Voraussetzens nicht bereits hinreichender Grund für die Annahme des Vorausgesetzten sein muß" (1977, 351).[90]

Apel hat den Einwand eines verbleibenden Restdezisionismus explizit zurückgewiesen. Daß man "niemanden durch transzendentalpragmatische Argumente daran hindern" könne, "die diskursive Argumentation offen zu verweigern oder sie insgeheim - etwa durch sophistische Tricks - zu korrumpieren", hat für Apel "mit der *Begründung der rationalen Geltung* der ethischen Grundnorm gar nichts zu tun. Er [dieser Umstand, die Argumentation verweigern zu können] betrifft lediglich die Realisierung der praktischen Vernunft, sozusagen betrifft er die *Inkraftsetzung* der Norm, über deren *Gültigkeit* man sich durch Selbstreflexion vergewissern kann. Die Inkraftsetzung dieser Norm bei sich selbst bedarf unabdingbar und zu jeder Zeit des guten Willens im Sinne Kants oder - wenn man so will - sogar des existentiellen Engagements. Insofern hat meine Rede von der *willentlichen Bekräftigung* der immer schon notwendigerweise anerkannten Grundnorm nichts mit einem *Restdezisionismus* zu tun. Denn *Dezisionismus* liegt nur dann vor, wenn die Letztbegründung durch Letztdezision ersetzt wird" (Diskussionsbeitrag Apels in Oelmüller 1978, 166, vgl. auch Apel 1986, 49, Anm. 2). Daß man sich für die "Inkraftsetzung der Norm" entscheiden oder die "diskursive Auseinandersetzung" verweigern kann, ändert für Apel also nichts an der "Geltung der ethischen Grundnorm". Aber auch die "willentliche Bekräftigung" bzw. das "Inkraftsetzen der Norm" hält Apel nicht für einen "irrationalen Glaubensakt". Im Anschluß an die von Essler gedeutete Stelle fügt Apel hinzu, daß "die Wahl des »criticist frame«[91] als einer philosophischen Position in einer philosophischen Diskussion kein *irrationaler* Glaubensakt, sondern die einzig mögliche Entscheidung [ist], die im Sinne des einmal begonnenen Sprachspiels *semantisch-pragmatisch konsistent* ist, - die einzige, die im Einklang steht mit den, durch *transzendentale Besinnung* zu ermittelnden, Bedingungen der Möglichkeit und Gültigkeit der Diskussion. Wer sie nicht trifft, sondern etwa den »Obskurantismus« wählt, der beendet damit eben die Diskussion selbst und seine Entscheidung ist insofern *für die Diskussion* irrelevant" (1976b, 413).

(89) *Anforderungen an eine erwägungsorientierte Erörterung*: Es wäre erforderlich, die jeweiligen mit den Termini "Dezision", "Entscheidung", "(letzte) Gründe", "Rationalität" usw. bezeichneten begrifflichen Vorstellungen der Beteiligten an der Kontroverse um Letztbegründung zu analysieren, wollte man diese genauer einschätzen und bewerten und nicht Gefahr laufen, sich in einen Streit um Worte zu verlieren. Für die in dieser Arbeit angestrebte Entfaltung eines Erwägungshorizontes zur unterschiedlichen Verwendung des Terminus "Entscheidung" genügen aber die bisherigen Darlegungen. Um anzudeuten, was in einer darüber hinausgehenden Erörterung der Letztbegründungsdiskussion aus erwägungsorientierter Perspektive zu klären wäre, sei exemplarisch zu den zuletzt zitierten Ausführungen von Essler und Apel ein Fragenstrang angedacht.

Inwiefern verwenden Apel und Essler den Ausdruck "Dezisionismus" semantisch in gleicher Weise? Orientiert man sich nur an den hier zitierten Textstellen, ist meines Erachtens eher davon auszugehen, daß sie den Terminus "Dezisionismus" verschieden verwenden. Während es bei Essler in dem obigen Zitat den Anschein hat, daß er die Worte "Entscheidung" und "Dezisionismus" synonym verwendet und "Letztbegründung" in dem Sinne gegenüberstellt, als diese nur vorliegen würde, wenn die Teilnehmenden an einer transzendentalpragmatischen Kommunikationsgemeinschaft an keiner Stelle eine Entscheidung treffen müßten, scheint Apels Verwendung eine andere zu sein, wenn er schreibt, daß Dezisionismus nur dann vorliegt, "wenn die Letztbegründung durch Letztdezision ersetzt wird" (Diskussionsbeitrag in Oelmüller 1978, 166). Das Wort "Entscheidung", so könnte man weiterhin vermuten, wird von Apel als Oberbegriff sowohl für "irrationale Glaubensakte" verwendet, nämlich dann wenn man nicht "die einzig mögliche Entscheidung" trifft, "die im Sinne des einmal begonnenen Sprachspiels *semantisch-pragmatisch konsistent* ist" (1976b, 413), als auch für semantisch-pragmatisch konsistente, nicht-irrationale Glaubensakte.[92] Was würden diese verschiedenen Verständnisse bedeuten, wenn nun zwischen Letztbegründung und Letztdezision eine reflexive »Entscheidung« getroffen werden soll. Ich vermute, daß das Treffenmüssen dieser »Entscheidung« bei Essler, selbst wenn sie zugunsten der Letztbegründung ausgehen sollte, als »Entscheidung« nicht-letztbegründet ist und daß er in diesem Sinne meint, mit Letztbegründung nicht dem Dezisionismus entkommen zu können. Für Apel hingegen würde nach dem vorliegenden Deutungsvorschlag kein Dezisionismus vorliegen, wenn man zwischen Letztbegründung und Letztdezision »entscheidet«. Bei ihm ist der Akt der »Entscheidung« nicht gleichzusetzen mit Dezision. Ein Dezisionismus besteht erst, wenn die Entscheidung zwischen Letztbegründung und Letztdezision zugunsten der Letztdezision ausfallen würde.

(90) *Fragen als zusammenfassender Rückblick*: Im Rückblick auf diesen Abschnitt geben die verschiedenen Äußerungen zur Frage, ob man 'hinreichende' bzw. 'nicht-hinreichende Gründe' als 'letztbegründete' oder 'letzte' bzw. 'nicht-letztbegründete' oder 'erste' bis 'vorletzte Gründe' als Merkmale bei der Verwendung des Terminus "Entscheidung" betrachten will oder nicht, Anhaltspunkte für verschiedene Verständnisse von "Entscheidung", die sich in Form von Fragen festhalten lassen:

- Wird »Entscheidung« als Alternative zu »Letztbegründung« verstanden?[93] Wenn ja, wird dann "Entscheidung" als gleichbedeutend mit "Dezision(ismus)" (i. S. von nicht-hinreichend begründet, nicht letztbegründet) aufgefaßt?[94] Wäre 'Begründungsqualität' dann der Oberbegriff, zu dem die Begriffe 'Entscheidung' (als nicht-hinreichend, nicht-letztbegründet) und 'Letztbegründung' Alternativen wären?
- Oder wird »Letztbegründung« als eine besondere Qualität von »Entscheidungen« betrachtet, in dem Sinne, daß sich letztbegründete von nicht-letztbegründeten »Entscheidungen« unterscheiden lassen? Wird in diesem Falle 'Entscheidung' als Oberbegriff verstanden, zu dem 'nicht-letztbegründete' und 'letztbegründete Entscheidungen' begriffliche Alternativen wären? Müßten »nicht-letztbegründete Entscheidungen« dann als "Dezisionen" bezeichnet werden? Oder wird 'Begründung' als Oberbegriff für die Konkretionen 'letztbegründet' und 'nicht-letztbegründet' gewählt, um etwa deutlich zu machen, daß »nicht-letztbegründete Entscheidungen« keinesfalls unbegründet und völlig willkürlich zu sein brauchen?[95] Wäre in diesem Falle dann 'Nicht-Begründung' die begriffliche Alternative zu 'Begründung' unter dem Oberbegriff 'Entscheidung', so daß es dann zunächst einmal »begründete« und »nicht-begründete Entscheidungen« und unter den »begründeten« eben »letzt-« und »nicht-letztbegründete Entscheidungen« gäbe? Wird in diesem Falle dann nur bei »nicht-begründeten Entscheidungen« von "Dezisionen" gesprochen?
- Wird "Letztbegründung" gleichbedeutend mit "letzten Gründen" verwandt?

Oder sollte man beispielsweise in Anlehnung an Gethmann und Hegselmann die Unterscheidung zwischen vertikaler und horizontaler Begründungsrichtung für eine Differenzierung zwischen »Letztbegründung« und »letzten Gründen« nutzen, indem man »letzte Gründe« am Ende einer horizontalen Begründungskette ansiedelt, »Letztbegründung« hingegen als (vertikale) Reflexion von Begründungsregeln versteht?

2.4.5 'Nicht-Willkür' als Merkmal von 'hinreichenden' und 'Willkür' als Merkmal von 'nicht-hinreichenden Gründen'

(91) *Problementfaltung*: Zuweilen wird ein Zusammenhang zwischen »nicht-hinreichenden Gründen« und »Irrationalität«, »subjektiver Willkür«, »Beliebigkeit« sowie »Unberechenbarkeit« hergestellt. Kersting schildert die Angst vor einem solchen Dezisionismus als Befürchtung, "daß unter der Herrschaft des Dezisionismus alle Verbindlichkeiten erodieren, die moralischen Prädikate ihre Unterscheidungsfähigkeiten verlieren und subjektive Willkür und Beliebigkeit sich des Moralischen bemächtigen würden, sich auch die Moralphilosophie selbst in eine chimärische Veranstaltung wandeln müßte" (1992a, 29, Nr. (19)). Nach Greven ziehen nicht "Entscheidungen per se, sondern jene, die dem Verdacht ausgesetzt werden können, sie gründeten nicht auf allgemeiner Geltung, anerkannten Prinzipien, herrschender Moral oder wenigstens nachvollziehbaren Gründen, [...] den Vorwurf des "Dezisionismus" auf sich: die Anklage gilt regelmäßig nicht der "Entscheidung", sondern der in der Kritik wahrgenommenen oder behaupteten Willkür. Das implizit im Dezisionismusvorwurf sich Geltung verschaffende normative Prinzip arbeitet nicht mit dem Gegensatz Entscheidung - Nichtentscheidung, sondern mit dem Gegensatz Begründung - Willkür" (1992, 197f.). Stärker als bei den bisher angesprochenen Aspekten in der Dezisionismusdiskussion wird mit der Frage nach Willkür oder Nicht-Willkür die soziale Seite von Entscheidungen angesprochen. Was individuell als Freiheit[96] empfunden und geschätzt sein mag (evtl. bestimmt als Abgrenzung von einem Determinismus, vgl. Kersting 1992a, 29, Nr. (19)), kann sozial von denjenigen, die von Entscheidungen anderer betroffen sind und diese nicht nachvollziehen können, als Willkür und Unberechenbarkeit erlebt werden. Von hier gewinnt der Terminus "Dezisionismus" seine negativen Konnotationen, die zugespitzt in der Gegenüberstellung von Diktatur und Entscheidung einerseits versus Diskussion und Entscheidungslosigkeit andererseits gipfelt und eng mit dem Autor Carl Schmitt verknüpft wird. "Dezisionismus" wird in diesem Kontext mit dem deutschen Faschismus assoziiert.[97] Gerade weil Schmitts Überlegungen zum Dezisionismus bzw. zum Umgang mit dem "dezisionären Element" in Entscheidungen für viele eher abschreckend sein mögen, als daß sie Zustimmung finden,

sind sie für eine erwägungsorientierte Auseinandersetzung mit dem Entscheidungsbegriff anregend und fordern zur Suche nach alternativen Umgangsweisen mit dem "dezisionären Moment" heraus.

2.4.5.1 Entscheidung und Dezision bei Carl Schmitt

(92) *Dezision in juristischen und politischen Zusammenhängen*: Schmitt, der sich mit dem Entscheidungs- bzw. Dezisions-/Dezisionismusbegriff aus juristischer und politischer Perspektive befaßt, versteht "Dezision" als "ein spezifisch-juristisches Formelement", welches sich "in absoluter Reinheit" bei der Frage über den politischen Ausnahmezustand "offenbart" (1996a, 19), wenn die Entscheidung "sich frei von jeder normativen Gebundenheit" macht und "im eigentlichen Sinne absolut" wird (1996a, 18).

Ein spezifisch juristisches Formelement ist die Dezision für Schmitt, "weil der juristische Schluß nicht bis zum letzten Rest aus seinen Prämissen ableitbar ist, und der Umstand, daß eine Entscheidung notwendig ist, ein selbständiges determinierendes Moment bleibt" (1996a, 36). "Jede konkrete juristische Entscheidung enthält ein Moment inhaltlicher Indifferenz" (a. a. O.). "Es ist in der Eigenart des Normativen begründet und ergibt sich daraus, daß ein konkretes Faktum konkret beurteilt werden muß, obwohl als Maßstab der Beurteilung nur ein rechtliches Prinzip in seiner generellen Allgemeinheit gegeben ist. So liegt jedesmal eine Transformation vor. Daß die Rechtsidee sich nicht aus sich selbst umsetzen kann, ergibt sich schon daraus, daß sie nichts darüber aussagt, wer sie anwenden soll. [...] Von dem Inhalt der zugrundeliegenden Norm aus betrachtet ist jenes konstitutive, spezifische Entscheidungsmoment etwas Neues und Fremdes. Die Entscheidung ist, normativ betrachtet, aus einem Nichts geboren. Die rechtliche Kraft der Dezision ist etwas anderes als das Resultat der Begründung. Es wird nicht mit Hilfe einer Norm zugerechnet, sondern umgekehrt; erst von einem Zurechnungspunkt aus bestimmt sich, was eine Norm und was normative Richtigkeit ist" (1996a, 37f.).

Dezisionen in reinster Form sind bei Schmitt diejenigen politischen Entscheidungen, welche mit der Frage staatlicher Souveränität und dem politischen Ausnahmefall verknüpft sind, der dann eingetreten ist, "wenn erst die Situation geschaffen werden muß, in der Rechtssätze gelten können. [...] Es gibt keine Norm, die auf ein Chaos anwendbar wäre. Die Ordnung muß hergestellt sein, damit die Rechtsordnung einen Sinn hat. Es muß eine normale Situation geschaffen werden, und souverän ist derjenige, der definitiv darüber entscheidet, ob dieser normale Zustand wirklich herrscht. Alles Recht ist "Situationsrecht". Der Souverän schafft und garantiert die Situation als Ganzes in ihrer Totalität. Er hat das Monopol dieser letzten Entscheidung. [...] Der Ausnahmefall offenbart das Wesen der staatlichen Autorität am klarsten. Hier sondert sich die Entscheidung von der Rechtsnorm, und (um es paradox zu formulieren) die Autorität beweist, daß sie, um Recht zu schaffen, nicht Recht zu haben braucht" (1996a, 19). "Souverän ist, wer über den Ausnahmezustand entscheidet" (1996a, 13), und: "Im Ausnahmefall suspendiert der Staat das Recht, kraft eines Selbsterhaltungsrechtes" (1996a, 18f.).

Nach diesen Zitaten liegt eine "Dezision" für Schmitt in politischen Belangen in zweifacher Hinsicht vor, nämlich als eine nicht aus Normen restlos ableitbare Entscheidung *über* den Ausnahmezustand (vgl. auch 1996a, 13) und als eine aus Normen nicht ableitbare Entscheidung *im* Ausnahmefall, die allererst wieder "Recht schaffen" soll (1996a, 19, s. auch 1996a, 38). Inwiefern die nicht aus Normen ableitbaren, allererst wieder Recht schaffenden Entscheidungen sich bei Schmitt sehr wohl einer reflexiv normativen Orientierung verdanken - wie immer man diese reflexiv bewerten mag - und insofern zwar auch reflexiv nicht ableitbar, aber doch weniger willkürlich und unberechenbar sein mögen, als dies zunächst den Anschein haben mag, wäre meines Erachtens zu diskutieren. Denn berücksichtigt man das von Schmitt angesprochene Selbsterhaltungsrecht des Staates, so scheint mir dies als eine Supernorm interpretierbar, die reflexiv Gründe dafür geben könnte, entgegen aller anderen geltenden (Sub-)Normen und (Sub-)Gesetze zu entscheiden. Die Entscheidung *im* Ausnahmezustand wäre so gesehen reflexiv durch die Entscheidung *über* den Ausnahmezustand begründet und insofern nicht willkürlich und unberechenbar. Daß "im Ausnahmefall die Norm vernichtet" wird (Schmitt 1996a, 19), geschähe selbst nicht ohne reflexive normative Orientierung.

(93) *Fragestellung und Arbeitshypothese*: Ob es vor allem diese reflexive normative Orientierung ist, an der sich die negativen Konnotationen festmachen lassen, die für viele mit dem Schmittschen Dezisionismus einhergehen, und ob sich diesbezüglich juristische von politischen Entscheidungen im Ausnahmezustand unterscheiden, soll im folgenden erörtert werden. Schmitt selbst hat in seinem Vorwort der zweiten unveränderten Auflage zu "Gesetz und Urteil" (1969, 1. Auflage 1912) eine "Normalisierung" seines politischen Dezisionismusverständnisses versucht, indem er auf den aus seiner Sicht bestehenden Zusammenhang zwischen juristischer und politischer Entscheidung hinweist und sein Verständnis von "politischer Entscheidung" auf die staatstheoretischen Konsequenzen seiner juristischen Überlegungen zurückführt: *"Der Gedanke der Eigenständigkeit der Entscheidung hatte aber auch staatstheoretische Konsequenzen. Er führte zu einer Definition der staatlichen Souveränität als politischer*

Entscheidung und zu der Erkenntnis, daß die Diktatur der Schluß der Diskussion ist. In einer heftigen Polemik gegen diese Einsicht hat man die Dezision zu einem phantastischen Willkür-Akt, den Dezisionismus zu einer gefährlichen Weltanschauung und das Wort Dezision *zu einem Schimpf- und Schlagwort entstellt. Demgegenüber behält die Abhandlung vom Jahre 1912 etwas von der Einfachheit des Anfangs. Sie macht den ursprünglichen Sinn des Urteilens und Entscheidens unmittelbar evident. Eine Besinnung auf diesen Anfang könnte dazu beitragen, daß eine polemisch verwirrte Diskussion sich klärt und zu annehmbaren Schlüssen geführt werden kann"* (1969, V; Kursivsetzung wie im Original). Im Rahmen dieser Arbeit ist es nicht leistbar, diesen von Schmitt behaupteten Zusammenhang genauer zu analysieren und zu klären, inwiefern seine staatstheoretischen Konsequenzen sich so scheinbar alternativlos aus seinen juristischen Überlegungen folgern lassen.[98] Es sollen im folgenden aber wenigstens einige Indikatoren dafür angegeben werden, die diese Zusammenhangsthese problematisieren. Mein Eindruck und meine Arbeitshypothese ist dabei, daß Schmitt in "Gesetz und Urteil" im Unterschied zu anderen Arbeiten, wie etwa die "Politische Theologie" oder "Die geistesgeschichtliche Lage des heutigen Parlamentarismus", für unterschiedliche Umgangsweisen mit Dezisionen in juristischen und politischen Zusammenhängen plädiert. Während bei der Frage, wann eine juristische Entscheidung eine "richtige" Entscheidung sei, in "Gesetz und Urteil" sehr wohl Wert auf die sozial vermittelbare Begründung von Entscheidungen gelegt und nach Regulativen im Umgang mit dem dezisionären Moment gesucht wird, spielt dies bei der politischen Entscheidung im Ausnahmezustand bzw. der juristischen letztinstanzlichen Entscheidung, wie sie etwa in der "Politische[n] Theologie" und der "geistesgeschichtliche[n] Lage des heutigen Parlamentarismus" erörtert wird, keine Rolle.

(94) *Juristische Entscheidung*: Wie oben schon zitierend dargelegt, enthält für Schmitt jede juristische Entscheidung ein dezisionäres Moment, weil sie in bezug auf einen konkreten Fall getroffen werden muß, der sich nicht restlos unter die geltenden und generell gehaltenen Normen subsumieren läßt.[99] Nach seinen Ausführungen in "Gesetz und Urteil", in denen Schmitt die Frage behandelt, wann eine richterliche Entscheidung "richtig" zu nennen sei, bedeutet dieser Dezisionismus keineswegs eine Verabschiedung von allen Begründungsversuchen und die Herrschaft von Unberechenbarkeit und Willkür durch jeweilige Rechtsprechende: "Die Begründung gehört zur Entscheidung. [...] Die Entscheidungsgründe sind wesentlicher Bestandteil jeder Entscheidung [...], sie sind nicht bloß für den Umfang der Rechtskraft von Bedeutung, sie wollen nicht bloß die Entscheidung individualisieren. Sie wollen überzeugen" (1969, 82). Und weiter: "Die Entscheidungsgründe wollen also richtigerweise davon überzeugen, daß die Entscheidung, vom Standpunkt v o r der Entscheidung aus betrachtet,

voraussehbar und berechenbar, von dem n a c h der Entscheidung aber "erklärlich", und zwar nicht psychologisch, sondern im Sinne der juristischen Praxis erklärlich ist, d. h. daß ein anderer Richter ebenso entschieden haben würde" (1969, 86). Wenn eine juristische Entscheidung nur dann richtig ist, wenn sie von einem anderen Richter ebenso getroffen worden wäre, dann meint Schmitt mit Verweis auf den oder einen anderen Richter nicht nur irgendeinen einzelnen, sondern "den "andern Richter" als empirischen Typus" (1969, 116; s. auch 41, 71); "der "andere Richter" ist eben der normale juristisch gebildete Richter; wobei das Wort "normal" im quantitativ-durchschnittlichen Sinne gebraucht ist; nicht als Bezeichnung eines Idealtypus, nicht qualitativ-teleologisch" (1969, 79). Die Abhängigkeit einer richtigen Entscheidung von dem anderen Richter als empirischen Typus verweist auf die gesamte Praxis (etwa 1969, 112): "Darüber, ob die Entscheidung richtig ist, entscheidet die Praxis selbst. Sie hat ihr spezifisches Kriterium. Dem entspricht die Formulierung: die richterliche Entscheidung ist dann richtig, wenn ein anderer Richter ebenso entschieden hätte" (1969, 100); "Entscheidend ist immer die gesamte Rechtspraxis, die eine Voraussehbarkeit und Berechenbarkeit der Entscheidung und damit Rechtsbestimmtheit begründet" (1969, 114).

Schmitt betont jedoch, daß obwohl "die Formel der richtigen Entscheidung Momente enthält, die empirische Inhalte einfließen lassen, [...] sie damit nicht eine explikative Erklärung für empirische Vorgänge" werde und die "normative Betrachtung [...] nicht aufgegeben" werde: "Es wird nicht gesagt: die richterliche Entscheidung ist deshalb richtig, w e i l sie von den Richtern allgemein dafür gehalten, sondern w e n n sie dafür gehalten wird" (1969, 79, Anm.1). Mit der letzten Abgrenzung will Schmitt verdeutlichen, daß es bei der Berücksichtigung der anderen Richter nicht um eine Subsumtion einer eigenen Entscheidung unter die der anderen geht: "Ein Richter, der richtig entscheiden will, hat also nicht vorher die Ansichten der andern Richter sozusagen zu kodifizieren und nun zu subsumieren. [...] Sondern er hat sich zu bemühen, daß seine Entscheidung der tatsächlich geübten Praxis entspricht" (1969, 78). Dabei will der Richter "mit den Entscheidungsgründen erst eine allgemeine Entscheidung für den konkreten Fall schaffen; seine Entscheidungsgründe sollen zu einer allgemeinen Überzeugung erst hinführen. Er subsumiert nicht unter Normen in dem Sinne, als ob die Subsumtion Endzweck seiner Tätigkeit wäre. Die Subsumtion unter eine (gleichgültig welche) Norm, ist nicht mehr Schluß und Ziel der Entscheidungsgründe, sondern das Mittel zur Rechtsbestimmtheit. Das, woran sich die Entscheidung legitimiert, liegt nicht v o r ihr (als positives Gesetz, als Kulturnorm, oder Norm des freien Rechts), sondern ist (m i t H i l f e des positiven Gesetzes, der Kulturnorm oder der Norm des freien Rechts) erst zu bewirken. Nicht daß der entscheidende Richter einem Befehle gemäß handelt, konstituiert die Richtigkeit der Entscheidung, sondern, daß sie dem Satze der Rechtsbestimmtheit genügt. Nicht davon ist auszugehn, daß der Richter rückwärts auf einen Willen oder einen Befehl schaut; sondern er benutzt eine Norm (d. h. ihre Wirksamkeit) als Mittel, um zu berechnen, was heute, bei diesen positiven Gesetzen, bei diesem Einfluß der außerpositiven Normen, bei diesen Präjudizien, von der Praxis des Rechts allgemein als richtig betrachtet würde" (1969, 97f.). Schmitt versucht also gewissermaßen, den Willkürspielraum, der sich durch die Nichtsubsumierbarkeit von Entscheidungen aufzutun scheint, durch die Anbindung jeweiliger Entscheidungen, die "richtige" sein wollen, an die gesamte Rechtspraxis zu kompensieren: "In keinem Punkte der Entscheidung aber darf der Richter einem absolut f r e i e n Ermessen, seiner partikularen Subjektivität, seiner persönlichen Überzeugung als solcher folgen" (1969, 79, s. auch 42, 72f.). Die Richtigkeit der Entscheidung bestimmt sich nach "außerhalb seiner Subjektivität gelegene[n], objektive[n] Kriterien" (1969, 103).

Am Beispiel des sogenannten Rechtsgefühls verdeutlicht Schmitt, wie er sich den Umgang mit Subjektivität vorstellt. Aus seiner "Formel", daß eine Entscheidung nur dann richtig ist, wenn ein anderer Richter ebenso entschieden hätte (s. z. B. 1969, 41), folgert Schmitt, daß das Rechtsgefühl nur "als Mittel zur Rechtsbestimmtheit verwertet" werden darf (1969, 96). "Nur in der Funktion eines Mitarbeiters an dem Werke allgemeiner Rechtsbestimmtheit hat das Rechtsgefühl für die Praxis Bedeutung" (1969, 97). Schmitt meint auf diese Weise einem Dilemma zu entgehen, in das alle hineingeraten, die der reinen Subsumtionsthese anhängen und sich nicht an seiner Formel orientieren, wenn sie in die Situation kommen, daß "mehrere verschiedene Entscheidungen sich aus dem Gesetze ableiten lassen (in schwierigen Fällen also fast immer)" und deshalb der Richter darauf angewiesen ist, nach dem "Rechtsgefühl zwischen ihnen zu wählen" (1969, 96). In den meisten Fällen könne nicht erklärt werden, "woher nun auf einmal das Rechtsgefühl [...] hereingebrochen kommt. Entweder macht man Ernst mit seiner Auffassung von der ausschließlichen "Bindung ans Gesetz" und der Forderung, alle Entscheidungen aus dem Gesetze zu begründen - und dann bleibt für das "Rechtsgefühl" nirgends ein Platz; oder aber es gibt außer dem Gesetze in der Praxis auch noch andere maßgebende Dinge. Sonst ist nicht zu begreifen, woher das "Rechtsgefühl" seine Legitimation nehmen soll, bei einem Zwiespalt oder einer Zweideutigkeit die maßgebende, die ausschlaggebende Bestimmung zu treffen. Für die hier vorgeschlagene Formel von der Richtigkeit der Entscheidung entsteht dieses Dilemma nicht" (1969, 96).

(95) *Juristische Entscheidung als »schöpferischer Akt«*: Die Orientierung an der Rechtspraxis korrespondiert für Schmitt nicht mit einer Erstarrung der Recht-

sprechung, sondern läßt »schöpferische Akte« zu, vorausgesetzt, diese sind so begründet, daß andere Richter die Entscheidungen teilen können. Wenn ein Richter "von einer herrschenden Meinung abgeht", so hat er "dies mit so einleuchtenden Argumenten" zu tun, "daß die Abweichung im Bereich der Voraussehbarkeit und Berechenbarkeit liegt. Die Entscheidungsgründe können also unter Umständen praktisch eine schöpferische Bedeutung haben, insofern sie das Tun der andern Richter bestimmen und eine gleichmäßige Praxis zu bewirken imstande sind" (1969, 78f.).[100] Je abweichender eine Entscheidung ausfällt, um so relevanter werden die Begründungen: "je weniger einleuchtend der Zusammenhang mit dem positiven Gesetz, je größer der Einfluß eines noch nicht Gewohnheitsrecht gewordenen oder unartikulierten Rechtsgefühles, um so schwieriger wird die Frage, wie ein anderer Richter entschieden hätte, um so notwendiger werden daher auch die Entscheidungsgründe und eine Häufung ihrer Argumente, zu dem Zwecke, jene ausschlaggebende Gewißheit zu begründen: ein anderer Richter hätte ebenso entschieden" (1969, 89). Sogar eine "gegen den Wortsinn des Gesetzes verstoßende Entscheidung [...] ist unter denselben Voraussetzungen richtig, wie jede andere; nämlich dann, wenn sie von dem andern Richter (der gesamten Praxis) in der gleichen Weise getroffen worden wäre" (1969, 111f.).[101]

(96) *Minimieren von Willkür durch Kollegialgerichte und Instanzenzüge:* Wie sehr es Schmitt in "Gesetz und Urteil" darauf ankommt, daß juristische Entscheidungen nicht willkürlich, sondern möglichst berechenbar und voraussehbar sind, zeigt sich meines Erachtens auch in seinen Überlegungen über die Vorteile von Kollegialgerichten und die Funktion seiner Formel im Falle von Instanzenzügen.

Schmitt sieht die "eigentliche(n) Bedeutung der Mehrheit in der Rechtsprechung" darin, daß durch "Heranziehung der Mehrheit [...] individuelle Besonderheiten in der r e c h t l i c h e n A u f f a s s u n g ausgeglichen werden" sollen: "Es handelt sich also um die Erreichung einer allgemeinen Rechtsbestimmtheit, einer Mitteilbarkeit (d. h. Intellektualisierung) der Entscheidungsgründe, wodurch die Entscheidung voraussehbar und berechenbar gemacht werden soll und auf die Gesamtheit der Rechtspraxis Bezug genommen wird" (1969, 73). Die Aufgabe eines Richterkollegiums besteht nach Schmitt in der "Darlegung von Entscheidungs g r ü n d e n" und ihrer "artikulierten Entwicklung" (1969, 74). Eine "Entscheidung, deren Gründe durch mehrere Richter geprüft sind, hat die größere Wahrscheinlichkeit für sich, daß sie voraussehbar und berechenbar ist, daß die andern Richter ebenso entschieden hätten" (1969, 74f.). Daß diese Prüfung sich nicht nur aus individuellen Einzelentscheidungen zusammensetzt, sondern durchaus diskursiv (beratend) stattfinden sollte, mag man indirekt daraus erschließen, daß Schmitt auch von der "Beratung von E n t s c h e i d u n g s g r ü n d e n" spricht und sich in diesem Kontext gegen das "Ideal eine[r] Massenabstimmung über jede einzelne Entscheidung" wendet (1969,74).[102] - Unabhängig von der Frage, inwiefern eine hohe Begründungsorientierung und "Massenabstimmungen" einander ausschließen bzw. zumindest stark behindern, wird hier meines Erachtens ahnbar, daß es gerade die Begründungsorientierung und das Bemühen um Berechenbarkeit und Voraussehbarkeit sind, die Schmitt eine Verbindung herstellen lassen zwischen Entscheidung und Diktatur, insbesondere wenn man seine negative Einschätzung des Parlamentarismus (1996b, 1. Auflage 1923) hinzunimmt. Ich werde im folgenden in der Diskussion seines politischen Entscheidungsverständnisses hierauf zurückkommen.

In seinen Überlegungen, ob man einen Instanzenzug als Widerlegung für seine "vorgeschlagene Formel, die auf den "andern Richter" verweist", betrachten muß, "indem eine Abänderung durch die höhere Instanz [möglich ist] und die Möglichkeit [besteht], daß drei Instanzen drei verschiedene Entscheidungen treffen" können, stellt Schmitt fest, daß dies "den Zweck einer methodologischen Untersuchung und den Sinn einer Formel für die Richtigkeit der richterlichen Entscheidung" verkennen würde (1969, 76). In seiner Darlegung, was seine Formel in der Funktion als "ein methodisches Prinzip der heutigen Rechtspraxis" (1969, 78) leisten soll, wird meines Erachtens ebenfalls Schmitts Begründungsinteresse und sein Bemühen um Berechenbarkeit und Voraussehbarkeit deutlich: "Eine solche Formel vermeint nicht, das Antlitz der Praxis zu verändern, eine allgemeine Vorschriftsmäßigkeit aller Entscheidungen, die nach ihrem Bekanntwerden ergehen, zu erreichen, die Zahl der Prozesse zu vermindern, das Einkommen der Rechtsanwälte herabzusetzen und die Obergerichte überflüssig zu machen oder wenigstens zu entlasten. Das will sie so wenig, wie eine Formel der Ästhetik Genies schaffen und eine praktische Anleitung zur Produktion von Ewigkeitswerten geben will. Aber das bezweckt sie und soll sie können: Maßstäbe liefern, um eine Entscheidung zu beurteilen; um Entscheidungsgründe auf ihre Beweiskraft zu prüfen; um bei einer unmethodischen Begründung zu zeigen, wie heterogen die Argumente sind, die verwandt werden. Sie soll zeigen, was überhaupt in der Rechtspraxis als Argument gelten kann, und so der Praxis zur Selbstbesinnung auf ihre Mittel und Wege helfen. Erst dadurch erreicht sie auch praktischen Wert. Ihrem Kriterium sind auch die Entscheidungen des höchsten Gerichtshofes unterworfen, und das Problem der Revision (bei einer "Gesetzesverletzung") erhält von ihm aus eine neue Beleuchtung. Daß also zwei Richter verschiedene Entscheidungen fällen, ist kein Einwand; denn es wird ja nur gesagt: die Tendenz und der Sinn ihrer Tätigkeit, ihrer Urteilsbegründungen ist der, so zu entscheiden, wie jeder andere Richter, die Überzeugung von der Voraussehbarkeit und Berechenbarkeit ihrer Entscheidungen darzutun. Sobald sie sich über diesen Sinn ihres

Tuns klar werden, sind sie in der Lage, zu beurteilen, was als Entscheidungsgrund in Betracht kommt, was überhaupt ein vollgültiges Argument ist" (1969, 76f.).

(97) *Zwischenbilanz und offene Fragen*: Mit diesem ausführlichen Zitat möchte ich die Indizienkette für Schmitts begründungsorientierten Umgang mit dem dezisionären Moment in juristischen Entscheidungen beenden. Nicht weiter verfolgt werden können hier die verschiedenen offenen Fragen und Probleme. Ich denke dabei etwa daran, daß Schmitts Orientierung an der Rechtspraxis gegenwartsbezogen und aktualistisch ist, so daß eine problematische (z. B. gleichgeschaltete faschistische) Rechtspraxis erhalten werden mag, wenn sich nicht eine Richterin bzw. ein Richter findet, die bzw. der gute Gründe für neue "bessere" Praxis liefert. (Fatales Merkmal einer solchen Rechtspraxis wäre dabei, daß die jeweiligen praktizierenden Rechtsprechenden sie für eine "richtige" hielten, weil alle zustimmen.) Außerdem wäre meines Erachtens zu klären: Wer bestimmt darüber, wer Richterin bzw. Richter werden darf? Wie wird mit denen umgegangen, die Begründungen für abweichende Rechtsauffassungen zu liefern versuchen? Spielt bei der Einschätzung solcher Versuche eine Einschätzung der Qualität der Gründe eine Rolle? Ist die Ausbildung von Rechtsprechenden so angelegt, daß sie fähig sind, die Qualität von Gründen einzuschätzen? Usw.

(98) *Politische Entscheidung*: Woran liegt es nun, daß man einen ganz anderen Eindruck von Schmitts Entscheidungsverständnis bekommt, wenn man insbesondere seine "Politische Theologie" (1996a) zugrunde legt. Meines Erachtens hängt das damit zusammen, daß es Schmitt in diesem Zusammenhang - vor allem, wenn es um die politische Entscheidung im und über den Ausnahmezustand und um die Frage nach der juristischen letztinstanzlichen Entscheidung geht - auch darauf ankommt, wer eine Entscheidung fällt (und daß sie gefällt wird), und nicht nur, wie sie gefällt wird: "Der Rechtssatz als Entscheidungsnorm besagt nur, wie entschieden werden soll, aber nicht, wer entscheiden soll. Auf die inhaltliche Richtigkeit könnte sich jeder berufen, wenn es keine letzte Instanz gäbe. Die letzte Instanz ergibt sich aber nicht aus der Entscheidungsnorm" (1996a, 38); "Es kommt für die Wirklichkeit des Rechtslebens darauf an, wer entscheidet. Neben der Frage nach der inhaltlichen Richtigkeit steht die Frage nach der Zuständigkeit" (1996a, 40). Das, was Schmitts Entscheidungsverständnis "willkürlich" und "unberechenbar" werden läßt, ist nicht, daß er die Frage nach der Zuständigkeit und Kompetenz für Entscheidungen stellt, sondern es ist das, wodurch jemand zuständig und kompetent ist, und daß diese Zuständigkeit jenseits von Kritik an der Richtigkeit der jeweiligen Entscheidung und Kontrolle durch andere zu bestehen können scheint. Ein Bemühen um inhaltliche Richtigkeit etwa in dem Sinne, daß an andere mögliche Entscheidungsbefugte wie in "Gesetz und Urteil" gedacht wird, ist nicht zu erkennen. Denn

daß "es die zuständige Stelle war, die eine Entscheidung fällt, macht die Entscheidung relativ, unter Umständen auch absolut, unabhängig von der Richtigkeit ihres Inhaltes und schneidet die weitere Diskussion darüber, ob noch Zweifel bestehen können, ab. Die Entscheidung wird im Augenblick unabhängig von der argumentierenden Begründung und erhält einen selbständigen Wert. In der Lehre vom fehlerhaften Staatsakt offenbart sich das in seiner ganzen theoretischen und praktischen Bedeutung. Der unrichtigen und fehlerhaften Entscheidung kommt eine Rechtswirkung zu. Die unrichtige Entscheidung enthält ein konstitutives Moment, gerade wegen ihrer Unrichtigkeit" (1996a, 37). Ausschlaggebend dafür, was für eine Entscheidung getroffen wird, ist letztlich, wer über die entsprechende Autorität und nicht wer über die Wahrheit verfügt. Schmitt schließt sich der Auffassung "Autoritas, non veritas facit legem" an, welche er Hobbes zurechnet (1996a, 39).[103]

Um nachvollziehen und kritisieren zu können, warum es für Schmitt wichtiger sein kann, daß eine politische Entscheidung getroffen wird, als wie sie getroffen wird, und wann eine souveräne Diktatur sinnvoll sein kann, muß man meines Erachtens u. a. Schmitts Verständnisse von einem souveränen Staat, des Politischen und einer politischen Einheit, von Demokratie und Willen des Volkes berücksichtigen. Hinzu kommt außerdem seine Einschätzung der Diskussionskompetenz von Parlamenten und des Liberalismus, der nach Schmitt Entscheidungen zu umgehen versucht. Dieser komplexe Zusammenhang soll hier nur insofern angedeutet werden, als an ihm exemplarisch ein spezifisches Verständnis von Dezisionen sowie ein spezifischer Umgang mit Dezisionen deutlich wird.

(99) *Souveränitätsverständnis*: Zu Beginn dieses Abschnittes wurde schon dargelegt, daß Schmitts politisches Entscheidungsverständnis von seinen Überlegungen zu staatlicher Souveränität und der Bewältigung von politischen Ausnahmezuständen geprägt ist.[104] Dort, wo es um das Selbsterhaltungsrecht des Staates geht, wo die öffentliche Ordnung und Sicherheit gefährdet ist, muß die Ordnung durch eine souveräne Entscheidung wiederhergestellt werden (s. z. B. 1996a, 16). Der Souverän "entscheidet sowohl darüber, ob der extreme Notfall vorliegt, als auch darüber, was geschehen soll, um ihn zu beseitigen. Er steht außerhalb der normal geltenden Rechtsordnung und gehört doch zu ihr, denn er ist zuständig für die Entscheidung, ob die Verfassung in toto suspendiert werden kann" (1996a, 14). Staatliche Souveränität zeigt sich jedoch nicht nur in der Aufrechterhaltung und ggf. Neuschaffung innerstaatlicher Normalität und Einheit, sondern auch in der Befugnis, über Krieg und Frieden mit anderen Staaten entscheiden zu können (s. z. B. 1996c, 46). Für Schmitt kommt das »Wesen des Politischen« dadurch zum Ausdruck, daß im Konfliktfall eine Entscheidung über Krieg und Frieden, über Feind und Freund, getroffen werden kann: "Maßge-

bend ist immer nur die Möglichkeit dieses entscheidenden Falles, des wirklichen Kampfes, und die Entscheidung darüber, ob dieser Fall gegeben ist oder nicht" (1996c, 35). Nur wer stark genug ist, um sowohl einen gegen eigene "Interessen und Prinzipien beschlossenen Krieg zu verhindern" (1996c, 39), als auch stark genug ist, "um selber von sich aus einen Krieg nach" eigener "Entscheidung zu bestimmen", stellt eine "einheitliche politische Größe" dar: Infolge "der Orientierung an dem möglichen Ernstfall des effektiven Kampfes gegen einen effektiven Feind ist die politische Einheit notwendig entweder die für die Freund- oder Feindgruppierung maßgebende Einheit und in diesem (nicht in irgendeinem absolutistischen) Sinne souverän, oder sie ist überhaupt nicht vorhanden" (1996c, 39f., s. auch 43).[105]

Wer das Subjekt der Souveränität ist (Gott bzw. sein irdischer Vertreter, ein Kaiser, Landesherr oder das Volk[106]) und was für eine Souveränität vorliegt, kann nach Schmitt ganz verschieden sein (s. 1996a, 16). Für Schmitt besteht ein Zusammenhang, eine strukturelle Gleichheit, zwischen dem jeweiligen metaphysischen Bild, "das sich ein bestimmtes Zeitalter von der Welt macht", und dem, "was ihr als Form ihrer politischen Organisation ohne weiteres einleuchtet" (1996a, 50f.). Während bei einer theistischen Überzeugung dem Ausnahmezustand in der Jurisprudenz eine analoge Bedeutung wie dem Wunder in der Theologie zugesprochen werde, setzt sich nach Schmitt "die Idee des modernen Rechtsstaates [...] mit dem Deismus durch, mit einer Theologie und Metaphysik, die das Wunder aus der Welt verweist und die im Begriff des Wunders enthaltene, durch einen unmittelbaren Eingriff eine Ausnahme statuierende Durchbrechung der Naturgesetze ebenso ablehnt wie den unmittelbaren Eingriff des Souveräns in die geltende Rechtsordnung" (1996a, 43). Die im 17. und 18. Jahrhundert für Schmitt noch bestehende Korrespondenz zwischen der "Transzendenz Gottes gegenüber der Welt" und der "Transzendenz des Souveräns gegenüber dem Staat" (1996a, 53) und der Vorstellung eines Souveräns, der Weltbaumeister oder zumindest doch Monteur der großen Maschine Welt ist, wird später vom naturwissenschaftlichen Denken verdrängt (s. 1996a, 52). "Die Maschine läuft jetzt von selbst", und das Volk wird zum Souverän (a. a. O.). Mit diesem Wandel geht für Schmitt "das dezisionistische und personalistische Element des bisherigen Souveränitätsbegriffes verloren" (a. a. O.). Dieser Wandel bedeutet für Schmitt eine Veränderung für die Herstellung staatlicher Einheit. In der absoluten Monarchie konnte durch eine Entscheidung der "Kampf widerstreitender Interessen und Koalitionen" beendet "und dadurch die staatliche Einheit begründet" werden, wohingegen die "Einheit, die ein Volk darstellt, [...] nicht diesen dezisionistischen Charakter" habe, "sie ist eine organische Einheit, und mit dem Nationalbewußtsein entstehen die Vorstellungen vom organischen Staatsganzen" (1996a, 53).

(100) *Demokratieverständnis, Einheit des Politischen und Antipluralismus*: Schmitts Demokratieverständnis ist m. E. davon geprägt, wie die Einheit eines Volkes in einer Demokratie hergestellt bzw. erhalten werden kann. Zentral ist dabei, daß Schmitts Begriff des Politischen "*innerhalb* ein und derselben politischen Einheit" antipluralistisch sein muß, weil "an die Stelle der maßgebenden Freund- und Feindgruppierung" kein "Pluralismus treten könnte, ohne daß mit der Einheit auch das Politische zerstört wäre" (1996c, 45).[107] Schmitts Demokratieverständnis ist ein homogenitätsorientiertes, antipluralistisches Verständnis: "Jede wirkliche Demokratie beruht darauf, daß nicht nur Gleiches gleich, sondern, mit unvermeidlicher Konsequenz, das Nicht-Gleiche nicht gleich behandelt wird. Zur Demokratie gehört also notwendig erstens Homogenität und zweitens - nötigenfalls - die Ausscheidung oder Vernichtung des Heterogenen. [...] Die politische Kraft einer Demokratie zeigt sich darin, daß sie das Fremde und Ungleiche, die Homogenität Bedrohende zu beseitigen und fernzuhalten weiß" (1996b, 13f.). Wichtig ist für Schmitt, daß es sich bei "der Frage der Gleichheit [...] um die S u b s t a n z d e r G l e i c h h e i t" handelt, die seit "dem 19. Jahrhundert [...] vor allem in der Zugehörigkeit zu einer bestimmten Nation, in der nationalen Homogenität" bestehe (s. 1996b, 14). Gleichheit ist für Schmitt "nur solange politisch interessant und wertvoll, als sie eine Substanz hat und deshalb wenigstens die Möglichkeit und das Risiko einer Ungleichheit besteht" (a. a. O.). Eine Konsequenz dessen, daß für Schmitt "zur Gleichheit immer auch eine Ungleichheit gehört" ist, "daß eine Demokratie [...] einen Teil der vom Staate beherrschten Bevölkerung ausschließen kann, ohne aufzuhören, Demokratie zu sein, daß sogar im allgemeinen bisher zu einer Demokratie immer auch Sklaven gehörten oder Menschen, die in irgendeiner Form ganz oder halb entrechtet und von der Ausübung der politischen Gewalt ferngehalten waren, mögen sie nun Barbaren, Unzivilisierte, Atheisten, Aristokraten oder Gegenrevolutionäre heißen" (1996b, 15). Dementsprechend ist für Schmitt das "allgemeine und gleiche Wahl- und Stimmrecht [...] vernünftigerweise nur die Folge der substanziellen Gleichheit innerhalb des Kreises der Gleichen und geht nicht weiter als diese Gleichheit" (1996b, 16).[108]

(101) *Abgrenzung vom Liberalismus - Vereinbarkeit von Demokratie und Diktatur*: Schmitt grenzt sein Gleichheits- und Demokratieverständnis von einer liberalen Einstellung ab: "Die Gleichheit aller Menschen als Menschen ist nicht Demokratie sondern eine bestimmte Art Liberalismus, nicht Staatsform sondern individualistisch-humanitäre Moral und Weltanschauung. Auf der unklaren Verbindung beider beruht die moderne Massendemokratie" (1996b, 18f.); an dieser Verbindung von Demokratie und Liberalismus macht Schmitt auch die Krise des Parlamentarismus in den 20er Jahren fest (s. 1996b, 21; 1. Auflage von 1923). Schmitt sieht einen "unüberwindliche[n] Gegensatz von liberalem Ein-

zelmensch-Bewußtsein und demokratischer Homogenität" (1996b, 23). Insofern für Schmitt die Homogenität zentrales Merkmal von Demokratie ist und es einer Diktatur gelingt, "den Willen des Volkes zu bilden und eine Homogenität zu schaffen", ist für ihn diese Diktatur zwar antiliberal, aber nicht antidemokratisch (1996b, 22). In diesem Zusammenhang kritisiert Schmitt es als eine "undemokratische Vorstellung", zu meinen, "das Volk könne seinen Willen nur in der Weise äußern, daß jeder einzelne Bürger, in tiefstem Geheimnis und völliger Isoliertheit, also ohne aus der Sphäre des Privaten und Unverantwortlichen herauszutreten, unter "Schutzvorrichtungen" und "unbeobachtet" - wie die deutsche Reichsstimmordnung vorschreibt - seine Stimme abgibt, dann jede einzelne Stimme registriert und eine arithmetische Mehrheit berechnet wird" (1996b, 22). Demgegenüber betont Schmitt, daß "Volk ein Begriff des ö f f e n t l i c h e n Rechts" und die "einstimmige Meinung von 100 Millionen Privatleuten [...] weder Wille des Volkes, noch öffentliche Meinung" sei (a. a. O.). "Der Wille des Volkes kann durch Zuruf, durch *acclamatio*, durch selbstverständliches, unwidersprochenes Dasein ebensogut und noch besser demokratisch geäußert werden als durch den statistischen Apparat, den man seit einem halben Jahrhundert mit einer so minutiösen Sorgfalt ausgebildet hat. Je stärker die Kraft des demokratischen Gefühls, um so sicherer die Erkenntnis, daß Demokratie etwas anderes ist als ein Registriersystem geheimer Abstimmungen. Von einer, nicht nur in technischen, sondern auch im vitalen Sinne u n m i t t e l b a r e n Demokratie erscheint das aus liberalen Gedankengängen entstandene Parlament als eine künstliche Maschinerie, während diktatorische und zäsaristische Methoden nicht nur von der *acclamatio* des Volkes getragen, sondern auch unmittelbare Äußerungen demokratischer Substanz und Kraft sein können" (1996b, 22f.).

Diktatur und Demokratie sind für Schmitt nicht nur keine Gegensätze, sondern für einen radikalen Demokraten kann es erforderlich sein, zur Diktatur als Mittel zur Schaffung von Demokratie zu greifen (s. 1996b, 37, 41). Nach Schmitt tritt die "Situation, daß die Demokraten in der Minderheit sind, [...] doch sehr oft ein" (1996b, 37). Dann bedarf es eines Programms der Volkserziehung, welches das Volk durch "richtige Erziehung" dahin bringt, "daß es seinen eigenen Willen richtig erkennt, richtig bildet und richtig äußert. [...] Die Konsequenz dieser Erziehungslehre ist die Diktatur, die Suspendierung der Demokratie im Namen der wahren, erst noch zu schaffenden Demokratie. Das hebt die Demokratie theoretisch nicht auf. Es ist aber wichtig, darauf zu achten, weil es zeigt, daß Diktatur nicht der Gegensatz zu Demokratie ist" (a. a. O.).[109] Es kommt also für Schmitt darauf an, wie der Wille eines Volkes gebildet wurde (s. auch 1996b, 36) und ob eine Diktatur übergangsweise notwendig ist. Entscheidend dabei ist dann, "wer über die Mittel verfügt, um den Willen des Volkes zu bilden" (1996b, 37).

(102) *Echte Diskussion und ewiges Gespräch*: Schmitts Kritik an Parlamentarismus und Liberalismus seiner Zeit bezieht sich vor allem auch auf das Diskussionsverhalten im Parlament, welches für Schmitt kein »echtes« ist und welches eher zur »Entscheidungsvermeidung« denn zur »Entscheidungsfindung« beitrage. Unter einer »echten öffentlichen Diskussion« versteht Schmitt "einen Meinungsaustausch, der von dem Zweck beherrscht ist, den Gegner mit rationalen Argumenten von einer Wahrheit und Richtigkeit zu überzeugen oder sich von der Wahrheit und Richtigkeit überzeugen zu lassen. [...] Zur Diskussion gehören gemeinsame Überzeugungen als Prämissen, Bereitwilligkeit, sich überzeugen zu lassen, Unabhängigkeit von parteimäßiger Bindung, Unbefangenheit von egoistischen Interessen" (1996b, 9). Genau dies findet Schmitt zufolge aber nicht statt. Statt dessen werde verhandelt. Zwar seien natürlich auch Verhandlungen "von mancherlei Reden und Erörterungen begleitet", sie sind "aber nicht im prägnanten Sinne Diskussion" (1996b, 10). »Verhandlungen« unterscheiden sich von »Diskussionen« darin, daß es bei ihnen "nicht darauf ankommt, die rationale Richtigkeit zu finden, sondern Interessen und Gewinnchancen zu berechnen und durchzusetzen und das eigene Interesse nach Möglichkeit zur Geltung zu bringen" (a. a. O.). Verhandlungen sollten nach Schmitt nicht öffentlich stattfinden, wohingegen die Öffentlichkeit "bei einer wahren Diskussion vernünftig ist" (a. a. O.).[110] Daß nichts mehr von einer »wahren Diskussion« im Parlament zu finden sei, wird von Schmitt ausführlich beschrieben: "Die Lage des Parlamentarismus ist heute so kritisch, weil die Entwicklung der modernen Massendemokratie die argumentierende öffentliche Diskussion zu einer leeren Formalität gemacht hat. Manche Normen des heutigen Parlamentsrechtes, vor allem die Vorschriften über die Unabhängigkeit der Abgeordneten und über die Öffentlichkeit der Sitzungen, wirken infolgedessen wie eine überflüssige Dekoration, unnütz und sogar peinlich, als hätte jemand die Heizkörper einer modernen Zentralheizung mit roten Flammen angemalt, um die Illusion eines lodernden Feuers hervorzurufen. Die Parteien (die es nach dem Text der geschriebenen Verfassung offiziell gar nicht gibt) treten heute nicht mehr als diskutierende Meinungen, sondern als soziale oder wirtschaftliche Machtgruppen einander gegenüber, berechnen die beiderseitigen Interessen und Machtmöglichkeiten und schließen auf dieser faktischen Grundlage Kompromisse und Koalitionen. Die Massen werden durch einen Propaganda-Apparat gewonnen, dessen größte Wirkungen auf einem Appell an nächstliegende Interessen und Leidenschaften beruhen. Das Argument im eigentlichen Sinne, das für die echte Diskussion charakteristisch ist, verschwindet" (1996b, 10f.). Nach Schmitt geht es nicht mehr darum, "den Gegner von einer Richtigkeit oder Wahrheit zu überzeugen, sondern die Mehrheit zu gewinnen, um mit ihr zu herrschen" (1996b, 11). Mit dieser Einstellung ist man nach Schmitt zu einem relativen Rationalismus gewechselt, für den Wahrheit "zu einer bloßen Funktion eines ewigen Wettbe-

werbs der Meinungen wird" (1996b, 46, s. auch 45). Man verzichte der Wahrheit gegenüber "auf ein definitives Resultat" und lasse sich statt dessen auf eine "ewige Diskussion", ein ewiges Gespräch, ein (1996b, 46). Nun hat Schmitt keineswegs etwas dagegen, daß verhandelt wird und "verständige Kompromisse" geschlossen werden, wie dies seiner Einschätzung nach etwa auch Joseph de Maistre und Juan Donoso Cortés genügend getan hätten (s. 1996a, 65f.). Was er im Anschluß an de Maistre und Donoso Cortés kritisiert, ist, wenn am "entscheidenden Punkt die Entscheidung" suspendiert wird, "indem man leugnet, daß hier überhaupt etwas zu entscheiden sei" (1996a, 66), und statt einer Entscheidung in eine Diskussion ausgewichen wird (s. z. B. 1996a, 63f., 67). Schmitt wendet sich dagegen, "das Ideal des politischen Lebens bestehe darin, daß nicht nur die gesetzgebende Körperschaft, sondern die ganze Bevölkerung diskutiert, die menschliche Gesellschaft sich in einen ungeheuren Klub verwandelt und die Wahrheit sich auf diese Weise durch Abstimmung von selbst ergibt. Donoso hält das nur für eine Methode, die Verantwortung zu umgehen und der Rede- und Preßfreiheit eine übermäßig betonte Wichtigkeit zu geben, damit man sich im letzten nicht zu entscheiden brauche. Wie der Liberalismus in jeder politischen Einzelheit diskutiert und transigiert, so möchte er auch die metaphysische Wahrheit in eine Diskussion auflösen. Sein Wesen ist Verhandeln, abwartende Halbheit, mit der Hoffnung, die definitive Auseinandersetzung, die blutige Entscheidungsschlacht, könnte in eine parlamentarische Debatte verwandelt werden und ließe sich durch eine ewige Diskussion ewig suspendieren" (1996a, 66f.). Wenn Schmitt, ebenfalls im Anschluß an Donoso Cortés, im folgenden die Diktatur als Gegensatz zur Diskussion bezeichnet (a. a. O.), dann ist sie dies also in bezug auf eine »unechte Diskussion«, in die ausgewichen wird, obwohl eigentlich eine »Entscheidung« getroffen werden müßte.[111]

(103) *Zusammenfassender Rückblick*: Versucht man eine zusammenfassende Beschreibung der negativen Konnotationen eines in Auseinandersetzung mit Schmitt gewonnenen Verständnisses von politischer Dezision, die den Ausdruck "Dezisionismus" zu einem "Schimpfwort" haben werden lassen (s. Greven 1992, 193), so scheinen mir diese viel mit der Verbindung von Entscheidungsgewalt mit willkürlicher, Vielfalt eliminierender Herrschaft und Fremdbestimmung Andersdenkender zu tun zu haben, einmal abgesehen von Schmitts Engagement für den NS-Staat.[112] Entscheidung der Herrschenden wird von den Nicht-Herrschenden, aber Betroffenen, als "Widerfahrnis" erlebt, wie Kaufmann formuliert (1988, 323). Nach Kaufmann liegt dies wesentlich mit daran, daß die Möglichkeit der Korrektur besonders "im Falle der politischen Entscheidung [...] in Schmitts Theorie völlig" wegfällt: "Zwar sind die handelnden Instanzen durchaus verpflichtet, "nach Lage der Sache" das Richtige zu tun, um die Ordnung herzustel-

len, bzw. wiederherzustellen [...]. Doch die Möglichkeit der Kritik von unten oder gar die Forderung nach Korrektur würde die *Ordnungsleistung der Dezision* gefährden" (1988, 324). Die jeweils vorgegebene Ordnung "muß von den Betroffenen schicksalhaft hingenommen werden, um den Bürgerkrieg zu vermeiden" (a. a. O.). Kaufmann faßt zusammen: "Das Wesentliche an der nicht räsonierenden, nicht diskutierenden, sich nicht rechtfertigenden Entscheidung, auf die der Staat reduziert wird [...], besteht also erstens darin, daß sie Ordnung schafft, zweitens die staatszerstörenden Kräfte eliminiert, drittens keinerlei Zweifeln ausgesetzt ist. Angesichts der Erfordernis demokratischer Legitimation muß diese schicksalartige Entscheidung, die für so gut wie alle aus dem Volk den Charakter der Widerfahrnis trägt, als Wahlentscheidung des Volkes interpretiert werden" (1988, 326). Wenn hierfür eine spezifische Erziehung und Homogenisierung des Volkes als erforderlich betrachtet wird, werden Merkmale wie "Verschleierung der Aufhebung von Demokratie", "Gleichschaltung", "Indoktrination" bzw. "Manipulation" zu den negativen Konnotationen und Assoziationen bei der Verwendung des Wortes "Dezision(ismus)" hinzukommen.

Knüpft man an die leitende Frage dieses Abschnitts an, was 'Willkür' als Merkmal von 'nicht-hinreichenden Gründen' und 'Nicht-Willkür' als Merkmal von 'hinreichenden Gründen' bedeuten könnte, so scheint es sinnvoll, zwischen der Willkür, die eine Entscheidung für die entscheidungstreffende Person haben mag, und der Willkür, wie sie denjenigen widerfährt, die eine »Entscheidung« anderer vorgegeben bekommen, zu unterscheiden. Für die »entscheidungstreffende« Person scheint mir der Willkürcharakter vor allem darin zu bestehen, daß sie nicht mit hinreichenden Gründen eine mögliche Lösung einer anderen vorziehen kann und deshalb eine willkürlich setzt. Diese willkürliche Setzung mag ihrerseits mit einer reflexiven Begründung einhergehen, das heißt, eine Person mag gute Gründe für die willkürliche Setzung haben, wie etwa bei Schmitt der Souverän, der willkürlich im Ausnahmezustand entscheidet, das Eingreifen aber reflexiv mit der Selbsterhaltung des Staates begründen könnte. Orientiert man sich an den bisherigen Ausführungen, so sind für die »Entscheidungsbetroffenen« meines Erachtens verschiedene Grade der Willkür auszumachen. Nimmt man den Begründungsaspekt als Bezug für Willkür, so ist zunächst einmal auch für die »Entscheidungsbetroffenen« eine Vorgabe, die reflexiv begründet wird, weniger willkürlich als eine, die ohne reflexive Begründung auskommt. Weitere Unterschiede werden vermutlich darin bestehen, ob eine Vorgabe, ein Entscheidungswiderfahrnis, für die Betroffenen voraussehbar und/oder auch nachvollziehbar ist. Können bzw. müssen die Betroffenen mit einer bestimmten willkürlichen Entscheidung im Ausnahmezustand rechnen, weil dies unter den ihnen bekannten staatlichen Rahmenbedingungen folgerichtig ist, oder sind keinerlei reflexive Orientierungen der Entscheidungstreffenden erkennbar? Ist die Vorgabe wenigstens im Nachhinein nachvollziehbar, verstehbar, was keineswegs zu heißen braucht, daß man die Entscheidung selbst so getroffen hätte und ihre Begründung teilt, oder bleibt eine Vorgabe für die Betroffenen gänzlich unverständlich?[113] Der vielleicht schwerwiegendste Aspekt im Willkürerleben der Betroffenen besteht vermutlich in der von Kaufmann betonten Unabänderbarkeit und Kritikimmunität der Vorgabe. Die Willkür der »entscheidungstreffenden« Instanz zeigt sich so gesehen in einem mangelnden Interesse, sich um eine Verbesserung der Begründungsqualität von »Entscheidungen« zu bemühen, was auch bedeuten würde, im Nachhinein offen und interessiert zu bleiben für Kritik, um zukünftig etwa vergleichbare Fehler zu vermeiden (Rationalitätsorientierung). In einer weiterführenden erwägungsorientierten Bestimmung von »Entscheidung« wären solche unterschiedlichen Facetten in der Verwendung des Ausdrucks "Willkür" genauer daraufhin zu analysieren, inwiefern sie zum Verstehen verschiedener kultureller »Entscheidungs-« bzw. »Vorgabekonstellationen« beitragen können. Folgende Erwägungstafel soll die dargelegten Vermutungen und Fragen zusammenführen:

	Entscheidungstreffende/Vorgabe-sendende Instanz (wie z. B. Personen)		*Entscheidungsbetroffene/Vorgabeempfangende Instanz (wie z. B. Personen)*	
	reflexive Begründung der Dezision	*Rationalitätsorientierung*	*Vorgabe ist vorhersehbar*	*Vorgabe ist nachvollziehbar*
1. Zeile:	+	+	+	+
2. Zeile:	-	+	+	+
3. Zeile:	+	-	+	+
4. Zeile:	-	-	+	+
5. Zeile:	+	+	-	+
6. Zeile:	-	+	-	+
7. Zeile:	+	-	-	+
8. Zeile:	-	-	-	+
9. Zeile:	+	+	+	-
...	...	...	...	...
16. Zeile:	-	-	-	-

("+" soll heißen: "liegt vor"; "-" soll heißen: "liegt nicht vor")

Erwägungstafel 16

Bei einer Interpretation der 16 systematisch denkbaren Fälle wäre zu klären, welche als widersprüchlich und nicht sinnvoll einzuschätzen sind. So ist etwa zu fragen, inwiefern eine Konstellation der 4. Zeile sinnvoll sein könnte. Wie kann eine Vorgabe vorhersehbar und nachvollziehbar sein, wenn eine »entscheidungstreffende« Person weder eine reflexive Begründung für ihre dezisionäre Lösungssetzung geben kann noch aktiv daran interessiert ist, die Begründungsqualität der Lösung für Kritik offenzuhalten?

2.4.5.2 Demokratischer Dezisionismus und das Problem von Einheit und Vielfalt

(104) *Fragestellung*: Auch wenn das Wissen um eine bestimmte reflexive Orientierung der »entscheidungs-« bzw. »vorgabetreffenden« Instanz die Willkür für die Vorgabebetroffenen etwas einschränken mag, bedeutet diese Einschränkung keine Minderung der möglichen negativen Bedeutung, die eine solche Vorgabe haben mag. Ein mögliches Vorhersehen und Nachvollziehen einer existentiell bedrohlichen Vorgabe ändert nichts an deren Bedrohlichkeit, auch wenn man ihr vielleicht zu entkommen versuchen kann. Was Schmitts Dezisionismus »bedrohlich« werden läßt, ist meines Erachtens neben den bereits erwähnten Aspekten vor allem auch seine reflexive Einheits-Orientierung, nämlich die »Einheit« des Volkes bzw. des Staates zu wahren.[114] Die Frage ist, ob notwendige politische »Entscheidungen« in dieser - je nach Perspektive einheitsstiftenden oder vielfalts-vernichtenden - Weise getroffen werden müssen. Wäre nicht auch eine reflexive Orientierung denkbar, die sich der Pluralität und dem Erhalt von Vielfalt verbunden fühlt, so daß man zwischen einem einheitsbezogenen und einem vielfalts-bezogenen Dezisionismus unterscheiden könnte? Im folgenden möchte ich auf Michael Th. Grevens Konzept für einen "demokratischen Dezisionismus" als Vorschlag für einen vielfaltsbezogenen Dezisionismus eingehen.

(105) *Unhintergehbarkeit von Dezision*: Greven geht davon aus, daß "Politik unter Bedingungen der Moderne" eine nicht hintergehbare dezisionistische Dimension habe (1992, 199). Diese dezisionistische Dimension ist Ergebnis "von Aufklärung und Säkularisation in der Entwicklung der Moderne westlichen Typs", die dazu geführt habe, "daß in der politischen Gesellschaft keine allgemein anerkannten Prinzipien für dieses [politische] Handeln zur Verfügung stehen" (1990a, 225, Nr. (15); s. auch 1992, 199). Im politischen Prozeß müßten allgemein anerkannte Prinzipien und Normen allererst entwickelt werden. Ihre Geltung könne "nicht vorausgesetzt, sondern muß politisch gestiftet werden. Niemals aus dem "normativen Nichts", wohl aber aus der normativen Pluralität der politischen Gesellschaft heraus muß der politische Prozeß allgemeine Normgeltung hervorbringen" (1992, 199). Unter "demokratischem Dezisionismus" versteht Greven "ein Plädoyer für mehr demokratische Entscheidungen, also mehr Beteiligung bei mehr der Beteiligung zugänglichen Problemen" (1992, 203). "Wo allgemeine Geltungsgründe die Akzeptanz politischer Entscheidungen nicht stiften können, kann der Versuch ihrer Legitimierung nur über die Ausweitung

von Beteiligungsmöglichkeiten erfolgen" (1992, 204). So gesehen sei der demokratische Dezisionismus "kein vermeidbares Übel, sondern eine Chance zur politischen Problembewältigung und aktiven Zukunftsgestaltung: der darin beanspruchte "Primat der Politik" ist keine Rechtfertigung irrationaler Herrschaft, sondern über Partizipationserweiterung eine Alternative zum post-modernen Quietismus" (1992, 205). Oder, wie Greven an anderer Stelle schreibt: ""Dezisionismus" ist doch keine Kampfparole ewig Gestriger oder eine sittliche Gefährdung für die vermeintlich intakte Moral der Linken, sondern: daß die Menschen in der politischen Gesellschaft entscheiden müssen heißt auch, daß sie es tun können. Sie übernehmen damit Verantwortung in einer Freiheit ohne vorgegebene Maßstäbe" (1990b, 259, Nr. (7)).

(106) *Emphatischer, pragmatischer und demokratischer Dezisionismus*: Greven will sich mit seinem demokratischen Dezisionismus sowohl von einem "emphatischen Dezisionismus", dem er Schmitt zurechnet, als auch von einem "pragmatischen Dezisionismus" im Sinne Lübbes abgrenzen (s. 1992, 198ff.). Während der emphatische Dezisionismus die Ausnahme zur Regel und sie "emphatisch aber wirklichkeitsfremd zum "Wesen" der Politik überhaupt" mache (1992, 198), habe der pragmatische Dezisionismus einen Hang zur Bewahrung des status quo und der Wahl von Bewährtem, zum Verlassen auf Routinen und die Tendenz, Probleme eher zu verwalten und kleinzuarbeiten, statt zu entscheiden (s. 1992, 201). Gleichwohl Greven es für eine "angemessene Analyse des politischen Prozesses" hält, daß Politik häufig in der Tat eher einer guten Verwaltung ähnelt, "bei der im Grundsatz klar ist, um die Lösung welcher Probleme es sich augenblicklich dreht und welche Mittel dafür einzusetzen wären, hätte man sie nur" (a. a. O.), und er die routinemäßige Bearbeitung von gesellschaftlichen Problemen nicht geringschätzen will (s. 1992, 202), befürchtet er angesichts grundlegender gesellschaftlicher Fragen und Probleme, daß diese nicht auf diese Weise bewältigt werden können: "Unter Legitimationsgesichtspunkten reißt eine immer tiefere Kluft zwischen der sich tendenziell radikalisierenden gesellschaftlichen Problemwahrnehmung und der Wahrnehmung der politischen Entscheidungsroutinen auf, die in der Paradoxie mündet, daß niemand mehr der Politik zutraut, was doch allein politisch gelöst werden könnte" (a. a. O.). Von einem demokratischen Dezisionismus erhofft Greven sich eine "Repolitisierung", die" Rückgewinnung oder auch Schaffung von Entscheidungsspielräumen und Entscheidungsalternativen", mit Hilfe derer man auf gesellschaftliche innen- und außenpolitische Probleme "relativ erfolgreich reagieren" könne (s. 1992, 202f.).

Grevens demokratischer Dezisionismus beinhaltet als "normative Prämisse" die individuellen Beteiligungsmöglichkeiten, und insofern ist er ein vielfaltsbezogener Dezisionismus (s. 1992, 204). Doch die Einbeziehung möglichst vieler garantiert nicht, daß Demokratie, Menschenrechte und Emanzipation gesichert sind. Denn: "Nichts ist von Gottes Gnaden, natürlicher Ordnung oder Naturrecht, Entwicklungsgesetz oder evolutionären Standards her gesichert - das ist eine unhintergehbare moderne Einsicht in die Moderne. Demokratie, Menschenrechte, Emanzipation ebenso wie totaler Staat, Weltkrieg und Auschwitz gehören nicht der Vorgeschichte der Moderne zu, sondern sind in ihr politisch entschieden worden. So wie es für Demokratie, Menschenrechte und Emanzipation keine Sicherung und verbindliche Begründung jenseits des politischen Prozesses in der Geschichte gibt, so in ihm keine Sicherheit vor den schrecklichen Folgen ihrer Verfehlung. Die politische Gesellschaft bezeichnet Gefährdung und Chance zum Besseren, die Situation bleibt auch nach jeder historischen Entscheidung kontingent, die einmal "gesicherten" Standards prekär. [...] Der Demokratie helfen am Ende nur Demokraten und sie zu bilden, ist für jede Generation eine neue Aufgabe" (1990, 258f., Nr. (7)).[115]

Die grundlegende Frage und Herausforderung für demokratisch pluralistische Gesellschaften, die dies auch bleiben oder allerst werden wollen, scheint mir demnach die Förderung des »Entscheidungswissens« und der »Entscheidungskompetenzen« (einschließlich von Fähigkeiten im Umgang mit Dezisionen als nicht-hinreichend begründeten Lösungssetzungen) ihrer Mitglieder zu sein.[116] Schmitt ist diesbezüglich eher skeptisch, wenn er meint, daß bei Wahlen "die Mehrheit der in geheimer Einzelabstimmung antwortenden Staatsbürger weder reaktionär noch fortschrittlich, sondern einfach unpolitisch" seien, indem sie sich der "sachlichen Entscheidung zu entziehen" suchten und diejenige Antwort geben würden, "welche das Minimum von Entscheidung bedeutet" (1993, 280). Die Frage ist jedoch meines Erachtens, inwiefern ein allmählicher Wandel eher traditioneller, vorgabeorientierter Kulturen bislang überhaupt mit einer aktiven Entwicklung zu eher entscheidungsorientierten Kulturen einhergegangen ist und welche alternativen Konzepte für Entscheidungskulturen dabei bisher verfolgt und erprobt worden sind.[117] In diesem Zusammenhang wird es nicht unwichtig sein, wie die Bejahung individueller Entscheidungsmöglichkeiten und damit einhergehender Vielfalt an sozial verteilt vorliegenden unterschiedlichen Lösungsvorlieben mit einer gemeinsamen, von allen geteilten Grundlage einhergeht. Holczhauser nennt dies den "Doppelkonflikt" von "Einheit und Vielheit", in dem er die "Grundfrage des Ordnungsproblems" sieht (1990, 212ff.).

(107) *Einheit und Vielfalt*: Je nach Sichtweise stellen sich bei stärkerer Betonung des staatlichen Prinzips der Einheit[118] oder eher stärkerer Betonung des Prinzips der Vielfalt bzw. Vielheit (Pluralität) verschiedene Fragen. Aus der einheitsorientierten Sicht mag etwa gefragt werden: "Wie wird die Vielheit, die Pluralität der Akteure in eine Einheit überführt? [...] Was geschieht mit der Plu-

ralität, nachdem die Einheit herbeigeführt wurde? Wird sie vernichtet, oder aber kann sie (wenn auch in einer abgewandelten Gestalt) mit der Einheit zusammen bestehen?" (Holczhauser 1990, 212). Holczhauser unterscheidet zwischen einer Einheitsstiftung als Integration durch Konsens und Integration durch Zwang. Erstere wolle die Pluralität nicht zerstören, letztere würde die ursprüngliche Pluralität unterdrücken (a. a. O.). Aus einer pluralitätsorientierten Sicht stellt sich vor allem die Frage: "wie bzw. wie weit kann man die Pluralität fördern [...], ohne die Einheit zu zerstören" (1990, 213). »Einheit« aus pluralitätsorientierter Sicht wird nach Holczhauser dabei im Sinne eines Minimums an Gemeinsamkeit für sinnvoll erachtet, deren Funktion darin bestehe, zu verhindern, daß Konflikte gewaltsam gelöst werden (a. a. O.). Holczhauser führt verschiedene Strategien an, die beiden Prinzipien »Einheit« und »Vielheit« zu vereinbaren. Einerseits "besteht die Möglichkeit, das jeweils ausgeklammerte Prinzip als eine "Voraussetzung", das "Vorverständnis" der Theorie usw. stillschweigend mitzudenken. Man kann faktisch eine Synthese der entgegengesetzten Prinzipien vollziehen, ohne sie explizit zum Gegenstand der Theorie zu machen" (1990, 216). Pluralisten bzw. Pluralistinnen können so beispielsweise "den jeweiligen Ausgang des Interessenkampfes als "gerecht" bewerten, weil sie voraussetzen, daß diese Ansicht von den Beteiligten selbst vertreten wird, also eine Homogenität vorhanden ist" (1990, 217). Andererseits besteht die Möglichkeit, "beide Prinzipien in die Theorie aufzunehmen und ihnen verschiedenen theoretischen Rang zuzubilligen", wobei die "Kriterien der Abstufung [...] sehr vielfältig sein" können (a. a. O.). So beruhe etwa in Schmitts Verfassungslehre "die "Höherwertigkeit" des Einheitsprinzips auf seiner (extensionalen) Allgemeinheit, gegenüber dem Prinzip der Pluralität, das nur Partikularität repräsentiert" (a. a. O.).

Es fällt auf, daß sowohl beim theoretisch nicht-reflektierten und impliziten »Syntheseverfahren« als auch beim theoretisch reflektierten und expliziten »Rangordnungsverfahren« nicht thematisiert wird, wie viel Zustimmung die jeweils leitende Orientierung sozial hat. Unterscheidet man zwischen einer jeweils aktuellen »Entscheidungskonstellation« und einer auf sie bezogenen reflexiven »Entscheidungskonstellation«, dann scheinen mir Holczhausers Beispiele davon auszugehen, daß hinsichtlich der leitenden Orientierung, sei dies nun eine pluralistische oder einheitsorientierte, jeweils Einigkeit besteht (1. und 3. Zeile nachfolgender Erwägungstafel). Zu vermuten ist aber, daß die Problemlage von Einheit und Vielfalt sich reflexiv wiederholt und man nicht davon ausgehen kann, daß alle Mitglieder einer sozialen Einheit in allen Fragen die gleiche reflexive Orientierung haben (2. und 4. Zeile nachfolgender Erwägungstafel):

	Individuelle reflexive Orientierung	Sozial findet die reflexive Orientierung
1. Zeile:	Einheit	nur Zustimmung
2. Zeile:	Einheit	auch Ablehnung
3. Zeile:	Vielfalt	nur Zustimmung
4. Zeile:	Vielfalt	auch Ablehnung

Erwägungstafel 17

So gesehen wäre auch zu bedenken, wie man mit Einheit und Vielheit hinsichtlich der jeweiligen reflexiven Orientierung umgehen will, und es wäre herauszufinden, ob es vielleicht irgendeinen Punkt bei der Iteration dieser Problemlage gibt, wo es keinen Sinn mehr macht, sie weiter zu berücksichtigen.

(108) *Rückblick und Ausblick*: Mit diesem Exkurs zu Folgefragen, die bei einer Befürwortung eines demokratischen Dezisionismus zu stellen wären, möchte ich die Überlegungen zu der Frage, inwiefern 'Willkür' ein Merkmal von 'nicht-hinreichenden Gründen' sein und wie Willkür »Entscheidungen« prägen mag und was 'Nicht-Willkür' mit 'hinreichenden Gründen' zu tun haben und wie dies in Entscheidungen zum Tragen kommen könnte, abbrechen. Die Berücksichtigung von Schmitts Dezisionismus ist meines Erachtens wichtig, um die negativen Konnotationen der Ausdrücke "Dezision" bzw. "Dezisionismus" und "Entscheidung" zu verstehen und zu erfassen. Durch die Frage nach einem alternativen Umgang mit Dezisionen und der Diskussion von Grevens demokratischem Dezisionismus wird andererseits aber auch deutlich, daß das Problem weniger ist, daß es je nach Rationalitätsverständnis ein mehr oder weniger hohes Ausmaß an Unbegründetheit in »Entscheidungszusammenhängen« gibt, die individuell und sozial als mehr oder weniger willkürlich erlebt werden mag, sondern daß es darauf ankommt, wie mit dem dezisionären Moment umgegangen wird. Daß es bisher kaum eine "Ethik der Dezision" gibt, wie sie Birnbacher am Ende seines Artikels erwägt, um "mit dem irreduzibel Willkürlichen der Dezision verantwortlich umzugehen" (1992a, 15, Nr. (39)), mag man als einen weiteren Indikator dafür nehmen, wie viel noch für eine adäquate Bestimmung von Entscheidungskulturen zu tun ist.[119] Eine weiterführende Arbeit hierfür wäre sicherlich, die im Rahmen dieser Arbeit zunächst einmal mehr oder weniger eklektisch zusammengetragenen Dimensionen verschiedener Verwendungsweisen des Ausdrucks "Entscheidung" erwägungsorientierter aufzubereiten, als dies hier geschehen kann. Dabei scheint mir das zuletzt diskutierte Problemfeld um Dezision oder Nicht-Dezision (hinreichende und nicht-hinreichende Gründe), Wissen und Nicht-Wissen, Rationalität, Deduzierbarkeit, Letztbegründung und Willkür ein besonders schwieriges Feld für eine adäquate erwägungsorientierte

Aufschlüsselung zu sein. Der nun folgende Abschnitt zur Diskussion um das Merkmal 'Bewußtsein' bei der Verwendung des Ausdrucks "Entscheidung" reicht für viele mit in dieses Problemfeld hinein.

2.5 'Bewußtsein' als mögliches Merkmal von »Entscheidung«

(109) *Verschiedene Verwendungsweisen des Terminus "Bewußtsein"*: Ob »Bewußtsein« überhaupt ein notwendiger Bestandteil von allen »Entscheidungen« oder nur ein Merkmal spezifischer, etwa »rationaler« Entscheidungen ist, hängt nicht nur davon ab, wie man das Wort "Entscheidung" verwendet, sondern auch davon, was man unter "Bewußtsein" einschließlich seiner Abgrenzung zu "Nicht-Bewußtsein" (und verwandter Termini wie "Unterbewußtes", "Vorbewußtes" o. ä.) versteht. Da es sich um einen Ausdruck handelt, der äußerst verschieden verwendet wird und dessen Gebrauch mit einer Vielzahl an strittigen und grundlegenden Fragen einhergeht (vgl. etwa Krämer 1996a, Metzinger 1996 und Walter 1998), können hier nur solche Aspekte berücksichtigt werden, die zu einem Erwägungshorizont der verschiedenen Verwendungsweisen des Ausdrucks "Entscheidung" gehören. Die Zielsetzung dieses Abschnittes läßt sich deshalb auch dahingehend charakterisieren, daß es darum geht, ein »Bewußtsein«, das nach den folgenden Überlegungen als "repräsentationales Bewußtsein" bezeichnet werden mag, für unterschiedliche Verwendungsweisen von "Bewußtsein" und seine Relevanz für »Entscheidung« zu schaffen.

Sybille Krämer nennt vier Fragen, mit denen man "den Stand der zeitgenössischen Bewußtseinsdebatte" ausloten und einen Überblick über die Vielfalt der verschiedenen Positionen gewinnen könne (1996b, 11):
- *"Wie verhalten sich phänomenale und repräsentationale Aspekte des Bewußtseins zueinander?"* (a. a. O.)
- *"Ist das Phänomen des Bewußtseins naturalisierbar?"* (1996b, 12)
- *"Das Bewußtsein - ein Faktum oder eine Fiktion?"* (1996b, 13)
- *"Welche Rolle spielen sprachanalytische Erwägungen für die Klärung des Bewußtseinsbegriffes?"* (1996b, 14).
Ich möchte hier allein die Unterscheidung der ersten Frage aufgreifen sowie die letzte Frage kurz streifen, insofern sie die erste betrifft.

Mit ihrer Unterscheidung zwischen phänomenalen und repräsentationalen Verständnissen von "Bewußtsein" faßt Krämer verschiedene Gegenüberstellungen, wie die von »zuständlichem« und »intentionalem Bewußtsein« (z. B. Ferdinand Fellmann 1996), »nicht-begrifflichem« und »begrifflichem Bewußtsein« (z. B. Martin Kurthen 1996), »Relationen- und Eigenschaftstheorien des

Bewußtseins« (z. B. Krämer 1996c, 38) oder »Selbstbewußtsein ohne Selbstzu-schreibung« und »Selbstbewußtsein mit Selbstzuschreibung« (z. B. Hermann Schmitz 1996), zusammen (Krämer 1996b, 11). Während z. B. Schmerz- oder Farbwahrnehmungen für ein phänomenales Bewußtseinsverständnis beispiel-hafte Phänomene sind (z. B. Kurthen 1996, 22; Schmitz 1996, 171), muß für ein repräsentationales Bewußtseinsverständnis der Aspekt der Reflexivität oder Intentionalität hinzukommen: "Bewußt ist also, wer nicht nur sieht, denkt, fühlt und etwas will, sondern zugleich weiß, daß er sieht, denkt, fühlt und etwas will" (Krämer 1996c, 39); "Paradigmatische bewußte begriffliche men-tale Episoden sind die Meinungen oder generell die propositional verfaßten intentionalen Zustände" (Kurthen 1996, 22). Orientiert man sich an den bei-den Zitaten von Krämer und Kurthen, dann schränkt der Aspekt der Reflexivi-tät die Verwendung des Ausdrucks "Bewußtsein" noch mehr ein als der As-pekt der Intentionalität. Die Unterscheidung von begrifflichem und nicht-be-grifflichem Bewußtseinsverständnis darf nach Kurthen nicht automatisch dazu führen, "das nichtbegriffliche mit dem phänomenalen Bewußtsein zusam-menzuwerfen, das begriffliche hingegen mit dem intentionalen. Dem wider-spricht, daß intentionale mentale Episoden auch phänomenale nichtbegriffliche Aspekte haben können [...]; ebenso können phänomenale mentale Zustände intentional sein (eine Wahrnehmung-von-etwas)" (Kurthen 1996, 22). Für Kur-then gilt deshalb nur: "alle begrifflichen Bewußtseinsphänomene sind (auch) intentional, alle nichtbegrifflichen Bewußtseinsphänomene sind (auch) phäno-menal" (a. a. O.).

Wie auch immer die genaueren Bestimmungen und Abgrenzungen zwischen einem weiter gefaßten phänomenalen und einem enger gefaßten repräsentatio-nalen Bewußtseinsverständnis aussehen mögen, für eine erste exemplarische Verknüpfung mit der Analyse verschiedener Verständnisse von "Entscheidung" ist diese Unterscheidung hilfreich.

(110) »Entscheidung« und »Bewußtsein« im enger gefaßten, repräsentationa-len Sinne: Wenn es in der Literatur wie bei Szyperski und Winand zu den kon-stitutiven Merkmalen des Entscheidungsbegriffs zählt, daß die "Wahlhandlung [...] bewußt vollzogen werden" muß (1974, 4), kommt dabei ein repräsentatio-nales Bewußtseinsverständnis zum Tragen. Die »Bewußtheits-Prämisse« von Szyperski und Winand bezieht sich reflexiv auf den Vorgang der Entscheidung, wenn sie schreiben: "Entscheidung muß als Vorgang begriffen und also auch geplant, organisiert und überwacht werden" (a. a. O.). Auch ihre Abgrenzung zu instinktiven und habitualisierten Handlungsentscheidungen belegt dies: "In-stinktive oder habitualisierte Handlungen werden nicht als Entscheidungen ein-gestuft [...]. Auf diese Weise werden alle Aktivitäten ausgeklammert, die durch

gewohnheitsmäßiges Agieren oder unbewußtes Nichthandeln zu faktischen Veränderungen der Realität führen" (a. a. O.).

Auch für McCall gehört repräsentationales Bewußtsein zu seinem Verständnis von "Entscheidung". Für ihn ist das *bewußte* Erwägen von Alternativen konstitutiv für seine Verwendung des Ausdrucks "(praktische) Entscheidung": "[...] the position adopted in this paper is that there is no choice or decision without conscious consideration of alternatives" (1987, 266, Anm. 10). Und weiter: "This action [a decision] must be performed consciously and intentionally, the notion of someone deciding to do something unconsciously or unintentionally being absurd" (1987, 273). "Decisions [...] require that the decider be explicitly aware of two or more alternative courses of action" (1987, 274). Dabei stellt das Erwägen von alternativen Handlungsmöglichkeiten bei praktischen Entscheidungen eine "imaginative representation of possible futures" (1987, 283) dar. (Zu einer Problematisierung seines Verständnisses vgl. McCalls Überlegungen zum Bergkletter-Beispiel in der folgenden Nr. (113).)

Denkt man an diejenigen, die den Ausdruck "Entscheidung" nicht für alltägliche Wahlsituationen, sondern vor allem bzw. nur für außerordentliche Konflikt- und Krisensituationen verwenden möchten, so ist zu vermuten, daß hierbei ebenfalls Bewußtsein als repräsentationales Bewußtsein relevant ist. Wenn z. B. für Thomae zu "echten" Entscheidungen ein "Konflikt zwischen Grundüberzeugungen und existentiellen "Anliegen"" (1992, 92, Nr. (19)) gehört, dann scheint repräsentationales Bewußtsein notwendig zu sein. Thomae selbst schreibt an anderer Stelle, daß die Funktion des Bewußtseins als "eine Reaktion auf bestimmte Störungen des unmittelbaren Lebensvollzugs" um "so mehr [...] eingeschaltet sein" muß, "wo die Störung des Vollzugs so tiefgründig und persistent ist wie innerhalb der echten Entscheidung" (1960, 232).

Welche Konsequenzen folgen aus einem Entscheidungsverständnis, für das repräsentationales Bewußtsein kennzeichnend sein soll, wenn man an die eingangs zu Kapitel II aufgeführten Beispiele denkt (s. II. 2.1, Nr. (5))? Zum einen werden Vertreterinnen und Vertreter eines solchen Entscheidungsverständnisses das Lichtschalter-Beispiel im Sinne des Abgrenzungszitats von Szyperski und Winand als gewohnheitsmäßiges Handeln interpretieren. Die Frage, ob dem Drücken des Lichtschalters, obwohl man implizit weiß, daß dies keinen Sinn macht, weil die Glühbirne defekt ist, eine (nicht-bewußte) »Entscheidung« zugrunde liegt, würden sie verneinen. (Zur Bestimmung und Abgrenzung von "Gewohnheit" vgl. auch II. 2.2.1, Nr. (17).) Weiterhin ist anzunehmen, daß diejenigen, für die Bewußtsein bei »Entscheidungen« mit Reflexivität verknüpft ist, es ablehnen werden, etwa im Schnuller-Beispiel, im Schachcomputer-Beispiel hinsichtlich der Spielzüge des Computers oder im Schimpansen-Beispiel den Ausdruck "Entscheidung" zu verwenden. Wird "Bewußtsein" im engen repräsentationalen Sinne als ein Merkmal von Entscheidung betrachtet, schränkt das den Kreis möglicher Entscheidungsträgerinnen und -träger ein. Besonders deutlich ist dies, wo "Bewußtsein" nur an Sprache gekoppelt verwendet wird, wie etwa bei Schleichert, was Krämer als Beispiel für ein repräsentationales Bewußtseinsverständnis auffaßt (s. Krämer 1996b, 12). Schleichert stellt eine »Identitätsthese« auf, nach der "Bewußtsein und Sprache *identisch* sind: *Bewußtsein = Sprache*" (1996, 57): "Ein Bewußtsein, von dem der Mensch nichts bemerkt und von dem er auf Befragen nichts mitteilen kann, gibt es nicht. Wenn ein Mensch nicht sagen kann, was ihm gerade bewußt ist, dann ist ihm gar nichts bewußt" (1996, 58); "Wo unklar ist, ob man von »wirklicher« Sprache reden darf, ist auch unklar, ob man von »echtem« Bewußtsein reden darf, und umgekehrt" (1996, 63). "Sprache" will Schleichert dabei im Sinne des alltäglichen Normalfalles verstanden wissen: "der wache, gesunde, unabgelenkte Mensch beherrscht die Sprache; Säuglinge, Tiere und Grammophone können nicht sprechen" (a. a. O.). Auch sprachfähige Erwachsene haben nach Schleichert nur Bewußtsein, wenn sie sprechen, "gleichviel ob laut oder bloß »im Geist«" (1996, 57). Konkret heißt dies, wie Schleichert an anderer Stelle formuliert: "der konzentrierte Redner hat Bewußtsein, der konzentrierte Sologeiger nicht. [...] Daß der Redner Bewußtsein hat, der Geiger nicht, bedeutet nach der Identitätsthese auch nichts weiter, als daß der Redner redet, der Geiger aber geigt" (1992, 209f.).

Schleicherts Gleichsetzung der Ausdrücke "Sprache/Sprechen"[120] mit "Bewußtsein" ist eine besonders eng repräsentational gefaßte Verwendung des Terminus "Bewußtsein". Seine Identitätsthese führt letztlich dazu, auf den Ausdruck "Bewußtsein" verzichten zu können: "Die Identitätsthese behauptet, die Wörter "Bewußtsein" und "Sprechen" seien zwei verschiedene und mit verschiedenen Assoziationen verbundene Bezeichnungen desselben Phänomens in zwei verschiedenen Dialekten. Der eine, ursprüngliche Dialekt ist der linguistische. In ihm sprechen wir über ein öffentlich zugängliches Phänomen, die Sprache. Der andere, später erlernte und etwas gekünstelte Dialekt ist der mentalistische. In ihm scheinen wir über geheimnisvolle, unzugängliche und unerklärliche Geschehnisse zu sprechen. Die Identitätsthese stellt nun die Behauptung auf, daß beide Dialekte ohne Rest ineinander übersetzbar sind. [...] Die Identitätsthese erlaubt es, den Begriff "Bewußtsein" zu eliminieren; sie bestreitet aber selbstverständlich nicht, daß mit diesem Begriff ein Sachverhalt bezeichnet wird. Es *macht* einen Unterschied, ob mir etwas bewußt ist oder nicht. Aber dieser Unterschied ist der Unterschied zwischen Sprechen und Nicht-Sprechen" (1992, 206f.).[121]

Es bleibt unbenommen, den Terminus "Bewußtsein" in dieser Weise zu gebrauchen. Ohne hier jetzt einen Streit um Worte beginnen zu wollen, stellt sich aber m. E. dennoch die Frage, ob man mit dieser Gleichsetzung nicht unnötig auf einen hilfreichen Ausdruck verzichtet. Die Elimination des Terminus "Bewußtsein" befreit ja nicht davon, sehr heterogene Sachverhalte beschreiben und bezeichnen zu müssen.[122] Bedeutet die Identitätsthese und der Verzicht auf "Bewußtsein" nicht, daß sehr Verschiedenes von Schleichert als "nicht-bewußt" bezeichnet werden muß? Mit welchen Ausdrücken will Schleichert beispielsweise den Zustand und das qualitative Erleben einer konzentriert spielenden Sologeigerin, die sich verspielt hat, abgrenzen von der Bezeichnung dessen, was zwischen dem »Verlieren« eines Gedanken- bzw. Handlungsfadens und seinem plötzlichen und unerwarteten »Wiederfinden« geschieht, wenn man die »Suche« bereits aufgegeben hat? Es könnte lohnend sein, die Kontroversen um verschiedene Verwendungsweisen von "Bewußtsein" auch einmal ausführlich und erwägungsorientiert systematisch an Beispielen zu analysieren. Aber dies wäre eine eigene Arbeit.

(111) *»Entscheidung« und »Bewußtsein« im weiter gefaßten, phänomenalen Sinne:* Wer ein Bewußtseinsverständnis vertritt, das phänomenales Erleben von z. B. Schmerzen, Farben, Freude mit umfaßt, welches weder sprachlich benannt noch reflektiert wird, der bzw. die wird "Bewußtsein" auch zur Bezeichnung von verschiedenen Zuständen insbesondere bei Säuglingen und Tieren verwenden wollen. So vertritt Schmitz etwa die Auffassung, daß "Tiere, Säuglinge und Idioten" zwar nicht das Vermögen besäßen, "sich auf ihr Selbst als Subjekt und besondere Sache, der sie Zustände, Taten und Leiden zuschreiben können, zu besinnen", sich "aber dennoch durch ihr affektives Betroffensein [...] bewußt" haben, "ohne sich als Subjekt bewußt zu haben" (1996, 176). Bewußtsein in diesem Verständnis ist nicht an Sprache und Wissen gebunden, wie z. B. Frank betont: "Psychische Zustände sind mir aber auch dann bekannt, wenn ich keine Theorie kenne, die ich hinsichtlich ihrer für wahr halte (ich bin gegebenenfalls auch ohne gültige Theorie über die Liebe verliebt). Darum können Tiere und Kinder vor dem Spracherwerb Selbstbewußtsein haben" (1996, 82f.).[123]

Unter welchen Annahmen, wenn man »phänomenales Bewußtsein« berücksichtigt, sind die zu Beginn von II. 1, Nr. (2) geschilderten Beispiele aus der Säuglingsforschung, welche auch in die Beispielssammlung (s. II. 2.1, Nr. (5)) aufgenommen worden sind, adäquate Beispiele für »Entscheidung«?

Interessant sind in diesem Zusammenhang die Ausführungen von Edmund Husserl (1985) zur vorprädikativen Erfahrung und zum vorprädikativen Denken.

Für Husserl ist "U r t e i l e n   i m   p r ä g n a n t e n   S i n n e [...], sich so oder so [zu] entscheiden, und ist somit Entscheidung für oder Entscheidung gegen, A n e r k e n n u n g   o d e r   A b l e h n u n g ,   V e r w e r f u n g" (348). Husserl versucht zu zeigen, daß alle Urteilsmodalitäten schon in der Rezeptivität auftreten, daß es ein "vorprädikative[s] Urteilen als eine niedere Stufe der Aktivität des Ich (als Stufe der Rezeptivität), des wahrnehmenden Betrachtens, Explizierens" (63) gibt. "Jede erfassende Zuwendung, die das im Fluß der sinnlichen Erfahrung Gegebene festhält, sich ihm aufmerksam zuwendet, betrachtend in seine Eigenheiten eindringt, ist schon eine Leistung, eine Erkenntnisaktivität unterster Stufe, für die wir auch bereits von einem   U r t e i l e n   sprechen können" (62). Wenn Husserl die Strukturen der Rezeptivität in der vorprädikativen Erfahrung z. B. hinsichtlich des Feststellens von Verwandtschaft (Homogenität) und Fremdheit (Heterogenität) beschreibt (z. B. 76ff.), so scheint diese Beschreibung eine hohe Nähe zu dem zu haben, wie man sich gegenwärtig die Wahrnehmung von Säuglingen vorstellt.

(112) *Exkurs: Identifizierung, Imitation und »Entscheidung«*: Die von Husserl erfaßten vorprädikativen Entscheidungsleistungen sowie die Verhaltensweisen von Säuglingen in den sogenannten Schnuller-Experimenten lassen sich auch als "Identifizierungsleistungen" beschreiben. Bei Friedhart Klix findet man Überlegungen zum Verhältnis von Identifizierung und »Entscheidung«. Nach Klix können einfache Signalerkennungsexperimente so interpretiert werden, "daß bereits einfachste Identifizierungsleistungen Entscheidungsprozesse einschließen, die von bestimmten, intern gebildeten Entscheidungskriterien abhängen. Tatsächlich ist jeder menschliche Beobachter mit Vorabinformationen ausgestattet, auf Grund derer die von Informationsquellen ausgehenden Signale in bestimmter Weise erwartet und in Zusammenhang mit vorgegebenen oder erfahrenen inneren Zuständen bewertet werden" (1971, 338f.). Klix sieht außerdem einen Zusammenhang zwischen der Fähigkeit erfolgreicher Identifizierung und zunehmender Entscheidungssicherheit: "Der Informationsgewinn erfolgreicher Identifizierungen führt zur Erhöhung der Diskriminationsfähigkeit von Reizeinwirkungen. Dies vermindert die Unsicherheit im Entscheidungsprozeß" (1971, 289).[124] Bezogen auf die Beteiligung von phänomenalem und/oder repräsentationalem Bewußtsein regen die Überlegungen von Klix zu folgenden Fragen an[125]: Welche Identifizierungsleistungen erfordern welche Bewußtseinsaktivitäten? Was könnten "nicht-bewußte" Identifizierungsleistungen sein? Bei welchen Wortverwendungen wären solche nicht-bewußten Identifizierungen als "Entscheidungen" zu bezeichnen?

Am Beerenpflück-Beispiel und am Puppe-Mensch-Beispiel lassen sich meines Erachtens unterschiedliche Arten von Identifizierungsleistungen in »Entscheidungszusammenhängen« verdeutlichen. Im Beerenpflück-Beispiel muß das Kind allererst fähig werden, sein Wissen um den Unterschied zwischen Himbeeren und Erdbeeren beim Beerenpflücken anzuwenden. Im Puppe-Mensch-Beispiel muß das Schwanken zwischen unterschiedlichen Einschätzungen nichts mit ungeübtem Identifizierungsvermögen der sich dem Schaufenster nähernden Person zu tun haben. Die hier vorliegenden Identifizierungsschwierigkeiten können allein daran liegen, daß der Gegenstand der Identifizierung nicht deutlich genug wahrnehmbar ist (etwa wegen ungeputzter Schaufensterscheiben, blendenden Lichtverhältnissen o. ä.). Die Unterscheidung zwischen Identifizierungskompetenz und Qualität der Erkennbarkeit des zu Identifizierenden bleibt auch dann bestehen, wenn man beide Aspekte dergestalt aufeinander bezieht, als man es als Merkmal einer geübten Identifizierungskompetenz betrachtet, auch unter ungünstigen Bedingungen adäquate Identifizierungen vornehmen zu können. Kombiniert man das Vorhandensein einer geübten Identifizierungskompetenz mit der Qualität der Erkennbarkeit des zu Identifizierenden, so ergeben sich folgende vier Möglichkeiten:

	Identifizierungs- *kompetenz*	*Gute Erkennbarkeit des* *zu Identifizierenden*
1. Zeile:	geübt	ist gegeben
2. Zeile:	geübt	ist erschwert
3. Zeile:	ungeübt	ist gegeben
4. Zeile:	ungeübt	ist erschwert

Erwägungstafel 18

Das Beerenpflück-Beispiel ist der 3. Zeile und das Puppe-Mensch-Beispiel in der gerade skizzierten Version der 2. Zeile zuzurechnen. Die 1. Zeile gibt eine Situation wieder, in der es keine Identifizierungsprobleme gibt. Die 4. Zeile stellt die schwierigste Konstellation dar. Variiert man die beiden Beispiele, so läge sie etwa vor, wenn das Kind unter ungünstigen Lichtverhältnissen Beeren pflückt bzw. die Person vor dem Schaufenster hinsichtlich des Identifizierens von Schaufensterpuppen ungeübt ist.

Bezogen auf die Frage der Verwendung der Termini "Bewußtsein" und "Entscheidung" ist vor allem die erste Zeile interessant. Während bei den anderen drei Zeilen ja jedes Mal wenigstens hinsichtlich eines Aspektes eine Unsicherheit vorliegt, scheint es im Falle der 1. Zeile keine Probleme zu geben. Die Frage, ob man dennoch von einer "Entscheidung" sprechen will, hängt m. E. auch davon ab, welche Vorgänge man bei einem gewohnheitsmäßigen Identifizieren im Nicht-Bewußten vermutet und für erforderlich hält. Findet bei einem gewohnheitsmäßigen Identifizieren der Beeren eine nicht-bewußte Erwägung und Bewertung von Himbeeren und Erdbeeren, also eine nicht-bewußte »Entscheidung«, statt, von der wir nur noch phänomenal das Ergebnis, die Lösungsrealisierung, mitbekommen, nämlich, daß sich der Eimer langsam füllt? Wie würde sich ggf. ein solches Vermögen feststellen lassen? (vgl. hierzu auch den nächsten Abschnitt Nr. (114)). Oder sollte man den Ausdruck "Entscheidung" besser nicht für solche "klaren" Verhältnisse wie die der 1. Zeile verwenden? Wie läßt sich dann aber der Übergang, die Grenze etwa zwischen noch »entscheidungsabhängigen« und »entscheidungslosem« Beerenpflücken bestimmen und benennen?

(113) *Grenzen und Übergänge zwischen phänomenalem und repräsentationalem Bewußtsein*: Wann braucht ein Kind zum Identifizieren und Pflücken unterschiedlicher Beerensorten keine bewußten reflexiven Überlegungen mehr anzustellen - und, wie McCall vermutet, keine kognitiven Entscheidungen mehr zu treffen? Bei McCall findet man ein weiteres für diese Problemlage interessantes Beispiel. Für McCall ist *bewußtes* (intentionales) Erwägen von Alternativen Bestandteil von handlungspraktischen Entscheidungen (s. II. 2.5, Nr. (110)). Mit der Analyse eines Bergkletter-Beispiels, in dem eine Person scheinbar ohne Erwägungen reagiert, problematisiert McCall seine Überlegungen - jedenfalls dann, wenn man das Wort "deliberation" ähnlich wie "consideration" verwendet, wovon man meines Erachtens in diesem Aufsatz von McCall ausgehen darf. Er erörtert, ob es Konstellationen geben mag, die man sehr wohl als »Entscheidungen« auffassen könnte, in denen aber keine Alternativen bewußt erwogen würden: "A climber on a difficult rock face notices that above him there are two minimal handholds, one a tiny horizontal crack and the other a barely adequate vertical pressure hold. Since he is resting, he merely takes cognizance of them. Bud suddenly he feels his feet slipping. Making a split-second decision, he reaches up for the pressurehold. Did he deliberate? One way of interpreting this question would be to say that it means, did he evaluate the two alternatives in a comparative fashion? And perhaps the answer to this question is no, he didn't have time. Perhaps he just had to opt for one, and hope it was the better of the two. This would not prevent what he made from being called a 'decision,' but it would seem to radically reduce if not entirely eliminate the process of deliberation. So our conclusion might be, that not every decision must be preceded by a process of deliberation, unless we are willing to allow that this process may be as rapid as the decision itself" (1987, 273).

Wendet man auf diese Überlegungen die Unterscheidung zwischen phänomenalem und repräsentationalem Bewußtsein an, so läge in diesem Beispiel zwar kein repräsentationales, wohl aber ein phänomenales Bewußtsein ("notices", "takes cognizance") bezüglich der Alternativenwahrnehmung vor. Daß McCall zweifelt, ob man hier noch von "Entscheidung" sprechen sollte, könnte m. E. ein Indikator für ein repräsentationales Bewußtseinsverständnis sein. Interessant ist McCalls Bergkletter-Beispiel auch aus zwei weiteren Gründen. Indem McCall hier die Bewußtseinsfrage nur an einem Aspekt von Entscheidung (dem Erwägen) diskutiert, gelangt man einerseits zur Frage, inwiefern »Bewußtsein« - in welchem Verständnis auch immer - allen Komponenten von Entscheidung zukommen soll oder ob man auch »nicht-bewußte« Anteile bei der Verwendung des Terminus "Entscheidung" zuläßt (s. hierzu den nächsten Abschnitt II. Nr. (114)).[126] Kann man z. B. »nicht-bewußt« erwägen, aber »bewußt« bewerten oder umgekehrt »bewußt« erwägen, aber »nicht-bewußt« bewerten?[127] Zum zweiten veranschaulicht das Bergkletter-Beispiel meines Erachtens ein weiteres Problem der Grenzziehung. Es stellt sich die Frage, wie knapp die Zeit ausfallen darf, die noch ein repräsentational bewußtes Erwägen und Entscheiden ermöglicht. Reicht hierfür der Bruchteil einer Schrecksekunde? Ab wann nimmt man nicht mehr repräsentational, sondern nur noch phänomenal wahr, einmal angenommen, phänomenales Wahrnehmen sei weniger zeitaufwendig als repräsentationales Wahrnehmen? Auch für ein phänomenales Bewußtseinsverständnis läßt sich fragen, ab wann ein qualitatives Erleben nicht mehr bewußt erfolgen kann, weil die Zeit fehlt. Findet dann statt dessen vielleicht so etwas wie ein »nicht-bewußtes« Erwägen und eine »nicht-bewußte Entscheidung« statt, wenn dies zeitlich schneller gehen würde als bei bewußten Prozessen? Ab wann sollte man vielleicht eher von "instinktiven Reaktionen" und "Verhaltensweisen" oder auch von "eingeübten Gewohnheiten", im Sinne von "automatischem Handeln", als von "(praktischen Handlungs-)Entscheidungen" sprechen? (Vgl. hierzu die in II. 2.2.1, Nr. (17)f. skizzierten unterschiedlichen Positionen.)

(114) *Gibt es nicht-bewußte »Entscheidungen« und spielt Nichtbewußtes eine Rolle in »Entscheidungen«?* Orientiert man sich zunächst einmal nur an der Verwendung der Worte "bewußt" bzw. "nicht-bewußt" und verwandten Termini wie "unbewußt", so lassen sich gegensätzliche Positionen ausmachen. Während etwa für McCall Bewußtsein und Entscheidung eigentlich zusammengehören und die Vorstellung nichtbewußter Entscheidungen ihm absurd erscheint (1987, 273, s. o. II. 2.5, Nr. (110)), stellen andere, wie etwa Gary S. Becker für seinen ökonomischen Ansatz, fest: "Im übrigen unterstellt der ökonomische Ansatz nicht, daß die Entscheidungsträger sich notwendigerweise ihrer Maximierungsbemühungen bewußt sind, oder daß sie in informativer Weise Gründe für die systematischen Muster in ihrem Verhalten verbalisieren oder sonstwie beschreiben können. Der ökonomische Ansatz ist daher vereinbar mit der Betonung des Unbewußten in der modernen Psychologie [...]" (1993, 6). Wie darge-

legt worden ist, kann sehr Verschiedenes unter "Bewußtsein" verstanden werden, und je nach Verständnis wird man zu unterschiedlichen Annahmen über die Bedeutung von "Nicht-Bewußtsein" sowie die Relevanz von Bewußtsein und Nicht-Bewußtsein für »Entscheidungen« gelangen. Nähme man etwa Schleicherts Identitätsthese als Bezug, dann könnte es nicht-bewußte »Entscheidungen« nur geben, wenn diese nicht-sprachlich getroffen werden könnten. Orientierte man sich an Krämers Unterscheidung zwischen phänomenalem und repräsentationalem Bewußtsein, so wäre Sprache kein Merkmal zur Unterscheidung von bewußten und nicht-bewußten »Entscheidungen«. Denn ein phänomenales Bewußtsein, wie z. B. beim Schmerz- oder Farbenerleben, muß nicht mit Sprache/Sprechen einhergehen. Ob man »Entscheidungen« auch ohne phänomenales und repräsentationales Bewußtsein konzipieren mag, hängt m. E. davon ab, welche Fähigkeiten man dem Nicht-Bewußten zurechnet. Wenn es für jemanden z. B. zu »Entscheidungen« dazugehört, daß Alternativen begrifflich (repräsentational) erfaßt werden, dann wäre m. E. zu klären, inwiefern dies eine spezifische Fähigkeit des Bewußten ist oder auch vom Nichtbewußten geleistet wird. Folgt man den Ausführungen von Walter J. Perrig u. a. (1993), dann ist die unbewußte Begriffsbildung bisher kein "beliebtes Forschungsgebiet" (1993, 65) und die Resultate sind insgesamt gesehen "recht widersprüchlich", weil die Kontrollen der Experimente zur unbewußten Begriffsbildung "nicht ausreichen, um die Hypothese der unbewußten Begriffsbildung eindeutig bewerten zu können" (1993, 67). Auch hier wäre wieder eine Grenz- bzw. Übergangsfrage zu beachten: Wann ist etwas noch bewußt und wann nicht mehr? Kann man überhaupt eine solche Grenze feststellen, oder gibt es, wie Cheney und Seyfarth meinen, was "immer die genaue Definition oder Funktion von Bewußtsein sein mag, [...] keinen Grund, von vornherein zu erwarten, daß Bewußtsein eine diskretere Fähigkeit als Zuschreibung ist, die ein Organismus entweder hat oder nicht hat"[128] (1994, 321). Es ist hier nicht möglich, diesen Problemstrang weiter zu verfolgen. Angesichts fehlender systematisch-erwägender Erforschung der verschiedenen Möglichkeiten scheint es mir aber wichtig zu sein, sich nicht voreilig verbreiteten Traditionen etwa dergestalt anzuschließen, daß Reflexivität und Rationalität eher eine Sache des Bewußtseins und Emotionalität, Willkür oder Triebgesteuertheit eher eine Sache des Nicht-Bewußten seien.

»Bewußtsein« als Bestandteil von »Entscheidung« muß keineswegs als unvereinbar damit gesehen werden, daß an »Entscheidungen« auch »Nichtbewußtes« beteiligt ist. Wenn Thomae Bewußtsein als eine notwendige Begleiterscheinung bei »echten Entscheidungen« ansieht (zuletzt zitiert in II. 2.5, Nr. (110)), so heißt dies nicht, daß es für ihn keine unbewußten Bestandteile und Anteile bei Entscheidungen gibt. Im Gegenteil, Thomae weist nachdrücklich darauf hin, daß vieles auch unbewußt abläuft (s. 1960, 164, 187, 232f.), und er vermutet, daß Bewußtes und Unbewußtes in der Regel bei Entscheidungen gut zusammenarbeiten: *"Eine eindeutige Diskrepanz oder Desintegration zwischen dem, was in der Bewußtseinsebene und dem, was im Unbewußten geschieht, dürfte innerhalb des Entscheidungsgeschehens doch zu den Ausnahmen* gehören" (s. 1960, 233).[129] Zu bestimmen und zu klären wäre hiernach nicht nur, in welchem Ausmaß welche Art von »Bewußtsein« bei »Entscheidungen« vorhanden sein muß, sondern auch welche Aspekte in einem »Entscheidungszusammenhang« bewußt sein müssen und bei welchen dies nicht notwendig ist oder sogar hinderlich wäre.[130]

Einen für diese Arbeit interessanten Gesichtspunkt in der Diskussion um bewußte und nicht-bewußte Entscheidungen findet man bei Szyperski und Winand. Sie formulieren zwar für ihr Entscheidungsverständnis eine "Bewußtheitsprämisse" (s. o. II. 2.5, Nr. (110)), halten andererseits es aber keineswegs für ausgeschlossen, daß Entscheidungen unbewußt getroffen werden können. Für sie führt Bewußtheit aber zu einem wesentlichen Qualitätsunterschied, und die Bewußtheitsprämisse rückt ihres Erachtens "ein »pädagogisches« Problem in den Vordergrund: Wie können die genannten Anforderungen [Wahl zwischen Alternativen, Rationalität, Bewußtheit] *vor dem Entschluß* in das Bewußtsein des Entscheidungssubjektes gebracht werden? Das ist deshalb eine so wichtige Frage an die Entscheidungstheorie, weil Entscheidungen in wesentlichen Teilen häufig »unbewußt« getroffen und erst im nachhinein rationalisiert werden. Ein derartiges Vorgehen mindert in der Regel die Qualität der getroffenen Entscheidung" (1974, 4). Denn, wie oben bereits zitiert: "Entscheidung muß als Vorgang begriffen und also auch geplant, organisiert und überwacht werden" (a. a. O.). Hiernach wäre 'Bewußtsein' im Sinne von 'reflexiver Bewußtheit' eigentlich eher ein Kriterium, mit dem man verschiedene Arten von »Entscheidungen« unterscheiden könnte. Die Frage ist, ob hier nicht vielleicht ein vorschnelles Mißtrauen gegenüber nicht-bewußten intuitiven und nicht-bewußten reflexiven Fähigkeiten zum Ausdruck kommt bzw. reflexive und rationale Fähigkeiten nicht als Fähigkeiten des Nichtbewußten erwogen werden. Für eine zu entwickelnde Erwägungsdidaktik, die sich u. a. der Vermittlung von Vielfalts- und »Entscheidungskompetenz« verpflichtet fühlt und für die ich im folgenden (s. III. 2., Nr. (17)f.) noch Vorschläge machen werde, wäre deshalb die pädagogische Problemstellung zu erweitern: Zu einem (vorläufigen) theoretischen und handlungspraktischen Wissen über verschiedene Verständnisse von »Entscheidungen« würde die Sensibilisierung für jeweiliges (vorläufiges) Nicht-Wissen über »Entscheidungen« gehören. Vermittlung von »Entscheidungskompetenz« wäre so gesehen immer auch die Aufforderung zu eigener »Entscheidungsforschung«.

(115) *Zum Problem der Verantwortlichkeit von Handlungen, die nicht auf »be-wußten Entscheidungen« basieren*: Diejenigen, die »entscheiden« können, müssen damit rechnen, ihre »Entscheidungen« zu verantworten. Umgekehrt werden nur diejenigen für verantwortlich gehalten, die auch die Möglichkeit zur »Entscheidung« hatten. Dieser Zusammenhang scheint relativ unproblematisch, solange man dabei an »bewußte (repräsentationale) Entscheidungen« denkt. Was aber ist mit Situationen, in denen die Zeit für eine »bewußte (repräsentationale) Entscheidung« fehlt? Kann man jemanden für etwas verantwortlich machen, wenn er oder sie nicht »bewußt (repräsentational) entscheiden« konnte?

Gudrun-Anne Eckerle und Bernhard Kraak scheinen mir diese Problemlage auflösen zu wollen, indem sie auch bezüglich spontaner Handlungen, wie etwa gewalttätiges Handeln Jugendlicher, bezweifeln, daß dieses die Jugendlichen einfach so überkäme: "Es gibt aber genügend empirische wissenschaftliche Daten, die gegen diese Behauptung sprechen. Auch spontane Handlungen werden durch Erwartungen und Bewertungen begründet. Und das Argument, es ginge alles viel zu schnell, um so viel Nachdenken zu ermöglichen, kann durch ein Gedankenexperiment erschüttert werden. Wenn wir uns vorstellen, wie wir beim alltäglichen Sprechen, etwa in einer Dialogsituation, unser Sprechverhalten wählen und variieren, dann wird deutlich, daß auch in kürzester Zeit Erwartungen und Bewertungen und subjektive Bilanzen das Verhalten bestimmen können. Wenn wir sprechen, wählen wir nicht nur die Inhalte aus, die wir mitteilen wollen, sondern auch unseren Sprachstil, der zum Beispiel eher volkstümlich-derb oder vornehm-feinsinnig ausfallen kann, und damit die Wahl einzelner Wörter und die Lautstärke und die Stimmlage. Und ganz zweifellos entschieden wir uns für diese verschiedenen Sprechhandlungen, weil wir von ihnen bestimmte Wirkungen auf den oder die Zuhörer erwarten und diese Wirkungen teils wünschen und teils vermeiden möchten" (1993, 76).

Diese These von Eckerle und Kraak läßt sich meines Erachtens gut nachvollziehen, wenn man an nicht-alltägliche Situationen denkt, wie z. B., wenn man eine Aussage vor Gericht abzugeben hat, frisch verliebt ist und nach geeigneten Worten zur Annäherung sucht, sich in einem Bewerbungsgespräch befindet oder zum ersten Mal einen freien Vortrag vor einem großen Publikum hält. Hinsichtlich vieler gewohnter Situationen würde ich hingegen vermuten, daß man auch bezüglich der Wahl der Worte, Lautstärke und Stimmlage Routinen entwickelt (s. o. die Diskussion zu Schleicherts Bewußtseinsverständnis II. 2.4, Nr. (110), insbesondere Anmerkung 120). Ist man vielleicht trotzdem verantwortbar für gewohnheitsmäßiges Verhalten bzw. Verhalten, welches nicht aus »bewußten Entscheidungen« hervorgegangen ist? Bei Viktor E. Frankl findet man einen Antwortvorschlag auf diese Frage (1975).

Viktor E. Frankl diskutiert die Problemlage an einem Rettungs-Beispiel, in dem ähnlich wie in dem Bergkletterer-Beispiel von McCall jemand blitzschnell und ohne »bewußte (repräsentationale) Entscheidung« handelt: "Ein Mensch springt von einer Brücke ins Wasser. Ein anderer springt ihm nach, um ihn zu retten. Nachdem ihm das geglückt ist, fragen wir ihn, wie ihm diese Entscheidung innerlich möglich gewesen sei. Er antwortet uns aber, von einer Entscheidung könne keine Rede sein, vielmehr sei der Versuch einer Lebensrettung für ihn eine Selbstverständlichkeit gewesen" (1975, 313). Für Frankl ist diese Situation ein Beispiel dafür, "dass es auch unbewusste Entscheidungen gibt. Als unbewusst wären solche Entscheidungen zumindest in dem Sinne zu bezeichnen, dass sie - in ihrem Vollzug - unreflektiert sind" (1975, 313). Seine Begründung dafür, daß es unbewußte Entscheidungen gibt, lautet, daß es keine Selbstverständlichkeiten an sich gibt, sondern daß etwas nur für jemanden aufgrund von Entscheidungen hierzu werden kann: "So zeigt sich denn, dass jede selbstverständliche, unreflektierte und in diesem Sinne unbewusste Entscheidung das letzte Glied einer ganzen Kette von Entscheidungen vorstellt, wobei die jeweils erste Entscheidung, die Urentscheidung, die Vorentscheidung, mehr [oder][131] minder bewusst gewesen sein mag. Mit ihr jedoch, mit dieser Vorentscheidung, fielen die vielen, immer weniger bewussten Nachentscheidungen. Die Entscheidungen wurden immer weniger wissentlich - trotzdem blieben sie willentliche, waren sie frei-willige Entscheidungen" (1975, 313/314).

Der letzte Satz des Zitats bietet m. E. eine Antwortmöglichkeit auf die Frage, wann man auch für Handlungen verantwortlich gemacht werden kann, denen aktuell keine »bewußte Entscheidung« mehr vorausgegangen ist. Relevant ist, daß etwa ein spezifisches Verhalten irgendwann einmal bewußt entschieden wurde, nicht das Ausmaß der Bewußtheit bei einer aktuellen Handlung. Ob man dann diese nicht-mehr bewußten Abläufe "nicht-bewußte Entscheidungen" nennen will, um so vielleicht die Verantwortbarkeit besser erinnerbar zu halten, oder einen anderen Ausdruck wählt, ist eine Sache der Wortfestlegung. Für eine Erarbeitung eines erwägungsorientierten Entscheidungsverständnisses sowie eine Erwägungsdidaktik scheinen mir diese Überlegungen inhaltlich aber bedeutsam zu sein. Für den Umgang mit Vorgaben (Traditionen, Gewohnheiten) hat dies m. E. zur Folge, daß deren sogenannte Entlastungsfunktion (von Entscheidungen) differenzierter gefaßt werden muß. Frankls Rettungs-Beispiel macht deutlich, daß man auch für die Traditionen, denen man folgt, oder die Gewohnheiten, die man entwickelt oder übernimmt, verantwortlich sein kann, weil sie irgendwann einmal zur »Entscheidung« standen. Nun mag man einwenden, daß es geradezu charakteristisch für Traditionen sei, in sie hineinsozialisiert worden zu sein und meist eben nicht zu wissen, ob und aus welchen »Entscheidungszusammenhängen« sie hervorgegangen sind. Selbst wenn man aber annimmt, jemand könne Gewohnheiten und Traditionen leben, ohne irgendwann einmal eine »Entscheidung« getroffen zu haben, bleibt die »reflexive Entscheidungsebene«. Denn daß man einer Vorgabe folgt oder nicht folgt, mußte vermutlich »entschieden« werden. Wenn die Übernahme von Vorgaben wenig bewußt erfolgt, dann scheint mir für eine Erwägungsdidaktik wichtig zu sein, herauszufinden, wie ein »entscheidungsbewußter« Umgang mit Vorgaben gefördert werden kann. Derartige Traditionsvermittlung ist vielleicht nur noch realisierbar, wenn sie zugleich ihre eigene potentielle Kritik mitliefert. Erwägungsforschungsstände scheinen hierbei zu ermöglichen, daß Positionen bezogen und Traditionen vertreten und vermittelt werden könnten, wobei zugleich mit den erwogenen Alternativen der »Entscheidungszusammenhang« bewahrt und kritisierbar bliebe.

3. Trägerinnen und Träger von Entscheidungen

(116) *Problemverortung und Aufgabenstellung*: Die Frage nach Trägerinnen und Trägern von »Entscheidungen« hat zwar nicht direkt etwas mit einer Erörterung verschiedener Verständnisse von "Entscheidung" zu tun. Dennoch soll hierauf unter spezifischen Aspekten eingegangen werden, weil die Diskussion zu dieser Frage die Konsequenzen verschiedener Entscheidungsverständnisse herausarbeiten läßt. Wer oder was als Träger bzw. Trägerin von »Entscheidungen« angesehen wird, hängt davon ab, was man genau unter einer "Entscheidung" verstehen will und welche Kompetenzen man für das Treffen von »Entscheidungen« für erforderlich erachtet. Je allgemeiner das jeweilige Entscheidungsverständnis ist, desto größer das Spektrum potentieller Trägerinnen und Träger von »Entscheidungen«. Bei einem sehr eng gefaßten Verständnis könnte dann nur ein sprachfähiger, (repräsentational)bewußter, reflexions- und rationalitätsfähiger Mensch, der in der Lage ist, perspektivisch relevante Sachverhalte als solche zu erkennen und entsprechend verantwortlich mit ihnen umzugehen, als Träger bzw. Trägerin von »Entscheidungen« erfaßt werden. Bei einem allgemeineren Verständnis hingegen wird man Säuglinge, Tiere und vielleicht sogar Roboter für »entscheidungsfähig« halten. Nach Hubert Feger findet man im angelsächsischen Bereich sogar die Verwendung des Ausdrucks "decision" bei der Beschreibung von neuronalen Zuständen, wo Neuronen als Entscheidungsträger gesehen werden, die eine Entscheidung treffen, "ob sie einen Impuls abgeben oder nicht" (1992, 48, Nr. (1)).

Ich möchte nun hier nicht im einzelnen verschiedene Kombinationen unterschiedlicher Entscheidungsverständnisse mit unterschiedlichen Trägerinnen und Trägern aufführen, sondern innerhalb dieses Spektrums exemplarisch einen Problemstrang herausgreifen, für den das Schimpansen-Beispiel und das Schachcomputer-Beispiel stehen. Will man eine vorschnell anthropozentrische Sichtweise vermeiden, so scheint es mir erforderlich zu sein, sich genauer mit der Möglichkeit von »nicht-menschlichen Entscheidungen« zu befassen. Ein Grund dafür, diese Problemlage eher nur am Rande zu streifen, könnte darin liegen, die (moralischen, juristischen, philosophischen, theologischen) Folgeprobleme und Konsequenzen zu befürchten. Denn in dem Maße, wie (bestimmten) Tieren und (bestimmten) Computern/Robotern »Entscheidungsvermögen« zugesprochen würde, müßte man sich u. U. zumindest in einigen Fällen die Frage stellen, ob man noch so mit ihnen umgehen sollte, als wenn sie seelen- und entscheidungslose "Wesen" wären (vgl. Otto Neumaier, der die Folgen einer mentalistischen Einstellung gegenüber Computern und Tieren anspricht, 1989, 344). Da mir in der Literatur vor allem anschauliche Beispiele über tierisches Verhalten als potentielles »Entscheidungsverhalten« aufgefallen sind, beschränke ich mich im folgenden auf die Erörterung von Tieren, und zwar exemplarisch auf die Erörterung von Schimpansen und Bienen als potentiellen Trägern bzw. Trägerinnen von »Entscheidungen«.[132]

Außerdem möchte ich in diesem Abschnitt noch einen anderen Aspekt ansprechen. Neben dem Problem, wer oder was als einzelne, einzelner oder einzelnes Träger bzw. Trägerin von »Entscheidung« sein kann, ist auch zu fragen, ob man den Ausdruck "Entscheidung" verwenden will, wenn mehrere Trägerinnen bzw. Träger beteiligt sind, wie etwa im Zeitschriften-Gründungs-Beispiel. In der Literatur wird die Thematik von "Mehrpersonenentscheidungen" (im Unterschied zu "Einpersonenentscheidungen" (s. z. B. Eisenführ/Weber 1994, 297ff.)) oder "Multipersonale[n] Entscheidungsträger[n]" (im Unterschied zum "Unipersonale[n] Entscheidungsträger[n]" (s. z. B. Szyperski/Winand 1974, 44f.)) unter verschiedenen Stichworten erörtert, wie z. B. "Gruppenentscheidungen" (Eisenführ/Weber a. a. O., Albert Martin 1998), "Entscheidung in Gruppen" (Laux 1998, 401ff., s. auch Laux/Liermann 1997, 77ff.) oder "kollektive Entscheidungen" (Kirsch 1994, 153ff.). Auch die zu dem Stichwort "spieltheoretische Entscheidung" stattfindenden Diskussionen behandeln Mehrpersonenentscheidungen und zwar unter der besonderen Bedingung von "konfliktären Interessen" der Entscheidungsbeteiligten und in Abgrenzung von Kollektiventscheidungen, "die mehrere Personen als Gruppe" gemeinsam und kooperierend treffen (Eisenführ/ Weber 1994, 298). Im Rahmen der Zielsetzung dieser Arbeit, einen Erwägungshorizont für die verschiedenen Verwendungsweisen des Terminus "Entscheidung" zu erarbeiten, kann diese umfangreiche Diskussion nur gestreift werden. Geht man davon aus, daß die wesentlichen zu klärenden Merkmale individueller Entscheidung auch für Entscheidungen mit mehreren Trägerinnen bzw. Trägern zutreffen[133], dann scheint es mir sinnvoll, zunächst einmal die gemeinsamen Grundlagen zu klären, bevor man sich den komplexeren Konstellationen zuwendet. Ich werde mich deshalb hier auf einige exemplarische Anmerkungen beschränken (s. II. 3.2, Nr. (120)ff.). Damit ist keine Bewertung der Relevanz dieser Frage verbunden. Ich halte im Gegenteil gerade auch mit Blick auf eine entscheidungsorientiertere Gestaltung von Lehr- und Lernprozessen ein umfassendes erwägungsorientiertes Wissen über das Treffen von Entscheidungen in Gruppen für grundlegend. Die oben dargelegten Überlegungen zum Problem der Stimmenthaltung (s. o. II. 2.3.3.3) sehe ich auch in diesem Zusammenhang. Es wäre jedoch eine eigene Arbeit, diese Thematik für einen Ausbau erwägungsorientierten Wissens über Entscheidungen aufzubereiten.

3.1 Schimpansen und Bienen als Trägerinnen und Träger von Entscheidungen?

(117) *Problementfaltung*: Wenn Tieren Entscheidungsfähigkeiten abgesprochen werden, liest man etwa folgende Argumentation: " [...] Tiere "entscheiden" sich nicht, sondern ihr Verhalten ist mehr oder weniger zwangsläufig: Tiere sind nicht selbstverantwortliche Akteure in bezug auf ein von ihnen selbstverantwortetes Tun. Nur da, wo in Bezug auf ein Handeln, das nicht bloss naturhaftes Verhalten ist, von Moralität und Freiheit gesprochen werden kann, entsteht die Situation, dass es wirkliche Entscheidungen gibt im Sinne des Dezisionismus" (Walter Gölz 1992, 56, Nr. (16)). Auf die spezifische Problemlage von Dezisionen als rational nicht hinreichend begründbaren Entscheidungen kommt es mir hier jetzt nicht an, auch nicht auf die Gegenüberstellung von Moralität und Freiheit auf der einen Seite und bloßer Natur auf der anderen Seite, die in Auseinandersetzung mit Vertreterinnen und Vertretern evolutionärer Ethikkonzepte zu erörtern wäre (vgl. statt anderer Kurt Bayertz (1993), Wilhelm Lütterfelds (1993), die EuS-Diskussion und Metakritik zu dem Hauptartikel von Franz M. Wuketits (1990)). Anknüpfungspunkt für die folgenden Überlegungen ist allein die Auffassung, daß das Verhalten von Tieren "mehr oder weniger zwangsläufig" sei, sie keine Freiheit für Entscheidungen haben. Bei Hans-Werner Klement und Franz Josef Radermacher wird dieser Aspekt anders gesehen. Ihres Erachtens haben sowohl niedere als auch höhere Lebewesen Entscheidungsfähigkeiten, wenn diese auch im Vergleich zu den menschlichen Möglichkeiten stark eingeschränkt sein mögen: "Niedere Lebewesen reagieren auf empfangene Information nur oder vorwiegend mit angeborenen Verhaltensweisen wie Reflexen und Instinkthandlungen und sind damit offenbar determiniert. Sie treffen Entscheidungen, bei denen die Determination des Entscheidungsinhalts besonders deutlich wird, deshalb wirken sie unfreier. Höher entwickelte Arten erreichen einen höheren Grad der (formellen) Freiheit, weil sie lernen und erlernte Verhaltensweisen anwenden können, weil sie weniger an angeborene Verhaltensweisen

gebunden sind. Der Mensch aber ist von angeborenen Verhaltensweisen relativ weitgehend befreit. Er trifft seine Entscheidungen häufig auf der Ebene der begrifflichen Sprache und des menschlichen Geistes: Der Mensch hat den höchsten Grad der (formellen) Freiheit (in dem oben beschriebenen Sinne) unter den uns bekannten Lebewesen" (1990, 35f.). Wie in Anmerkung II. 131 bereits dargelegt, unterscheiden Klement und Radermacher zwischen dem Inhalt von Entscheidungen, der determiniert ist, und dem Akt der Entscheidung, der vom Menschen als "Willensfreiheit" empfunden wird und den Klement und Radermacher als "formelle Freiheit" bezeichnen (s. 1990, 34).

Ich möchte mich hier nun nicht auf die Diskussion um die Kontroverse "Freiheit versus Determinismus" einlassen, die in den unterschiedlichen Auffassungen von Gölz und Klement/Radermacher erkennbar ist (vgl. hierzu die Anmerkung II. 96).[134] Statt dessen möchte ich diese beiden gegensätzlichen Positionen mit zwei Beispielen aus der Tierwelt konfrontieren. Damit soll ein Erwägungshorizont angedeutet werden, der herausfordert, anhand von Analysen konkreter Beispiele zu bestimmen und zu kontrollieren bzw. nachvollziehbar zu machen, was man mit "Entscheidung" bezeichnen möchte und was nicht.

(118) *Das Schimpansen-Beispiel*: Ich möchte zunächst das Schimpansen-Beispiel aus der Beispielssammlung des ersten Kapitels aufgreifen, wo die Frage gestellt wurde, ob ein Schimpanse, der sich zum Termitenangeln einen Stock entsprechend kürzt und zurechtmacht, beim Herstellen seines Werkzeugs Entscheidungen trifft.

Das Termitenangeln muß gelernt werden. Nach Beobachtungen von Jane Goodall "können Schimpansen erst ab dem 3. Lebensjahr selbständig einigermaßen erfolgreich angeln. Vorher schauen sie ihren Müttern zu und fertigen im Spiel entsprechendes Werkzeug, das aber noch viel zu kurz und/oder zu dick ist. Auch der Ablauf muß gelernt werden, da Jungaffen die Angel zu kurze oder zu lange Zeit im Termitenbau lassen und anschließend zu schnell und abrupt herausziehen. Ergebnis: die Angel ist leer. Wie wichtig das Beobachtungslernen ist, zeigt das Beispiel eines jungen Schimpansen, dessen Mutter starb, als er im 3. Lebensjahr war. Dieser Affe konnte mit viereinhalb Jahren noch nicht richtig angeln; lediglich seine Ausdauer hatte zugenommen" (Peter-René Becker 1993, 100f.). Die Schimpansen müssen außerdem lernen, wann sie überhaupt angeln können (nur in der Regenzeit, ansonsten sind die Termitenhügel steinhart), wo sich jeweilige Eingänge befinden (bei jedem Hügel gibt es etwa 100 Eingänge, die von den Termiten immer wieder verschlossen werden und neu gefunden und angebohrt werden müssen; an anderen Stellen zu bohren bringt nichts) und daß sie die Angel am besten leicht vibrierend hineinhalten (vgl. Jane Goodall 1963,

42f., dies. 1964, 1265 und Jane van Lawick-Goodall 1973, 155ff.; Peter-René Becker 1993, 101).

Beobachtet wurden weiterhin bei verschiedenen Schimpansengruppen unterschiedlicher Gebiete verschiedene Vorgehensweisen im Ablauf und in der speziellen Werkzeugherstellung: "Einige Schimpansen fertigen ihre Angeln vorher und suchen dann die Termitenbauten auf, andere nehmen eine kleine Auswahl geeigneter Gegenstände mit und basteln sie erst am Arbeitsplatz zurecht. Die Ausgangsmaterialien werden bisweilen aus mehreren hundert Metern Entfernung herbeigetragen" (Becker 1993, 100). Während in einer Gruppe die Schimpansen die Angellöcher mit Finger und Daumen freilegen, nehmen Schimpansen anderer Regionen hierfür auch Stöcke (Becker 1993, 101f.). Die Angeln werden unterschiedlich gehalten: "Benutzen die ostafrikanischen Schimpansen den Präzisionsgriff, d. h. sie halten die Angel zwischen Daumen und Zeigefinger, umschließen die westafrikanischen sie mit der ganzen Faust, verwenden also den sogenannten Power-Griff" (Becker 1993, 102). In Kamerun schließlich scheinen die Schimpansen Stock-Werkzeuge herzustellen, die zwei Funktionen vereinen, d. h., mit dem einen Ende wird gebohrt und mit dem anderen geangelt (Becker a. a. O.).

Nach Becker deuten diese unterschiedlichen Befunde darauf hin, "daß die Schimpansenpopulationen das Termitenangeln unabhängig voneinander entwikkelt haben und daher unterschiedliche Kulturtechniken entstanden sind" (a. a. O.). Gould und Gould, die Schimpansen durchaus Denkfähigkeiten und auch Entscheidungsfähigkeiten zuschreiben, sind hinsichtlich des Termitenangelns allerdings skeptisch. Sie bezweifeln, daß es durch Beobachtungslernen und Überlegensleistungen erfolgt. Auch wenn es z. B. auf Photos so aussehen möge, als ob junge Schimpansen "wißbegierig" neben ihren angelnden Artgenossen sitzen "und so anscheinend die Feinheiten der Technik abschauen", läßt sich ihrer Meinung nach "dieses Verhalten ohne weiteres durch herkömmliche Konditionierung erklären, wobei die einzelnen Tiere durch Erfahrungen mittels Versuch und Irrtum lernen" (1997, 99). Ihre Begründung für diese Auffassung basiert auf Beobachtungen, daß Schimpansen "besonderen Gefallen an Zweigen und peitschenartigen Gräsern" finden und "diese regelmäßig ohne ersichtlichen Grund" verändern; sie "streifen beispielsweise die Blätter von den Zweigen ab -, genauso wie sich viele Menschen gerne mit Schnitzen die Zeit vertreiben. Und auch in menschlicher Obhut geborene und unter Laborbedingungen aufgezogene Schimpansen ohne Erfahrungen mit Termitenhügeln stochern spontan mit langen, schmalen Gegenständen wie Stiften in Löchern - beispielsweise in Steckdosen. Wiederum scheinen all diese Verhaltenselemente des Werkzeuggebrauchs bereits vorgeschaltet zu sein, und es ist schwierig zu erkennen, warum Denken für das

Termitenangeln notwendig sein soll, auch wenn es dafür wahrscheinlich hilf-reich wäre und durchaus eine Rolle spielen könnte" (a. a. O.). Gould und Gould stellen "Denken, Urteilen und Entscheidungsfindung" angeborenem, instinkti-vem Verhalten oder angeborenermaßen gesteuertem Lernen bzw. vorverschal-teten Lösungen gegenüber (s. 1997, 82f.). Angesichts der von Becker zusam-mengetragenen Unterschiede beim Termitenangeln können mich die Bedenken von Gould und Gould nicht zureichend überzeugen. Selbst wenn es eine Dispo-sition für das Erlernen bestimmter Verhaltenselemente geben würde, scheint diese doch zumindest Freiräume für recht unterschiedliche Ausprägungen zu erlau-ben, für die Gould und Gould meiner Meinung nach, ihren eigenen Verständnis-sen nach, auch die Bezeichnung "Entscheidung" wählen müßten, insbesondere wenn man bedenkt, daß sie Bienen Entscheidungsfähigkeit zusprechen (s. den nächsten Abschnitt, Nr. (119)), wenn diese einmal zur Nahrungsquelle vortan-zender Bienen fliegen und das andere Mal nicht. Hinzu kommt, daß Gould und Gould selbst betonen, daß "angeborene Reaktionen [...] Denken nicht zwangs-läufig" ausschließen (s. 1997, 101). Ihre Bedenkensäußerung ist so gesehen wohl vor allem auch als Hinweis zu verstehen, daß man verschiedene Deutun-gen erwägen und so oder so nicht vorschnelle Schlüsse ziehen sollte (s. hierzu Gould und Gould selbst a. a. O.).

Liest man Beschreibungen von termitenangelnden Schimpansen, dann scheint mir diese Fähigkeit jedenfalls eine Fülle von kognitiven Leistungen (wie Identi-fikationen, zielorientierten und planenden Verhaltensweisen) und motorischen Geschicktheiten zu verlangen und weitaus komplexer zu sein als etwa die Fä-higkeiten, die im Beerenpflück-Beispiel oder auch im Puppe-Mensch-Beispiel beschrieben sind. Das Puppe-Mensch-Beispiel wirft "nur" eine identifikatori-sche Frage auf, nämlich ob es sich bei der Gestalt im Schaufenster um eine Puppe oder einen Menschen handelt. Im Beerenpflück-Beispiel wird eine iden-tifikatorische Frage (nämlich ob es sich um eine Himbeere oder Erdbeere han-delt) mit dem Handlungsziel verknüpft, eine bestimmte Beerensorte zu pflük-ken. Im Schimpansen-Beispiel kommt für den noch ungeübten Termitenangler bzw. die noch ungeübte Termitenanglerin die Herstellung des geeigneten Werk-zeugs hinzu, bei der verschiedene Probleme hinsichtlich der Adäquatheit des Stockes bzw. der Stöcke zu bewältigen sind: Welcher ist geeignet zum Bohren und welcher zum Angeln? Welcher ist noch zu lang? Welcher ist zu dünn? Auch wenn das Herstellen des Werkzeugs nicht von einem reflexiven Denken beglei-tet sein mag, so scheint es doch bei der ungeübten Termitenanglerin bzw. dem ungeübten Termitenangler zumindest eine Reihe von Bewertungsentscheidungen zu verlangen. Denkt man an die Schimpansen, die erst das Werkzeug herstellen und dann erst die Termitenbauten aufsuchen, so stellt sich die Frage, ob hier nicht auch so etwas wie eine Zielentscheidung getroffen wird, zumindest so lange, bis der Aufbruch zum Termitensammeln nicht eine feste tägliche Gewohnheit in der Regenzeit geworden ist.

(119) *Das Bienen-Beispiel*: Das zweite Beispiel betrifft Bienen als mögliche Trägerinnen von Entscheidungen. Hierzu möchte ich Gould und Gould ausführlich zitieren: "Wenn ein Mensch bei seiner Entscheidung, ob er ein Restaurant empfehlen soll, das Menü, den Geschmack seines Freundes, den er beraten möchte, den Preis des Essens, die Entfernung zu dieser Einrichtung, das Ambiente des Gastraumes, die Parkmöglichkeiten und all die anderen Faktoren in Betracht zieht, die in einen solchen Entschluß mit eingehen, zögern wir kaum, ihm die Fähigkeit bewußter Entscheidungsfindung zuzuschreiben. Wenn jedoch ein kleines, frenetisches, in ein Außenskelett eingehülltes Wesen mit überzähligen Beinen und einem Stachel auf analoge Weise verschiedene Faktoren abwägt, dann neigen wir sehr dazu, nach einer ganz andersgearteten Erklärung zu suchen. Soweit wir wissen, gibt es jedoch außer unserem Vorurteil keinen anderen triftigen Grund dafür, in dem einen Fall von bewußter Entscheidungsfähigkeit und im anderen Fall von vorprogrammiertem Abwägen zu sprechen. Noch während der Tänze treffen potentielle neue Rekruten ihre eigenen Entscheidungen darüber, in was sie ihre Energie investieren wollen. Klar ist, daß sie nicht einfach zu jener Stelle fliegen, für die der erste Tanz wirbt, dem sie beiwohnen, und auch nicht zu der von den heftigsten Tänzen angesprochenen Stelle. Und obgleich die Stockbienen nach einem speziellen Lautsignal Proben des angebotenen Nektars erhalten und so dessen Qualität durch direkte Erfahrung kennen, entscheiden sie sich nicht zwangsläufig für den Tanz, der die süßeste Nahrung anpreist. Statt dessen berücksichtigen sie in ihren Überlegungen die Bedürfnisse des Volkes (Nektar, Wasser, Pollen) sowie die Distanz der angepriesenen Stelle, und wägen dann die bei weiterer Flügen verlorengehende Zeit gegen die Unterschiede in der Zuckerkonzentration verschiedener Quellen ab" (Gould/Gould 1997, 120f.).

Besonders beeindruckend ist die Schilderung des folgenden Experimentes: "Der in unserem Labor arbeitende Fred Dyer wollte feststellen, wie raffiniert Bienen ihre geistige Karte nutzen; daher dressierte er Trachtbienen auf eine Futterstelle auf einem Boot auf einem See. Sein Ziel war es zu ermitteln, ob die rekrutierten Bienen, die ihr Streifgebiet kannten, auf den See hindeutende Tänze der Trachtbienen als unglaubwürdig abtun würden. Befand sich das Boot in der Mitte des Sees, konnten durch das Tanzen keine anderen Bienen rekrutiert werden; zur selben Zeit zogen aber Tänze für eine gleichwertige Nahrung an einer Kontrollstelle am Ufer des Sees zahlreiche Bienen an. Zwar zögern Bienen oft, über große stehende Gewässer zu fliegen, doch weitere Veränderungen der Versuchsanordnung zeigten, daß dies für die geringe Beliebtheit der Futterstelle im See keine Rolle spielte: Als man das Boot in einen Abstand von zehn Metern vom gegenüberliegenden Ufer des Sees brachte, wurde eine beträchtliche Zahl neuer Bienen rekrutiert, die dann zu der Futterstelle flogen (wobei sie anscheinend lieber 150 Meter über das Wasser flogen statt mehr als einen Kilometer Umweg um das Seeufer zu machen). Es war, als würden die dem Tanz beiwohnenden Bienen die von der Trachtbiene gelieferten Koordinaten dazu benutzen, die Stelle in ihrem Kopf auf eine mentale Karte von der Umgebung zu projizieren, und die Mitte des Sees als unwahrscheinlichen, das entfernte Ufer hingegen als plausiblen Standort für Blumen zu akzeptieren" (Gould/Gould 1997, 124f.).

Gegenüber dieser so manchem wahrscheinlich anthropomorphisierend anmutenden Beschreibung von Bienentänzen betont beispielsweise Harald Wohlrapp, daß der Bienentanz ein bloßes Signalsystem sei und kein abstrakter Symbolismus wie der des sprechenden Menschen, der in diesem "die Welt und sich selber zum Gegenstand der Rede machen kann" (1998, 264): "Die tanzende Biene berichtet nicht »über« die Nahrungsquelle und den Weg zu ihr. Sondern sie hat Teile der Nahrung an ihrem Körper und führt Bewegungen aus, die eine Kurzform ihres eigenen zurückgelegten Weges sind" (a. a. O., Anmerkung 36). Die Frage ist, wenn man Goulds und Goulds Darstellungen aufgreift, wie die Bienen mit diesen Signalen umgehen. Machen die Bienen in gewisser Weise vielleicht doch "die Welt und sich selbst zum Gegenstand", wenn auch nicht zum Gegenstand der Rede und vermutlich auch nicht zu einem Gegenstand der Reflexion? Denn es scheint ja doch irgendeine Art der repräsentierenden, identifizierenden und bewertenden Vermittlung zwischen den eigenen Kenntnissen etwa der Umgebung und der Reaktion auf den Tanz zu bestehen. Die ortskundige Biene fliegt nicht, wenn sie davon ausgehen muß, daß die Nahrungsquelle an einem gänzlich untypischen Ort liegen soll. Findet hier also vielleicht zumindest so etwas wie eine rudimentäre Vorform von Entscheidung statt? Oder sieht das alles aufgrund seiner Komplexheit nur so aus, als ob die Biene zu einer Nahrungsquelle hinfliegen könnte oder auch nicht, und tatsächlich liegt dem ganzen "nur" ein kompliziertes "Programm" zugrunde, das für alle kombinatorisch denkbaren Fälle, denen sich eine Biene gegenübersehen kann, wenn ihr der Weg zu einer Nahrungsquelle vorgetanzt wird, eindeutige Reaktionen festgelegt hat?

Wie auch immer solche Beispiele, wie das Termitenangeln oder der Bienentanz, letztlich adäquat zu interpretieren sein mögen, sie sollten nicht in einem entfalteten Erwägungshorizont zu »Entscheidung« fehlen. Denn sie können meines Erachtens helfen, das jeweilige Verständnis von "Entscheidung" genauer zu bestimmen.

3.2 Zum Problemkreis von »Entscheidungen« mit mehreren Personen als Trägerinnen bzw. Trägern

(120) *Was ist die Einheit einer »Entscheidung«, die von mehreren Personen getroffen wird?* Im folgenden bezeichne ich "Entscheidungen", die von mehreren Personen getroffen werden, auch als "gemeinsame Entscheidungen". Der Terminus "gemeinsam" wird dabei invariant gegenüber verschiedenen Verlaufsmöglichkeiten, die etwa mehr oder weniger von Konflikten geprägt sein mögen, verwendet. Eine grundsätzliche Frage bei »gemeinsamen Entscheidungen« ist meines Erachtens, was man jeweils als Einheit *einer* »Entscheidung« betrachten möchte: Wie lassen sich die Komponenten und einzelnen Schritte, die eine »individuelle Entscheidung« ausmachen, »gemeinsam« vollziehen? Muß sich jedes Gruppenmitglied an jedem einzelnen »gemeinsamen Entscheidungsschritt« beteiligen? Oder kann eine »gemeinsame Entscheidung« auch sozial verteilt getroffen werden, indem einzelne Personen oder Subgruppen arbeitsteilig verschiedene »Entscheidungsschritte« übernehmen? Welche Funktion übernehmen in diesem Zusammenhang sogenannte Aggregationsmechanismen wie »Abstimmungen«? Im Vordergrund dieser Fragen steht die Vermutung, daß in einer »gemeinsamen Entscheidung« die Komponenten einer »individuellen Entscheidung« bzw. »Einzelentscheidung« wiederkehren müßten, sowie die Frage, was dies für eine »gemeinsame Entscheidung« zu bedeuten hätte.

In der Literatur stehen vornehmlich andere Problemlagen bei einer Bestimmung von »gemeinsamer Entscheidung« im Vordergrund. Exemplarisch seien hier folgende drei Fragezusammenhänge genannt: Wie lassen sich verschiedene einzelne »Entscheidungen« zu einer für alle verbindlichen Lösung zusammenführen? Wie kann man in sozialen Zusammenhängen mit den verschiedenen möglichen Problemen umgehen, die bei »Entscheidungen« auftreten können, mit denen eine für alle verbindliche Lösung gefunden werden soll? Welche Möglichkeiten der sozialen Einbettung von »Entscheidungen« lassen sich unterscheiden?

Der erste Fragezusammenhang wird etwa angesprochen, wenn Kirsch seine terminologischen Verwendungsweisen folgendermaßen zusammenfaßt: "*Individualentscheidungsprozesse* werden hier stets als *intraindividuelle Prozesse* betrachtet, die zu einem Entschluß oder "commitment" eines Individuums führen. So gesehen setzt sich jeder kollektive Entscheidungsprozeß aus einer Vielzahl individueller Entscheidungsprozesse zusammen. Diese betreffen sowohl die endgültige Entscheidung selbst als auch die Entscheidungen im Rahmen der Vorbereitung dieser endgültigen Entscheidung. Ein *kollektiver Entscheidungsprozeß* liegt demnach vor, wenn mehrere Entscheidungsträger am Prozeß beteiligt sind, gleichgültig, ob die endgültige Entscheidung von einer Person oder aber von einer Personenmehrheit getroffen wird" (1971, 54; vgl. auch Kirsch 1994, 153, wo er nicht nur den Terminus "kollektive(n) Entscheidungs*prozesse(n)*" (Hervorhebung von B. B.), sondern auch den Ausdruck "kollektive(n) Entscheidungen" verwendet). Auch für Laux und Liermann ist der "Entscheidungsprozeß in einer Gruppe [...] vor allem dadurch gekennzeichnet, daß nach einer Phase des gegenseitigen Informationsaustausches sich jedes Mitglied eine individuelle Präferenzordnung über die erwogenen Handlungsalternativen bildet. Die Entscheidung der Gruppe fällt im Verlauf einer Abstimmung" (1997, 77; vgl. auch Laux 1998, 401 oder Kenneth Arrow, der feststellt: "The social choice from any given environment is an aggregation of individual preferences" (1972, 103)).

Der zweite Fragehorizont wird z. B. von Szyperski und Winand thematisiert, wenn sie "Multipersonale Entscheidungsträger" charakterisieren: "In diesem Fall sind mehrere Individuen oder Organisationseinheiten am Entscheidungsprozeß beteiligt. Die Folge ist, daß jetzt zusätzlich auch interpersonelle Konflikte auftreten können. Verhandlungen gewinnen als Mittel der Konfliktlösung Bedeutung. Probleme der Koordination des Entscheidungsprozesses, der Koalitionsbildung und der Zielbildung treten in den Vordergrund. Vor allem der Zielbildungsprozeß erfordert Beachtung, da es hier darum geht, unterschiedliche Interessen zusammenzufassen, ohne dabei von vornherein Teilkomplexe (z. B. durch Ausübung von Macht) auszuschalten. Die Gewichtung der Ziele erfolgt in einem besonderen Strukturierungsvorgang" (1974, 45). Wenn Szyperski und Winand von zusätzlichen interpersonellen Konflikten sprechen, dann verweisen sie damit auf die zuvor von ihnen angesprochenen möglichen intraindividuellen Konflikte bei unipersonalen Entscheidungsträgern bzw. Entscheidungsträgerinnen (s. 1974, 44). Greift man die in dieser Arbeit vorgeschlagene Unterscheidung zwischen Erwägungsalternativen und Lösungsalternativen auf (s. I. 2.1, Nr. (7); II. 2.3.1, Nr. (33)ff.), dann mag man Szyperski und Winand dahin gehend deuten, daß erst ein Vorliegen von sozial verteilt vorliegenden Lösungsalternativen, deren Strittigkeit beseitigt werden soll, zu »gemeinsamen Entscheidungen« führen kann.[135] Für diese Deutung spricht meines Erachtens auch, daß nach Szyperski/Winand eine "völlig einheitlich agierende Gruppe oder Institution" genauso wie "eine Person" ein unipersonaler Entscheidungsträger ist (a. a. O.). Die in der Bestimmung von Szyperski/Winand angesprochenen interpersonellen Konflikte werden u. a. auch von James G. March und Herbert Simon in ihren Untersuchungen zu möglichen "Organizational Reaction[s] to Conflict" behandelt (1958, 129ff.). »Entscheidungen« in Organisationen können danach einen ganz verschiedenen Verlauf nehmen, je nachdem wie mit den auftretenden Konflikten umgegangen wird. March und Simon unterscheiden "four major processes: (1) problem-solving, (2) persuasion, (3) bargaining, and (4) "politics."" (1958, 129).

Der dritte Fragehorizont schließlich wird in Kirschs Bestimmung deutlich, wenn er schreibt: "Ein kollektiver Entscheidungsprozeß liegt ex definitione dann vor, wenn die Beteiligten ihre Entscheidungen im Interaktionszusammenhang unter wechselseitiger Beeinflussung treffen" (1994, 92). Kirsch will dann von "kollektiven Entscheidungen bzw. kollektiven Entscheidungsprozessen" sprechen, wenn sich Entscheidungen, die zwar "letztlich von einzelnen Individuen autorisiert werden müssen, [...] sich in ihrer Gesamtheit doch nicht diesen einzelnen Individuen zurechnen" lassen, weil sie "normalerweise in soziale Zusammenhänge eingebettet sind" (1994, 153).[136]

Das, was in der Literatur unter dem Terminus "gemeinsame Entscheidung" und ähnlichen Ausdrücken erörtert wird, ist also sehr heterogen und scheint sich im weitesten Sinne darauf zu beziehen, daß mehrere Personen - in welcher Weise auch immer - daran beteiligt sind, eine Strittigkeit von Alternativen - seien dies nun Erwägungs- und/oder Lösungsalternativen - zu einem Auswahlgedanken zu beheben und zu einer für alle verbindlichen Lösung zu gelangen. Eisenführ und Weber scheinen diese Einschätzung zu teilen. Sie halten fest: "Die klassische, mit Abstimmungsmechanismen befaßte Kollektiventscheidungstheorie geht von einer unkooperativen Situation aus und hat eigentlich überhaupt nichts mit gemeinsamem Entscheiden zu tun, wie man dies von der Namensgebung her erwarten sollte. Sie geht zwar der Frage nach, ob und wie man ausgehend von individuellen Präferenzen zu einer kollektiven Präferenz gelangen kann, sie behandelt dies aber nicht als ein kollektives Problem, welches die Gruppenmitglieder gemeinsam zu lösen haben. Im Gegenteil, in der klassischen Kollektiventscheidungstheorie löst zunächst jedes einzelne Individuum ein Auswahlproblem für sich. Mit diesen individuellen Lösungen gehen dann die Gruppenmitglieder in eine Abstimmung, an deren Ende dann hoffentlich eine Gruppen-"Entscheidung" steht. Der Aggregationsmechanismus wird mit den individuellen Präferenzen gefüttert und am Ende steht die kollektive Präferenz" (1994, 299). "Die Probleme, die damit verbunden sind, daß eine Gruppe als ein Entscheider eine Entscheidungsanalyse durchführt, sind in der Literatur noch nicht ausführlich genug diskutiert worden" (Eisenführ/Weber 1994, 301).

Angesichts der verschiedenen Auffassungen über »gemeinsame Entscheidungen« ist zu vermuten, daß das Zeitschriften-Gründungsbeispiel (s. II. 2.1, Nr. (5)), in dem eine »Abstimmung« stattfindet, für die einen deshalb ganz eindeutig ein adäquates Beispiel für eine »gemeinsame Entscheidung« ist, während die anderen zumindest nähere Informationen über den Ablauf der Lösungsfindung bräuchten, um sagen zu können, ob sie hierfür den Terminus "gemeinsame Entscheidung" verwenden wollten.

Im folgenden möchte ich die Verwendung des Terminus "gemeinsame Entscheidung", so wie sie sich in den Zitaten von Kirsch andeutet, etwas näher betrachten. Es soll herausgearbeitet werden, welche Akzente in Bestimmungen von "gemeinsamer Entscheidung" gesetzt werden, in denen nicht die Frage der Übertragung der Komponenten von »Einzelentscheidungen« auf »gemeinsame Entscheidungen« im Vordergrund steht. Daran anschließend soll der Frage nachgegangen werden, wie eine »gemeinsame Entscheidung« im Sinne der eingangs gestellten Fragen aussehen könnte. Zuletzt möchte ich auf den Problemkreis von »Entscheidung und Abstimmung« eingehen.

(121) *Zur Beziehung von »Einzelentscheidungen«, »endgültiger Entscheidung« und »gemeinsamer Entscheidung«*: Nach Kirsch setzt sich eine »kollektive Entscheidung«, für die ich hier den Ausdruck "gemeinsame Entscheidung" verwende, "aus einer Vielzahl individueller Entscheidungsprozesse zusammen" (1971, 54). Diese haben, auch wenn sie aufeinander verwiesen sind, thematisch verschiedene Bezüge. Denn sie "betreffen sowohl die endgültige Entscheidung selbst als auch die Entscheidungen im Rahmen der Vorbereitung dieser endgültigen Entscheidung" (a. a. O.). Dabei kommt es nicht darauf an, "ob die endgültige Entscheidung von einer Person oder aber von einer Personenmehrheit getroffen wird" (a. a. O.). Systematisch bedacht lassen sich also Konstellationen zum einen danach unterscheiden, ob die Trägerinnen und Träger von den »Einzelentscheidungen« und der »endgültigen Entscheidung« dieselben oder verschieden sind. Zum anderen lassen sich Konstellationen danach unterscheiden, ob der Bezug der »Einzelentscheidungen« der gleiche ist wie der Bezug der »endgültigen Entscheidung«, wie etwa bei *einer* »Abstimmung«, oder ob »Einzelentscheidungen« und »endgültige Entscheidung« verschiedene Bezüge haben können, wie etwa bei einer Differenzierung in »Vorbereitungsentscheidungen« und »endgültige Entscheidung«. »Vorbereitungsentscheidungen« und »endgültige Entscheidung« mögen ihrerseits auch jeweils mit Hilfe von einer »Abstimmung« gewonnen werden.

TrägerInnen von »Ein-zel-« und »endgültiger Entscheidung« sind	*»Einzelentscheidun-gen« und »endgültige Entscheidung« haben*	*Verwendungsweisen von "gemeinsamer Entscheidung"*				
		1.	*2.*	*3.*	*4. ..... 16. Spalte*	
dieselben	den gleichen Bezug	+	+	+	+	-
dieselben	ungleiche Bezüge	+	+	+	-	-
verschieden	den gleichen Bezug	+	+	-	-	-
verschieden	ungleiche Bezüge	+	-	-	-	-

Erwägungstafel 19

Kirschs Bestimmung deute ich so, daß sie sich der Position der 1. Spalte zurechnen läßt: Die Fälle der 1. und 2. Zeile sind in Kirschs Bestimmung implizit enthalten. Die 1. Zeile betrifft den Fall, daß sich alle individuellen Einzelentscheidungen bereits auf die endgültige Entscheidung beziehen, es also keine Vorbereitungsentscheidungen als Einzelentscheidungen gibt, und daß die Personenmehrheit, die die endgültige Entscheidung trifft, den Personen entspricht, die die Einzelentscheidungen getroffen haben. Eine Personenmehrheit bedeutet in diesem Falle Einstimmigkeit. Die 2. Zeile betrifft die Konstellation, daß für die intendierte »endgültige Entscheidung« noch »Vorbereitungsentscheidungen« o. ä. zu treffen sind. Alle »Entscheidungen« werden von allen Beteiligten getroffen, denn die Trägerinnen bzw. Träger von Einzel- und endgültiger Entscheidung sollen ja dieselben sein. Insofern liegt wieder ein einstimmiger Entschluß vor. Im Falle der 3. und 4. Zeile kann die »endgültige Entscheidung« nur von einer Personenmehrheit, einer Führungsgruppe oder einer Person allein getroffen werden, denn Träger bzw. Trägerinnen von »Einzel-« und »endgültiger Entscheidung« sind verschieden. Während der Fall der 4. Zeile explizit Kirschs Bestimmung wiedergibt; weil es neben »Einzelentscheidungen«, die den gleichen Bezug haben wie die »endgültige Entscheidung«, auch »Vorbereitungsentscheidungen« gibt, ist die 3. Zeile wieder nur implizit enthalten. Nach ihr könnten »Einzel«- und »endgültige Entscheidung« denselben Bezug haben. Dennoch wird die »endgültige Entscheidung« nicht von allen mitgetroffen, die die »Einzelentscheidungen« eingebracht haben.

Unabhängig davon, ob man für die Konstellation der 3. Zeile den Ausdruck "gemeinsame Entscheidung" verwenden will oder nicht, läßt sie sich meines Erachtens als ein Beispiel für »Beratung« im weitesten Sinne deuten. Die »Einzelentscheidungen« wären so gesehen als »Entscheidungsvorschläge« zu erwägende Alternativen für die eine Person oder auch die Personengruppe, die mit Hilfe dieser »Einzelentscheidungen« die »endgültige Entscheidung« trifft. Geht man davon aus, daß »Beratung« von unabhängigen oder aber auch von abhängigen Personen erfolgen kann, dann mag man folgende Beschreibung von James S. Coleman als ein anschauliches Beispiel einer »abhängigen Beratung« betrachten: "Ein Diktator (den ich als Befehlshaber bezeichnen werde) muß für die Körperschaft, deren Handlungen er steuert, Entscheidungen treffen. Die Alternativen, unter denen er wählen soll, müssen ihm von irgendwem präsentiert werden, und dies kann durch Mitarbeiter des Befehlshabers geschehen (welche ich als Höflinge bezeichnen werde)" (1992, 84f.). Die Höflinge müssen in »Einzelentscheidungen« Alternativen vorschlagen, die »endgültige Entscheidung« trifft der Befehlshaber.[137]

Das Problem, das ich bei einer Verwendung des Terminus "gemeinsame Entscheidung" in den Dimensionen der Erwägungstafel 19 sehe, die sich im wesentlichen darauf richten, daß in eine »gemeinsame Entscheidung« unterschiedliche »Einzelentscheidungen« eingehen, ist das der Abgrenzung zwischen »gemeinsamer« und »individueller Entscheidung« bzw. »Einzelentscheidung«. Insbesondere wenn man Kirschs Überlegung dazunimmt, daß normalerweise alle »Entscheidungen« in soziale Zusammenhänge eingebettet sind und von daher eher der Gesamtheit der Individuen zuzurechnen sind als einem einzigen, stellt sich die Frage, welchen Sinn eine solche Unterscheidung überhaupt noch haben und was eine »Einzelentscheidung« auszeichnen könnte. Führt ein solches Verständnis nicht z. B. dazu, ein Gerichtsurteil, welches eine Person fällt, als eine »gemeinsame Entscheidung« auffassen zu müssen, bei der die »endgültige Entscheidung« (das Urteil) zwar von einer Person getroffen wird, zuvor jedoch die streitenden Parteien ihre jeweiligen »Einzelentscheidungen« (Positionen) vor- und eingebracht haben?

(122) *Einheit einer »gemeinsamen Entscheidung« durch Erarbeitung »einer«* *gemeinsamen Entscheidung*: Ich möchte nun auf die Möglichkeit zurückkommen, »gemeinsame Entscheidung« dadurch zu bestimmen, indem gefragt wird, wie sich Komponenten von »Einzelentscheidungen« »gemeinsam« in *einer* »Entscheidung« vollziehen lassen könnten. Nach Eisenführ und Weber ist eine »gemeinsame Entscheidung« - bei der "eine Gruppe als ein Entscheider eine Entscheidungsanalyse durchführt" (1994, 301) - der »kooperative Weg«, zu einer Lösung zu gelangen. Beim kooperativen Weg stellt eine Gruppe "in einem Gruppenprozeß Einvernehmen über Ziele und Präferenzen, Alternativen und Umwelteinflüsse her, so daß sich daraus zwanglos eine gemeinsame Lösung ergibt" (1994, 300); es findet eine "gemeinsame [...] Bestimmung der einzelnen Module eines Entscheidungsproblems" statt (1994, 301). Im Unterschied dazu löst beim unkooperativen Weg "jedes Gruppenmitglied das Problem für sich allein, wählt also eine Alternative aus, und versucht dann diese Lösung durchzusetzen" (1994, 300). Die Vorteile eines kooperativen Vorgehens bestehen für Eisenführ und Weber z. B. in der "größtmögliche[n] Transparenz und Nachvollziehbarkeit der Entscheidungsgrundlagen" oder der Eingrenzung und Versachlichung der "Konflikte zwischen Personen [...], wenn nicht über Alternativen [Lösungsalternativen], sondern über einzelne Komponenten des Problems [...] diskutiert wird" (a. a. O.).[138] Mit einer kooperativen »gemeinsamen Entscheidung« wird ein Konsens bezüglich aller »Entscheidungsschritte« angestrebt. Die Klärung und Einigung der »gemeinsamen Entscheidungskomponenten« kann auf zwei Weisen erfolgen. Zum einen können sie in einem gemeinsamen Suchprozeß diskutierend entwickelt werden oder aber die einzelnen bilden sich zunächst eine eigene Meinung über die adäquate Beschaffenheit einzelner »Entscheidungskomponenten«, und erst dann findet eine Zusammenführung der un-

terschiedlichen Vorstellungen und Festlegung auf eine jeweilige »gemeinsame Entscheidungskomponente« statt: "Entweder werden [z. B.] zunächst individuelle Wert- bzw. Nutzenfunktionen gebildet und diese dann aggregiert, oder es wird gleich mit der Elizitierung entsprechend gemeinsamer Funktionen begonnen" (Eisenführ/Weber 1994, 302).

Nach Eisenführ und Weber muß es auch bei einer »kooperativen gemeinsamen Entscheidung« "nicht zu einer gemeinsamen Problemstrukturierung kommen, mit der alle Mitglieder einverstanden sind. Analog zu Individualentscheidungen scheint es nicht sinnvoll, um jeden Preis auf einer vollständigen Strukturierung zu bestehen. Wird der Konsens erzwungen, verliert er an Glaubwürdigkeit" (1994, 300f.). Weil zudem in Gruppen "auch Effekte der Dominanz einzelner Personen sowie empfundener Konformitätsdruck" auftreten können, plädieren Weber und Eisenführ dafür, "einen gewissen Dissens bezüglich einzelner Komponenten zuzulassen" (1994, 301). "Meinungsverschiedenheiten" könnten entweder mit den Mitteln der mathematischen Aggregation behandelt werden. Oder aber man solle im Umgang mit Meinungsverschiedenheiten bei unvollständigen Informationen "einfach mit dem Dissens, z. B. in Form von Intervallen bei Zielgewichten, [...] leben und darauf [...] hoffen, daß sich dennoch eine Alternative findet, die die anderen dominiert, oder [daß man] so wenigstens den Kreis der zur Disposition stehenden Alternativen auf einige wenige, nicht dominierte Alternativen" einschränken könne (a. a. O.). Die Einheit einer »gemeinsamen Entscheidung« scheint durch Dissens bei den einzelnen Komponenten solange nicht gefährdet zu sein, wie es zu einer »Lösungssetzung« kommt - etwa durch bestimmte mathematische Aggregationsverfahren - und diese »Lösungssetzung« von allen als verbindlich betrachtet wird, insbesondere auch von denjenigen, die sich mit ihren Lösungsvorlieben weniger meinen durchgesetzt haben zu können. Ein solches Verständnis von »gemeinsamer Entscheidung« trotz Dissenses bedeutet meines Erachtens zweierlei. Erstens wird zwischen einzelnen »Entscheidungsschritten« bzw. »Entscheidungskomponenten« und der »Lösung« unterschieden. Zweitens bedeutet eine »gemeinsame Entscheidung« trotz eines "gewissen Dissens bezüglich einzelner Komponenten" meiner Meinung nach, daß es zumindest einen Konsens über das Verfahren geben muß, mit dem man zu der »gemeinsamen Lösung« gelangen will. Diese Zusammenhänge sind kombinatorisch mit folgenden zwei Erwägungstafeln darstellbar:

In bezug auf die einzelnen Entscheidungskomponenten besteht	In bezug auf die Lösungssetzung besteht	Verschiedene Verwendungen von "gemeinsamer Entscheidung"				
		1.	2.	3.	4. ...	16. Spalte
1. Zeile: Konsens	Konsens	+	+	+	+	...
2. Zeile: Konsens	Dissens	-	+	+	-	...
3. Zeile: Dissens	Konsens	-	-	+	+	...
4. Zeile: Dissens	Dissens	-	-	-	-	...

Erwägungstafel 20

Die Konstellation, die Eisenführ und Weber in dem oben angegebenen Zitat schildern, wäre dem Fall der 3. Zeile zuzurechnen. Interessant ist in dieser Erwägungstafel die 2. Zeile. Mit ihr wird man auf mögliche dezisionäre Konstellationen aufmerksam: Es besteht zwar ein Konsens über die einzelnen »Entscheidungsschritte« bzw. »Entscheidungskomponenten«; diese konsensuelle Klärung führt jedoch dazu, daß mehrere »Lösungsmöglichkeiten« für die Lösungssetzung in Frage kommen. Es gibt keine hinreichenden Gründe eine dieser Lösungsmöglichkeiten den anderen vorzuziehen. Gibt es für diesen Fall keinen Konsens, wie man mit dezisionären Konstellationen umgehen will, könnte es dazu kommen, daß verschiedene Personen unterschiedliche Lösungen setzen wollen, weil sie unterschiedliche Verfahren im Umgang mit Dezisionen pflegen.

Die Unterscheidung zwischen einem Konsens oder Dissens bezüglich der »Entscheidungskomponenten« und einem Konsens oder Dissens über die jeweiligen Verfahren, mit denen man trotz gewissen Dissenses zu einer »gemeinsamen Lösung« gelangen kann, wird von der zweiten Erwägungstafel aufgegriffen.

In bezug auf die einzelnen Entscheidungskomponenten besteht	In bezug auf das Verfahren im Umgang mit möglichem Dissens besteht	Verschiedene Verwendungen von "gemeinsamer Entscheidung"				
		1.	2.	3.	4. ...	16. Spalte
Konsens	Konsens	+	+	+	+	...
Konsens	Dissens	-	+	+	-	...
Dissens	Konsens	-	-	+	+	...
Dissens	Dissens	-	-	-	-	...

Erwägungstafel 21

Würde man beide Tafeln zu einer Kombinatorik zusammenfassen, so hätte man drei Dimensionen (eine der insgesamt vier Dimensionen ist gleich), also 8 Zeilen und damit 2^8 (256) Spalten, die als verschiedene Möglichkeiten zu bedenken wären, wie der Terminus »gemeinsame Entscheidung« verwendet werden kann. Wenn Weber und Eisenführ in dem angegebenen Zitat eine »gemeinsame Entscheidung« trotz Dissenses bezüglich einzelner »Entscheidungskomponenten« für möglich halten, so gelingt dies wohl deshalb, weil ein Konsens über das Verfahren im Umgang mit dem Dissens besteht (etwa Anwendung eines mathematischen Aggregationsverfahrens) und man so zu einer für alle verbindlichen Lösung findet.

Bis hierher wurden Möglichkeiten einer »gemeinsamen Entscheidung« nur in dem Sinne erörtert, daß alle Beteiligten gleichermaßen an allen Schritten beteiligt sind. Könnte es auch eine »gemeinsame Entscheidung« geben, die arbeitsteilig in dem Sinne verläuft, als einige oder auch Subgruppen nur für einzelne »Entscheidungskomponenten« zuständig sind? Einmal angenommen, im Zeitschriften-Gründungsbeispiel läge hinsichtlich der zu klärenden Frage, ob man gemeinsam eine Diskussions-Zeitschrift gründen wolle oder nicht, folgende Aufgabenverteilung vor: Eine Person stellt zu erwägende Alternativen, in diesem Falle bereits vorhandene wissenschaftliche Diskussionszeitschriften aus dem deutschsprachigen Raum, eine andere Person aus dem englischsprachigen Raum zusammen. Eine dritte Person befaßt sich mit der Zusammenstellung von denkbaren Alternativen, also der Frage, welche Möglichkeiten einer wissenschaftlichen Diskussionszeitschrift denkbar sein könnten. Eine vierte Person widmet sich der Aufgabe, geeignete Bewertungskriterien zusammenzustellen, und eine fünfte Person bewertet schließlich die ihr von den anderen vorgegebenen vorhandenen und denkbaren Erwägungsalternativen mittels der vorgegebenen Bewertungskriterien. Einmal abgesehen davon, ob dieses Vorgehen in eine Lösung mündet oder nicht oder die Gruppe vor eine dezisionäre Konstellation stellt, läßt sich ein solches Vorgehen als eine "gemeinsame Entscheidung" bezeichnen? Wenn alle mit der Arbeit der jeweils anderen einverstanden sind und ihren Beitrag auch als eine Komponente in einer aufzubauenden »gemeinsamen Entscheidung« verstehen, scheint das durchaus vorstellbar. Unabdingbar scheint mir aber zu sein, daß alle repräsentieren, daß sie an einer »gemeinsamen Entscheidung« arbeiten. Eine bloße Beteiligung an einer »Entscheidung« macht diese noch nicht zu einer »gemeinsamen Entscheidung«. Eine Person kann etwas Wichtiges zu einer »Entscheidung« beitragen, ohne selbst Mitträgerin dieser »Entscheidung« zu sein. Daß die einzelnen möglicherweise bei der Erledigung ihrer Aufgaben selbst »Entscheidungen« zu treffen haben, darf dabei nicht mit der »gemeinsamen Entscheidung« verwechselt werden. Bei einer arbeitsteilig verlaufenden »gemeinsamen Entscheidung« sind die einzelnen abhängig davon, wie ihnen zugearbeitet wird. Die Person oder auch Subgruppe, die für den letzten Schritt der »gemeinsamen Entscheidung« zuständig ist, kann nur so »gut« sein, wie die ihr von den anderen vorgegebenen Erwägungen und Bewertungskriterien sind. Eine arbeitsteilig agierende Gruppe, die eine »gemeinsame Entscheidung« treffen will, setzt so gesehen ein gegenseitiges Vertrauen in die Leistungen der anderen und vermutlich noch mehr Kooperation voraus, als wenn alle »Entscheidungskomponenten« von allen erarbeitet werden. Was aber ist, wenn die einzelnen nicht mit der Arbeit der anderen einverstanden sind? Wird der Gedanke der Arbeitsteilung strikt durchgeführt, dann ist nicht auszuschließen, daß Gruppenmitglieder sehr unzufrieden mit einzelnen, nicht von ihnen erarbeiteten »Entscheidungskomponenten« sein können. Die Einheit einer »gemeinsamen Entscheidung« besteht dann vielleicht nur noch, wenn es einen Konsens über das gewählte Verfahren gibt oder irgendwelche gruppendynamischen Beziehungen (gegenseitiges Sichverpflichtetfühlen, berufliche Abhängigkeiten o. ä.) verhindern, daß die so gefundene Lösung nicht von allen als verbindlich betrachtet wird. Naheliegend scheint deshalb zu sein, ein arbeitsteiliges Vorgehen eher als ein vorschlagendes Vorgehen anzulegen, bei dem Kritik und Diskussion über die von einzelnen erarbeiteten »Entscheidungskomponenten« möglich sind und ein Einverständnis aller bezüglich aller »Entscheidungskomponenten« angestrebt wird.

(123) *»Abstimmung« und »gemeinsame Entscheidung«*: Wie schon in den Zitaten im vorletzten Abschnitt (Nr. (120)) erkennbar geworden ist, gehen die Auffassungen darüber, wie »Abstimmung« und »gemeinsame Entscheidung« zusammenhängen, auseinander. Während für die einen eine Abstimmung eine "Mehrheitsentscheidung" (z. B. Kaufmann 1992, 3, Nr. (1)) oder zumindest der Abschluß einer »gemeinsamen Entscheidung« ist, halten Eisenführ und Weber fest: "Abstimmungsregeln [...] setzen erst dort an, wo alle Möglichkeiten einer gemeinsamen Entscheidungsfindung ohne Erfolg ausgereizt worden sind" (1994, 299). Daß »Abstimmungen« notwendig werden können, weil man keine weitere Zeit hat, eine Einigung aller Beteiligten auf einen Konsens oder Kompromiß zu erzielen, wird von Lübbe am Beispiel von parlamentarischen Debatten betont: "Die Debatten haben ihre Fristen, und nie reichen sie aus, um einen Fall auszudiskutieren, das heißt: um alle am »Gespräch« Beteiligten über der Sache zu einigen. Eine jede Debatte endet damit, daß statt Gründen Hände aufgezeigt werden. Die Stimmen werden nicht mehr gewogen, sondern gezählt. Die Abstimmung ist der »dezisionistische« Akt, mit dem in der Demokratie die Debatte beendet wird" (1971, 29). Wenn Lübbe - im Unterschied zu Eisenführ und Weber - den Terminus "Entscheidung" auch für »Abstimmung« verwendet, so hängt dies mit seinem Verständnis von "Entscheidungen" als »Dezisionen« zusammen (s. o. II. 2.4.1). Dennoch grenzt er diese Art von »Entscheidungen« von anderen Arten ab. Im folgenden möchte ich zunächst hieran anknüpfen und untersuchen, wie die Termini "Entscheidung" und "Abstimmung" verwendet werden, wenn »Abstimmungen« als »gemeinsame Entscheidungen« betrachtet

werden. Zwei Fragen sind dabei zu beachten: Inwiefern ist eine »Abstimmung« eine »Entscheidung«? Was macht eine »Abstimmung« zu einer »gemeinsamen« Entscheidung? Selbst wenn man aber die Verwendungsweise des Terminus "Mehrheitsentscheidung" bzw. "gemeinsame Entscheidung" o. ä. für "Abstimmung" nicht teilt, bleibt »Abstimmung« ein wichtiges Mittel, um in sozialen Zusammenhängen, insbesondere in pluralistischen Demokratien, zu Lösungen zu gelangen. Da es verschiedene »Abstimmungsverfahren« gibt, die ihrerseits zur »Entscheidung« oder auch »Abstimmung« stehen, und somit »Entscheidung« und »Abstimmung« eng miteinander verwoben sein können, soll abschließend auf diese spezifische Problemlage eingegangen werden.

Lübbes Abgrenzung der "Struktur" von "Entscheidungen qua Abstimmungsdezisionen" läßt sich meines Erachtens gut mit der hier entwickelten Unterscheidung in Erwägungs- und Lösungsalternativen (s. o. I. 2.1, Nr. (7); II. 2.3.1, Nr. (33)ff.) interpretieren. Lübbe beschreibt "Abstimmungsdezisionen" folgendermaßen: "Zunächst sind sie, wie alle Entscheidungen, Akte aus Handlungszwang, den der Zeitdruck erzeugt, unter alternativen Möglichkeiten eine bestimmte definitiv zu machen. Diese Möglichkeiten sind aber nicht, wie in den früher analysierten Fällen, alternativ, weil es der Sache nach oder aus Zeitmangel unmöglich ist, sich Klarheit über sie zu verschaffen. Vielmehr sind sie deswegen alternativ, weil sie durch Subjekte vertreten werden, die sich in einem politischen Feindschafts- oder Gegnerschaftsverhältnis zueinander befinden. Keinem ist zweifelhaft, wie die richtige Entscheidung aussehen müßte. Das heißt: hätte es allein zu entscheiden, so brauchte es sich nicht zu entscheiden; es wüßte, was zu tun ist. Die Entscheidungssituation ergibt sich erst durch den Zwang zur Konfrontation mit der Alternative, die der Gegner vertritt. Die Abstimmung führt, nach meistens folgenlosen Debatten, die Entscheidung herbei" (1971, 29f.). Wenn Lübbe hier die »Abstimmungssituation« dadurch kennzeichnet, daß es sich bei den Alternativen um keine für die einzelnen Subjekte zu erwägenden Alternativen handelt, weil jedem Subjekt die eigene Lösungsvorliebe klar ist, so liegen nach der hier eingeführten Unterscheidung in Erwägungs- und Lösungsalternativen »Lösungsalternativen« vor. Es kann dann nicht darauf ankommen, daß jeweilige Alternativen als zu erwägende bewertet werden. Relevant scheint vielmehr zu sein, daß eine Strittigkeit von Alternativen beseitigt wird. Daß es sich dabei, wie in der Darlegung Lübbes, nur um Lösungsalternativen handelt, spielt keine Rolle. Das »Gemeinsame« einer solchen »Abstimmungsentscheidung« kann demnach nicht im Aufbau »gemeinsamer Entscheidungskomponenten« gesehen werden. Die »Gemeinsamkeit« mag sich an der für alle verbindlichen »Lösung« festmachen oder/und an den »gemeinsamen« Auseinandersetzungen, Diskussionen o. ä. vor der »Abstimmung«. Nach Lübbe wird im Vorfeld der Abstimmung der Abstimmungsgegenstand zuweilen verändert, so daß so gesehen in der hier verwendeten Terminologie im Vorfeld der Abstimmung nicht nur Lösungsalternativen miteinander konkurrieren, sondern diese von den einzelnen als zu erwägende Alternativen aufgenommen werden können und es so zu Modifikationen der jeweiligen bisherigen Lösungsvorlieben kommen mag: "Was jedoch zur Abstimmungsentscheidung gestellt wird, hat sich bereits vorweg einen Inhalt gegeben, der den Möglichkeiten, über die der Gegner verfügt, angepaßt ist. Seine Macht, auch als die schwächere in Fällen, die qualifizierte Mehrheiten erfordern, eine Sache zu Fall zu bringen, muß respektiert werden. Gelegentlich legt man auch aus übergreifenden Gründen auf seine positive Mitwirkung Wert und muß sich wiederum auf ihn einstellen. Entscheidungen, die so oder auf analoge Weise zustande kommen, sind nicht der Sprung über den Abgrund mangelnder Einsicht, sondern ein Schritt auf die Linie zu, welche die eigene Position von der des Gegners trennt" (Lübbe 1971, 30). Dennoch bleibt es auch bei Veränderung der subjektiven Lösungsvorlieben und möglicherweisen Annäherung zu ähnlichen Lösungsvorlieben durch eine gemeinsame Diskussion o. ä. meines Erachtens dabei, daß mit der Abstimmung allein »Lösungsalternativen« gezählt werden, bzw. daß, wie Lübbe schreibt, in einer Abstimmung die "Stimmen [...] nicht mehr gewogen, sondern gezählt" werden (1971, 29). Daß man aufgrund von gemeinsamen Überlegungen und Diskussionen anders als ohne diese »entscheidet« (eine »Einzelentscheidung« trifft), ist meiner Meinung nach eine Frage der sozialen Einbettung von »Entscheidung« und davon zu trennen, ob man zu *einem* Aufbau *einer* »gemeinsamen Entscheidung« gelangt.[139]

Versteht man "Abstimmung" als »Mehrheitsentscheidung«, die sich aus lauter »Einzelentscheidungen« zusammensetzt, so lebt diese Bestimmung davon, daß jeweilige Stimmabgaben als Ergebnisse von »Entscheidungen« aufgefaßt werden und daß man eine Aggregation von »Einzelentscheidungen« selbst wieder als »Entscheidung« versteht. Letzteres wurde bereits problematisiert, indem nach der Vergleichbarkeit der Komponenten von »Einzelentscheidung« und »gemeinsamer Entscheidung« (im Sinne von »Mehrheitsentscheidung« durch »Abstimmung«) gefragt wurde. Außerdem ist zu bedenken, daß Stimmabgaben (im folgenden als »Lösungen« aufgefaßt) nicht nur Ergebnisse von »Entscheidungen«, sondern auch Ergebnisse von selbst- oder fremdgesetzten »Vorgaben« (etwa Traditionen, Gewohnheiten) sein können. So mag etwa eine Person ihre Lösung nicht über eine »Entscheidung« finden, sondern die Lösung eines anderen Gruppenmitglieds als Vorgabe übernehmen, etwa weil es zwischen ihnen so üblich ist oder in diesem speziellen Fall vorher vereinbart wurde, daß Person A die Position von Person B übernimmt. Insofern kann man nicht davon ausgehen, daß alle, die an einer »Abstimmung« teilnehmen, eine »Lösungsvorliebe« einbringen, zu der sie aufgrund einer »Entscheidung« gelangt sind.

Im Kapitel über Stimmenthaltung wurde dargelegt, daß die Teilnahme an einer Wahl und die Abgabe einer gültigen Stimme nicht unbedingt etwas mit einer »Entscheidung« zu tun haben müssen und umgekehrt eine Enthaltung nicht so ohne weiteres mit einer »Nicht-Entscheidung« gleichgesetzt werden darf, da sie Ergebnis einer »reflexiven Entscheidung« sein kann (s. o. II. 2.3.3.3, insbesondere Nr. (55)). Im Extremfall könnte es also eine »Abstimmung« geben, in die nur individuelle »Lösungsvorlieben« eingebracht werden, die aus »Vorgaben« resultieren. Von einer Aggregation von »Einzelentscheidungen« könnte man dann allenfalls noch sprechen, wenn man das Einbringen einer »Vorgabe« als eine »reflexive Entscheidung« darüber betrachten würde, ob man eine »Lösung« einbringen möchte, die sich einer »bewährten Vorgabe« verdankt oder die über eine »Entscheidung« gewonnen werden soll. Die Problemlage ist iterierbar. Denn auch reflexiv kann man einer Vorgabe folgen, einer Vorgabe zu folgen usw. Weiterhin ist zu berücksichtigen, daß es Abstimmungen mit der Möglichkeit der Stimmenthaltung geben kann. Werden diese »gezählt« und verdanken sich jeweils einer reflexiven »Entscheidung«, dann kann man - wie bei Vorgaben, die aus einer reflexiven »Entscheidung« resultieren - von einer "Aggregation reflexiver Einzelentscheidungen" sprechen. Andererseits können Enthaltungen aber auch Ausdruck einer Verweigerung von »Entscheidung«, im Sinne einer Ablehnung von jeweiligem Entscheidungszusammenhang und Verfahren, sein. Sollte man dennoch Personen, die in dieser Weise mit einer Enthaltung an einer Abstimmung teilnehmen, eine »gemeinsame Entscheidung« zurechnen?

Wie immer man sich hinsichtlich der Verwendung der Termini "Abstimmung" und "gemeinsame Entscheidung" »entscheiden« mag, die vorangegangenen Überlegungen machen deutlich, daß man bedenken muß, in welcher Weise man durch ihre synonyme Verwendung Einschränkungen trifft, mit welchen Worten man etwa Aggregationen aus Lösungsvorlieben benennen will, die sich »Vorgaben« und nicht »Einzelentscheidungen« verdanken, oder, welche Konsequenzen eine synonyme Verwendung für die Vergleichbarkeit von »Einzelentscheidung« und »gemeinsamer Entscheidung« hat.

Auch wenn man aber »Abstimmung« nicht mit »gemeinsamer Entscheidung« gleichsetzen möchte, können »Abstimmungen« beim Aufbau einer »gemeinsamen Entscheidung« relevant sein, wenn diese als Verfahren im Umgang mit Dissens bezüglich einzelner »Entscheidungskomponenten« bzw. »Entscheidungsschritte« oder für den Umgang mit dezisionären Konstellationen konsensuell herangezogen werden. Insofern es sehr unterschiedliche Verfahren der »Abstimmung« gibt, ist ein Wissen über »Abstimmung« ein relevanter Aspekt von »Entscheidungswissen« und »Entscheidungskompetenz«. Über verschiedene »Abstimmungsverfahren« kann selbst wieder »entschieden« oder »abgestimmt« werden. Deshalb soll abschließend nun kurz auf die Problematik dieses Themenkreises eingegangen werden.

(124) *Zur Vielfalt von »Abstimmungsregeln« und die Relevanz der »Tagesordnung«:* Es lassen sich nicht nur verschiedene Abstimmungsregeln unterscheiden, sondern diese können auch unterschiedlich bewußt reflektiert und thematisiert angewendet werden. Nach Laux können Abstimmungen formell oder informell stattfinden: "Bei formeller Abstimmung erfolgt die Wahl einer Alternative durch explizite Anwendung einer Abstimmungsregel (die entweder von einer übergeordneten Instanz vorgegeben oder durch die Gruppe selbst bestimmt wird); dabei kann die Abstimmung offen (durch Akklamation) oder geheim erfolgen. Bei informeller Abstimmung wird zwar ebenfalls eine bestimmte Abstimmungsregel angewendet (auch wenn sich die Gruppenmitglieder dessen häufig gar nicht bewußt sind); die Abstimmungsregel ist aber nicht explizit vorgegeben und sie wird auch nicht offiziell angewendet" (1998, 415; s. auch Laux und Liermann 1997, 87f.). Als Beispiel für eine informelle Anwendung einer Abstimmungsregel führt Laux aus: "Angenommen, es seien zwei Alternativen (A_1 und A_2) gegeben. Bei der Gruppendiskussion werde deutlich, daß eine Mehrheit der Gruppenmitglieder die Alternative A_1 präferiert. Wenn sich nun die Minderheit der Gruppenmitglieder der Mehrheit beugt und die Alternative A_1 realisiert wird, so wird (implizit) die Mehrheitsregel [...] angewendet, auch wenn nicht offiziell die Stimmen gezählt werden, die für bzw. gegen die Alternative A_1 sind" (1998, 415; s. auch Laux und Liermann 1997, 88). Zu den verschiedenen Abstimmungsregeln zählen neben der hier bereits erwähnten Mehrheitsregel[140] (die eine Regel der einfachen Mehrheit bzw. das Single-Vote-Kriterium oder eine Regel der absoluten Mehrheit sein mag) etwa die Einstimmigkeitsregel, die Regel der Mehrheit der Paarvergleiche, die Regel der sukzessiven Paarvergleiche, die Borda-Regel, die Borda-Aussonderung, das Approval Voting oder die Hare-Regel (zur Erläuterung und Diskussion dieser Regeln vgl. etwa Laux 1998, 416-422; Laux und Liermann 1997, 88-91; Eisenführ und Weber 1994, 307-323; Coleman 1992, 97-126).

Die genannten verschiedenen Regeln sollen kurz mit Hilfe von Zitaten erläutert werden:

Regel der einfachen Mehrheit bzw. das Single-Vote-Kriterium: "Nach der Regel der einfachen Mehrheit kann jedes Gruppenmitglied eine Stimme für die Alternative abgeben, die es wählen möchte. Bei Angabe der wahren Präferenz wird das Mitglied für die am meisten präferierte Alternative stimmen. Gewählt wird die Alternative, die die meisten Stimmen auf sich vereinigen kann. Da jedes Gruppenmitglied eine Stimme abgeben kann, wird die Regel der einfachen Mehrheit auch als Einstimmenregel bezeichnet [...]. Die Regel der einfachen Mehrheit stellt keine vollständig definierte Abstimmungsregel dar. Sie macht keine Aussage für den Fall, daß mehrere Alternativen dieselbe maximale Anzahl von Stimmen erhalten. Die Regel versucht nur die beste Gruppenalternative zu bestimmen nicht jedoch die vollständige Gruppenpräferenz" (Eisenführ/Weber 1994, 309). Laux sowie Laux und Liermann ziehen die Bezeichnung "Single-Vote-Kriterium" vor, mit der aber der gleiche Sachverhalt gemeint ist: "Das *Single-Vote-Kriterium* [...] erfordert nur *einen* Wahlgang. Jedes Mitglied gibt dabei eine Stimme ab; die Alternative, die die meisten Stimmen erhält, ist gewählt. Es werden also nur die Erstpräferenzen berücksichtigt" (Laux 1998, 419; s. Laux/Liermann 1997, 89f.). "Erhalten mehr als eine Alternative die (gleiche) maximale Stimmenzahl, so ist das Wahlergebnis noch nicht endgültig determiniert. Aus der Menge der Alternativen mit maximaler Stimmenzahl ist noch eine Auswahl zu treffen: Als gewählt könnte dann die Alternative gelten, die in der Rangordnung des Vorsitzenden den höchsten Platz einnimmt; die Auswahl könnte z.B. aber auch nach dem Zufallsprinzip erfolgen" (Laux a. a. O., Anm. 6; s. Laux/Liermann a. a. O., 90, Anm. 5). Auf die in diesen Bestimmungen angelegte mögliche kombinatorische Erfassung unterschiedlicher Regeln komme ich zum Ende dieses Abschnittes noch zurück. Hier sei zunächst nur zu dem zweiten Satz der Bestimmung eine Anmerkung gemacht. Er verweist auf Möglichkeiten taktischen Verhaltens, welche einzelne etwa dazu bringen mag, nicht ihrer am meisten präferierten Alternative, sondern der zweit- oder drittpräferierten die Stimme zu geben, weil sie zu wissen glauben, daß ihre bevorzugte Alternative ohnehin keine Chance auf Stimmenmehrheit hat, und sie deshalb dann lieber versuchen, wenigstens ihrer zweit- oder drittbesten Alternative zur Stimmenmehrheit zu verhelfen (s. Laux und Liermann 1997, 91; auch Laux 1998, 423).

Regel der absoluten Mehrheit: "Bei der Regel der absoluten Mehrheit gibt jedes Gruppenmitglied wieder eine Stimme für die Alternative ab, die es präferiert. Erreicht eine Alternative mehr als 50% der Stimmen, ist diese Alternative als beste bestimmt. Gibt es keine Alternative, die im ersten Durchgang die absolute Mehrheit erhält, findet unter den beiden Alternativen mit den meisten und zweitmeisten Stimmen eine zweite Abstimmung (Stichwahl) statt. Erhalten mehr als eine Alternative die zweitmeisten oder mehr als zwei Alternativen die meisten Stimmen, kommen entsprechend mehr als zwei Alternativen in die Stichwahl. Die Alternative wird gewählt, die in der Stichwahl die meisten Stimmen erhält [im folgenden wird deutlich, daß es nicht nur die meisten Stimmen sein sollen, sondern wieder die absolute Mehrheit der Stimmen sein muß]. Die Regel der absoluten Mehrheit ist wiederum eine Einstimmenregel. Sie wird als mehrstufige Regel bezeichnet, da zur Bestimmung der optimalen Alternative unter Umständen mehrere Abstimmungsdurchgänge benötigt werden. Auch bei der

Regel der absoluten Mehrheit ist nicht sichergestellt, daß genau eine beste Alternative als Ergebnis des Abstimmungsprozesses feststeht" (Eisenführ/Weber 1994, 309f.). Bei mehreren Abstimmungsgängen ist auch eine Kombination aus der Regel der absoluten und der der einfachen Mehrheit möglich. Die Regel der absoluten Mehrheit kann nur im ersten Durchgang gelten und im zweiten reicht dann die einfache Mehrheit.

Regel der Einstimmigkeit: "Nach dem *Einstimmigkeits-Kriterium* hat jedes Mitglied eine Stimme; gewählt ist diejenige Alternative, die die Stimmen sämtlicher Mitglieder erhält. Eine Entscheidung kommt also nur dann zustande, wenn sich alle Mitglieder auf die gleiche Alternative einigen. Wenn in den Präferenzordnungen aller Mitglieder dieselbe Alternative an erste Stelle steht, ist diese Regel trivial. Bei unterschiedlichen Präferenzvorstellungen ist ein Kompromiß erforderlich" (Laux/Liermann 1997, 88; s. auch Laux 1998, 417). Mit Blick auf die bisherigen Überlegungen zur Einheit *einer* »gemeinsamen Entscheidung« scheint mir wichtig zu berücksichtigen, daß man im Falle von Einstimmigkeit nicht folgern darf, daß ein gemeinsamer Aufbau aller einzelnen Entscheidungskomponenten stattgefunden hat oder daß alle jeweils zu den gleichen Entscheidungskomponenten gelangt sind. Den Stimmabgaben für die gleiche Möglichkeit können etwa ganz verschiedene Erwägungen und Bewertungen zugrunde liegen.

Die Regel der Mehrheit der Paarvergleiche: "Bei der Regel der Mehrheit der Paarvergleiche wird für alle möglichen Alternativenpaare eine Gruppenpräferenz durch eine einfache Mehrheitsregel ermittelt. Als beste Alternative für die Gruppe wird die Alternative gewählt, die in den meisten paarweisen Vergleichen präferiert wird. Da die Regel immer individuelle Präferenzen bezüglich Alternativenpaaren betrachtet, wird sie auch als binäre Regel bezeichnet" (Eisenführ/Weber 1994, 310). Auch diese Regel führt "nicht notwendigerweise zu einer eindeutigen besten Alternative" (a. a. O.).

Die Regel der sukzessiven Paarvergleiche: "Mit der Regel der sukzessiven Paarvergleiche wird versucht, eine beste Alternative zu bestimmen. Man beginnt mit einer Alternative und führt einen Paarvergleich mit einer zweiten Alternative durch. Die Alternative, die von der Mehrheit der Gruppenmitglieder präferiert wird, wird mit einer weiteren Alternative verglichen. Das Verfahren geht solange weiter, bis sukzessiv alle Alternativen abgearbeitet sind. Die im letzten Paarvergleich bevorzugte Alternative ist die mit Hilfe der Regel der sukzessiven Paarvergleiche ermittelte beste Alternative" (Eisenführ/Weber 1994, 311). Laux sowie Laux und Liermann bezeichnen dieses Vorgehen als Anwendung der Mehrheitsregel und sprechen vom Kriterium des paarweisen Vergleichs (Laux

1998, 417f.; Laux/Liermann 1997, 89; s. auch die letzte Anmerkung, II. 140).
Sie unterscheiden nicht zwischen sukzessivem Paarvergleich und einem Paarvergleich, bei dem jeweils über alle möglichen Alternativenpaarkombinationen
abgestimmt wird. Laux sowie Laux und Liermann ergänzen noch, was geschehen kann, wenn bei einem Paarvergleich eine Pattsituation besteht: "Die Auswahl der Alternative kann dann nach einem Zufallsprozeß (z.B. durch Würfeln)
erfolgen; als gewählt kann aber auch die Alternative gelten, die die Stimme des
Vorsitzenden erhält" (Laux 1998, 418; s. auch Laux/Liermann 1997, 89). Wenn
es beim sukzessiven Paarvergleich unter den Alternativen eine gibt, die im Vergleich mit jeder anderen Alternative die Mehrheit der Stimmen erhält, so wird
diese sich immer durchsetzen, unabhängig davon, mit welchem Alternativenpaar
das Vergleichen beginnt. Eine solche Alternative wird auch als "Condorcet-Alter-
native" bezeichnet (s. Laux 1998, 418; Laux/Liermann 1997, 89). Eisenführ und
Weber sprechen vom "Condorcet-Gewinner" und analog dazu von einem "Condorcet-Verlierer" (1994, 317; s. auch Coleman 1992, 111). Gibt es keine Con-
dorcet-Alternative bzw. keinen Condorcet-Gewinner, kann es beim sukzessiven
Paarvergleich durch eine unterschiedliche Wahl des Beginns des Vergleichens
zu unterschiedlichen Ergebnissen kommen. Im Falle des sogenannten Condorcet-
Paradoxons kann jede Alternative als Sieger hervorgehen (vgl. Eisenführ/We-
ber 1994, 314f.; Laux 1998, 418f.; Laux/Liermann 1997, 89). Coleman hat in
diesem Zusammenhang die Relevanz des Wahlplans (der Agenda) bzw. der Tagesordnung hervorgehoben (etwa 1992, 108, 110). Im Anschluß an die Beschreibung einiger weiterer Abstimmungsregeln werde ich hierauf zurückkommen.

Die Borda-Regel bzw. das Borda-Kriterium: "Nach dem BORDA-Kriterium
gibt bei einer Abstimmung über A Alternativen jedes Mitglied der Alternative
auf dem ersten Platz seiner Präferenzordnung A Stimmen, der auf dem zweiten
Platz A-1 Stimmen usw., der Alternative auf dem letzten Platz 1 Stimme. [...]
Gewählt ist die Alternative mit der höchsten Gesamtstimmenzahl. [...] Nach
dem BORDA-Kriterium kann eine Alternative auch gewinnen, wenn sie bei
keinem Mitglied in der Präferenzordnung den ersten Rang einnimmt" (Laux 1998,
420; s. Laux/Liermann 1997, 90). Eisenführ und Weber rechnen die Borda-Regel deshalb "zur Klasse der positionalen Regeln, da die Positionen, die die Alternativen in den individuellen Präferenzen besitzen, in die Entscheidung über
die Gruppenpräferenz miteingehen" (Eisenführ/Weber 1994, 311). Im Unterschied zu Laux sowie Laux und Liermann beginnen Eisenführ und Weber die
Präferenzordnungen bei einer Menge von k Alternativen mit k-1 Punkten für die
beste Alternative, so daß die schlechteste 0 Punkte erhält (a. a. O.).

Die Borda-Aussonderungs-Regel: Coleman führt als "Umkehrung der Borda-
Auszählung" die "Borda-Aussonderung" an (1992, 115). Dabei werden zunächst

wieder mit einer Borda-Auszählung die Rangfolgen der Wählenden in Erfahrung gebracht. Daran anschließend nun findet die Borda-Aussonderung statt: "Die Alternative, die, über alle impliziten Zweikämpfe gerechnet, die geringste Unterstützung erfährt, wird ausgesondert. (Von *m* Alternativen bestreitet jede Alternative *m*-1 Zweikämpfe, und ihre Gesamtunterstützung errechnet sich aus der Summe der Stimmen, die sie in diesen impliziten Zweikämpfen erhält). Nach der Aussonderung einer Alternative wird der gleiche Prozeß mit den verbleibenden *m*-1 Alternativen durchlaufen und wiederholt, bis nur noch eine Alternative übrigbleibt. Diese ist dann Sieger" (1992, 115).

Die Hare-Regel bzw. das Hare-System: Auch die Hare-Regel bzw. das Hare-System ist eine Aussonderungsregel, die bei mehrmaligen Abstimmungsdurchgängen angewendet werden kann. Sie wird verschieden beschrieben. Zunächst die Auffassung von Laux: "Nach der HARE-Regel gibt jedes Mitglied zunächst eine Stimme ab, d.h. es votiert wie beim Single-Vote-Kriterium für *eine* Alternative. Erzielt dabei eine Alternative die absolute Mehrheit der Stimmen, ist sie gewählt. Andernfalls wird die Alternative mit der geringsten Stimmenzahl eliminiert und die Abstimmung mit den verbleibenden Alternativen wiederholt. Die Entscheidung des Gremiums ist getroffen, wenn erstmals eine Alternative die absolute Mehrheit der Stimmen erhält. Möglicherweise erfüllt sich diese Bedingung erst bei Abstimmung über die beiden letzten verbleibenden Alternativen" (Laux 1998, 421). "Erzielen zwei oder mehr Alternativen eine minimale Stimmenzahl, so kann z.B. die Elimination einer dieser Alternativen durch den Vorsitzenden des Gremiums oder nach einem Zufallsprozeß erfolgen" (a. a. O. Anm. 7). Ergänzend möchte ich hinzufügen, daß es auch bei dieser Regel zu einer Pattsituation bei der letzten Abstimmung kommen könnte und daß man hinsichtlich der Elimination bei zwei oder mehr Alternativen mit einer minimalen Stimmenzahl vielleicht auch alle aussondern könnte. Colemans Verständnis des Hare-Systems geht über das von Laux hinaus. Auch bei ihm wird, wenn "kein Kandidat eine Mehrheit erhält, [...] der Kandidat mit den wenigsten Stimmen gestrichen" (1992, 115, Anm. 7). Hinzu kommt jedoch, daß "die Stimmen seiner Anhänger [...] deren zweitbevorzugtem Kandidaten zugeteilt" werden (a. a. O.). Obwohl also jeweils nur eine Stimme abgegeben wird, findet bei der Aussonderung eine Berücksichtigung der individuellen Rangfolge statt. Wird eine Kandidatin ausgesondert, der eine Person die Stimme gegeben hatte, findet eine Übertragung dieser Stimme auf den zweitplazierten Kandidaten statt. Coleman nennt noch einen weiteren Aspekt: "Bei Wahlen mit[141] mehreren Kandidaten stellt das Hare-System eine Wahlquote auf. Wenn der favorisierte Kandidat eines Wählers diese Quote bereits erreicht hat, wenn dessen Stimmabgabe registriert wird, erhält der zweitbevorzugte Kandidat dieses Wählers die Stimme" (a. a. O.). Für Gestaltung von Wahlzetteln heißt das also, daß zwar alle nur jeweils eine Stimme vergeben, darüber hinaus aber auch ihre Rangordnung bezüglich der weiteren Kandidaten bzw. Kandidatinnen angeben müssen, damit ggf. die geschilderten Umverteilungen vorgenommen werden können.

Das Approval Voting: "Beim *Approval Voting* [...] hat jedes Gruppenmitglied soviele Stimmen, wie es Alternativen gibt. Ein Entscheider kann jeder Alternative entweder eine Stimme oder keine geben. Damit bringt ein Entscheider zum Ausdruck, welchen Alternativen er zustimmen kann - was der Regel auch ihren Namen gibt (*Approval Voting* = Zustimmungsregel). Die Alternative mit den meisten Stimmen wird als beste Alternative gewählt. *Approval Voting* gehört in die Klasse der Mehrstimmenregeln. Die Regel der einfachen Mehrheit läßt sich als Spezialfall des *Approval Voting* auffassen, bei dem jedes Gruppenmitglied genau eine Stimme besitzt. Zwischen der Regel der einfachen Mehrheit und dem *Approval Voting* kann man Stimmenregeln definieren, die sich nur in der Anzahl der einem Gruppenmitglied zur Verfügung stehenden Stimmen unterscheiden. Diese Anzahl kann von einer bis zur Anzahl der Alternativen variieren. Bedenken Sie bei der Anwendung des *Approval Voting*, daß Stimmenhäufungen, das heißt die Abgabe mehrerer Stimmen für eine Alternative, nicht zulässig sind" (Eisenführ/Weber 1994, 312; vgl. auch Colemans Diskussion der "Billigungsabstimmung" 1992, 120ff.).

In den angegebenen Bestimmungen der verschiedenen Abstimmungsregeln kehren grundlegende Merkmale - wie 'ein-' und 'mehrstufige Verfahren' sowie 'Stimmabgabe' und 'Präferenzordnung' - wieder. Stellt man diese in einer Merkmalskombinatorik zusammen, dann lassen sich die Abstimmungsregeln zuordnen. Die Zuordnung von Abstimmungsregeln in dieser Kombinatorik sagt dabei nichts darüber aus, ob die jeweiligen Abstimmungsregeln auch zum Ziel führen oder scheitern (etwa Pattsituationen oder Verfehlen einer spezifischen Mehrheit). Wenn in solchen Fällen des Scheiterns einstufige Verfahren mehrfach eingesetzt werden, dann wird derartiges Vorgehen von mir als Wiederholung betrachtet und nicht hierdurch als mehrstufiges Verfahren eingeschätzt.

	Einstufige Verfahren	Mehrstufige Verfahren
Abgabe einer Stimme	z. B. Single-Votum-Kriterium (Regel der einfachen Mehrheit), Einstimmigkeit,	z. B. Hare-Regel, sukzessiver Paarvergleich, Regel der Mehrheit der Paarvergleiche
Abgabe einer Präferenzordnung	absolute Mehrheit z. B. Borda-Regel	z. B. Borda-Aussonderung
Abgabe von mehreren Stimmen ohne Präferenzordnung	z. B. Approval Voting	

Erwägungstafel 22

Folgt man Laux, so lassen sich mit "etwas Phantasie [...] beliebig viele solcher [Abstimmungs-]Regeln entwickeln" (1998, 422; s. auch Laux/Liermann 1997, 91). Angesichts solcher Vielfalt scheint eine verantwortbare Entscheidung für eine bestimmte Abstimmungsregel nicht einfach zu sein. Zu vermuten ist, daß je systematisch-erwägungsorientierter vorhandene Regeln zusammengestellt würden, man sich weitere denkbare Fälle zu konstruieren vermag (wie das letzte Feld in vorstehendem Sortierungsversuch).[142] Erschwerend kommt dabei vor allem hinzu, daß die Wahl der jeweiligen Abstimmungsregel das Abstimmungsergebnis beeinflussen kann (s. Laux und Laux/Liermann a. a. O.). Eisenführ und Weber demonstrieren an ihrer Darstellung ausgewählter Abstimmungsregeln, wie fünf "verschiedene Abstimmungsregeln [...] zu fünf verschiedenen Ergebnissen" führen können, "ohne daß sich die in den Aggregationsprozeß eingehenden individuellen Präferenzordnungen geändert hätten" (1994, 312). Damit gewinnt ein Wissen über unterschiedliche Abstimmungsregeln und ihre strategischen Einsatzmöglichkeiten an Bedeutung. Wer, wie eingangs dargelegt, vielleicht nur informell jeweilige Abstimmungsregeln zur Kenntnis nimmt, kann so unter Umständen leicht manipulierbar werden. Am Beispiel des bereits erwähnten Condorcet-Paradoxons sei die Relevanz des Wahlplans oder auch der Tagesordnung für eine Abstimmung verdeutlicht.

Angenommen, im Zeitschriften-Gründungsbeispiel hätten drei Personen folgende Vorlieben hinsichtlich der Möglichkeiten, eine normale wissenschaftliche Zeitschrift (NZ), eine Diskussionszeitschrift (DZ) oder eine Diskussionszeitschrift mit Metakritik (DMZ) zu gründen:

	Person A	Person B	Person C
1. Rang:	DZ	DMZ	NZ
2. Rang:	DMZ	NZ	DZ
3. Rang:	NZ	DZ	DMZ

Würden die drei nun mit Hilfe eines sukzessiven Paarvergleichs abstimmen, so könnte jede Alternative gewählt werden, je nachdem mit welchem Paarvergleich begonnen würde. Würde zunächst zwischen Diskussionszeitschrift und Diskussionszeitschrift mit Metakritik abgestimmt, ginge es in der zweiten Runde um eine Abstimmung zwischen Diskussionszeitschrift und normaler Zeitschrift, die Sieger wäre. Begönne man mit einer Abstimmung zwischen Diskussionszeitschrift und normaler wissenschaftlicher Zeitschrift, wäre in der zweiten Runde zwischen normaler und Diskussionszeitschrift mit Metakritik abzustimmen mit dem Ergebnis, daß die Abstimmung zugunsten der Diskussionszeitschrift mit Metakritik ausginge. Finge man den Paarvergleich mit der Diskussionszeitschrift mit Metakritik und normaler Zeitschrift an, würde die zweite Runde zwischen Diskussionszeitschrift mit Metakritik und Diskussionszeitschrift stattfinden und übrig bliebe die Diskussionszeitschrift.

Weil unterschiedliche Abstimmungsregeln zu verschiedenen Ergebnissen führen können, wird die Frage nach reflexiven Regeln für Abstimmungsregeln relevant. Hierzu finden sich wiederum verschiedene Vorschläge in der Literatur (z. B. Eisenführ/Weber 1994, 313ff.; Laux 1998, insbesondere Kap. XIV). In diesem Zusammenhang kommt dem sogenannten Unmöglichkeitstheorem von Kenneth J. Arrow (1972) eine besondere Bedeutung zu. Es würde zu weit ab von der Zielsetzung dieser Arbeit führen, dies genauer zu skizzieren und zu diskutieren. Für die Intention dieser Arbeit reicht es, darauf hinzuweisen, daß nach Arrow "für mehr als zwei Alternativen kein Aggregationsmechanismus existiert", der folgende vier Bedingungen gleichzeitig erfüllt:
"**Bedingung U** (uneingeschränkter Definitionsbereich): Der Aggregationsmechanismus muß für alle möglichen individuellen Präferenzordnungen definiert sein.
Bedingung P (Pareto-Bedingung): Wenn alle Gruppenmitglieder eine Alternative einer anderen Alternative vorziehen, dann muß diese Alternative auch in der kollektiven Präferenzordnung der anderen Alternative vorgezogen werden.
Bedingung I (Unabhängigkeit von irrelevanten Alternativen): Die kollektive Präferenzordnung bezüglich zweier Alternativen a und b darf nur von den individuellen Präferenzen bezüglich a und b und nicht von weiteren Alternativen abhängen. Führt zum Beispiel eine Abstimmungsregel dazu, daß kollektiv die Alternative a der Alternative b vorgezogen wird, muß dies auch dann der Fall sein, wenn eine beliebige weitere Alternative im Rahmen der Gruppenentschei-

dung zusätzlich betrachtet wird und sich die individuellen Präferenzen bezüglich a und b nicht geändert haben.

Bedingung D (Diktator-Bedingung): Es soll keinen Diktator geben. Eine Abstimmungsregel darf nicht so definiert sein, daß immer die Präferenz einer bestimmten Person, des Diktators, automatisch zur Präferenz der Gruppe gemacht wird" (Eisenführ/Weber 1994, 313f.).

Wie z. B. die Bedingung I bei einer (einfachen) Mehrheitsregel verletzt werden kann, wird von Coleman anschaulich am Beispiel der Bürgermeisterwahl der Demokraten in Chicago 1983 dargestellt. Durch das Hinzukommen eines dritten Kandidaten wurde die ursprüngliche Rangfolge zwischen den beiden anderen Kandidaten umgekehrt. Zunächst standen sich ein weißer und ein schwarzer Kandidat gegenüber. Laut Umfragen war mit einem Sieg des weißen Kandidaten zu rechnen. Dann stellte sich noch ein weiterer weißer Kandidat mit zur Wahl mit dem Endergebnis, daß der schwarze Kandidat die meisten Stimmen erhielt, was damit erklärt wurde, daß die weiße Wählerschaft gespalten wurde (Coleman 1992, 101ff.). Obwohl also sich insgesamt nichts an den Präferenzen von A gegenüber B geändert haben mag, wird B gewählt, weil einige nun C gegenüber A vorziehen. Vereinfacht dargestellt:

Bei zwei Kandidaten mögen 60% A gegenüber B vorgezogen haben. Bei drei Kandidaten ändert sich hieran zwar nichts, wenn man nur auf den Paarvergleich zwischen A und B achtet. Dennoch unterliegt A nun B:

	35%	40%	25%
1. Rang	A	B	C
2. Rang	B	A	A
3. Rang	C	C	B

Es wäre herauszufinden, inwiefern die in dieser Arbeit entwickelte Unterscheidung in koordinierte und nicht-koordinierte Alternativen sowie die Beachtung, ob jeweilige Alternativen gleichen oder verschiedenen Alternativensträngen angehören (vgl. z. B. II. 2.3.3.4, Nr. (61), (70)), solche Konstellationen klären helfen kann. In Colemans Beispiel wird die 'Hautfarbe' zum relevanten Kriterium der Unterscheidung verschiedener Kandidaten für das Bürgermeisteramt. Solange wie sich nur ein schwarzer und ein weißer Kandidat gegenüberstanden, liegt eine koordinierte Konstellation vor. Durch den dritten, ebenfalls weißen Kandidaten wird diese Konstellation verändert:

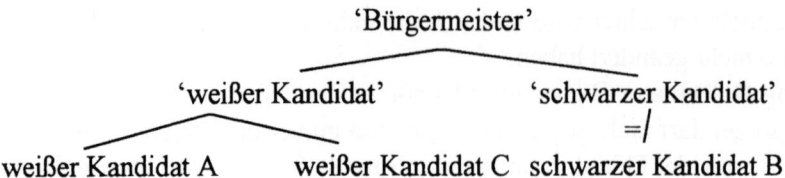

'Bürgermeister'

'weißer Kandidat'   'schwarzer Kandidat'

                                              =/

weißer Kandidat A   weißer Kandidat C   schwarzer Kandidat B

Um die beiden weißen Kandidaten untereinander als Alternativen zu erfassen, ist es erforderlich, eine Konkretionsebene einzuführen. Zu dem Oberbegriff 'weißer Kandidat' können die Kandidaten A und C als koordinierte Alternativen in einem Alternativenstrang aufgefaßt werden. Da es nur einen schwarzen Kandidaten gibt, ist eine entsprechende Differenzierung in dem Alternativenstrang 'schwarzer Kandidat' nicht erforderlich, was dazu führt, daß der schwarze Kandidat keine koordinierte Alternative zu den beiden weißen Kandidaten A und C ist. Wird aus systematischen Gründen eine weitere Konkretionsebene im Alternativenstrang 'schwarzer Kandidat' vorgenommen, um die Alternativen A, B und C als "koordinierte" bezeichnen zu können, ist sie folgenlos gegenüber der ersten Konstellation, in der sich nur ein weißer und ein schwarzer Kandidat gegenüberstanden. Wer Kandidat B wählt, weil er schwarz ist, muß keine weitere »Entscheidung« treffen, im Gegensatz zu einer Person, die einen weißen Kandidaten wählen will. Es wäre herauszufinden, welche Konstellationen von jeweiligen Alternativenzusammenstellungen zu welchen Abstimmungsproblemen führen. Was wäre etwa, wenn drei nicht-koordinierte Alternativen in drei Alternativensträngen vorlägen? Bedenkt man, daß in sozialen Zusammenhängen vermutlich eher selten alle die gleichen Bewertungskriterien in ihren jeweiligen »Entscheidungen« anlegen, dann ist etwa davon auszugehen, daß bezüglich eines Auswahlgedankens, z. B. der Wahl einer Bürgermeisterin bzw. eines Bürgermeisters, aufgrund verschiedener Kriterien für einige ein »Entscheidungszusammenhang« mit koordinierten, für andere ein »Entscheidungszusammenhang« mit nicht-koordinierten Alternativen gegeben ist.

Neben dem Arrow-Theorem gilt das sogenannte Gibbard-Satterthwaite-Theorem als ein wichtiges reflexives Wissen über Abstimmungsregeln. Es besagt, "daß es keine Abstimmungsregel gibt, die gegen jegliche Formen strategischen Verhaltens resistent ist" (Eisenführ/Weber 1994, 318). Auch andere sinnvoll erscheinende Regeln für Abstimmungsregeln mögen nicht von allen Abstimmungsregeln erfüllt werden. Dennoch können auch solche Abstimmungsregeln sinnvoll genutzt werden. Exemplarisch sei auf das Kriterium verwiesen, daß eine Regel auf keinen Fall "den Condorcet-Verlierer als beste Alternative bestimmen" lassen sollte, welches beim Approval Voting verletzt werden kann, das andererseits aber dennoch anscheinend so viele positive Eigenschaften besitzt, daß es trotzdem eingesetzt wird (Eisenführ/Weber 1994, 317). Eisenführ und Weber halten zusammenfassend fest: "Wie schon wiederholt festgestellt, gibt es leider keine Wahlregel, die allen an sie gestellten, sinnvollen Bedingungen genügt. Bei der Auswahl der Aggregationsregel müssen daher Werturteile derart getroffen werden, daß die Erfüllung eines Kriteriums als wichtiger erachtet wird als die eines anderen. Welche Regel gewählt wird, kann von der Situation oder von Gesichtspunkten der praktischen Durchführbarkeit bestimmt sein" (1994, 318f.).

Angesichts der Vielfältigkeit von unterschiedlichen Abstimmungsregeln und des Problems von Regeln für ihre Auswahl ist es verwunderlich, daß derartiges Wissen, insbesondere ein reflexives Wissen über die Probleme mit Abstimmungen, nicht mit zu sogenannten Kulturtechniken in pluralistischen demokratischen Gesellschaften zählen. In Schulen und Universitäten müßte nicht nur Wissen hierüber erworben, sondern dieses auch praktisch erfahren werden. In ein entfaltetes Verständnis von »Entscheidung« wäre derartiges Wissen, unabhängig davon, wie man nun die Termini "gemeinsame Entscheidung" und "Abstimmung" verwenden will, jedenfalls zu integrieren. Denn ein Wissen über »Entscheidung« - als eine Möglichkeit der Lösungsfindung - sollte ein Wissen über alternative Möglichkeiten von Lösungsfindungen umfassen.

4. Betroffene von »Entscheidungen«

(125) *Vorbemerkung*: Wie schon die Frage nach den potentiellen Trägerinnen und Trägern von »Entscheidungen« so hat auch eine Auseinandersetzung mit potentiellen Betroffenen von »Entscheidungen« nicht direkt etwas mit der Klärung verschiedener Verständnisse von »Entscheidung« zu tun. Da es sich aber um einen grundlegenden Aspekt handelt, der in der Literatur zur Unterscheidung von verschiedenen Arten von »Entscheidungen« sowie zur Unterscheidung von moralischen Ansprüchen an »Entscheidungen« herangezogen wird, soll hier auf ihn eingegangen werden. Hinzu kommt, daß es meines Erachtens gerade auch für eine Erwägungsdidaktik, die Vielfalts- und Entscheidungskompetenz vermitteln und fördern will, wichtig ist, um diese Problemfelder zu wissen und sie in ihre Konzepte einzubeziehen. So geht es in Lehr- und Lernprozessen etwa auch immer darum, ob Lehrende allein die »Entscheidungen« treffen, von denen die Lernenden betroffen sind, oder ob diese »mitentscheiden« können, vielleicht sogar ihrerseits »Entscheidungen« treffen, die die Lehrenden betreffen (s. hierzu III. 3.2).

(126) *Mögliche Beziehungen zwischen »Entscheidungstreffenden« und »Entscheidungsbetroffenen«*: Unabhängig davon, wen oder was man als mögliche Träger bzw. Trägerinnen von »Entscheidungen« erachtet, können »entscheidungsfähige« Wesen in verschiedenen Weisen von »Entscheidungen« betroffen sein.[143]

In einem ersten Schritt mag man danach unterscheiden, ob jemand eine »Entscheidung« für sich selbst, für andere oder für sich und andere trifft. Geht man von nur zwei Personen aus, dann sind systematisch bedacht bereits 9 Konstellationen zwischen »Entscheidungstragenden« und »Entscheidungsbetroffenen« denkbar:

Entscheidungstreffende/ -tragende Entschei- dungsbetroffene	A	B	A und B[144]
A	1	2	3
B	4	5	6
A und B	7	8	9

Erwägungstafel 23

In einem zweiten Schritt läßt sich weiter differenzieren, ob eine »Entscheidung«, die andere betrifft, dies tut, weil die Betroffenen zum »Entscheidungszusammenhang« dazugehören oder ob die Betroffenen nicht unmittelbar zum »Entscheidungszusammenhang« zählen. Vom Patienten im Medikamenten-Dosierungs-Beispiel, dem Chemielehrer im Chemieleistungskurs-Beispiel oder der ertrinkenden Person im Rettungs-Beispiel wird man beispielsweise sagen können, daß sie zum »Entscheidungszusammenhang« der »entscheidungstreffenden« Person zu zählen sind. Insofern im Raucher/Raucherin-Beispiel die rauchende Person etwa nicht an die Folgen ihrer Entscheidung für die nichtrauchenden Kollegen bzw. Kolleginnen denkt, gehören diese nur indirekt/mittelbar zu ihrem »Entscheidungszusammenhang«. Matthias Kaufmann beschreibt die Situation, in der "es nicht dieselbe Person ist, der die Wahl obliegt, wie die, die sich der durch diese Wahl entstandenen Situation gegenübersieht" (1988, 321), mit Verweis auf Wilhelm Kamlah folgendermaßen: "Für den, der die Entscheidung trifft, überwiegt also das Moment der Wahl, für den, den sie trifft, das Moment der Widerfahrnis" (a. a. O.). So gesehen könnte man aus der Sicht der »Entscheidungsbetroffenen« die Konstellationen 1, 5 und 9 der Erwägungstafel 23 als "Wahl", die übrigen als "Widerfahrnisse" bezeichnen. Aus der Sicht der »Entscheidungstreffenden« wären alle Konstellationen eine »Wahl«. Da 'Widerfahrnis' bei Kamlah ein sehr umfassender Begriff ist, unter den alles - Positives wie Negatives -, dem Menschen passiv - bewußt oder nicht bewußt - ausgesetzt sind, - fallen kann, wie z. B. eigene Alternsprozesse, Krankheiten, Umweltkatastrophen genauso wie Handlungen anderer Menschen - (1972, 34-40), wäre es vielleicht genauer, von "Entscheidungswiderfahrnissen" zu sprechen.

In welchem Ausmaß »Entscheidungswiderfahrnisse« für die Betroffenen willkürlich und unberechenbar sind, wird davon abhängen, ob die »Entscheidungstreffenden« ihre »Entscheidungen« vermitteln wollen oder sogar müssen und ob es Korrekturmöglichkeiten durch die Betroffenen oder Anwälte bzw. Anwältinnen der Betroffenen gibt oder nicht. Nach Matthias Kaufmann ist die "Entwicklung des demokratischen Verfassungsstaates [...] gekennzeichnet durch das Bemühen, diese Diskrepanz zwischen Entscheidungsbefugten und Entscheidungsbetroffenen soweit wie möglich zu *reduzieren*" (1988, 323). Für »Entscheidungstreffende« kann es verschiedene Gründe dafür geben, ihre »Entscheidungen«, die andere betreffen, diesen möglichst transparent und nachvollziehbar zu machen. Denkt man etwa an das Chemieleistungskurs-Beispiel, so wird die Direktorin, wenn sie an einem kooperativen Arbeitsklima im Kollegium interessiert ist, ihre »Entscheidungen« möglichst gut zu begründen versuchen und sich bemühen, daß alle Lehrerinnen und Lehrer möglichst gleichermaßen sowohl sie weniger interessierende als auch sie mehr interessierende Aufgaben übernehmen können. Dem Chemielehrer, der gern den Leistungskurs übernommen hätte, wird sie vielleicht in Aussicht stellen, daß es zwar dieses Mal nicht klappen würde, er aber dafür den nächsten Leistungskurs wieder übernehmen könnte o. ä. Zu vermuten ist, daß »Entscheidungstreffende« sich eher um eine gute Vermittlung ihrer »Entscheidungen« gegenüber den »Entscheidungsbetroffenen« bemühen, wenn sie diese als potentiell ebenfalls »Entscheidungstreffende« und sich selbst nur vorübergehend oder bereichsspezifisch in der Situation sehen, »Entscheidungen« für andere bzw. »Entscheidungen«, die andere betreffen, zu fällen. Als ein Beispiel für eine vorübergehende Übernahme von »Entscheidungen« über bzw. für andere mag man auch den Verlauf vieler Sozialisationsprozesse betrachten, in denen Kindern und Jugendlichen allmählich immer mehr »Entscheidungsfreiheiten« und damit verbundene Verantwortlichkeiten zugestanden werden. Wie wichtig deshalb bereits die frühesten Erfahrungen von Kindern mit »Entscheidungswiderfahrnissen« sind, wird m. E. beispielhaft in der bereits erwähnten These von Dieter Geulen deutlich, nach der »Entscheidungskompetenz« von Kindern wesentlich mitgeprägt wird, wie transparent Eltern ihre »Entscheidungen« gegenüber den Kindern darlegen (s. II. 2.3.3.4, Nr. (73)).

Nimmt man die Perspektive der »Entscheidungsbetroffenen« ein, so ist außerdem zu bedenken, ob diese wollen, daß andere für sie »Entscheidungen« treffen bzw. daß sie von den »Entscheidungen« anderer betroffen sind, oder ob sie gegen ihren Willen betroffen sind. Im Medikamenten-Dosierungs-Beispiel kann man vermuten, daß der Patient will, daß die Ärztin über seine Dosis »entscheidet«. Im Rettungs-Beispiel wird eine freitodsuchende Person nicht damit einverstanden sein, daß eine andere Person »entscheidet«, sie zu retten. Nicht alle »Entscheidungen«, die andere in bezug auf eine Person treffen, müssen für diese also

»Entscheidungswiderfahrnisse« sein. Wenn eine Person - wie im Medikamenten-Dosierungs-Beispiel - reflexiv »entschieden« hat, in einem bestimmten »Entscheidungszusammenhang« nicht selbst zu »entscheiden«, sondern diese »Entscheidung« an andere zu delegieren, dann sind deren »Entscheidungen« von den Betroffenen reflexiv gewollt und insofern kein mehr oder weniger überraschendes Widerfahrnis. Hat hingegen eine Person reflexiv »entschieden«, eine sie betreffende »Entscheidung« nicht an andere zu delegieren, und erfolgt dann dennoch eine solche »Entscheidung«, so könnte man vielleicht von einem ">»Entscheidungswiderfahrnis« entgegen den explizit geäußerten Willen der Betroffenen" sprechen. Konstellationen, in denen potentiell »Entscheidungsbetroffene« im Vorfeld reflexiv Stellung bezogen haben bezüglich einer potentiell sie betreffenden »Entscheidung« anderer, sind von Konstellationen zu unterscheiden, in denen keine Stellungnahme der potentiell »Entscheidungsbetroffenen« vorliegt. In folgender Erwägungstafel werden Konstellationen mit einer reflexiven »Entscheidung« der potentiell Betroffenen und einer Einschätzung der »Entscheidungstreffenden«, ob andere von ihrer »Entscheidung« überhaupt unmittelbar betroffen sind, zusammengestellt. Die zweite Zeile gibt dabei eine Konstellation wieder, bei der fallspezifisch zu erwägen ist, ob ein unzulässiger »Übergriff« vorliegt.

	Aus Sicht der »Entscheidungstreffenden« sind andere ...	Aus Sicht der »Entscheidungsbetroffenen« werden die »Entscheidungen« anderer, die sie betreffen, ...
1. Zeile:	unmittelbar betroffen	reflexiv gewollt
2. Zeile:	unmittelbar betroffen	reflexiv abgelehnt
3. Zeile:	mittelbar betroffen	reflexiv gewollt
4. Zeile:	mittelbar betroffen	reflexiv abglehnt

Erwägungstafel 24

Auch ist der Fall zu bedenken, daß sowohl »Entscheidungstreffende« als auch »Entscheidungsbetroffene« meinen oder nicht meinen, von einem Betroffensein ausgehen zu müssen oder auch nicht, und dies dabei richtig oder falsch einschätzen können. Weitere Differenzierungen sind zu beachten, wenn die »entscheidungstreffende« Person das mittel- oder unmittelbare Mitbetroffensein anderer (etwa der passiv Mitrauchenden) wissentlich oder unwissentlich unberücksichtigt läßt. Auch für die »entscheidungsbetroffenen« Personen wäre zu bedenken, ob diese wissen, inwiefern sie von einer »Entscheidung« anderer betroffen sind oder nicht, was im letzteren Falle dazu führen kann, eine Erkrankung auf andere Ursachen zurückzuführen. Warum solche Differenzierungen relevant werden können, wird deutlich, wenn man an Rechtsstreite denkt, die insbesondere auch mit der Erwägungstafel 24 und hier vor allem mit der Konstellation der 2. Zeile in den Blick geraten. Nach Jürgen Rödig ist das Recht "keine Ordnung zwischen irgendwelchen Menschen, sondern eine Ordnung zwischen Menschen, welche sich entscheiden. Was geordnet wird, das *ist* gerade dieses Sich-Entscheiden - wenngleich nur in dem Maße, als die Entscheidung nicht ausschließlich den Entscheidenden betrifft, sondern wenigstens einen anderen Menschen" (1969, 80). Zu einer solchen Rechtsordnung mag es dann gehören, daß von »Entscheidungen«, die andere betreffen, sozial eine andere Qualität von Begründung gefordert wird, als wenn sich »Entscheidungen« nur auf die »entscheidungstreffende« Person beziehen. In diesem Sinne halten Werner Nienhüser und Wolfgang Weber fest: "Wer mit Konsequenzen für andere entscheidet, wird oft zur Begründung gezwungen; wer nur mit Konsequenzen für sich selbst entscheidet, ist davon auf den ersten Blick befreit" (1992, 76, Nr. (18)). Ohne hier jetzt weiter darauf einzugehen, warum Begründungen - welcher Qualität auch immer - auf den zweiten Blick auch dann relevant sein mögen, wenn »Entscheidungen« nur Folgen für die »Entscheidungstreffenden« haben, wird hier meines Erachtens eine interessante Möglichkeit angesprochen, »Entscheidungen für sich selbst« und »Entscheidungen, die andere (mit)betreffen«, daraufhin zu untersuchen, inwiefern für sie sozial eine Begründung "abverlangt wird" (Nienhüser/Weber 1992, 76, Nr. (18)) oder keine derartige Begründungsnotwendigkeit gesehen wird und es den einzelnen Individuen überlassen bleibt, ob sie begründen wollen. Systematisch bedacht gibt es drei alternative Konstellationen zu dem von Nienhüser und Weber bedachten Fall (Feld 2):

Begründung bei »Entscheidungen«, die nur die »Entscheidungstreffenden« betreffen Begründung bei »Entscheidungen«, die (auch) andere betreffen	wird sozial abverlangt (unabhängig davon, ob es auch individuell, von den »Entscheidungstreffenden«, für erforderlich erachtet wird)	wird nur individuell, d. h. von den »Entscheidungstreffenden«, als erforderlich erachtet
wird sozial abverlangt (unabhängig davon, ob es auch individuell, d. h. von den »Entscheidungstreffenden«, für erforderlich erachtet wird)	1. vermutlich stark kontrollierende Gesellschaften	2. Nienhüser/Weber
wird nur individuell, d. h. von den »Entscheidungstreffenden« als erforderlich erachtet	3. ?	4. vermutlich Gesellschaften, in denen Individualität/Autonomie wichtig ist

Erwägungstafel 25

Eine mögliche Forschungsfrage, die man an diese Erwägungstafel anschließen könnte, wäre zu verfolgen, ob bestimmte Konstellationen besonders typisch für bestimmte Kulturen oder gesellschaftliche Lebensbereiche sind.

Jeweilige Rechtsordnungen mögen ein wesentlicher Bestimmungsgrund für die Gestaltung der Beziehungen zwischen »Entscheidungstreffenden« und »Entscheidungsbetroffenen« sein. Ein anderer Faktor, der auch in verschiedenem Ausmaß in jeweilige Rechtsverständnisse und Ordnungen eingeht, sind die vertretenen Moralverständnisse. Unterscheidet man zwischen Nah- und Fernethiken (s. hierzu Hans Krämer 1995, 50, 74), dann mag man wie Bernd P. Löwe zu der These gelangen, daß Nähe und Distanz zwischen »Entscheidungstreffenden« und »Entscheidungsbetroffenen« eine große Rolle spielen können. Löwe überträgt die Ergebnisse der Milgram-Experimente auf "Entscheidungen von Menschen über Menschen", nach denen bei zunehmender ""Distanz" zwischen Täter und Opfer die Bereitschaft bzw. [...] die Entscheidung zur Bestrafung bis hin zu einer tödlichen Dosis" (1992, 65, Nr. (8)) erleichtert werde. Seine These ist, daß je räumlich bzw. sinnlich entfernter und/oder je größer eine identifikatorische bzw. normative Entfernung zwischen Entscheidungstreffenden und Entscheidungsbetroffenen ist, um so skrupelloser »Entscheidungen«, die andere betreffen, ausfallen können (s. 1992, 65, Nr. (8)). Bei einer weiteren Analyse der Folgen großer räumlicher und/oder normativer Distanz für »Entscheidungen«, die andere betreffen, wären vier Fälle zu bedenken:

Räumliche bzw. sinnliche Distanz	*Identifikatorische bzw. normative Distanz*
liegt vor	liegt vor
liegt vor	liegt nicht vor
liegt nicht vor	liegt vor
liegt nicht vor	liegt nicht vor

Erwägungstafel 26

Eine die Überlegungen von Nienhüser und Weber sowie Löwe verknüpfende Frage wäre herauszufinden, inwiefern es Zusammenhänge gibt zwischen der räumlichen/sinnlichen und/oder identifikatorischen/normativen Distanz zwischen den »Entscheidungstreffenden« und den »Entscheidungsbetroffenen« und der Forderung nach sozial abverlangten und/oder nur individuell für erforderlich erachteten Begründungen. Ist es etwa bei fehlender Distanz, also bei hoher räumlicher/sinnlicher und/oder identifikatorischer/normativer Nähe, eher wahrscheinlich, daß die einzelnen sich selbst eine Begründung abverlangen, wenn sie »Entscheidungen« über andere treffen, als dies bei einer hohen Distanz der Fall wäre, sofern nicht institutionelle Bedingungen (Gerichte, Parlamente) Begründungen erfordern? Diese Frage wäre selbst hinsichtlich der in ihr verborgenen Mentalitätsunterstellungen, die mehr oder weniger verbreitet in bestimmten Gesellschaften oder gesellschaftlichen Lebensbereichen sein mögen, zu reflektieren.

(127) *Soziale Einbettung von »Entscheidung« und »Entscheidungsinterdependenzen«*: Wenn »entscheidungsfähige« Wesen in soziale Zusammenhänge eingebettet sind und in diesen auch die »Entscheidungen« treffen, die nur sie selbst betreffen sollen, dann mag es fraglich sein, ob dies möglich ist und es überhaupt »Entscheidungen« gibt, die keine Konsequenzen für andere haben. Für Nienhüser und Weber bedeuten fast "alle Entscheidungen [...] Konsequenzen auch für andere" (1992, 77, Nr. (19)). Sie nennen dies den kollektiven bzw. sozialen Aspekt von Entscheidungen (s. 1992, 77, Nr. (19)).[145] Auch Löwe betont, daß "der Entscheidungskontext [bei Menschen] stets sozial vermittelt ist, Entscheidungen selten nur das Individuum selbst betreffen, sondern andere direkt/indirekt, bekannt/unbekannt, sofort/später, gleichgerichtet/entgegengesetzt usw. mitbetreffen; [...] Die Isolierung einer individuellen Dezision ist zwar denkmöglich, real aber selbst beim Eremiten nicht gegeben" (1992, 63, Nr. (2)). An den Beispielen des Rauchens und Biertrinkens macht Löwe deutlich: "Auch die Entscheidung über "Rauchen" und "Trinken" als "Genuß" und/oder "Laster" ist nur sehr vordergründig eine Dezision von lediglich subjektivem Rang und ausschließlich individueller Dimension" (1992, 65, Nr. (7)). »Entscheidungen« gehen für Löwe "genetisch stets auf ein "Ensemble" sozialer Verstrickungen zurück - vom ersten bis zum letzten "Schluck"" (1992, 65, Nr. (7)). "Entscheidungen bzw. Dezisionen sind stets in eine außerordentlich komplizierte Subjekt-Objekt-Dialektik "verstrickt"; eine individuelle Entscheidung bzw. singuläre Handlung kann gleichzeitig aus einer komplexen sozialen Quelle (gesamtgesellschaftlichen Interessenlage z. B.) entspringen (etwa die Entscheidung, Krieg zu führen) bzw. plurale Handlungseffekte auslösen (etwa die Organisationsmaßnahmen im Auftrag des UNO-Sicherheitsrates zur Lösung eines Problems "X")" (Löwe 1992, 64, Nr. (4)). So wie man aufgrund des sozialen Eingebettetseins von »Entscheidungen« also hinsichtlich der Trägerschaft bezweifeln mag, ob es überhaupt so etwas wie eine »rein individuelle Entscheidung« geben mag (s. Anmerkung II. 136), genauso mag man bezweifeln, ob es allein individuelle Konsequenzen geben kann und nicht statt dessen immer irgendwie andere mitbetroffen sind. Und folgt man Hans Thomae, so muß auch die je individuelle »Entscheidungskompetenz« selbst ihrerseits als abhängig von sozialen Kontexten gesehen werden, in denen etwa die einzelnen unterschiedliche Fähigkeiten erwerben können. Nach Thomae gehen "Menschen [...] nicht mit einer neutralen, allzeit verfügbaren Entscheidungskompetenz in Alltags- wie in Krisenentscheidungen hinein, sondern mit einem in ihrer bisherigen Lebensgeschichte

erprobten Repertoire von Formen des Umgangs mit Unklarheiten und Belastungen in diesem oder jenem Lebensbereich" (1992, 91, Nr. (13)).

Auch die reflexiven Ebenen sind meines Erachtens in derartige Überlegungen einzubeziehen. Wie wir über »Entscheidung« und »Entscheidungskompetenzen« denken und »entscheiden«, ist in historisch-sozialen Kontext zu sehen. Auch diese gerade gestellte Überlegung läßt sich reflexiv wieder derartig einbetten. Usw.

Selbst wenn man die Thesen zu einem solchen umfassenden sozialen Eingebettetsein von »Entscheidung« teilt, muß daraus m. E. nicht folgen, daß man »individuelle Entscheidungstreffende« und »bloß individuelle Betroffene« für nicht möglich hält. Es kommt darauf an, was man hier genau unter "individuell" versteht und was man noch mit zu den relevanten Folgen einer »Entscheidung« zählen will. Je mehr dabei ein Verständnis von "Individualität" in Richtung »Autarkie« zielt, desto weniger wird eine »rein individuelle Trägerschaft« für möglich gehalten werden können. Je mehr auf längerfristige Folgen oder unbeabsichtigte Nebenwirkungen von »Entscheidungen« geachtet wird, um so weniger wird eine »bloß individuelle Betroffenheit« annehmbar sein. Auch wenn man aber davon ausgehen würde, daß alle »Entscheidungen« soziale Folgen haben, kann man meines Erachtens aber zumindest »Entscheidungen« von ihrer Intention her danach unterscheiden, ob sie nur bzw. vor allem die »Entscheidungstragenden« oder (auch) andere betreffen (sollen) und ob erwogen wird oder nicht, inwiefern andere betroffen sein könnten.

Hinsichtlich einer »sozialen Verstrickung« aller »Entscheidungen« scheint mir für einen Erwägungshorizont für »Entscheidung« vor allem wichtig zu sein, ein Wissen über gegenseitige Beeinflussungen verschiedener individueller »Entscheidungen« einzubeziehen. Wem derartiges Wissen fehlt, der oder die wird sich leichter illusionäre Vorstellungen über jeweilige »Entscheidungen« machen. Nur wer um verschiedene Möglichkeiten der Vernetzung und Beeinflussung von »Entscheidungen« weiß, wird diese zum Teil mit berücksichtigen und adäquatere Vorstellungen über die Wirksamkeit jeweiliger »Entscheidungen« aufbauen können.

Werner Kirsch erörtert die gegenseitige Beeinflussung von »Entscheidungen« unter dem Stichwort "Entscheidungsinterdependenzen": "Unter einer Entscheidungsinterdependenz versteht man die wechselseitige Abhängigkeit von Entscheidungen bzw. von Aktoren. Ein Aktor B hängt von einem Aktor A ab, wenn die Konsequenzen der Entscheidungen des B von den Entscheidungen des A beeinflußt werden. Die Abhängigkeit des Aktors B von dem Aktor A äußert sich in einer Art "Kontrolle" ("Control") des B durch den A. Diese Kontrolle kann eine Schicksalskontrolle oder eine Verhaltenskontrolle sein. [...] Von **Schicksalskontrolle** spricht man, wenn die Ergebnisse der Handlungen des B für diesen allein von den Entscheidungen des A abhängen, gleichgültig, wozu sich B entschließt. Es ist also ohne Bedeutung, ob B etwa die Alternative b_1 oder die Alternative b_2 wählt. Allein die Wahl des Aktors A zwischen den Alternativen a_1 und a_2 ist maßgeblich dafür, welches Ergebnis B erzielt. [...] Von **Verhaltenskontrolle** wird gesprochen, wenn der Erfolg der Entscheidungen des B nicht allein davon abhängt, ob A die Alternative a_1 oder a_2 wählt, sondern auch davon, welche Alternative B selbst ergreift. A kann mit seiner Entscheidung das Verhalten des B jedoch steuern" (1994, 93). Hinsichtlich des Vorliegens von **wechselseitiger Abhängigkeit** unterscheidet Kirsch zwischen "Entscheidungsinterdependenz bei **Komplementarität**" und bei "**Konkurrenz**" (1994, 94f.). "Entscheidungsinterdependenz bei Komplementarität" bedeutet, daß "beide Entscheidungsträger [...] ihr Ziel erreichen" können, "Entscheidungsinterdependenz bei Konkurrenz" heißt, daß "eine Konfliktsituation" vorliegt und "entweder nur A oder nur B sein maximales Ergebnis erreichen" kann (a. a. O.).

Wie oben bereits in einer Anmerkung angesprochen (II. 23), gibt Löwe ein anschauliches Beispiel dafür, wie eine »Entscheidung« im Privatleben durch die Folgen einer anderen »Entscheidung« im politischen Bereich wirkungslos werden kann: "Ein Mann hat sich für seine Gesundheit entschieden, für sein Leben, verantwortlich auch für seine Familie, deren Wohlergehen von seiner, möglichst langen Existenz abhängt. Also hat er die Entscheidung getroffen, fürderhin als Nichtraucher zu leben. Er tat dies vor einigen Jahren in Kuwait. Er hat mit seiner Familie den jüngsten Krieg relativ unbeschadet überstanden, ist in seine Heimat zurückgekehrt. Dort brennen jetzt die Ölfelder, von denen ein Teil seiner materiellen Sicherheit dienten. Nunmehr von Tag zu Tag weniger, da pro Jahr etwa Öl im Wert von 40-50 Milliarden Dollar nutzlos und sinnlos verbrennt. Mehr noch: Die Umweltbedingungen allein bezogen auf die Luftverschmutzung sind so schlecht, daß es einem Äquivalent von 250 Zigaretten am Tag entspricht, die er de facto "raucht". Seine Entscheidung im mikrosozialen Bereich für das Leben wird "wettgemacht" von Entscheidungen im makrosozialen Bereich gegen das Leben" (1992, 66, Nr. (9)). Orientiert man sich an Kirschs Unterscheidungen, so scheint auf den ersten Blick eine »Schicksalskontrolle« vorzuliegen. Die Entscheidung des Mannes, mit dem Rauchen aufzuhören, ist bedeutungslos angesichts der Folgen der Entscheidung, die Ölfelder abzubrennen. Ob der Mann Erfolg hat mit seinen Gesundheitsabsichten, scheint allein davon abzuhängen, wie auf der makrosozialen Ebene zwischen Krieg und Frieden mit den hier relevanten Folgen des Abbrennens oder Nicht-Abbrennens der Ölfelder entschieden wird. Bedenkt man jedoch den Fall, es wäre zu keinem Krieg und keinem Abbrennen der Ölfelder gekommen, dann hätte diese Entscheidung keine Folgen auf die Entscheidung des Mannes gehabt. Einmal abgesehen davon, inwiefern eine Gleichung wie "Nichtrauchen = längeres Leben" problematisch ist, läge es dann »allein an ihm«, welches Ergebnis er erzielt. Insofern besteht in Löwes Beispiel meines Erachtens nur eine Konstellation der teilweisen »Schicksalskontrolle«. Nur bei einer bestimmten Entscheidung auf der Makroebene ist die Entscheidung auf der Mikroebene wirkungslos.

Während im Beispiel von Löwe die beiden Entscheidenden nichts voneinander zu wissen brauchen, geht es bei den sogenannten »Zwei-Personen-Spielen« der »Spieltheorie«, an denen sich auch Kirsch mit seinen Bestimmungen orientiert (s. 1994, 95), vor allem um Konstellationen, in denen zwei Personen um die gegenseitige Abhängigkeit der Folgen ihrer jeweils eigenen Entscheidung von der Entscheidung der anderen Person wissen. Exemplarisch sei hier das bekannte »Gefangenen-Dilemma-Spiel« skizziert, welches den »gemischten Spielen« zugerechnet wird. Im Gefangenen-Dilemma-Spiel geht es um zwei Gefangene, die ein gemeinsames Verbrechen begangen haben und von deren Aussagen es nun abhängt, welche Strafe sie erhalten werden: "Jedem der Beteiligten stehen zwei Alternativen offen. Er kann schweigen (b_1 bzw. a_1) oder aussagen (b_2 bzw. a_2). Sagt nur einer aus, während der andere leugnet, so kann der erste als Kronzeuge mit der Mindeststrafe von 1 Jahr rechnen, während den anderen die ganze Strenge des Gesetzes trifft (10 Jahre). Sagen beide aus, so haben beide unter Berücksichtigung mildernder Umstände 8 Jahre zu erwarten. Schweigen beide, so kommen sie mit 2 Jahren davon, da sie lediglich eines geringeren Delikts überführt werden können" (Kirsch 1994, 96f.; vgl. die Beschreibungen des Gefangen-Dilemma-Spiels bei Robert Axelrod 1988, 7ff. Iris Bohnet 1997, 57ff. oder Karl Homann und Ingo Pies 1994, 100f., Nr. (34)f.). Mit folgender Matrix wird das Möglichkeitenfeld (übernommen aus Kirsch 1994, 96) verdeutlicht:

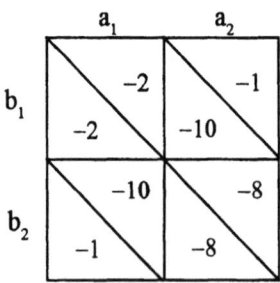

"Gemischt" heißt das Gefangenen-Dilemma-Spiel, weil zwar einerseits ein Konflikt vorliegt. Nicht beide Beteiligten können ihre meist präferierte Alternative (b_2 bzw. a_2) erreichen. Andererseits "können die Beteiligten durch Kooperation (Einigung auf b_1 und a_1) ihre Situation vergleichsweise günstig gestalten" (Kirsch 1994, 96). Wird nicht kooperiert, so wird dies meist als "Defektion" bezeichnet (vgl. z. B. Axelrod 1988, 7).

Für ein Wissen um Entscheidungsinterdepenzen ist nun die Frage relevant, unter welchen Bedingungen Personen im Gefangenen-Dilemma-Spiel miteinander kooperieren und wann sie defektieren.

Bei nur einem Spieldurchgang ist die Defektion die dominante Strategie, weil es "für jeden Spieler, unabhängig vom Verhalten des anderen, vorteilhafter ist, zu defektieren", obwohl andererseits offensichtlich die "beiderseitige Defektion für jeden Spieler ungünstiger ist als wechselseitige Kooperation" (Axelrod 1988, 7). Homann und Pies charakterisieren diese Situation als einen "*situativen Zwang* zu kollektiver Selbstschädigung", der sich aus der Einschätzung ergibt: "Wer defektiert, begibt sich also in eine Position, in der er den anderen ausbeuten kann, ohne selbst ausgebeutet zu werden" (1994, 100, Nr. (35)). Für Homan und Pies läßt sich das Gefangenendilemma "nur extern" durch Veränderung der Bedingungen erreichen: "Lebensweltlich gesprochen, müssen die Ausbeutungsgefahren *und die komplementären Ausbeutungsmöglichkeiten* gebannt werden. Defektion darf nicht länger belohnt, Kooperation nicht länger bestraft werden" (1994, 100f., Nr. (35)). Wie die Bedingungen entsprechend verändert werden können und wer dies tun darf oder soll, sind hieran anschließende Folgefragen.

Das Gefangenendilemma ist auch unter Bedingungen mehrfacher Spieldurchgänge untersucht worden. Bei einer bekannten begrenzten Anzahl von Durchgängen besteht dabei nach Axelrod immer noch kein Grund zur Kooperation, wohingegen es bei einer unbestimmten Anzahl von Durchgängen zur Kooperation kommen mag (s. 1988, 9). In diesem Zusammenhang spielt die sogenannte "Tit-For-Tat-Strategie" (TFT) eine wichtige Rolle: "TFT beginnt kooperativ und beantwortet dann jeden Zug des Mitspielers entsprechend, also kooperative Züge kooperativ und defektierende defektiv" (Peter Kappelhoff 1995, 5, Nr. (12), s. auch Axelrod 1988, 12ff.). Für größere soziale Zusammenhänge ist dabei besonders relevant, "daß Kooperation selbst in einer Welt unbedingter Defektion in Gang gesetzt werden kann", wenn es zu Kommunikationen zwischen kooperationsbereiten Individuen kommt (Axelrod 1988, 18): "Die Entwicklung [von Kooperation] kann *nicht* ablaufen, wenn sie lediglich von einzelnen, verstreuten Individuen versucht wird, die keine Chance haben, miteinander zu interagieren. Kooperation kann jedoch von kleinen Gruppen solcher Individuen ausgehen, die ihre Kooperation auf Gegenseitigkeit stützen und die wenigstens einen kleinen Anteil ihrer Interaktionen miteinander haben" (a. a. O.). Die Rolle von Kommunikation für Kooperation wird auch von Iris Bohnet bei einem spezifischen Gefangenen-Dilemma-Spiel, nämlich einem mit vier Personen (und einem Durchgang), näher untersucht.[146] Bohnet unterscheidet Gefangenen-Dilemma-Konstellationen danach, ob das Wissen um die gegenseitige Abhängigkeit der Entscheidungen ein konkretes, die andere Person kennendes (Identifikation), oder nur abstraktes Wissen ist, bei dem die andere Person unbekannt bleibt (Anonymität), und weiter, ob Kommunikation stattfindet oder geschwiegen wird (1997, 28f.). Die Untersuchungsergebnisse zeigen, wie Identifikation und Kommunikation die Kooperationsquote erhöhen. Während die Kooperationsquote beim Gefangenen-Dilemma-Spiel mit anonymen Schweigen nur 12% betrug, steigerte sie sich beim Spiel mit identifiziertem Schweigen auf 23%, beim Spiel mit anonymem Gespräch auf 53% und beim Spiel mit identifiziertem Sprechen auf 78% (Bohnet 1997, 66, 69, 78f.). Will man Kooperation in sozialen »Entscheidungszusammenhängen« fördern, so hat man mit diesem Ergebnis, "daß Individuen [...] ihr Verhalten ändern, wenn sie aus den Gefängniszellen bzw. der Sprachlosigkeit entlassen werden" (Bohnet 1997, 79) und mehr miteinander kooperieren als defektieren, meines Erachtens einen zentralen Anknüpfungspunkt.

Mit diesen Hinweisen beende ich die Erschließung eines Erwägungshorizontes über soziale Einbettung von »Entscheidung« und »Entscheidungsinterdependenzen«. Bevor ich nun aufbauend auf den bisherigen Überlegungen ein Konzept für »Erwägungsdidaktik« entwickele, sei mein eigenes Verständnis von »Entscheidung« und »Entscheidungskompetenz« in dem dargelegten Horizont verschiedener Verständnisse verortet.

5. Eigenes Verständnis von »Entscheidung« und »Entscheidungskompetenz«

(128) *Überblick*: Die erwägungsorientierte Auseinandersetzung mit »Entscheidung«, die sich - wie in der Einleitung dieser Arbeit dargelegt - selbst einem bestimmten Vorverständnis von »Entscheidung« verdankt, läßt nun das zunächst intuitiv eingeführte Entscheidungsverständnis dem entwickelten Erwägungshorizont zuordnen. Das eigene Verständnis von »Entscheidung« soll rückblickend auf die vorangegangenen Erörterungen der verschiedenen Auffassungen daraufhin befragt werden, welchen Aspekten zugestimmt wird und welchen nicht und was vorerst offen bleiben muß. »Entscheidungsverständnis«, Erwägungshorizont für »Entscheidung« und Erwägungsorientierung werden hieran anschließend aufgegriffen, um jenes Verständnis von »Entscheidungskompetenz« zu beschreiben, welches orientierend für die zu entwickelnden Konzepte einer »Er-

wägungsdidaktik« ist. Die folgende Darlegung und Verortung meines jetzigen Verständnisses von »Entscheidung« und »Entscheidungskompetenz« stellt eine Verbindung und Überleitung zwischen dem entfalteten Erwägungshorizont von »Entscheidung« und dem in der Einleitung dargelegten Ansatz einer Erwägungsorientierung einerseits sowie der zu entwickelnden Konzepte für eine »Erwägungsdidaktik« andererseits dar.

(129) *Darlegung und Erläuterung des eigenen Verständnisses von »Entscheidung«*: Unter einer "*Entscheidung*" verstehe ich im folgenden das Erwägen von mindestens einer Möglichkeit sowie die positive oder auch negative Bewertung des Erwogenen.[147] Erwägen und Bewerten werden als ein Überlegen in Zusammenhang mit einem Auswahlgedanken[148] gesehen. Ein Auswahlgedanke kann z. B. eine Frage, ein Problem, eine Aufgabe, Zielsetzung o. ä. sein.[149] Ein Entscheidungszusammenhang muß nicht mit einem Auswahlgedanken beginnen. Er mag sich erst allmählich beim Überlegen herausbilden oder auch erst im Erwägungsprozeß präzisiert werden.[150] Entscheidungen intendieren Lösungen bezüglich eines Auswahlgedankens. Insofern diese Intention gelingen oder mißlingen kann, rechne ich Lösungen nicht mit zu Entscheidungen, sondern lediglich zum Entscheidungszusammenhang.[151] Entscheidungen können zwar in die Setzung und Realisierung einer Lösung münden. Sowohl die Setzung, der Entschluß, eine bestimmte positiv bewertete Erwägung zu realisieren, als auch die Realisierung können aber verhindert werden oder mögen mißlingen.

Entscheidungen sind nur eine Möglichkeit zu versuchen, zu Lösungen zu gelangen. Als begriffliche Alternative zu 'Entscheidungen' verwende ich 'Vorgaben'. Vorgaben - wie »Traditionen«, »Gewohnheiten«, »Routinen«, »Rituale« - ermöglichen Lösungssetzungen und Realisierungen ohne vorausgehendes Erwägen und Bewerten.[152] Vorgaben können selbstgesetzte Lösungen, die etwa durch frühere Entscheidungen gewonnen wurden, oder aber fremdgesetzte Lösungen sein, die von anderen aufgestellt worden sind. Vorgaben und Entscheidungen können in verschiedenen Weisen reflexiv aufeinander bezogen sein. Man kann etwa entschieden haben, einer fremdgesetzten Vorgabe zu folgen; oder man folgt umgekehrt einer Vorgabe, durch eine Entscheidung zu einer Lösung zu gelangen, und diese Vorgabe kann ihrerseits wieder Resultat einer Entscheidung oder Vorgabe sein. Usw. Soviel zunächst zu einer abstrakten Umschreibung meines Entscheidungsverständnisses. Was dies konkreter in Auseinandersetzung mit den dargelegten verschiedenen Verständnissen von »Entscheidung« bedeutet, soll im folgenden ausgeführt werden.

Blickt man auf die verschiedenen Differenzierungen, die mit einer Verwendung des Ausdrucks "Entscheidung" verbunden werden, so ist mein Verständnis als ein möglichst weites angelegt. Dies bezieht sich zunächst auf mögliche Gegenstände von Entscheidungen. Für mich kann »alles« Gegenstand einer Entscheidung sein. Vor dem Hintergrund der hier diskutierten Möglichkeiten heißt das: Entscheidungen können sich auf praktische Handlungen und Erkenntnisse sowie Wahrnehmungen, auf Triviales und Relevantes, auf Qualitatives und Quantitatives beziehen. Hinsichtlich des Vorliegens von Alternativen in Entscheidungen vertrete ich insofern ein weit gefaßtes Verständnis, als für mich das Vorliegen von *Bewertungsalternativen* ausreicht, um schon bei nur *einer zu erwägenden Möglichkeit* bereits von "Entscheidung" zu sprechen. Weit gefaßt ist mein Entscheidungsverständnis weiterhin, weil es weder mit einem bestimmten Anspruch an Begründung (z. B. weiter konkretisiert an Wissen, Rationalität, Deduzierbarkeit, Nicht-Willkür) noch im Gegensatz dazu mit einem bestimmten Ausmaß an Nicht-Begründbarkeit (Dezision) verknüpft wird. Hinreichende Begründungen oder nicht-hinreichende Begründungen, Wissen oder Nicht-Wissen usw. sind für mich Merkmale, mit denen sich verschiedene Arten und unterschiedliche Qualitäten von Entscheidungen unterscheiden lassen. Hierum zu wissen und anspruchsadäquate Einschätzungen treffen zu können, macht für mich wesentlich das aus, was ich unter *"Entscheidungskompetenz"* verstehen möchte und für die ich eine Erwägungsorientierung als grundlegend erachte. Diese *Erwägungsorientierung*, nach der die jeweils erwogenen Alternativen als eine Geltungsbedingung jeweiliger aus Entscheidungen hervorgegangenen Lösungen zu betrachten sind (s. I. 2.2), macht mein Entscheidungsverständnis hinsichtlich dessen, was eine "rational begründet" zu nennende Entscheidung sein soll, zu einem spezifischen Verständnis. In der Diskussion um Entscheidungskompetenz und Erwägungsorientierung werde ich hierauf zurückkommen (s. die folgende Nr. (130)).

Bisher mag es so aussehen, als ob mein Entscheidungsverständnis auf alle Beispiele zu beziehen sein könnte, mit der die Erörterungen über verschiedene Verständnisse von »Entscheidung« begannen. Im folgenden geht es um die strittigen und inadäquaten Beispiele hinsichtlich des hier präferierten Verständnisses von »Entscheidung«.

In welchem Ausmaß Bewußtsein (Bewußtheit) beim Erwägen und Bewerten vorliegen muß, ist für mich eine offene Frage, was nicht zuletzt auch an der Umstrittenheit dessen, was "Bewußtsein" genannt wird, liegt. Da mein mehr oder weniger intuitives Verständnis von »Bewußtsein« weder an Sprache noch an ein bestimmtes Ausmaß an Reflexivität gebunden ist, also eher auch weit gefaßt ist und phänomenales Erleben mit einschließt, neige ich dazu, sowohl das Schnuller-Beispiel als auch das Fadenverlieren-Beispiel meinem Entscheidungsverständnis zuzuordnen. Dabei mögen im Schnuller-Beispiel nur erste Ansätze von Entscheidung vorliegen.

Schwierig zu beurteilen finde ich, wann eine Entscheidung endgültig in eine Gewohnheit übergegangen ist (Beerenpflück-Beispiel, s. auch die Diskussion des Rettungs-Beispiels). Offen bleibt für mich eine Einschätzung des Bergkletter-Beispiels. Zwar spricht einerseits viel dafür, daß nur ein reflexartiges Reagieren stattfindet. Schließt man blitzschnelle und nicht-bewußte oder kaum bewußte Entscheidungen nicht aus, stellt sich aber die Frage, was reflexartiges Reagieren in diesem Zusammenhang genauer heißt. Eindeutig keine Entscheidung liegt für mich im Lichtschalter-Beispiel vor, das für mich Beispiel einer alten Gewohnheit ist, bei der sich auch keine Übergangsfrage von "Noch-ein-bißchen-Entscheidung" und "Fast-schon-reine-Gewohnheit" (s. Beerenpflück-Beispiel) stellt. Das Socken-Beispiel kann je nach Ausmalung ebenso eindeutig wie das Lichtschalter-Beispiel eine alte Gewohnheit oder mag in den Anfängen des Erlernens, sich selber anzukleiden, von Entscheidungen begleitet sein. Ähnliches gilt meinem Verständnis nach für das Bierflaschen-Beispiel. Holt man erstmals im Schnellimbiß aus der Kühltheke eine Flasche Bier, mag dieser Handlung eine Entscheidung vorausgegangen sein, während es bei täglicher Wiederholung wohl schnell zur Gewohnheit werden kann. Auch der Waschzwang ist für mich zumindest als bewußter ein Beispiel für eine Vorgabe und kein Ergebnis einer Entscheidung.

Hinsichtlich nicht-menschlicher Träger bzw. Trägerinnen von Entscheidung scheinen mir auf Seiten des Computers im Schachcomputer solange keine Entscheidungen getroffen zu werden, wie eine Einbettung in einen umfassenderen Entscheidungszusammenhang beim Computer fehlt. Ich gehe dabei davon aus, daß es für Schachcomputer (noch) keinen orientierenden Auswahlgedanken gibt und die Entscheidung keine Funktion hat, zu einer Lösung zu gelangen, mit der man weiteres vorhat. Das mag sich ändern. Daß bei meinem weitgefaßten Entscheidungsverständnis auch gewisse Tiere entscheidungsfähig sind, scheint mir bei dem Schimpansen-Beispiel (etwa im Vergleich mit dem Schnuller-Beispiel oder dem Beerenpflück-Beispiel) noch unproblematisch zu sein. Inwiefern etwa auch Bienen zumindest Ansätze von Entscheidungsverhalten zuzusprechen sind, vermag ich angesichts der diskutierten Experimente nicht auszuschließen und bleibt für mich eine offene Frage.

Es kommt bei verschiedenen Beispielen auf ihre genauere Beschreibung an, ob sie als adäquat oder inadäquat für das hier vertretene Entscheidungsverständnis zu betrachten sind. Dies gilt insbesondere auch für die Frage, wie Entscheidungen beschaffen sein könnten, die von mehreren Personen getroffen werden. Zwar teile ich nicht die Auffassung, daß eine Abstimmung eine Mehrpersonen-*Entscheidung* ist, dennoch könnte für mich im Zeitschriften-Gründungs-Beispiel eine gemeinsame Entscheidung stattgefunden haben, wenn die Komponenten der Entscheidung gemeinsam aufgebaut und als solche von allen repräsentiert wären. Dabei mögen Abstimmungen genutzt werden, um eine gemeinsame Entscheidung aufzubauen.

(130) *»Entscheidungskompetenz« und Erwägungsorientierung*: Was soll nun im folgenden unter "Entscheidungskompetenz" angesichts der Vielfalt der skizzierten Verwendungsweisen des Ausdrucks "Entscheidung" sowie der gerade angegebenen eigenen Bestimmung von "Entscheidung" verstanden werden? Orientiert man sich zunächst einmal an dem dargelegten Verständnis von "Entscheidung", so sind Erwägen und Bewerten des Erwogenen die relevanten Komponenten von »Entscheidungskompetenz«. Erwägungskompetenz ist dabei aus mehreren Gründen noch grundlegender als die Kompetenz des Bewertens anzusehen. Bewertungen sind auf Erwägungen bezogen. Die Bewertungskriterien mögen noch so gut sein, wenn keine adäquate Erwägung vorliegt, die zu bewerten ist, kann dies zu einer Lösung im Anschluß an eine solche Entscheidung führen, die bei einer besseren Erwägung nicht gesetzt worden wäre. Reflexiv kann in einer solchen Konstellation den adäquaten Bewertungskriterien insofern eine relevante Funktion zukommen, als sie dazu führen mögen, vorerst keine Lösung zu setzen und auf einer besseren Zubereitung der Erwägungen zu bestehen. Bewertungskriterien haben ihrerseits eine Genese, die mehr oder weniger selbst von reflexiven Entscheidungen und damit reflexiven Erwägungen herrühren mögen oder sich Übernahmen von Vorgaben verdanken. Reflexive Erwägungen konstituieren auf diese Weise also auch Bewertungen: Erwogenes wird nicht nur bewertet, sondern Bewertungen können erwogen werden.

Blendet man den diskutierten Erwägungshorizont zu »Entscheidung« aus, dann mag die relativ einfach klingende Bestimmung von "Entscheidung" darüber hinwegtäuschen, welche Anforderungen hieraus an kompetentes Entscheiden folgen. Vergegenwärtigt man sich aber die in dieser Arbeit erörterten verschiedenen Weisen des Bestimmens, Erwägens und des Umgangs mit Alternativen sowie die unterschiedlichen Ansprüche an Entscheidungen einschließlich ihrer kontroversen Bewertungen, dann wird erschließbar, wie komplex eine dies einbeziehende entfaltete Entscheidungskompetenz sein wird. Durch den erarbeiteten Erwägungshorizont zu »Entscheidung« ist das zunächst mehr oder weniger intuitiv eingeführte Verständnis von "Entscheidungskompetenz" als Verfügen und Anwendenkönnen von Entscheidungswissen (s. I. 1, Nr. (2)) in seinen verschiedenen Dimensionen inhaltlich konkretisiert worden. Entscheidungskompetenz ist so gesehen festzumachen an den Fähigkeiten, mit verschiedenen Entscheidungen in unterschiedlichen Zusammenhängen differenziert und möglichst problemadäquat umgehen zu können. Reflexiven Fähigkeiten kommt dabei eine besondere Rolle zu. Die Fähigkeit zu entscheiden, bezüglich bestimmter Problemlagen nicht zu entscheiden, zählt genauso zur Entscheidungskompetenz wie ein Wissen um jeweilige Grenzen von Entscheidungen und Grenzen eigener Entscheidungskompetenz sowie Grenzen jeweiliger Entscheidungsmöglichkeiten. Auch ein Erkennen-Können von dezisionären Konstellationen ist eine reflexive Kompetenz in Entscheidungszusammenhängen.

Nicht alle Lösungen können über Entscheidungen gewonnen werden. Es ist also immer auch zu entscheiden, über was entschieden werden kann oder soll, und wo man sich auf vorhandene Vorgaben verlassen will oder muß. Selbst diesen reflexiven Entscheidungen über das, worüber entschieden werden kann, sind Grenzen gesetzt. Die Problemlage, nicht alles entscheiden zu können, löst sich reflexiv nicht auf, sondern verschärft das Bewußtsein für Möglichkeiten und Grenzen von Entscheidung. Entscheidungskompetenz zeigt sich auch im adäquaten Umgang mit diesen Problemlagen. Berücksichtigt man den sozialen Kontext, in dem Entscheidungen eingebettet sind und zu dem gehört, daß eine Person nicht nur Entscheidungen trifft, sondern auch von Entscheidungen anderer betroffen ist bzw. sich mit anderen in gemeinsamen Entscheidungszusammenhängen und Konstellationen mit ganz unterschiedlichen Entscheidungsinterdependenzen befinden kann, dann zeigt sich Entscheidungskompetenz im Treffen und Reflektieren eigener Entscheidungen sowie auch in dem Vermögen, Entscheidungen anderer anspruchs- und möglichst problemadäquat einzuschätzen.[153]

Bei der sozialen Verständigung über Entscheidungen erweist sich Entscheidungskompetenz auch darin zu erkennen, ob verschiedene Personen gleiches oder unterschiedliches mit dem Terminus "Entscheidung" verbinden. Hier wird dann jenes Erwägungswissen über »Entscheidung« relevant, das das eigene Verständnis gegenüber alternativen Verständnissen bestimmen läßt.

Insgesamt sind also abstrakt drei Dimensionen zu beachten, wo Entscheidungskompetenz vorliegen oder fehlen kann: beim Treffen eigener Entscheidungen, beim retrospektiven Einschätzen von (eigenen oder fremden) Entscheidungen und beim reflexiven Entscheiden über Entscheiden oder Nicht-Entscheiden als Weg einer Lösungsfindung. Insbesondere im Umgang mit Entscheidungen anderer als auch bei der sozialen Vermittlung von eigenen Entscheidungen mag ein Wissen über alternative Verständnisse von "Entscheidung" hilfreich sein. Erachtet man die Fähigkeit zum Erwägen als grundlegend für Entscheidungskompetenz, so ist dies für alle drei dieser Dimensionen zu berücksichtigen.

Was vermag nun die eingangs vorgestellte Erwägungsorientierung (s. I. 2), die leitende methodische Orientierung bei der Erarbeitung eines Erwägungshorizontes für »Entscheidung« war, bei der Entwicklung einer Konzeption der Entscheidungskompetenz in den drei genannten Dimensionen zu leisten? Geht man davon aus, daß Sinn von Entscheidungskompetenz ist, möglichst »adäquate« Entscheidungen treffen zu können, dann ist zu prüfen, was Erwägungsorientierung dazu beizutragen vermag. Für die Erwägungsorientierung wurde herausgearbeitet, daß die erwogenen Alternativen auch nach einer Lösungssetzung als Bezugspunkt zur Einschätzung der Geltung einer gesetzten Lösung betrachtet werden. Wie wirkt sich aber nun ein derartiger Geltungsbezug auf Entscheidungskompetenz und das Vermögen aus, »adäquate« (reflexive) Entscheidungen treffen bzw. eigene oder fremde (reflexive) Entscheidungen in ihrer »Adäquatheit« einschätzen zu können? Beim Treffen einer Entscheidung einschließlich einer reflexiven Entscheidung kann Erwägungsorientierung als leitende Orientierung herangezogen werden, um die eigenen Ansprüche an die Geltung einer aus dieser (reflexiven) Entscheidung hervorgegangen Lösung zu bestimmen. Entscheidungskompetenz bedeutet so gesehen, reflexiv entscheiden zu können, ob und welche erwogenen Alternativen man als eine Geltungsbedingung bewahren will. Die als eine Geltungsbedingung bewahrten erwogenen Alternativen sind dann ein Bezug für die soziale Rechtfertigung und Verantwortung von jeweiligen Entscheidungen sowie Ausgangspunkt eines potentiellen individuellen oder sozialen Lernens aus Entscheidungen. Zukünftige Entscheidungen können von bisherigen vergleichbaren Entscheidungen umso mehr profitieren, je besser man die Vorzüge und Mängel der alten Entscheidungen analysieren kann und ein Wissen um die jeweils erwogenen Alternativen und ihre Bewertung hat. Erwägungsorientierung kann als ein Maßstab verwendet werden, jeweilige einzuschätzende Entscheidungen retrospektiv darauf hin zu befragen, welches Erwägen problemadäquater gewesen wäre und welchen Ansprüchen die jeweilige Entscheidung gerecht werden wollte und wurde.

Wesentlichster Beitrag einer Erwägungsorientierung für Entscheidungskompetenz ist meines Erachtens, daß sie Entscheidungsfähigkeit offen für Verbesserungen halten läßt und retrospektiv genutzt werden kann, zu prüfen, welches Verbesserungsinteresse bestanden hat. Für den weiteren Verlauf dieser Arbeit möchte ich dieses Verbesserungsinteresse als Indikator für das Vorliegen eines Rationalisierungsinteresses betrachten und dementsprechend meinen Gebrauch des Ausdrucks "rational begründet" bestimmen. Dabei geht es mir nicht darum, daß durch eine Erwägungsorientierung alle Entscheidungen rational sein würden. Worauf es mir ankommt, ist, daß Entscheidungen, für die der Anspruch "rationaler Begründetheit" erhoben wird, an der Adäquatheit der erwogenen und bewahrten Alternativen gemessen werden.[154] So, wie man nicht »alles«

entscheiden kann, so wenig wird man »alles«, was man entscheidet, gleichermaßen rational entscheiden können. Auch hier ist reflexiv entscheidbar, was man rational entscheiden will bzw. kann und was nicht.[155] Unter der Annahme begrenzter und subjektbezogener Rationalität bietet Erwägungsorientierung aber einen Weg, um Verbesserungspotentiale in jeweiligen Entscheidungszusammenhängen erkennbar und bestimmbar zu machen und hierdurch Kompetenz für möglichst adäquate (reflexive) Entscheidungen zu erwerben.

III. Exemplarische Anwendung auf didaktische Problemlagen

(1) *Überblick*: Im folgenden soll der erarbeitete Erwägungsforschungsstand zu Entscheidung sowie die hier vertretenen Begriffe zu 'Entscheidung' und 'erwägungsorientierter Entscheidungskompetenz' exemplarisch auf didaktische Problemlagen angewendet und ein Konzept für eine »Erwägungsdidaktik« entwikkelt werden.[1] Die bisherigen Erörterungen haben dargelegt, daß entfaltetes erwägungsorientiertes Entscheiden komplexes Entscheidungswissen und vor allem reflexive Entscheidungskompetenzen erfordern. Nimmt man zunehmende Entscheidungschancen in pluralistischen demokratischen Gesellschaften an, so wird die Frage nach Unterstützung bei der Entwicklung dementsprechender Entscheidungskompetenzen relevanter. Die Förderung erwägungsorientierter Entscheidungskompetenzen von Individuen in einer pluralistischen demokratischen Kultur schließt dabei die Problemlage sozialer Vielfaltskompetenzen ein. Wie geht man damit um, daß andere anders entscheiden und andere Lösungsvorlieben realisieren? Vor welchem reflexiven Entscheidungshintergrund kann und will man tolerant gegenüber Andersdenkenden und Anderslebenden sein und wo liegt die Grenze der Toleranz?

Angesichts zahlreicher pädagogischer und didaktischer Überlegungen zur Förderung eines selbstbestimmten und sozial verantwortlichen Lebens sowie spezifischer reflexiver Schlüsselqualifikationen, wie »Lernen des Lernens«, mag man fragen, ob deren konsequente Realisierung nicht bereits ausreichen würde, um die Entwicklung von Vielfalts- und Entscheidungsfähigkeiten zu unterstützen.[2] Um dies beantworten zu können, zunächst einmal die didaktischen Möglichkeiten und Konsequenzen einer erwägungsorientierten Gestaltung von Lehr- und Lernprozessen erörtert werden. Gerade weil es - wie in der Einleitung dargelegt - bisher keine Forschungstraditionen eines erwägenden Umgangs mit Vielfalt und Alternativen in Forschung und Lehre gibt, nach denen jeweilige Alternativen eine Geltungsbedingung jeweiliger Lösungen sind, ist zunächst einmal herauszufinden, wie Erwägungsorientierung und die Förderung von erwägungsorientierter Entscheidungskompetenz Lern- und Lehrprozesse verändern könnten. Erst wenn die leitenden Ideen für eine »Erwägungsdidaktik« herausgearbeitet sind, läßt sich genauer einschätzen, inwiefern diese bestehenden Konzepten hinzufügbar sind oder dies nicht so einfach geht.

Im folgenden soll das Konzept einer »Erwägungsdidaktik« zunächst in seinen Grundlinien entwickelt und dann für die Gestaltung von »Erwägungsseminaren« näher ausgeführt werden. Bisherige Erfahrungen mit »Erwägungsseminaren« werden besonders berücksichtigt. In dieser Arbeit steht die Ausarbeitung der didaktischen Möglichkeiten und Konsequenzen einer Erwägungsorientierung im

Vordergrund. Zwar wird exemplarisch auf Anknüpfungs-, Verbindungs- sowie Abgrenzungsmöglichkeiten zu anderen Konzepten hingewiesen; eine ausgearbeitete erwägungsorientierte Verortung einer Erwägungsdidaktik soll jedoch hier nicht angestrebt werden. Das würde eine eigene Arbeit erfordern. Bezüge zu anderen Konzepten werden vor allem dann erkennbar, wenn man die Konsequenzen einer erwägungsorientierten Gestaltung von Lehr- und Lernprozessen für die Entwicklung bestimmter Fähigkeiten beachtet: wie reflexiver Umgang mit Vorgaben und Entscheidungen, Umgang mit Grenzen des Wissens und Nicht-Wissens, Verstehens-, Kooperations- und Konfliktfähigkeit. Bevor Konzepte für eine Erwägungsdidaktik dargelegt werden, soll die Ausgangsannahme vermehrter Entscheidungschancen in posttraditionalen Kulturen mit Hilfe des erarbeiteten Wissens über Entscheidung erörtert werden. Denn ob es in posttraditionalen Kulturen vermehrte Entscheidungschancen gibt, ist keineswegs unumstritten, zumal wenn man bedenkt, daß in allen Kulturen individuelle Lebensläufe und soziales Zusammenleben weder vollständig von Vorgaben, wie Traditionen und Gewohnheiten, noch ausschließlich von Entscheidungen bestimmt sein können.

1. Zunahme an Entscheidungschancen und Entscheidungshilflosigkeit als Ausgang für Überlegungen zur Förderung von erwägungsorientierter Entscheidungskompetenz

1.1 Mehr Entscheidungschancen durch Pluralisierung der Lebensformen in posttraditionalen Kulturen oder bloßer Wandel der Vorgaben?

(2) *Vorbemerkung zur Verwendung der Termini "Kultur", "Gesellschaft" und "posttraditionale Kultur" im Rahmen dieser Arbeit*: Die Termini "Kultur" und "Gesellschaft" zählen mit zu den umstrittensten Ausdrücken der Sozialwissenschaften.[3] Angesichts des sehr unterschiedlichen Sprachgebrauchs, gleichgültig ob im deutschen oder englischen, möchte ich den hier mehr oder weniger intuitiv favorisierten wie folgt umreißen: Der Ausdruck "Kultur" ("culture") soll auf geschichtsfähige Menschen und ihre Fähigkeiten, reflexiv mit Traditionen umzugehen, eingeschränkt werden. Den Terminus "Gesellschaft" ("society") hingegen verwende ich weiter und beziehe ihn auch auf bestimmte geordnete Zusammenschlüsse und geregelte Lebensweisen von Tieren, wie etwa sogenannten "Ameisen-" oder "Schimpansengesellschaften". Eine solche Verwendung steht z. B. im Gegensatz zu der Bestimmung von "Gesellschaft" ("society") von Marvin Harris, der den Terminus nur für Menschen verwenden will: "Eine *Gesellschaft* ist eine Gruppe von Menschen, die einen gemeinsamen Lebensraum bewohnen und in ihrer Existenz wie in ihrem Wohlergehen aufeinander angewiesen sind" (1989, 21). Harris hält diese Bestimmung meines Erachtens

aber insofern nicht durch, als es für ihn nicht-menschliche Kulturen ("cultures") gibt (1989 35ff.) - wie etwa das Termitenangeln, Nüsse knacken oder Kartoffeln waschen in bestimmten Schimpansen- und Makakengesellschaften - und er dann jedoch einschränkend »Kultur« jeweiligen »Gesellschaften« zurechnet: "*Kultur* beinhaltet die erlernten, sozial angeeigneten Traditionen und Lebensformen der Mitglieder einer Gesellschaft einschließlich ihrer strukturierten, gleichbleibenden Weisen des Denkens, Empfindens und Handelns (d.h. des Verhaltens)" (1989, 20)[4]). »Traditionen«[5] mag es meinem Sprachgebrauch nach möglicherweise zwar auch bei bestimmten Tiergesellschaften geben (wie etwa das Termitenangeln, Nüsse knacken oder Kartoffeln waschen), aber diese sind für mich keine »kulturellen Traditionen«. Zu letzteren gehört für mich wesentlich ein Geschichtsbewußtsein derjenigen, die mit diesen Traditionen umgehen, d. h. ein Bewußtsein darüber, daß vorher etwas war und nachher etwas sein wird. In diesem Sinne schließe ich mich den Bestimmungen von Aleida Assmann an: "Während der Begriff der Gesellschaft an synchronen Modellen der Interaktion und Kommunikation orientiert ist, ist der der Kultur an die Konstruktion von Erinnerungsräumen gebunden. Sie erschließen je spezifische Rahmen gemeinsamer Werte, Erinnerungen und Erwartungen, in denen Individuen über Generationen hinweg auf einander hören und sich als einander zugehörig begreifen können. Kultur kann deshalb als Konstruktion von Dauer verstanden werden, die aus der Gegenwart heraus eine Brücke zwischen Vergangenheit und Zukunft schlägt und damit Identität durch retrospektive und prospektive Orientierung in der Zeit ermöglicht" (1999, 89). Damit unterscheidet sich meine Verwendungsweise etwa von Autorinnen bzw. Autoren, die den Terminus "Kultur" auch auf Tiere anwenden. So definieren beispielsweise Wolfgang Rudolph und Peter Tschohl "Kultur" als "Menge der Effekte von Innovationen" und halten insofern alle lernfähigen Tiere für kulturfähig (1977, 111; ganz ähnlich wie auch Marvin Harris 1989, 35ff.). "Innovation" definieren Rudolph und Tschohl dabei als "Handlung zur Änderung von Komponenten eines Ökosystems, deren Effekt der ihr zugrundeliegenden Einstellung entspricht" (1977, 108). Sucht man nach einem gemeinsamen Oberbegriff für »Innovationen durch Lernen und ggf. auch Tradieren des Gelernten«[6] sowie »kulturelle Geschichte«, so mag man den Begriff der 'Entwicklung' wählen. Dann wären allerdings auch »organismische Evolutionsprozesse« zu berücksichtigen (zum Problem der Bestimmung, Analogisierung und Abgrenzung von »kultureller Geschichte« und »organismischer Evolution« vgl. statt anderer Anthony Giddens 1992, 292ff.; Tom W. Burns und Thomas Dietz 1995 und Werner Loh 2000, 40f., insbesondere Nr. (13)f.).[7]

Wenn ich im Rahmen dieser Arbeit von "posttraditionalen Kulturen" statt von "modernen", "postmodernen", "spätmodernen", "hochmodernen" o. ä. Kulturen schreibe, so will ich damit Diskussionen um die Verwendung dieser Termini aus dem Wege gehen, weil diese für die Zielsetzung der Arbeit kaum Relevanz haben. Denn es geht in dieser Arbeit allein um eine Bezeichnung, mit der man eher vorgabe- von eher entscheidungsorientierten Kulturen unterscheiden könnte. Deshalb wurden die Ausdrücke "traditionale" und "posttraditionale Kulturen" gewählt. Dabei orientiere ich mich an der Verwendungsweise von Anthony Giddens, nach dem die Bezeichnung "posttraditionale Gesellschaft" nicht mit einem gänzlichen Fehlen von Traditionen gleichgesetzt werden darf: "In the posttraditional order, even in the most modernized of societies today, traditions do not wholly disappear; indeed, in some respects, and in some contexts, they flourisch" (1995a, 100; dt.: 1996, 182). Der Umgang mit Traditionen ist angesichts dessen, daß man sich einer Vielzahl konkurrierender Traditionen gegenübersieht ein anderer. Giddens sieht die Möglichkeiten des diskursiven oder gewaltsamen Umgangs mit ihnen (s. Giddens 1995a, 100; dt.: 1996, 182f.). Ich werde hierauf bei den Überlegungen über Entscheidungshilflosigkeit und zu einem reflexiven Umgang mit Traditionen zurückkommen (s. III. 1.2, Nr. (9)).

(3) *Entscheidungsnotwendigkeiten als Merkmal aller Kulturen und aller menschlichen Lebensläufe*: Nach dem hier vertretenen Entscheidungsverständnis sind in allen Kulturen von allen Individuen in ihren jeweiligen Lebensläufen Entscheidungen zu treffen. Wie traditionsorientiert sich auch das Leben in jeweiligen Kulturen gestalten mag, so ist doch mit Edward Shils - wie in der Einleitung bereits zitiert (I. 1. Nr. (1)) - davon auszugehen, daß in "no society could life be lived entirely under the domination of tradition" (1981, 27). "Even in the most "traditional societies," the traditional pattern could not have been the sole constituent of the actions taking place at any time" (1981, 30). Denn Traditionen können etwa viel zu komplex sein und deshalb nur selektiv aufgenommen sowie auf verschiedene Weise interpretiert werden. Auch mögen sie als Ausgangspunkt für Neues genutzt oder an neue Verhältnisse und Bedingungen angepaßt werden (s. Shils 1981, 25ff., 46). Martin Kohli faßt in diesem Sinne zusammen: "Kulturelle Codes geben keine vollständige und widerspruchsfreie Orientierung in der Welt, sie sind immer auslegungsbedürftig. Die Subjekte können ihnen folgen oder sich ihnen widersetzen; die Codes können ihnen unproblematisch zugänglich sein oder müssen von ihnen als legitime Ansprüche erst eingeklagt werden" (1988, 42). Als Begründung dafür, warum es selbst in "einfachen" Gesellschaften keine vollständige Vorgabebestimmtheit geben kann, erläutert Kohli an anderer Stelle: "Auch wenn wir eine systeminterne Tendenz zur Beharrung ansetzen, sind wohl auch "einfache" Gesellschaften im Regelfall von der Notwendigkeit geprägt, ständig diskontinuierliche systemexterne Ereignisse bewältigen zu müssen (z. B. Kriege, Hungersnöte und Epidemien), was zu voneinander abgehobenen Kohortenschicksalen führt. Auch die individuelle Variation im Lebenslauf ist wohl größer als gewöhnlich angenommen wird und muß durch aktuell zu leistende bio-

graphische Deutungen bewältigt werden" (1978, 28). Bedenkt man zudem, daß eine Voraussetzung, Entscheidungschancen nutzen zu können, die Entlastung von Entscheidungen durch selbst- oder fremdgesetzte Vorgaben in anderen Lebensbereichen ist, so mag man fragen, ob sich so gesehen überhaupt eine Vermehrung von Entscheidungschancen in posttraditionalen Kulturen feststellen läßt: Hat man wirklich mehr Entscheidungsmöglichkeiten oder geht die Gewinnung von vermehrten Entscheidungschancen in einigen Bereichen mit Einschränkung von Entscheidungsfreiheiten und Institutionalisierung neuer Vorgaben in anderen Bereichen einher oder werden sogar durch Prozesse der Standardisierung und Globalisierung Entscheidungschancen eher beschnitten denn vermehrt?

(4) *Pluralisierung der Lebensformen, Entscheidungschancen und Individualisierung*: Folgt man Ulrich Beck, dann läßt sich der kulturelle Wandel hin zu demokratischen pluralistischen Gesellschaften u. a. auch als "Verwandeln von Vorgegebenheiten in Entscheidungen" verstehen: "Mit fortschreitender Modernisierung vermehren sich in allen gesellschaftlichen Handlungsfeldern die Entscheidungen und Entscheidungszwänge. Mit leichter Übertreibung kann man sagen: »anything goes«. Wer wann den Abwasch macht, die Schreihälse wickelt, den Einkauf besorgt und den Staubsauger herumschiebt, wird ebenso unklar, wie wer die Brötchen verdient, die Mobilität bestimmt, und warum eigentlich die schönen Nachtseiten des Bettes immer mit dem qua Standesamt hierfür vorgesehenen, angetrauten Alltagsgegenüber genossen werden sollen dürfen. Ehe läßt sich von Sexualität trennen und die noch einmal von Elternschaft, die Elternschaft läßt sich durch Scheidung multiplizieren und das Ganze durch das Zusammen- und Getrenntleben dividieren und mit mehreren Wohnsitzmöglichkeiten und der immer vorhandenen Revidierbarkeit potenzieren" (1986, 190f.). Auch für Wolfgang Welsch hängen Pluralisierung und Entscheidungszuwachs eng zusammen: "Die plurale Welt ist die Entscheidungswelt par excellence. Man muß sich nicht bloß hie und da und nicht nur zwischen diesem und jenem, sondern ständig zwischen allem möglichen entscheiden. Entscheidungskapazität wird daher unter modernen Bedingungen zu einem vordringlichen Desiderat an Vernunft" (1995, 716). Nach Welsch besteht im zweifachen Sinn ein "»Leben im Plural«. Erstens im Außenbezug: Man lebt innerhalb eines durch Pluralität geprägten Feldes sozialer und kultureller Möglichkeiten und muß sich in dieser Pluralität bewegen und zurechtfinden. Zweitens im Innenbezug: Das Subjekt verfügt in sich über mehrere Entwürfe, die es gleichzeitig realisieren oder nacheinander durchlaufen kann" (1995, 831). Peter L. Berger und Thomas Luckmann beschreiben den Wandel hin zu mehr Entscheidungschancen: "Das Schicksal bestimmte früher fast alle Phasen des Lebens, der einzelne durchlief die Phasen nach vorbestimmten Mustern, Kindheit [die es als »Muster« ja auch noch nicht sehr lange gibt], rites de passage, Beruf, Heirat, Kindererziehung, Altern, Krankheit

und Tod. Schicksalhaft vorgegeben war auch die innere Welt des einzelnen: seine Gefühle, seine Deutungen der Welt, seine Werte und seine persönliche Identität. Die Götter waren ebenso bei der Geburt »schon da« wie danach die Abfolge sozialer Rollen. Anders formuliert: Die Reichweite der vorgegebenen Selbstverständlichkeiten umfaßte den allergrößten Teil des menschlichen Daseins. Die Modernisierung veränderte diesen Sachverhalt von Grund auf. Geburt und Tod sind - gerade noch - schicksalhaft. Parallel zu der Vielfalt von Entscheidungsmöglichkeiten auf materieller Ebene entsteht in vielschichtigen Modernisierungsvorgängen eine Vielfalt von Optionen auf sozialer und geistiger Ebene: Welchen Beruf soll ich ergreifen? Wen soll ich heiraten? Wie soll ich meine Kinder erziehen? Schließlich stehen selbst die Götter in einer Vielfalt von Angeboten zur Wahl. Ich kann meine Konfession ändern, meine Staatsbürgerschaft, meinen Lebensstil, mein Selbstbild und meinen sexuellen Habitus" (1995, 49).

Der Unterschied zu anderen, weniger entscheidungsoffeneren Kulturen ist dabei *nicht* allein das Vorhandensein einer Pluralität von Lebensformen, wenn "man mit dem Begriff des Pluralismus einen Zustand bezeichnet, in dem Menschen, die ihr Leben in sehr unterschiedlichen Formen führen, in derselben Gesellschaft anzutreffen sind", wie Berger und Luckmann herausstellen (1995, 30): "Die eine oder die andere Spielart des [so verstandenen] Pluralismus könnte man fast in allen - außer den archaischen - Gesellschaften vorfinden. Das alte Indien, wenn nicht auch das neue, wäre durch einen Pluralismus der Kasten, das europäische Mittelalter durch den Pluralismus der Stände gekennzeichnet" (1995, 30f.).[8] Auch wenn in unserem heutigen Kulturkreis von einer "Pluralisierung der Lebensformen" die Rede ist, muß demnach darauf geachtet werden, inwiefern dies tatsächlich Ausdruck dafür ist, daß die einzelnen mehr Entscheidungschancen haben. Ursula Neumann weist darauf hin, daß sich bei der Konstatierung einer Pluralisierung der Blick häufig auf die vielfältigen "Formen bei einheimischen Bevölkerungsgruppen [richtet], nicht hingegen auf Migranten und ethnische Minderheiten. So wird übersehen, daß die Einwanderung zusätzlich zu dieser Pluralisierung beiträgt, und zwar im Unterschied dazu auch in Form von weiteren "traditionalen" Lebensstilen" (1998, 233).

Erst wenn jeweilige kulturelle Pluralität Entscheidungschancen eröffnet und nicht länger Lebenläufe mehr oder weniger vorgegeben sind, kann die von Beck sowie Berger und Luckmann beschriebene Verwandlung von überwiegenden Vorgegebenheiten in vermehrte Entscheidungschancen erfolgen. Die Unterscheidung von Welsch aufgreifend ist also darauf zu achten, ob man nur im Außenbezug in einer pluralen Welt lebt oder auch im Innenbezug und reflexiv entscheiden kann, eher entscheidungsorientiert denn vorgabeorientiert zu leben. Daß letzteres relevant ist, wird auch bei Gerhard Schulze deutlich. Schulze beschreibt den Aspekt der "Vermehrung der Möglichkeiten" (1992, 54) in der Wohlstand-gesellschaft als Veränderung der "Einteilung der Welt in *gestaltbare* und *vorge-gebene* Bereiche" (1992, 57), wobei Schulze es offen läßt, inwieweit angemessene Einschätzungen über Gestaltungsmöglichkeiten vorliegen und ein Ausnutzen dieser Gestaltungsmöglichkeiten immer sinnvoll ist: "Die als gestaltbar definierten Bereiche der Alltagswirklichkeit haben ungeahnte Dimensionen angenommen. Psyche, Beziehung, Familie, Biographie, Körper, all dies gilt zunehmend als machbar, reparierbar, revidierbar. Ob die Rezepte richtig sind, ob die Nebenfolgen von Eingriffen den Ertrag verzehren, ob die Machbarkeitsbehauptung überhaupt den empirischen Tatsachen angemessen ist, spielt soziologisch keine Rolle. Entscheidend ist, daß immer mehr Menschen ihre Existenz in einem umfassenden Sinn als gestaltbar ansehen. Damit eröffnen sich neue Möglichkeitsräume, die vorher durch kognitive Barrieren (Fatalismus, Schicksalsbegriff, Vorstellung der Gottgegebenheit) verschlossen waren" (1992, 58).

Plurale und vorgabeorientierte, d. h. wenig entscheidungsoffene, Kulturen mag man auch wie Monika Wohlrab-Sahr mit fehlenden Individualisierungschancen in Verbindung bringen. Für Wohlrab-Sahr können "Gesellschaften hochdifferenziert und plural sein [...], ohne individualisiert zu sein" (1997, 27): "Es geht also bei Individualisierung nicht allein um Varianz und individuelle Verschiedenheit als solche, sondern auch um die Frage, wie diese Varianz erklärt und zugerechnet wird. So kann in einer Gesellschaft im Extremfall eine Pluralität von Lebensformen bestehen, die aber in den Bereichen, in denen sie jeweils anzutreffen sind, nahezu ausschließlich den äußeren Verhältnissen zugerechnet werden, denen Subjekte zwangsläufig unterworfen sind: seien es Normen, Klassenlagen, Schicksalsmächte, Naturbedingungen oder anderes" (1997, 27f.).

Mit Berger und Luckmann sowie Wohlrab-Sahr sind also systematisch bedacht in einem ersten Schritt vier Konstellationen zu berücksichtigen, in denen Pluralismus bzw. Nicht-Pluralismus und Entscheidung- bzw. Vorgabeorientierung vorkommen können:

	Kulturell liegt	*Kulturell besteht eher*
1. Zeile:	ein Pluralismus vor	eine Entscheidungsorientierung
2. Zeile:	ein Pluralismus vor	eine Vorgabeorientierung
3. Zeile:	kein Pluralismus vor	eine Entscheidungsorientierung
4. Zeile:	kein Pluralismus vor	eine Vorgabeorientierung

Erwägungstafel 1

Geht man davon aus, daß Entscheidungsorientierung unter kulturell pluralistischen Bedingungen (1. Zeile) im Vergleich zu nicht-pluralistischen Bedingungen (3. Zeile) zu mehr Entscheidungschancen führt, dann wird man, den Gedankengang von Wohlrab-Sahr aufgreifend, auch die größeren Individualisierungschancen mit der Konstellation zu der 1. Zeile vermuten. Daß diese Individualisierungschancen dann aber nicht für alle Mitglieder einer pluralistischen und entscheidungsorientierten Kultur gleich umfassend bestehen müssen, wird in der folgenden Auseinandersetzung noch deutlich werden.

Auch Beck beschreibt den Wandel von vorwiegenden Vorgegebenheiten hin zu vermehrten Entscheidungen als spezifische Individualisierung: "Individualisierung bedeutet in diesem Sinne, daß die Biographie der Menschen aus vorgegebenen Fixierungen herausgelöst, offen, entscheidungsabhängig und als Aufgabe in das Handeln jedes einzelnen gelegt wird. Die Anteile der prinzipiellen entscheidungsverschlossenen Lebensmöglichkeiten nehmen ab, und die Anteile der entscheidungsoffenen, selbst herzustellenden Biographie nehmen zu. Individualisierung von Lebenslagen und -verläufen heißt also: Biographien werden »selbstreflexiv«; sozial vorgegebene wird in selbst hergestellte und herzustellende Biographie transformiert" (1986, 216; vgl. auch Beck 1993, 39). Spezifisch ist Becks Individualisierungsverständnis insofern, als er es explizit abgrenzt von einem, bei dem "mit »Individualisierung« Individuation gleich Personwerdung gleich Einmaligkeit gleich Emanzipation" assoziiert (1986, 207) oder - wie Beck zusammen mit Elisabeth Beck-Gernsheim feststellt - , bei dem die "albern schlichte Formel "Individualität = Autonomie"" angewendet wird (1993, 179). Beck versteht "Individualisierung [...] als historisch-soziologische, als *gesellschaftsgeschichtliche* Kategorie [...], als Kategorie, die in der Tradition der Lebenslagen- und Lebenslaufsforschung steht und sehr wohl zu unterscheiden weiß zwischen dem, was mit den Menschen geschieht, und dem, wie sie in ihrem Verhalten und Bewußtsein damit umgehen" (1986, 207). Individualisierung in diesem Sinne geht für Beck nicht nur mit Standardisierung sowie Institutionalisierung einher, sondern jeweilige Individuallagen sind institutionenabhängig (s. 1986, 210ff.) und Prozesse der Globalisierung sind keine vereinheitlichende Gegenbewegung zu Individualisierungen (Beck 1998, 62f). Da Abgrenzungen von diesen Einschätzungen wesentlich mit dazu führen, die These von vermehrten Entscheidungschancen zu bezweifeln, sei kurz angedeutet, was Beck mit Institutionalisierung von Individualisierung und Vereinbarkeit von Individualisierung, Standardisierung und Globalisierung meint.

(5) *Individualisierung, Institutionalisierung, Standardisierung und Globalisierung aus der Perspektive von Ulrich Beck*: Für Beck bedeutet Individualisierung "*Institutionalisierung*, institutionelle Prägung, und damit: *politische Gestaltbarkeit* von Lebenläufen und Lebenslagen" (1986, 212), weil an "die Stelle *traditionaler* Bindungen und Sozialformen (soziale Klasse, Kleinfamilie) [...] *sekun-*

däre Instanzen und Institutionen [treten], die den Lebenslauf des einzelnen prägen und ihn gegenläufig zu der individuellen Verfügung, die sich als Bewußtseinsform durchsetzt, zum Spielball von Moden, Verhältnissen, Konjunkturen und Märkten machen" (1986, 211): "Die Individualisierung greift also gerade unter gesellschaftlichen Rahmenbedingungen, die eine individuelle verselbständigte Existenzführung weniger denn je zulassen. Ständisch geprägte, klassenkulturelle oder familiale Lebenslaufrythmen werden überlagert oder ersetzt durch *institutionelle Lebenslaufmuster*: Eintritt und Austritt aus dem Bildungssystem, Eintritt und Austritt aus der Erwerbsarbeit, sozialpolitische Fixierungen des Rentenalters, und dies sowohl im Längsschnitt des Lebenslaufes (Kindheit, Jugend, Erwachsensein, Pensionierung und Alter) als auch im täglichen Zeitrhythmus und Zeithaushalt (Abstimmung von Familien-, Bildungs- und Berufsexistenz" (1986, 211 f.). Für Beck bedeutet Individualisierung deshalb auch "Marktabhängigkeit in allen Dimensionen der Lebensführung. Die entstehenden Existenzformen sind der vereinzelte, sich seiner selbst nicht bewußte *Massenmarkt* und *Massenkonsum* für pauschal entworfene Wohnungen, Wohnungseinrichtungen, tägliche Gebrauchsartikel, über Massenmedien lancierte und adoptierte Meinungen, Gewohnheiten, Einstellungen, Lebensstile. M.a.W., Individualisierungen liefern die Menschen an eine *Außensteuerung und -standardisierung* aus, die die Nischen ständischer und familialer Subkulturen noch nicht kannten" (1986, 212).[9]

Am Beispiel des Fernsehens veranschaulicht Beck, was er meint: "Das Fernsehen vereinzelt *und* standardisiert. Es löst die Menschen einerseits aus traditional geprägten und gebundenen Gesprächs-, Erfahrungs- und Lebenszusammenhängen heraus. Zugleich befinden sich aber alle in einer ähnlichen Situation: sie konsumieren institutionell fabrizierte Fernsehprogramme, und zwar von Honolulu bis Moskau und Singapur. Die Individualisierung - genauer: Herauslösung aus traditionalen Lebenszusammenhängen - geht einher mit einer Vereinheitlichung und Standardisierung der Existenzformen. Jeder sitzt selbst innerhalb der Familie vereinzelt vor der Flimmerkiste" (1986, 213). An anderer Stelle beschreiben Beck-Gernsheim und Beck ihr Verständnis von "Individualisierung als Standardisierung" wie folgt: "Weil die Individuen unter strukturellen Vorgaben und Zwängen agieren, daran ihre Entscheidungen orientieren - an Wohlfahrtsstaat, Arbeitsmarkt, Bildungssystem, an Steuergesetzen, Bundesbahnfahrplänen, Verkehrsampeln -, deshalb fallen die Entscheidungen nicht nach persönlichen Abneigungen oder Vorlieben, sondern oft in ähnlicher Richtung" (1993, 185).

Die angedeuteten Zusammenhänge, die Beck zwischen Individualisierung und Institutionalisierung sieht und die er auch als *"immanente Widersprüche im Individualisierungsprozeß"* (1986, 211) bezeichnet, machen meines Erachtens zweierlei deutlich. Das Diskussionsfeld zur Frage um Individualisierung und

Institutionalisierung, welches man mit Martin Kohli an den entgegengesetzten Auffassungen festmachen kann, daß "das Konzept der Individualisierung [...] (nur) eine neue Form sozialer Kontrolle oder (auch) eine Erweiterung der individuellen Handlungsmöglichkeiten und Entscheidungszwänge" (1988, 33) sei, hängt wesentlich mit den verschiedenen möglichen Konnotationen bei der Verwendung des Terminus' "Individualisierung" zusammen. Will man "Individualisierung" allein daran festmachen, *daß* die einzelnen als einzelne entscheiden können (und müssen (vgl. hierzu noch den folgenden Punkt III. 1.2), oder auch daran, *wie* der Entscheidungszusammenhang mitgestaltet werden kann? Kohli weist auf die "sehr heterogenen Bedeutungsgehalte [hin], mit denen das Begriffsfeld in seinen verschiedenen Ausprägungen - Individuum, Individualität, Individualismus, Individualisierung - in der Geschichte des sozialwissenschaftlichen Denkens aufgefüllt worden ist", und daß "eine Klärung der Begriffe eine überaus anspruchsvolle Aufgabe" wäre (1988, 34). Eine "grundlegende begriffliche Unterscheidung [...], deren Vernachlässigung für viel Konfusion gesorgt hat" ist für Kohli "diejenige zwischen einer "Allgemeinheitsindividualität" und einer "Besonderheitsindividualität"" (a. a. O.). Während die »Besonderheitsindividualität« Individualität "als Einzigartigkeit im Sinn der Unterscheidbarkeit von anderen" auffasse, ziele die Bedeutung der »Allgemeinheitsindividualität« auf die "Bedeutung von Individualität als allgemeine Person- bzw. Subjekthaftigkeit" (1988, 35). Für die »Allgemeinheitsindividualität« ist "interindividuelle Differenzierung [...] nicht konstitutiv. [...] Zwar gehört zur Individualität als allgemeiner Personhaftigkeit in gewisser Weise auch die Einzigartigkeit der Person, aber wiederum nicht im Sinn des Sich-Abhebens von allen anderen [...]. Der historische Prozeß der Individualisierung bedeutet in dieser Perspektive, daß die Person sich nicht mehr über die Zugehörigkeit zu einer sozialen Position bzw. die Mitgliedschaft in einem sozialen Aggregat konstituiert, sondern über ein eigenständiges Lebensprogramm" (a. a. O.).[10]

Auch wenn Beck in den obigen Zitaten sich insofern deutlich von einem Besonderheitsindividualitätsverständnis im Sinne Kohlis abgrenzt, als er es beispielsweise ablehnt, "mit »Individualisierung« Individuation gleich Personwerdung gleich Einmaligkeit gleich Emanzipation" zu assoziieren (1986, 207), schimmert genau dieses Verständnis an anderer Stelle meines Erachtens dann doch durch, wenn er meint: "Individualisierung [hier zunächst m. E. im Sinne von Kohli gemeint als Allgemeinheitsindividualität] greift also gerade unter gesellschaftlichen Rahmenbedingungen, die eine individuelle verselbständigte Existenzführung [hier m. E. im Sinne von Kohli gemeint als Besonderheitsindividualität] weniger denn je zulassen" (1986, 211). Ein zweiter Aspekt, der meines Erachtens in den Zitaten von Beck zum Ausdruck kommt, ist das (reflexive) Verwiesensein von Vorgaben (etwa in Form von Institutionalisierungen) und Entscheidungschancen. Ich werde hierauf noch zurückkommen. Zuvor möchte ich aber auf Becks Verständnis einer Vereinbarkeit von Globalisierung und Individualisierung eingehen, bevor ich die Gegenposition von Günter Burkart zur Individualisierungs- und Entscheidungszuwachsthese von Beck und Beck-Gernsheim erörtere.

Entwicklungen hin zu immer ausgeprägterer Globalisierung sind für Beck keine vereinheitlichende Gegenbewegung zur Individualisierung, sondern durchaus mit ihr vereinbar. Beck grenzt sich von denen, für die Globalisierung eine Homogenisierung bedeutet, ab, und schließt sich denjenigen an, die "der verbreiteten Vorstellung der *MacDonaldisierung* der Welt" widersprechen: "*Kulturelle* Globalisierung bedeutet nicht, daß die Welt kulturell homogener wird. Globalisierung meint vielmehr »Glokalisierung« [Globalisierung *und* Lokalisierung], also einen hochgradig widersprüchlichen Prozeß, sowohl was seine Inhalte als auch die Vielfältigkeit seiner Konsequenzen angeht" (1998, 62f.). Beck spricht deshalb auch von der "*Dialektik* kultureller Globalisierung", bei der "*gleichzeitig Entgegengesetztes möglich und wirklich* wird" (1998, 85). Für die einzelnen kann Globalisierung zu einer "Globalisierung der Biographie" führen: "Die Gegensätze der Welt finden nicht nur dort draußen, sondern im Zentrum des eigenen Lebens, in multikulturellen Ehen und Familien, im Betrieb, im Freundeskreis, in der Schule, im Kino, beim Einkaufen an der Käsetheke, Musikhören, Abendbrotessen, Liebemachen usw. statt" (1998, 129, s. auch 131). Ganz ähnlich stellt Zygmont Bauman fest, daß "»Globalisierung« *nicht* kulturelle Vereinheitlichung bedeutet; die Massenproduktion »kulturellen Materials« führt nicht dazu, daß so etwas wie eine »globale Kultur« entsteht. Die globale Szenerie muß vielmehr als Ansammlung von Möglichkeiten begriffen werden, die eine Vielfalt von Kombinationen erlaubt und aus der jeweils stark variierende Kollektionen zusammengestellt werden können und werden" (1998, 323). Bezogen auf Kohlis Unterscheidung zwischen einer Besonderheits- und einer Allgemeinheitsindividualität scheinen Becks These der "Globalisierung der Biographie" und Baumans Beschreibung der Globalisierung eher der Besonderheitsindividualität zuordenbar zu sein, wenn betont wird, daß Globalisierung nicht zu einer Homogenisierung führe.

(6) *Zur Kritik von Günter Burkart an der Individualisierungs- und Entscheidungszuwachsthese von Elisabeth Beck-Gernsheim und Ulrich Beck*: Orientiert man sich an den Beispielen von Beck für vermehrte Entscheidungschancen, so hat dieser ein weit gefaßtes Entscheidungsverständnis. Er verwendet den Terminus "Entscheidung" sowohl für Triviales als auch für Relevantes. Ulrich Beck und Elisabeth Beck-Gernsheim grenzen sich von einem Verständnis ab, welches »Rationalität« und »Freiheit« als unabdingbare Merkmale von »Entscheidung« erachtet. In einer Erwiderung zur Kritik von Günter Burkart (1993a) an der »Individualisierungs- und Entscheidungszuwachsthese« schreiben sie: "Nicht nur

"freie" Entscheidungen und solche, die Biographien außergewöhnlich machen, sind Entscheidungen. Auch *erzwungene* (durch individuelle Lebensumstände oder sozialstrukturelle Bedingungen erzwungene) Entscheidungen und solche, die die Biographie standardisieren, sind natürlich Entscheidungen. [...] Demgegenüber unterstellt ein rationalistisch-optimistischer, aber gänzlich unrealistischer Entscheidungsbegriff symptomatischerweise eine Situation, die lebenspraktisch gesehen bestenfalls Grenzfall und Ausnahme sein kann: nämlich Autonomie und Souveränität, Freiwilligkeit und Kontrolle über alle Bedingungen, die in die Entscheidungssituation hineinspielen. Das verkennt völlig die vielen Varianten der Realität, die Entscheidungen angesichts "unvollkommener" Optionen, die existentiellen Dilemmata des Lebens unter Individualisierungsbedingungen" (1993, 181f.). Die Frage, ob sich eine Vermehrung von Entscheidungschancen in posttraditionalen Kulturen feststellen läßt, wird also von Beck und Beck-Gernsheim bejaht. Sie verbinden mit diesem Zuwachs an Entscheidungschancen aber weder, daß diese von allen gleichermaßen genutzt werden können, noch, daß alle Entscheidungsmöglichkeiten begrüßt werden.

Im Gegensatz zu Beck und Beck-Gernsheim kritisiert Günter Burkart die verbreitete "Überzeugung, daß heute der Grad an Entscheidungsautonomie gewachsen sei" (1995, 59). Seine Gegenthese lautet: "Es läßt sich nicht nachweisen, daß das Ausmaß an Entscheidungsautonomie *generell* zugenommen hätte; "Individualisierung" in diesem Sinn ist vor allem auf die akademisch-alternativen Milieus beschränkt" (1995, 60, Anm. 2). Meines Erachtens sind hier zwei Kritikstränge zu beachten:

In einem ersten Kritikstrang geht es um das, was man unter "Entscheidung" verstehen will. Für Burkart ist einerseits das einfache alltagssprachliche Verständnis von Beck-Gernsheim und Beck dann zu weitgehend, wenn es dazu führe, "jedes biographische Ereignis [als] die Folge einer "Entscheidung"" zu betrachten, und ein "Entscheidungsbegriff [verwendet würde], der sich mit dem Handlungsbegriff deckt" (1993b, 188). Konfrontiere man andererseits die Individualisierungs- und Entscheidungszuwachsthese mit dem verbreiteten Entscheidungsverständnis "aus dem Rational-Choice-Lager" (1993b, 188), dann käme man zu dem Ergebnis, daß nach diesem eher selten biographische »Entscheidungen« vorliegen (s. 1995, 81). Burkart belegt dies an Beispielen des Übergangs zur Elternschaft. Als Konsequenz seiner Kritik sowohl an einem zu eng gefaßten »rationalistischen« als auch an einem zu weit gefaßten Entscheidungsverständnis fordert Burkart die Erarbeitung eines soziologischen Verständnisses von "Entscheidung" (s. 1993a, 174). Aber auch mit diesem sind biographische Ereignisse genau daraufhin zu betrachten, ob sie sich wirklich »Entscheidungen« verdanken und deshalb als Ausdruck von Individualisierungen angesehen werden können.

In einem zweiten Kritikstrang stellt Burkart der These von Pluralisierung und Individualisierung seine Interpretation veränderter Familienformen aufgrund von Segmentierung gegenüber (s. 1993a, 167f.). Dieser Kritikstrang erinnert an den Hinweis von Berger und Luckmann sowie von Wohlrab-Sahr, wonach man plurale und vorgabeorientierte von pluralen und entscheidungsorientierten Kulturen unterscheiden könne (s. o. Nr. (4)). Außerdem zeigt sich in diesem Kritikstrang eine weitere relevante Differenzierungsmöglichkeit für das Verstehen von »Entscheidungen« und unterschiedlichen Einschätzungen über »Entscheidungschancen« in posttraditionalen Kulturen. Burkart scheint es nämlich vor allem um »Entscheidungsspielräume«[11] zu gehen (s. 1993a, 161ff.). Die Unterscheidung von »Entscheidungsspielräumen« konkretisiert 'Entscheidung' zu Arten von Entscheidungen und liegt nicht auf der Abstraktionsebene, auf der die Differenz zwischen »Entscheidung« und »Vorgabe« bestimmt wird. Diese Unterscheidung ist hilfreich, um genauer zu bestimmen, was jeweilige Entscheidungszwänge ausmacht. Die beiden Kritikstränge sollen nun kurz etwas näher dargelegt werden, da sie exemplarisch belegen, wie wichtig eine Klärung des jeweiligen Entscheidungsverständnisses ist und sie insbesondere mögliche Argumentationen für die These ansprechen, wann man es trotz einer Pluralisierung der Lebensformen dennoch nur mit einem Wandel der Vorgaben zu tun haben kann.

Wenn Burkart Beispiele für den Übergang zur Elternschaft und des familialen Wandels als Belege dafür heranzieht, daß häufig gerade "keine klare Entscheidung getroffen" werde (1995, 62, s. auch 1993b, 190), wird sein hierbei verwendetes Verständnis von "Entscheidung" erkennbar: es müßte eine "klare Entscheidungsgrundlage" mit vergleichbaren Alternativen vorliegen, eine Situation, die in den von ihm untersuchten Fällen nicht gegeben ist, "weil Ambivalenzen vorherrschen" und z. B. "eine basale Motivation zur Elternschaft mit Vorstellungen über Karriereplanung konfligiert" (1995, 62): "Vernünftigkeit folgt im Normalfall nicht situativen Kosten-Nutzen-Abwägungen über Entscheidungsfolgen, sondern bezieht sich eher auf biographische Kontinuität und Identität; und die Abwägung folgt in der Regel nicht dem Modell der systematischen Kalkulation, sondern eher einer Art kontingenter Selektivität mit affektiver Gewichtung einzelner Alternativen" (1995, 67). In einer Anmerkung ist zu lesen, daß es "innerpsychische Emergenzen [gibt]. Entscheidungen entwickeln sich aus einer Art psycho-biographischer Dynamik" (a. a. O., Anm. 11). Wenn Burkart in diesem Sinne bezweifelt, daß es einen Entscheidungs- und Individualisierungszuwachs in posttraditionalen Gesellschaften gibt, so orientiert er sich dabei an einem Entscheidungsverständnis "aus dem Rational-Choice-Lager" (1993b, 188). Mit seiner Analyse von Beispielen des Übergangs zur Elternschaft will Burkart seine Kritik an diesem Entscheidungsverständnis illustrieren. Zu seinen Kritikpunkten gehören: die Stilisierung des Entscheidungsverständnisses aus dem Rational-Choice-Modell[12], welches weder die bedeutungslosen Alltagsentscheidungen noch "die großen Lebens-Entscheidungen" adäquat erfassen lasse, weiterhin die Reduzierung von Vernünftigkeit und Richtigkeit einer Entscheidung auf Zweckrationalität, das Fehlen eines Vergangenheitsbezuges, "insbesondere im Sinne des *biographischen Kontextes*", die "mechanistische Logik", die "vom biographischen und sozialen Kontext" abstrahiere, das Ausblenden der Eigendynamik von Entscheidungen, die eine bloße "Berechnung von Pro und Contra" schon allein deshalb nicht ermöglicht, weil "jeder Schritt des Entscheidungsprozesses die Wertigkeit der einzelnen Alternativen" verändere, sowie die Vernachlässigung von "irrationalen Komponenten" (s. 1995, 66ff.). Hält Burkart das »rationalistische« Entscheidungsverständnis für wenig adäquat, um gesellschaftliche Pluralisierungsprozesse und möglichen Wandel individuellen Verhaltens zu erfassen, so ist ihm die Verwendungsweise des Terminus "Entscheidung" von Beck-Gernsheim und Beck zu weit und er kritisiert die beiden stellvertretend für "die Individualisierungstheoretiker": "Individualisierungstheoretiker fühlen sich verständlicherweise mißverstanden, wenn sie in die Nähe zu diesem RC-Entscheidungsbegriff [RC = rational choice] gerückt werden. Aber die Individualisierungstheorie müßte selbst etwas dafür tun, einen Entscheidungsbegriff zu entwickeln, der erlaubt, soziale und biographische Strukturzwänge mit biographischen Ereignissen zu vermitteln, ohne alle Ereignisse a priori als "Entscheidung" zu fassen. Welchen Sinn macht es zu sagen: "Wer hin- und her gerissen ... das Planen aufgibt und die Antwort beim Zufall sucht - der oder die fällt stets eine Entscheidung"? Hier müßte klar unterschieden werden zwischen der reflektierten Wahl einer "Zufalls"-Option (im Sinne von Losentscheid oder Münzwurf) und einer Situation biographischer Unsicherheit, in der reflektierte Wahlhandlungen kaum noch möglich sind und sich deshalb vielleicht unbewußte Motivierungen oder äußere Vorgaben durchsetzen" (1993b, 188). Burkart schlägt ein enger gefaßtes Verständnis von "Entscheidung" vor, das derartigen Differenzierungen gerecht zu werden versucht. Seine zusammenfassende Bestimmung von "Entscheidung" lautet: "Entscheidungen sind Handlungen, aber Handlung ist der Oberbegriff - in dem einfachen Sinn, daß es Handlungen gibt, die keine Entscheidungen sind. Das ist zum Beispiel dann der Fall, wenn ich handle, ohne daß Handlungsalternativen gesehen oder reflektiert werden [2 der folgenden Übersicht] oder wenn Alternativen nicht verfügbar [4] oder nicht vergleichend bewertbar [6] sind. Dazu gehören Routine-Handlungen, affektive und unreflektiert normorientierte Handlungen [8], auch pathologisches wie Zwangshandlungen [9]. Von einer Entscheidung kann formal erst gesprochen werden, wenn Handlungsalternativen a) gesehen werden [1], b) verfügbar [3] und c) vergleichend bewertbar [5] sind. Rationale [11] unterscheiden sich von nichtrationalen Entscheidungen [13] durch die Entscheidungsgrundlage (den Bewertungsmaßstab des Vergleichs von Alternativen): Eine rationale Entscheidung liegt vor, wenn ein Kosten-Nutzen-Kalkül als Entscheidungsgrundlage [7] dienen kann. Von einer nichtrationalen Entscheidung [13] möchte ich sprechen, wenn die Wahl-Alternativen vergleichend bewertbar sind nicht auf der Grundlage eines Kosten-Nutzen-Kalküls, sondern auf der Grundlage des eigenen Wollens (unabhängig von Nutzen-Erwägungen), von moralischen Erwägungen oder aufgrund normativer Orientierungen (Wünsche, Werte, Normen)" (1995, 75). "Irrational" [12] nennt Burkart eine Entscheidung, wenn man "sich aus der Sicht des Nutzenkalküls falsch" entscheidet (1995, 74). Als eine weitere Art von "Nicht-Entscheidung" betrachtet Burkart auch eine "Entscheidungsunfähigkeit" [10], die für ihn dann vorliegt, wenn "der Handelnde [...] keine Entscheidungsgrundlage hat; er weiß nicht, warum er sich wofür entscheiden sollte" (a. a. O.).

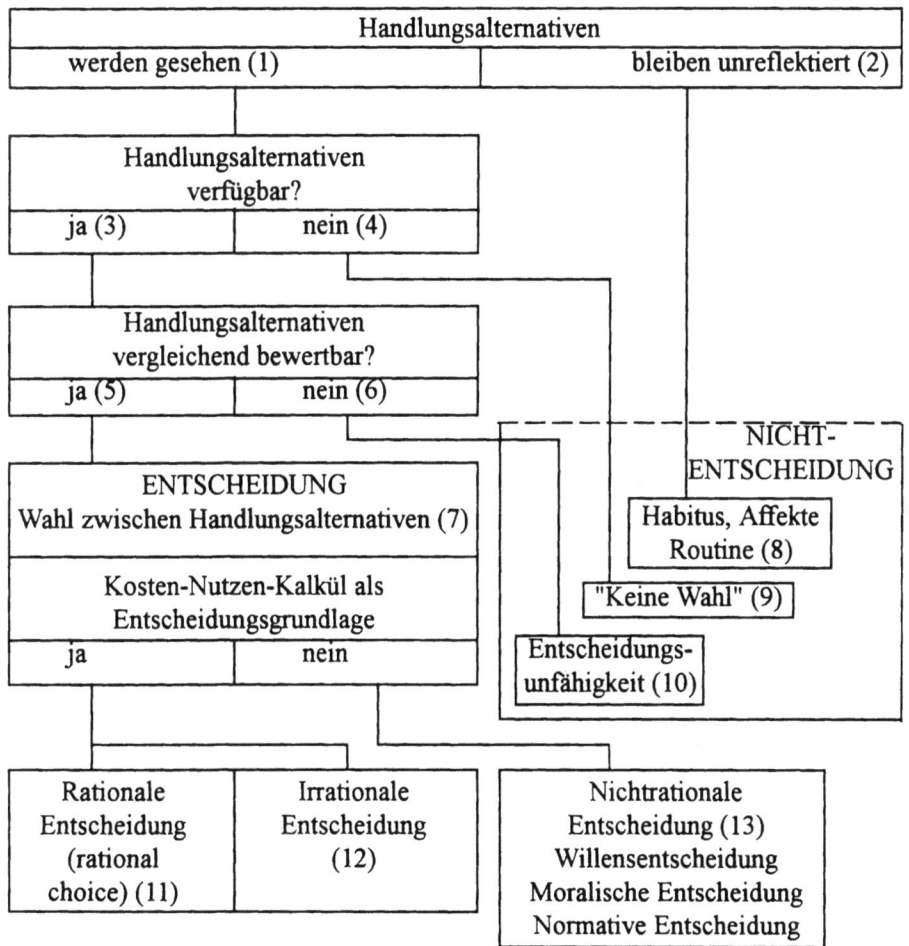

Übersicht zu "Sequenzen von Handlungs-Entscheidungs-Rationalitäts-Typen" (entnommen aus Günter Burkart 1995, 73)

An dieser Stelle breche ich die Darstellung von Burkarts Entscheidungsverständnis und seine diesbezügliche Kontroverse mit Beck-Gernsheim und Beck ab. Denn es kommt hier nicht darauf an, weitere verschiedenen Verwendungsweisen von "Entscheidung" zu diskutieren und damit die Diskussion aus Kapitel II fortzusetzen.[13] Es sollte lediglich vermittelt werden, wie abhängig Einschätzungen über den Zuwachs an Entscheidungschancen und damit einhergehenden Individualisierungen von dem jeweiligen Entscheidungsverständnis sind.

Der zweite Kritikstrang Burkarts, seine Segmentierungsthese, steht in enger Verbindung mit dem Aspekt der Verfügbarkeit von Handlungsalternativen in seiner oben abgebildeten Übersicht über "Sequenzen von Handlungs-Entscheidungs-Rationalitäts-Typen". Für Burkart liegt ein Entscheidungszuwachs nicht schon dann vor, wenn es mehr Entscheidungschancen gibt, sondern erst dann, wenn diese genutzt werden können (verfügbar sind) und es deshalb zu veränderten Lebensformen, zu Individualisierung und Pluralisierung kommt. Nach Burkart darf man aus beobachtbaren Veränderungen von Lebensformen nicht schließen, daß diese immer auf Entscheidungen zurückzuführen und insofern Ausdruck von Individualisierungen sind. Am Beispiel der Entwicklungen des familialen Wandels und des Übergangs zur Elternschaft in den Vereinigten Staaten macht Burkart deutlich, daß eine Zunahme von unverheirateten Paaren, jungen ledigen Müttern und hoher ehelicher Instabilität nicht nur als Phänomene von Individualisierung zu deuten sind, sondern auch als Ergebnisse von Segmentierungsprozessen (s. 1993a, 172). Die Verbreitung dieser »neuen« Familienformen mögen innerhalb der akademischen Milieus Indikatoren für eine zunehmende Autonomie und Entscheidungsfreiheit von Frauen sein. Innerhalb der schwarzen Bevölkerung hingegen habe ihre Verbreitung im Gegenteil mit spezifischen, Entscheidungschancen einschränkenden "sozialstrukturellen Bedingungen" zu tun, etwa der "Struktur des Verwandtschaftsnetzes, dem Strukturwandel des Heiratsmarktes (zum Beispiel dem Frauenüberschuß im jüngeren Erwachsenenalter), und nicht zuletzt der anhaltenden Segregation und der wachsenden Armut in den urbanen Ghettos" (1993a, 172f.). Unter "Segmentierung" versteht Burkart die Auflösung kulturell allgemein verbreiteter Verhaltensmuster und ihre milieuspezifische Ausdifferenzierung (s. 1993a, 173). Als ein weiteres Beispiel für Segmentierung nennt Burkart verschiedene Auffassungen über Geschlechterrollen in verschiedenen Milieus: "Im Alternativmilieu zum Beispiel ist eine Feminisierung der Männer festzustellen, im Akademikermilieu eine Annäherung der Frauen an die männlichen Muster [...]; und schließlich gibt es Milieus, wo "Männer noch Männer sind"" (1993a, 173f.).[14] Nimmt man diese beiden Beispiele für Segmentierung, dann kann diese in verschiedenen Weisen vorkommen. Alternative Lebensformen können milieuspezifisch sein (Geschlechtsrollenbeispiel) oder sie treten zwar in verschiedenen Milieus mehr oder weniger gleichermaßen auf, erweisen sich aber bei genauerer Analyse als Ergebnisse unterschiedlicher Entscheidungszusammenhänge. »Neue« familiale Lebensformen mögen einmal Indikator für gewachsene »Entscheidungsspielräume«[15] sein, in anderen Fällen hingegen sind sie als Konsequenz stark eingeschränkter »Entscheidungsspielräume« aufzufassen. »Entscheidungsspielräume« sind dabei, auf Burkarts Überlegungen und Sprachgebrauch bezogen, vor allem die jeweiligen Handlungsmöglichkeiten, also die faktischen Chancen für jeweilige Lösungsrealisierungen.

Folgende Erwägungstafel ermöglicht eine systematische Verortung dieser Interpretationen von »Segmentierung«:

	Verschiedene Lebensformen finden sich innerhalb verschiedener Milieus	*»Entscheidungsspielräume« für die einzelnen sind in den verschiedenen Milieus gleich oder ungleich umfassend*
1. Zeile:	+	=
2. Zeile:	+	≠
3. Zeile:	-	=
4. Zeile:	-	≠

Erwägungstafel 2

Burkarts Beispiel mit den »neuen« familialen Lebensformen bei weißen Frauen aus dem Akademiker/innenmilieu und schwarzen Frauen aus der Unterschicht, ist der 2. Zeile zuordenbar. Obwohl man die »neuen« familialen Lebensformen in beiden Milieus finden kann (1. Spalte: 1. und 2. Zeile), sind die Entscheidungsspielräume nur in dem akademischen Milieu gewachsen, sie sind also für die einzelnen in den verschiedenen Milieus ungleich umfassend (2. Spalte: 2. und 4. Zeile). Das Beispiel mit den unterschiedlichen Geschlechterrollenverständnissen ist der 3. Zeile zuzurechnen. Burkart betont in diesem Beispiel vor allem, daß es in dem jeweiligen Milieu immer ein dominierendes Geschlechterrollenverständnis gibt. Insofern sind die diesbezüglichen »Entscheidungsspielräume« in allen Milieus eingeschränkt und somit gleich umfassend. Ein umfassender »Entscheidungsspielraum«, in dem die milieuspezifischen Geschlechterrollenverständnisse als »verfügbare« Alternativen im Sinne Burkarts einzuschätzen wären, könnte sich meines Erachtens nur für diejenigen ergeben, die ihre eigene milieuspezifische Situiertheit reflexiv im Vergleich zu anderen Milieus erfassen und reflexiv zur Entscheidung stellen würden. Inwiefern diese reflexive Entscheidungskompetenz ihrerseits in bestimmten Milieus verbreiteter ist als in anderen, etwa aufgrund unterschiedlicher Ausbildungswege und Bildungsmöglichkeiten, wäre dabei zu berücksichtigen.

Burkarts Auseinandersetzung mit der Individualisierungsthese macht deutlich, daß man aus dem Wegfall von Vorgabestrukturen nicht schließen darf, daß die Entscheidungschancen mit ihren Entscheidungsspielräumen von allen gleichermaßen genutzt werden können. Die Kontroverse zwischen ihm und Beck-Gernsheim und Beck beruht meines Erachtens wesentlich auf der Unterscheidung von »Entscheidungschancen« und »Entscheidungsspielräumen« und sie ließe sich vielleicht sogar aufheben, wenn man sie beachtet. Burkart scheint anzunehmen, daß Beck-Gernsheim und Beck mit der Zunahme an »Entscheidungschancen« auch zugleich meinen, daß die »Entscheidungsspielräume« für alle gleich groß sind, wohingegen es ihm gerade um die diesbezüglichen Unterschiede geht, wenn er etwa fragt: "Ist es nicht offensichtlich, daß diese Abhängigkeiten sozialstrukturell differieren und eben nicht alle Individuen alle Optionen gleichermaßen wahrnehmen können?" (1993b, 191).[16] Demgegenüber verstehe ich Beck und Beck-Gernsheim so, daß ihre Problemlage (zunächst einmal) nicht die unterschiedlichen Qualitäten und Arten von Entscheidungen ist, sondern die grundsätzliche Wandlung von vorgabestrukturierten zu entscheidungsoffenen Gesellschaften. Es geht also um zwei Problemkreise: Zum einen um die Frage, ob es einen Entscheidungszuwachs gegeben hat, und zum anderen, welcher Art und Qualität die vermehrten Entscheidungschancen für die einzelnen Individuen sind und inwiefern einzelne Entscheidungschancen mit sehr unterschiedlichen Entscheidungsspielräumen verbunden sind.

Daß man entscheiden kann und nicht Vorgaben folgt bzw. folgen muß, ist etwas anderes als die Frage, wie man Entscheidungen treffen kann. Für manche Autorinnen und Autoren steht meinem Eindruck nach das Wie der Entscheidung im Vordergrund bei der Einschätzung danach, ob ihrem Verständnis nach überhaupt entschieden wird. Für sie sind die Einschränkungen und Begrenzungen von Entscheidungen gleichsam so starke »Vorgaben«[17], daß von einer "Entscheidung" nicht mehr gesprochen werden könne. Der Unterschied der Positionen läßt sich meines Erachtens auf die Frage zuspitzen, ob jeweilige Autorinnen und Autoren »determinierte Entscheidungen« für »Entscheidungen« halten (s. hierzu Anmerkung II. 96). Orientiert man sich an den vorgestellten Überlegungen von Beck, Beck-Gernsheim und Burkart, dann müßten die ersteren beiden diese Frage bejahen (hierzu insbesondere auch das Zitat von Beck und Beck-Gernsheim (1993, 181f.) zu Beginn dieses Abschnittes Nr. (6)). Burkart hingegen müßte diese Frage wohl verneinen, wenn man seine Einwände gegen eine Zunahme von Entscheidungschancen so interpretiert, daß strukturelle Abhängigkeiten diese stark einschränken und im extremen Falle sogar aufheben können, weil eine »vollständige« Determination vorliegt.

Die Kontroverse zwischen Burkart und Beck sowie Beck-Gernsheim verdeut-

licht meines Erachtens exemplarisch, wie es vom jeweiligen Entscheidungsverständnis und insbesondere auch mit seinen Konnotationen zu "Individualität" (sowie "Autonomie" und "Freiheit") abhängt, ob man von vermehrten »Entscheidungschancen« in posttraditionalen Kulturen ausgeht oder nicht und woran man diesen Zuwachs an Entscheidungschancen meint erkennen zu können.
So mag für die einen das Vorhandensein von kulturellem Pluralismus, der nicht
jeweilige Lösungen vorgibt, ein Indikator für vermehrte Optionen und Entscheidungschancen sein. Im Sinne der in dieser Arbeit entwickelten Unterscheidung
zwischen Lösungs- und Erwägungspluralismus (s. I. 2.2, Nr. (14)) wird Lösungspluralismus als Indikator für Erwägungspluralismus genommen. Entsprechendes gilt für ein Individualitätsverständnis im Sinne von Kohlis Besonderheitsin-
dividualismus als Maß für vermehrte Entscheidungschancen. Auch in diesem
Falle ist der Lösungspluralismus Indikator für Erwägungspluralismus. Für diejenigen, für die es vor allem darauf ankommt, daß entschieden werden kann,
und für die Individualität im Kohlischen Sinne auch eine Allgemeinheitsindividualität sein kann, wird Pluralismus unter Umständen auch als ein Indikator für vermehrte Entscheidungschancen auffaßbar.

Aus einem Lösungspluralismus ist nicht unbedingt auf einen Erwägungspluralismus zu schließen. Bei Detelf Pollack (1999) findet man ein zentrales Argument
für dieses vorsichtigere Vorgehen. Pollack weist darauf hin, daß man, auch wenn
man gegenüber bisherigen traditionellen Verhaltensmuster keine Abweichung
beobachten kann, nicht automatisch schließen darf, die traditionell lebende Person folge nur einer Vorgabe. Sie könnte sich genauso gut bewußt für diese Lebensform entschieden haben. Pollack (vgl. auch Anm. III. 10) will die Merkmale
"Besonderheit" und "Entscheidung" trennen, wenn er in seiner Kritik an der
»Besonderheitsindividualität« ausführt: "Die Besonderheit des einzelnen, seine
Unterscheidung von anderen kann auch eine erzwungen sein und wäre dann
gerade kein Ausdruck von Individualität, sondern das Ergebnis von äußerlich
wirkenden Umständen [Burkarts Segmentierungsthese liefert hierfür ja anschauliche Beispiele!]. Umgekehrt muß der einzelne, wenn er über sein Handeln entscheidet, sich nicht zur Abweichung, zur Varianz und zur Besonderheit entschließen. Selbstbestimmtes Handeln kann auch vorliegen, wenn dieses sich
von dem anderer nicht unterscheidet und auf Besonderheit verzichtet" (1999,
58). Pollacks Überlegung zeigt, daß man sich weder von realisierter Lösungsvielfalt verführen lassen darf, hier Entscheidungen anzunehmen, wie umgekehrt
man nicht vorschnell von fehlender Lösungsvielfalt oder scheinbarem Verhar-
ren und Festhalten der Menschen an Traditionen auf fehlende Entscheidungen
und eine vornehmliche Orientierung an Vorgaben schließen sollte.

Für ein adäquates Erfassen der Verbreitung von Entscheidungsorientierung in einer Kultur ist weiterhin auch das bereits mehrfach angesprochene Erfordernis eines reflexiven Umgangs mit Entscheidungen und Vorgaben zu beachten. So mag sich eine Person in vielen Dingen des alltäglichen Lebens stark vorgabeorientiert verhalten, weil sie sich so entlasten will für ihr wichtigere Entscheidungen. Andere Personen mögen dagegen Wert darauf legen, möglichst viel zu entscheiden. Verschiedene Entscheidungsorientierungen wären also zu differenzieren und hinsichtlich einer Gesamteinschätzung zu gewichten. In Punkt III. 1.3, Nr. (11) komme ich auf den reflexiven Umgang mit Vorgaben und Entscheidungen als eine spezifische biographische Kompetenz zurück.

Auch wenn ich mich mit dem oben erarbeiteten weit gefaßten Entscheidungsverständnis der Position von Beck und Beck-Gernsheim insofern annähere, als es ebenso für mich durch das Wegfallen von kulturell festgelegten Vorgaben für die Lebensläufe mehr Entscheidungsnotwendigkeiten gibt, halte ich Einwände - wie die von Burkart - für grundlegend relevant, was eine adäquate Erfassung der Chancengleichheit von Entscheidungen und unterschiedlicher Qualitäten von Entscheidungen betrifft. Will man Entscheidungskompetenzen fördern und dabei nicht naiv vorgehen, könnte ein Wissen hierum hilfreich sein.

1.2 Entscheidungsdruck und Entscheidungshilflosigkeit

(7) *Pluralismus als Anreiz und Zwang, Entscheidungen zu treffen*: Auch wenn man nicht vorschnell folgern sollte, Pluralität sei das Ergebnis von Entscheidungen, so ist dennoch zu vermuten, daß pluralistische Verhältnisse in posttraditionalen Kulturen weitaus mehr Anreize für Entscheidungen bieten als weniger pluralistische Verhältnisse.[18] So wird man z. B. durch (kapitalistische) Marktverhältnisse mit deren Lösungsangeboten zu Entscheidungen herausgefordert. Fehlende Entscheidungskompetenzen, Entscheidungsängste und -hilflosigkeiten mit den möglichen Folgen der Ablehnung von Pluralismus mögen vor allem in Kulturen mit einer auf Konkurrenz beruhenden Vielfalt an Lösungsangeboten auffallen. Daß Pluralität solcher posttraditionaler Kulturen sowohl als Gewinn von Entscheidungsfreiheiten als auch als zunehmende Belastung empfunden werden kann, wird von verschiedenen Autoren herausgearbeitet.

Ulrich Beck unterstreicht: "In allen Dimensionen der Biographie brechen Wahl*möglichkeiten* und Wahl*zwänge* auf. [...] Das Verwandeln von Vorgegebenheiten in Entscheidungen heißt - systematisch bedacht - zweierlei: Die *Möglichkeit der Nichtentscheidung wird der Tendenz nach unmöglich*. Die Entscheidungsmöglichkeit entfaltet ein Muß, hinter das nicht ohne weiteres zurückgegangen werden kann" (1986, 190f.). Und weiter: "Die Entscheidungen über Ausbildung, Beruf, Arbeitsplatz, Wohnort, Ehepartner, Kinderzahl usw. mit all ihren Unterunterentscheidungen *können* nicht nur, sondern *müssen* getroffen werden. [...] In der individualisierten Gesellschaft *muß* der einzelne entsprechend bei Strafe seiner permanenten Benachteiligung lernen, sich selbst als Handlungszentrum, als Planungsbüro in bezug auf seinen eigenen Lebenslauf, seine Fähigkeiten, Orientierungen, Partnerschaften usw. zu begreifen" (1986, 216f.; Kursivsetzung hier von B. B.). Auch Wilfried Ferchhoff und Georg Neubauer beschreiben die Belastungen, die durch die Entscheidungsmöglichkeiten in der »individualisierten Gesellschaft« entstehen: "Die Lebensführung drängt aber gleichermaßen zur Entscheidung und muß auch bei nicht einmal seltener Irritation, Überforderung, Zerrissenheit und prinzipieller Nicht-Entscheidbarkeit auch ohne Eindeutigkeit, ohne Absicherung, ohne verbindlichen Konsens und ohne verläßliche Rezepte ständig und situativ ausgehandelt und entschieden werden. Die Menschen sind, ob sie wollen oder nicht, strukturell gezwungen, selbstverantwortlich und überzeugend ihr Leben, ihre sozialen Beziehungen, ihre Glücks- und Lebenssinnvorstellungen, kurzum ihre eigene Biographie im Dickicht des Alltagsdschungels mit allen Brüchen, Ambivalenzen und Diskontinuitäten in die Hand zu nehmen" (1997, 38). Nach Peter A. Berger (1995, 78) geraten selbst diejenigen, die "eher standardisierten Lebensbahnen folgen" unter einen reflexiven Entscheidungsdruck, denn sie nehmen ja durchaus wahr, daß andere dies nicht tun und eigenen Entscheidungen folgend ihre Lebenläufe gestalten. Das Verbleiben in eher traditionellen Lebenbahnen wird "in erhöhtem Maße begründungs- und rechtfertigungspflichtig. Der Zwang zur "biographischen Dauerreflexion" erfaßt damit auch diejenigen, die sich den Risiken einer stärker individualisierten und individualisierenden" Lebensweise "nicht stellen (wollen oder können), damit freilich auf deren mögliche Vorteile ebenfalls verzichten" (a. a. O.). Hans Krämer sieht ebenfalls zwei Seiten von Entscheidungen, einerseits die Möglichkeit zur Selbstbestimmung, andererseits den Zwang zur Entscheidung: "Selbstbestimmung heißt, beim Wort genommen, daß durch Güterabwägung unter Alternativen etwas *bestimmt* wird nach Maßgabe von (Letzt)zielen und daraus folgenden Rangordnungen. Dabei ist zugleich ein Entscheidungszwang gegeben, der uns unter den verschiedenen Angeboten zu wählen nötigt" (1995, 285). Mit der Erweiterung des "Kreis[es] der Möglichkeiten", wie dies Krämer in diesem Zusammenhang an den Möglichkeiten der Intensiv- und Reproduktionsmedizin herausarbeitet, vergrößert sich zugleich der Kreis "der Entscheidungszwänge" (1995, 287), oder, wie Krämer es an anderer Stelle beschreibt, "der Einzelne [ist] der Vielzahl der Wahlmöglichkeiten konstitutionell nicht mehr gewachsen" (1995, 129f.). Für Wilhelm Schmid "wird die Wirklichkeit völlig vom Raum der Möglichkeiten dominiert", so daß *"Wählen zu müssen"* in der Moderne "zu einer Determination geworden ist" (1998, 188f.). Schmid bezeichnet dieses Wählen zu müssen auch als das *"erste*

Dilemma der modernen Wahlfreiheit" (1998, 189). Dieses "besteht darin, dass die Wahlfreiheit zu einer Wahlnotwendigkeit wird; mit den Möglichkeiten wachsen die Zwänge der Wahl, und damit sind noch nicht die Zwänge gemeint, die zu einer bestimmten Wahl hin drängen und die Möglichkeiten wieder eingrenzen, sodass keine Wahl mehr zu bleiben scheint. Die Individuen haben, in welcher Weise auch immer, auf die Möglichkeiten der Wahl zu antworten, und sind nicht frei, sie ohne weiteres wieder aus der Welt zu schaffen; selbst wenn Wahlmöglichkeiten negiert oder ignoriert werden, ändert dies nichts daran, dass sie existieren. Dass eine Wahl getroffen werden *muss*, widerspricht jedoch der Idee der Freiheit, die mit den Möglichkeiten der Wahl verbunden ist" (a. a. O.). Ich möchte hier nicht weiter auf die in diesem Zitat zum Ausdruck kommende Problemlage von Freiheit und Determinismus und der Unterscheidung verschiedener reflexiver Ebenen eingehen, auf denen man entscheiden kann. Schmid selbst setzt sich hinsichtlich der Freiheitsfrage für ein relativiertes und zudem reflexionsorientiertes Entscheidungsverständnis[19] ein (vgl. etwa 1998, 192). Es geht mir - und eine ähnliche Funktion scheint mir diese Textstelle auch bei Schmid zu haben - hier nur darum, die beiden Seiten von Entscheidungen, des Entscheiden-Könnens und des Entscheiden-Müssen zu verdeutlichen, wobei insbesondere bei dem Entscheiden-Müssen die reflexive Ebene einzubeziehen wäre, auf der man auch entscheiden kann, nicht zu entscheiden, und diese reflexive Entscheidung zu verantworten hat.

(8) *Entscheidungshilflosigkeit und Unbehagen bei Entscheidungen*: Daß man nicht nur wählen (bzw. entscheiden) kann, sondern dies - zumindest auch reflexiv - häufig muß, legt noch nicht fest, wie mit diesem Muß umgegangen werden kann. Folgt man der Diagnose von Schmid, so lassen sich hier zwei weitere Dilemmata der "modernen Wahlfreiheit" angeben: "Der Erfahrung, wählen zu müssen, korrespondiert diejenige, es doch *nicht zu können - zweites Dilemma* der modernen Wahlfreiheit, und zwar aus verschiedenen Gründen: Zum einen, weil nicht recht klar ist, was das eigentlich ist, eine »Wahl«;[20] zum anderen, weil die moderne Kultur sich zwar um Möglichkeiten, nicht aber um ein Können bemüht hat, wie eine Wahl vorzubereiten und zu treffen sei. [...] Mangels Vorbereitung auf die Situation der Wahl wird das moderne Subjekt geradezu paralysiert von der schieren Zahl der Möglichkeiten, dem völligen Mangel an verlässlichen Kriterien, sodass es sich nicht in der Lage sieht, überhaupt zu wählen, oder aber von einer Wahl in die andere fällt, mit der Konsequenz, dass die Wahlakte sich wechselseitig aufheben und jede Kontinuität unterminieren" (1995, 189). Ähnlich beschreibt Krämer Schwierigkeiten und Hilflosigkeiten im Umgang mit Entscheidungen. "*Wahlfreiheit*" wird für ihn "dadurch problematisiert, daß man entweder nicht oder nur eingeschränkt die Wahl hat oder umgekehrt aus Kriterien- oder Informationsmangel in Entscheidungsaporien ver-

strickt ist. Hinzu tritt der dritte Falltyp, daß man aus Mangel an Überblick oder aus Voreingenommenheit und anderen Determiniertheiten heraus die falsche Entscheidung trifft" (1995, 240).

Mit Schmids drittem Dilemma wird ein Aspekt von Entscheidungen angesprochen, den man in gewisser Weise auch als »Luxusproblem« von Menschen in einer »Überflußgesellschaft« charakterisieren könnte. Nach Schmid wird zu "allem Überfluss [...] die problematische Erfahrung der Wahl nach ihrem Vollzug nur noch gesteigert, denn jede Realisierung einer Möglichkeit bedeutet, *verzichten zu müssen* auf die Realisierung anderer Möglichkeiten. Dieses *dritte Dilemma* der modernen Wahlfreiheit ist nicht so neu, wie es den Anschein hat, sondern ist nur eine besonders schmerzliche Erfahrung in einer Epoche, die eine solche Vielzahl an verlockenden Möglichkeiten bietet, dass die Versuchung nahe liegt, sie allesamt und alle zugleich realisieren zu wollen" (1995, 189f.). Nach Schmid ist es aber nicht nur die Hilflosigkeit und das Unvermögen im Umgang mit Entscheidungen, die diese für viele »unangenehm« machen. Es ist die auch die "Ratlosigkeit" zu Beginn jeder Entscheidung, die nicht jede Person auszuhalten vermag, welche aber eine "grundlegend[e]" Aporie ist, "nicht etwa nur ein unangenehmer Ausnahmezustand, der zu überspielen wäre, sondern die immer wiederkehrende Grunderfahrung" (1995, 200). Derartiges Entscheidungsunbehagen beschreibt meines Erachtens eine grundlegende mentale Einstellung, die schließlich sogar zur Flucht vor Entscheidungen führen mag.

(9) *Umgangsweisen mit der Entscheidungshilflosigkeit: Flucht in fundamentalistische Positionen, »Egoismus-Epidemie« und Beratungswunsch:* Verschiedene Reaktionen auf Hilflosigkeit und Unbehagen mit Entscheidungen sind zu erwarten. Dies zu erforschen, wäre ein eigenes Projekt. Hier sollen allein drei mögliche Reaktionsweisen bedacht werden, die deutlich machen, welche möglichen Folgen Entscheidungskompetenz bzw. Entscheidungsinkompetenz individuell und sozial haben mögen.

Schmid beschreibt, wie seines Erachtens Hilflosigkeit und Unbehagen im Umgang mit Entscheidungen zu einer Flucht vor Entscheidungen führen können, die mit einer Ablehnung gesellschaftlicher pluralistischer Strukturen einhergehen. Schmid hält seine drei Dilemmata moderner Wahlfreiheit mit verantwortlich dafür, "dass bei vielen der Eindruck entsteht, nicht wirklich eine Wahl zu haben, oder dass sie als enttäuschend erfahren wird. Daher sieht man in der Kultur der Moderne Menschen zuweilen gegen ihre Wahlfreiheit kämpfen, als wäre es für ihr Heil. Statt sich den Herausforderungen zu stellen, die die im Zuge der Aufklärung und im historischen Prozess der Modernisierung errungenen Wahlmöglichkeiten mit sich bringen, wird es vorgezogen, der Notwendigkeit der Wahl zu entfliehen, und sei es dadurch, die Wahl für unbedeutend zu erachten. Kulturen, die sich gegen die Moderne stellen, gewinnen an Attraktivität, denn sie versprechen, die Menschen vor den Problemen der Wahl zu bewahren, einen Schutzraum der Religion, Tradition und Gemeinschaft aufrecht zu erhalten, in dem die Strukturen so festgefügt sind, dass die individuelle Wahl sich in engen Grenzen hält" (1995, 190). Leopold Rosenmayr und Franz Kolland werden noch deutlicher: "Der ständige Zwang zur Wahl (von Musik, Kleidung, Waschmitteln) löst Unsicherheiten aus und führt, wenn das Selbst nicht über eine entwickelte Ich-Identität verfügt, zu Gegenreaktionen. Politischer Neo-Konservatismus, religiöser Fundamentalismus, aggressiver kultureller und ethnischer Partikularismus sind die Folgen" (1998, 256). Nach Anthony Giddens wird der "Fundamentalismus in der spätmodernen Welt [...] erst vor dem Hintergrund einer Vorherrschaft radikalen Zweifels zu dem, was er ist" (1996, 183). Fundamentalismus ist nach Giddens eine gewaltsame Möglichkeit[21], Traditionen "in einem Universum mit einer Vielzahl konkurrierender Werte" durchzusetzen (a. a. O.).

Wenn Personen entscheiden müssen, ihnen aber dieses Schwierigkeiten bereitet, dann kann das auch zur Folge haben, daß sie sich sozial zurückziehen und sich nur noch mit ihren individuellen Entscheidungsproblemen befassen. In diesem Sinne spricht Jochen Schaare von einer »Egoismus-Epidemie«: "So findet sich der Einzelne in eine Selbstverantwortung, Selbstbestimmung und Einsamkeit entlassen, auf die er nicht vorbereitet ist. Er muß selbstreflexiv Entscheidungen treffen, eine Auswahl unter zahllosen Optionen, die ihn immer wieder auf sich selbst verweisen. Das, was sich heute als Individualisierung darstellt, mutet eher wie eine »Egoismus-Epidemie« mit hohem Risikofaktor an" (1998, 104). Mit dieser möglichen Folge von Entscheidungshilflosigkeit hängt meines Erachtens das zusammen, was einige als "Beratungsboom" bezeichnen (s. z. B. Eckart Ruschmann 1999, 483, Nr. (4)). Nach Werner Stegmaier ist der zunehmende Beratungsbedarf eine Folge der Trennung von "Handlungswissen und Handlungsentscheidung", die im Zusammenhang mit der zunehmenden "Individualisierung in modernen Gesellschaften" gesehen werden müsse, die den einzelnen nun in vielen Fragen die Entscheidungen überläßt statt diese Fragen durch Vorgaben zu regeln (1993,15). Beratung trete an die Stelle fehlender Vorgaben und es entstehe folgende Konstellation: "Der, der die Handlungsentscheidung übernimmt, kann das Handlungswissen, das ihm angeboten wird, nicht adäquat beurteilen; das kann nur der Experte. Dennoch ist er frei, das Handlungswissen zu übernehmen und anzuwenden oder nicht. Aus welchem Wissen wie gehandelt wird, wird dem freien Verhältnis von Individuen überlassen" (a. a. O.). Wo es um die "Wahrnehmung allgemeiner Belange der Gesellschaft" gehe, sei diese "Freiheit der Handlungsentscheidung" allerdings zu begrenzen, was ebenfalls durch Beratung geschehen könne (s. a. a. O.). Auch Walter R. Heinz sieht einen Zusammenhang zwischen Beratung und Entscheidungskompetenz. Für ihn "werden Menschen, denen die Kompetenz zur Selbststeuerung und Selbstwirksamkeit fehlt, als beratungsbedürftig, da inkompetent in ihren Lebensentscheidungen, betrachtet" (2000, 175).

Vergleicht man solche Reaktionen auf Entscheidungshilflosigkeit und Unbehagen beim Entscheiden, dann fällt auf, daß sich Verhaltensweisen, die das Entscheidungsproblem durch Beseitigung von Vielfalt zu lösen versuchen, von solchen differenzieren lassen, die sich der Vielfalt stellen und versuchen, entsprechende Kompetenzen zu erwerben. Wie immer dies auch weiter genauer zu klären wäre, so läßt sich dennoch meines Erachtens zunächst folgendes Fazit ziehen: Wenn (Lösungs-)Pluralismus Entscheidungsanreize bietet, die ohne hinreichende Entscheidungskompetenzen zu Entscheidungshilflosigkeit und vielleicht sogar zu einer Intoleranz gegenüber (Lösungs-)Pluralismus und fundamentalistischer Vorgabeorientierung führen können, dann wird Entscheidungskompetenz eine biographische Kompetenz für diejenigen, die in demokratischen (lösungs-)pluralistischen Kulturen leben wollen.

1.3 Gestaltung der eigenen Biographie als Herausforderung und Notwendigkeit selbstbestimmten Lebens

(10) *Vorbemerkung*: Angesichts der angedeuteten Einschätzungen über Entscheidungsnotwendigkeiten in posttraditionalen Kulturen und entsprechende Fähigkeiten ist es nicht überraschend, daß dies insbesondere von pädagogischen Konzepten aufgegriffen wird, die sich Zielen wie »Mündigkeit«, »Selbstbestimmung« und »Handlungskompetenz« sowie reflexiven Fähigkeiten, wie »Lernen des Lernens«, verpflichtet fühlen. Wenn dabei nicht der Terminus "Entscheidung" als ein zentraler Ausdruck verwendet wird, so mag dies, wie in der Diskussion der Thesen von Burkart sowie Beck und Beck-Gernsheim (s. o. III. 1.1, vor allem (5)f.) exemplarisch herausgearbeitet worden ist, mit spezifischen Assoziationen zu »Entscheidung«, insbesondere mit »absoluter« Rationalität und Objektivität, zusammenhängen. Nach dem hier entwickelten Entscheidungsverständnis ist aber »Entscheidung« zentral für solche pädagogische Konzepteentwicklungen, die die Selbstgestaltungskompetenz stärken wollen.[23] Denn das eigene Leben selbstverantwortlich zu gestalten, heißt, den Auswahlgedanken auf jeweilige Vielfalt (und meinem Verständnis nach selbst auch auf Einfalt) anzuwenden, diese zu erwägen und zu bewerten. Wie zu Beginn dieses Kapitels (s.o. III. Nr. (1)) dargelegt, soll im folgenden ein Konzept entwickelt werden, wie das vorgeschlagene Verständnis von erwägungsorientierter "Entschei-

dung" und "Entscheidungskompetenz" in die Gestaltung von Lehr- und Lern-prozessen einbezogen werden könnte. Wenn ich zuvor auf einige Aspekte einer »Biographie-Orientierung« in der Pädagogik eingehe, so geschieht dies, weil einige dort vertretene, sehr grundlegende Überlegungen für das hier darzule-gende erwägungsdidaktische Konzept relevant sind. Auf diese Weise soll das Konzept zumindest ansatzweise geistig verortet werden. Weitere exemplari-sche Verortungen, im Sinne des Bestehens von Parallelen mit anderen pädago-gischen Konzepten, sollen zwar in die Darlegung des Konzeptes einer Erwä-gungsdidaktik einfließen, sie stehen aber nicht im Mittelpunkt der Ausführun-gen. Zielsetzung dieses Abschnittes ist es, allein an ausgewählten Zitaten aus der Biographieforschung und Pädagogik aufzuzeigen, wo es für zentrale Aspekte einer Erwägungsdidaktik Anknüpfungspunkte gibt.[24] Die für eine Förderung von Entscheidungswissen und Entscheidungskompetenzen wesentlichen Aspekte aus der Diskussion um eine »Biographie-Orientierung« in der Pädagogik möch-te ich unter den Stichpunkten "Reflexiver Umgang mit Vorgaben und Entschei-dungen", "Wissen um Chancen und Grenzen von Entscheidungen" und "Um-gang mit Unsicherheiten und Wissen um Nicht-Wissen" erörtern.

Mit "Biographie-Orientierung" sollen jene Ansätze aus Biographieforschung und Pädagogik bezeichnet werden, die die biographischen Kompetenzen von Individuen bei der Gestaltung ihres Lebenslaufs untersuchen und ihre Entfal-tung als grundlegend relevant für ein selbstbestimmtes Leben halten. So spricht etwa Peter Alheit von der "Schlüsselqualifikation *Biographizität*" als der "Fä-higkeit, biographisch verfügbare Lösungsressourcen für neue Lebenssituatio-nen zu finden" (1992, 32): "Biographizität bedeutet, daß wir unser Leben in den Kontexten, in denen wir es verbringen (müssen), immer wieder neu ausle-gen können, und daß wir diese Kontexte ihrerseits als »bildbar« und gestaltbar erfahren. Wir haben in unserer Biographie nicht alle denkbaren Chancen, aber im Rahmen der uns strukturell gesetzten Grenzen stehen uns beträchtliche Mög-lichkeitsräume offen. Es kommt darauf an, die »Sinnüberschüsse« unseres bio-graphischen Wissens zu entziffern und das heißt: die Potentialität unseres *unge-lebten Lebens* wahrzunehmen" (1996, 300, s. auch 1992, 32).[25] Als Konse-quenz derartiger Einschätzung für pädagogische Konzepte mag man dann wie Gisela Jakob zur Auffassung gelangen, daß "Erziehung" als "eine Form biogra-phischer Begleitung" zu verstehen sei, welche "die Biographien der Individu-en" strukturiert (1997, 445).[26] Interessanter Weise sind einige Fähigkeiten, die für eine selbstbestimmte Gestaltung von Biographien als relevant erachtet wer-den, zugleich Fähigkeiten, die im Zusammenhang mit der Frage von Vielfalts-kompetenz in einer pluralistischen demokratischen Kultur als grundlegend ein-geschätzt werden, was meine eingangs dargelegten Überlegungen zum Zusam-menhang zwischen Entscheidungs- und Vielfaltskompetenz (s. III. Nr. (1)) plausibilisiert. Das Konzept einer Pädagogik der Vielfalt von Annedore Prengel läßt diesen grundlegenden Zusammenhang deutlicher werden, worauf abschließend eingegangen wird (s. die folgende Nr. (14)).

(11) *Reflexiver Umgang mit Vorgaben und Entscheidungen*: Wie schon mehrfach herausgestellt worden ist (vgl. etwa I. 1., Nr. (1)), schließen sich Vorgabe und Entscheidung bei der Lebensgestaltung nicht aus. Individuelle und kulturelle Entwicklungen wären wohl nur in sehr begrenztem Ausmaß möglich, wenn immer wieder alles neu entschieden werden müßte und es keine selbst- oder fremdgesetzten Vorgaben, wie Gewohnheiten oder Traditionen gäbe, die für neue kreative Entscheidungen entlasten würden. Peter Alheit macht dieses Aufeinanderverwiesensein von Entscheidung und Tradition in jeweiligen Biographien deutlich: "Der Rahmen, in dem sich unsere je individuelle Biographie entfalten kann, ist also durchaus nicht beliebig weit. Seine »generativen Strukturen« bleiben jederzeit spürbar. Daß wir normalerweise trotz solcher Einschränkungen das dominante Gefühl eigener Planungsautonomie nicht verlieren, liegt an der Eigenart, wie wir das Wissen darüber biographisch verarbeiten. Einmal mag es uns grundsätzlich entlasten, daß wir nicht für jeden Schritt unserer Biographie Eigenverantwortung tragen müssen, sondern daß uns bestimmte Entscheidungen über Handlungs- und Planungsalternativen von externen Prozessoren, von Gewohnheiten oder eingespielten Traditionen schlicht abgenommen werden. Gerade das setzt uns ja in den Stand, in persönlich als besonders relevant empfundenen Situationen bewußte und autonome Entscheidungen zu treffen" (1996, 296)). Ebenfalls als Beispiel für ein Aufeinanderbezogensein von Vorgabe und Entscheidung lassen sich die Überlegungen von Hans-Joachim Giegel zum reflexiven Umgang mit Bildungsprozessen lesen: "Gerade zur 'autonomen' Entscheidungsfreudigkeit, die in bestimmten biographischen Mustern anzutreffen ist, gehört als Kehrseite, daß sie sich durch Nicht-Entscheiden an anderer Stelle entlastet. Und die reflexive Identitätsbildung läßt eine solche einfache Dichotomisierung schon dadurch hinter sich, als sie erlaubt, daß man sich bewußt (autonom) dafür entscheiden kann, sich vorprogrammierten Bildungsprozessen anzuvertrauen, und die Übernahme solcher Vorgaben dazu führen kann, daß man autonomes Entscheiden lernt" (1988, 237).

(12) *Wissen um Chancen und Grenzen von Entscheidungen*: "Entscheidungskompetenz" - in dem hier entwickelten Sinne - heißt, auch einschätzen zu können, wo jeweilige Chancen und Grenzen von Entscheidungen liegen, etwa weil soziale Ungleichheiten bestehen, die einigen weitaus größere Entscheidungsspielräume einräumen als anderen. In Otto Specks Überlegungen zur Förderung von Entscheidungskompetenz findet man diesen Gedanken wieder: "Der Pädagogik fällt in dieser verstärkten Risikosituation[27] des Menschen die Aufga-

be zu, das Mitdenken des Individuums, seine Entscheidungskompetenz zu fördern. Sie lädt aber dem heranwachsenden Menschen zu viel auf, wenn sie ihm suggerierte, er sei tatsächlich individuell "autonom", seine Zukunft hinge tatsächlich von *seinen* Entscheidungen ab, *er* sei "seines Glückes Schmied". Die Pädagogik hat vielmehr auch die Aufgabe, die Abhängigkeiten sichtbar zu machen, in denen der Einzelne hängt; darüberhinaus aber wird es unverzichtbar sein, daß sich neue, überschaubare soziale Bindungen eröffnen, in denen er sich integriert, getragen, sinnerfüllt gehalten und sicher erlebt" (1991, 51). Während Speck hier besonders die Abhängigkeit jeweiliger Entscheidungen von den individuellen und kulturellen Gegebenheiten anführt, findet man bei Jochen Kade und Wolfgang Seitter ein Beispiel, wie institutionelle Einrichtungen ihrerseits in ihren Entwicklungen von individuellen Entscheidungen beeinflusst werden. Nach Kade und Seitter ist "die Ordnung gegenwärtiger Erwachsenenbildung in hohem, bisher in dieser Weise nicht gesehenem Maße biographisch, d.h. durch Biographien bestimmt" (1998, 172). Kade und Seitter sehen eine "Biographisierung der Erwachsenenbildung sowohl auf der institutionell-organisatorischen Ebene der Einrichtungen, ihrer Programme und ihrer didaktisch-methodischen Konzepte als auch im Verhältnis der Erwachsenenbildung zu ihren Adressaten, im Verhältnis von Vermittlung (-sangeboten) und Aneignung" (a. a. O.).

(13) *Umgang mit Unsicherheiten und Wissen um Nicht-Wissen*: Hinsichtlich des Aspektes, auch mit Unsicherheiten und Wissen um Nicht-Wissen entscheidungskompetent und verantwortbar umzugehen, sehe ich eine besondere Nähe zur biographischen Orientierung in der Pädagogik, die mit einem spezifischen Bildungsbegriff einhergeht, so wie ihn Winfried Marotzki formuliert hat. Marotzki plädiert für ein Bildungsverständnis, das in konstitutiver Weise Unbestimmtheiten und ein "Umgehen mit Differenzerfahrungen" miteinbezieht (s. 1988, 329).[28] Seine These ist, daß ein "Verständnis von Bildung, das den ausschließlichen Schwerpunkt auf die Herstellung von Bestimmtheit so legt, daß keine Unbestimmtheit ermöglicht wird, [...] den Auftrag" verfehlt, "die Heranwachsenden in die Lage zu versetzen, neue gesellschaftliche Komplexitätsniveaus auf innovative Weise zu verarbeiten" (1988, 326). In dem Maße wie Bildungsprozesse bestimmtheitsorientiert angelegt sind, werden Eindeutigkeiten suggeriert, die es den einzelnen erschweren, offen für "innovatives Lernen" zu sein, obgleich es eigentlich sinnvoll wäre, "eingefahrene Routinen aufzugeben" (1988, 330). Marotzkis Beschreibung, wie die Favorisierung von Bestimmtheit in Lernprozessen Unbestimmtheiten abdrängt und "rigide Strukturen des status quo und damit Angstpotentiale" aufbaut (a. a. O.), wohingegen eine Bildung, in deren "Zentrum das Umgehen mit Differenzerfahrungen steht [...] es den einzelnen leichter" macht, "gewohnte Routinen aufzugeben und andere zu etablieren" (1988, 329f.), erinnert an die Vermutung, inwiefern eine Erwägungsorientierung die

272

Konkurrenz zwischen Vertreterinnen und Vertretern verschiedener Positionen verändern und offener für Korrekturen machen würde, weil man sich weniger ausschließlich an jeweilige Lösungen gebunden fühlt (s. I. 2.2, Nr. (14)).

Wenn Marotzki sein Bildungsverständnis dadurch charakterisiert, daß es "orientiert am Reflexionsparadigma, das, was die Reflexion im Prozeß der Herstellung von Bestimmtheit ausscheidet, als Möglichkeit systematisch miteinbezieht" sowie betont, daß "die Möglichkeit genauso wichtig zu nehmen wie die Faktizität" ist (1988, 329), dann scheint mir hier ein Anknüpfungspunkt für einen bewahrenden Umgang mit erwogenen Alternativen zu sein.

(14) *Gemeinsame Merkmale von Biographie- und Vielfaltskompetenz*: Die besondere Nähe zwischen dem Erwägungskonzept und den von Annedore Prengel entwickelten Konzepten einer »Pädagogik der Vielfalt« und einer »Ordnung durch gute Vielfalt« wurde bereits in der Einleitung hervorgehoben (I., 2.2, Nr. (16)). Die in den vorangegangenen Abschnitten angegebenen Aspekte aus Arbeiten der Biographieforschung hat auch Prengel thematisiert. Sie hängen mit ihrem demokratischen Differenzverständnis und ihrer Subjektorientierung zusammen. Im Konzept der demokratischen Differenz werden Verschiedenheit der Individuen und ihre Gleichheit zusammengebracht: "Ausgangspunkt eines demokratischen Differenzbegriffs ist, daß er sich gegen Hierarchien wendet. Es geht um die Entwicklung egalitärer Differenz" (1995, 181). "Die Option für ein demokratisches Differenzkonzept meint, daß unterschiedliche Lebensformen gleiches Existenzrecht haben, gleiches Recht gesellschaftlich sichtbar, anerkannt und wirksam zu sein. Das Gleichheitspostulat wird auf neue radikale Weise eingelöst, indem den heterogenen Lebensweisen gleiches Recht zugesprochen wird. Gleichheit ist damit Bedingung der Möglichkeit von Differenz" (1995, 183f.).[29] "Individuelle und kollektive Differenzen zwischen Menschen" werden dabei von Prengel als "soziokulturelle Differenzen" verstanden, als "unterschiedliche Lebensweisen und unterschiedliche Verarbeitung von Lebenserfahrungen. Die demokratische Differenzvorstellung fußt auf Sozialisations- und Konstruktionstheorie und richtet sich damit gegen alle essentialistischen Entwürfe, zum Beispiel vom Wesen der Frau, der Behinderten oder der Angehörigen einer Ethnie" (1995, 182).

Wenn aber Differenz "nur begreifbar als historisch gewordene" (a. a. O.) ist, dann gewinnt die reflexive Auseinandersetzung mit der eigenen Geschichte an Bedeutung: "Unsere Geschichte besser kennenlernen, heißt uns selber besser kennenlernen, denn wir sind, was wir geworden sind. Die verschiedenen Geschichten von Individuen und von Kollektiven lassen etwas vom Gewordensein aufgrund verschiedener persönlicher und gesellschaftlicher Traditionen und damit auch etwas von den jetzt existierenden Differenzen sichtbar werden" (a. a. O.). Insofern jeweilige Geschichten nie nur Geschichten von Vorgaben, sondern immer auch Geschichten von Entscheidungen sind, bedeutet die Auseinandersetzung mit der eigenen und kollektiven Geschichte eine reflexive Auseinandersetzung mit Vorgaben und Entscheidungen. Wenn Prengel an dieser Stelle nicht explizit von "Entscheidungen" spricht, ist diese Interpretation meines Erachtens insofern nicht inadäquat, weil in der Bezeichnung der "persönlichen Tradition" auch der Aspekt der Entscheidung mit enthalten ist. Denn über das, was eine »persönliche Tradition« ausmacht, werden immer wieder auch reflexive Entscheidungen getroffen. Außerdem ist zu berücksichtigen, welche Funktion die Auseinandersetzung mit der eigenen und kollektiven Geschichte hat: "Je tiefer das Verständnis für die lebensgeschichtlichen und geschichtlichen Hintergründe ist, umso freier und verantwortlicher können neue Lebensperspektiven entwickelt werden" (Prengel 1995, 192). Ich verstehe diese Zeilen so, daß es auch um die Verbesserung von Entscheidungskompetenzen durch Auseinandersetzung mit Vorgaben und Entscheidungen jeweiliger Geschichten geht. Die Konsequenz bzw. das Ergebnis solcher Auseinandersetzungen ist dann meines Erachtens ein reflexives Entscheiden darüber, ob man selbst entscheiden, sowie darüber, ob man selbst- oder fremdgesetzten Vorgaben folgen möchte - so wie dies oben von einigen Vertretern aus dem Gebiet der Biographieforschung beschrieben worden ist (III. 1.3, Nr. (11)).

Besonders deutlich wird die Relevanz eines reflexiven Umgehens mit Vorgaben und Entscheidungen und auch das Verwobensein von Entscheidungen und Vorgaben, wenn Prengel darstellt, wie Selbstbestimmung, Kreativität (als Entscheidungen) und kulturelle Traditionen (Vorgaben) in pädagogischen Zusammenhängen von einer "Pädagogik der guten Ordnung" (1999b, 96) zu thematisieren und zu integrieren sind: "*Vielfalt durch gute Ordnung* zu ermöglichen [bedeutet auch], die beiden Handlungsperspektiven, Offenheit für Kreativität und Vermittlung kultureller Traditionen einschließlich ihrer Wissensbestände, abwechselnd in ihrer Bedeutung für die Gegenwart und Zukunft *heutiger* Kinder auszuloten und verantwortbare Entscheidungen zu erarbeiten. [...] Es gibt keine Pädagogik jenseits kultureller Traditionen [...]. Selbst der innovativste Ansatz beruht auch auf überkommenen Existenzweisen und Wissensbeständen und führt diese allenfalls in einer Neuinterpretation weiter. Zur Pädagogik der guten Ordnung gehört die Redlichkeit, die unabdingbar jedem pädagogischen Ansatz innewohnenden kulturellen Traditionen und Zwänge nicht zu verdrängen, sondern sie explizit zu benennen und offenzulegen, was Kinder lernen sollen" (1999b, 96). Gerade wenn "reformierte Bildungsziele", wie "Selbständigkeit und Selbstbestimmung, Kreativität und Individualität" im Mittelpunkt pädagogischer Überlegungen stehen, ist es nach Prengel wichtig, nicht die "hohe

Anpassungsleistung an die kulturellen Errungenschaften der vorangehenden Generation" auszublenden: "Kinder können die Welt nicht ganz neu erfinden und ihre Lebensweisen nicht unabhängig konstruieren, sie müssen sehr viel lernen, um am heutigen Stand kultureller Entwicklung anknüpfen zu können" (1999b, 95). Die Frage eines verantwortbaren Umgangs mit Vorgaben und Entscheidungen stellt sich also sowohl für die Lehrenden wie für die Lernenden, ein Punkt auf den ich in meinen Ausführungen zu den leitenden Ideen einer »Erwägungsdidaktik« zurückkommen werde (s. III. 3.2, insbesondere etwa Nr. (18.3) und (18.11)).

Prengels Vorstellungen von einem reflexiven Umgang mit Vorgaben und Entscheidungen und einem differenztheoretischen Demokratieverständnis haben die beiden anderen von mir herausgehobenen Aspekte aus Arbeiten aus dem Gebiet der Biographieforschung zur Folge. Denn wer die Auffassung vertritt, daß es "keinen Ort jenseits der Limitierungen von Historizität und kultureller Kontextualität" gibt, der bzw. die weiß damit um Grenzen, aber auch - insbesondere im Vergleich »traditionaler« zu »posttraditionalen« Kulturen - um Möglichkeiten und Chancen jeweiligen Entscheidens oder auch Befolgens von Vorgaben.[30] Das Wissen um derartige Grenzen läßt sich auch als Wissen um Nicht-Wissen beschreiben, welches es erforderlich macht zu lernen, mit solchen Unsicherheiten umzugehen. Hinsichtlich eines möglichen Umgangs mit Unsicherheiten, im Sinne von Unbestimmtheiten, knüpft Prengel an das zitierte Bildungsverständnis von Marotzki (s. o. III. 1.3, Nr. (13)) und die Dialektik von Bestimmtheit und Unbestimmtheit an (Prengel 1999b, 33f). Für Prengel ist es eine grundlegende Frage von Unterricht, wie in ihm eine Ordnung beschaffen sein könnte, die "komponiert [ist] aus Bestimmtheiten und Unbestimmtheiten" (1999b, 34).

2. Leitende Ideen für eine »Erwägungsdidaktik«

(15) *Überblick und Vorbemerkung zur Verwendung des Terminus "Didaktik"*: Im folgenden möchte ich leitende Ideen für eine allgemeine Didaktik, für die das Erwägungskonzept grundlegend sein und die man deshalb "Erwägungsdidaktik" nennen könnte, darstellen. Die leitenden Ideen bestehen weitgehend aus Konzepten und Überlegungen, die im Rahmen der bisherigen Ausführungen schon vorbereitet wurden. Die Darstellung des Erwägungskonzeptes als Ausgangskonzept für eine Erwägungsdidaktik wird kurz zusammenfassend beschrieben. Daran anknüpfend werden die mir am wesentlichsten erscheinenden leitenden Ideen für die Entwicklung einer Erwägungsdidaktik thesenartig zusammengestellt und erörtert. Schließlich wird auf die methodischen Anforderungen

für eine erwägungsdidaktische Praxis eingegangen, die sich aus dem Erwägungskonzept als Ausgangskonzept sowie den herausgestellten leitenden Ideen ergeben. Das Kapitel endet mit der Problemlage einer erwägungsorientierten Einbettung des erwägungsdidaktischen Ansatzes.

Bevor ich jedoch mit meinen Thesen beginne, möchte ich angeben, wie im folgenden der Terminus "Didaktik" gebraucht wird, der in Erziehungswissenschaft und Pädagogik verschieden verwendet wird.[31] Ich beziehe hier "Didaktik" auf alle Aussagen über Zusammenhänge zwischen Lehren und Lernen in den verschiedenen kulturellen Lebensbereichen, die mit der Zielsetzung verknüpft sind, Tradierungs- und Sozialisations-, Lehr- und Lernprozesse gezielter gestalten zu können. Dabei möchte ich die Verwendung invariant gegenüber deskriptiven und präskriptiven Aussagen halten. »Didaktiken« können meinem Verständnis nach also sowohl mit bestimmten Zielsetzungen (wie etwa der Förderung von Autonomie oder Gehorsam bei den Lernenden) einhergehen und insofern präskriptiv sein oder allein deskriptiv Zusammenhänge zwischen unterschiedlichen Tradierungs-, Sozialisations-, Lehr- und Lernprozessen aufzeigen. Mit dieser Bestimmung von "Didaktik" habe ich mich für eine weit gefaßte Begrifflichkeit entschieden, die auf Lehr- und Lernprozesse nicht nur in Unterricht und Schule,[32] sondern die möglichst umfassend auf Lehr- und Lernprozesse in verschiedenen Lebensphasen und Lebensbereichen anzuwenden ist. Dabei soll die Beziehung zwischen Lehrenden und Lernenden sowohl eine zwischen Älteren und Jüngeren als auch umgekehrt eine zwischen Jüngeren und Älteren sowie zwischen Gleichaltrigen sein können. Eine genauere Abgrenzung dieses Didaktikverständnisses gegenüber Alternativen wäre von einer systematischen erwägungsorientierten Bestimmung zu leisten.

(16) *Das Erwägungskonzept als Ausgangspunkt*: Im Zentrum einer Erwägungsdidaktik stehen der Aufbau und die Entwicklung von erwägungsorientiertem Wissen und die Förderung von erwägungsorientierten Entscheidungskompetenzen (s. II. 5, Nr. (130)). Das Erwägungskonzept (s. o. I., 2.1) bietet hierbei die Grundorientierung. Das Erwägen von jeweiligen möglichst problemadäquaten Alternativen wird als eine Geltungsbedingung von Lösungen angesehen. Diese Geltungsbedingung soll es ermöglichen, die Ansprüche, die mit jeweiligen Lösungen - seien es eigene oder fremde, durch Entscheidungen gefundene oder als Vorgaben gesetzte - vertreten werden, einzuschätzen: Je höher der Begründungsanspruch für eine Lösung ist, die vorerst »beste« zu sein, um so relevanter wird es, ob die zu dieser Lösung problemadäquaten Alternativen erwogen worden sind.

Im Sinne des in dieser Arbeit zugrunde gelegten Verständnisses von "Entscheidung" und "Entscheidungskompetenzen" bedarf es eines Wissens um Möglichkeiten der Bestimmung, Generierung, Zusammenstellung und Bewahrung von problemadäquaten Alternativen sowie die Fähigkeit, Erwägungs- von Bewertungs-, Lösungs- und Realisierungsalternativen zu unterscheiden, um kompetent einschätzen zu können, inwiefern erwogene Alternativen als ein Geltungsbezug für die jeweils bevorzugten Lösungen genutzt werden bzw. wurden. Hierfür sind weiterhin in besonderem Maße die diskutierten reflexiven Kompetenzen erforderlich, die erkennen helfen, wie Entscheidungen verschiedener Reflexionsstufen und auch Entscheidungen und Vorgaben aufeinander bezogen und miteinander verwoben sind. Auf die sich hieraus ergebenden spezifischen methodischen Ansprüche und Grundlagen für die Gestaltung von erwägungsorientierten Lehr- und Lernprozessen komme ich noch zurück (s. im folgenden III. 2, Nr. (19)).

Insgesamt werden Entscheidungswissen und Entscheidungskompetenzen sich um so besser entfalten können, je umfassender die verschiedenen Komponenten des angegebenen Entscheidungsverständnisses in Denken und Praxis integriert werden. Lehr- und Lernprozesse wären aus erwägungsdidaktischer Sicht so zu gestalten, daß im Fortgang des Lernens und Lehrens erwägungsorientiertes Entscheidungswissen und erwägungsorientierte Entscheidungskompetenzen entwickelt und gefördert werden. Wenn dies nicht möglich ist, könnte darauf reflektiert werden, warum es nicht möglich ist (wofür es reflexiv bedacht gute Gründe geben kann!). Entscheidungswissen und Entscheidungskompetenzen sind ein Potential, das jegliche Themen betreffen kann. Insofern müßten sie bei gegebenen Anlässen auch selbst direkter Lern-/Lehrgegenstand sein. Hierfür eignen sich insbesondere Situationen, in denen von den Teilnehmenden gemeinsam die Gestaltung des Lern- und Lehrgeschehens bestimmt werden soll, also die einzelnen zum Entscheiden aufgefordert und zudem gemeinsam Entscheidungen zu treffen sind (zur Problemlage von Entscheidungen mit mehreren Trägerinnen bzw. Trägern s. o. II., 3.2).

(17) *Wesentliche Aspekte einer Erwägungsdidaktik - ein Überblick*: Die Zusammenstellung wesentlicher Aspekte einer Erwägungsdidaktik ist ein erster Schritt, Konsequenzen aus der erwägungsorientierten Auseinandersetzung mit »Entscheidung« für Lehr- und Lernprozesse zu formulieren. Dabei fließen auch die noch vorzustellenden Erfahrungen mit »Erwägungsseminaren« ein (s. im folgenden III., 3)). Die Konzeption einer »Erwägungsdidaktik« wird in dieser Arbeit selbst nicht nochmals erwägungsorientiert eingebettet.[33] Im Zentrum der folgenden Beschreibungen und Thesen steht die Frage, welche spezifischen Fähigkeiten durch erwägungsorientiertes Entscheidungswissen und erwägungsorientierte Entscheidungskompetenzen gefördert werden. Für die Zusammenstel-

lung wesentlicher Punkte einer »Erwägungsdidaktik« sind für mich vor allem fünf Kernaspekte, die gleichsam quer zu den anderen liegen und konstitutiv für verschiedene andere Aspekte sind. Es sind dies:

der »Relativierungs-«,

der »Mehrperspektivitäts-«,

der »Reflexivitäts-«,

der »Selbstreferentialitätsaspekt« sowie

der Aspekt des »distanzfähigen Engagements«.

Diese fünf Aspekte fassen Kernmerkmale des in dieser Arbeit entwickelten erwägungsorientierten Entscheidungsverständnisses zusammen.

Mit dem Relativierungsaspekt möchte ich das Verhältnis von jeweiligen Lösungen mit ihren Ansprüchen zu ihren jeweiligen Erwägungshorizonten erfassen. Der Relativierungsaspekt ist ein anderer Blick auf den Geltungszusammenhang zwischen jeweils erwogenen Alternativen und der Begründungsqualität der auf sie bezogenen Lösung. Durch ein Bewußtsein für diese Relativität wird die mögliche Vorläufigkeit von Lösungen und Erwägungen betont. Denn selbst kombinatorisch vollständige Erwägungszusammenstellungen mit eindeutiger Bewertungsmöglichkeit für einzelne Lösungen sind eben nur in diesen spezifischen Zusammenstellungen vollständig und eindeutig. Das heißt, Erweiterung und Veränderung der Zusammenstellungsart (etwa durch neue Merkmale für die Kombinatorik) führt zu neuen Erwägungs- und Lösungskonstellationen. Der Relativitätsaspekt ist so gesehen konstitutiv z. B. für Kritikfähigkeit, Korrekturinteresse und Selbstkritik, aber auch für Dezisionswissen und Toleranz.

Auch das, was ich den "Mehrperspektivitätsaspekt" nenne, hängt eng mit der Erwägungsgeltungsbedingung und dem Relativitätsaspekt zusammen. Erwägungsorientierung ermöglicht Mehrperspektivität in dreifacher Hinsicht: Alternativen in Entscheidungszusammenhängen zu erwägen, heißt, sich erwägend auf andere Positionen und Perspektiven einzulassen. Insofern die Qualität gesetzter und realisierter Lösungen mit von den erwogenen und bewahrten Alternativen abhängt, besteht hier außerdem eine Motivlage, sich den Blick für andere Positionen und Perspektiven auch nach jeweiligen Lösungssetzungen zu erhalten.[34] Ein Wissen um die Abhängigkeit der Geltung von Lösungen von Erwägungsalternativen unterstützt die Offenheit für weitere (reflexive) Alternativen, wodurch Verbesserungen und ggf. ein Lernen aus Fehlern ermöglicht wird. Zusammenfassend kann man den Mehrperspektivitätsaspekt dadurch charakterisieren, daß er sowohl beim Finden von eigenen Positionen als auch in der sozialen Auseinandersetzung mit Lösungsalternativen anderer hilfreich ist. Mehrperspektivität in diesem Sinne zeigt sich also etwa in spezifischen Diskussions- und Verstehenskompetenzen.

Der Reflexivitäts- und Selbstreferentialitätsaspekt sind besonders wichtig, weil sie den Erwägungsgedanken auf alle Komponenten in Entscheidungs- und Vorgabezusammenhängen anzuwenden helfen und durch sie vorgebeugt werden kann, daß sich eine Erwägungsdidaktik hin zu einer »Erwägungsdogmatik« (bzw. einem »Erwägungsfundamentalismus«) entwickelt.

Im Kernaspekt des »distanzfähigen Engagements« (vgl. hierzu Anmerkung I. 17) kommen, was die Distanzfähigkeit zu jeweiligen aktuellen Lösungsvorlieben anbelangt, alle bereits erwähnten anderen vier Kernaspekte zum Tragen. Darüber hinausgehend verweist dieser Aspekt, sofern man Subjektivität und Autonomie durch Entscheidungen konstituiert annimmt, auf die Entfaltung von Subjektivität und Stärkung einer Autonomie, die sich nicht nur daran festmachen kann, *daß* entschieden wird, sondern *wie* entschieden wird.

So wie die Kernaspekte untereinander zusammenhängen, so sind alle folgenden herausgestellten Aspekte miteinander auf verschiedene Weisen verwoben, was im Rahmen dieser Arbeit aber nur exemplarisch angesprochen werden kann. Etliche Termini in den Beschreibungen und Thesen können zudem nur mehr oder weniger intuitiv verwendet werden. Ich denke dabei an Ausdrücke wie "Demokratie-", "Diskussions-", "Friedens- und Schlichtungs-", "Verstehens-" und "Verantwortungskompetenz" sowie "Toleranz". Sie erwägungsorientiert klärend zu behandeln, würde für jeden einzelnen von ihnen eigene umfassende Arbeiten erfordern. Durch den Kontext, so hoffe ich, wird aber dennoch ihr Bezug zu einer Erwägungsdidaktik erkennbar sein.

Die folgenden Ausführungen sind ein Plädoyer dafür, warum es sinnvoll sein könnte, sich um die Entwicklung einer Erwägungsdidaktik zu bemühen und den vielen vorhandenen didaktischen Konzepten einen weiteren Ansatz hinzuzufügen. Mit meinen Beschreibungen und Thesen zu wesentlichen Aspekten einer Erwägungsdidaktik wende ich das Erwägungskonzept auf didaktische Problemlagen an. Ich fasse die Thesen und Überlegungen unter 17 Stichworten zusammen. Die ersten beiden beziehen sich auf einen erwägungsorientierten Lern- und Lehrzusammenhang insgesamt, die anderen 15 Stichworte umreißen, wie schon erwähnt, verschiedene Kompetenzen, die meines Erachtens durch die Praktizierung des Erwägungskonzeptes gefördert werden:
• Forschendes Lernen und forschendes Lehren
• »Fehler«-integrierendes kreatives Lernen und Lehren
• Autonomie und Geschichtsfähigkeit durch Erwägungsorientierung
• Kritikfähigkeit durch Beachtung jeweils erwogener Alternativen
• Korrekturinteresse bzw. Fähigkeit zur Selbstkritik durch Relativierung jeweiligen Lösungswissens auf das ihm zugrunde liegende Erwägungswissen

- Begründungskompetenz durch den Bezug auf jeweils erwogene Alternativen als eine Geltungsbedingung
- Verantwortungskompetenz durch den Bezug auf jeweils erwogene Alternativen als eine Geltungsbedingung
- Verstehenskompetenz durch Relationierung und Relativierung unterschiedlicher Lösungsvorlieben in bzw. zu jeweiligen Erwägungshorizonten
- Diskussionskompetenz durch distanzfähiges Engagement aufgrund der Unterscheidung von Erwägungs- und Lösungsebenen
- Reflexive Kompetenzen im erwägungsorientierten Umgang mit Entscheidungen und Vorgaben
- Kooperationsengagement und Teamfähigkeit durch die Relevanz von Erwägungsalternativen
- Selbstreferentialität: Erwägen des Erwägens
- Reflexive Sicherheit im Umgang mit Unsicherheit und Wissen um Nicht-Wissen
- Erkennen von dezisionären Konstellationen und erwägungsorientierte Dezisionssensibilität
- Toleranz aufgrund von distanzfähigem Engagement
- Friedens- und Schlichtungskompetenz durch Integration von Alternativen auf jeweiligen Erwägungsebenen
- Vielfalts- bzw. Pluralitätskompetenz

(18) *Erläuterung und Diskussion*: Die möglichen Zusammenhänge zwischen einer Anwendung des Erwägungskonzeptes in Lern-/Lehrzusammenhängen und insbesondere den geförderten Kompetenzen werden im Rahmen dieser Arbeit nur exemplarisch erörtert. Da die Aspekte untereinander eng zusammenhängen, fallen die Erläuterungen bei einigen kürzer aus, wenn auf bereits erläuterte Punkte verwiesen werden kann. Hinweise auf einige relevante Diskussionspunkte für weiterführende Arbeiten werden in den Anmerkungen gegeben.

(18.1) *Forschendes Lernen und forschendes Lehren*: Das Erwägungskonzept führt in mehrfacher Hinsicht zu einer Forschungsorientierung in Lehr- und Lernzusammenhängen. Mit "Forschungsorientierung" meine ich dabei eine grundsätzliche[35] Aufmerksamkeit für zu klärende Fragen und Grenzen jeweiligen Wissens sowie ein Engagement, solche offenen Fragen (weiter) zu klären und jeweilige Grenzen weiter in Richtung "Mehr-Wissen" (wiederum einschließlich eines Mehr-Wissens um Nicht-Wissen) zu verschieben.[36] Zunächst einmal ist erwägungsorientiertes Lernen und Lehren schon allein dadurch forschendes Lernen und Lehren, weil es bislang keine Forschungstraditionen erwägungsorientierter Konzeptaufbereitung für qualitative Bereiche gibt. Es gibt keine Lehrbücher, die jeweilige Konzepte unter Berücksichtigung der jeweils erwogenen

Alternativen als einer Geltungsbedingung darstellen und begründen. Wer also erwägungsorientiert lehren und lernen will, muß sich derzeit selbst mit der Erarbeitung adäquater Erwägungsstände befassen. Angesichts bestehender »Stoffmengen« kann dies allerdings nur ansatzweise und exemplarisch geleistet werden, so daß erwägungsorientiertes Lehren und Lernen unter diesen Bedingungen vor allem ein Sammeln von Fragen und Problemen, ein Erkennen von problematischen Begründungen und ein Wissenzuwachs um Nicht-Wissen ist. Aber selbst wenn es entfaltete Erwägungsstände gäbe, bliebe erwägungsorientiertes Lernen und Lehren immer durch den Relativitäts- sowie den Reflexivitäts- und Selbstreferentialitätsaspekt ein forschendes Lehren und Lernen. Alle drei geschilderten Kernaspekte einer Erwägungsdidaktik fordern dazu auf, sich forschungsoffen für weitere andere Perspektiven und Positionen zu halten. Der forschende Charakter erwägungsorientierten Lernens bleibt deshalb selbst dann erhalten, wenn Erwägungs- und Lösungswissen als Lern-Vorgaben vermittelt würden. Denn mit den jeweiligen Erwägungsständen wird immer zugleich auch der Ansatzpunkt für Kritik oder auch Zustimmung gegeben. Bei aller Heteronomie bleibt so Raum für Autonomie und die Möglichkeit, selbst die eigene Position zu finden und zu begründen.

Forschend wird erwägungsorientiert auch dann gelernt und gelehrt, wenn das Vorgehen selbst reflektiert und hinsichtlich möglicher Verbesserungen oder Neuerungen bedacht wird. Dies bietet sich auch deswegen an, weil Erwägungsdidaktik ein noch zu entfaltendes didaktisches Konzept ist, für dessen handlungspraktische Weiterentwicklung es sinnvoll ist, die didaktischen Kompetenzen aller Teilnehmenden zu nutzen. Mit Blick auf Schlüssenqualifikationen, wie Lernen des Lernens oder gemeinsames Arbeiten scheint es mir auch bei einer entfalteteren Erwägungsdidaktik hilfreich, die Erwägungsorientierung als Erforschungsunterstützung zur Entwicklung dieser Qualifikationen und Kompetenzen heranzuziehen.

Welche Folgen eine Forschungsorientierung in Lehr- und Lernzusammenhängen durch das Erwägungskonzept nach sich zieht, kann hier nur angedeutet werden. Mir scheinen vor allem eine Veränderung der Beziehung zwischen Lehrenden und Lernenden hin zu einer eher gleichberechtigten dialogischen Beziehung, ein Wandel der Motivationslage der Teilnehmenden sowie ein veränderter Umgang mit »Fehlern« relevant zu sein. Auf den veränderten Umgang mit »Fehlern« werde ich im folgenden Abschnitt eigens eingehen. Einen Wandel in der Motivationslage sehe ich vor allem darin begründet, daß durch Erwägungsorientierung dazu herausgefordert wird, die subjektiven Ausgangsannahmen zu klären und eigene Positionen zu jeweiligen Fragen zu finden. Entfaltung von Subjektivität und forschendes Suchen werden durch erwägungsorientiertes Forschen zusammengebracht. Durch die Erwägungsgeltungsbedingung können auch vorgegebene Themen und Probleme eher zu Fragen werden, die wirklich interessieren. Mit Klaus Holzkamp könnte man vielleicht von einer vermehrten Unterstützung von "Lernhandlungen", "Lerngründen" bzw. "Lernmotiven" *"expansiver* Natur" im Gegensatz zu solchen *"defensiver* Natur" sprechen (1993, 190f.).[37] Im Rahmen des hier diskutierten erwägungsorientierten forschenden Lernens und Lehrens, wäre erweiternd auch von "expansivem Lehren" auszugehen. Auf zu bedenkende Folgen expansiver Einstellungen für gemeinsame Aufbauprozesse in Lehr-/Lernzusammenhängen komme ich später noch zurück (III. 3.4 Nr. (33), insbesondere auch Anmerkung III. 68).

Obwohl auch in forschungsorientierten Lernzusammenhängen die Lehrenden in vielen Bereichen mehr wissen mögen als die Lernenden, wird ihre Beziehung durch die Forschungsorientierung gleichberechtigter und dialogischer (s. hierzu Meinert A. Meyer 1997, 63 und Anmerkung III. 37). Durch eine Erwägungsorientierung wird dies meines Erachtens noch verstärkt, weil sie die Kritikfähigkeit der Lernenden stärkt und die Lehrenden zu größeren Verstehensanstrengungen der Lernenden sowie Begründungsanstrengungen bei vertretenen Positionen herausfordert, denn jeweilige Erwägungs- und Lösungsstände sind für mögliche Verbesserungen und etwa die Integration weiterer Erwägungsalternativen offen zu halten. Wie dargelegt, lebt erwägungsorientiertes Lernen und Lehren, insbesondere auch aufgrund des Reflexivitäts- und Relativitätsaspektes, die auf Grenzen jeweiligen Wissens und Nicht-Wissen hinweisen, wesentlich von Fragen, die nach adäquaten zu erwägenden Alternativen suchen und immer wieder neu bedenken lassen, ob und wie etwas auch anders gesehen werden könnte. Fragen sind konstitutiv für Erwägungsprozesse. Damit erhält die Frage eine Bedeutung, die im Gegensatz zu ihrer bisherigen überwiegend verbreiteten Funktion insbesondere in schulischen Lehr- und Lernzusammenhängen steht, wenngleich sich dies auch allmählich ändern mag.[38] Mit Holzkamp kann man den Gegensatz dahingehend zugespitzt formulieren, daß die "vorauswissende Frage" mit der ihr korrespondierenden "wissensdemonstrierende[n] Antwort" der "wissenssuchende[n] Frage" mit der ihr korrespondierenden "inhaltliche[n] Antwort" gegenübersteht (1993, 463). Im ersteren Falle ist der "Funktionsunterschied zwischen Lehrer- und Schülerfragen" gravierend: "Lehrerfragen sind konstituierend für das Stattfinden von Unterricht, Schülerfragen dagegen nicht; der Unterricht reproduziert sich ohne eine einzige Schülerfrage. - Dies heißt natürlich nicht, daß wirkliche Gespräche, in welchen die Schüler fragen und der Lehrer sich an der Diskussion beteiligt, in der Schule nicht vorkommen können: Nur ist damit zwar nicht der pädagogische Auftrag des Lehrers, wohl aber der dafür schuldisziplinär gesetzte Rahmen »regulären Unterrichts« überschritten" (Holzkamp 1993, 462).[39] Demgegenüber stellt eine Person mit wissenssuchenden Fragen »echte« Fragen, auf die sie noch keine Antwort weiß (s. Holzkamp 1993, 463).[40]

(18.2) *»Fehler«-integrierendes kreatives Lernen und Lehren*: Erwägungsorientiertes Lernen und Lehren führt zu einem anderen Umgang mit »Fehlern«.[41] »Fehler« werden nicht nur als eine mehr oder weniger frustrierende Begleiterscheinung kreativ-suchenden, forschenden Denkens und handlungspraktischen Ausprobierens betrachtet. Gerade bei der Anwendung kombinatorischer Verfahren können auch »unsinnige«, »widersprüchliche«, »falsche« Erwägungsalternativen erzeugt werden. Als Bestandteile der Geltungsbedingung, die erwogenen Alternativen nach Regeln angeben zu können, tragen aber auch sie zur Geltungsverbesserung der bevorzugten Lösung bei. Denn, wie dargelegt, lassen erst diese »unsinnigen« Fälle kontrollieren, ob man kombinatorischen Regeln gefolgt ist und problemadäquat alles bedacht hat. (s. I. 2.3, Nr. (20)).[42]

Es gibt noch einen anderen Aspekt, warum mit »Fehlern« erwägungsorientiert anders umzugehen ist. Berücksichtigt man den Relativitätsaspekt, dann sind sogenannte »Fehler« immer nur »Fehler« aus bestimmten Perspektiven bzw. in bestimmten Erwägungshorizonten. Dies ist vor allem auch in sozialen Zusammenhängen wichtig und zu berücksichtigen, wenn man die Lösungsvorlieben anderer aus der eigenen Perspektive her meint als »Fehler« identifizieren zu können.[43] Der Relativitätsaspekt erinnert außerdem an die Vorläufigkeit allen Wissens, was dazu motivieren kann, nach weiteren Verbesserungen zu suchen und offen für Korrekturvorschläge zu sein. In diesem Sinne bedeutet Erwägungsorientierung dann auch eine »Fehlersuchorientierung« und das Auffinden von »Fehlern« wird reflexiv zu einem Erfolg des Weiterkommens hin zu besseren Erwägungs- und Lösungsständen.[44] Leistungsbeurteilungen in erwägungsorientiert gestalteten Lern- und Lehrzusammenhängen hätten dies zu berücksichtigen.

(18.3) *Autonomie und Geschichtsfähigkeit durch Erwägungsorientierung*: Zum Entscheiden in bestimmten Bereichen gehört das Nicht-Entscheiden und Verlassen auf selbst- oder fremdgesetzte Vorgaben in anderen Bereichen als Entlastung mit dazu. Versteht man "autonomes Handeln" als Ergebnis einer reflexiven Entscheidung, hinsichtlich einer bestimmten Fragestellung, selbst zu entscheiden, und "heteronomes Handeln" als Ergebnis einer reflexiven Entscheidung, hinsichtlich einer bestimmten Fragestellung nicht selbst zu entscheiden, dann ist zunächst nicht ersichtlich, warum eine Erwägungsorientierung zu mehr Autonomie führen sollte.[45] Meine These ist auch nicht quantitativer Natur. Mir geht es darum, daß eine Erwägungsorientierung einen kompetenteren reflexiven Umgang mit Autonomie und Heteronomie fördert und insofern die Qualität autonomen Handelns zu verbessern vermag. Hierfür leistet die Erwägungs-geltungsbedingung einen grundlegenden Beitrag. Der Bezug auf erwogene Alternativen ist eine Hilfe zur reflexiven Beurteilung von Lösungen, seien diese durch eigene Entscheidungen gefunden oder Ergebnisse von Vorgaben. Fehlende oder vorhandene, adäquate oder weniger adäquate Erwägungsalternativen geben jeweiligen Lösungen, die etwa in Lehr- und Lernzusammenhängen als Vorgaben vermittelt werden, eine Transparenz hinsichtlich ihrer Begründungs-qualität und liefern so ein Kritik- und Reflexionspotential gleich mit. Erwä-gungsalternativen bedeuten also einen emanzipatorischen Gewinn im Umgang mit Vorgaben, weil sie ein Ausgang für Kritik und reflexive Entscheidungen sind, diese Vorgaben zu übernehmen, also nicht (weiter) selbst zu entscheiden und (mit guten Gründen) heteronom zu sein, oder aber diese Vorgaben nicht zu übernehmen und (mit guten Gründen) zu entscheiden, lieber selbst zu entschei-den, also autonom zu sein. In diesem emanzipatorischen Gewinn sehe ich die qualitative Verbesserung autonomen Handelns, welches davon profitiert, daß man auch besser begründet einschätzen kann, wo man heteronom sein möchte und sich so Entlastungen für die einem eigentlich wichtigen Entscheidungen verschafft.

Würde die Bewahrung von Erwägungen mit zur jeweiligen kulturellen Geschichte gehören und Geltungsbedingung für die jeweils bevorzugten Lösungen sein, wäre damit die Vermittlung von deskriptiven und präskriptiven Konzepten von einer Generation zur nächsten weniger anfällig für gewollte oder ungewollte Manipulationen oder Indoktrinationen.[46] Denn selbst wenn die jeweils bevor-zugten Lösungen im Mittelpunkt der Vermittlung stehen würden, ermöglichte eine Offenlegung der erwogenen Alternativen und beispielsweise die sich der Erwägungsorientierung verdankende reflexive Erkenntnis, daß wenig und nur sehr einseitig erwogen wurde, zugleich einen distanzierten Blick auf die jewei-ligen Vorgaben und eröffnete damit Horizonte für die skizzierten reflexiven Entscheidungen.[47]

Mit dem Erwägungskonzept wäre eine auf den ersten Blick paradoxe Konstella-tion möglich: Gerade weil mit der Erwägungsgeltungsbedingung einseitig oder manipulierend informierende Lehrende identifizierbar sind, können engagierte Lehrende, die nicht indoktrinieren, aber dennoch ihre Positionen vertreten wol-len, sich auch für diese einsetzen.[48] Wenn sie ihre Position in einem Spektrum jeweils erwogener Alternativen verorten, dann haben die Lernenden die Mög-lichkeit zu prüfen, ob sie die Position auch teilen oder eine der Alternativen vorziehen oder aber der Auffassung sind, daß sie die Erwägungszusammen-stellung insgesamt eher problematisch finden. Voraussetzung hierfür ist eine Erwägungskompetenz für die jeweiligen Problemlagen bei den Teilnehmenden.

Je weniger diese Kompetenz vorhanden ist, um so mehr müßten erwägungsorientiert Lehrende beachten, daß auch ihre erwägungsorientiert dargelegten Positionen von den Lernenden als zu übernehmende Vorgaben aufgefaßt werden könnten.

Der reflexive qualitative Autonomiegewinn durch eine Erwägungsorientierung könnte längerperspektivisch gesehen geschichtsfähiger in dem Sinne machen, als man mit den bewahrten Erwägungsalternativen die Gewordenheit jeweiliger Lösungen für sich und andere transparenter hält und damit auch eine relevante Voraussetzung für Verstehen und ein Lernen aus Fehlern und Erfolgen schafft.

(18.4) *Kritikfähigkeit durch Beachtung jeweils erwogener Alternativen:* Wie die Erwägungsgeltungsbedingung zusammen mit Reflexivitätskompetenz und Relativitätsbewußtsein einen Ausgangspunkt für Kritikfähigkeit bildet, wurde bereits im vorangegangenem Abschnitt über Autonomie und Geschichtsfähigkeit durch Erwägungsorientierung skizziert. Aus erwägungsdidaktischer Sicht wird damit für die "Befähigung zu Urteil und Kritik" im Unterricht eine Entwicklungsmöglichkeit verbunden, wie sie Meinert A. Meyer als Aufgabe für seine Bildungsgangdidaktik formuliert hat: "Die Schülerinnen und Schüler müssen die Möglichkeit erhalten, sich notfalls auch gegen ihre Lehrerinnen und Lehrer zu wenden. Für uns als Lehrerinnen und Lehrer stellt sich damit die Frage, wie wir den Unterricht so gestalten können, daß die Schülerinnen und Schüler dazu gebracht werden, nicht nur das zu lernen, was ihnen angeboten wird, sondern auch selbst das Lernen kritisch zu beurteilen. Die Lehrerinnen und Lehrer müssen lernen, den Unterricht so zu gestalten, daß die Schülerinnen und Schüler in ihm prinzipiell in die Lage versetzt werden, sich ihm gegenüber kritisch zu verhalten" (1996, 307f.). Auf den Zusammenhang mit Reflexivitätskompetenzen komme ich in der Diskussion dieser Punkte noch einmal zurück.

(18.5) *Korrekturinteresse bzw. Fähigkeit zur Selbstkritik durch Relativierung jeweiligen Lösungswissens auf das ihm zugrunde liegende Erwägungswissen:* Dieser Aspekt hängt mit dem zuvor diskutierten zusammen und trifft auch auf die Fähigkeit zur Selbstkritik zu. Darüberhinaus ist die Fähigkeit zur Selbstkritik eng mit dem bereits vorgestellten Aspekt des »Fehler«-integrierenden kreativen Lernens und Lehrens verbunden. Wenn Selbstkritikfähigkeit hier als eigener Punkt herausgestellt wird, so geschieht dies mit Blick auf den Kernaspekt des distanzfähigen Engagements, welches meiner Meinung nach in besonderer Weise durch die Erwägungsgeltungsbedingung und einen reflexionsbewußten Umgang mit ihr gefördert werden kann. So wie ein Erwägungsstand darin bestärken kann, sich für eine bestimmte Position einzusetzen, so erinnert andererseits der gleiche Erwägungsstand an die Relativität der Position und erhält damit auch das Interesse an möglichen Verbesserungen. Ein derartiges distanz-fähiges Engagement beinhaltet eine stärkere Identifikation mit der Begründungs-qualität - insbesondere der Erwägungsgeltungsbedingung - jeweiliger Lösungen als mit der eingenommenen Lösung selbst. Insofern, so meine These, fällt es Erwägungsmentalitäten leichter als lösungsfixierten, ihre Positionen mit Gründen aufzugeben und zu korrigieren. Selbstkorrekturen werden weniger als Niederlage, denn als Gewinn adäquaterer Standpunkte aufgefaßt.

(18.6) *Begründungskompetenz durch Bezug auf jeweils erwogene Alternativen als eine Geltungsbedingung*: Die Verbesserung der Begründungsqualität jeweiliger Lösungen gehört zum Kerngedanken des Erwägungskonzeptes (s. o. I., 2.1, Nr. (7)f.)). Ich wiederhole hier nur kurz. Die Erwägungsgeltungs-bedingung hilft sowohl eigene Positionen zu begründen als auch die Begründungsqualität anderer Positionen mit ihren jeweiligen Begründungsansprüchen einzuschätzen. Wer eine eigene Lösungs-Position in Erwägungsalternativen zu verorten vermag, genügt höheren Begründungsansprüchen als jemand, die oder der dazu nicht in der Lage ist bzw. es vielleicht auch gar nicht will. Voraussetzung für eine Begründungskompetenz durch den Bezug auf jeweils erwogene Alternativen ist ein Entscheidungswissen und eine Erwägungskompetenz, die die in dieser Arbeit diskutierten Problemlagen im Umgang mit Alternativen umfaßt, also z. B.: ein Wissen um Generierung, Bestimmung bzw. Identifizierung von zu erwägenden Alternativen, Methoden der Zusammenstellung und Bewahrung von zu erwägenden Alternativen, die Fähigkeit zwischen Erwägungs- und Lösungs- sowie Bewertungsalternativen zu unterscheiden, Erkennen von dezisionären Konstellationen und Auseinanderhaltenkönnen verschiedener Ebenen der Entscheidung und Begründung, usw. Besonders wichtig ist für derartige Begründungskompetenz ein reflexives Wissen, verschiedene Arten des Bezugs auf erwogene Alternativen zu kennen, also etwa eklektische von systematischen Zusammenstellungen unterscheiden zu können. Für das hier vertretene Verständnis von "rationaler Begründetheit", als anhaltendes Verbesserungsinteresse von Entscheidungen und den aus ihnen hervorgehenden Lösungen, (s. II. 5., Nr. (130)) sind Reflexivität und Relativitätsbewußtsein wichtige Aspekte von Begründungskompetenz. Reflexivität und Relativitäts-bewußtsein in bezug auf jeweilige Erwägungsstände führen dazu, daß diese als Ausgang für Verbesserungen genommen werden können und somit rationale Begründungen möglich werden.

(18.7) *Verantwortungskompetenz durch Bezug auf jeweils erwogene Alternativen als eine Geltungsbedingung*: Verantwortbarkeit ist im Erwägungskonzept auf Begründung verwiesen (s. o. I., 2.1, Nr. (7)f.)). Aus zwei Gründen habe ich sie hier aber getrennt aufgeführt. Begründungskompetenz wird vom Erwägungskonzept als eine Basis für Verantwortungskompetenz gesehen. Verantwortungskompetenz ist insofern also eine Folgekompetenz. Außerdem wird mit der Bezeichnung "Verantwortungskompetenz" verstärkt die soziale Dimension der Erwägungsgeltungsbedingung angesprochen. Entscheidungen mit den aus ihnen hervorgehenden Lösungen betreffen meistens nicht nur die Entscheidenden allein, sondern auch andere (s. II., 4.)). Die Erwägungsgeltungsbedingung kann in diesem Zusammenhang zweierlei für verantwortungskompetentes Handeln leisten. Zum einen kann der Mehrperspektivitätsaspekt zum Tragen kommen, wenn beim Erwägen insbesondere darauf geachtet wird, sozial verteilt vorliegende Erwägungs- und Lösungsalternativen in eigenen Entscheidungszusammenhängen zu berücksichtigen. Zum anderen sind die erwogenen Alternativen Bezugspunkt für soziale Rechtfertigung, bestimmte Lösungen zu realisieren bzw. lieber nicht zu realisieren.

(18.8) *Verstehenskompetenz durch Relationierung und Relativierung unterschiedlicher Lösungsvorlieben in bzw. zu jeweiligen Erwägungshorizonten*: Wenn zu jeweiligen eingenommenen Lösungs-Positionen auch die erwogenen Alternativen angegeben werden, dann kann dies Verstehen erleichtern und unterschiedliche Auffassungen in ihrer Unterschiedlichkeit bis hin zum Verstehen des Nicht-Verstehen verstehen helfen. Wenn jemand z. B. verstehen möchte, was ich unter "Entscheidung" verstehe, dann macht es einen Unterschied, ob ich meine Bestimmung darlege oder auch zusätzlich näher erläutere, aus welchen Erwägungen dieses Verständnis hervorgegangen ist. Die erwogenen Alternativen können Anhaltspunkte und Anknüpfungspunkte für andere geben, wenn deren Auffassungen sich in den angegebenen Erwägungsalternativen wiederfinden lassen. Dies kann dann auch eine Diskussion erleichtern. Je nachdem wird man feststellen, daß verschiedenes oder gleiches mit "Entscheidung" gemeint wird. Hat man unterschiedliche Positionen, so mögen diese in einem gemeinsamen oder in verschiedenen Erwägungshorizonten verortbar sein. Verschiedene Erwägungshorizonte könnten ihrerseits wieder daraufhin geprüft werden, ob sie in einen gemeinsamen reflexiven Erwägungshorizont integrierbar sind oder nicht usw. Überall dort, wo eine Integration nicht gelingt, hat man dann aber zumindest einen Anhaltspunkt für ein Verstehen des Nicht-Verstehens. Eine These dieser Arbeit ist, daß eine Orientierung an gemeinsamen Beispielen, die das Verständnis der jeweiligen Lösungsvorlieben und der erwogenen Alternativen veranschaulichen, dabei hilfreich ist (vgl. hierzu die Überlegungen in I. 2.3, Nr. (19)).

(18.9) *Diskussionskompetenz durch distanzfähiges Engagement aufgrund der Unterscheidung von Erwägungs- und Lösungsebenen*: Ein Grundproblem vieler sogenannter Diskussionen, auch im Bereich der Wissenschaft, scheint mir darin zu bestehen, daß weniger Wert auf ein Verstehen gelegt wird als vielmehr auf das Einbringen eigener Standpunkte.[49] Hat dies seinen Grund zuweilen darin, daß Verstehen und ein Signalisieren dieses Verstehens mit einem Einschwenken auf die Position der oder des anderen verwechselt wird? Meiner Meinung nach ermöglicht die Unterscheidung von Erwägungs- und Lösungsebenen ein distanzfähiges Engagement, welches es in Diskussionen erlaubt, sich sowohl auf ein Verstehen einzulassen als auch den eigenen Standpunkt zu verteidigen und für ihn zu werben. Wenn auf der Erwägungsebene eine Integration der Alternativen gelingen kann, muß dies nicht heißen, daß deshalb jemand den eigenen Standpunkt aufgegeben hat oder hieraus sich ein Konsens finden läßt. Möglicherweise entdeckt man, daß eine dezisionäre Konstellation vorliegt. Oder aber die Integration der Alternativen auf der Erwägungsebene macht jemandem erst recht deutlich, daß die eigene Position die adäquatere ist. Vielleicht aber läßt man sich wirklich überzeugen und geht mit Gewinn aus der Diskussion, weil man sich verbessern konnte. Erwägungsorientierte Diskussionskompetenz profitiert hier vom Korrekturinteresse und der Fähigkeit zur Selbstkritik.

(18.10) *Kooperationsengagement und Teamfähigkeit durch die Relevanz von Erwägungsalternativen*: Wenn die Begründungs- und Verantwortungsqualität jeweiliger Positionen mit von den erwogenen Alternativen abhängt, dann wäre bei denjenigen Fragen mit hohen Begründungs- und Verantwortungsansprüchen auch zu klären, ob die Erwägungsstände durch Integration weiterer Alternativen zu verbessern sind. Sozial verteilt vorliegende Lösungsvielfalt mag hierfür eine Ausgangslage bieten.[50] Erwägungsorientierung macht neugierig auf andere, von denen man lernen könnte. Wird die Erwägungsorientierung geteilt, dann mag sich eine Kooperation zwischen Vertreterinnen und Vertretern verschiedenster Lösungsalternativen ergeben. Bei Arbeiten in Teams trägt die Erwägungsorientierung dazu bei, daß auch die eher Schüchternen oder Zurückhaltenden ihre Positionen einbringen. Erwägungsorientierung ermöglicht außerdem ein soziales Klima, das auch abwegig erscheinende Positionen (z. B. Positionen von Außenseiterinnen bzw. Außenseitern) zumindest für Erwägungen als relevant erachten läßt. Mit Blick auf die anderen durch das Erwägungskonzept geförderten Kompetenzen ist hier der Bezug zum »Fehler«-integrierenden und kreativen Lernen und Lehren besonders wichtig. Er schützt nicht nur diejenigen, die einen sogenannten »Fehler« machen, sondern er macht deutlich, daß ohne Wissen um diesen »Fehler« die ausgezeichnete Position nicht so gut wäre wie mit diesem Wissen.

(18.11) *Reflexive Kompetenzen im erwägungsorientierten Umgang mit Entscheidungen und Vorgaben*: Erwägungsorientierung wird eher zu einem reflektierten Umgang mit Entscheidungen und Vorgaben führen. Dabei wird die zu bedenkende Problemlage, daß nicht alles über Entscheidungen geklärt werden kann und wir auf Vorgaben angewiesen sind, iteriert. Im erwägungsorientierten Umgang mit dem, was man entscheiden möchte, und dem, wo man sich auf Vorgaben verlassen können will oder muß, werden also reflexive Kompetenzen gefordert und gefördert, darüber nachzudenken, über welche Arten von Vorgaben und Entscheidungen man überhaupt erwägend nachdenken will. Für das, was z. B. lebensperspektivisch relevant ist oder/und viele andere mitbetrifft, mag es reflexiv sinnvoll sein zu entscheiden, über Entscheidungen zu einer Lösung zu gelangen statt über eine Vorgabe (s. hierzu die Gegenposition in Anmerkung II. 130). Könnte ein Bewußtsein über die Abhängigkeit von selbst- oder fremdgesetzten Vorgaben die Einstellung ihnen gegenüber dergestalt verändern, als man insbesondere für die lebensprägenden Vorgaben wissen will, ob sie aus Entscheidungen hervorgegangen sind und wenn ja, welche Ansprüche die Erwägungsgeltungsbedingungen erfüllen? Dies würde allerdings voraussetzen, daß Erwägungsstände von Lösungen, die zu Vorgaben wurden, bewahrt und zugänglich gehalten blieben. Reflexive Kompetenz bestünde dann vor allem darin zu erwägen, bei welchen Vorgaben man sich über deren Genese und ggf. Erwägungsgeltungsstand vergewissern will und bei welchen nicht. Vergewisserung bräuchte bei einem entfalteten Erwägungswissen keineswegs zu heißen, daß man nun selbst nachvollziehend alle Entscheidungswege prüft. Es wären abstrakte Indikatoren für reflexive Bewertungen der jeweiligen Erwägungsstände herauszufinden, wie etwa problemadäquate Vollständigkeit oder reflexives Eingebettetsein in Meta-Erwägungsstände, deren Erfüllung einem je nach Anspruchsniveau genügen würden, um jeweiligen Vorgaben zu vertrauen (vgl. hierzu die Überlegungen in II. 2.3.3.4).

Vorgaben zu vertrauen bedeutet hier, kein eigenes Wissen über die zu diesen Vorgaben denkbaren Erwägungsalternativen zu haben. Der Umgang mit Vorgaben ist insofern immer ein Umgang mit Nicht-Wissen. Reflexive Kompetenz in erwägungsorientiertem Umgang mit Entscheidungen und Vorgaben hält dies bewußt. Der potentielle Zugang zu diesem Nicht-Wissen durch die bewahrten Erwägungsstände sowie ein Wissen zur Einschätzung solcher Stände könnte den Umgang mit diesem Nicht-Wissen meines Erachtens wesentlich sicherer machen.

(18.12) *Selbstreferentialität: Erwägen des Erwägens*: Erwägungsorientierung ohne Selbstreferentialität kann zu einer eigenen Art von Erwägungsdogmatismus führen und sich letztlich damit selbst aufheben würde (s. o. I., 2.1, Nr. (7) und I., 2.2, Nr. (14)). Die Selbstreferentialität eines Erwägens des Erwägens könnte man auch als Fähigkeit zu einem reflexiven distanzfähigen Engagement beschreiben. Es lebt wesentlich mit von einem Relativitätsbewußtsein und ist grundlegend für einen verantwortungsbewußten reflektierten Umgang mit Entscheidungen und Vorgaben. In Lehr- und Lernzusammenhängen ist also von Teilnehmenden zu reflektieren, wo neue Erwägungen erarbeitet werden sollen und wo man darauf verzichten möchte. Mit Blick auf den Selbstreferentialitätsaspekt wird nochmals deutlich, daß Erwägungsdidaktik eine Didaktik sein müßte, die exemplarisch vorgeht, und die da, wo nicht erwogen wird, das Bewußtsein lebendig hält, daß reflexiv erwogen und als Lösung gesetzt wurde, hinsichtlich bestimmter Fragen nicht zu erwägen.

(18.13) *Reflexive Sicherheit im Umgang mit Unsicherheit und Wissen um Nicht-Wissen*: Erwägungsorientierung im Umgang mit eigenen und fremden Entscheidungen hilft durch den reflexiven Blick auf jeweils erwogene Alternativen, Ungeklärtheiten und Grenzen jeweiligen Wissens transparent zu machen. Dadurch kann Skepsis und Unsicherheit in bezug auf eine bereits gesetzte Lösung entstehen. Erwägungsorientierung mag deswegen vordergründig zunächst als eine Verunsicherungsstrategie aufgefaßt werden, die zu zauderhaftem Handeln, wenn nicht sogar zur Handlungsunfähigkeit führt. Andererseits stellt sich die Frage nach dem »Preis«, den man für die Sicherheit im Umgang mit Lösungen ohne Erwägungsgeltungsbedingung zahlt.[51] Auch ist zu fragen, ob das reflexive Wissen für verantwortbareres Handeln einen reflexiv sicheren Umgang mit Unsicherheiten ermöglicht.

Eine Unsicherheit gegenüber einer Lösung kann mit Blick auf den Entscheidungszusammenhang, aus dem sie hervorgegangen ist, verschiedene Gründe haben: es wurde wenig erwogen; das, was erwogen wurde, blieb hinsichtlich seines Status als »echte« Alternativen ungeklärt; zu den Bewertungskriterien sind Alternativen denkbar, die aber nicht bedacht wurden usw. Meine These ist, daß ein Wissen um den jeweiligen Stand der Erwägungsgeltungsbedingungen eine reflexive Sicherheit im Umgang mit einer solchen gesetzten Lösung geben kann und verantwortungsbewußter handeln läßt. Denn je genauer ich anzugeben weiß, was alles problematisch an der Entscheidung war, um so besser vermag ich abzuschätzen, ob dennoch eine Realisierung der gesetzten Lösung zu verfolgen oder mit guten Gründen ein Aufschub und ein verbesserter Entscheidungsdurchgang anzustreben ist.

Gegen diese Überlegungen mag man einwenden, daß ein Aufschub von Entscheidungen zuweilen nicht möglich oder jede zur Verfügung stehende Erwägungsalternative als Lösung allemal besser ist als weiter zu erwägen. Mit solchen Überlegungen befindet man sich allerdings bereits auf einer nächsten Reflexionsstufe. Die zu erwägenden Alternativen könnten hier möglicherweise ganz klar und problemadäquat zusammengestellt sein, so daß man mit guten

Gründen für das in Frage stehende Problem sagen kann, daß es keinen Sinn macht, sich um eine adäquatere Zusammenstellung von Erwägungsalternativen zu bemühen, sondern daß es reflexiv besser ist, vom bisher erarbeiteten Stand ausgehend, eine Lösung zu setzen und zu realisieren. Der Einwand ist aber iterierend ernst zu nehmen. Auch auf einer jeweils nächsten Reflexionsstufe ist ein Abbruch, z. B. aus Zeitgründen, einzuräumen, so daß es immer zu Realisierungen von Lösungen kommen wird, deren Erwägungsgeltungsbedingung problematisch ist, weil Abbrüche selbst der Erwägungsreflexion bedürfen.

Ist eine Realisierung unvermeidbar, so kann man im Wissen hierum zuweilen vielleicht noch vorbeugend tätig werden, indem man z. B. etwa darauf achtet, daß die Folgen dieser Realisierung reversibel sind, falls dereinst bessere Entscheidungen eine Korrektur der verwirklichten Lösung nahelegen würden.

Die Problemlage wird besonders relevant, wenn man an den Umgang mit Lösungsvorschlägen anderer denkt, zu denen man selbst so gut wie kein Wissen hat, etwa Empfehlungen von Expertinnen und Experten. Meine These ist, daß Erwägungsorientierung hier dennoch helfen kann, sicherer im Umgang mit dem Nicht-Wissen zu werden. Die Orientierung an Erwägungsgeltungsbedingungen zu einer mir fremden Problemlage läßt reflexiv nach den erwogenen Alternativen fragen. Wie und was hierauf geantwortet wird, das kann aufschlußreich sein und mir Indikatoren für die Begründungsqualität des jeweiligen Lösungsvorschlags geben. In dieser Hinsicht zeigt das Erwägungskonzept Ähnlichkeiten mit der von Stefan Danner vorgeschlagenen "Experten-Kenner-Kompetenz", die er als wichtigen "Bestandteil der allgemeinen Bildung unter den aktuellen Lebensbedingungen" einschätzt (1995, 9).[52]

(18.14) *Erkennen von dezisionären Konstellationen und erwägungsorientierte Dezisionssensibilität*: Die Erwägungsgeltungsbedingung und der Umgang mit ihr erfordern, in Entscheidungszusammenhängen verschiedene Alternativen zu erwägen und unterschiedliche Perspektiven einzunehmen. Dies ist eine Voraussetzung dafür, erkennen zu können, wann dezisionäre Konstellationen vorliegen, wann also eine Alternative einer Erwägung nicht mit (hinreichenden) Gründen einer oder mehreren anderen Alternative(n) derselben Erwägung vorgezogen und als Lösung gesetzt und realisiert werden kann. Erwägungsorientierte Dezisionssensibilität zeigt sich im verantwortbaren Umgang mit solchen Situationen. Erwägungsorientiertes Vorgehen unterstützt dabei zunächst einmal eine genauere Analyse dezisionärer Konstellationen. Dezisionäre Konstellationen trotz hinreichenden Wissens über die Erwägungsalternativen (eines adäquaten Erwägungsstandes) und klarer Bewertungskriterien sind z. B. von solchen aufgrund mangelhaften Wissens über die Erwägungsalternativen und/oder unklarer Bewertungskriterien zu unterscheiden (s. o. II., 2.4.1, Nr. (77)). Wie immer auch das Ergebnis einer solchen Analyse ausfällt, abstrakt angesetzt lassen sich dezisionäre Konstellationen danach unterscheiden, ob jemand weiß, warum dies so ist oder nicht. Erwägungsorientierte Dezisionssensibilität mag dabei im Sinne des vorigen Abschnitts zu einer reflexiven Sicherheit im Umgang mit Unsicherheit führen, etwa wenn eine Analyse der dezisionären Konstellation Ungeklärtheiten aufdeckt und die dezisionäre Konstellation auf eine nicht-adäquate Erwägungsgeltungsbedingung zurückgeführt werden kann. Ergibt die Analyse hingegen, daß problemadäquat erwogen und klar bewertbar ist, dann mag reflexiv eine Sicherheit bezüglich der dezisionären Konstellation dergestalt entstehen, daß man nun weiß, warum man sowohl die eine oder andere Erwägungsalternative als Lösung setzen könnte: Die Erwägungsgeltungsbedingung ist (vorerst) nicht verbesserbar und so gesehen kann man weder mit der einen noch der anderen Lösungssetzung etwas »falsch« machen.

Das jeweilige Wissen, einschließlich des Wissens über ein Nicht-Wissen, warum eine dezisionäre Konstellation besteht (etwa einfach aus den Gründen, daß man keine Zeit für eine solche Analyse hat), kann als Ausgangspunkt erwägungsorientierter Überlegungen hinsichtlich der Konsequenzen einer jeweiligen dezisionären Lösungssetzung genutzt werden. Damit führt Dezisionswissen, erwägungsorientiert bedacht, zu einem reflexiven Entscheidungsbemühen mit dem Ziel, verantwortbar mit der dezisionären Konstellation umzugehen. Erwägungsorientierte Dezisionssensibilität ist also im Gegensatz zu anderen Verständnissen vom Umgang mit Dezisionen davon getragen, nicht-herrscherlich und willkürlich zu handeln (s. o. insbesondere die Auseinandersetzung mit dem Schmittschen Dezisionismusverständnis, II., 2.4.5.1). Da es bisher keine erwägungsorientierte Ethik der Dezision gibt (vgl. hierzu auch II., 2.4.5.2, Nr. (108)), können über mögliche Verläufe und Ergebnisse solcher reflexiver Entscheidungsbemühungen hier nur Vermutungen angestellt werden. Ergebnis solcher reflexiver Überlegungen könnte zu Versuchen führen, eine anstehende Lösungssetzung mit Gründen aufzuschieben und eine Verbesserung der Erwägungsgeltungsbedingung anzustreben, die die dezisionäre Konstellation aufgrund von Unwissen verringern oder vielleicht aufheben läßt. Sollte dies nicht möglich sein, so spräche aus erwägungsorientierter Sicht viel dafür, nach reflexiven Kriterien im Umgang mit der dezisionären Konstellation zu suchen, also etwa diejenige Lösung zu setzen, deren Folgen möglichst reversibel sind, oder diejenige Lösung, die sozial gesehen die geringsten Einschränkungen mit sich bringt. Mit letzterem meine ich die diskutierte Problemlage, daß andere von jeweiligen Entscheidungen negativ mitbetroffen sind, d. h. in ihren Entscheidungsmöglichkeiten eingeschränkt werden (s. o. II. 4). Die dezisionäre Konstellation mit adäquatem Erwägungsstand und adäquaten Kriterien könnte vielleicht dazu führen, daß man sich dafür engagieren würde, daß sozial verteilt verschiedene der gleich gültigen Lösungsmöglichkeiten realisiert werden können. Mit diesem Vorgehen könnte man perspektivisch aufgrund unterschiedlicher Erfahrungen mit den lebenspraktischen Realisierungen der Lösungsalternativen zu Veränderungen des ursprünglichen Erwägungsstandes gelangen (Modellversuche). Vor die gleiche Frage erneut gestellt, könnte dann entsprechend kompetenter entschieden werden.

(18.15) *Toleranz aufgrund von distanzfähigem Engagement*: Erwägungsorientierung fördert durch die Erwägungsgeltungsbedingung Identitätsentwicklungen, die Personen bei allem Engagement für jeweils bevorzugte Lösungen nicht den Blick vor Alternativen schließen lassen. Im Gegenteil lebt das erwägungsorientierte Engagement geradezu von dem Bewußtsein der erwogenen Alternativen und ist an Korrekturen durch verbesserte Erwägungsstände interessiert. Wegen eines verbesserten Erwägungsstandes eine bisher bevorzugte Lösungsvorliebe nicht aufzugeben, wäre aus dieser Perspektive selbstschädigend, eine solche Korrektur also keine »Niederlage«, sondern ein »Fortschritt«. Toleranz gegenüber anderen Positionen hat mehrere Quellen, wobei zwischen Erwägungs- und Lösungsebene zu unterscheiden ist.

Auf der Erwägungsebene muß man bei einer Erwägungsorientierung radikal tolerant sein, weil jedwede Einschränkung des Erwägens die Erwägungsgeltungsbedingung verschlechtern würde (s. hierzu I., 2.2, Nr. (14)). Das heißt, auch fundamentalistische Positionen sind auf der Erwägungsebene zuzulassen. Anders sieht es für die Lösungs- bzw. Realisierungsebene aus. Das radikale Erwägen - die radikale Toleranz auf der Erwägungsebene - verbindet sich aus der Perspektive einer Erwägungsorientierung mit der Hoffnung, hinreichende Gründe für die Ablehnung der Setzung und Realisierung von fundamentalistischen, etwa rassistischen oder sexistischen, Positionen zu haben. Dies kann schon aus der selbstreferentiellen Struktur resultieren, denn »Fundamentalismus« kann man auch dadurch charakterisieren, daß er keine Erwägungsorientierung zuläßt und insbesondere die reflexive Iteration des Erwägens vermeidet bzw. ablehnt.

Auf der Lösungs- und Realisierungsebene speist sich Toleranz zum einen aus einem reflexiven Wissen um die jeweilige Vorläufigkeit der verschiedenen Lösungs- bzw. Realisierungsvorlieben und aus dem Motiv, sozial verteilt vorliegende Vielfalt nicht als Modelle von zu erwägenden Alternativen für eigene Entscheidungen zu verlieren. Ein reflexives Wissen über dezisionäre Entscheidungskonstellationen tendiert zur Toleranz, wenn eine erwägungsorientierte Dezisionssensibilität im skizzierten Sinne besteht. Insbesondere Dezisionswissen, welches auf entfalteten Erwägungsständen beruht, könnte, mag zu höherer Gelassenheit und Toleranz gegenüber anderen Lösungs- bzw. Realisierungsvorlieben führen.

(18.16) *Friedens- und Schlichtungskompetenz durch Integration von Alternativen auf jeweiligen Erwägungsebenen*: Wenn ich hier von "Friedens-" und "Schlichtungskompetenz" spreche, so möchte ich mit "Friedenskompetenz" die unmittelbare Kompetenz in Konfliktfällen ansprechen, während ich mit "Schlichtungskompetenz" die Fähigkeiten von Nicht-Betroffenen, in Konfliktfällen zu vermitteln, meine.[53] Erwägungsorientierung kann in Konflikten hilfreich sein, weil sie mit der Unterscheidung in Erwägungs- und Lösungsebene eine Möglichkeit bietet, aus der unmittelbaren Konfrontation »auszusteigen«, ohne daß dabei die Beteiligten das ungute Gefühl zu haben brauchen, sie würden »umfallen«, den anderen zu schnell entgegenkommen und mehr oder weniger »faule« Kompromisse eingehen. Ein Wechseln von der Lösungs- auf die Erwägungsebene schafft vielmehr Gelegenheit, die Differenzen möglichst genau zu bestimmen, am besten durch eine Verortung der jeweiligen Positionen in jeweiligen oder gemeinsamen Erwägungshorizonten. Dieses erwägungsorientierte Herausarbeiten der Differenzen führt dann aber - so meine These - dazu, Gemeinsamkeiten zu entdecken oder festzustellen, daß man eigentlich gar keinen Konflikt zu haben bräuchte, weil es um ganz verschiedene Anliegen geht, die irrtümlicherweise für konfligierend gehalten wurden - etwa aufgrund ähnlicher Wortverwendungen, mit denen aber völlig verschiedene Verständnisse verbunden wurden. Stellt sich heraus, daß es sich um »echte« alternative Positionen handelt, so kann erwägungsorientiert dennoch eine Beendigung des Konflikts erreicht werden, wenn die streitenden Parteien reflexiv darüber eine Einigung erzielen könnten, wie sie meinen, daß mit solchen Konflikten idealerweise umgegangen werden sollte. Diese reflexiven Aufgabe müßte ihrerseits erwägungsorientiert erfolgen, das heißt, es werden alternative Möglichkeiten, mit Konflikten umzugehen, erwogen, gegenüber denen die bevorzugte Lösung zu begründen wäre. Die Problemlage, daß die streitenden Parteien jeweils »echte« unvereinbare Alternativen vertreten, ist iterierbar, der reflexive Integrationsversuch auf einer weiteren Erwägungsebene aber auch. Es ist für mich nicht auszuschließen, daß derartige erwägungsorientierte reflexive Iterationen ein hohes Einigungspotential besitzen. Aber auch eine reflexiv erwägungsorientiert eingebettete Dezision kann friedensförderlich sein.

(18.17) *Vielfalts- bzw. Pluralitätskompetenz*: Ein wesentliches gemeinsames Merkmal einer Vielfaltskompetenz in einer Pädagogik der Vielfalt, wie sie von Annedore Prengel entwickelt worden ist (s. I. 2.2, Nr. (16); III. 1.3, Nr. (14)), sowie einer Pluralitätskompetenz in einem Konzept transversaler Vernunft, wie sie von Wolfgang Welsch vertreten wird (I. 2.2, Nr. (14)), und einer Vielfaltskompetenz im Rahmen eines erwägungsorientierten Entscheidungsverständnis ist meines Erachtens eine Auffassung von Rationalität im Sinne der diskutierten "bounded rationality": Es wird nicht von einem absolut »sicheren« »vollkommenen« Wissen oder »letzten« Begründungen o. ä. ausgegangen (s. o. II., 2.4.2, Nr. (81)). Das hat in allen drei Ansätzen Konsequenzen für den Umgang mit Vielfalt, für den der Reflexivitäts-, Mehrperspektivitäts-, und Relativitätsaspekt wesentliche Elemente sind.

In Prengels Pädagogik der Vielfalt steht dabei ein demokratisches Differenzverständnis im Vordergrund, welches es angesichts von bestehender Lösungsvielfalt einzulösen gilt und zu grundlegenden Veränderungen in Lehr- und Lernprozessen führt (1995, 181-196). Welschs Konzept einer transversalen Vernunft beinhaltet eine der Unterscheidung von Erwägungs- und Lösungsebene analoge Differenzierung, indem er zwischen der Berücksichtigung aller Positionen in Diskussionen und ihrer Übernahme in die Realität unterscheidet (s. o. Anmerkung I. 13). Im Mittelpunkt von Welschs Überlegungen steht meines Erachtens das Konzept einer gerechtigkeitsorientierten Vernunft, die sich dafür einsetzt, daß Alternativen beachtet und die Rechte anderer Paradigmen anerkannt werden (s. 1995, 715). Zwar kommt er in diesem Zusammenhang auch auf die Qualität von Entscheidungen zu sprechen, wenn er etwa Gründe anführt, warum Entscheidungszusammenhänge relativierende oder dezisionäre Züge tragen (s. 1995, 716f.), aber die für das Erwägungskonzept zentrale Frage nach einer der Begründungs- und Verantwortungsqualität von Entscheidungen gehört nicht zum Zentrum seiner Überlegungen. Bei Welsch und Prengel steht meiner Deutung nach die Wahrnehmung und Sensibilisierung für Vielfalt sowie ein nicht-herrscherlicher Umgang mit ihr im Vordergrund. Meine Vermutung ist, daß es mit der Erwägungsgeltungsbedingung möglich wird, Begründung und realisierte Vielfalt so zu verbinden, daß Vielfalt nicht potentiell gefährdet wird und skeptische Wachsamkeit erhalten bleibt. Die Unterschiede zwischen den drei Konzepten sind meiner Auffassung nach keine einander ausschließenden Alternativen, sondern verschiedene Fokussierungen. Angesichts verbreiteter Lösungsmentalitäten, wie sie auch immer wieder in Erwägungsseminaren oder in den Diskussionen der Zeitschrift »Ethik und Sozialwissenschaften« zu beobachten sind, ist es erforderlich, umfassend für die Repräsentation von Vielfalt und Pluralitätsprobleme zu sensibilisieren, wenn man verhindern möchte, daß jeweilige Entscheidungen vorschnell und ohne Berücksichtigung von zu erwägenden Alternativen getroffen werden.

(19) *Methodische Ansprüche*: Welche Methoden[54] braucht man für die Gestaltung von Lehr- und Lernzusammenhängen, die das Erwägungskonzept didaktisch so umsetzen helfen, daß die leitenden Ideen auch verwirklicht werden

können? Insofern die vorliegende Arbeit selbst den Anspruch hat, zumindest exemplarisch erwägungsorientiert vorzugehen, und diesbezügliche Methoden-möglichkeiten und -probleme an verschiedenen Stellen dargelegt wurden, kann dieser Absatz kurz gefaßt werden. Die erörterten Methodenmöglichkeiten - mit ihren Chancen und Problemen - lassen sich für die Gestaltung von erwägungs-orientierten Lern- und Lehrzusammenhängen nutzen. Dabei denke ich vor allem an:

- die eingangs vorgestellten methodischen Überlegungen (I. 2.3, Nr. (18)-(20)),
- die Darlegung der Problemlage des Bewahrens von erwogenen Alternativen (in I., 2.2, Nr. (13)),
- das gesamte Kapitel über "Alternativen als Bestandteile von »Entscheidun-gen«" (II., 2.3) mit insbesondere den Überlegungen zur Bestimmung von "Alternative" in Entscheidungszusammenhängen (II., 2.3.2) sowie zum alternati-ven Umgang mit Erwägungsalternativen (II., 2.3.3.4) und
- die Ausführungen zu »Entscheidungen« mit mehreren Personen als Trägerin-nen bzw. Träger (II., 3.2).

Im folgenden möchte ich in bezug auf erwägungsorientiertes Lernen und Leh-ren vier Arten von Methoden unterscheiden, zu deren Erläuterung ich Beispiele anführe, die ausführlicher in den Erörterungen zu den bisherigen Erfahrungen mit Erwägungsseminaren behandelt werden (s. III., 3):

• Methoden zur Erschließung von Vielfalt: Erwägungsprozesse leben von den zu erwägenden Alternativen. Insofern bedarf es Methoden, die Vielfalt gewin-nen lassen und ein Bewußtsein von jeweiliger Vielfalt aufbauen helfen. Mit intuitiven kreativen Verfahren, wie »Brainstorming«, z. B. zu Beginn einer Aus-einandersetzung mit einer Problemstellung, oder einem »Blitzlicht«, z. B. als Zwischenbilanz oder am Ende einer Arbeitsphase, werden dabei die Erfahrun-gen der Teilnehmenden genützt. Dies gilt auch für »Beispielsammlungen« aus dem Erfahrungsbereich der Teilnehmenden. Vielfalt kann unter Hinzuziehung von Fachwissen erschlossen werden, wenn gezielt nach kontroversen Positi-onen gesucht oder/und nach den Alternativen gefragt wird, die die einzelnen erwogen haben oder unberücksichtigt ließen (»Frage nach der jeweiligen expli-ziten oder impliziten Erwägungsgeltungsbedingung«).

• Methoden für Aufbauprozesse: Erwägen ist abhängig von den jeweiligen In-dividuen, die erwägen. Will man in Gruppen Erwägungen aufbauen, ist an den individuellen Lerngeschichten so anzuknüpfen, daß eine gemeinsame Lern-geschichte möglich wird. Man braucht also Methoden, die individuelle und ge-meinsame Aufbauprozesse unterstützen. Gemeinsame »Notizen«, in denen an-gegeben ist, wer welches Beispiel, welche Frage oder These vertreten hatte, ermöglichen ein Verfolgen beider Aufbauprozesse. Das Schreiben eines »(wissenschaftlichen) Tagebuchs« zählt zu einer Methode, die besonders einen individuelle Lernaufbauprozeß unterstützt. Metakommunikative Verständigung über den bisherigen und zukünftigen inhaltlichen und didaktischen Verlauf, etwa eines Seminars, sind hilfreich, um einen gemeinsamen Aufbauprozeß zu initiieren. Elektronische Medien könnten auch hilfreich sein.

• Methoden für Klärungsprozesse: Erwägungsorientierte Klärungsprozesse sind komplex und aufwendig: Jeweilige Vielfalt ist nach adäquaten zu erwägenden Alternativen zu untersuchen. Erwogene Alternativen dürfen nicht mit Lösungsalternativen verwechselt werden. Verschiedene Ebenen des Erwägens sind auseinanderzuhalten. Die Grenzen jeweiligen Wissens sind zu beachten. Usw. usw. »Kombinatorische Verfahren«, wie die in dieser Arbeit verwendeten »Erwägungstafeln«, ein »Sortieren nach Abstraktions- bzw. Konkretionsebenen« und immer wieder »metakommunikative Verständigung«, z. B. darüber, ob man jetzt auf der Erwägungs- oder auf der Lösungsebene argumentiert, können bei der Bewältigung dieser Aufgaben helfen. Will man in einer Lern-/Lehrgruppe individuelle und gemeinsame Lerngeschichten ermöglichen, so ist dies auch bei den Klärungsprozessen zu berücksichtigen. »Einzel-«, »Partnerinnen- bzw. Partner-«, »Gruppen-«, und »Plenumsarbeit«,[55] intuitive oder eher systematische Vorgehensweisen u. a. mögen dabei verschiedenen individuellen Lernwegen entgegenkommen. Geht man davon aus, daß Klärungswege verschieden verlaufen, so sind für gemeinsame Klärungsvorhaben reflexive Methodenkompetenzen darüber wichtig, wie man etwa zu gemeinsamen Entscheidungen gelangen kann oder wann man welche Abstimmungsweisen anwenden will.

• Methoden zur Bewahrung von erwogenen Alternativen und Erhalt eines Vielfaltsbewußtseins: Kernmerkmal von erwägungsorientiertem Lernen und Lehren sind die jeweils erwogenen Alternativen, die als eine Geltungsbedingung jeweiliger Lösungsauszeichnungen angenommen werden. Es sind also Methoden erforderlich, die jeweilige Erwägungsforschungsstände bewahren und Erwägungshorizonte erinnerbar und rekonstruierbar halten. Angesichts fehlender Traditionen eines erwägungsorientierten Umgangs mit qualitativen Konzepten, sind hierfür am schwierigsten Methoden zu benennen, mit denen man sowohl für sich selbst als auch ggf. für die anderen zugänglich Erwägungsstände bewahren kann. Möglicherweise sind hierfür ganz eigenen Institutionen zu schaffen und lassen sich die neuen Medien etwa mit den Möglichkeiten von Hypertextverfahren nutzen. Ziel müßte es meines Erachtens sein, von einer jeweils möglichst anschaulichen (beispielsorientieren) Basis ausgehend, eine so weit es geht systematische (regelorientierte und regelreflektierende) und übersichtliche Erwägungssynopse zu erstellen. Bei umfassenderen Fragen könnten hierbei auch »erwägungsorientiert aufgebaute Lexika« hilfreich sein. Berücksichtigt man den Relativitäts- und Reflexivitätsaspekt, dann ist neben den erwogenen Alternativen der Geltungsbedingung auch zumindest ein Bewußtsein für die darüber hinausgehende Vielfalt zu bewahren. Dieses Vielfaltsbewußtsein kann bei jeweiligen Erwägungsständen in dem Maße erhalten bleiben, wie mit den Erwägungsständen die jeweiligen Grenzen und jeweiliges Wissen um Nicht-Wissen mit thematisiert wird. Methodisch sind hierbei alle Methoden hilfreich, die Reflexivität unterstützen helfen, indem etwa verschiedene Ebenen der Reflexion unterschieden werden.

Mein Unterscheidungsvorschlag für verschiedene Arten von Methoden ist mehr oder weniger intuitiv einerseits an den Komponenten einer Entscheidung orientiert, andererseits ist in ihn die Erfahrung von spezifischen wiederkehrenden Phasen in Erwägungsseminaren eingegangen. Der Unterscheidungsvorschlag soll verschiedene grundlegende Dimensionen einer erwägungsorientierten Gestaltung von Lern- und Lehrprozessen deutlich machen. Diese Dimensionen und die zugehörigen relevanten Methoden sind aufeinander verwiesen. So kann z. B. eine Methode, die erwogene Vielfalt repräsentiert, zugleich zur Klärung einer Aufgabenstellung beitragen. Eine Methode, die Vielfalt erschließen läßt, kann außerdem eine Methode für den Beginn eines Aufbauprozesses sein usw.

(20) *Zur Forschungsaufgabe einer erwägungsorientierten Einbettung des erwägungsdidaktischen Konzeptes*: Die leitenden Ideen für eine Erwägungsdidaktik heben Aspekte hervor, die ihrerseits in vielen pädagogischen Konzepten wiederzufinden sind und teilweise als einzelne hervorgehoben Ausgang spezifischer Forschungsrichtungen und Didaktiken sind.[56] Ich nenne hier das Gebiet der Friedenspädagogik, den Bereich Interkultureller Pädagogik, das Konzept einer Pädagogik der Vielfalt und überhaupt alle diejenigen Pädagogiken, die sich gegen Diskriminierungen wenden, wie feministische oder integrative Pädagogiken, weiterhin auch kommunikative und konstruktivistisch orientierte Pädagogiken, sich in der Tradition der Skepsis verortende und sogenannte postmoderne Ansätze usw. usw. Für eine erwägungsorientierte Einbettung des erwägungsdidaktischen Ansatzes gibt es eine Fülle von Anknüpfungs- und Vergleichsmöglichkeiten, die eigener Untersuchungen bedürften. Dabei wäre zu klären, inwiefern sich eine Erwägungsdidaktik von anderen Didaktiken unterscheidet, wenn man den Kerngedanken, die Erwägungsgeltungsbedingung, berücksichtigt. An einem Beispiel soll diese Problemlage kurz verdeutlicht werden.

Heinz-Elmar Tenorth charakterisiert die skeptische pädagogische Position "als Hilfe bei einer illusionslosen, undogmatischen, relativ enttäuschungsfesten, selbstkritischen Praxis" (1988, 29), mit der auch "die von Erziehung Betroffenen ein

Medium finden, sich gegen die zugemutete Emphase zu wappnen und den Anspruch des Erziehers zu problematisieren" (1988, 30). Der Antwort auf die Frage, "wie ein System von Überzeugungen aussehen kann, mit dem auch ein Skeptiker leben könnte", nämlich "widerlegbar, lernfähig, offen für neue Erfahrungen, selbstkritisch" (1988, 31) zu sein, könnte ich mit dem Erwägungskonzept zustimmen. Als einen wesentlichen Unterschied zur skeptischen Position, wie sie Tenorth beschreibt, sehe ich derzeit die Abhängigkeit des Skeptikers bzw. der Skeptikerin vom schon Gegebenen - nach Tenorth blüht "sein Geschäft erst richtig [...], wenn die Fehler schon gemacht sind" (1988, 31) - und die bloße Kritikorientierung: "Aber schon der Skeptiker weiß, daß er das "Sach- und Erfahrungswissen" weder erzeugen noch korrigieren kann; ihm bleibt, zu Recht, nur die Kritik" (1988, 30). Mit der Erwägungsgeltungsbedingung wird aber von einer Erwägungsdidaktik neben der Kritikfähigkeit auch die Begründungs- und Verantwortungsfähigkeit von jeweiligen Lösungen betont. Und mit Hilfe der Erwägungsgeltungsbedingung sollen nicht nur bereits vorläufig feststehende Lösungen kritisierbar, sondern auch offene Fragen verantwortbarer behandelt werden können. Kritikoffenheit und erwägungsorientiertes Begründungsengagement werden im erwägungsdidaktischen Konzept vereint.

3. Erwägungsdidaktik am Beispiel von »Erwägungsseminaren«

3.1 Einführende Überlegungen

(21) *Vorgehen*: Nach einer kurzen Erläuterung des Konzeptes von »Erwägungsseminaren« und eines zusammenfassenden Überblicks über bisherige Erwägungsseminare möchte ich im folgenden Erfahrungen mit »Erwägungsseminaren« erörtern. »Erwägungsseminare« sind ein Beispiel für eine erwägungsorientierte Gestaltung von Lern- und Lehrzusammenhängen. Für die Entwicklung von »Erwägungsdidaktik« wäre es wichtig, sie in anderen Lehr- und Lernkonstellationen erprobend zu erforschen, etwa hinsichtlich universitärer Vorlesungen oder Praktika bzw. praktischer Übungen und außerhalb der Universität (etwa in Kindergärten, Schulen, Einrichtungen für Fortbildung usw.). Die Darlegung der bisherigen Erfahrungen mit »Erwägungsseminaren« beginnt mit einem Vorschlag zur Unterscheidung verschiedener Leitungsstile. Die weitere Erörterung habe ich in der gleichen Weise gegliedert wie die vorangegangene Unterscheidung verschiedener Methodenarten. »Vielfaltserschließung«, »Aufbauprozesse«, »Klärungsprozesse« und »Bewahrung erwogener Alternativen und Erhalt eines Vielfaltsbewußtseins« sind wiederkehrende Phasen und Sequenzen aller Erwägungsseminare. Auch wenn ich sie hier in einer bestimmten Reihenfolge erörtere, darf hieraus nicht auf einen gleichartigen linearen Verlauf in den Erwägungssemina-

ren geschlossen werden. Es handelt sich vielmehr um miteinander verwobene und in verschiedenen Abfolgen miteinander verknüpfbare Elemente bzw. Facetten.

(22) *Zum Konzept von »Erwägungsseminaren«*: Das Konzept für Erwägungsseminare wurde von Mitgliedern der Paderborner »Forschungsgruppe Erwägungskultur« (s. Anmerkung I. 2) entwickelt. Aus der zunächst für die Forschung verfolgten Zielsetzung, mittels der Erwägungsgeltungsbedingung zu adäquateren Einschätzungen von jeweiligen Lösungen zu gelangen, entwickelte sich die Zielsetzung, auch in Seminaren Erwägungsorientierung einzubringen. Es konnte dabei nicht bloß darum gehen, zusätzliche kontroverse Positionen in die Behandlung jeweiliger Seminarthemen aufzunehmen. Vielmehr wurden auch die Weisen der Auseinandersetzungen mit jeweils verschiedenen Positionen selbst zum Gegenstand des Seminargeschehens. Erwägungsorientierte Auseinandersetzungen sollten Entscheidungswissen und Entscheidungskompetenzen der Teilnehmenden stärken helfen und so dazu befähigen, jeweilige Lösungsvorschläge bzw. Positionen mit Blick auf die Erwägungsgeltungsbedingungen einzuschätzen. Dieser Ansatz ist in folgende nähere Bestimmung von "Erwägungsseminaren", wie sie den Ausführungen dieses Kapitels zugrunde gelegt wird, eingegangen: "Seminare, für deren Gestaltung das Erwägungskonzept Grundlage ist, sollen "Erwägungsseminare" heißen. In Erwägungsseminaren sollen Konzepte unter expliziter Berücksichtigung von jeweiligen Alternativen erarbeitet werden. Die Studierenden sollen lernen, alternative Lösungen als solche zu erkennen, zu bestimmen und vergleichend mit ihnen umzugehen. Sie sollen weiterhin befähigt werden, sich eigene Positionen im Wissen um jeweilige Alternativen zu erarbeiten und in Diskussionen erwägungsoffen und korrekturbereit zu argumentieren. Kernmerkmal von Erwägungsseminaren ist die Unterscheidung in Erwägungsalternativen (Erwägungsebene) und Lösungsalternativen (Lösungsebene). Den Teilnehmenden soll der Zusammenhang zwischen jeweils erwogenen Alternativen und der Begründungsqualität von Lösungen deutlich werden. Solche Zusammenhänge zwischen Erwägungs- und Lösungsebene einschätzen zu können, heißt auch erkennen lernen, wann gewählte Lösungen dezisionäre sind und wo derzeitige Grenzen des Wissens liegen. In Erwägungsseminaren soll nicht nur Wissen vermittelt werden, sondern auch reflexives Wissen darüber, wie ein verantwortbarer Umgang mit Konzepten möglich ist, um die Entscheidungsfähigkeit der einzelnen zu stärken" (Blanck 1998, 169).

(23) *Zusammenfassender Überblick über die bisherigen Erwägungsseminaren*: Mitglieder der Paderborner »Forschungsgruppe Erwägungskultur« und des Paderborner »Erwägungskreises« (s. Anm. I. 2) erproben seit einigen Jahren Erwägungsseminare. Wichtige Erfahrungen konnten insbesondere im Rahmen eines interdisziplinär angelegten Tutoriumsprojektes gesammelt werden.[57] Die bis-

herigen Erwägungsseminare waren wöchentlich stattfindende Seminare. Es gab Erwägungsseminare in den Fächern Erziehungswissenschaft, Informatik, Soziologie, katholische Theologie und Wirtschaftswissenschaft. Etliche Seminare wurden als interdisziplinäre Seminare mit einem Leitungsteam angeboten. Es gab stark Literatur bezogene Erwägungsseminare und solche ohne Literatur, das heißt, es gab dann keine verbindliche Literatur, die gelesen werden sollte. Alle Erwägungsseminare waren als »studierendenorientierte« Seminare in dem Sinne konzipiert, daß die Lehrenden Entscheidungen über den Seminarverlauf unter Einbeziehung der Interessen, Erwartungen, Motive usw. der Studierenden treffen wollten. Dabei ging es nicht nur um inhaltliche, sondern auch um didaktische Fragen. Die Tutorinnen und Tutoren übernahmen deshalb auch spezifische seminarbegleitende Beobachtungsaufgaben einschließlich schriftlicher Erhebungen. Die Ergebnisse wurden gemeinsam mit den Lehrenden analysiert und führten zu Veränderungen in der Gestaltung der Seminare. Weiterhin wurden durch eine kontinuierliche Rückkopplung mit den Einschätzungen, Kritiken und Vorschlägen der Studierenden auch deren didaktische Kompetenzen für eine Weiterentwicklung des erwägungsdidaktischen Ansatzes genutzt. In der Laufzeit der seminarbegleitenden Tutorien gelang dies besonders gut.

3.2 Studierendenorientierte Leitungsstile in Erwägungsseminaren

(24) *Zum Konzept von »studierendenorientierten« Leitungsstilen*: Wie im vorigen Abschnitt bereits angegeben, waren die bisherigen Erwägungsseminare »studierendenorientiert«. Damit unterschieden sie sich von Seminaren, die man als "lehrenden-" oder "leitungsorientiert" bezeichnen könnte und in denen die Leitung bzw. die Lehrenden es nicht für sinnvoll halten, die Interessen der Studierenden in ihre Entscheidungen mit einzubeziehen. Nicht nur nach meinen Erfahrungen sind solche lehrendenorientierten Seminare keineswegs selten, wobei die Studierendeninteressen durchaus thematisiert werden können, aber eben keine unmittelbare Wirkung auf das aktuelle »Programm« haben. Folgender stilisierter Semesterbeginn scheint mir nicht ganz untypisch: In der ersten Sitzung erkundigt sich die Leitung nach den Interessen der Studierenden, was sie an der Seminarankündigung gereizt hat usw. Nachdem die Teilnehmenden ihre Motive und Interessen dargelegt haben, werden diese nicht näher mit dem Konzept der Leitung vermittelt. Vielmehr gibt es einen Diskussionsschnitt und die Leitung trägt ihr Programm vor. Danach können die Studierenden überlegen, ob das mit ihren Anliegen zusammenpaßt oder ob sie lieber ein anderes Seminar belegen wollen, wenn es keine Pflichtveranstaltung ist. Damit ist nicht ausgeschlossen, daß die Leitung die Interessen der Studierenden in ihre zukünftigen Seminar-Angebote einfließen läßt. Man mag hier einwenden, daß dies kaum anders geht, wenn jeweilige

Seminare gut vorbereitet sein sollen, und aus diesem Einwand heraus dann die Frage stellen, wie denn Erwägungsseminare vorbereitet werden können.

Nach den bisherigen Erfahrungen ist es sinnvoll, sich zunächst die inhaltliche und didaktische Zielsetzung eines jeweiligen Erwägungsseminars klar zu machen, um dann ein »Mehrwegeprogramm« aufstellen zu können. Zu einem solchen Mehrwegeprogramm gehören u. a. die Zusammenstellung eines Potentials kontroverser Literatur(stellen), selbst dann, wenn das Seminar literaturlos geführt werden soll. Leider gibt es in der Literatur bislang keine explizit ausgearbeiteten Erwägungsforschungsstände, die hierbei unterstützen könnten. Sodann kann man einen Erwägungshorizont möglicher Themenfacetten und Vernetzungen aufbauen, der es im Idealfall ermöglicht, jeweilige unterschiedliche Studierendeninteressen nach möglichen Gemeinsamkeiten einschätzen zu können. Didaktisch sind alternative Verläufe u. a. hinsichtlich des Aspektes unterschiedlicher Teilnehmendenzahlen zu bedenken. Schließlich sind Methoden und Vorgehensweisen etwa für individuelle und gemeinsame Aufbauprozesse zusammenzustellen. Hilfreich ist es, wenn man sich verschiedene Erwägungstafeln zum jeweiligen Themenkreis erarbeitet hat, die man dann ggf. in die Aufbau- und Klärungsprozesse einbringen kann. Das Mehrwegeprogramm ist dann gelungen, wenn es hilft, im Seminar gemeinsam mit den Teilnehmenden einen »roten Faden« zu finden.

Die Einbeziehung der Studierendeninteressen in den Seminarverlauf legt nicht fest, wer Entscheidungen und Lösungssetzungen in diesen Seminaren trifft. Folgende Erwägungstafel[58] gibt mit den ersten drei Zeilen mögliche Konstellationen wieder, wie die Entscheidungen und Lösungssetzungen zwischen Lehrenden und Studierenden in studierendenorientierten Seminaren verteilt sein können.

	Studierende	*Lehrende*	*Verschiedene Leitungsstile*
1. Zeile:	entscheiden und setzen Lösungen	entscheiden und setzen Lösungen	mitbestimmungsorientierter Leitungsstil (etwa durch Diskussion und Abstimmung)
2. Zeile:	entscheiden und setzen Lösungen	entscheiden nicht und setzen keine Lösungen	studierendenzentrierter Leitungsstil (die Teilnehmenden koordinieren sich z. B. durch Abstimmungen, Wahl einer eigenen Leitung)
3. Zeile:	entscheiden nicht und setzen keine Lösungen	entscheiden und setzen Lösungen	lehrendenzentrierter Leitungsstil (Leitung berücksichtigt zwar die Interessen der Studierenden, entscheidet und setzt die Lösungen aber allein)
4. Zeile:	entscheiden nicht und setzen keine Lösung	entscheiden nicht und setzen keine Lösungen	kein Seminar

Erwägungstafel 3

Insgesamt ergeben sich somit folgende Unterscheidungen hinsichtlich der Koordinationsmöglichkeiten von Seminaren, an denen man sich orientieren kann: Die Orientierung kann studierenden- oder lehrendenorientiert sein. Die Studierendenorientierung ihrerseits ist untergliederbar in mitbestimmungsorientiert, studierendenzentriert und lehrendenzentriert:

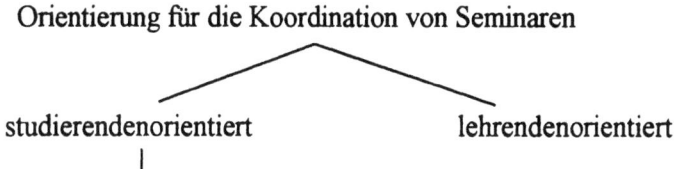

Orientierung für die Koordination von Seminaren

studierendenorientiert   lehrendenorientiert

- mitbestimmungsorientiert
- studierendenzentriert
- lehrendenzentriert

Berücksichtigt man, daß Entscheidung und Lösungssetzung nach dem hier vertretenen Entscheidungsverständnis auch sozial verteilt sein können, gelangt man zu einer Erwägungstafel mit 9 zu bedenkenden Konstellationen möglicher Leitungsverteilung in Seminaren:

	Entscheidungen werden getroffen von den	Lösungen werden gesetzt von den
1. Zeile:	Studierenden	Studierenden
2. Zeile:	Studierenden	Lehrenden
3. Zeile:	Lehrenden	Studierenden
4. Zeile:	Lehrenden	Lehrenden
5. Zeile:	Stud. und Lehrenden	Stud. und Lehrenden
6. Zeile:	Stud. und Lehrenden	Studierenden
7. Zeile:	Stud. und Lehrenden	Lehrenden
8. Zeile:	Studierenden	Stud. und Lehrenden
9. Zeile:	Lehrenden	Stud. und Lehrenden

Erwägungstafel 4

Mit dieser Tafel läßt sich jeweiliges Leitungshandeln genauer angeben. Zu den »reinen« Formen (Zeilen 1, 4, und 5) kommen verschiedene Mischformen hinzu, für die nach geeigneten Bezeichnungen zu suchen wäre.[59] Eine solche weitere Differenzierung scheint mir insofern sinnvoll zu sein, als studierendenorientierte Seminare mit einem »reinen«, sich über das ganze Semester durchhaltenden Leitungsstil wohl eher selten sind. Bei lehrendenorientierten Seminaren mag es möglich sein, einen bestimmten Stil durchzuhalten. Denn die Interessen der Studierenden in lehrendenorientierten Seminaren werden für den aktuellen Seminarverlauf nicht berücksichtigt, wodurch sich auch lehrenden*orientierte* Seminare von einem lehrenden*zentrierten* Seminar unterscheiden.

Der Hypothese, daß in lehrendenorientierten Seminaren Leitungsstile weniger abwechseln als in studierendenorientierten Seminaren müßte empirisch überprüft werden. Hierfür wären allererst verschiedene lehrendenorientierte Leitungsstile zu bestimmen, ein Gedankenstrang, den ich hier nicht weiter verfolge. Bei einem Vergleich von lehrenden- und studierendenorientierten Leitungsstilen wäre aus erwägungsorientierter Perspektive auch darauf zu achten, ob diese Stile in Erwägungsseminaren oder in anderen Seminaren praktiziert werden. Ein lehrenden*zentriertes* Seminar ohne Erwägungsorientierung könnte so beispielsweise eine größere Nähe zu einem lehrenden*orientierten* Seminar haben als ein lehrenden*zentriertes Erwägungsseminar* zu einem lehrenden*orientierten* Seminar.[60] Denn nur in einem Erwägungsseminar besteht der Anspruch, mit Entscheidungen erwägungsorientiert umzugehen. In einem nicht-erwägungsorientierten lehrendenzentrierten Seminar könnte eine Leitung weniger die Interessen der Studierenden berücksichtigen wollen. Dies nachzuweisen wird ohne Erwägungsgeltungsbedingung schwierig sein, so daß eine Unterscheidung zwischen lehrendenzentrierten und lehrendenorientierten Seminaren manchmal vielleicht gar nicht mehr möglich wäre. Wenn sich Leitungsstile in Erwägungsseminaren anders auswirken als in anderen Seminaren, so mag das also damit zusammenhängen, daß es hinsichtlich der Verteilung von Entscheidungs- und Lösungssetzungschancen in Erwägungsseminaren nicht nur darauf ankommt, wer Träger bzw. Trägerin ist, sondern *wie* entschieden wird.

(25) *Erfahrungen mit studierendenorientierten Leitungsstilen in Erwägungsseminaren*: In den bisherigen studierendenorientierten Erwägungsseminaren wechselten sich die drei unterschiedlichen Leitungsstile der Mitbestimmungsorientierung, Studierenden- und Lehrendenzentrierung, ab. In welchen Phasen eines Erwägungsseminars welcher Leitungsstil überwog und wann es zu einem Leitungsstilwechsel kam, hing dabei auch vom Verlauf des Seminars ab. Die folgenden Darlegungen geben bisherige Erfahrungen mit den verschiedenen Leitungsstilen wieder.

In *mitbestimmungsorientierten* Leitungsphasen sind Studierende und Lehrende gleichermaßen für den Verlauf des Erwägungsseminars verantwortlich. Die Lehrenden bringen ihre Forschungsinteressen und ihr »Mehrwissen« in der Rolle von gleichberechtigten Teilnehmenden ein. In solchen mitbestimmungsorientierten Phasen kann in besonderer Weise die leitende Idee eines forschenden Lernens und Lehrens verwirklicht werden. In *studierendenzentrierten* Phasen wird sich die Leitung mit eigenen Forschungsinteressen hingegen eher zurückhalten und vornehmlich den (kreativen) Suchwegen der Studierenden folgen, wohingegen sie in *lehrendenzentrierten* Phasen mit eigenen Suchüberlegungen das Seminar führen kann.

Ein Grund für einen Wechsel von einer mitbestimmungs- zu einer studierendenzentrierten Phase kann z. B. eine hohe Teilnehmendenzahl sein. Nach einer mitbestimmungsorientierten Einstiegsphase mit einem Brainstorming und einer ersten Erschließung von Vielfalt zu dem zur Diskussion stehenden Thema mag es z. B. für anstehende Klärungsprozesse sinnvoll sein, zu einer studierendenzentrierten Phase von Gruppenarbeit zu wechseln, aus der sich die Leitung weitgehend heraushält. Kommt es dann zu einem erneuten Leitungsstilwechsel, entweder weil sich die Leitung mitbestimmungsorientiert mit einem eigenen Beitrag einbringen möchte oder lehrendenzentriert etwas zum weiteren Vorgehen darlegen möchte, ist es wichtig, daß die Lehrenden kenntlich machen, welche Funktion ihr Beitrag hat. Um dies sowohl den Studierenden als auch den Lehrenden zu vergegenwärtigen, wurde in den ersten Sitzungen eines Erwägungsseminars der jeweilige Phasenwechsel durch einen »Stuhlwechsel« demonstriert. Dabei wurde zwischen mitbestimmungsorientierten und lehrendenzentrierten Beitrag unterschieden. Jede Beitragsart wurde von den Lehrenden explizit benannt und sie setzten sich außerdem dabei entweder auf den »Teilnehmendenstuhl« oder den »Leitungsstuhl«. Dabei wurde deutlich, wie leicht die verschiedenen Beitragsarten bei den Lehrenden in ihren Funktionen ineinander übergehen. Ein auf dem »Teilnehmendenstuhl« begonnener Diskussionsbeitrag geht beispielsweise in einen auf den »Leitungsstuhl« gehörenden Beitrag über. Das »Stuhlwechseln« bietet sich meiner Einschätzung für exemplarische Reflexionen auf die verschiedenen Leitungsstile in Erwägungsseminaren mit Teilnehmenden an, denen »Erwägungsseminare« unbekannt sind. Danach genügt es, wenn die Lehrenden ihre Beitragsarten allein verbal entsprechend klassifizieren. Dieses bleibt aber relevant, wenn man Mißverständnisse vermeiden will. Solche Mißverständnisse werden etwa dann ersichtlich, wenn die Studierenden die Seminarleitung entweder wegen zu starker Leitung oder wegen zu großer Zurückhaltung kritisieren und ihre Kritik damit begründen, daß sie sich auf ein gegenteiliges Vorgehen eingestellt hätten.

In *studierendenzentrierten* Phasen können Lehrende inhaltlich und methodisch beraten. Werden keine Hilfestellungen erbeten, mag sich die Leitung z. B. auf eine moderierende Tätigkeit beschränken und das Führen einer Rednerinnen- und Rednerliste übernehmen oder sich für den Tafelanschrieb »instrumentalisieren« lassen. Hinsichtlich erbetener Hilfestellungen ist zu bedenken, inwiefern diese erforderlich oder etwa möglicherweise Resultat mangelnder Frustrationstoleranz in kreativen Prozessen sind. Insofern ist Beraten und Helfen von der Leitung didaktisch zu reflektieren und der emotionale Hintergrund solcher Wünsche ist zu berücksichtigen und ggf. zu thematisieren. In studierendenzentrierten Erwägungsseminaren ist die Beratung und Hilfestellung der Leitung erwägungsorientiert. Lehrende werden also die studierendenzentrierten Phasen vor allem unter der Perspektive beobachtend begleiten, ob Diskussionen und andere Arbeitsphasen erwägungsorientiert und nicht bloß lösungsorientiert verlaufen und diesbezüglich ggf. Vorschläge machen oder Impulse geben. Zuweilen ist es sinnvoll, daß die Lehrenden die Teilnehmenden auffordern, sich direkt miteinander auseinanderzusetzen anstatt ihre Überlegungen mehr oder weniger zur moderierenden Leitung zu äußern. Dies findet insbesondere dann statt, wenn die Studierenden noch keine Erwägungsseminare kennen. Wie in allen studierendenorientierten Phasen so sollte eine Leitung auch in studierendenzentrierten Phasen »vorsichtigere« Studierende ermutigen, sich zu beteiligen und ggf. dafür sorgen, daß sie ihr Rederecht erhalten, weil sonst die Befähigung zum Entscheiden nicht gefördert wird. Studierendenzentrierte Phasen mögen erst in eine leitungszentrierte und anschließend in eine mitbestimmungsorientierte Phase übergehen, wenn die Lehrenden es für sinnvoll erachten, die studierendenzentrierte Phase zu unterbrechen (lehrendenzentrierte Meta-Entscheidung und Meta-Lösungssetzung), um noch einmal die Fragestellung genauer zu fassen und über aufgetretene Probleme miteinander zu diskutieren, um z. B. die Vorgehensweise zu modifizieren (mitbestimmungsorientierte Phase).

Lehrendenzentriert ist eine Phase, wenn der Seminarverlauf von den Entscheidungen und Lösungssetzungen der Leitung bestimmt wird und beispielsweise die Lehrenden entscheiden und als Lösung auch durchsetzen, welche bestimmten Texte unbedingt von allen gelesen werden sollten. Lehrendenzentrierte Phasen, die man zuweilen wegen ihrer Kürze vielleicht dann auch besser als lehrendenzentrierte "Eingriffe" bezeichnen könnte, haben vor allem mit denjenigen Entscheidungen und Lösungssetzungen für den Seminarverlauf zu tun, die sich aus der Zielsetzung des Seminars ergeben, für deren Verfolgung die Leitung als Leitung hauptverantwortlich ist. Dies heißt nicht, daß Zielsetzungen nicht mitbestimmungsorientiert erarbeitet oder auch korrigiert werden können, sondern nur, daß jeweils geltende Zielsetzungen nicht aus den Augen verloren gehen und möglichst angemessen verfolgt werden. Den Unterschied zwischen lehrendenzentrierten Phasen in Erwägungsseminaren und solchen in anderen Seminaren sehe ich derzeit vor allem in den Folgen von Einwänden, Kritiken, Gegenvorschlägen usw. der Studierenden. In Erwägungsseminaren sind sie von den Lehrenden als zu erwägende Alternativen für den Geltungsbezug der kritisierten Entscheidung und Lösungssetzung zu prüfen. In anderen Seminaren kann vermutlich, wie bereits angedeutet, auch eher nachlässig eine Berücksichtigung stattfinden. Lehrendenzentriert sind weiterhin Phasen, in denen es um Bewertung von Teilneh-mendenleistungen geht. Hier sind die Lehrenden ebenfalls durch ihre Rolle be-stimmt, über jeweilige Konzepte der Leistungsbeurteilung zu entscheiden und sie auch anzuwenden. Wie transparent die Lehrenden dabei auch immer ihre Erwägungen, Kriterien usw. offen legen und durchaus der Kritik durch die Stu-dierenden aussetzen mögen, letztlich müssen sie entscheiden und mit einer Scheinvergabe und/oder Note Leistungen bewerten. Für Erwägungsseminare ist es in diesem Zusammenhang grundlegend, daß bei Bewertungen der Bezug zur Geltungsbedingung des Erwägens berücksichtigt wird. Wenn ein Teilneh-mender etwa aus Sicht des gegenwärtigen Forschungsstandes die »richtige« Lö-sung gefunden hat, seine erwogenen Alternativen jedoch eher inadäquat sind, so ist letzteres bewertungsmindernd einzubeziehen. Ist umgekehrt eine andere Teil-nehmende hingegen noch nicht auf die »richtige« Lösung gekommen, hat aber einen vergleichsweise viel adäquateren Erwägungsstand erarbeitet, so ist letzte-res bewertungserhöhend einzubeziehen.

3.3 Vielfaltserschließung in Erwägungsseminaren

(26) *Überblick*: In den bisherigen Erwägungsseminaren ließen sich Phasen der Vielfaltserschließung danach unterscheiden, ob sie direkt von den Erfahrungen und Kenntnissen der Teilnehmenden ausgingen oder extern ihren Ausgang, z. B. von Literatur, nahmen. Phasen der Vielfaltserschließung können zu verschie-denen Zeitpunkten und in verschiedenen Sozialformen (Einzel-, Partner-, oder Gruppenarbeit oder gemeinsame Erschließungen) sinnvoll sein. Schwierigkei-ten, die Teilnehmende beim Erschließen von Vielfalt haben mögen, sind aufzu-greifen, wenn eine Erwägungsorientierung vermittelbar sein soll.

(27) *Vielfaltserschließung mit Hilfe von »Brainstorming«, »Blitzlicht«, »Clu-sterbildung« und »Beispielsammlungen«*: Diese Methoden eignen sich beson-ders für Vielfaltserschließungen, die an den Erfahrungen, Kenntnissen, Interes-sen und Motiven der Teilnehmenden anknüpfen. Mit einem *»Brainstorming«* ist hier das spontane ungeordnete Sammeln von möglichst vielen Einfällen und Assoziationen zu einer bestimmten Frage oder einem Themenbereich gemeint, wie z. B.: "Was ist eine Entscheidung?" bzw. "Was fällt mir/uns alles zu »Ent-scheidung« ein?". Wichtig bei einem Brainstorming ist, daß die Einfälle und Ideen nur gesammelt, nicht bewertet oder kommentiert werden (zur Methode des Brainstorming vgl. statt anderer Jörg Knoll 1995, 133f.). Die Sammlung der Einfälle erfolgte in den bisherigen Erwägungsseminaren an den Kreide-tafeln durch die Lehrenden, die sich selbst meistens aus den Brainstormings heraushielten. Hierbei gab es aber auch immer Ausnahmen. Wenn in einem

mitbestimmungsorientierten Erwägungsseminar sich die Leitung in den Einfällen der Studierenden nicht wiederfindet, mag sie etwa ihre Assoziationen einbringen; oder aber, wenn ein Brainstorming in einer kleinen Gruppe nur sehr schleppend läuft bzw. sich nur in einem bestimmten Assoziationskreis bewegt, kann es hilfreich sein, wenn die Leitung auch ein paar entsprechend anders akzentuierte Einfälle beiträgt. Dies ist aber abzuwägen. Denn ein sehr »einseitig« ausfallendes Brainstorming könnte, reflexiv bedacht, in der anschließenden Weiterarbeit zu aufschlußreichen Diskussionen führen. In einem Erwägungsseminar fiel ein Brainstorming zu »Tradition« insofern »einseitig« aus, als zu dem Terminus, neben der Aufzählung von konkreten Festen und Bräuchen, nur negative Assoziationen wie "Fremdbestimmung" oder "Zwänge" gesammelt wurden. Die Vorteile von z. B. Entscheidungsentlastungen fielen weg. Wie sich in der Weiterarbeit und Diskussion des Brainstormings herausstellte, paßten die größtenteils doch »positiv« bewerteten Feste nicht so richtig mit den ansonsten negativen Assoziationen zusammen, woraus sich differenzierte Betrachtungsweisen entwickelten.

In einigen Seminaren wurde die Konstellation einer stark veränderten Teilnehmendenzahl von der 1. zur 2. Sitzung genutzt, um ein »vergleichendes Brainstorming« durchzuführen und als weitere Möglichkeit der Vielfaltserschließung zu nutzen. Die Studierenden, die schon in der 1. Sitzung ein Brainstorming gemacht hatten, hielten sich aus dem Brainstorming der neuen Teilnehmenden in der 2. Sitzung heraus und beobachteten den Verlauf im Vergleich zu ihrem eigenen. Mit Hilfe der »Notizen« (s. folgende Nr. (34)), in denen das 1. Brainstorming festgehalten wurde, konnten anschließend mit allen Teilnehmenden Gemeinsamkeiten und Unterschiede herausgearbeitet werden.

In Erwägungsseminaren haben sich »Brainstormings« vor allem auch deshalb zu Beginn des Semesters bewährt, weil sie den Studierenden den Einstieg in eine aktive Beteiligung erleichtern. Auch das sogenannte *»Blitzlicht«* ist eine Methode, die Teilnehmende zu aktivieren versucht. In vielen Erwägungsseminaren wurden Blitzlichter semesterbegleitend eingesetzt. Bei einem »Blitzlicht« äußern Teilnehmende, wenn sie wollen, themenspezifisch oder auch thematisch offen, ganz kurz ihre Meinung, Stimmung, Einschätzung usw. Wer nichts mitteilen will, gibt das Wort gleich weiter. Nachfragen, Kommentare und Bewertungen zu anderen Blitzlichtäußerungen sind zu vermeiden (zur Methode des Blitzlichts vgl. statt anderer Knoll 1995, 184). In den meisten Erwägungsseminaren war der Einsatz eines Blitzlichts durch alle Teilnehmenden möglich. So konnte beispielsweise jemand, die oder der mit dem Fortgang des Seminars unzufrieden war, vorschlagen, eine Blitzlichtrunde zur »Zufriedenheit mit dem Seminar« zu machen. In vielen Erwägungsseminaren gehörten Blitzlichtrunden zur Bewertung der Sitzung zum Abschluß einer jeweiligen Sitzung, wodurch oft deutlich wurde, wie verschieden die gleiche Veranstaltung erlebt wurde.

Eine Methode, sich Vielfalt zu erschließen, indem man sich vermutete Zusammenhänge deutlich macht, ist die Methode der *»Clusterbildung«*. Zu einem zentralen Grundterminus werden Assoziationen und Einfälle vermerkt und untereinander in ihren intuitiv angenommenen Vernetzungen mit Linien verbunden. *»Beispielssammlungen«* aus der Erfahrungswelt der Teilnehmenden sind ebenfalls eine Hilfe bei der Vielfaltserschließung. Sie bieten sich insbesondere an, wenn es um die Frage verschiedener Verwendungsweisen bestimmter, für das Seminarthema relevanter Grundtermini geht. Brainstorming, Blitzlicht, Clusterbildung und Beispielssammlungen aus der Erfahrungswelt der Teilnehmenden sind Methoden der Vielfaltserschließung, die es den Studierenden ermöglichen, ihre bisherigen Kenntnisse und Erfahrungen einzubringen. In den bisherigen Erwägungsseminaren wurden die vier genannten Methoden vor allem für die gemeinsame Vielfaltserschließung im Plenum oder den Gruppen genutzt. Clusterbildung und Beispielssammlungen eignen sich aber auch gut in Einzel- und Partnerinnen- bzw. Partnerarbeit.

(28) *Vielfaltserschließung mit Hilfe von Literatur, Befragungen, Fragensammlungen und Rollenspielen*: Ein anderer Weg, sich Vielfalt zu erschließen, der aber nicht unmittelbar an den Erfahrungen der Studierenden anknüpft, kann in entsprechenden *Literaturrecherchen* bestehen, die mit der Zielsetzung geführt werden, möglichst kontroverse Positionen zu einem Thema zusammenzustellen. Da dies angesichts fehlender Erwägungsforschungsstände zu jeweiligen Themen von den Teilnehmenden eine nur ansatzweise zu bewältigende Aufgabe in der Zeit eines Semesters sein kann, ist es hilfreich, wenn die Lehrenden etwa Sammlungen von kontroversen Textstellen einbringen können.

Auch wenn man in einem Erwägungsseminar sich nur mit einer Autorin bzw. einem Autor und einem spezifischen Text befassen will, sind Phasen der Vielfaltserschließung aus erwägungsorientierter Sicht wichtig. Denn eine Auseinandersetzung mit nur einer Person und ihren Positionen erfordert eine Einbettung in Erwägungsgeltungsbedingungen, die helfen, die Begründungsqualitäten jeweiliger Position einzuschätzen. Voraussetzung für solche Erwägungsgeltungsbedingungen sind zunächst aber Erschließungen von Vielfalt. Selbst wenn die jeweiligen Autorinnen bzw. Autoren die von ihnen erwogenen Alternativen angeben, bleibt das Problem herauszufinden, ob die Alternativen regelorientiert zusammengestellt wurden und ob es weitere gibt.[61]

Hinzu kommt bei allen Textauseinandersetzungen das Problem alternativer Interpretationen, das mit bei der erwägungsorientierten Analyse der Positionen zu berücksichtigen ist. Auch hierbei kann man leider nicht auf entsprechend erwägungsorientiert aufbereitete Zusammenstellungen von jeweiligen alternativen Interpretationen zurückgreifen, so daß eine erwägungsorientierte Vielfaltserschließung eine zentrale Aufgabe ist.[62]

Eine Vielfaltserschließung mit Hilfe von Literatur geht zwar nicht direkt von den Erfahrungen der Studierenden aus. Es wird extern vorliegende Vielfalt gesucht und gesammelt. Andererseits aber gehen die Erfahrungen und Kenntnisse der Teilnehmenden in ihre jeweiligen eigenen Deutungsvorlieben ein, seien dies nun eigene oder Interpretationen aus der Sekundärliteratur, denen sie sich anschließen.[63] Auch diese Dimension von Vielfalt gilt es zu nützen. Vielfaltserschließung mit Hilfe von Literatur kann je nach Themenstellung des Erwägungsseminars in unterschiedlichem Ausmaß zu ganz verschiedenen Zeitpunkten und in unterschiedlichen Sozialformen stattfinden.

Eine weitere Möglichkeit der externen Vielfaltserschließung fanden Teilnehmende eines Seminars über Friedensfähigkeit. In diesem Seminar sollten sich die Studierenden, die einen Leistungsnachweis erwerben wollten, selbst das jeweilige Thema überlegen. Zwei Studentinnen fragten sich angesichts der Vielfalt der im Seminar aufgetretenen verschiedenen Verständnisse von »Frieden« und »Friedensfähigkeit«, ob dies wohl auch bei den Bürgerinnen und Bürgern »auf der Straße« (auch Studierenden, die nicht am Seminar teilnahmen) so umstritten sei oder nur eine vielleicht künstlich hergestellte Situation im Seminar. Sie erstellten einen *Fragebogen* und sammelten Antworten in den Fußgängerzonen Paderborns, in Kneipen, bei Bekannten und in der Cafeteria der Universität. Die Vielfalt der Antworten brachten sie dann ins Seminar ein.

Vielfaltserschließung kann sich nicht nur auf das Zusammenstellen von unterschiedlichen Positionen und Einschätzungen, sondern auch auf das Sammeln von Fragen und Vorschlägen beziehen. Gerade in mitbestimmungsorientierten Erwägungsseminaren ist es wichtig, sich immer wieder auch darüber zu verständigen, wem welche Fragen im weiteren Vorgehen besonders relevant sind, wer welche didaktischen Vorlieben im Vorgehen hat, usw. Solche Fragen und Vorschläge kann man beispieleweise von den Teilnehmenden auf Zettel schreiben lassen, die man dann anschließend an die Tafel heftet, zu sortieren versucht und als Ausgang für gemeinsame Entscheidungen oder Abstimmungen zum Fortgang des Seminars nutzt.[64]

Schließlich sei die Möglichkeit von *Rollenspielen* erwähnt, die in einigen Erwägungsseminaren eingesetzt wurden, um Beispiele anschaulicher werden zu lassen oder zu erwägende Alternativen zugänglicher zu machen, die nicht unmittelbar in den Erfahrungskreis aller Teilnehmenden gehörten. So können etwa gespielte und beobachtete Szenen eines Beispiels für einen »Konflikt« bislang übersehene Merkmalen deutlicher machen und damit zur weiteren Klärung von "Konflikt" beitragen.

(29) *Vielfaltserschließung als mögliche Schwierigkeit*: In den bisherigen Erwägungsseminaren war Vielfaltserschließung selten ein Problem. Die Schwierigkeiten lagen vielmehr eher im Bereich der Orientierung, Vermittlung und Klärung der vielen Fragen und Überlegungen. Besonders bei vorherrschenden Meinungen, die sich in Lösungen als Prüfungswissen niedergeschlagen haben, kann aber Unwillen entstehen, sich auf zu erwägende Alternativen einzulassen. Die Relevanz von Erwägungsgeltungsbedingungen, insbesondere der moralische Aspekt von Begründung und Verantwortung, sind dann zu verdeutlichen und das Konzept der Erwägungsorientierung an Hand von Beispielen zu erläutern. Andererseits ist auch reflexiv zu erwägen, daß angesichts der Zeitknappheit und der jeweiligen Prüfungsordnungen der Unwillen nachvollziehbar ist.[65] Derartige Problemlagen sind möglichst zu Beginn eines Erwägungsseminars zu klären, weil sonst möglicherweise falsche Erwartungen zu unnötigen Frustrationen führen.

Erwägungsdidaktik für Seminare hat also Konsequenzen hinsichtlich der Forschung, denn es sind zu jeweiligen Problemlagen die zu erwägenden Alternativen mit zugehörigen Methoden zu entwickeln; sie hat weiterhin Konsequenzen für die Lehre - von der Mentalität der Beteiligten bis hin zur Konzipierung geeigneter Lehrbücher -; und sie hat schließlich Konsequenzen hinsichtlich der institutionellen Bedingungen - wie z. B. Prüfungsordnungen, aber auch der zur Verfügung stehenden Medien.

3.4 Aufbauprozesse in Erwägungsseminaren

(30) *Überblick*: Nach Ausführungen über allgemeine Voraussetzungen für erfolgreiche Aufbauprozesse in Erwägungsseminaren, werde ich sodann die Relevanz aktiver Beteiligung behandeln. Hieraus ergeben sich nämlich, wenn Aufbauprozesse gelingen sollen, spezifische Anforderungen an Diskussionen in Erwägungsseminaren. Außerdem wird es wichtig, individuelle und gemeinsame Lerngeschichten zu ermöglichen. Es werden sowohl Merkmale der Diskussionsführung in Erwägungsseminaren als auch Methoden für die Unterstützung individueller und gemeinsamer Aufbauprozesse vorgestellt. Schließlich gehe ich auf das Problem einer gelingende Initiierung von Aufbauprozessen im Umgang mit Literatur ein.

(31) *Rahmenbedingungen*: Da in Erwägungsseminaren die Entscheidungsfähigkeit der Teilnehmenden individuell und in sozialen Zusammenhängen gefördert werden soll, sind hieran schon die Rahmenbedingungen auszurichten. Die Teilnehmendenzahl sollte nicht zu groß für Gespräche sein. Die Teilnehmenden sollten sich beispielsweise in einen Kreis oder eine U-Form so setzen können, daß alle Blickkontakt haben können. Wenn sich die Teilnehmenden untereinander nicht kennen, so sollten Namensschilder ein direktes und persönliches Ansprechen ermöglichen und ein gegenseitiges Aufeinanderbezugnehmen erleichtern. Große Räume oder Ausweichmöglichkeiten in weitere Räume ermöglichen andere Formen der Gruppenarbeit, als wenn alle in einem kleinen Raum bleiben müssen. Vorhandene bzw. fehlende Medien unterstützen oder erschweren es, etwa den Verlauf festzuhalten. Eine kleine Kreidetafel schränkt z. B. die Repräsentation von Vielfalt mehr ein als wenn ein Raum großzügig mit Tafeln verschiedenster Art (vielleicht sogar mit Computern und einer elektronischen Wandtafel), einem Overheadprojektor oder/und Videokameras ausgestattet ist.

Offen ist, ob Aufbauprozesse in Kompaktveranstaltungen besser gelingen könnten als in wöchentlich stattfindenden Seminaren. Die bisherigen Erwägungsseminare fanden alle als wöchentliche Veranstaltungen statt. Einige Studierende sind nach einer Sitzung sehr erschöpft; ihnen wäre manchmal wegen der hohen Konzentrationsanforderung sogar innerhalb einer Sitzung schon eine Pause willkommen. Sie begrüßen es, wenn sie eine Woche lang Zeit haben, um Gedachtes »sacken« zu lassen und um sich allein oder mit anderen weitere Überlegungen machen können. Andere hingegen bewerten den wöchentlichen Abstand negativ und finden es frustrierend, dadurch immer wieder »aus dem Thema herauszukommen«, gerade wenn man »hineingefunden« hätte. Viel Zeit ginge so im Seminar damit verloren, sich immer wieder »neu einzufädeln«. Vermutlich hängen diese unterschiedlichen Einschätzungen auch damit zusammen, welches Thema im Seminar behandelt wird, welche Vorkenntnisse die Teilnehmenden haben und wieviel Zeit sie in das jeweilige Seminar investieren wollen und können.

Neben solchen externen Rahmenbedingungen hängt das interne Diskussionsklima und die Arbeitsatmosphäre entscheidend davon ab, wie die Teilnehmenden miteinander umgehen, vor allem auch bei Frustrationen und Konflikten, und wie kompetent insbesondere die Leitung im Umgang mit gruppendynamischen Prozessen ist. Hierzu ist auch die Fähigkeit und Bereitschaft der Leitung zu zählen, die eigenen Handlungsweisen zu reflektieren und diese zur Diskussion zu stellen. Ein gutes Diskussionsklima ist eine Voraussetzung dafür, daß sich möglichst viele Studierende aktiv beteiligen.

(32) *Zur Relevanz aktiver Beteiligung in Erwägungsseminaren:* Für Didaktiken, die sich von einer bloßen Vorgabeorientierung abgrenzen und nicht wollen, daß jeweils zu vermittelnde Konzepte gleichsam gehorsamsbereit übernommen werden, und die reflexive Schlüsselqualifikationen fördern möchten, wird das aktive Selbst- und Mitdenken der Lernenden relevant sein. In diskursiv arbeitenden Lern/Lehrgruppen zeigt sich dies besonders deutlich. Wer sich nicht beteiligen kann oder mag, entfremdet sich dem Lernzusammenhang: "Studierende sagen mir, dass sie sich anders fühlen, wenn sie in einem Seminar schweigen, als wenn sie mitreden. Sie rücken innerlich ab, heraus aus der Gesprächsrunde" (Bergk 1998, 138). Nach den bisherigen Erfahrungen trifft dies für studierendenorientierte Erwägungsseminare in besonderem Ausmaße zu. Das ist sowohl jeweiligen Einschätzungen des Seminarverlaufs als auch der Art des Umgangs mit Frustrationen zu entnehmen. So kommen in Blitzlichtrunden am Ende einer Sitzung positive Einschätzungen, wie, die Sitzung sei »effektiv« oder »interessant« gewesen, eher von denjenigen, die sich mit Überlegungen, Thesen, Fragen usw. eingebracht haben, und negative Bewertungen, wie, es sei »verwirrend«, oder »ineffektiv« gewesen, eher von denjenigen, die nichts oder kaum etwas sagten. Befindet sich der Erwägungsprozeß in »Sackgassen« und wird von den aktiven Teilnehmenden als unbefriedigend erlebt, dann äußern diese meistens auch eher Kritik und/oder bringen konstruktive Vorschläge zum weiteren Vorgehen als die passiven und frustrierten Teilnehmenden.

Allerdings gibt es Ausnahmen, insbesondere dann, wenn sich im Seminar schwegende Teilnehmende auf andere Weise aktiv - im hier gemeinten Sinne von "aktiv" als "selbst- und mitdenkend" - mit dem Thema befassen und beispielsweise ein wissenschaftliches Tagebuch führen oder an schriftlichen Diskussionen, wie Thesen-Kritik-Replik-Verfahren, beteiligt sind.

Dafür, warum die bisherigen studierendenorientierten Erwägungsseminare in besonderer Weise von einer aktiven, kontinuierlichen Beteiligung der Studierenden abhängig waren, sind mehrere Gründe angebbar: Erstens war kein Erwägungsseminar so angelegt, daß die einzelnen Sitzungen in sich abgeschlossene Einheiten bildeten, wie dies in anderen Seminaren, etwa bei der Behandlung von Einzelaspekten durch Referate der Fall sein kann. Vielmehr bauten die Sitzungen aufeinander auf. Die Studierenden stellten selbst fest, wie schwierig es sei, den »Anschluß« trotz Seminarnotizen wiederzufinden, wenn sie einmal nicht kommen konnten. Diesen Studierenden fehlte die eigene Erwägungs-Erfahrung der ausgelassenen Sitzung. Zu wenige aktive Erwägungs-Erfahrungen können dazu führen, kaum etwas mit der vom Seminar erarbeiteten Vielfalt und den Erwägungsalternativen anfangen zu können und sich durch sie überfordert zu fühlen, was dazu führen mag, von den Lehrenden hören zu wollen, was denn nun die »richtige« Lösung sei. Die höhere Komplexität von erwägungsorientierter Themenerarbeitung ist deshalb ein zweiter Grund dafür, daß sich die Teilnehmenden möglichst aktiv beteiligen sollten. Je weniger die einzelnen in jeweiliger Vielfalt sich mit eigenen Überlegungen und (ersten) Vorlieben für bestimmte Erwägungsalternativen wiederfinden können und damit gleichsam keine »Denkanker« haben, desto größer kann ihr Widerwille gegen und ihre Hilflosigkeit im Umgang mit dieser Vielfalt werden.

Nun mag man einwenden, vom Erwägungskonzept her könne man argumentieren, daß reflexiv auch immer zu entscheiden sei, wo man erwägen und wo man Vorgaben folgen wolle. Warum sollten also die Studierenden nicht entscheiden, den Vorgaben der Lehrenden - Lösungen mit jeweiligen Erwägungsgeltungsbedingungen - zu folgen? Eine solche Entscheidung, eine Vorgabe von Lösungen mit jeweiligen Erwägungsgeltungsbedingungen zu übernehmen, enthält eine latente Schwierigkeit, was zu einem dritten Grund führt, warum erwägungsorientiertes Lernen ein spezifisch aktives Lernen ist. Wenn z. B. lehrendenzentriert ein Erwägungsspektrum mit einer jeweiligen Lösungsvorliebe der lehrenden Person als »Lösungsvorgabe« vorgestellt würde, entlastet dies die Teilnehmenden zunächst nicht davon, zumindest reflexiv entschieden zu haben, nicht weiter zu entscheiden, sondern die Lösung so zu übernehmen. Da zu einer Lösung mit Erwägungsgeltungsbedingung ein ganzes Spektrum von Alternativen als Erwägung mit zu übernehmen ist, enthält eine derartige Vorgabe außerdem, insbesondere bei dezisionären Konstellationen, eine latente Herausforderung, sich aktiver mit der jeweiligen Problematik zu befassen als man es eigentlich wollte, sofern zumindest ein Verstehensanspruch besteht. Zugespitzt könnte man paradox formulieren: Erwägungsorientierte Konzeptevorgaben geben gleichsam strukturell - durch die Erwägungsgeltungsbedingung - vor, daß ihre Übernahme mehr oder weniger doch nicht vorgabeorientiert erfolgen kann.

(33) *Diskussionen in Erwägungsseminaren*: Eine aktive Beteiligung von möglichst vielen Teilnehmenden hängt mit vom Diskussionsklima ab. Für Erwägungsseminare finden sich in den leitenden Ideen für eine Erwägungsdidaktik Orientierungen zur Moderation von Diskussionen. Im folgenden werde ich skizzieren, inwiefern die Unterscheidung in Erwägungs- und Lösungsebenen, ein »Fehler«-integrierendes kreatives Lernen und Lehren und die Beachtung der Relevanz von Erwägungsalternativen sowie des Reflexivitätsaspektes das Diskussionsklima in erwägungsorientierter Diskussion beeinflussen.

Wenn auf der Erwägungsebene Alternativen repräsentiert und integriert werden sollen, dann erfordert dies in Diskussionen eine Offenheit und Bereitschaft zur Auseinandersetzung mit Alternativen. Diskussionen bieten Chancen, eigenes

Erwägen durch Auseinandersetzung mit den Erwägungen anderer zu verbessern. Dies wird dann erschwert, wenn kontroverse Diskussionen Gefahr laufen, zu einem debattenartigen Schlagabtausch zu werden, in dem es nur noch um die Durchsetzung der eigenen Positionen geht. Damit stellen sich die Beteiligten auf die Lösungsebene und nicht auf die Erwägungsebene ein. Deswegen ist in Erwägungsseminaren darauf zu achten, daß sich die Diskutierenden im Sinne eines distanzfähigen Engagements auf der Erwägungsebene auch mit solchen Positionen erwägend auseinanderzusetzen, die einem z. B. zunächst »fremd« oder »uneinsichtig« sind. Selbst »falsche«, »unsinnige« oder »bedenkliche«, aber adäquate Erwägungsalternativen, wie sie etwa durch kombinatorisches Vorgehen in Erwägungstafeln zu finden sein mögen, tragen mit zur Begründungs- und Verantwortungsqualität jeweiliger Lösungssetzungen bei.

In Erwägungsseminaren ist es für ein gutes Diskussionsklima und gemeinsame Aufbauprozesse grundlegend, daß Erwägungs- und Lösungsebene auseinandergehalten werden. So dürfen auf der Erwägungsebene Positionen nicht mit den Personen identifiziert werden, die sie eingebracht haben. Niemand sollte verbal angegriffen werden, weil sie oder er eine von anderen Teilnehmenden als negativ erachtete Position als Erwägungsalternative zur Diskussion stellt. Vielmehr ist ggf. von der Leitung deutlich zu machen, daß gerade eine Auseinandersetzung auch mit »unliebsamen« Alternativen für die Erwägungsgeltungsbedingung wichtig ist. Angesichts des radikalen Pluralismus auf der Erwägungsebene ist an die Differenzierung von Erwägungs- und Lösungsebene außerdem auch deswegen immer wieder zu erinnern, um dem möglichen Eindruck entgegenzutreten, Zielsetzung des Erwägungsseminars sei die Vermittlung eines radikalen Relativismus und Pluralismus auf der Lösungs- und Realisierungsebene, weshalb Aufbauprozesse, die über die Erkenntnis eines »anything goes« hinausgehen, nicht zu erwarten seien. Erkennbar wird eine solche Fehlentwicklung, wenn Teilnehmende es gleichsam schon als »anrüchig« empfinden, wenn sich jemand im Wissen um problemadäquate Erwägungsalternativen für eine bestimmte Lösungsalternative einsetzt, oder aber unterstellt wird, man würde in Erwägungsseminaren »herumlabernde« Leute »ohne eigene Positionen« treffen.

Wird die Unterscheidung in Erwägungs- und Lösungsebene beachtet, dann hat dies für viele Teilnehmenden einen »befreienden« Aspekt. Gemeinsames Erwägen ist ein kreativer Prozess, der von Fragen und Nachfragen sowie den unterschiedlichsten Gedanken und Überlegungen lebt und davon, daß ohne Angst vor »Fehlern« diskutiert werden kann. Um derartig kreative Diskussionen in Aufbauprozesse einmünden zu lassen bzw. mit Aufbauprozessen zu verbinden, ist es wichtig, auch metakommunikativ fortlaufend zu reflektieren, wo man sich in der Diskussion befindet, welches die Zielsetzung ist, welche Denkpfade man weiter verfolgen und welche erst einmal verlassen, welche offenen Fragen man hat, aber erst einmal zurückstellen will usw.

Metakommunikativ ist ggf. ein »Mißlingen« von gegenseitigem Verstehen fest-zuhalten und zu erwägen, ob man versuchen will herauszufinden, warum dies so ist oder ob man es erst einmal als eine offene Problemlage in Notizen festhal-ten möchte. Metakommunikatives Reflektieren über das Diskussionsverhalten der Teilnehmenden hat sich in vielen Erwägungsseminaren als unterstützend für die Verbesserung von Diskussionsstilen und Diskussionskompetenz und damit auch für gelingende Aufbauprozesse erwiesen, weil die Teilnehmenden etwa im Verlauf eines Semesters immer sensibler dafür wurden, wann etwa in einer Diskussion der »rote Faden« verlassen und eigentlich über eine neue Such-richtung metakommunikativ entschieden bzw. abgestimmt werden müßte.

In einem Seminar führte die metakommunikative Reflexion über das sehr unter-schiedliche Diskussionsverhalten von den einzigen zwei männlichen und sehr beitragsdominanten Studierenden und den anderen weiblichen Studierenden zu aufschlußreichen Erkenntnissen.[66] Es stellte sich heraus, daß sich die Männer verpflichtet sahen, immer etwas zu sagen, wenn aus ihrer Sicht von den ande-ren nichts kam. Sie sagten dann häufig das, was ihnen mehr oder weniger spon-tan gerade zum Thema einfiel. Die Frauen hingegen überlegten sich bei ihren möglichen Beiträgen eher, wie sie an die vorhergegangenen Beiträge anknüp-fen und diese mit ihren Überlegungen vermitteln könnten, wodurch sie mehr Zeit zum Nachdenken brauchten. Da dann wieder einer der Männer etwas sag-te, fingen sie mit ihren Überlegungen, überspitzt gesagt, wieder von vorn an. Die gesamte Reflexion wurde auch aus der Erwägungsperspektive geführt, um zu verstehen, warum die Diskussionen so liefen, wie sie liefen, das heißt, es ging nicht um Schuldzuweisungen, sondern es gab ein gemeinsames Anliegen. Nach dieser Reflexion veränderten sich die Seminarsitzungen: die Männer ver-suchten mehr, ihre Beiträge mit den der anderen zu vermitteln, die Frauen »platz-ten« auch mal mit einer Idee in das Diskussionsgeschehen hinein. Dabei wurde öfters spielerisch ironisch das eigene oder andere Verhalten begleitend reflek-tiert und durchaus lustvoll distanzfähiges Engagement im Umgang mit eigenem Rollenverhalten praktiziert. Für den Fortgang des Seminars und die Aufbau-prozesse von Erwägungshorizonten war dies ein großer Gewinn.

Grundsätzlich läßt sich für Erwägungsseminare festhalten, daß alle zum Mono-log oder auch auf einen spezifisch eingeschränkten Dialog zwischen zwei Per-sonen tendierenden Konstellationen ungünstig sind, weil sie dazu führen, daß sich die anderen »ausklinken« und gemeinsame Aufbauprozesse unterbrochen werden bzw. sich gar nicht erst entwickeln können. In Erwägungsseminaren sollten deshalb Referate (als ausgesprochen lange Monologe) nur sehr »bedacht« eingesetzt werden. Vorzuziehen sind Thesenpapiere oder Kompetenzen von Expertinnen bzw. Experten (s. im folgenden die Nummer (35)).

Nun läßt es sich häufig nicht vermeiden, daß in den Diskussionen auch Zwiegespräche stattfinden, weil man den oder die jeweils andere(n) verstehen will und deshalb nachfragen muß. Dies kann auch für die anderen relevant sein. Problematisch wird es dann, wenn es wiederholt die gleichen sind, die ausgiebigere Gespräche führen, und vor allem, wenn es die anderen nicht mehr interessiert. Hier ist es wichtig, Wege zu finden, wie die einen ihr Gespräch noch klärend beenden und die anderen wieder mitdiskutieren können.[67] Metakommunikativ lassen sich verschiedene Lösungsvorschläge erwägen. Man kann die Zeit für die Klärung im Seminar begrenzen oder die Gesprächssequenz wird außerhalb des Seminars beendet und das Ergebnis kann bei Interesse aber wieder ins Seminar eingebracht werden, entweder mündlich oder als kleines schriftliches Handout.

(34) *Notizen und wissenschaftliches Tagebuch:* Eine Möglichkeit, individuelle und gemeinsame Aufbauprozesse in Erwägungsseminaren zu unterstützen, besteht in der Verschriftlichung von Gedankenentwicklungen. In Erwägungsseminaren wurden seminarbegleitende Notizen von den jeweiligen Sitzungen erstellt und spätestens zu Beginn der nächsten Sitzung verteilt. Die Notizen geben wieder, was gemeinsam erarbeitet und festgehalten wurde,[68] z. B. auch das Wortfeld eines durchgeführten Brainstormings, und unterstützen insofern gemeinsame Aufbauprozesse, weil der Weg des gemeinsamen Arbeitens rekonstruierbarer bleibt. Eigene Anmerkungen oder Ergänzungen der Notizenschreiberin bzw. des Notizenschreibers wurden in der Regel als solche gekennzeichnet. Dadurch, daß jemand für die Notizen zuständig ist, können sich die anderen Teilnehmenden ganz auf die jeweilige Seminararbeit konzentrieren, was wiederum die Aufbauprozesse fördert.

Als besonders hilfreich hat sich erwiesen, wenn die einzelnen notierten Beiträge in ihrer Funktion, z. B. als »Frage«, »These«, »Gegenthese«, »Beispiel«, gekennzeichnet und festgehalten werden. Die jeweilige Notierung von »Ausgangsfragen« für die nächste Sitzung hat sich als günstiger Anknüpfungspunkt erwiesen, weil man mit ihnen gut in die nächste Sitzung »einsteigen« kann. Die Auswahl dessen, was und auch wie es an die Tafel kommt, kann - je nach Art des Seminars bzw. Phase - teilnehmendenzentriert ganz den Studierenden überlassen werden oder mit mehr oder weniger stark eingreifender Beteiligung der Lehrenden geschehen (mitbestimmungs- oder lehrendenzentriert). Je mehr man die Notizen zugleich auch als Möglichkeit der Dokumentation und damit Unterstützung individueller Aufbauprozesse nutzen will, umso wichtiger wird es, daß die Studierenden ihre Thesen in ihren eigenen Worten formulieren, auch wenn dies zeitlich manchmal länger dauert, als wenn die Leitung Gedankengänge von Studierenden zusammenfaßt. Fragt man nämlich bei derartigen Zusammenfassungen noch einmal nach, ob diese das Gemeinte adäquat wiedergeben, dann kann sich herausstellen, daß die Studierenden z. B. lieber andere Wörter verwendet, etwas mehr oder weniger zugespitzt hätten usw.

Will man die individuellen Gedankengänge rekonstruierbar halten, dann ist es erforderlich, hinter den Beiträgen zu vermerken, von wem sie sind. Dies ermöglicht auch bei zukünftigen Rückgriffen ein direktes Ansprechen. Von der Mehrheit der Studierenden wurde dieses Vorgehen begrüßt. Wenn einige Bedenken äußerten, dann hing dies fast immer mit einem eher allein lösungsorientierten Verständnis von den Notizen zusammen. Sie befürchteten durch einen Namenshinweis zu sehr "auf eine Position festgelegt" zu werden, beachteten also nicht die Unterscheidung in Erwägungs- und Lösungsalternativen. Für sie hatten alle notierten Überlegungen den Status von Lösungspositionen. Im Seminar ist dies eine Gelegenheit, auf der Metaebene über Unterschiede von Erwägungsseminaren zu anderen Seminaren zu diskutieren. Dies darf allerdings nicht so angelegt sein, daß die Metadiskussion mehr oder weniger explizit als Druckmittel aufgefaßt wird, der Namensangabe zuzustimmen. Deshalb wurde es den Teilnehmenden freigestellt, ob sie den Namen vermerkt haben wollen oder nicht, und es wird wiederholt auch nach dem jeweiligen Einverständnis gefragt. Auch die Beiträge der Lehrenden wurden namentlich gekennzeichnet, wenn sie damit einverstanden waren.

Während Notizen gemeinsame und in dieser Gemeinsamkeit zugleich die individuellen Lerngeschichten als aufbauende Prozesse unterstützen helfen, ist das Schreiben eines seminarbegleitenden wissenschaftlichen Tagebuches zunächst eine ganz individuelle Form, einen Lernprozeß gezielt als Aufbauprozeß zu gestalten. Bisher gibt es nur wenig Erfahrungen mit dieser Methode in Erwägungsseminaren.[69] Diese stützen aber die Vermutung, daß diejenigen Teilnehmenden, die ein solches Tagebuch führen, vertiefend über Inhalte, Zielsetzungen, methodische Vorgehensweisen oder gruppendynamische Prozesse im Seminar nachdenken, jedenfalls dann, wenn sie bei ihrer Arbeit begleitet werden. Im Wintersemester 1996/97 wurden erste Erfahrungen mit einem semesterbegleitenden Schreiben eines wissenschaftsorientierten Tagebuchs gemacht.[70] In zwei Seminaren griffen jeweils drei Studentinnen das Angebot auf, ein wissenschaftliches Tagebuch zu führen. Zu ihrer Orientierung wurden u. a. Möglichkeiten der inhaltlichen und didaktischen Reflexion einzelner Sitzungen, Überlegungen zu sitzungsübergreifenden Thesenverläufen, Fortentwicklung eigener Fragestellungen ggf. unter Hinzuziehen von Literatur, Kritik und Verbesserungsvorschläge,

Überlegungen zum Fortgang der Seminardiskussion usw. genannt. Es wurde außerdem nachdrücklich betont, daß es im Tagebuch um die eigene Gedankenentwicklung gehen sollte. Da für alle Beteiligten unklar war, ob das Tagebuchschreiben überhaupt sinnvoll sein würde, wurde vereinbart, die Tagebücher nicht erst am Ende des Semesters zu besprechen. Drei Treffen wurden vereinbart, an denen jeweils auch entschieden werden sollte, ob man den Versuch fortsetzen wollte. Bei den beiden ersten Treffen stellte sich heraus, daß die Aufgabe nicht einfach war und daß eine begleitende Auseinandersetzung der Tagebuchverfasserinnen untereinander und mit der Leitung wichtig ist, zumindest dann, wenn die Teilnehmenden noch nie ein solches Tagebuch geschrieben haben. Zunächst neigten nämlich alle Studentinnen dazu, eher protokollartige Wiedergaben und Zusammenfassungen von den Sitzungen anzufertigen oder referierend über ihre Funde in der Literatur zu berichten. Sie mußten immer wieder explizit dazu ermuntert werden, ihre eigenen Thesen und Fragen zu formulieren und zu verfolgen, was im Verlaufe des Semesters allen zunehmend leichter fiel.

Besonders aufschlußreich war dabei eine Diskussion mit einer Tagebuchgruppe, in der eine Studentin die Frage aufbrachte, ob denn ein Tagebuch überhaupt wissenschaftlich/wissenschaftsorientiert sein könne. Wie könne ein so subjektives persönliches Stellungnehmen wissenschaftsorientiert ausfallen? Hier wurde meines Erachtens ahnbar, warum es den Studentinnen anfangs schwer fiel, eigene Fragestellungen und Thesen zu verfolgen. Sie fühlten sich gleichsam in einer Falle bzw. vor eine unauflösbare Aufgabe gestellt. Ich vermute, daß diese Problemlage immer wieder als Hintergrundproblem auftauchen wird und deshalb thematisierbar sein sollte. In der erwähnten Tagebuchgruppe führte das Dilemma von Subjektivität und Wissenschaftlichkeit dazu, sich Gedanken über das zu machen, was "wissenschaftliches" Arbeiten genannt wird.

Auf das Seminargeschehen wirkte sich das Tagebuchschreiben direkt weniger belebend aus als vermutet. Von den sechs Tagebuchverfasserinnen würde ich vier als eher "still" in dem Sinne bezeichnen, als sie im Seminar weniger von sich aus etwas sagten. Die Tagebücher ermöglichten es aber der Leitung zumindest nach den Treffen und nur, wenn die Verfasserinnen einverstanden waren, interessante Tagebuchüberlegungen ins Seminar einzubringen. Die Leitung übernahm dabei die Initiierung, in dem sie z. B. sagte, daß Studentin A in ihrem Tagebuch eine interessante Überlegung entfaltet hätte und übergab dann an diese Studentin. Auf diese Weise konnten die Tagebücher indirekt - d. h. durch Vermittlung der Leitung - doch zur Mitgestaltung des Seminars und gemeinsamen Aufbauprozessen beitragen. Die Erfahrung mit den Tagebuchschreiberinnen ist auch bedenkenswert hinsichtlich des Aspektes aktiver Beteiligung an Erwägungsseminaren (s. den vorletzten Abschnitt, Nr. (32)). Sie macht nämlich deutlich, daß man nicht vorschnell schließen darf, schweigende Teilnehmende würden sich »ausklinken«, und sie zeigt, daß Denkvorlieben sehr verschieden sind.

(35) *Vertiefungsmöglichkeiten in Tutorien und durch Spezialisierung als Expertin bzw. Experte:* Während das Schreiben eines wissenschaftlichen Tagebuchs eine schriftliche und individuelle Vertiefungsmöglichkeit ist, bieten Tutorien eine soziale mündliche und ggf. schriftliche Vertiefung an und unterstützen dadurch gemeinsame Aufbauprozesse, unmittelbar zunächst einmal nur der Teilgruppe des Seminars, die am Tutorium teilnimmt, mittelbar aber auch im gesamten Seminar, weil sich mehr Teilnehmende kontinuierlich und aktiv mit dem Seminarthema befassen. Außerdem kann das Arbeiten in einer Kleingruppe Studierende in ihrem Selbstvertrauen, sich aktiv ins Seminar einzubringen, stärken. Im Rahmen des Tutoriumsprojektes waren die Tutorien immer auch ein Ort, an dem es nicht nur um inhaltliche Vertiefungen, sondern auch um didaktische Reflexionen und Überlegungen zum Konzept von Erwägungsseminaren ging. Viele didaktische Anregungen und Thesenpapiere kamen von ihnen und trugen damit wesentlich auch zu didaktischen Aufbauprozessen bei. Die gemeinsame Lern- und Gestaltungsgeschichte didaktischer Vorgehensweisen im Seminar nutzte vorhandene didaktische Kompetenzen der Teilnehmenden und förderte sie durch die gemeinsame Praxis in ihrer weiteren Entwicklung.

Wie weiter oben schon erwähnt (s. den vorletzten Abschnitt, Nr. (33)), sollten Referate in Erwägungsseminaren nur sehr »bedacht« eingesetzt werden. In den bisherigen Erwägungsseminaren wurden hinsichtlich des gemeinsamen Erwägungsprozesses eher schlechte Erfahrungen gemacht. Selten gelingt es, daß die Thematik eines Referates genau zu der gerade im Mittelpunkt stehenden Diskussionsproblematik paßt. Dies liegt schon daran, daß Referate Vorbereitungszeit benötigen. Bei der Vergabe des Themas kann dieses noch hervorragend zu der Arbeitsrichtung gepaßt haben, aber zum Vortragstermin hat sich der Seminarverlauf inzwischen über Erwägungen hinweg von dieser Ausrichtung entfernt. Dagegen scheint eine Spezialisierung als Experte bzw. Expertin eine Möglichkeit zu sein, wie Studierende sich vertiefend in einen Themenbereich einarbeiten und ihr Wissen so einbringen können, daß es das laufende Diskussionsgeschehen unterstützt. Als Expertinnen und Experten für eine bestimmte Frage, etwa ein Wissen über verschiedenen Möglichkeiten der Abstimmung, tragen die Studierenden nicht ihr Wissen zu einem bestimmten Termin vor, sondern sie sind während des gesamten Semesters Ansprechpartnerin bzw. Ansprechpartner für diese Frage. Die Schwierigkeit hierbei besteht in der Wahl der Spezialisierungsgebiete. Denn diese müßten möglichst wiederkehrende Problemgebiete des Seminars sein. Andernfalls kann es wie bei einem Referat vorkommen, daß sich jemand für etwas spezialisiert, was für den jeweiligen aktuellen Fortgang der Seminararbeit kaum relevant ist.

(36) *Zum Problem von Aufbauprozessen im Umgang mit Literatur in Erwägungsseminaren*: In Erwägungsseminaren sollen Konzepte unter expliziter Berücksichtigung von Alternativen erarbeitet werden. Schwierigkeiten im Umgang mit Literatur beruhen vor allem auf fehlenden Traditionen für Erwägungsforschungsstände. Erwägungsalternativen sind nicht bloße Vielfalt unterschiedlicher Auffassungen, sondern methodisch bearbeitete Vielfalt, die hierdurch erst als Alternativenmenge bestimmbar wird. Nutzt man Literatur, so sind also die jeweiligen Erwägungsgeltungsbedingungen für die von einer Autorin oder einem Autor bevorzugte Lösungssetzung allererst zu erarbeiten. Daß Entscheiden keine allgemeine Kulturtechnik ist, zu der in Schule oder Studium ausgebildet wird, kommt dabei erschwerend hinzu.[71] Es kann nicht an einem reflexiven Entscheidungswissen und entsprechenden Kompetenzen bei den Teilnehmenden dergestalt angeknüpft werden, daß diese über entfaltete Methoden des Erwägens und Bestimmens von Erwägungsalternativen verfügen, die sie nun in die Auseinandersetzung mit der Literatur einbringen können. Diese Problemlage betrifft auch Erwägungsseminare ohne Literaturbezüge. Für Seminare mit Literaturbezug kommt sie aber zusätzlich dazu. Es ist nun nicht nur zu klären, wie man selbst zu einem Problem eine Erwägungsgeltungsbedingung aufbauen würde, sondern auch wie man Texte anderer Personen möglichst adäquat interpretiert und z. B. nicht eigene Wortverwendungen projiziert.

Im Unterschied zu einer Verständigung über unterschiedliche Wortverwendungen, Lösungsvorlieben und Erwägungsgeltungsbedingungen, wie sie unter den Seminarteilnehmenden erforderlich sind, fallen klärende Hilfen, wie Herstellung eines gemeinsamen Beispielsbezugs, direktes Nachfragen usw. bei der Arbeit mit Literatur fort (s. hierzu den nächsten Abschnitt über Klärungsprozesse, III., 3.5). Fehlende Erwägungsforschungsstände erschweren insbesondere auch die Arbeit mit verschiedenen Autorinnen und Autoren. Ohne Erwägungsforschungsstände ist es aufwendig herauszufinden, inwiefern ihre Positionen vergleichbar sind. Wie verwenden die einzelnen jeweilige Termini? Auf welche Erwägungshorizonte sind die jeweiligen Positionen zu beziehen? Welche alternativen Deutungen zu eigenen Einschätzungen von Wortverwendung, Erwägungshorizont und Lösungsvorlieben bei dem jeweiligen Autor bzw. der jeweiligen Autorin gibt es? Wie läßt sich diese Vielfalt vermitteln? Selbst wenn man, wie dies in einigen Erwägungsseminaren geschehen ist, mit den Diskussionseinheiten der Zeitschrift »Ethik und Sozialwissenschaften« (EuS) auf eine schriftlich abgelaufene Diskussion zwischen Vertreterinnen und Vertretern verschiedenster Positionen zurückgreifen konnte, lassen sich diese Fragen allenfalls in ersten Ansätzen bearbeiten. Betrachtet man unter dieser Perspektive die bisherigen Metakritiken in EuS, deren Aufgabe eine erwägungssynoptische Aufschlüsselung jeweiliger Diskussionen sein sollte, so zeigt sich der hohe Forschungsbedarf, der hier besteht (zum Konzept der »Metakritik« vgl. Anmerkung I. 2).

Studierendenorientierte Erwägungsseminare sollen an den Interessen, Kenntnissen, Motiven der Teilnehmenden anknüpfen, weil so Erwägungsprozesse initiiert werden können, die Entscheidungskompetenzen fördern. Zu Beginn eines Erwägungsseminars mit Literaturbezug mag das - wenn es keine Pflichtveranstaltung ist oder das Seminar nur gewählt wurde, weil es etwa »in den Stundenplan« paßte - noch relativ einfach sein und es wird kaum ein Unterschied zu einem weniger literaturbezogenen Erwägungsseminar bestehen. Die Studierenden sind gekommen, weil sie sich für die jeweiligen Autorinnen bzw. Autoren und/oder das Thema interessieren. Im Verlauf des Seminars mögen jeweilige Interessen bleiben, wachsen, vielleicht sogar neu entstehen, aber eben auch sich ändern, schwinden oder gänzlich verloren gehen. Für lehrendenorientierte Seminare ist das weniger problematisch. Studierendenorientierte Seminare hingegen müssen solche Entwicklungen reflektierend und konstruktiv in den weiteren Seminarverlauf einbeziehen, was didaktisch eine Herausforderung ist.

In verschiedenen Erwägungsseminaren wurde diese Herausforderung dadurch aufgenommen, daß es in literaturbezogenen Seminaren Phasen der textlosen Auseinandersetzung mit dem Thema gab. Dies kann besonders zu Beginn wichtig sein, weil hierdurch eine Motivationsbasis für die Textarbeit entstehen mag. Die Teilnehmenden gewinnen gezieltere eigene Vorstellungen und spezifische Fragen. Das kann, je nach Textauswahl, aber auch zu einem Motivationsbruch führen, wenn im Text genau die von den Teilnehmenden angedachten Fragen und Probleme nicht verfolgt werden. Von daher empfiehlt sich meines Erachtens, daß die Leitung entweder eine Textsammlung mit unterschiedlichen Akzentuierungen der Thematik bereitstellt oder einen Text als Grundlage anbietet, der sehr facettenreich ist. In dem Erwägungsseminar über »Tradition« war der Text "Leben in einer posttraditionalen Gesellschaft" ("Living in a Post-Traditional Society") von Anthony Giddens beispielsweise ein solcher facettenreicher Text, in dem sich die Teilnehmenden gerade auch wegen der Beispiele an vielen Stellen mit ihren zuvor selbst erarbeiteten Thesen wiederfinden konnten. Je weiter die Studierenden mit der Entwicklung ihrer eigenen Überlegungen und Fragen sind, desto eher können sie dem Text gleichsam als Diskussionspartner bzw. -partnerin gegenüberstehen und empfinden ihn nicht als ihren Überlegungen bloß aufgepfropftes oder übergestülptes Gedankengut.[72] Teilt man die Einschätzung, daß textlose Klärungsprozesse für die Textarbeit in studierendenorientierten Erwägungsseminaren relevant sind, dann ist zu erforschen, inwiefern Aufbauprozesse mit Literatur besser gelingen könnten, wenn es über mehrere Semester hinweg aufeinander aufbauende Seminare zu einer Problemstellung gäbe, wie dies auch bereits von Studierenden vorgeschlagen worden ist. Denn in einem Semester wird die Zeit häufig zu knapp und es finden entweder Einschränkungen der textfreien Arbeit statt oder die Lektüre fällt zu kurz aus.[73] Für diese Problemlage sind vermutlich neue Seminarformen zu entwickeln.

3.5 Klärungsprozesse in Erwägungsseminaren

(37) *Überblick*: Wie schon in dem Abschnitt über die methodischen Ansprüche zusammengefaßt, sind erwägungsorientierte Klärungsprozesse komplex und aufwendig (s. o. III., 2., Nr. (19)). Ihr Gelingen bestimmt u. a. mit, inwiefern im skizzierten Sinne Autonomie und Geschichtsfähigkeit durch eine Erwägungsorientierung gefördert werden können. Im folgenden werden Vorgehensweisen beschrieben, wie in Erwägungsseminaren versucht wird, jeweilige Vielfalt für zu erwägende Alternativen aufzubereiten, Erwägungsalternativen zu integrieren und Klärungen über jeweilige Erwägungshorizonte und Lösungsvorlieben zu erreichen. Zunächst werden einige Methoden, die bereits im Verlauf der Arbeit erläutert und angewendet wurden, wegen ihrer Relevanz für Erwägungsseminare erwähnt. Danach werde ich auf zwei Methoden der klärenden Erschließung von Vielfalt und Integration von Erwägungsalternativen eingehen, die insbesondere auch die Beachtung von Erwägungs- und Lösungsebene in Klärungsprozessen deutlich werden lassen. Schließlich werden Erfahrungen mit verschriftlichten Diskussionen dargelegt.

(38) *Beispielsorientierte Bestimmungen, Sortieren nach Abstraktions- und Konkretionsebenen, Erwägungstafeln sowie reflexive Orientierung*: In vielen bisherigen Erwägungsseminaren wurde - vergleichbar dem in dieser Arbeit gewähltem Vorgehen - eine Klärung jeweiliger Verständnisse von themenrelevanten Grundtermini anhand von Beispielen versucht. Beispielsammlungen regen zu Thesen, Fragen und Präzisierungen an. Man kann sie nach Abstraktions- bzw. Konkretionsstufen oder mit kombinatorischen Verfahren bzw. Erwägungstafeln näher analysieren. Verfolgt man die beiden zuletzt genannten Vorgehensweisen, so hat man mit ihnen auch zugleich Verfahren, regelgeleitet - im Unterschied etwa zum Brainstorming - systematisch Vielfalt zu erschließen.

Für Klärungsprozesse in studierendenorientierten Erwägungsseminaren ist eine reflexive Orientierung erforderlich. Insbesondere die geschilderten Blitzlichter zeigen häufig, wie unterschiedlich jeweilige Sitzungen hinsichtlich »Effektivität« und »Klärungszufriedenheit« eingeschätzt werden. Sowohl für individuelle als auch gemeinsame Aufbau- und Klärungsprozesse ist es hilfreich, darüber zu reflektieren, warum etwas für die einen »klärend« und für andere »verwirrend« ist und wie man bessere Wege finden könnte. In fast allen Erwägungsseminaren wurde dieses Nachdenken von zwischenzeitlichen schriftlichen Seminarkritiken im laufenden Semester unterstützt. Reflexiv wird deutlich, daß Klärungen und Ungeklärtheiten durchaus zusammenhängen und es sinnvoll ist, Grade bzw. Ebenen der Geklärtheit und Ungeklärtheit zu unterscheiden. Erwägungsprozesse sensibilisieren für offene Fragen, Grenzen jeweiligen Wissens und Ungeklärtheiten. Frühere Klarheit kann sich durch das Erwägen etwa als eine solche herausstellen, die darauf beruhte, daß Alternativen nicht bekannt und/oder nicht erwogen wurden. Die so entstandene Unklarheit führt hinsichtlich der Erwägungsgeltungsbedingung zu einer adäquateren Einschätzung jeweiliger Konzepte als dies mit vermeintlich »klarem Kopf« der Fall war. Klärungsprozesse in Erwägungsseminaren sind häufig Prozesse der Bildung eines Bewußtseins für Ungeklärtheiten auf »höherem« Niveau. Damit dies als solches geschätzt werden kann, ist ein Wissen über unterschiedliche Niveaus im Umgang mit Konzepten zu entwickeln.

(39) *Vielfalt klärend erschließen und integrieren am Beispiel von erwägungsorientiertem »fish pool« und »erwägungsorientierter Pyramidendiskussion«*: Erwägungsorientierter »fish pool« und »erwägungsorientierte Pyramidendiskussion« sind beides Methoden, die einerseits die einzelnen herausfordern, Position zu beziehen (Lösungsebene) und andererseits in der Gruppenauseinandersetzung verlangen, die vorerst eingenommene Position erwägend mit den anderen zu vermitteln und zu integrieren (Erwägungsebene), um die Erwägungsgeltungsbedingung der eigenen Position zu prüfen und ggf. zu verbessern, was auch bedeuten kann, auf der Lösungsebene künftig eine andere Position zu vertreten.

Die Methode eines »*erwägungsorientierten fish pools*« erwuchs aus den Erfahrungen mit Gruppenarbeit in Erwägungsseminaren, genauer gesagt, mit den Problemen einer erwägungsorientierten Zusammenführung von Gruppenarbeitsergebnissen. Da Gruppenarbeit gleichzeitig mehr Teilnehmenden eine aktive Beteiligung ermöglicht und die Gewinnung von Vielfalt sowie die Sortierung und Bestimmung von Alternativen unterstützen kann, wurde sie in vielen Erwägungsseminaren eingesetzt. Wie sich zeigte, besteht in der anschließenden Plenumsarbeit jedoch die Tendenz, daß insbesondere Mitglieder von Gruppen, die mehrfach in gleicher Teilnehmendenbesetzung zusammengearbeitet haben, ihre Ergebnisse als fertige Lösungen handhaben und unwillig sind, sie erneut im Plenum als bloße Erwägungsalternativen zur Diskussion zu stellen. Das mag ein

Indikator dafür sein, wie lösungsorientiert bisherige Tradierungs-, Sozialisations-, Lehr- und Lernprozesse sind.

Eine zu starke Lösungsorientierung macht es deshalb erforderlich, Methoden zu finden, die Korrekturbereitschaft eigener Lösungen und Integration von weiteren zu erwägenden Alternativen fördern. Aus dieser Konstellation heraus wurde die sogenannte "fish pool"-Methode eingesetzt, bei der es nach Abschluß einer Gruppenarbeit nicht zu einem Austausch im Plenum kommt, sondern statt dessen die Gruppen neu zusammengesetzt werden, so daß sich in den neuen Gruppen jeweils Mitglieder aus allen bisherigen Gruppen befinden, die sich gegenseitig informieren. In Erwägungsseminaren beginnt die eigentliche Aufgabe der gemischten Gruppe dann nach der gegenseitigen Information. Die Gruppe hat nun die Aufgabe, die von ihren Mitgliedern vertretenen verschiedenen Lösungsalternativen daraufhin zu untersuchen, inwiefern sie sich als Erwägungsalternativen in einen gemeinsamen Erwägungshorizont integrieren lassen. Ob man danach die verschiedenen Erwägungshorizonte im Plenum erörtert oder vielleicht einen weiteren fish-pool-Durchgang macht, hängt von der konkreten Thematik und Lern- und Lehrsituation ab.

Auch in »erwägungsorientierten Pyramidendiskussionen«[74] wird ein Wechsel zwischen Bestimmung einer jeweiligen Lösungs-Position und ihrer erneuten Öffnung für alternative Erwägungen gefördert. Erwägungsorientierte Pyramidendiskussionen bieten sich vor allem für Seminare mit einer geringeren Teilnehmendenzahl an. Eine zunächst in Einzelarbeit gefundene Lösung wird in immer größer werdenen Gruppen jedesmal neu zur Erwägung gestellt. In jeder neuen Gruppenkonstellation soll versucht werden, die hinzukommenden Lösungsalternativen in einen gemeinsamen Erwägungshorizont zu integrieren. Ergebnis mag dabei auch sein, sich nicht auf einen gemeinsamen Erwägungshorizont einigen zu können, weil zwischen konkurrierenden Alternativzusammenstellungen nicht mit Gründen eine der anderen vorgezogen werden kann. Wichtig bei einer erwägungsorientiert verlaufenden Pyramidendiskussion ist also nicht, daß die Teilnehmenden primär versuchen, sich auf eine Lösung zu einigen, was die ursprüngliche Zielsetzung einer Pyramidendiskussion ist. Vielmehr sollten möglichst genau die Unterschiede und Gemeinsamkeiten der verschiedenen Lösungsvorschläge herausgearbeitet werden. Indem das so gewonnene Alternativenwissen zum Geltungsbezug für die eigene Position wird, kann diese weitaus differenzierter, im Bewußtsein von Grenzen jeweiligen Wissens und bestehenden Ungeklärtheiten oder dem dezisionären Charakter vertreten werden.

(40) *Verschriftlichte Diskussionen am Beispiel von »Thesen-Kritik-Replik«-Verfahren*: Für aufbauende individuelle und gemeinsame Klärungsprozesse

braucht man gerade auch in Seminaren, die nur wöchentlich stattfinden, geeignete Verschriftlichungen, die Anknüpfungen ermöglichen. Die bereits vorgestellten Notizen sind eine Möglichkeit, Aspekte abgelaufener Diskussionen festzuhalten. Darüber hinaus wurden in zwei Erwägungsseminaren »Thesen-Kritik-Replik«-Verfahren erprobt, deren Ziel man in Anlehnung an Marion Bergk als Versuch einer "Klärung durch Verdichtung" mittels Verschriftlichung der Diskussion bezeichnen könnte (s. Bergk 1998, 141).[75] In einem Erwägungsseminar fand dieser Verdichtungsprozeß in Gruppenarbeit über mehrere Sitzungen und in einem anderen semesterbegleitend statt.

Im ersten Fall wurden zunächst von zuvor im Plenum ausgewählten Fragen drei Gruppen gebildet, die jeweils ein Thesenpapier hierzu verfaßten. In einem zweiten Schritt wurden die Thesenpapiere den jeweils anderen Gruppen gegeben und alle Gruppen sollten nun die Thesen der jeweils anderen schriftlich kritisieren, befragen und ggf. in Beziehung zu den eigenen Thesen setzen. Diese Papiere wurden wieder ausgetauscht. Schließlich verfaßten die einzelnen Gruppen auf die Kritiken hin Erwiderungen und formulierten Unterschiede und Gemeinsamkeiten zwischen den eigenen Thesen und denen der anderen. Diese Erwiderungen sollte so gesehen nicht nur Replik sein, sondern zugleich in die Richtung einer Metakritik im Sinne der Zeitschrift »Ethik und Sozialwissenschaften« (EuS) gehen und versuchen, eine Art Erwägungsdiskussionsstand zu formulieren (zum Konzept der »Metakritik« Anmerkung I. 2). Der Verlauf der schriftlichen Diskussion im Seminar machte deutlich, wie schwierig es sein kann, Alternativen zu verstehen und auch eigene Positionen zu korrigieren, was zuweilen zusammenhängt. Die Diskussion in den einzelnen Gruppen verlief bei diesem Thesen-Kritik-Replik-Vorgehen mündlich. Die jeweiligen Papiere waren die Ergebnisse der jeweiligen Gruppendiskussionen. Die Methode des »Schreibgesprächs« aufgreifend könnte eine Variante dieses Verfahrens darin bestehen, auch den Gruppenprozeß schriftlich zu gestalten. Beim »Schreibgespräch« sitzt jede Gruppe um einen Tisch herum und jeder bzw. jede schreibt ihre bzw. seine Thesen und Überlegungen auf ein großes Blatt, was in der Mitte liegt. Das Blatt wird alle zwei bis vier Minuten eine Station weitergedreht und es besteht nun die Möglichkeit, Erwiderungen, Anmerkungen zu notieren, Querverweise zu anderen Äußerungen herzustellen usw.[76] In Erwägungsseminaren wäre diese Aufgabe um den Erwägungsgedanken zu erweitern. Die Teilnehmenden müßten bei ihrem schriftlichen Gespräch insbesondere die Zielsetzung verfolgen herauszufinden, inwiefern es sich bei ihren Positionen um zu erwägende Alternativen handelt und welche Erwägungsgeltungsbedingungen zu den sozial verteilt vorliegenden Lösungsalternativen bestehen.

In dem anderen Seminar verfaßten die Studierenden von Sitzung zu Sitzung zu

Hause Thesenpapiere, die sie untereinander jeweils mit einem Kommilitonen bzw. einer Kommilitonin austauschten, um sich in einem zweiten Schritt gegenseitig zu kritisieren und schließlich in einem dritten Schritt eine Replik zu verfassen. Die Papiere konnten alles, was Gegenstand im Seminar war, behandeln. Häufig knüpften die Thesenpapiere als eine Reflexion an die jeweils letzte Sitzung an. Dieses Verfahren erwies sich als arbeitsintensiv, denn von allen Beteiligten waren ab der 3. Sitzung, von der an das Vorgehen praktiziert wurde, jeweils drei Papiere pro Sitzung zu erstellen: ein neues Thesenpapier, eine Kritik zu einem anderen Papier sowie eine Replik auf eine erhaltene Kritik zu einem älteren Thesenpapier. Auch für die Leitung, die die gesamte Prozedur koordinierte, war allein der Sortierungsaufwand erheblich. Dies könnte weniger problematisch sein, wenn man die ganze Diskussion netzgestützt führen würde, womit aber noch keine Erfahrung gemacht werden konnten. Günstig wäre eine netzgestützte Diskussion dabei auch insofern, als sie, wenn alle damit einverstanden sind, einen einfacheren Zugang aller zu allen Diskussionen ermöglichen würde. So konnten zwar die gesammelten Diskussionen auch eingesehen werden, dies aber eben nur in eingeschränktem Maße innerhalb der Öffnungszeiten des Sekretariats.

Eine weitere Variante des Verfahrens wurde von einer Teilnehmerin vorgeschlagen. Sie schlug vor, statt des Thesen-Kritik-Replik-Tauschs mit wechselnden Diskussionspartnerinnen und -partnern feste Diskussionspartnerschaften - sie nannte das einen brieffreundschaftsähnlichen Austausch - zu versuchen. Für eine Intensivierung der Auseinandersetzung könnte dies sicherlich vorteilhaft sein. Andererseits ist zu bedenken, daß nicht alle mit ihren jeweiligen Partnern bzw. Partnerinnen gleich gut klar kommen und es für den gemeinsamen Aufbau- und Klärungsprozeß hilfreich ist, wenn sich nicht nur jeweils zwei Teilnehmende über jeweiligen Sitzungen austauschen.

Trotz des Aufwandes habe ich den Eindruck gewonnen, daß ein derartiges Vorgehen viele Vorteile hat. U. a. fiel gleich zu Beginn auf, daß das Verfahren zur Selbstregulation aufforderte und die Studierenden sich in ihrem Arbeitsverhalten gegenseitig kritisierten und insgesamt dadurch verbesserten. So erhielt eine Studentin, die sich viel Mühe mit ihrem Thesenpapier gegeben hatte, von ihrem Partner ein kaum lesbares handschriftliches Thesenpapier. Nachdem sie in ihrer Kritik als erstes hierüber ihre Frustration geäußert hatte, entschuldigte sich ihr Partner in seiner Replik und tippte ebenfalls fortan seine Beiträge. Im Fortgang des Semesters bewirkte die parallel ablaufende schriftliche Diskussion, daß sich die Teilnehmenden zunehmend besser kannten und einschätzen konnten, so daß Klärungsprozesse unterstützt wurden. Auch konnte man teilweise schriftliche Diskussionsbeiträge für die gemeinsame Seminardiskussion nutzen. Alle Teilnehmenden waren aufgefordert, wenn es ihnen sinnvoll schien, diesbezüglich aktiv zu werden. Die Leitung, die die schriftlichen Diskussionen kannte, machte manchmal Vorschläge. Insgesamt schien mir das Vorgehen dem Diskussionsklima sehr förderlich.

3.6 Vielfaltsbewahrung in Erwägungsseminaren

(41) *Vielfaltsbewahrung als Forschungsaufgabe:* Wie im Abschnitt über die methodischen Ansprüche dargelegt, gibt es aufgrund fehlender Traditionen eines erwägenden Umgangs mit Konzepten kaum Methoden, auf die man zurückgreifen kann, um jeweilige Erwägungsstände erinnerbar und rekonstruierbar zu halten. Von daher sind Aussagen über derzeitige Vielfaltsbewahrung in Erwägungsseminaren vor allem auf einer reflexiven Ebene des Nicht-Wissens, Behelfens und Erprobens angesiedelt. Hier besteht nicht nur konzeptuell, sondern auch hinsichtlich unterstützender Medien und Gruppenprozesse Forschungsbedarf.

(42) *Vielfaltsbewahrung für sich und für andere:* In studierendenorientierten Erwägungsseminaren sollen individuelle und gemeinsame Lerngeschichten ermöglicht werden. Es ist also zunächst einmal nach Wegen einer individuellen und gemeinsamen Bewahrung von erwogener Vielfalt und erwogenen Alternativen zu suchen. Weiterhin sind Wege der Bewahrung zu suchen, die relevante erwogene Vielfalt und Erwägungsgeltungsbedingungen für andere zugänglich halten, die nicht an dem Erwägungsprozeß, etwa in einem Seminar, teilgenommen haben. Bisher stehen hier nur die Methoden zur Verfügung, die im Seminar schon für Aufbau- und Klärungsprozesse heranziehbar sind: also Notizen, wissenschaftliches Tagebuch oder verschriftlichte Diskussionen. Dabei scheint mir das, was für die Verständigung untereinander hilfreich ist, auch geeignet für eine Bewahrung von Erwägungsständen zu sein, die anderen zugänglich sein sollten. Ich denke dabei vor allen an Beispielsbezüge und ein Sortieren jeweiliger Grundtermini nach Abstraktions- und Konkretionsebenen sowie Arbeitsdefinitionen und Erwägungstafeln.

(43) *Erwägungsforschungsstände, Erwägungssynopsen und erwägungsorientiert aufgebaute Lexika als mögliche Perspektiven:* Hauptschwierigkeit bei der Bewahrung von Vielfalt und Erwägungsgeltungsbedingungen ist deren Umfang. Es ist nach Methoden zu suchen, die Vielfalt und Erwägungen möglichst übersichtlich und systematisch darstellen lassen und dennoch wiederum möglichst vielfältige Zugänge zu dieser Vielfalt offen zu lassen. Inwiefern derartige Erwägungsforschungsstände und Erwägungssynopsen sich vielleicht mit

Hilfe der neuen Medien und sogenannter Hypertextverfahren übersichtlicher gestalten lassen, ist herauszufinden. Es werden auch diese neueren technischen Möglichkeiten nur so gut sein, wie es einem zuvor gelungen ist, jeweilige Vielfalt problemadäquat erwägungsorientiert zu behandeln. Insbesondere die Erwägungstafeln haben sich für möglichst kompakte Zusammenstellungen und als Orientierungspunkte in jeweiliger Vielfalt als hilfreich herausgestellt, wobei allerdings deren reflexive Einbettung nicht vergessen werden darf. Während des Tutoriumsprojektes wurde noch ein anderer Weg angedacht und in ersten Ansätzen ausprobiert, indem wir[77] versuchten, ein erwägungsorientiertes Lexikon aufzubauen, um so die Vielfalt unserer Gedanken und Überlegungen zu bewahren. Jedes Stichwort sollte unter folgenden 9 Aspekten behandelt werden: Ausgangsprobleme, Assoziationshorizont, Definition (verstanden als Arbeitsdefinition, die einen derzeitiges Forschungsstadium wiedergibt), Erläuternde Zusatzbemerkungen, Begriffliche Verortungen, Forschungsfragen, Thesen/Bemerkungen, Empirischer Bezug/Beobachtungen/Indikatoren und Verweise. Wenngleich es im Rahmen der Ressourcen nicht möglich war, dieses Vorhaben zu entfalten, so unterstützte der Versuch die weitere Entwicklung des Konzeptes von Erwägungsseminaren.

IV. Schlußbemerkungen

(1) *Rückblick*: Die Arbeit hat den Bogen geschlagen von einer erwägungsorientierten Auseinandersetzung mit verschiedenen Verwendungsweisen des Terminus "Entscheidung" über die Entwicklung und Verortung eines eigenen Verständnisses von "Entscheidung" und von "Entscheidungskompetenzen" hin zur Frage und Auseinandersetzung um die These der individuellen Relevanz solcher Kompetenzen und der exemplarischen Anwendung auf didaktische Problemlagen. In der Genese der Arbeit erfolgten vielfältige Klärungen durch das Aufeinanderbezogensein von konzeptueller Entfaltung und alltagspraktischer Anwendung des Erwägungsgedankens. Die Erfahrungen mit Erwägungsseminaren haben etwa die konzeptuellen Überlegungen z. B. über Erwägungsmentalitäten und unterschiedliche Umgangsweisen mit Vielfalt und Alternativen beeinflußt wie umgekehrt die jeweiligen konzeptuellen Thesen, etwa zum Verständnis von "Alternative", ihren Eingang in die Seminare fanden. Weil die Perspektive, aus der heraus die Arbeit geschrieben wurde, sich selbst schon einem bestimmten Entscheidungsverständnis verdankt, bestand eine besondere Selbstreferentialität zwischen Gegenstand der Arbeit und methodischem Vorgehen. Die Auseinandersetzung mit »Entscheidung« war zugleich eine Bewährungsprobe für die Methode eines erwägungsorientierten Vorgehens und eines erwägungsorientierten Entscheidungsverständnisses. Deutlich wurden dabei auch immer wieder jeweilige Grenzen des Erwägens und die Notwendigkeit zu erwägen, was zumindest vorerst nicht (mehr) erwogen werden kann, etwa weil man sich für andere Erwägungen mehr Zeit nehmen will bzw. muß.

(2) *Ausblick*: Teilt man die in dieser Arbeit entwickelten Überlegungen zur Relevanz von erwägungsorientierter Entscheidungskompetenz, so wird erschließbar, daß zur Entfaltung von Erwägungsorientierung als einer allgemeinen grundlegenden Kulturtechnik wohl noch sehr viel zu tun wäre. Aber haben die Auseinandersetzung mit Entscheidung und die Überlegungen zu einem erwägungsorientierten Entscheidungsverständnis nicht Problemlagen deutlich werden lassen, die hinreichend motivieren könnten, sich auf das Wagnis von mehr Erwägungsorientierung einzulassen? Mich bewegen dabei vor allem zwei Fragen:
• Führt ein erwägungsorientiertes Entscheidungsverständnis zu einem kritischeren, reflektierteren Umgang mit Vorgaben sowie denkbaren zukünftigen Lösungen und damit auch zu neuen Formen der Tradierung von deskriptiven und präskriptiven Konzepten?
• Inwiefern wären Kulturen, die erwägungsorientiert mit bereits vorhandenen und zukünftigen potentiellen Lösungen umgehen, nicht-patriarchale Kulturen und auch Alternativen zu traditionellen, modernen und postmodernen Kulturen?

Hinsichtlich der ersten Frage müßte insbesondere die Weiterentwicklung einer Erwägungsdidaktik für verschiedene Lehr- und Lernkonstellationen Antworten finden lassen. Günstig könnte dabei als nächstes die Konzipierung einer Erwägungsdidaktik für die Grundschule sein, da es hier meines Erachtens Entwicklungen gibt, an die sich anknüpfen läßt und die ihrereseits - so meine Vermutung - durch eine Einbeziehung des Erwägungskonzeptes gestärkt werden könnten.

Um Antworten auf die zweite Frage zu finden, wäre es vor allem relevant, weitere Anwendungen des Erwägungskonzeptes zu entwickeln und zu erproben. Ich denke dabei an die Bereiche "Wirtschaft", "Politik" und "Medien" (wie z. B. wissenschaftliche Zeitschriften). Einen Eindruck, welche Konsequenzen allein die Anwendung eines erwägungsorientierten Entscheidungsverständnisses etwa auf Abstimmungs- und Wahlverfahren haben könnte, geben die diesbezüglichen Abschnitte in dieser Arbeit.

Es mag sein, daß meine Einschätzungen und Hoffnungen sich als falsch erweisen. Aber das wäre erst einmal herauszufinden. Bedenkt man den großen Vorsprung, den die bisherige Geschichte der Erfindung und Tradierung von qualitativen Konzepten ohne Forschungstraditionen einer Erwägungsgeltungsbedingung hat, darf man dabei auch nicht zu ungeduldig sein. Ich meine, daß bis jetzt viele Gründe dafür sprechen, dem Erwägungskonzept eine Chance zu geben.

Anmerkungen

Zu Teil I

1 Ich gehe hier zunächst von einem *intuitiven Vorverständnis* des Ausdrucks "Entscheidung" mit seinen Abwandlungen aus. Eine solche intuitive Verwendung und das Anknüpfen an vermutete ähnliche Vorverständnisse bei Leserinnen und Lesern betrifft auch andere in der Arbeit verwendete Termini. Insofern jede Arbeit begrenzt ist, können nur die jeweils thematisch für relevant erachteten Termini - wie hier insbesondere der Ausdruck "Entscheidung" und seine Abwandlungen - ausführlicher behandelt werden. -
Die *Verwendung verschiedener An- und Abführungszeichen* wird in dieser Arbeit nach folgenden Kriterien vorgenommen: Wenn ein Sachverhalt hervorgehoben oder als problematisch kenntlich gemacht werden soll, wähle ich doppelte eckige Zeichen (»...«). Dabei werden die für diese Arbeit als relevant oder problematisch erachteten Termini und Konzepte aber nicht bei jeder Verwendung als solche gekennzeichnet. Dies liefe auf eine Überfrachtung mit Hervorhebungen hinaus. Statt dessen sollen Hervorhebungen eher exemplarisch und die jeweiligen Gedankengänge unterstützend erfolgen. - Geht es um den Gebrauch von Worten sowie um die Kenntlichmachung von Zitaten oder die Angabe von Buch- oder Aufsatztiteln, dann werden doppelte einfache Zeichen genommen ("..."). "Wort" verwende ich synonym mit "Bezeichnung", "Ausdruck" und "Terminus". Einfache Zeichen ('...') nehme ich, wenn der Begriff zu einem Wort, das heißt die Semantik eines Ausdrucks, oder ein Gedanke hervorgehoben wird.
Zitate werden - wie bereits festgestellt - in doppelte An- und Abführungszeichen gesetzt. Die weitere Zitierweise orientiert sich an folgenden Regeln: Wenn in Zitaten von mir Textstellen ausgelassen werden, so kennzeichne ich dies mit einer eckigen Klammer und drei Punkten ([...]). Nehme ich Ergänzungen in Zitaten vor oder füge Erläuterungen hinzu, so befinden sich diese ebenfalls immer in eckigen Klammern. Die in den Zitaten vorkommenden verschiedenen An- und Abführungszeichen werden übernommen und sind in ihrer Bedeutung nicht mit meinen Verwendungsweisen gleichzusetzen. Hervorhebungen in den Zitaten werden beibehalten. Hebe ich bestimmte Stellen hervor, weise ich darauf hin. Die Autorinnen bzw. Autoren der Zitate werden das erste Mal mit Vor- und Nachnamen, später meistens nur noch mit Nachnamen angegeben, und zwar entweder im Text vor dem Zitat oder in Klammern nach dem Zitat, in denen auch der Ort des jeweiligen Zitats genannt wird. Wird von einem Autor bzw. einer Autorin aus mehreren Arbeiten desselben Jahres zitiert, wird eine Zuordnung zur Literatur durch den Zusatz von verschiedenen Kleinbuchstaben kenntlich gemacht, also etwa 1999a, 1999b usw.

2 Die »Forschungsgruppe Erwägungskultur Paderborn« bildete sich Ende der 80ger Jahre. Ihre Mitglieder, Frank Benseler, Rainer Greshoff, Werner Loh und die Autorin, machten den Erwägungsgedanken zur programmatischen Grundlage für die Gründung der seit 1990 erscheinenden Diskussionszeitschrift »Ethik und Sozialwissenschaften« (EuS), zu deren Mitherausgebern seit 1995 auch Reinhard Keil-Slawik gehört.
Grundprinzip von EuS ist die Erörterung jeweiliger Themen in Form von Diskussionseinheiten, die aus einem Hauptartikel, Kritiken und Replik des Verfassers bzw. der Verfasserin des Hauptartikels bestehen. Variationen dieses Grundprinzips können sein, daß mehrere Hauptartikel zu einem Thema kritisiert werden oder daß sich an eine Diskussionsrunde eine zweite Kritikrunde und Replik anschließt. Ziel ist es, in den Diskussionen die jeweilige Vielfalt an Positionen, Perspektiven, Argumenten und Einschätzungen zu einem Thema möglichst umfassend und adäquat zu repräsentieren. Mit dieser Lösungsvielfalt soll der Ausgang für eine erwägende Aufbereitung geschaffen werden, für die die Instanz der »Metakritik« konzeptualisiert wurde. In Metakritiken sollen die abgelaufenen Diskussionen erwägungsorientiert und nicht-zensierend aufbereitet werden. Zu ihren Aufgaben gehört es zu versuchen, die "in den Diskussionseinheiten repräsentierte Spannbreite der Vielfalt zu ordnen [...] und dabei die entstehenden Schwierigkeiten gegebenenfalls zu erörtern" sowie "die Auseinandersetz-

zungsformen in den Diskussionseinheiten zu reflektieren" (EuS-Programm; es wird im Anhang der EuS-Hefte abgedruckt). Leitende Fragen hierbei sind etwa: "Liegen mit der jeweiligen Vielfalt überhaupt Alternativen vor und wie sind sie zu bestimmen? Hat man alle problemrelevanten Alternativen erwogen und wie sind sie zu vergleichen? Welche Kriterien braucht man hierfür? Lassen sich für diese Fragen Regeln als Antworten finden?" (EuS-Programm). Vor allem hinsichtlich der Ebene der Metakritik ist die Zeitschrift als Forschungsprojekt zu verstehen. Die bisherigen Erfahrungen mit Metakritik zeigen, wie schwierig und komplex eine erwägungsorientierte Aufbereitung jeweiliger Kontroversen, die man auch die Erarbeitung von "Erwägungsforschungsständen" nennen mag, ist. Diese Schwierigkeiten sind ein weiterer Motivgrund für diese Arbeit, die von der Hoffnung getragen wird, durch eine erwägungsorientierte Auseinandersetzung mit der Problemlage des Entscheidens Anregungen für die Weiterentwicklung des Konzepts der Metakritik zu gewinnen.

Der Erwägungsgedanke wurde und wird von den Mitgliedern der Forschungsgruppe Erwägungskultur in der Erörterung verschiedener Themen anzuwenden und weiterzuentwickeln versucht (vgl. z. B. die Aufsätze in Benseler u. a. 1994, Greshoff 1998, zuletzt 1999 Darstellung des Erwägungskonzeptes, das in dieser Arbeit in der Anwendung zurückgestellt wird (s. Anmerkung 20 in Teil I), Loh 1995a, 1996a, 1999, zuletzt 2000, Blanck 1996a, 2000). Auch in Lehrveranstaltungen wurde und wird der Erwägungsgedanke umzusetzen versucht (vgl. hierzu die Tutoriumsprojekt-Papiere 1(1994), 2(1995), 3(1995) und 4(1996), Loh 1995b, Blanck 1996b, 1998). In einem Ende der 90ger Jahre aufgebauten »Erwägungskreis« wird der Erwägungsgedanke aus der Perspektive verschiedener Disziplinen aufgegriffen, weiterentwickelt und diskutiert. Von den Mitgliedern des Erwägungskreises werden auch interdisziplinäre »Erwägungsseminare« angeboten. Zu den Mitgliedern zählten 1999: Thorsten Bührmann (Erziehungswissenschaft, s. 1995 und Beiträge in den Tutoriumsprojekt-Papieren 3(1995) und 4(1996)), Bardo Herzig (Erziehungswissenschaft, u. a. 1998, insbes. Kap. 5, zuletzt zus. mit Loh und Blanck 1998 und 1999), Ulrich Kazmierski (Volkswirtschaftswissenschaften u.a. 1993, 1996, zuletzt 1998), Werner Roth (Informatik und Gesellschaft, Beitrag in den Tutoriumsprojekt-Papieren 2 (1995)) sowie aus der Forschungsgruppe Erwägungskultur Werner Loh und die Autorin).

Die folgenden Überlegungen und Darlegungen des Erwägungskonzeptes verdanken sich wesentlich diesen Forschungs- und Diskussionszusammenhängen und finden sich u. a. in den angegebenen Arbeiten wieder. Für die hier von mir gewählte Form der Darstellung und Einschätzung des Konzeptes trage ich allein die Verantwortung.

3 Die folgenden Überlegungen beziehen sich auf Bestimmungen von Alternativen durch qualitative Unterschiede. Geht man von der verbreiteten Unterscheidung in quantifizierende und qualifizierende Bestimmungen aus, so mag man zwischen einem Umgang mit Alternativen in den quantifizierenden Wissensbereichen und einem Umgang mit Alternativen in den qualitativen Wissensbereichen unterscheiden. Zu der Unterscheidung in Qualitatives und Quantitatives sowie Möglichkeiten des problemadäquaten Bestimmens von quantitativen Erwägungsalternativen vgl. II. 2.2.3.

4 Die von Feyerabend angesprochene problematische Möglichkeit eines platonischen Wettstreits zwischen Theorien wird hier nicht verfolgt. In diesen einleitenden Überlegungen zu einigen Anknüpfungen und Verortungen eines erwägenden Umgangs mit Alternativen im Unterschied zu anderen Umgangsweisen berücksichtige ich wissenschaftstheoretische Ausführungen zum Umgang mit Alternativen allein unter der Fragestellung, wie derartiger Umgang individuell und sozial zwischen Vertreterinnen und Vertretern konkurrierender Positionen beschrieben und für sinnvoll erachtet wird.

5 Vgl. statt anderer die Position von Imre Lakatos, der im Zusammenhang mit seinem Plädoyer für einen möglichst "frühen Wettstreit" betont, daß ein "'theoretischer Pluralismus' [...] besser als ein 'theoretischer Monismus'" ist, und fortfährt: "An diesem Punkt haben Popper und Feyerabend recht, und Kuhn hat unrecht" (1982, 68; vgl. auch die Auseinandersetzungen mit der Position von Kuhn in dem von Imre Lakatos und Alan Musgrave herausgegebenen Band von 1974, in dem der hier zitierte Artikel von Lakatos ebenfalls abgedruckt ist).

6 Es ist meines Erachtens nicht uninteressant, daß Feyerabend an das letzte Zitat eine Überlegung anschließt, in der er die Trennung zwischen Entdeckungszusammenhang, den ich hier als "Genese" bezeichne, und Begründungszusammenhang, den ich hier als "Geltung" bezeichne, problematisiert: "Aus den gleichen Gründen ist eine strenge Betonung des Unterschieds zwischen einem Entdeckungszusammenhang (der Alternativen in Betracht zieht - aber nur auf rein psychologische Weise) und einem Begründungszusammenhang, der nur mehr Theorie und Tatsache untersucht, eine willkürliche und sehr schädliche Einschränkung der wissenschaftlichen Praxis: "psychologische" und "historische" Elemente sind wichtige Bestandteile wissenschaftlicher Prüfverfahren" (1981, 103, Anm. 72).

7 Zum Konzept eines "externen Gedächtnisses" vgl. Keil-Slawik, der u. a. die Möglichkeiten und Grenzen verschiedener "Gedächtnistechnologien" für den Aufbau eines "kollektiven externen Gedächtnisses" erörtert (s. 1994, 215ff.). Es ist meines Erachtens für eine Entfaltung des Erwägungskonzeptes eine grundlegende Forschungsfrage herauszufinden, inwiefern sich die neuen Informationstechnologien für den Aufbau und die Repräsentation von zu erarbeitenden Erwägungsforschungsständen eignen und so ein "externes Gedächtnis" einer Erwägungskultur sein könnten.

8 Einschließlich reflexiver Entscheidungen wie etwa eine Entscheidung, nicht zu entscheiden, oder auch Entscheidungen über die Qualität von Entscheidungen, die andere getroffen haben.

9 Wobei ein Schließen derartiger Forschungslücken auch wieder reflexiv erfolgen könnte, indem etwa festgestellt würde, daß sich eine Lücke (vorerst) nicht schließen läßt bzw. ruhig bestehenbleiben kann, weil es vorläufig nicht sinnvoll ist, sich mit ihr zu befassen.

10 Natürlich ist man bei der Bearbeitung aller Fragestellungen darauf angewiesen festzulegen, was man jeweils als Rahmenbedingungen und Voraussetzungen zugrunde legt und was man offen erwägend behandeln möchte. Man kann nicht alles gleichzeitig in Erwägung ziehen. Worauf es mir hier ankommt, ist das Bewußtsein, in dem solche Festlegungen getroffen werden. Wird reflektiert, daß es sich um Festsetzungen handelt, die ihrerseits hinterfragbar und gegenüber Alternativen zu begründen sind, oder werden jeweilige Festsetzungen als nicht weiter zu hinterfragende "absolut" - und in diesem Sinne dann "dogmatisch" - gesetzt?

11 Von der "Dialogischen Theorie" Peter V. Zimas mag man sich anregen lassen, jeweilige Bemühungen der Integration jeweiliger Alternativen in einem Erwägungsforschungsstand auch als Suche nach einem Konsens über einen bestehenden Dissens zu beschreiben (vgl. Zima 1999, 594, Nr. (18)).

12 Mit der Unterscheidung von Lösungs- und Realisierungsebene möchte ich diejenigen Fälle mitberücksichtigen, in denen jemand über eine Entscheidung zu einer Lösung gelangt ist, diese - aus welchen Gründen auch immer - aber (noch) nicht umsetzen/realisieren kann.

13 Welsch führt die Argumentation an dieser Stelle allerdings von einer anderen Richtung als ich. Während es mir hier darum geht zu betonen, daß man trotz (meinem Verständnis nach gerade aufgrund) eines radikalen Erwägungspluralismus keineswegs positionslos sein muß, geht es Welsch umgekehrt darum zu zeigen, daß man, obwohl man eine spezifische Position vertritt, sehr wohl selbst die radikalsten Gegenpositionen nicht aus der Diskussion ausschließen sollte. Welsch verteidigt sein Konzept einer transversalen Vernunft gegenüber dem Vorwurf der Selektivität, nach dem sein Konzept bestimmte nicht-pluralistische Positionen ausgrenzen würde (s. 1995, 924f.), wie folgt: "Entgegenstehende oder mißliebige Konzeptionen werden aus der Diskussion gerade nicht ausgeschlossen, sondern es wird extensiv in ihre Richtung gesprochen und argumentiert. Zwar werden diese Positionen nicht *übernommen*, aber das bedeutet nicht, daß sie *ausgeschlossen* würden. Als Kandidaten werden sie vielmehr ernst genommen. [...] Der Vorwurf der Selektivität beruht offensichtlich auf der Verwechslung von Nicht-Übernahme mit Ausschluß. [...] Gewiß trage ich ein Plädoyer vor - aber als

Eröffnung, nicht als Abschluß einer Diskussion, und in diese sind auch die konträrsten Positionen - die absolutistischen und fundamentalistischen - einbezogen" (1995, 926f.).

14 Meine Vermutung ist, daß die Dominanz patriarchaler (bzw. noch allgemeiner herrscherlicher) Traditionen ein Grund dafür sein könnte, warum bisher Erwägungsforschungstraditionen nicht eingeschlagen wurden. Denn das Erwägungskonzept ist meines Erachtens ein Konzept für nicht-patriarchale Wissenschaften, insbesondere weil es den Aufbau sozialer Verhältnisse erschwert, in denen sich Herrschafts- und Machtverhältnisse mit dadurch stabilisieren, indem das Potential an erwägungsorientierten Verbesserungsmöglichkeiten von jeweiligen Lösungen eingeschränkt wird und statt dessen etwa autoritätsgebundene Anweisungen die sozialen Beziehungen kennzeichnen (vgl. Blanck 1992). Es wäre ein Forschungsprojekt, diese Vermutung ausführlicher zu prüfen und gegenüber alternativen Erklärungen abzuwägen.

15 Orientiert man sich an der verbreiteten Unterscheidung zwischen quantifizierenden und qualitativen Wissenschaften, so mag man in den Zuordnungsmöglichkeiten von Zahlen zu jeweiligen Maßeinheiten, die eine vollständige Zusammenstellung aller denkbaren problemadäquaten Alternativen innerhalb jeweiliger gesetzter Intervalle erlauben, einen Beleg dafür sehen, wie Vielfalt übersichtlich erfaßt werden kann (zur Unterscheidung in quantitative und qualitative Alternativen vgl. Kap. II., 2.2.3).

16 Insofern mit der »Metakritik« in der Zeitschrift Ethik und Sozialwissenschaften versucht werden soll, derartige Methoden zu entwickeln und in bezug auf jeweils abgelaufene kontroverse Diskussionseinheiten anzuwenden, könnte hier ein noch verhältnismäßig überschaubares Testgebiet zur Überprüfung dieser Hoffnungen liegen.

17 Durch Erwägungskompetenz wird meines Erachtens eine Identität des distanzfähigen Engagements gefördert (vgl. Blanck 1988).

18 Annedore Prengel schildert zwei weitere "Strategien", um "nicht in die Fallen des Etikettierens zu geraten": Einerseits haben viele "soziale Bewegungen und die pädagogischen Konzeptionen in ihrem Gefolge [...] traditionelle diskriminierende Zuschreibungen umgewertet und aus "Krüppeln", "Weibern", "Schwarzen", "Lesben", "Schwulen", "Kanaken" [...] kulturell und politisch offensive Kampfbegriffe gemacht. Andererseits haben sie im Anschluß an die Dekonstruktion der alltäglichen und wissenschaftlichen Etikettierungen die inferiorisierende Realitäten erst konstruierende Wirkung der Begriffe analysiert und schließlich selbst keine Begriffe mehr gehabt. Da man aber nicht darauf verzichten kann, Lebensweisen noch sichtbar zu machen, setzte man die Begriffe einfach in Anführungszeichen (zum Beispiel "Frauen" oder "Behinderte") oder versuchte sich an immer neuen, nicht belasteten Bezeichnungen, die aber letztlich das Dilemma immer wieder auf neue Weise reproduzierten" (1999b, 44). Prengel spricht weiterhin die Strategie an, auf "binäre Konstruktionen", wie z. B. "Frau/Mädchen" und "Mann/Junge", zu verzichten (a. a. O., 45). Eine Alternative hierzu besteht für Prengel "in der Entwicklung einer freiheitlichen Form von Zugehörigkeit, die sich kollektiver Lebenserfahrungen und ihrer die Individuen mit produzierenden Wirkungen bewußt ist" (a. a. O.). Dieser Vorschlag scheint mir in seiner Betonung der "freiheitlichen Form der Zugehörigkeit" in eine ähnliche Richtung wie die Überlegung von Uta C. Schmidt zu gehen, für die es darauf ankommt, vor "eigenen wie fremden Übergriffen auf der Hut zu sein" (1989, 19). Denn bedeutet die Vermeidung von eigenen und fremden Übergriffen nicht, jeder und jedem die Freiheit zu entsprechenden Selbstdefinitionen zu ermöglichen?

19 Das Zitat von Adorno befindet sich in seiner "Negative[n] Dialektik" (1982, 27).

20 Interessant ist auch Adornos Verweis auf Hegels Verständnis des Spekulativen oder Positiv-Vernünftigen (Adorno 1982, 27), dem eine Geschichte des Gedankens des Erwägens meines Erachtens nachgehen müßte. Findet das Spekulative bei Georg Wilhelm Friedrich Hegel auf einer Erwägungsebene

statt, die "Bestimmungen [...], welche dem Verstand nur in ihrer Trennung und Entgegensetzung für wahr gelten" (1983, 179), integrieren läßt? Für Hegel ist "das Spekulative seiner wahren Bedeutung nach weder vorläufig noch auch definitiv ein bloß Subjektives [...], sondern vielmehr ausdrücklich dasjenige, welches jene Gegensätze, bei denen der Verstand stehenbleibt (somit auch den des Subjektiven und Objektiven), als aufgehoben in sich enthält und eben damit sich als konkret und als Totalität erweist. Ein spekulativer Inhalt kann deshalb auch nicht in einem einseitigen Satz ausgesprochen werden. Sagen wir z. B., das Absolute sei die Einheit des Subjektiven und des Objektiven, so ist dies zwar richtig, jedoch insofern einseitig, als hier nur die *Einheit* ausgesprochen und auf diese der Akzent gelegt wird, während doch in der Tat das Subjektive und das Objektive nicht nur identisch, sondern auch unterschieden sind" (1983, 178). Ich kann diesen Hinweis auf Hegel hier nur in einer ersten intuitiven Einschätzung geben, möchte jedoch zur Unterstreichung dieser Intuition auf meine Überlegungen zur Disjunktion als Darstellungsmittel einer Entscheidung verweisen (Kap. II., 2.3.2, (37)-(39)). Wenn Spekulatives nach Hegel "nicht in einem einseitigen Satz" ausgedrückt werden kann, ist dies vielleicht ein Hinweis auf einen "zweiseitigen/mehrseitigen Satz", wie er seinen Ausdruck in "Oder-Verknüpfungen" finden mag? Hegel grenzt einseitige Bestimmungen, etwa die Bestimmung einer spezifischen Art, von einem disjunktiven Urteil ab: "Jede dieser Bestimmungen [einander ausschließende Bestimmungen von Arten] für sich ist aber einseitig und ohne Wahrheit; im *Entweder-Oder* des disjunktiven Urteils ist ihre Einheit als ihre Wahrheit gesetzt, nach welcher jenes selbständige Bestehen als *konkrete Allgemeinheit* selbst auch das *Prinzip* der negativen Einheit ist, wodurch sie sich gegenseitig ausschließen" (1986, 341). Über den disjunktiven Schluß hält Hegel fest, daß dieser genau genommen *"kein Schluß* mehr ist": "Die Mitte, welche in ihm als die Totalität des Begriffes gesetzt ist, enthält nämlich selbst die beiden Extreme in ihrer vollständigen Bestimmtheit. Die Extreme, im Unterschiede von dieser Mitte, sind nur als ein Gesetztsein, dem keine eigentümliche Bestimmtheit gegen die Mitte mehr zukommt" (1986, 399). Wenn A entweder B oder C oder D ist, dann enthält A eine Allgemeinheit, die es mit den verschiedenen Einzelheiten vermitteln läßt (a. a. O.).

21 Das Zitat in dem Zitat von Gutzmann ist laut ihrer Anmerkung von Claus Offe: Leistungsprinzip und industrielle Arbeit. Frankfurt am Main/Köln 1975 (1970).

22 Bei einer zeilenweisen Deutung von Kombinatoriken erörtert man diejenigen Spalten, in denen jeweils nur eine Zeile zu berücksichtigen ist (+) und die anderen Zeilen jeweils ausgeschlossen (-) werden.

23 Ein Beispiel für kombinatorische Explosion sind die "255 und mehr Möglichkeiten, Kapitalismus zu definieren", zu denen Loh mit einer heuristischen intuitiven Kombinatorik gelangt (1980, 256, auch 254f. und 257). Auch der umgekehrte Effekt ist m. E. zu bedenken. Denn je geklärter unterschiedliche Verwendungsweisen jeweiliger Termini sind, um so eher könnte sich auch herausstellen, daß es sich in einigen Fällen nur um einen Streit um Worte handelt, hingegen Übereinstimmung über die jeweiligen Sachverhalte besteht. Vermeintliche Gegensätze, die nur auf verschiedenem Sprachgebrauch beruhen, könnten durch möglichst genaue und beispielsorientierte Bestimmungen als Scheinalternativen erkannt werden. Insofern könnten kombinatorische Verfahren zur Reduzierung von Pseudovielfalt beitragen.

Zu Teil II

1 In dem hier zitierten Aufsatz geht es McCall um "practical decision" im Unterschied zur "cognitive decision" (1987, 261). Dementsprechend unterscheidet er auch hinsichtlich der Fähigkeit zum Erwägen ("the ability to deliberate" (a. a. O.)) zwischen praktischer und kognitiver Erwägung (vgl. hierzu McCall 1999, 97). Vgl. auch Hermann Lübbe, der den "Begriff der Entscheidung [...] sogar" für "unentbehrlich" hält: "Die Theorie des menschlichen Handelns, ob sie nun seine Ethik beschreibt oder vertritt, wäre ohne den Begriff der Entscheidung unvollständig. Insbesondere kann eine Theorie des politischen Handelns nicht ohne ihn auskommen" (1971, 11). Im Unterschied zu McCall sind Entscheidungen aber nichts Alltägliches, sondern nur "gelegentlich fällig; in der Regel bedarf es

keiner Entscheidung, um zu wissen, was fällig ist. Traditionen, Institutionen fixieren das Selbstverständliche oder machen vielmehr das, was sie fixieren, selbstverständlich" (1971, 13f.). "Eine Entscheidung ist fällig, wenn es angesichts alternativer Möglichkeiten zu handeln gilt, ohne daß »entscheidende« Gründe für die eine Möglichkeit oder gegen die andere oder umgekehrt vorhanden sind oder zu beschaffen wären. Man spricht von »entscheidenden Gründen«. Liegen sie vor, sind sie gefunden, so heißt das eben, daß nunmehr die Lage geklärt ist, die Zweifel behoben sind: jene Gründe haben einem die Entscheidung gleichsam abgenommen" (Lübbe 1971, 17; vgl. hierzu auch das Baustil-Beispiel (1971, 14) und das Verirrten-Beispiel (1971, 17f.), mit denen Lübbe sein Verständnis veranschaulicht). Lübbe verwendet die Termini "Entscheidung" und "Dezision" synonym. Bei anderen Autoren bzw. Autorinnen finden sich andere Verwendungsweisen der Ausdrücke "Entscheidung" und "Dezision", etwa wenn sie an der Frage, ob man hinreichende Gründe für die Wahl einer Lösungsmöglichkeit angeben kann oder nicht, gerade den Unterschied zwischen Entscheidung und Dezision festmachen (vgl. hierzu auch Punkt II. 2.4).

2 Systematisch bedacht, gibt es vier Konstellationen, mit denen man einen Säugling konfrontieren und die man von ihm in eine Rangfolge bringen lassen kann:

	Text	*Stimme*	*mögl. Rangfolge*
1. Zeile:	= (bekannt)	=	1
2. Zeile:	=	≠ (unbekannt)	3 oder 2 ?
3. Zeile:	≠	=	2 oder 3 ?
4. Zeile:	≠	≠	4 ?

Erwägungstafel A1

Im ersten von Dornes geschilderten Experiment werden Säuglinge vor die Alternativen der Fälle der 1. und 2. Zeile gestellt. Im zweiten Experiment haben sie die Wahl zwischen dem Fall der 1. und 3. Zeile. Beidemale ziehen sie den Fall der 1. Zeile vor, was auch von einem Vergleich des Falles der 1. mit der 4. Zeile zu erwarten ist. Intuitiv wird man von dem Fall der 4. Zeile annehmen, daß er einem Säugling am wenigsten behagt. Aber was ist mit dem Verhältnis des Falles der 2. zum Fall der 3. Zeile? Zu vermuten ist einerseits, daß die bekannte Stimme den Säuglingen noch wichtiger ist als der bekannte Text, also die Konstellation der 3. Zeile der der 2. Zeile vorgezogen wird. Andererseits schreibt Dornes, daß bei der Kontrollgruppe ohne intrauterine Vorlesungen die jeweilige Geschichte mit der mütterlichen Stimme nicht signifikant bevorzugt wurde. Wenn die Säuglinge der Kontrollgruppe, vor die Alternativen der Fälle der 3. und 4. Zeile gestellt, aber zwischen diesen keine eindeutigen Prioritäten setzen, bedeutet dies dann, daß die Bekanntheit der mütterlichen Stimme vergleichsweise doch nicht so wichtig ist, um die Säuglinge bei einem Vergleich zwischen den Konstellationen der 2. und der 3. Zeile den Fall der 3. Zeile vorziehen zu lassen? - Geht man davon aus, daß man derartige Deutungen nicht isoliert betrachten darf, so wird man die Lebenssituation eines Säuglings insgesamt mitbeachten müssen. Je »sicherer« er sich fühlen wird, um so eher wird er sich wahrscheinlich auch neugierig auf Unbekanntes einlassen. Die Erwägungstafel ließe sich nutzen, um Entwicklungen aufzuzeigen, die man an Veränderungen der Rangfolge der bevorzugten Konstellationen festmachen könnte. Verändern Säuglinge ohne intrauterine Vorlesungen bei Fortsetzung des Experiments mit der Zeit ihr Schnullerverhalten und bevorzugen ab einem bestimmten Zeitpunkt dann auch die Geschichte mit der mütterlichen Stimme, wenn sie den »Gewöhnungsvorsprung« der Säuglinge mit intrauterinen Vorlesungen eingeholt haben? (Bei der Fortsetzung des Experimentes müßten die unbekannten Stimmen natürlich jedes Mal andere sein.) Kommt es bei weiterer Fortsetzung des Experiments zu einem zunehmenden Interesse an den jeweils unbekannten Stimmen und Texten, so daß schließlich die Konstellation der vierten Zeile am attraktivsten ist und herbeigeschnullert wird?

3 Vgl. zum Stand der Kontroverse, ob die Fähigkeit zur kreuzmodalen Wahrnehmung angeboren oder erworben ist, die Einschätzung von Martin Dornes: "Beide Positionen können gute Argumente

ins Feld führen. Die einen verweisen darauf, daß die kreuzmodale Wahrnehmung praktisch schon bei Neugeborenen zu finden ist, die anderen darauf, daß sie sich im Laufe des ersten Lebensjahres beträchtlich verbessert. Obwohl der Beitrag des Lernens nicht bestritten werden kann, sind die meisten Autoren der Meinung, daß »der Nachweis des kreuzmodalen Informationstransfers bei Säuglingen, die erst wenige Wochen alt sind, nahelegt, daß zumindest einiges an kreuzmodaler Fähigkeit ohne irgendeine oder mit nur minimaler bimodaler Erfahrung möglich ist« (Rose / Ruff 1987, S. 341)" (Dornes 1996, 47).

4 Ausschlaggebend dafür, ob man bereits frühe Imitations- und Identifizierungsleistungen von Säuglingen als "Entscheidungen" bezeichnen will, wird sicherlich auch sein, inwiefern man Bewußtsein bzw. Bewußtheit als Merkmal von 'Entscheidungen' erachtet und was man unter 'Bewußtsein' verstehen möchte (vgl. hierzu die Überlegungen in II. 2.5).

5 Selbstreferentiell ist dabei zu vergegenwärtigen, daß auch bereits die Formulierungen von Fragen sich einem bestimmten (Vor-)Verständnis und einer bestimmten Sichtweise verdanken.

6 Eine dem Puppe-Mensch-Beispiel sehr ähnliche Schilderung für eine Wahrnehmungs-Entscheidung findet man bei John Dewey: "A moving blur catches our eye in the distance; we ask ourselves: "What is it? Is it a cloud of whirling dust? a tree waving its branches? a man signaling to us?" Something in the total situation suggests each of these possible meanings. Only one of them can possibly be sound; perhaps none of them is appropriate; yet *some* meaning the thing in question surely has. Which of the alternative suggested meanings has the rightful claim? What does the perception really mean? How is it to be interpreted, estimated, appraised, placed? Every judgment proceeds from some such situation" (1978, 260; s. auch 264f.). Auch wenn Dewey hier das Wort "Urteil" (judgment) wählt, nimmt er damit nur eine andere Bezeichnung für den gleichen Sachverhalt, den Husserl mit "Entscheidung" beschreibt. In dem Kontext, in dem dieses Beispiel steht, verbindet Dewey selbst außerdem die beiden Ausdrücke "judgment" und "decision" (Entscheidung). Dewey weist darauf hin, daß "the word *judgment* was originally applied" im Kontext der "authoritative decision of matters in legal controversy" (1978, 259). Drei Merkmale seien dabei charakteristisch: "(1) a controversy, consisting of opposite claims regarding the same objective situation; (2) a process of defining and elaborating these claims and of sifting the facts adduced to support them; (3) a final *decision*, or sentence, closing the particular matter in dispute and also serving as a rule or principle for deciding future cases" (a. a. O., Hervorhebung in (3) von B. B.). Nach diesem Zitat scheint Dewey das Wort "Entscheidung" (decision) eher als Ergebnis, den Weg dorthin einschließlich der Entscheidung als "Urteil" zu bezeichnen. Zum verschiedenen Gebrauch von "Urteil" und "Entscheidung" vgl. auch die folgende Anmerkung 10.

7 Vgl. statt anderer Dietrich Adam: "Eine auf Dauer erfolgreiche Unternehmensführung setzt planvolles Wirtschaften voraus. An die Stelle spontaner, improvisierender, weitgehend irrationaler Entscheidungen muß ein ordnendes Vorausdenken für die zukünftig ablaufenden Betriebsprozesse treten" (1996, 3). "Die entscheidungsorientierte Betriebswirtschaftslehre gibt ein Planungsschema vor, das es ermöglicht, Planung als Auswahlproblem zu formulieren. Ausgewählt werden soll eine Handlungsmöglichkeit, die zu einer betrieblichen Situation mit einem möglichst hohen Erwünschtheitsgrad führt" (1996, 7). - Bernard Roy geht sogar so weit, den Ausdruck "Alternativen" lieber zu meiden und statt dessen besser von Aktionen zu sprechen (1980, 471). Im Vergleich mit praktischen Anwendungen stellt Roy fest, daß etwa "Forderungen an die Menge A der potentiellen Aktionen", wie z. B. daß diese "vollständig definiert sein" müsse, d. h. "zwei beliebige Aktionen müssen sich per definitionem einander ausschließen (man spricht bevorzugt von Alternativen), [...] recht ungeeignet sind. Ich ziehe es auch deshalb vor, von Aktionen anstelle von Alternativen zu sprechen" (1980, 471). - Interessant ist in diesem Zusammenhang auch die Überlegung von Niklas Luhmann, "daß es als Konsequenz der Option für Handlungstheorie nicht zur Entwicklung einer eigenständigen soziologischen Entscheidungstheorie gekommen ist. Das, was soziologisch interessiert, schien im Handlungsbegriff bereits untergebracht zu sein" (1994, 274, s. auch 272f.).

8 Der Bezug von Entscheidung auf Handlung kann für so relevant erachtet werden, daß die Zweckbedeutung einer Wahl als verloren gilt, wenn eine Wahlfreiheit ohne Handlungsfreiheit besteht: "Jede Wahl setzt somit die Freiheit des Handelns, d. h. die Fähigkeit, zu tun, was man wählt, voraus: und wo diese fehlt, da ist nicht eigentlich die Wahlfreiheit beeinträchtigt, sondern da verliert die Wahl ihre Zweckbedeutung" (Wilhelm Windelband 1918, 31). Auch wenn in diesem Zitat der Terminus "Entscheidung" nicht fällt, wird durch den Kontext m. E. deutlich, daß mit "Wahl" das gemeint ist, was hier als »Entscheidung« bezeichnet wird. Windelband hat nur einen anderen Wortgebrauch. Folgt man dem Sprachgebrauch Windelbands in seiner Arbeit "Über Willensfreiheit" (1918), so fällt auf, daß er die Worte "Entscheidung" (z. B. 32f., 35, 39ff., 43f., 47, 60, 69, 78), "Wahl" (z. B. 29, 34, 39f., 42ff., 58ff., 67ff., 71f.) und "Wahlentscheidung" (z. B. 32f., 36ff., 44, 68, 70, 75) verwendet. Windelband scheint dabei mit dem Wort "Entscheidung" vor allem das *Ergebnis* eines Umgangs mit Alternativen zu meinen. Dieses kann entweder über eine Wahl (Wahlentscheidung) gefunden werden oder ergibt sich als mechanistische/automatische Entscheidung. Während Wahlentscheidungen auf Gründen beruhen, greifen mechanistische Entscheidungen, wenn man es mit gleich gültigen Möglichkeiten zu tun hat: "im Falle des Mangels zureichender Motive" kann man "auf die Wahl [...] verzichten und die Entscheidung irgend einem Mechanismus, einer automatischen Leibesbewegung oder einem Einfall [...] überlassen" (1918, 43; s. auch 40f., 44, 47).

9 "An issue is a set of options, and options are possible actions [...] To make a choice is to make up our mind, to settle some issue we face: to *choose* is to come to want to take this or that option we have" (Schick 1997, 11).

10 Ich habe Irle hier so interpretiert, daß "Urteil" für ihn in diesem Zusammenhang gleichbedeutend mit "Entscheidung" ist. Es würde hier zu weit führen, ausführlich auf die unterschiedlichen Verwendungsweisen der Ausdrücke "Urteil" und "Entscheidung" in der Literatur einzugehen. Nimmt man z. B. Immanuel Kants Verständnis von "Urteil" als "die mittelbare Erkenntnis eines Gegenstandes" und bestimmt den »Verstand« als e i n V e r m ö g e n z u u r t e i l e n" bzw. als "ein Vermögen zu denken" (1981a, 110 (B 93/94; A 68/69)), so wird »Urteil« hier in einem weitaus umfassenderen Sinne bestimmt. Husserl setzt die Tätigkeit des Urteilens gleich mit dem, was er unter "Entscheidung" verstehen will. Für Husserl ist das "Urteilen im spezifischen Sinn [...] also der Ichaktus der *positio*, der Setzung, in ihrer doppelten möglichen Gestalt der zusammenstimmenden Entscheidung des Ich oder in Gestalt der Ablehnung, der Verwerfung" (1966, 53). "Entscheidung" bedeutet für Husserl, "zu dem zweifelhaft Gewordenen Stellung zu nehmen" (1985, 326), und dies erfolgt in der Tätigkeit des Urteilens: "E n t s c h e i d u n g i m e i g e n t l i c h e n S i n n e" ist für ihn "die a n t w o r t e n d e S t e l l u n g n a h m e d e s I c h im prädikativen Urteilen als eine I c h - a k t i v i t ä t" (1985, 327). Nach Husserl wird mit "dem entscheidenden Stellungnehmen [...] erst der volle Wortsinn dessen getroffen, was normalerweise als Urteilen bezeichnet wird" (1985, 328); das "Urteilen" sei ein "Geltung-erteilen oder -versagen" (1985, 329). Daß das Wort "Entscheidung" hingegen bei Husserl nicht gleichzusetzen ist mit dem Substantiv "Urteil", wird deutlich, wenn man etwa liest, daß "der Ichaktus des Urteilens als Fällen eines Urteils [...] natürlich zu unterscheiden [ist] von dem darin gefällten Urteil" (1966, 60; vgl. auch 1985, 372f., wo er "Urteil" als Korrelat des "Urteilens" bestimmt.). Der Ausdruck "Urteil" wird demnach von Husserl von den Termini des "Urteilens" und der "Entscheidung" unterschieden. Urteile scheinen für Husserl eher Ergebnisse von Entscheidungen zu sein, wenn er etwa vorträgt, "daß ein Urteil [...] in der Entscheidung einer Frage gewonnen" wurde (1966, 359) oder daß ein Ich, das ein Urteil wiederholt, "die Entscheidung, die von früher in ihm war", aktualisiert bzw. verwirklicht (1966, 360). - Wie die Ausdrücke "Urteil" und "Entscheidung" verwendet werden, kann auch von den verschiedenen Disziplinen und ihren geschichtlichen Entwicklungen abhängen. Für die psychologischen Forschungen über "judgment and decision research" weisen William M. Goldstein und Robin M. Hogarth darauf hin, daß sich zunächst unter dem Label "decision research" zwei verschiedene Forschungsrichtungen entwickelten, die sich zum einen auf die Fragen des Wählens bzw. der Wahl (choice) und zum anderen auf Fragen der Genese von Urteilen (judgment) konzentrierten. Die Unterschiede zwischen beiden Forschungsrichtungen

beschreiben sie folgendermaßen: "One group of psychologists took notice of the efforts of economists and statisticians to account for and advice people about their decision making. For these psychologists, the central questions were: How do people decide on a course of *action*? How do people *choose* what to do next, especially in the face of uncertain consequences and conflicting goals? Do people make these decisions rationally? If not, by what psychological processes do people make decisions, and can decision making be improved?

A different group of psychologists was motivated by an analogy with perception. Just as, for example, the visual system must rely on fallible cues about the external environment to determine distance, so a judge (e. g., a clinical psychologist) must rely on fallible test results and indicators to draw an inference about a patient's condition. For these psychologists, the central questions were: How do people integrate multiple, probabilistic, potentially conflicting cues to arrive at an *understanding* of the situation, a *judgment*? How accurate are people's judgments? Does judgment improve with training and experience? How does human judgment compare with actuarial prediction? How do people identify relevant cues and the proper weights to assign to them? How does the nature of the task environment affect learning and performance?" (1997, 4). Nach Goldstein und Hogarth "the two foci of decision research, choice and judgment, [...] proceeded rather independently until relatively recently, despite the efforts of particular individuals who have contributed to both areas" (1997, 4). Orientiert man sich an den paradigmatischen Fragen der beiden Richtungen, so scheint sich die "Choice-For-schungsrichtung" mit Handlungs-Entscheidung zu befassen, während die "Judgment-Forschungs-richtung" sich eher auf Erkenntnis-Entscheidung bezieht. Welche Relevanz den unterschiedlichen Blickweisen zugesprochen werden kann, zeigen etwa die Ausführungen von Amos Tversky und Dale Griffin, die in ihren Untersuchungen eine "choice-judgment discrepancy" beim Erfassen des Wohlbe-findens feststellen (1997, 426). Je nachdem, ob Personen aufgefordert würden, z. B. eine Wahl zwi-schen verschiedenen Jobs zu treffen, oder aber beurteilen sollten, in welchem Job sie sich wohler fühlen würden, könne es zu ganz verschiedenen Antworten kommen: "It appears that the choice depends primarily on the payoffs whereas judgments of satisfaction are more sensitive to the contrast" (1997, 424). Ich vermute, daß dieses Ergebnis wesentlich damit zusammenhängen könnte, daß man mit der zweiten Frage den Personen ein Bewertungskriterium vorgibt, wohingegen die Personen bei der ersten Frage erst noch entscheiden müssen, nach welchen Kriterien sie die verschiedenen Job-Angebote bewerten wollen. So gesehen käme die aufgezeigte Diskrepanz vielleicht vor allem deshalb zustande, weil die Fragen unterschiedlich offen bezüglich einer möglichen Bewertung sind, und die aufgezeigte Diskrepanz zwischen Wahl und Urteil wäre nur folgerichtiges Ergebnis hiervon. Orien-tiert man sich zur Bestimmung der Verwendung der Ausdrücke "Entscheidung", "Urteil" und "Wahl" an der Job-Angebotsfrage, so würde folgende Verwendungsweise naheliegen: "Urteil" würde für Entscheidungen verwendet, bei denen das Bewertungskriterium oder auch mehrere Bewertungskrite-rien vorgegeben sind. Der Ausdruck "Wahl" hingegen würde nur für solche Entscheidungen verwen-det, bei denen kein Bewertungskriterium vorgegeben ist. 'Entscheidung' wäre so gesehen ein Oberbe-griff für 'Urteil' und 'Wahl'.

11 Irle spricht an dieser Stelle nur von "Handlungen" nicht von "Handlungs-Entscheidungen". Durch den Kontext (s. das weitere Zitat) wird m. E. aber deutlich, daß es um die Beziehung zwischen Erkenntnis- und Handlungs-Entscheidung geht.

12 Interessant ist in diesem Zusammenhang auch die englischsprachig geführte Diskussion, in der es u. a. eine Kontroverse darüber gibt, ob man sich bei der Verwendung der Termini "choose/choosing" (Wahl/wählen) und "decision/deciding" (Entscheidung/entscheiden - nicht zu verwechseln mit dem in der deutschsprachigen Diskussion auch vorkommenden Ausdruck "Dezision") nach ihrer jeweiligen Nähe zur (unmittelbaren) Handlung orientieren sollte. In seiner Arbeit über "Decision" (1987), in der es um praktisches Entscheiden und praktische Entscheidungen geht, macht McCall deutlich, daß sowohl die Position vertreten wird, daß "choosing is more closely related to doing or acting than is deciding" (262), als auch die Position, "that choosing is deciding, and that the action decided upon may take place either simultaneously with the decision or later" (263f.). Eine eher synonyme Verwen-

dung der Ausdrücke "Entscheidung" und "Wahl" kann man bei Peter Weise u. a. (1993) finden, insbesondere wenn man folgende zwei Bestimmungen miteinander vergleicht: "[...] drei Elemente enthält ein *Entscheidungsproblem*:

(1) Die Alternativen, d. h. die sich wechselseitig ausschließenden Handlungsmöglichkeiten.

(2) Die Bewertung dieser Alternativen, d. h. ihre Vergleichbarmachung aus der Sicht des Entscheiders.

(3) Die Verhaltensregel oder Handlungsmaxime, d. h. eine Vorschrift, die eine Auswahl aus den bewerteten Alternativen trifft.

[...] Für den Ausdruck "Bewertung der Alternativen" sagt der Ökonom zumeist "Nutzen der Alternativen"; als Verhaltensregel unterstellt der Ökonom zumeist eine Minimierungs- oder Maximierungsregel" (1993, 43).

Und an anderer Stelle: "Jede Wahlsituation wird durch mindestens drei Elemente charakterisiert. Damit ein Individuum überhaupt wählen kann, benötigt es Wahlalternativen", wobei diese als "sich wechselseitig ausschließende Handlungen oder Güterbündel" charakterisiert werden; "um diese Alternativen bewerten zu können, benötigt es Präferenzen oder eine Nutzenfunktion; um sich entscheiden zu können, benötigt es eine Verhaltensregel oder -maxime" (1993, 142).

Betrachtet man nur die beiden ersten Merkmale einer(s) 'Entscheidung(sproblems)' bzw. einer 'Wahl(situation)', so gibt es keine Unterschiede. 'Alternativen' und 'Bewertung' werden für beide Begriffe als charakteristisch erachtet. Das dritte Merkmal, welches man vielleicht auch mit den Worten "Setzung einer Lösung" beschreiben könnte, wird je nach Wahl des Ausgangsbegriffs im Falle von 'Entscheidung' "Auswahl" und im Falle von 'Wahl' "Entscheidung" genannt. So gesehen wird mit dem dritten Merkmal gleiches gemeint, aber mit verschiedenen Ausdrücken versehen. Diese verschiedenen Ausdrücke lassen sich also als Synonyme verstehen. Entsprechendes gilt für die verschiedenen Bezeichnungen für den Gesamtbegriff. Insofern den Ausdrücken "Entscheidung(sproblem)" und "Wahl(situation)" inhaltlich die gleichen Elemente/Merkmale zugerechnet werden - nämlich: Alternativen, Bewertung, Setzung einer Lösung (einmal als "Auswahl" und einmal als "Entscheidung" bezeichnet) -, sind auch sie als synonyme Ausdrücke einzuschätzen. - Werner Kirsch u. a. (1973) verbinden die unterschiedlichen Verwendungen der Ausdrücke "Wahl" und "Entscheidung" mit einer Differenzierung zwischen einem engen und einem weiteren Entscheidungsbegriff. Bei der engen Fassung würden "Entscheidung" und "Wahl" synonym verwendet und bezögen sich nur auf "den Willensakt, der die Entscheidungsüberlegungen abschließt" (1973, 18). Die weitere Fassung umfasse neben diesem abschließenden Willensakt den "Prozeß der Willensbildung und -durchsetzung" (1973, 18).

13 In der Diskussion um Informationsverarbeitung und Entscheidung ist dabei darauf zu achten, ob man Entscheidung als Informationsverarbeitung versteht (wie Irle: "Jede Entscheidung ist ein Informations-Verarbeitungsprozeß, der mit einem Entschluß abschließt" (1978, 290)) oder/und ob man "nur" bzw. auch annimmt, daß Informationsverarbeitung Erkenntnis-Entscheidungen hervorruft (wie Irle in der zitierten Textstelle von 1975, 319).

14 Vgl. hierzu exemplarisch die Diskussion zu dem Hauptartikel von Adly Rausch in der Zeitschrift Ethik und Sozialwissenschaften 9(1998)1.

15 Bei Edmund Heinen findet sich eine vergleichbare Position, wenn dieser "Routine oder gewohnheitsmäßige Reaktionen" von "echten Entscheidungen" abgrenzt: "Löst ein Entscheidungsträger anstehende Wahlprobleme stets nach dem gleichen "Programm", ohne zu prüfen, ob dieses "Programm" der Situation noch gerecht wird, so kann nicht von echten Entscheidungen gesprochen werden. Der Handlungsweise gehen keine besonderen Überlegungen voraus. Der einzelne verhält sich so, wie er es in gleichen oder in ähnlichen Situationen früher getan hat; er wendet schematisierte Faustregeln an" (1976a, 233).

16 Zur unterschiedlichen Verwendung des Ausdrucks "Dezision" vgl. Abschnitt II. 2.4.1 und 2.4.5. Die wortwörtliche und alltagspraktische Verwendung des Ausdrucks "Letztbegründung" bei Thomae weicht von der sonstigen Verwendung dieses Terminus, wie z. B. bei Karl-Otto Apel ab (s. hierzu II. 2.4.4., Nr. (86).).

17 Vgl. die Stichworte "Qualität" und "Quantität" im Historischen Wörterbuch der Philosophie (Bd. 7, 1989, hg. von Joachim Ritter und Karlfried Gründer). Ob die Gegenüberstellung von qualitativ und quantitativ überhaupt angemessen ist, wird etwa von Paul Bernays bezweifelt: "A traditional opposition has been established between quality and quantity, between qualitative and quantitative. This opposition serves well enough in many cases of everyday life, but it does not suffice in epistemology. For in truth, quantitative relations are not last ultimates for our understanding. Statements on quantities can be reduced to statements of repetitions, successions, compositions, coincidences, and surroundings. These statements are all of a structural nature. This indicates that the true complement to the notion of qualitative is the notion of structure [...]" (1965, 126). Für Ernst Mach ist zum einen "die *quantitative* Untersuchung nur ein *besonderer einfacherer Fall der qualitativen* [...]. Die Physik hat nur deshalb eine höhere Stufe der Entwicklung erreicht, als z. B. die Physiologie, weil sie mit einfacheren und leichteren Aufgaben sich zu befassen hat, und weil diese einzelnen Aufgaben untereinander viel homogener sind, und deren Lösungen leichter auf einen zusammenfassenden Ausdruck gebracht werden können. Die Beschreibung durch Zählung ist nämlich die denkbar einfachste, und kann vermöge des bereitliegenden Zahlensystems ohne neue Erfindung zu beliebig feiner und genauer Unterscheidung getrieben werden. Das Zahlensystem ist eine Nomenklatur von unerschöpflicher Feinheit und Ausdehnung, und wird trotzdem an Übersichtlichkeit durch keine andere Nomenklatur übertroffen" (1980, 322). In diesem Zitat ist schon der andere Bewertungsaspekt des Quantitativen im Vergleich zum Qualitativen enthalten, den Mach an anderer Stelle hervorhebt, wenn er betont, daß "*quantitative* wissenschaftliche Aufstellungen" nicht nur "als *einfachere*", sondern "zugleich *umfassendere* Specialfälle *qualitativer* Aufstellungen anzusehen sind" (1981, 458). Während man bei Quantitativem "alle Fälle" leicht zusammenzustellen vermag, ist es im Qualitativen weitaus schwieriger, sich Gewißheit darüber zu verschaffen, "ob die möglichen Fälle erschöpft sind" (1981, 459, Anm.; zur Position von Mach vgl. weiterhin in diesem Abschnitt noch die Nr. (26).). - Aber selbst wenn man "Qualität" und "Quantität" nicht als Ausdrücke verwenden will, die zueinander in einem begrifflichen Alternativenverhältnis stehen, sondern vielleicht in einem wie auch immer näher zu bestimmenden Subsumtionsverhältnis, bleibt die getroffene Unterscheidungsmöglichkeit erhalten, Gegenstände von Entscheidungen danach zu unterscheiden, ob die Unterschiede zwischen ihnen (allein) mit quantifizierbaren Angaben gemacht werden können oder nicht.

18 Vgl. hierzu Benseler u. a. 1994, 18ff. Zur Problematisierung der Unterscheidung in "denkbare" und "vorfindbare" Alternativen vgl. Kapitel II. 2.3.3.4, Nr. (66). Zur Weiterentwicklung des Approximationsgedankes vgl. vor allem Kapitel II. 2.3.3.4, Nr. (69)f.

19 Ein Taxon wird von Mayr definiert als "eine taxonomische Gruppe beliebigen Ranges, die hinlänglich verschieden ist, so daß es gerechtfertigt erscheint, sie einer bestimmten Kategorie zuzuordnen" (1975, 16). Mayr unterscheidet zwischen "höheren Taxa, wie Drosseln, Vögel oder Wirbeltiere, und niederen Taxa, wie Amseln oder Singdrosseln" (a. a. O.). Höhere Taxa sind "kleinere oder größere Zusammenfassungen von Arten" (1975, 79). Eine Kategorie bestimmt nach Mayr "den Rang oder die Stufe in einer hierarchischen Klassifikation. Dabei handelt es sich um eine Rangstufe, zu der alle Taxa gehören, denen der entsprechende Rang zuerkannt wurde" (1975, 17). "Somit ist Kategorie eine abstrakte Bezeichnung, ein Name für eine Rangstufe, während die diesen Kategorien zugeordneten Taxa konkrete zoologische Objekte sind" (a. a. O.). "Beispielsweise bildet die Kategorie Art eine Rangstufe, zu der die Taxa mit Artrang gehören" (a. a. O.). - So schwierig und mehrdeutig Klassifikationen von Qualitativem auch ausfallen mögen, scheinen mir Menschen doch wesentlich darauf angewiesen, klassifizierend sich die Welt zu erschließen und je nach Kontext und Problem aktiv auch immer wieder neue Klassifikationen vorzunehmen. Die Kenntnis von bestehenden Taxonomien wie

etwa in der Biologie mag dabei vielleicht eine Orientierung, im Sinne eines Beispiels, geben. Wichtiger scheint mir aber zu sein, daß die einzelnen selbst jeweils ganz verschiedene Klassifikationen aufstellen und nutzen können. In diesem Zusammenhang wäre es meines Erachtens interessant herauszufinden, inwiefern solche Fähigkeiten von klein auf geübt werden. Ich denke dabei etwa an das Spiel "Alle Vögel fliegen hoch", das ich als ein Spiel zur Einübung des Klassifizierens betrachten würde. Die Spielenden sitzen an einem Tisch und trommeln mit den Fingern auf den Tisch, während ein Mitspieler bzw. eine Mitspielerin nach dem Startsatz "Alle Vögel fliegen hoch" beliebige Tiere hochfliegen läßt. Dabei reißt er bzw. sie jedesmal die Arme hoch. Die anderen Mitspielenden nun müssen darauf achten, ob es sich wirklich um flugfähige Tiere handelt oder nicht. Nur im ersteren Falle dürfen sie die Arme mithochreißen.

20 Mit dem Ausdruck "subtrahiert" greift Weyl auf seine vorherigen Ausführungen zur Begriffsbildung bei Aristoteles zurück: "Der Vorgang des Aufstiegs vom einzelnen Gegenstand zum Begriff geschieht bei *Aristoteles* dadurch, daß einzelne abstrakte Momente an dem Gegenstand herausgehoben werden, alles Übrige "subtrahiert" wird und die Übereinstimmung in jenen Momenten dafür maßgebend ist, daß andere Gegenstände mit dem gegebenen unter den gleichen *Begriff*, in die gleiche Klasse fallen" (1966, 190).

21 Die Chemie nimmt hinsichtlich ihrer quantitativen Behandlungsmöglichkeit nach Mach eine Mittelstellung zwischen den beiden Extremfällen vollständiger quantitativer Behandlung, wie in der Physik, und fehlenden quantifizierenden Möglichkeiten, wie bei zoologischen Klassifikationen, ein (1980, 322; zur Beschreibung von zoologischer und physikalischer Erkenntnisgewinnung vgl. 1980, 320f.).

22 Für die Diskussion zur Bestimmung von Qualitativem und Quantitativem ist interessant, daß Mach in diesem Kontext extra hervorhebt: "Ein anderer Unterschied zwischen quantitativen und qualitativen Aufstellungen, als der hier bezeichnete, besteht jedoch nicht" (1981, 459).

23 Wenn Bernd P. Löwe fragt, ob der "vermeintliche Übergang von der Unsicherheit zur Sicherheit stets nicht nur als "relativer Gewinn", sondern "bis auf weiteres" auch als "scheinbarer" zu begreifen ist" (1992, 64, Nr. (3)), so denkt er dabei an das soziale Eingebettetsein und die soziale Vermitteltheit von Entscheidungskontexten, die einen subjektiven Sicherheitsgewinn, z. B. hinsichtlich der erhofften Folgen der Realisierung einer Entscheidung, fragwürdig erscheinen lassen können (s. etwa 1992, 63, Nr. (2)). Löwes Ausführungen regen dazu an zu beachten, worauf sich ein Gewinn von Sicherheit durch eine Entscheidung beziehen kann. Insbesondere sind meines Erachtens die möglichen gelingenden oder mißlingenden Realisationen und faktischen Konsequenzen von Lösungen, die durch »Entscheidungen« gefunden wurden, von der »Entscheidung«, dem Erwägen und Bewerten, zu trennen. In Löwes Beispiel eines Mannes aus Kuwait, der aus gesundheitlichen Gründen entschieden hat, das Rauchen einzustellen, wird die Realisierung des Nicht-Rauchens gleichsam irrelevant angesichts der hohen Luftverschmutzung in seinem Land durch brennende Ölfelder (s. 1992, 66, Nr. (9)). Soviel Sicherheit dieser Mann auch in seiner Entscheidung, beim Erwägen und Bewerten der Vor- und Nachteile des Zigarettenrauchens, gewonnen haben mag, die Unsicherheiten darüber, ob er mit dieser Maßnahme auch wirklich etwas für seine Gesundheit tun können wird oder ob anderes (etwa ein Krieg, der zu brennenden Ölfeldern führt) diese Maßnahme sinnlos werden läßt, ist nicht beseitigbar.

24 Zur unterschiedlichen Bewertung von Alternativen vor und nach einer Entscheidung bzw. möglichen Alternativenumbewertungen bereits während eines Entscheidungsprozesses vgl. die diesbezüglichen Thesen der Theorie der kognitiven Dissonanz von Leon Festinger (1978) sowie ihre kontroverse Diskussion (z. B. Martin Irle (1978, insbesondere 317-322), Dieter Frey und Anne Gaska (1993); vgl. auch II. 2.3.3.4, Nr. (72)). Es wäre zu erwägen, ob man Descartes' Grundsatz, an einem einmal gefaßten Handlungsentschluß festzuhalten, vielleicht auch als eine mögliche Strategie zur Reduzierung kognitiver Dissonanz betrachten kann (vgl. Birnbacher, der sowohl die "Empfehlung Descartes'" als auch die "Tendenz zur Dissonanzreduktion" als Möglichkeiten, Zweifel nach einer Lösungs-

setzung gar nicht mehr aufkommen zu lassen, nennt (1992a, 15, Nr. (39)). Für eine ausführlichere Untersuchung der Frage des Umbewertens von Alternativen könnte vermutlich auch eine Auseinandersetzung mit der Literatur zur Vorurteilsforschung hilfreich sein. Geht man etwa davon aus, daß Vorurteilshaftigkeit mit einer Senkung des Anspruchsniveaus für die Begründung jeweils gewählter Konzepte einhergehen muß, um diese trotz problemadäquaterer Alternativen beibehalten zu können (vgl. Loh 1989, insbesondere 43), so ist zu erwarten, daß Personen, deren Vorurteile in einer Entscheidung durch Alternativen in Frage gestellt werden könnten, diese anders bewerten, als sie dies täten, wenn ihre Vorurteile nicht gefährdet wären. Zu einer solchen Vorurteilshaftigkeit beim Bewertungsprozeß wird es aber vermutlich nur dann kommen, wenn die zu erwägenden Alternativen vorgegeben sind und es der betreffenden Person nicht möglich ist, vorurteilsgefährdende Alternativen bereits von vornherein aus dem Entscheidungsprozeß auszuklammern. In vielen Fällen - so vermute ich - trägt Vorurteilshaftigkeit wahrscheinlich dazu bei, vorurteilsgefährdende Alternativen schon aus dem Erwägungsprozeß auszuschließen, so daß eine Umbewertung von Alternativen hinfällig wird, da ohnehin nur solche bedacht werden, die ein Beibehalten der Vorurteilshaftigkeit zulassen. Statt die vorurteilsgefährdenden Alternativen auszuschließen, mag auch ein verzerrtes und inadäquates Bedenken stattfinden.

25 Wilhelm Schmids Unterscheidung zwischen einem internen und einem externen Alternativenstreit läßt sich m. E. gut mit der Unterscheidung in Erwägungs- und Lösungsalternativen präzisieren. Schmid schreibt: "Die Stimmen, die sich im Inneren des Selbst widerstreiten, werden im externen Prozeß meist von unterschiedlichen Individuen zum Ausdruck gebracht, sodass sich der interne Prozeß in gewisser Weise im Äusseren wiederholt, wobei es zu eigenwilligen Verkehrungen, Wechselwirkungen und neuerlichen Widersprüchen kommt" (1998, 200f.). Was Schmid hier als "in gewisser Weise" bezeichnet, läßt sich mit der Unterscheidung in Erwägungs- und Lösungsalternativen genauer fassen: Während die widerstreitenden Stimmen im Inneren des Selbst »Erwägungsalternativen« sind, handelt es sich bei den äußeren, sozial verteilt vorliegenden Alternativen um »Lösungsalternativen«. Nur im ersteren Fall besteht für das Individuum ein Entscheidungsproblem. Im zweiten Fall haben die einzelnen ihre Entscheidungen abgeschlossen und wollen nun ihre jeweiligen Lösungsalternativen sozial durchsetzen.

26 Bittner verwendet den Ausdruck "Erwägung" etwas anders, als es in dieser Arbeit vorgeschlagen wird. Für ihn zählen zu Erwägungen alle "die Vorstellungen, in denen wir uns ein Bild von Situation und Handlung zu verschaffen suchen: Betrachtung von Alternativen, Abschätzung der Wahrscheinlichkeit von Umständen, Entwürfe von Zeitplänen, Antizipation von Nebenfolgen und derlei mehr, zusammen mit den Gründen, die sich hieraus für oder wider eine Handlungsweise ergeben" (1992a, 19, Nr. (14)). Demgegenüber wird in dieser Arbeit der Ausdruck "Erwägung" eingeschränkter verwendet; die Betrachtung von Alternativen oder auch nur einer Möglichkeit, die Entwürfe von Zeitplänen, die Antizipation von Nebenfolgen wird hier auch dem Erwägen zugerechnet, wohingegen die Abschätzungen, Abwägungen, Einschätzungen, etwa zusammen mit Gründen, als "Bewerten" aufgefaßt werden.

27 Wer die Position vertritt, Entscheidungen ließen sich rückgängig machen, betrachtet m. E. Entscheidungen als Ergebnisse/realisierte Lösungen. Eine gesetzte und realisierte Lösung kann unter Umständen rückgängig gemacht werden. Demgegenüber kann man bei einem Verständnis von "Entscheidung" als kognitivem Prozeß des Erwägens und Bewertens wohl nicht von einem "Rückgängigmachen" sprechen. Eine Entscheidung in diesem Sinne kann nicht rückgängig gemacht oder verbessert werden (im Gegensatz dazu Greshoff 1999, 15, Nr. (12)). Möglich ist aber ein Lernen ausgetroffenen Entscheidungen, und in neuen ähnlichen oder gleichen Entscheidungen können diese Erfahrungen sowie inzwischen gewonnene neue Informationen berücksichtigt werden.

28 Vgl. hierzu auch Windelbands Überlegungen: "Alles Wählen resultiert aus dem Wollen, und das Gewählte ist eben als solches das am stärksten Gewollte" (1918, 67). Nach Windelband verbinden wir mit "unserm Willen die Vorstellung, daß neben dem, was in ihm je nach der zeitlichen Lage

wechselt, ein innerer Kern eben jener konstanten Motive besteht, den wir mit unserem persönlichen Wesen identifizieren" (1918, 66). Dabei dürfe man aber den Willen nicht als ein dinghaftes Etwas betrachten: "wir dürfen ihn nur als das einheitliche Wollen bezeichnen, dessen Sichtung und Stärke sachlich durch die Gesamtheit der in ihm vereinigten konstanten und momentanen Motive bestimmt ist" (1918, 67).

29 Um die Diskussion nicht noch mit dem Idealismus-Realismus-Problem zu belasten, habe ich hier zweifach, einmal realistisch und einmal idealistisch, formuliert. Unter dem Idealismus-Realismus-Problem verstehe ich hier die erkenntnistheoretische Frage, inwiefern es Dinge unabhängig von ihrer Erfassung durch eine erkennende Person gibt (Realismus) oder nicht gibt (Idealismus) (vgl. statt anderer hierzu Franz von Kutschera 1982, Kap. 3 und 4). Für die hier erörterten Problemlagen ist es irrelevant, ob man in diesem Sinne eine idealistische oder realistische Position vertritt.

30 Es geht hier nur um Alternativen in »Entscheidungszusammenhängen«, das sind - wie im folgenden noch herausgearbeitet wird - neben Erwägungsalternativen noch Bewertungsalternativen (s. II. 2.3.3, zusammenfassend Nr. (44)). Abstrahiert man von 'Entscheidungszusammenhängen', dann lassen sich »Alternativen« (die selbst auch Begriffe sein können) als Gegenstände bestimmen, die einen gemeinsamen Oberbegriff haben und deren konkretisierende Unterbegriffe ungleich sind. Oberbegriffe und Unterbegriffe sind also auf diese Gegenstände zu beziehen, und wenn diese Gegenstände selbst Begriffe sind, sind sie nicht mit den die Alternativen bestimmenden Ober- und Unterbegriffen zu vermengen. Alternativen sind insofern also ungleich bestimmte Gegenstände innerhalb eines Klassifikationsbezuges. Klassifikation ist aus dieser Sicht Voraussetzung für die Bestimmung von Alternativen in »Entscheidungszusammenhängen«. Der Gegenstandsbezug von Klassifikation kann konjunktiv (aufzählend) oder disjunktiv (erwägend) sein:

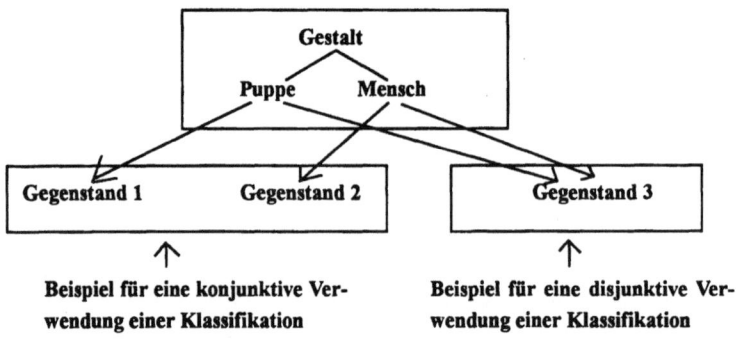

Beispiel für eine konjunktive Verwendung einer Klassifikation

Beispiel für eine disjunktive Verwendung einer Klassifikation

Da durch Kombinatorik auch Begriffsverhältnisse konstruierbar sind, die »unsinnig« oder »widersprüchlich« und daher weder auf aktuelle noch potentielle Gegenstände zu beziehen sind, sofern man der Forderung genügt, Begriffe sollten widerspruchsfrei gebildet sein, ist die kombinatorische Einbettung einer Klassifikation in solchen Fällen umfassender als die Klassifikation selbst, die sich beschränkt auf die Alternativen mit aktuellen oder potentiellen (vergangenen oder zukünftigen) Gegenstandsbezügen.

Für Dieter Claessens folgt aus "der Offenheit und Freiheit des Menschen: Da er für *Ent*scheidungen die *Unter*scheidungen braucht, muß er sozusagen immer schon *Voraus*entscheidungen treffen (Klassifikationen), auf denen die Entscheidungen basieren können" (1980, 52). Von diesen Überlegungen ausgehend, kann man zugespitzt formulieren: "Man is a classifying animal" (Otto Jespersen 1969, 388). Inwiefern die Fähigkeit zum Klassifizieren in Lernprozessen etwa durch eine "Lehrstrategie des Aufsteigens vom Abstrakten zum Konkreten" (Joachim Lompscher 1991) gefördert werden kann, wäre zu diskutieren. Da man Klassifikationen selbst klassifizieren kann (s.

hierzu Hans J. Wulff 1985, 359), ist zu berücksichtigen, daß Gegenstände einer Klassifikation Begriffsverhältnisse einer anderen Klassifikation sein können. Alternativen sind demnach auf verschiedenen Reflexionsebenen bestimmbar.

Geht man davon aus, daß Deutungen begriffliche Erfassungsversuche sind, so scheint es für die Bestimmung von verschiedenen Erfassungsversuchen als Alternativen entscheidend zu sein, daß man nicht nur den jeweiligen höheren Begriff (Oberbegriff) beachtet, unter den die konkreteren und ungleichen begrifflichen Bestimmungen subsumierbar sind, sondern daß die ungleichen Begriffe Konkretionen zu dem gemeinsamen höheren Begriff sind (Subordinationsverhältnis). Das, was man dergestalt begrifflich als Alternativen bestimmt hat, kann demnach begrifflich untereinander nicht in einem subsumtiven Abstraktions- bzw. Konkretionsverhältnis (Subordinationsverhältnis) stehen.

Malt man das Puppe-Mensch-Beispiel dahingehend aus, daß eine Person darauf beharrt, daß die Gestalt im Schaufenster ein Mensch sei, die andere Person hingegen, daß es sich um einen Mann handele, so wären zwar beide Wahrnehmungsdeutungen mögliche konkretisierende Antworten zu dem Oberbegriff 'Gestalt'. Sie schlössen einander aber nicht aus und könnten beide zutreffen. Ihr Verhältnis untereinander wäre eines der Subordination. 'Mann' wäre eine Konkretion zu 'Mensch'. Zum Begriff 'Gestalt' stünden die Konkretionen 'Mensch' und 'Mann' nicht in dem gleichen Subordinationsverhältnis. Unterschiedliche Deutungen, wie z. B. "die Gestalt dort ist ein Mensch" und "die Gestalt dort ist ein Mann", sind nicht als konkurrierende, im Sinne von einander ausschließende Deutungen zu interpretieren, sondern mögen Ausdruck für unterschiedliche Approximationsmöglichkeiten und -fähigkeiten sein. Sie wären nutzbar, um unterschiedliche Gewißheitsgrade hinsichtlich verschiedener Deutungen anzugeben. So mag jemand ganz sicher sein, daß es sich bei der Gestalt um einen Menschen und nicht um eine Kleiderpuppe handelt. Ob es aber eine Frau oder ein Mann ist, kann sie oder er nicht mit Sicherheit sagen. Die Wahl einer abstrakteren Deutung wäre Ausdruck für eine (noch) bestehende Unsicherheit hinsichtlich einer konkreteren Deutung.

Systematisch lassen sich auch solche Oder-Verknüpfungen denken, bei denen Begriffe verschiedenster Konkretionsebenen zu einem gemeinsamen Oberbegriff vorliegen, die nicht untereinander subsumierbar sind. Im Puppe-Mensch-Beispiel würde beispielsweise eine Person, die überlegt, ob die Gestalt im Schaufenster ein Mensch oder eine westeuropäische Plastik-Kleiderpuppe aus den fünfziger Jahren ist, Deutungen unterschiedlicher Konkretionsebenen bedenken, die nicht untereinander subsumierbar wären. Der gemeinsame Oberbegriff 'Gestalt' läßt sich als solcher nur deshalb angeben, weil darauf verzichtet wird, zu beiden Deutungen den jeweils nächstabstrakteren Begriff als Oberbegriff zu wählen. Würde man die Deutungen "Mensch" und "westeuropäische Plastik-Kleiderpuppe der fünfziger Jahre" unter ihren jeweiligen nächstabstrakteren Oberbegriff fassen und dann fragen, ob die Deutungen als "Alternativen" zu bezeichnen seien, so müßte man dies verneinen. Denn der nächsthöhere Oberbegriff von 'Mensch' mag vielleicht 'Gestalt' sein. Der nächsthöhere Oberbegriff zu 'westeuropäische Plastik-Kleiderpuppe der fünfziger Jahre' wird aber sicherlich anders lauten, etwa 'europäische Plastik-Kleiderpuppe der fünfziger Jahre', 'westeuropäische Kleiderpuppe' o. ä.

Klassifikation wird hier nicht nur auf qualitative Begriffsverhältnisse und auf qualitativ Erfaßbares, sondern auch auf quantitative Begriffsverhältnisse und auf quantitativ Erfaßbares angewendet (im Gegensatz dazu s. etwa Wolfgang Stegmüller 1970, der klassifikatorische oder qualitative Begriffe komparativen oder topologischen und quantitativen Begriffen gegenüberstellt (s. Kapitel 1)). Denn quantitative Angaben (wie z. B. "10 kg", "11 kg" usw.) sind als Konkretionsverhältnisse faßbar. "10" und "11" sind ungleiche Konkretionen, wenn man "kg-Angaben" als Oberbegriff auffaßt.

An dieser Stelle sei auch noch eine Anmerkung zur Verwendung kombinatorischer Erwägungstafeln in dieser Arbeit gemacht, mit denen ja auch versucht werden soll, Alternativen zu bestimmen. Der jeweils dabei leitende Oberbegriff wird dabei nicht wiederholend in den Tafeln selbst angegeben, sondern nur im Text in der gedanklichen Entwicklung der Tafeln expliziert.

31 Hinsichtlich der Möglichkeit, daß Deutungs-Alternativen sozial verteilt vorliegen und in Entscheidungszusammenhängen genutzt werden mögen, ergeben sich - so vermute ich - Schwierigkeiten bei einer idealistischen Betrachtungsweise. Es stellt sich meines Erachtens nämlich die Frage, welche Relevanz Soziales und sozial verteilte Deutungs-Alternativen für Idealistinnen bzw. Idealisten überhaupt haben können. Andere Personen, ihre Erwägungs- und/oder Bewertungsalternativen und Lösungsvorlieben sowie auch der gemeinsame Bezug, auf den sich die Überlegungen und Deutungen der Idealistin bzw. des Idealisten und die der anderen Personen richten, gibt es für die Idealistin bzw. den Idealisten nur als vorgestellte, d. h. nicht unabhängig davon, daß sie von ihr bzw. ihm erfaßt werden. Eine Realistin bzw. ein Realist unterscheidet zwischen eigenen und anderen Erwägungen, Bewertungen, Lösungen, die es etwa in gemeinsamen diskursiven Auseinandersetzungen möglichst adäquat zu erfassen gilt, um sie etwa mit eigenen Überlegungen und Deutungen zu vermitteln oder um gemeinsam eine adäquate Deutung zu finden. Wenn eine Realistin bzw. ein Realist nicht naiv glaubt, daß sich sozial verteilt vorliegende Deutungsalternativen gleichsam "automatisch" adäquat erfassen lassen, sondern dies ein höchst subjektiver Konstruktionsprozeß ist, bei dem die anderen Deutungen immer aus der Perspektive des eigenen Deutungshorizontes wahrgenommen werden, dann hat die Realistin bzw. der Realist das Problem, ihre Wahrnehmung der Deutungen anderer mit deren Wahrnehmung von alternativen Deutungen zu vermitteln. Für einen Idealisten bzw. eine Idealistin kann man sich auch ausmalen, daß sie ein Problem der Vermittlung von vorgestellten eigenen Deutungen der vorgestellten Deutungen anderer vorgestellter Personen mit vorgestellten anderen Deutungen anderer vorgestellter Personen haben könnte. Im Vergleich zur Position der Realistin bzw. des Realisten mutet dieses Vermittlungsproblem meines Erachtens eher "künstlich" an.

32 Erwägungsalternativen zu haben bedeutet, einander Widersprechendes als solches zu repräsentieren mit dem Ziel, diesen Widerspruch hinsichtlich eines bestimmten Auswahlgedankens zu klären.

33 Vgl. auch die Bestimmung von Niklas Luhmann, für den eine Entscheidung "eine Wahl zwischen Alternativen" ist, bei der es sich "nicht um die eine oder die andere Seite der Alternative, sondern eben um dies »oder« oder um dies »zwischen«" handelt: "Man kann sich nicht für das »oder« entscheiden. Offenbar ist das »oder«, ist die Form der Alternativität aus dem Bereich möglichen Entscheidens *ausgeschlossen*, obwohl (oder weil?) sie ihn konstituiert" (1993b, 289). Eine reflexive Entscheidung über eine mögliche Entscheidung oder mögliche Nicht-Entscheidung kommt für Luhmann dabei nicht in Betracht, dennoch über ein »oder« zu entscheiden, weil sie eine neue Entscheidung konstruiert (s. 1993b, 289, Anm. 7). Insofern aber die reflexive »Entscheidung« als eine »Entscheidung« 2ter Stufe das »oder« der möglichen »Entscheidung« 1ter Stufe zur »Entscheidung« stellen kann, wäre zu erwägen, ob man nicht doch von einer jeweiligen ebenenbezogenen »Entscheidung« über ein »oder« sprechen könnte.

34 Zur Problematik der Deutung der klassischen formalen Aussagenlogik vgl. auch Blanck/Loh 1992, wo in einem Vergleich der Deutungen der formalen Disjunktion der klassischen Aussagenlogik mit der ODER-Schaltung in der Schaltalgebra unterschiedliche Weisen der Oder-Verwendung - Erwägungs- und Lösungs-Oder - und Konsequenzen ihrer Nicht-Beachtung erörtert werden.

35 Für Erdmann zählt es zur "Seele der disjunktiven Behauptung", daß eines der Glieder der Disjunktion "mit formaler Denknotwendigkeit" gültig ist (1907, 554), was voraussetzt, daß die gleichgeordneten und koordinierten Glieder "die Gesamtheit der möglichen Fälle erschöpfen" (1907, 553) müssen. Ein solches Verständnis der Disjunktion als Erfassung aller Möglichkeiten mag man auch Kant zurechnen, wenn er schreibt: "Im disjunktiven Urteile betrachten wir a l l e M ö g l i c h k e i t, respektiv auf einen gewissen Begriff, als eingeteilt. Das ontologische Prinzip der durchgängigen Bestimmung eines Dinges überhaupt (von allen möglichen entgegengesetzten Prädikaten kommt jedem Dinge eines zu), welches zugleich das Prinzip aller disjunktiven Urteile ist, legt den Inbegriff aller Möglichkeit zum Grunde, in welchem die Möglichkeit jedes Dinges überhaupt als bestimmter angesehen wird" (1982, 201; A 130). Kant nennt die hierauf gründende Idee der "Bestimmung aller Begriffe in der Idee eines

vollständigen Inbegriffs des Möglichen [...] theologisch" (a. a. O.). - Lotze unterscheidet zwischen vollständigen und unvollständigen Disjunktionen und erläutert, wie wir in "theoretischen Ueberlegungen [...] zu dem Fehler der unvollständigen Disjunction am wirksamsten dann verführt" werden, "wenn wir nicht absichtlich mit der Aufstellung aller denkbaren Fälle beginnen, sondern, wie gewöhnlich geschieht, unter dem einseitigen Einfluß einer uns beherrschenden Gedankenrichtung uns nur zu i h - r e m Ziele treiben lassen" (1928, 345f.).

36 Lediglich bei Lutz Geldsetzer habe ich die Einschätzung gefunden, daß das ausschließende Oder die passende Formulierungsmöglichkeit für Entscheidungssituationen sei (s. 1987, 195f.), was er hier allerdings nicht näher ausführt. Insofern Geldsetzer sich eher kritisch mit der klassischen Aussagenlogik auseinandersetzt, würde ich ihn nicht zu ihren Vertretern bzw. Vertreterinnen zählen.

37 Was die bloße Beachtung der Wahrheitswerte der Glieder einer Wahrheitsfunktion im Gegensatz zu unserem umgangssprachlichen Verständnis etwa von Oder-Verknüpfungen bedeutet, wird meines Erachtens in Quines Diskussion der Oder-Verknüpfung "x < y oder x = y" (s. 1974, 28f.) erkennbar. Wenn ich Quine richtig verstehe, so vertritt er hier folgende Thesen: Wahrheitsfunktional ist hinsichtlich der Aussage "x < y oder x = y" sowohl ein ausschließendes als auch ein nicht-ausschließendes Oder möglich. Aber "weder tatsächlich noch in den Gedanken des Sprechers" (1974, 28) kann es vorkommen, daß beide Glieder wahr sind, weil die "Teilsätze >x < y und x = y< selbst [...] unverträglich" sind (1974, 28f.), d. h. sich "ihrem Inhalt nach ausschließen" (1974, 29). Wenn es in einer umgangssprachlich geäußerten Oder-Verknüpfung wie z. B "x < y oder x = y" der Formulierung nach offenbleibt, ob es sich um ein ausschließendes oder nicht-ausschließendes Oder handelt, so macht eine inhaltliche Betrachtung nach Quine schnell klar, daß "sich bei beiden Interpretationen kein Unterschied ergibt" (1974, 29). Denn die erste Zeile des nicht-ausschließenden Oder, nach der beide Teilsätze wahr sind, kann inhaltlich bedacht nicht zutreffen, und deshalb gibt es so gesehen keinen Unterschied zum ausschließenden Oder. Quine folgert hieraus: "Da sich die Teilsätze >x < y< und >x = y< schon ihrem Inhalt nach ausschließen, ist es unwesentlich, ob wir dieses Sichausschließen durch das >oder< wiederholen lassen oder nicht" (1974, 29). Ein Vertreter der älteren Logik würde wohl genau anders argumentieren: Da sich die Teilsätze >x < y< und >x = y< schon ihrem Inhalt nach ausschließen, ist es wesentlich, daß dieses Sichausschließen durch das >oder< deutlich gemacht und angezeigt wird, daß es sich um Alternativen handelt. - Vertreter bzw. Vertreterinnen der modernen klassischen Aussagenlogik verfolgen also ganz andere Ziele mit ihrer Behandlung von Aussagenverknüpfungen, über die man sich durch die Verwendung zum Teil gleicher Ausdrücke, die sich bei Vertreterinnen bzw. Vertretern der älteren Logik finden, nicht hinwegtäuschen lassen darf.

38 Wenn ich hier und im folgenden noch einmal "ausschließend" in Klammern gesetzt habe, so will ich damit dem Umstand Rechnung tragen, daß hier Zitate der klassischen Aussagenlogik, die sich auch auf das nicht-ausschließende Oder beziehen, mit Überlegungen der älteren Logik, die nur das ausschließende Oder behandeln, verknüpft werden. Insofern die mir relevanten Gedanken der klassischen Aussagenlogik von der Unterscheidung in ausschließendes und nicht-ausschließendes Oder unberührt bleiben, halte ich mein Vorgehen für legitim.

39 Zum Problem der Willens- bzw. Stimmenthaltung als möglicher dritter Bewertungsform vgl. Punkt II. 2.3.3.3.

40 Es wäre genauer zu klären, ob es nur dann sinnvoll ist, von "gleichen" Erwägungs- und Bewertungsmöglichkeiten zu sprechen, wenn diese sich - wie etwa im "Bierflaschen-Beispiel" auf vorhandene bzw. vorliegende Gegenstände beziehen. Denn es scheint wenig Sinn zu machen, wenn eine Person denkbare gleiche Möglichkeiten mehrfach erwägt.

41 Hinsichtlich der Verwendung des Ausdrucks "Bewertungskriterium" stellt sich die Frage, ob man für ihn die Möglichkeit alternativer Bewertungsformen als konstitutiv erachten will oder nicht. Im

ersteren Falle hieße dies, daß, wenn jemand nur eine Bewertungsform anwenden kann, er oder sie gar nicht aufgrund eines bestimmten Bewertungskriteriums bewerten würde.

42 Die Mentalitäten sogenannter Ja-Sager/innen und Querulanten/Querulantinnen (im Sinne von Nein-Sager/innen) ließen sich vielleicht dadurch charakterisieren, daß diese Personen weniger an den jeweiligen Bewertungskriterien interessiert sind und es ihnen vielmehr darauf ankommt, ihre gewissermaßen schon vorentschiedene Bewertungsform, die man auch als Ausdruck von Konformismus oder Opportunismus (beim "Ja-Sagen") oder "Oppositionismus" im Sinne eines "negativen Fixiertseins" (beim "Nein-Sagen") betrachten mag, kundzutun. Diese Haltungen, Konformismus, Opportunismus und Oppositionismus, mag man auch als "Metabewertungskriterien" betrachten, die zur Entscheidung und Festlegung für eine spezifische Bewertungsform in gewissen Entscheidungszusammenhängen geführt haben. Entscheidungszusammenhänge, in denen sich Personen konformistisch oder opportunistisch verhalten, ähneln den von Niklas Luhmann beschriebenen Fällen, "in denen man ohne besondere Präferenz oder gar gegen die eigenen Präferenzen auf Erwartungen durch Entscheidungen reagiert" (1994, 281). Luhmann schlägt aufgrund solcher Fälle eine "Verlagerung des Theorieansatzes von Präferenz auf Erwartung" vor, der "eine »Soziologisierung« der Entscheidungstheorie" bedeute, (1994, 282, im einzelnen hierzu insbesondere auch 286). Er erachtet "die Differenz von konform und abweichend" statt der "Differenz von besser und schlechter" als konstituierend für den "Tatbestand des Entscheidens" (1994, 281). Es wäre meines Erachtens aber genauer zu diskutieren, inwiefern nicht das Verzichten auf oder das Nicht-Haben von Präferenzen wie auch ein Entscheiden entgegen eigener Präferenzen nicht Ausdruck einer besonderen Gewichtung von eigenen Metakriterien und Metapräferenzen sein kann. Das Metakriterium, z. B. nicht eine einem wichtige soziale Bezugsgruppe zu verlieren, hat eine so hohe Präferenz, daß es dazu führt, als "Mitläuferin" bzw. "Mitläufer" entweder ohne weiteres Nachdenken und Berücksichtigen konkreterer Kriterien (und nur in diesem Sinne ohne eigene Präferenzen) oder sogar entgegen eigener Präferenzen (die man bei der Berücksichtigung bzw. bei stärkerer Gewichtung jeweils konkreter Kriterien hätte) "mitzumachen". Es gibt dann gewissermaßen reflexiv gute Gründe (die mit der Präferenz für bestimmte Metakriterien zusammenhängen) dafür, den eigentlich bevorzugten Kriterien und Präferenzen eines konkreten Entscheidungszusammenhangs nicht zu folgen. Daß Erwartungen und Erwartungserwartungen (Luhmann 1994, 294) ganz wesentlich jeweilige Präferenzen mitbestimmen, und auch Entscheidungen nötig machen (1994, 281), würde mit einer solchen Interpretation weder in Frage gestellt noch als weniger relevant bewertet.

43 Zum engen Zusammenhang zwischen Fragestellung/Zielsetzung und Bewertung (bzw. dem gesamten Entscheidungsverlauf) finden sich in der betriebswirtschaftlichen Literatur zahlreiche Überlegungen. So betonen etwa Laux/Liermann: "Erst die Formulierung einer Zielfunktion ermöglicht die Bewertung der erwogenen Alternativen. Unter einer Zielfunktion wird die formale oder gedankliche Darstellung einer Entscheidungsregel verstanden. Sie ist gekennzeichnet durch
- die Menge der Zielgrößen [...],
- die Präferenzfunktion [...] sowie
- das Optimierungskriterium [...]" (1997, 41). Der Ort der Bewertung ist die Präferenzfunktion. Laux und Liermann unterscheiden bezüglich der Zielvorstellungen zwischen Sach- und Formalzielen: "Das Sachziel definiert dann die Menge der zulässigen Handlungsalternativen; es bleibt aber noch offen, welche dieser Alternativen gewählt werden soll. Für eine rationale Letztentscheidung ist dann ein Formalziel zu formulieren [...], mit dessen Hilfe die Ergebnisse der Handlungsalternativen (die Endzustände) bewertet bzw. beurteilt werden können" (1997, 37; vgl. auch 35). Im Einzelfall kann ein Sachziel auch "so präzise definiert sein, daß praktisch kein Entscheidungsspielraum verbleibt; in einem solchen Sachziel kommt eindeutig zum Ausdruck, welche Handlungsalternative zu realisieren ist" (1997, 37). Laux und Liermann betonen die "enge[n] Interdependenzen: Einerseits stellt die Formulierung eines Sachziels selbst ein Entscheidungsproblem dar, bei dessen Lösung man sich an einem übergeordneten Formalziel orientiert. Andererseits hängt das für die Auswahl einer Handlungsalternative maßgebliche Formalziel von dem angestrebten Sachziel ab, das seinerseits die

350

Menge der zulässigen Alternativen charakterisiert" (1997, 37). - Eisenführ und Weber messen einer adäquaten Zielbestimmung ebenfalls eine hohe Relevanz für die Bewertung zu, jedenfalls dann, wenn man eine möglichst rationale Entscheidung treffen wolle (s. 1994, 51). Sie unterscheiden dabei zwischen Fundamentalzielen und Instrumentalzielen, die kontextabhängig und insofern relativ bestimmbar sind. Was in einem Kontext ein fundamentales Ziel sein mag, kann in einem anderen ein Mittel bzw. ein Instrumentalziel sein (s. 1994, 51, 56). "Für die Bewertung der Alternativen sollten nur solche Ziele herangezogen werden, die innerhalb des jeweiligen Entscheidungskontextes fundamental sind" (Eisenführ/Weber 1994, 51). - Aus psychologischer Sicht formulieren etwa Helmut Jungermann u. a. den engen Zusammenhang zwischen Zielen und Bewertungskriterien: "Hat ein Entscheider keine Ziele, so kann er auch keine Entscheidungsprobleme haben, da es keine Kriterien für eine Wahl bzw. für die Auflösung eines Konflikts gibt" (1998, 22).

44 Eine dezisionäre Bewertung ist von einer dezisionären Lösungssetzung zu unterscheiden. Eine dezisionäre Lösungssetzung muß nicht mit einer dezisionären Bewertung einhergehen. Wenn sich bei einer Bewertung herausstellt, daß zwei Möglichkeiten gleich zu bewerten sind, dann können hinreichende Gründe für diese Gleichbewertung vorliegen. Trotzdem muß dann bei der Lösungssetzung dezisionär vorgegangen werden.

45 Zu Forschungen über Nicht-Wählende in anderen Ländern stellen Falter/Schumann fest: "Auch international waren Wahlbeteiligung und Wahlenthaltung alles andere als zentrale Probleme der Wahlsoziologie" (1994, 161). Sie beziehen sich auf "eine systematische Durchsicht der wichtigsten deutsch-, englisch- und französischsprachigen Fachzeitschriften der letzten fünf Jahre", die ihres Erachtens zeigt, daß "man sich auch im Ausland in den vergangenen Jahren innerhalb der Politikwissenschaft und Politischen Soziologie kaum mit dem Problem der Nichtwahl" beschäftigte (1994, 161, Anm. 1). Eilfort meint immerhin aber feststellen zu können, daß im "Ausland, insbesondere in den USA, wo die Beteiligung bei Wahlen kontinuierlich sinkt, [...] die Nichtwähler - jeweils unter Teilaspekten - dagegen *stetiger* beachtet" wurden als in der BRD, "in den Vereinigten Staaten sowie Großbritannien mehrfach und aktuell auch in ausführlicher Form" (1994, 67; Hervorhebung von B. B.). Eilfort trifft seine Einschätzung über einen längeren Zeitraum als Falter und Schumann, seine Verweise auf Zeitschriftenartikel und auch einige Monographien reichen in diesem Kontext bis Anfang der 70er Jahre zurück (1994, 67, Anm. 279, 280).

46 Zur Unterscheidung zwischen input- und outputorientierter Demokratietheorie vgl. Fritz Scharpf: "Ausgehend von der Modellvorstellung eines politischen Systems, das politische *inputs* (insbesondere artikulierte Interessen) aus seiner gesellschaftlichen Umwelt aufnimmt und zu politischen *outputs* (insbesondere verbindlichen Entscheidungen) verarbeitet, können normative Demokratietheorien danach unterschieden werden, ob sie das politische System primär von seinen *inputs* oder von seinen *outputs* her zu rationalisieren versuchen. Theorien der *output*-orientierten Richtung normieren zunächst eine wünschbare Qualität politischer Leistungen und bestimmen dann von diesem Punkt her die weiteren Anforderungen an die Strukturen des politischen Systems" (1975, 21). Nach Eilfort ist deshalb die Wahl und die Beteiligung bei einem outputorientierten Verständnis ein Mittel zum Zweck, und dabei "geht es nicht um ein Maximum, sondern um das Optimum an Beteiligung" (Eilfort 1994, 29). Ausgangspunkt der "*input*-orientierten Demokratietheorien [...] ist die Frage, wie das politische System eingerichtet sein müsse, wenn Entscheidungen möglichst unverfälscht aus der gleichen Partizipation aller hervorgehen sollen" (Scharpf 1975, 25). Bei einem inputorientierten Demokratieverständnis ist die "Wahl und die Beteiligung daran [...] das Ziel", und "ein Beteiligungsmaxium muß angestrebt werden" (Eilfort 1994, 31). Es gibt Abstimmungsmodi, die wie z. B. das Verhältniswahlrecht eher inputorientiert sind, und solche, die wie z. B. das Mehrheitswahlrecht eher outputorientiert sind (vgl. z. B. Eilfort 1994, 31). Vertreter und Vertreterinnen eines inputorientierten Verständnisses halten Stimm- bzw. Wahlenthaltung eher für negativ und tendenziell demokratiegefährdend. Von einem outputorientierten Verständnis her gilt gerade umgekehrt ein gewisses Ausmaß an Wahl- bzw. Stimmenthaltung als eine Bedingung der Sicherung von Demokratie. Argumentationen in diese Rich-

tung lauten etwa, daß es doch besser sei, wenn sich desinteressierte und uninformierte enthalten würden, statt unqualifizierte Stimmen abzugeben, oder, daß eine Demokratie gar nicht funktionieren könne, wenn sich alle engagieren würden (vgl. Eilfort 1994, 29f.).

47 In der in diesem Abschnitt exemplarisch erwähnten Literatur zur Wahlenthaltung werden auch verschiedene weitere Aspekte und Zusammenhänge erörtert, die die Wahrscheinlichkeit einer Teilnahme an einer Wahl eher begünstigen oder eher einschränken. In einer auf dieses Thema spezialisierten Arbeit wäre auch genauer vergleichend zu beachten, was jeweils unter "Interesse an Politik" verstanden und wie es erhoben wird. Hier kann diese Eigenschaft nur intuitiv und ohne weitere Klärung bedacht werden.

48 Nicht gemeint sind hier diejenigen unfreiwillig Nichtwählenden, die statistisch zwar als Nicht-Wählende gezählt werden, die eigentlich "hatten wählen wollen, aber aus unvorhersehbaren Gründen nicht wählen konnten" (Ralf-Rainer Lavies 1973, 160). So mag eine mit hohem Interesse intendierte Beteiligung an einer Wahl etwa durch plötzliche Erkrankung verhindert werden. Diese Deutungsmöglichkeit wäre eine Erklärungsmöglichkeit für die zweite Zeile der Erwägungstafel 9. Wollte man die Erwägungstafel dementsprechend erweitern, so müßte man zwischen der Intention, sich an einer Wahl zu beteiligen, und der gelingenden bzw. mißlingenden Realisierung dieser Intention unterscheiden. Hier wird nur davon ausgegangen, daß Intention und Realisierung übereinstimmen.

49 Eilfort rechnet diese Nicht-Wählenden zu den Dauer-Nichtwählenden, wobei er die Anzahl solcher "System-Gegner" sich "in der Bundesrepublik [...] höchstens im Promille-Bereich bewegen" sieht (1994, 59). Hinsichtlich des im folgenden angesprochenen Merkmals "Systemzufriedenheit" bzw. "Systemunzufriedenheit" wäre bei einer differenzierteren Ausarbeitung darauf zu achten, ob ein System nur in seiner situativen Wirklichkeit oder prinzipiell abgelehnt wird.

50 Ich habe es hier bewußt vermieden, vom "Scheitern einer »Entscheidung« oder eines »Entscheidungsversuchs«" zu sprechen. Zwar scheint eine solche Bezeichnung zunächst angemessen, wenn man davon ausgeht, daß es beim »Entscheiden« darum geht, eine Lösung zu finden. So gesehen könnte man sagen: Wenn eine »Entscheidung« nicht zu einer Lösungssetzung führt, ist sie gescheitert. Andererseits stellt sich die Frage, ob es nicht Fälle gibt, wo die »Entscheidung« nicht hätte adäquater gemacht werden können und es dennoch - oder vielleicht gerade deshalb - nicht verantwortbar scheint, eine Lösung zu setzen. Natürlich ist auch eine solche »Entscheidung« in bezug auf die Zielsetzung, eine Lösung zu finden, gescheitert. Dies ist mir aber eine zu starke Gewichtung des Lösungsaspektes und eine zu geringe Beachtung der Erwägungs- und Bewertungsaspekte, durch die man vielleicht dazu kommt, reflexiv die gestellten Fragen neu zu bedenken, und so etwa zu ihrer Neuformulierung oder Auflösung gelangt. Betont man die Erwägung- und Bewertungsaspekte beim »Entscheiden«, so wäre von einem Scheitern eigentlich erst dann zu reden, wenn das Erwägen und Bewerten mißlingt. Welche Möglichkeiten des Mißlingens und Scheiterns es geben kann, wäre genauer zu erforschen.

51 Mit Kraak könnte man solche, auf ehemalige Entscheidungen rückführbare selbstgesetzte Vorgaben auch "Denkentscheidungen [...] "auf Vorrat"" (1999) 3, Nr. (3)) nennen. Für Kraak sind dies z. B. unsere Gewohnheiten und Routinen, bei denen wir nicht zu überlegen brauchen, die anfänglich aber sehr wohl "bedacht und gewählt worden" sind (Nr. (3)).

52 Wie genau man "Gewohnheit" und "Tradition" (auch unter Berücksichtigung weiterer Termini, die Wiederholungen bezeichnen, wie etwa "Sitte", "Imitation/Nachahmung", "Konvention", "Ritual", "Zwang" (s. 2.2.2.1, Nr. (17)) bestimmen sollte, kann im Rahmen dieser Arbeit nicht weiter geklärt werden. Von vielen wird in bezug auf ein Individuum nicht von "Tradition" gesprochen, weil man das Merkmal des angestrebten Überdauerns bei einem Wechsel der Beteiligten als relevant für "Tradition" betrachtet (s. Ivan Glaser 1970, 49) und "Tradition" mit Weitergaben von Generation zu Generation verbindet (s. Konrad Lorenz 1984, 200).

53 Vielleicht könnte man dieses Vermeidungsverhalten durch Rücknahme von Interesse und Wahlenthaltung mit der Theorie der kognitiven Dissonanz von Festinger (1978) auch als Vermeidung der Entstehung von kognitiver Dissonanz durch »Nicht-Entscheidung« interpretieren. Weil mit einer »Entscheidung« das Eintreten von kognitiver Dissonanz zu befürchten ist und diese aufgrund der verschiedenen Interessen vermutlich nur schwer reduzierbar sein würde, wird die »Entscheidung« selbst gemieden. Es könnte sein, daß bei einer Vorgabeorientierung Interessenkonflikte durch die Zugehörigkeit und Mitgliedschaft in unterschiedlichen Gruppen hilflos machen. Welchen Vorgaben soll man nun folgen? Wenn jedes Befolgen der einen Vorgaben zugleich einen "Ungehorsam" gegenüber anderen Vorgaben bedeutet, dann scheint eine Wahlenthaltung vielleicht fast schon als einzige Möglichkeit, es sich mit niemandem zu verderben. Dieses Ausweichmanöver der Vermeidung einer »Entscheidung« erster Stufe durch eine reflexive »Entscheidung«, nicht zu wählen, funktioniert aber nur dann, wenn es nicht auch für die reflexive Ebene eine Vorgabe gibt (wie etwa sozial eingeforderter Wahlgehorsam oder die selbst auferlegte Pflicht zur Wahlbeteiligung). Bei »Entscheidungsorientierten« hingegen nimmt - so ist zu vermuten - ein Interessenkonflikt einen anderen Verlauf. In dem Maße, wie die »Entscheidungsorientierten« ihre Zugehörigkeit und Mitgliedschaft in verschiedenen Gruppen durch selbstbestimmte »Entscheidungen» verankert sehen, wird ein Interessenkonflikt eher als Herausforderung verstanden zu klären, was man will, einschließlich der damit verbundenen Konsequenzen des möglichen Verlassens bestimmter Bezugsgruppen.

54 Die Möglichkeit, eine einfache Stimmenthaltung (ohne weitere Differenzierungsmöglichkeiten, mit denen sich angeben ließe, warum man sich enthält) anzukreuzen, taucht im Kontext der bundesrepublikanischen Diskussion um die Frage nach der Einführung der gesetzlichen Wahlpflicht auf (vgl. hierzu Eilfort 1994, 326).

55 Zwar stößt man in der Literatur über Nicht-Wählende auch auf Vorschläge zur Verbesserung von Abstimmungsverfahren (vgl. hierzu auch die in II. 3.2, Nr. (124) angesprochenen Probleme mit verschiedenen Abstimmungsverfahren). Hierbei geht es meines Wissens aber nicht um Möglichkeiten der reflexiven Bewertung von Wahlkonstellationen. Es wird vielmehr an "Wahlrechtsänderungen" gedacht, "die in sich größere Wahlmöglichkeiten tragen, etwa durch die Vergabe von mehr gleichgewichtig zählenden Stimmen, durch die Möglichkeit, die starren Listen der Parteien durch die Wähler verändern zu lassen oder zu kumulieren (mehrere Stimmen einem Wahlvorschlag zu geben) oder zu panaschieren (Stimmen über verschiedene Wahlvorschläge zu verteilen)" (Feist 1994, 8).

56 Eilfort schildert einen besonders drastischen Fall: 1990 wurde der Bürgermeister von Bad Urach zwar mit 97,7 Prozent der abgegebenen Stimmen wiedergewählt, die Wahlbeteiligung lag allerdings nur bei 36,6 Prozent (1994, 31). Ob man derartige Situationen für problematisch erachtet, hängt vom jeweiligen Demokratieverständnis ab. Bei einem inputorientierten Demokratieverständnis wird diese Frage z. B. eher als problematisch erachtet werden als bei einem outputorientierten Demokratieverständnis.

57 Dabei wäre auch zu prüfen, inwiefern die Frustrationstoleranz der Wählenden und ihre Wahlkompetenzen weitaus größer sein könnten, wenn in den verschiedenen Sozialisationsinstanzen ein erwägungsorientierter Umgang mit Alternativen und eine dementsprechende Entscheidungskompetenz gefördert würden. Bei Peter M. Gollwitzer finden sich einige Hinweise darauf, was die - wie er es nennt - "Bewußtseinslage des Abwägens" unterstützen und zu entwickeln helfen kann, wie z. B. "eine generelle Offenheit für verfügbare Informationen", die "aufgabengemäß ausgewertet oder bearbeitet werden", sowie unparteiisches Abwägen von positiven und negativen Anreizen (1991, 65), individuelle Entscheidungsfreiheit, hohe "Verantwortlichkeit für die zu treffende Entscheidung [...] und eine große Vertrautheit mit dem vorliegenden Abwäge-Problem", "die sog. uncertainty orientation", "der sog. sensitization coping style [...] und hohe Leistungsmotivation" (s. 1991, 205), das Einholen möglichst vieler Meinungen, Vermeidung bloß verifizierenden Informationseinholens (s. 1991, 211f.). Abwägen charakterisiert für Gollwitzer die erste Phase (die prädezisionale Motivati-

onsphase) des von ihm und Heinz Heckhausen sogenannten Rubikonmodells, auf die die Phasen des Planens (präaktionale Volitionsphase), Handelns (aktionale Volitionsphase) und Bewertens (postaktionale Motivationsphase) folgen (s. 1991, 39; 1996, 534). Beim Abwägen geht es um die Wahl eines Handlungszieles, durch das Fassen eines Entschlusses oder einer Entscheidung wird das Abwägen beendet (der Rubikon wird überschritten) und kann in die Phase des Planens übergehen (s. Gollwitzer 1991, 64ff. und 1996, 534f.). Gollwitzers Hinweis darauf, daß das Planen auch von Personen übernommen werden kann, die selbst nicht abgewogen und entschieden haben (s. 1991, 74, wo Gollwitzer von "imperativen Zielintentionen" spricht), regt zu der Frage an, inwiefern sich Kulturen danach differenzieren lassen, ob sie in spezifischer Weise in ihren Sozialisationsinstanzen eher planende als abwägende Fähigkeiten oder beide gleichermaßen fördern und fordern. Es ist zu vermuten, daß Kulturen, in denen bei der Vermittlung von deskriptiven und präskriptiven Konzepten imperative Zielintentionen überwiegen, eine Vorgabeorientierung fördern und die Entfaltung von erwägungsorientierter »Entscheidungskompetenz« vernachlässigen. Es wäre zu klären, ob in manchen Untersuchungen sich vielleicht aus diesen Gründen nur so wenige Wählende finden lassen, die "dem geläufigen Stereotyp vom unbefangenen vernünftigen demokratischen Wähler" entsprechen (Lazarsfeld u. a. 1968, 136). Vielleicht könnte es ja vielmehr "wirkliche(n) Zweifler" (Lazarsfeld u. a. 1968, 138) geben.

58 Bei einer ausführlichen Bearbeitung des Aspektes der Stimmenthaltung wäre auch die in der Betriebswirtschaftslehre erörterte Möglichkeit einer indifferenten Präferenz einzubeziehen. Danach kann eine Person, die eine »Entscheidung« treffen will, drei mögliche Einstellungen, "Präferenzen" genannt, zu Konsequenzen oder zu Handlungsalternativen einnehmen. Bei zwei Alternativen wird entweder a gegenüber b bevorzugt oder b gegenüber a bevorzugt oder es besteht eine Indifferenz zwischen a und b (s. z. B. Weise u. a. 1993, 143 oder Eisenführ und Weber 1994, 94; wieso Eisenführ und Weber an anderer Stelle statt der Möglichkeit "b wird gegenüber a bevorzugt" die Möglichkeit "a wird gegenüber b präferiert oder es herrscht Indifferenz" (1994, 30) anführen, die m. E. nur eine Zusammenfassung der beiden vorangegangenen Möglichkeiten darstellt, ist mir nicht nachvollziehbar geworden. Insofern "Präferenzen in bezug auf die Alternativen [...] nicht im voraus gegeben [sind]; der Entscheider [...] sich über sie nicht schlüssig" ist (Eisenführ/Weber 1994, 30), sind sie Ausdruck der in einer »Entscheidung« intendierten Bewertung der Alternativen. Sagt man von einer »entscheidungtreffenden« Person, sie sei "indifferent zwischen Alternativen", wenn sie ihr "den gleichen Nutzen verschaffen" (Weise u. a. 1993, 48), dann wäre hiermit vielleicht eine bestimmte Konstellation der Bewertungs-Gleichgültigkeit der verschiedenen Alternativen beschrieben, die zu einer Stimmenthaltung führen mag. Von dieser um den gleich hohen oder gleich geringen Nutzen der Alternativen wissenden Stimmenthaltung wäre dann etwa eine Stimmenthaltung, die aus Unwissen bzw. Nicht-Wissen um den Nutzen der Alternativen resultiert, abgrenzbar. Inwiefern Unwissen und "Unvergleichbarkeit von Alternativen" (s. Eisenführ und Weber 1994, 96) aufeinander zu beziehen sind, wäre hierbei meines Erachtens ebenfalls zu erwägen. Denkt man an die sogenannte Inkommensurabilitäts-Diskussion (vgl. statt anderer Geert-Lueke Lueken 1992), dann wären vermutlich sehr verschiedene Verständnisse von Unvergleichbarkeit auseinanderzuhalten.

59 Die Numerierung der nicht-gedeuteten Felder wurde hier hinzugefügt, um die folgenden Überlegungen leicht zuordnen zu können.

60 Reflexiv wäre hier weiter zu bedenken, daß die Kombinatorik von Benseler u. a. ihrerseits nur eine Möglichkeit ist, Zusammenstellungen von Erwägungsalternativen zu unterscheiden. Wäre diese Kombinatorik ihrerseits in einem Feld von Möglichkeiten alternativer Klassifikationen zu verorten, so wäre dies vermutlich ein wichtiger Schritt, Diskussionen um jeweilige verschiedene Erwägungsdimensionen und -tafeln transparenter zu gestalten.

61 Daß die Sortierung nach dem Merkmal 'steigendes Atomgewicht' noch nicht die optimale Metho-

de darstellte, weil es in einigen Fällen Schwierigkeiten bei der Zuordnung zu bestimmten Gruppen gab, die sich erst durch die "Reihung der Elemente nach der sogenannten Kernladungs- bzw. Ordnungszahl lösten" (vgl. Alfred Neubauer 1981, 17), spielt für meine Überlegungen hier keine Rolle. Zur Erläuterung sei die Problemlage aber am Beispiel der Elemente Kalium und Argon kurz angedeutet: Nach der Reihung nach steigendem Atomgewicht hätte eigentlich "das Element Kalium mit einem Atomgewicht von 39.098 den Platz mit dem Argon tauschen" müssen, "da dieses ein höheres Atomgewicht von 39.948 hat. Kalium käme auf diese Weise unter das Element Neon zu stehen. Da sich das Alkalimetall Kalium und das Edelgas Neon aber überhaupt nicht ähnlich sind, durchbrach man den Grundsatz der Ordnung nach aufsteigenden Atomgewichten und ordnete das Kalium nach dem Argon an" (Neubauer 1981, 16f.). Mit der Reihung nach der sogenannten Kernladungs- bzw. Ordnungszahl orientierte man sich später an der stetig ansteigenden Anzahl der Protonen. Das Sortierungsproblem mit den Elementen Argon und Kalium konnte dadurch aufgelöst werden, weil Argon "mit 18 die niedrigere Ordnungszahl" hat und "deshalb vor dem Kalium (Ordnungszahl = 19) stehen" muß (Neubauer 1981, 26). - Bezüglich der Schreibweise des Namens Mendelejeff/Mendelejew habe ich mich an die jeweiligen Schreibweisen der erwähnten Literatur gehalten.

62 Wenn ich in dieser Arbeit lieber von "Ebenen" statt von "Stufen" spreche, dann hängt dies mit Diskussionserfahrungen zusammen, in denen Ausdrücke wie "Stufe" - oder noch »schlimmer« "Niveau" - häufig mit hierarchisch-bewertenden Konnotationen einhergehen, die mit meiner Unterscheidung von abstrakten und konkreten Ebenen nicht intendiert sind. Ich versuche seitdem, meine Sprachgewohnheiten umzugewöhnen und nicht mehr von Abstraktions- bzw. Konkretionsniveaus oder -stufen, sondern von -ebenen zu sprechen.

63 Hinsichtlich einer Untersuchung von »Entscheidungskonstellationen« daraufhin, ob sie approximationsfähig sind, ist also darauf zu achten, ob es im Falle von nicht-approximationsfähigen »Entscheidungskonstellationen« an den fehlenden Fähigkeiten der entscheidungstreffenden Person liegt oder daran, daß sie ihre Fähigkeiten nicht anwenden kann.

64 Bei drei-ebenigen »Entscheidungskonstellationen« sind nur Zusammenstellungen von zweistrangig nicht-koordinierten Erwägungsalternativen möglich. Eine einstrangige Zusammenstellung, wie etwa 'Mensch'-'Mann', würde die Regel der Nicht-Subsumierbarkeit von jeweiligen Alternativen verletzen (s. o. II. 2.3.2, Nr. (36)ff.). Erst ab »Entscheidungskonstellationen« mit vier Ebenen sind auch einstrangige Zusammenstellungen von Erwägungsalternativen möglich, wie etwa 'junger Mann'-'Frau'.

65 Wollte man spezifisch Kreativitäts- und Problemlösungsforschung berücksichtigen, was nicht Aufgabe dieser Arbeit ist, dann wäre u. a. zu fragen, wie das Erwägen im Zusammenhang mit dem Problem des Scheiterns und des Fehlermachens in diese Forschungen einzubringen ist. Wenn etwa »Fehler zu machen« schon von frühester Kindheit an negativ sanktioniert wird und nicht als notwendiger Bestandteil kreativer Suchprozesse bewertet wird, dann mag die Neugier bei der Suche nach jeweiligen Alternativen gebremst und ein Umgang mit Alternativen von Angst (vor Neuem und potentiell Falschem) geprägt sein. Wer sich wohler fühlt, wenn andere »entscheiden«, wird vermutlich »Entscheidungskonstellationen«, in denen sie oder er selbst aktiv werden kann, eher meiden; umgekehrt wird eine Person, die es gewohnt ist und schätzt, selbst zu entscheiden, Entscheidungssituationen nicht nur hinnehmend auf sich zukommen lassen, sondern häufig aktiv herbeiführen. Wer perspektivisch zu denken gewohnt ist, wird vermutlich häufig anders entscheiden als jemand, die oder der situativ entscheidet oder nur mittelfristig die Folgen jeweiliger Erwägungsalternativen beachtet. Wenn Individuen von "dogmatischem Wunschdenken" geprägt sind, werden sie - wie Bernhard Kraak es beschreibt - wohl eher dazu neigen, "Handlungskonsequenzen selektiv" zu "bedenken, nämlich vor allem diejenigen, auf die sie hoffen, und denen, die sie befürchten müßten, den Zugang zu ihren Überlegungen versperren" (1999, 4, Nr. (14)). Wer hingegen daran interessiert ist, jeweilige Lösungen offen für Korrekturen zu halten, um in zukünftigen ähnlichen Entscheidungs-

konstellationen vielleicht adäquater zu entscheiden, wird eher motiviert sein, erwogene Alternativen nach einer Lösungssetzung zu bewahren. Die Frage, wann welches Erwägen und Zusammenstellen von Alternativen adäquat ist, ließe sich weiterhin etwa auch daraufhin untersuchen, ob dies vielleicht in verschiedenen Phasen eines Entscheidungszusammenhangs verschieden ausfallen könnte. Hier wären die zahlreichen Untersuchungen im Umfeld der Theorie der kognitiven Dissonanz zu berücksichtigen, die sich mit unterschiedlichen Umgangsweisen mit Alternativen vor und nach einer durch Entscheidung gefundenen Lösungssetzung befassen (vgl. statt anderer etwa Harold B. Gerard 1967). Von jeweiligen Forschungen wären m. E. nicht nur möglichst grundlegende Dimensionen, die Mentalitätenunterschiede ausmachen, herauszufinden, wie etwa Selbst- oder Fremdbestimmungsorientierung, Korrekturbereitschaft und Verbesserungsbemühen oder Vermeidung von Verbesserungsbemühungen, zukunftsbezogenes oder situatives Denken usw. Es käme mit darauf an zu erforschen, wie diese Dimensionen untereinander zusammenhängen. Aus erwägungsorientierter Perspektive wäre insbesondere zu klären, welche Konsequenzen ein erwägungsorientiertes »Entscheidungsverständnis« etwa für den Umgang mit Fehlern oder Möglichkeiten der Selbstbestimmung hat. In Kapitel III., insbesondere in Nr. (18.2), (18.3), (18.5) und (18.13), werde ich diese Fragestellung in der Darlegung eines Entwurfs für eine Erwägungsdidaktik aufgreifen.

66 Übertragen auf moralische »Entscheidungen«, bedeutet dies dann auch dort bei indifferenten Konstellationen nicht, daß, wer "dezisionär entscheidet, [...] die Unterscheidung zwischen Besser und Schlechter weder grundsätzlich noch für den Moment" ablehnt, sondern "ihre punktuelle Unanwendbarkeit" erkennt (Birnbacher 1992b, 97, Nr. (11)).

67 Eine Erläuterung von "hinreichenden Gründen" oder "guten Begründungen" mit Verweis auf "Rationalität" darf nicht im Umkehrschluß mit einer Bestimmung von "Rationalität" verwechselt werden. Auch wenn es - wie Herbert Schnädelbach feststellt - ein weitverbreitetes "Stereotyp" ist, daß Rationalität "etwas mit "Begründen" zu tun" habe (1998, 158, Nr. (9); auch 80, Nr. (1.1)), wird diese Sichtweise - so auch von Schnädelbach - kritisiert: "[...] als ob das *animal rationale* nicht noch vieles andere könnte als begründen: z.B. Denken, Handeln, Überlegen, Meditieren, Probleme lösen, Spielen usf." (1998, 80, Nr. (0.2)).

68 Man kann Lübbes Dezisionismus deshalb auch, wie z. B. Michael Th. Greven, als "pragmatischen Dezisionismus" bezeichnen (1992, etwa 200).

69 Auch der Aspekt, daß theoretische Überlegungen, die zu schnell und unter Zeitdruck mit der Praxis vermittelt und realisiert werden sollen (Lübbe 1971, 27), die Theorie »verderben« können, scheint einerseits sinnvoll, andererseits aber auch daraufhin befragbar, in welchen »Entscheidungszusammenhängen« es vielleicht umgekehrt sein könnte und allzu große Praxisferne die Theorie »verdirbt«. In einer umfassenden Theorie der »Entscheidung« sollten von daher m. E. Überlegungen zur Einschätzung von jeweiligen »Entscheidungszusammenhängen« enthalten sein, die prüfen helfen, in welchen Konstellationen ein aktueller Zeitdruck durch die Praxis eher negative Konsequenzen für die Lösungsfindung haben könnte und bei welchen dies keine Rolle spielt oder sogar positive Auswirkungen auf die Qualität der Lösung hat.

70 Vgl. hierzu auch Matthias Kettner, der ebenfalls Grade von rationaler Bestimmtheit unterscheidet und "die vermeintliche Alternative von rational *definiter* Begründung ("Letztbegründung") und Dezisionismus" (1992, 58, Nr. (1)) ablehnt: "Dezisionen sind eben rational *unterbestimmte* Entscheidungen; gänzliche *Nicht*bestimmtheit von Gründen ist allenfalls ein Grenzfall dieser Unterbestimmtheit" (1992, 59, Nr. (6)).

71 In seinem Aufsatz "Rationalisierung der Politik" (in Lübbe 1971) verwendet Lübbe 'rationell' als Gegenbegriff zu 'irrational', wenn er z. B. schreibt: "[...] es wäre eine falsche Entgegensetzung, Technik und Ökonomie rationell, die Politik aber irrational zu nennen" (1971, 55).

72 In der Ökonomie erfolgt die Erörterung dieser Fragen insbesondere unter den Stichworten "rational choice" (s. z. B. Birger P. Priddat 1999) und "homo oeconomicus" (s. z. B. Gebhard Kirchgässner 1991). Vor allem Konzepte der Rational-Choice-Theorien werden von anderen Disziplinen aufgegriffen (vgl. statt anderer in den Politikwissenschaften Ulrich Druwe und Volker Kunz (1994)).

73 Dazu, daß es "nicht *die* Theorie rationalen Handelns (RH-Theorie) gibt, sondern eine Menge von Varianten", vgl. auch Andreas Diekmann (1999, 140), der drei Arten von RH-Theorien unterscheidet: "Demnach handelt es sich um eine *RH-Theorie im weiteren Sinne*, wenn die Kriterien (1) bis (3) vorliegen" (1999, 141). Die drei Kriterien lauten nach Diekmann: "1. Den Ausgangspunkt bilden Akteure. 2. Die Akteure können zwischen mindestens zwei Alternativen wählen. 3. Die Theorie enthält eine Entscheidungsregel, die angibt, welche Handlung ein Akteur ausführen wird" (1999, 140). "Eine *RH-Theorie im engeren Sinne* unterstellt die spezifische Entscheidungsregel der Maximierung des Erwartungsnutzens. Das *Homo-oeconomicus-Modell* verlangt eine weitere Einschränkung bezüglich der Präferenzen. Neben der Maximierung des Erwartungsnutzens wird davon ausgegangen, daß sich die Nutzenfunktion der Akteure ausschließlich auf das ökonomische Selbstinteresse bezieht" (1999, 141). Zu einem Plädoyer dafür, "konkurrierende theoretische Modelle" der Rational-Choice-Theorien nicht "zu ignorieren, zu absorbieren oder in Mißkredit zu bringen", vgl. Donald P. Green und Ian Shapiro (1999, 238), die abschließend feststellen: "Würde man die Sozialwissenschaft nicht als Wettkampf zwischen konkurrierenden theoretischen Ansätzen betrachten, in dem nur einer gewinnen kann, sondern als gemeinsames Unternehmen, bei dem verschiedene Erklärungen sich gegenseitig bedingen und voranbringen, dann könnte die Lagermentalität, die zu einer methodologisch defizitären Forschung führt, vielleicht in Schach gehalten werden" (1999, 239).

74 Vgl. statt anderer Gebhard Kirchgässner, der feststellt: "Dieses Modell eingeschränkt rationalen Verhaltens wird häufig als Alternative zum ökonomischen Verhaltensmodell verstanden, aber dies gilt nur insoweit, als man, wie viele Kritiker, aber auch viele traditionelle Ökonomen, dem traditionellen Konzept des bei vollständiger Information permanent optimierenden Individuums verhaftet ist" (1991, 31). Auch wenn Autoren wie Gary S. Becker oder Karl Brunner zu Vertretern eines Rationalitätsverständnisses "im Sinne einer >vollen Rationalität< mit einer expliziten Optimierung bzw. Maximierung" gezählt würden, verwendeten selbst diese Autoren den Begriff >Maximierung< "in der Regel nicht im Sinne einer expliziten (mathematischen) Optimierung einer vorgegebenen Zielfunktion, sondern im Sinne einer (nach bestimmten Kriterien) systematischen Auswahl aus vorgegebenen, bekannten Alternativen" (a. a. O.). - Zur Einschätzung der Diskussion insgesamt vgl. etwa James G. March, der schon 1978 (hier zitiert nach 1986) feststellt, daß die ursprüngliche Argumentation Simons eine Vielzahl an Ergänzungen und Entstellungen nach sich gezogen habe, so daß zwanzig "years later, it is clear that we do not have a single, widely-accepted, precise behavioral theory of choice" (1986, 147).

75 So ist es beispielsweise für die Rationalität einer Entscheidung nach Kersting nur wichtig, daß die Handelnden auf Nachfrage hin die ihnen subjektiv als ausschlaggebend erscheinenden Gründe angeben können, warum ihre Handlung die bessere sei, und daß sie "der Kritik zugänglich und revisionsoffen" sind (1992a, 24, Nr. (4)).

76 Gegen eine Gleichsetzung von Gründen mit Motiven wendet sich Axel Wüstehube, wenn er schreibt: "Etwas auf rationale Weise zu tun heißt, es aufgrund guter und zwingender Gründe zu tun. Und das ist ersichtlich etwas anderes, als lediglich aufgrund irgendeines *Motivs* zu handeln. Wir handeln zwar fast immer aufgrund von Motiven, aber *gültige Gründe* sind grundsätzlich solche, die einen *rationalen Akteur* motivieren" (1998, 118).

77 Zur Diskussion dieser Problemlage vgl. etwa auch Birnbacher, der eine "Trivialisierung des Dezisionismusproblems [...] bei denjenigen Kritikern" - damit ist auch Oeter gemeint - feststellt, "die die Gründe für Entscheidungen mit Motiven identifizieren, aus denen heraus Entscheidungen

getroffen werden. Aufgrund der Gleichsetzung von Gründen und Motiven fällt es ihnen leicht, gegen die Möglichkeit schlechthin grundloser Entscheidungen zu argumentieren, da auch noch die scheinbar willkürlichsten Entscheidungen durch Motive bedingt und im Hinblick auf sie erklärbar, wenn nicht sogar prognostizierbar seien" (1992b, 94, Nr. (5)).

78 Inwiefern es in juristischen Entscheidungszusammenhängen einen dezisionistischen Spielraum gibt, wird von dem Juristen Delf Buchwald folgendermaßen dargestellt, wobei er mit der These beginnt, "daß in juristischen Begründungen sowohl auf der Ebene der Sachverhaltsbeschreibungen als auch auf der der Norminterpretationen Wertungen notwendig sind und diese nicht rein positivistisch begründet werden können. Während der positivistische Begründungsbegriff durch das Merkmal der Ableitbarkeit einer Entscheidung aus dem Gesetz definiert ist, ist der Begriff der Wertung durch Nicht-Deduktivität charakterisiert. Zur Begründung der These wird angeführt, daß keine generelle Norm jede relevante Einzelheit eines zu entscheidenden Falles erfassen kann, so daß die Subsumtion Spielräume für Dezisionen übriglasse. Diese aber sind ihrerseits nicht durch weitere generelle Normen determiniert. Das wird mit der These begründet, daß eine Wertung kein rein kognitiver mentaler Akt ist, sondern pragmatische, insbesondere emotionale Elemente enthält, die sich einer subsumtionsfähigen Beschreibung entziehen. Infolgedessen können nicht alle entscheidungserheblichen Faktoren normiert werden; damit ist eine prinzipielle Grenze positivistischen deduktiven Begründens erreicht" (1990, 41f.).

79 Vgl. auch Wolfgang Kersting, der bei Bittner eine "Konfundierung des handlungstheoretischen und des rationalitätstheoretischen Dezisionismuskonzeptes" ausmacht (1992b, 102, Nr. (4), s. auch 101f., Nr. (3)).

80 Daß dies auch für den Umgang mit qualitativen Alternativen ein Problem sein kann, zeigt meines Erachtens das von McCall beschriebene Beerenpflück-Beispiel. Während sich ein fünfjähriges Kind, das sich in einem Beet von Himbeeren und Erdbeeren befindet, aber nur Himbeeren pflücken will, vielleicht bei jeder einzelnen Beere erneut fragt: "Ist dies nun eine Himbeere oder eine Erdbeere?" braucht eine erwachsene Person, die sich einmal »entschieden« hat, nur Himbeeren zu pflücken, nicht bei jeder einzelnen Beere neu zu »entscheiden«. Geht man davon aus, daß das Kind allmählich immer routinierter wird, bis es schließlich auch ohne Zögern einfach gezielt die Himbeeren pflückt, dann ist der Punkt, an dem man nicht mehr von "Entscheidung", sondern von "Gewohnheit" sprechen will, vermutlich nicht genau festzulegen.

81 In seiner Replik weist Kersting es zurück, daß sein Verständnis von "Letztbegründung" in diesem Sinne gedeutet werden kann (1992b, 105, Nr. 14).

82 In seinem Vorwort zum Themenheft "Ethik und Dezisionismus" verbindet Matthias Kaufmann mit seinem Verständnis von "Letztbegründung" sowohl inhaltliche als auch formale Aspekte, wenn er unter einem "letztbegründenden Status" versteht, daß "es einen irgendwie verbindlichen Kanon inhaltlicher oder formaler rationaler Regeln mit universeller Geltung gäbe, der stets eine begründete Entscheidung über die Berechtigung moralischer Forderungen ermöglichte" (1992, 4, Nr. (7)). Insofern er von "inhaltlichen Regeln" spricht, wäre aber genauer zu untersuchen, inwiefern hier ein besonderes Verständnis von "Form" und "Inhalt" vorliegt. »Formales« scheint sich diesem Zitat zufolge nicht durch Regelhaftigkeit von »Inhaltlichem« zu unterscheiden. Eine »Entscheidung« für die Festlegung von "Letztbegründung", verstanden als Verfahren oder/und auch inhaltliche Orientierung, hängt davon ab, was man unter einem bloßen "formalen Vorgehen" und unter "inhaltlich" versteht. Je nachdem wird man vielleicht außerdem auch bei einem Verständnis von Letztbegründung als formalem Verfahren erwägen, inwiefern das formale Prozedere nicht doch Einflüsse auf die jeweiligen Inhalte hat. Liest man die im folgenden zitierten Bestimmungen Karl-Otto Apels zur Letztbegründung (II. 2.4.4, Nr. (86)), so scheint es mir in einer derartigen Diskussion u. a. relevant zu sein, darauf zu achten, inwiefern es vom jeweiligen Allgemeinheits- bzw. Spezifizitätsgrad sowie

Reflexionsniveau abhängt, wann von "Inhalten" und wann von "formalem Vorgehen" die Rede ist. So könnte man Apels »regulative Prinzipien« zum einen als allgemeine inhaltliche Prinzipien betrachten, andererseits in spezifischen Situationen als formale Orientierungen auffassen. An anderer Stelle bezeichnet Apel die transzendentalpragmatisch begründete Diskursethik als eine "zweistufige", die zwar auf "der Stufe des letztbegründeten *Prinzips* der Ethik [...] in der Tat nur das *formale Prinzip der Normenbegründung*" vorschreibe (1986, 29). Dieses Prinzip sei aber insofern nicht inhaltslos, als "an der *regulativen Idee der diskursiven Verfahrensnorm der Normenbegründung* [...] sich immerhin die diesbezüglichen realen Verfahren der Menschen *messen*" ließen (a. a. O.).

83 Auch wenn nach Gethmann der Ausdruck "Letztbegründung" "in dieser Form erst in den letzten Jahrzehnten verwendet wird, ist das durch ihn bezeichnete Problem einer letztgültigen Rechtfertigung des Erkennens und Handelns im Laufe der Philosophiegeschichte immer wieder untersucht worden" (1980, 251). Apel selbst hat sich auch damit befaßt, worin "in der Tradition das Problem der philosophischen Letztbegründung" (1976a, 57) bestanden hat.

84 Vgl. etwa auch Apel 1976b, 413 oder Apel 1986, 19f. Zur Abgrenzung der Letztbegründung von einer deduktiven Begründung vgl. z. B. auch Dietrich Böhler 1982, 85, Gethmann/Hegselmann 1977, z. B. 343, Kersting 1992a, 30, Nr. (20), Kuhlmann 1985, z. B. 91ff.

85 An anderer Stelle differenziert Apel zwischen den Positionen Alberts und Bartleys, in dem er Bartleys Position als Beleg für die eigene wertet (s. 1976b, 410). Zu Bartley vgl. im folgenden die Anmerkung II. 87.

86 Diese Überlegung Wendels wäre mit Kuhlmanns Auffassung zu vermitteln, nach dem die Mittel, die "bei der Letztbegründung involviert" sind, ihrerseits nicht letztbegründet sein müssen: "Die Mittel des Aufdeckens fungieren hier ja nicht als Quellen der Geltung von x (als rationes essendi oder validitatis), sondern als rationes cognoscendi" (1985, 93). Für Kuhlmann scheint es so gesehen nichts an der Qualität von Letztbegründung zu ändern, daß das Erkennen der Voraussetzungen bzw. die Mittel, die beim Erkennen eingesetzt werden, "fehlerhaft" o. ä. im Sinne Wendels sein kann bzw. können.

87 Unter "pankritischem Rationalismus" versteht Bartley die Auffassung, daß jemand "bereit ist, jede Position zu vertreten, und der *alle* seine Positionen, einschließlich seiner grundlegendsten Maßstäbe, Ziele und Entscheidungen sowie selbst seiner grundlegenden philosophischen Position für Kritik offenhält; [...] jemand, der nichts mittels irrationaler Begründung vor Kritik schützt; [...] jemand, der niemals ein Argument dadurch abschneidet, daß er sich auf Glaubensüberzeugungen oder irrationale Bindungen zurückzieht, um so eine Überzeugung zu begründen, die schwerem kritischen Beschuß ausgesetzt war; [...] jemand, der auf keine Position festgelegt ist, an keiner hängt und von keiner abhängt" (1987, 128; engl. 1984, 118). Wichtig ist Bartley, daß sich beim pankritischen Rationalismus - im Gegensatz zu bisherigen Konzeptionen des Rationalismus, die die rationalistische Position selbst irrational setzen mußten - "die Praxis der kritischen Argumentation [...] ohne jeden Widerspruch oder andere Schwierigkeit kritisieren" läßt: Denn "ein pankritischer Rationalist, der nicht an die Überzeugung *gebunden* ist, daß seine Position die richtige ist," kann "auf argumentativem Wege von seinem Rationalismus abgebracht werden oder selbst davon abgehen" (1987, 130f.; engl. 1984, 119f.). Interpretiert man nach diesen Zitaten (wie auch insbesondere dem oben angeführten (1987, 287; engl. 1984, 260)) Bartleys Position als eine grundsätzlicher Kritikoffenheit und Korrekturbereitschaft gegenüber allen eigenen Positionen einschließlich der Position der Kritikoffenheit, dann wird eine Kritik, wie die von Alan Musgrave schwer verständlich (1993, 302f.). Musgrave argumentiert bezüglich eines Vergleiches zwischen pankritischem und kritischen Rationalismus genau umgekehrt, wobei er sich allerdings auf die englische Erstausgabe (The Retreat to commitment) von Bartley aus dem Jahre 1962 bezieht, allerdings im Literaturverzeichnis auch die deutsche überarbeitete Fassung von 1987 anführt, nach der hier zitiert wird. Seinem Verständnis

nach scheint Bartleys Position "lächerlich schwach zu sein: Sie schien zu sagen, ein rationaler Glaube sei ein kritisier*barer* Glaube. Nach dieser Ansicht ist es rational zu glauben, der Mond sei aus grünem Käse gemacht, da dies hervorragend kritisierbar ist" (1993, 302). Bartleys pankritischer Rationalismus (CCR) "ist so schwach, daß er nach seinen eigenen Maßstäben rational *sein muß*. Der Anhänger des CCR hat eine >Heads I win, tails you lose<-Strategie. Wenn keine Kritik des CCR produziert wird, bleibt er kritisier*bar* und daher kann er rational geglaubt werden. Und wenn eine exzellente Kritik des CCR produziert wird, dann ist das ein weiterer Beweis dafür, daß er kritisierbar ist und daher wieder rational geglaubt werden kann. [...] Kein ähnlicher Einwand kann gegen den Fallibilismus oder kritischen Rationalismus erhoben werden, weil er eine stärkere Auffassung des rationalen Glaubens enthält: Damit ein Glaube rational ist, muß er kritisierbar sein und der Kritik standgehalten haben. Es ist möglich, aus dem Fallibilismus herausargumentiert zu werden - während das beim CCR nicht möglich ist" (1993, 302f.). (Vgl. demgegenüber Albert, der meint, daß eine "Analyse des Problems der Selbstanwendung des Prinzips der kritischen Prüfung [...] zum ersten Mal bei William Warren Bartley zu finden" ist, "der damit gezeigt haben dürfte, daß ein in diesem Sinne konsequenter Kritizismus möglich ist" (1980, 186; Albert bezieht sich hier wie Musgrave auf die englische Ausgabe von 1962; siehe auch 197, wo Albert diskutiert, welche Folgen es für den kritischen Rationalismus hätte, wenn Bartleys Nachweis falsch wäre, wie dies von Hans Peter Duerr behauptet würde). Zur Kritik an Bartleys Position vgl. statt anderer John R. Wettersten, der Bartleys Auffassung zwar für "eine kohärente Theorie der Rationalität" hält (1996, 189), die aber "nicht hinreichend" sei, "weil sie keine ausführliche Theorie rationaler Methoden bot" (1996, 194).).

88 Vgl. dazu Apel, der folgenden Unterschied "zwischen dem *formallogischen Prinzip des zu vermeidenden Widerspruchs zwischen Sätzen oder Propositionen*, wie "p" und "non-p", und dem *Prinzip des pragmatischen Selbstwiderspruchs zwischen Propositionen und Argumentationsakten"* sieht: "Der erstere Widerspruch - das negative Kriterium der *logisch-mathematischen Rationalität* - setzt in der Tat eine Definition der relevanten Begriffsinhalte schon voraus und kann insofern nicht schon bei der *Explikation* eines Begriffs wie *Argumentation* als Kriterium der Wahrheit dienen. Der letztere Widerspruch - das negative Kriterium der *transzendentalphilosophischen Rationalität*, wie ich meine - kann dagegen bei der reflexiven Explikation des Begriffs der Argumentation dazu dienen, diejenigen Präsuppositionen zu *entdecken,* die als Implikationen des Begriffs der Argumentation durch Argumente nicht bestritten werden können" (1986, 26).

89 Zur Unerfüllbarkeit von Letztbegründung vgl. auch Konrad Ott: "Die Forderung nach »Letzt«-Begründung einer einzelnen Norm ist aufgrund des holistischen Charakters moralischer Überzeugungen unerfüllbar und ein falsches Ideal" (1997, 279f.). Ott grenzt sich außerdem von Apels These der Selbstzerstörung (des pathologischen Extremfalls) ab, die diejenigen betreiben würden, die prinzipiell sich nicht auf die "willentliche Bekräftigung" einlassen (s. Apel 1990, 356 oder Apel 1986, 21): "Es sind Personen denkbar, die jeder ernsthaften Argumentation aus dem Weg zu gehen suchen. Daß diese Handlungsstrategie zwangsläufig in Geisteskrankheiten führt, halte ich für unwahrscheinlich. Warum sollen manche Personen nicht gleichgültig gegen die normative Ordnung sein dürfen, um sich ihrer spirituellen Selbstvervollkommnung zu widmen" (Ott 1997, 274).

90 Dieser Fall mag im ersten Moment an den oben skizzierten Einwand, wie er u. a. von Wendel vorgebracht wird (s. o.), erinnern, in dem die Unterscheidung zwischen Anerkennung von notwendigen Voraussetzungen des Argumentierens und deren adäquatem Erfassen betont wird. Gemeinsam ist beiden Einwänden, daß von einer Anerkennung der Voraussetzungen des Argumentierens ausgegangen wird und daß zugleich das Vorausgesetzte problematisiert wird. Die Problematisierung ist jedoch jeweils eine andere: einmal wird die adäquate Erfassung der Voraussetzungen, zum anderen ihre adäquate Erfüllbarkeit in Frage gestellt.

91 Mit »criticist frame« ist das Grundprinzip kritischer Diskussion des kritischen Rationalismus gemeint (s. Apel 1976b, 412f., auch Apel 1976a, 76).

92 Wichtig scheint mir zu beachten, daß die Unterscheidung von »Entscheidungen« für Letztbegründung als rational und »Entscheidungen« für Letztdezision als irrationaler Glaubensakt nicht zur
Folge hat, daß alle »Entscheidungen«, die auf der Basis von einer »Entscheidung« für Letztbegründung getroffen werden, automatisch alle rational sind: "Nur unter der rationalen Voraussetzung intersubjektiv nachvollziehbarer Regeln nämlich läßt sich das Entscheiden angesichts von Alternativen
als sinnvolles Handeln verstehen. Daraus folgt nicht, daß jede Entscheidung rational ist, wohl aber,
daß die Entscheidung zugunsten des Prinzips rationaler Legitimation bzw. Kritik des Handelns nach
Regeln a priori rational ist" (Apel 1976a, 75f.). Wie in der nächsten Anmerkung, II. 93, noch erläutert wird, unterscheidet Apel außerdem zwischen verschiedenen Rationalitätstypen.

93 Vgl. hierzu z. B. Georg-Matthias Mojse, der die Kontroverse zwischen Kritischem Rationalismus
und Transzendentalpragmatik explizit an den Alternativen »(Letzt-)Begründung« versus »Entscheidung« festmacht: "Der Rekurs auf grundlegende Entscheidungen stellt sich somit als eine Ersatz-
handlung zur Letztbegründung dar, weil die Festsetzung alle weitere Begründung erst ermöglicht und
die Geltung von Aussagen damit auf einem festgesetzten Einverständnis beruht" (1979, 30). Mit
einer Gegenüberstellung von »(Letzt-)Begründung« und »Entscheidung« arbeitet auch Herbert Keuth,
wenn er sich von Apel abgrenzt: "Ich teile die Ziele, die Apel nennt, kann sie aber - wie er - nicht
begründen und räume deshalb - anders als er - ein, mich "nur" für sie entschieden zu haben" (1993,
198, Anm. 9). Die Verwendung des Terminus "Gründe/Begründungen" innerhalb eines »Entscheidungszusammenhangs« ist also von seiner Verwendung im Sinne von »Letztbegründung« und damit Alternative zu einer »Entscheidung« zu differenzieren. - Aus erwägungsorientierter Perspektive, für die
die jeweiligen problemadäquaten Alternativen als eine Geltungsbedingung bei der verantwortbaren
Setzung von Lösungen grundlegend sind, wäre bei einem Vergleich zwischen Kritischem Rationalismus und Transzendentalpragmatik unter der hier angesprochenen Gegenüberstellung von »Entscheidung« und »Letztbegründung« der Frage nachzugehen, inwiefern Alternativen für »Letztbegründung« überhaupt eine Rolle spielen können und inwiefern sich diese Rolle von Alternativen von der in
»Entscheidungszusammenhängen« unterscheidet. Folgt man einer diesbezüglichen Einschätzung Alberts, so kann eine Orientierung an Letztbegründung die Berücksichtigung von Alternativen gefährden: "Wer seine Bemühung darauf konzentriert, illusionäre Begründungsansprüche für bestimmte
Problemlösungen, gleichgültig in welchem Bereich, zu produzieren, verliert dadurch sehr leicht die
Fähigkeit, alternative Lösungen überhaupt in Betracht zu ziehen, obwohl sie an sich niemals ausgeschlossen werden können" (1982, 94). Mir ist keine Stelle bekannt, in der hierauf aus der Perspektive
der Transzendentalpragmatik reagiert worden ist. Ich vermute aber, daß hier jeweils anzugeben ist,
inwiefern Alternativen berücksichtigt werden oder nicht. Zunächst einmal scheint Apel auch an den
Umgang mit Alternativen gedacht zu haben, wenn er - wie bereits zitiert - schreibt: "Nur unter der
rationalen Voraussetzung intersubjektiv nachvollziehbarer Regeln nämlich läßt sich das Entscheiden
angesichts von Alternativen als sinnvolles Handeln verstehen" (1976a, 75). Und fordert Apel mit
seinem Prinzip "Handle so, als ob du Mitglied einer idealen Kommunikationsgemeinschaft wärst"
(Apel 1990, 358) nicht explizit zu einem umfassenden Bedenken von vorfindbaren und denkbaren
Alternativen auf?: "Wer argumentiert, der anerkennt implizit alle möglichen *Ansprüche* aller Mitglieder der Kommunikationsgemeinschaft, die durch vernünftige Argumente gerechtfertigt werden können (sonst würde der Anspruch der Argumentation sich selbst thematisch beschränken), und er verpflichtet sich zugleich, alle eigenen Ansprüche an Andere durch Argumente zu rechtfertigen. Darüber
hinaus sind die Mitglieder der Kommunikationsgemeinschaft (und das heißt implizit: alle denkenden
Wesen) m. E. auch verpflichtet, alle virtuellen Ansprüche aller virtuellen Mitglieder zu berücksichtigen - u. d. h. alle menschlichen »Bedürfnisse«, sofern sie *Ansprüche* an die Mitmenschen stellen
könnten" (Apel 1976b, 424f.). Worin besteht die Alternativität der Positionen der Mitglieder aber
genauer? Nach Apels eigener Einschätzung ist die Situation der realen weit entfernt von der der
idealen Kommunikationsgemeinschaft. Ich möchte zunächst kurz auf die Art der Alternativität in der
realen und dann auf die in der idealen Kommunikationsgemeinschaft eingehen.

Gemessen an den 6 Stufen der Kohlbergschen Moralentwicklung können sich nach Apel die Mitglieder der realen Kommunikationsgemeinschaft keineswegs alle zugleich auf der anzustrebenden 6. Stufe befinden (s. 1990, 358). Und die gesellschaftlichen Verhältnisse scheinen derzeit auch nicht besonders unterstützend dafür zu sein, daß diese 6. Stufe überhaupt erreicht werden kann (s. 1990, 361). Insofern scheint mir jede reale Kommunikationsgemeinschaft zumindest insofern mit Alternativen zu tun zu haben, als sich ihre Mitglieder in verschiedenen Entwicklungsstadien befinden. Apel spricht in diesem Zusammenhang auch von dem Problem "einer verantwortlichen *Vermittlung* der idealtypisch unterscheidbaren Rationalitätstypen", der strategischen und der konsensual-kommunikativ-ethischen (1990, 362), und er überlegt, inwiefern es hierfür einer 7. Stufe bedürfen würde (s. 1990, 363); dazu, ob die Einführung einer 7. Stufe der Moralentwicklung möglich und nötig ist, vgl. etwa Otfried Höffe: "Gegen die Forderung, man müsse über die Stufe der universalistischen Moral hinausgehen, behaupte ich ein Zweifaches: *erstens* ist es Apel und Habermas nicht *möglich*, und zwar weder begründungslogisch noch moralisch gesehen, über die sechste Stufe hinauszugehen; denn die von ihnen entwickelte Diskursethik setzt den Begriff der Moral als eines kategorischen Imperativs sowie die Verallgemeinerbarkeit (von Maximen) als höchsten Maßstab der Moral voraus. *Zweitens* ist es im eigenen Interesse der Diskursethik nicht *nötig*, über den kategorischen Imperativ und das Kriterium der Verallgemeinerung hinauszugehen; denn sie sind keineswegs, wie von Apel und Habermas unterstellt, an ein monologisches Verständnis gebunden; sie lassen ebenso ein kommunikatives Verständnis zu; mehr noch: ein solches Verständnis ist notwendig" (1986, 76).

Unterschiedliche Rationalitätstypen liegen, wenn ich Apel richtig verstehe, insofern vor, als die willentliche Bekräftigung und Anerkennung der Voraussetzungen für den argumentativen Diskurs in Abhängigkeit vom jeweiligen individuellen moralischen Entwicklungsstand (den Stufen der Moralentwicklung) abhängt und deshalb mal mehr oder weniger implizit und heteronomieabhängig und mal mehr oder weniger explizit reflexiv und autonomieorientiert ist (vgl. Apel 1990, 356f.). Folgende Skizze mag diese Zusammenhänge veranschaulichen:

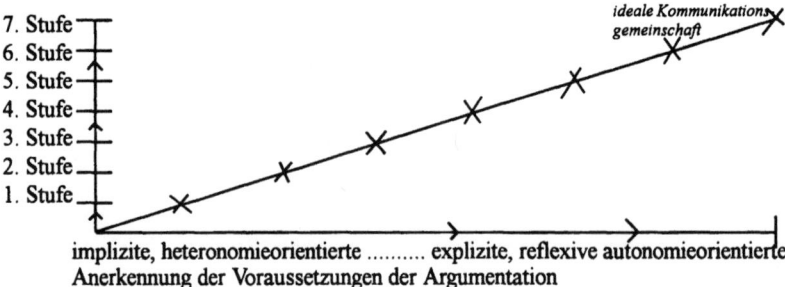

Unabhängig von der Frage, ob man das Stufenmodell von Kohlberg teilt und eine 7. Stufe im Apelschen Sinne für erforderlich hält, verweist die geforderte "Fähigkeit der einzelnen zur kommunikativen Vermittlung zwischen Diskurspartnern verschiedener Kompetenzstufen und [...] auch verschiedener Willensbereitschaft zur konsensualkommunikativen Konfliktlösung" (Apel 1990, 367) m. E. auf die Fähigkeit, mit Alternativen umzugehen. (Dazu, inwiefern eine stärkere Beachtung von Alternativen auch bei einem feststehenden Stufenmodell der Moralentwicklung, wie dem von Kohlberg, sinnvoll sein könnte, vgl. Bardo Herzigs Konzept einer erwägungsorientierten Erweiterung der sogenannten, auf zwei Alternativen beschränkten Dilemma-Diskussionen (1998, insb. 179-184)). Es stellt sich die Frage, inwiefern und für wen die auf unterschiedlichen Stufen der Moralentwicklung beruhenden, sozial verteilt vorliegenden Lösungsalternativen »echte« Erwägungsalternativen sein können. Und ist der Umgang mit Alternativen durch die Vorgabe "einer *universalgültigen Zielidee*" (Apel 1990, 368) ein anderer, als wenn es keine derartige feststehende Zielidee gibt, und ist Alberts Kritik vielleicht insofern berechtigt? Den Umgang mit Alternativen aus der Perspektive des kritischen Rationalismus mag man vereinfachend dahingehend beschreiben, daß von ihm ein konkurrierender Umgang mit

Alternativen erwünscht und gefordert wird, um jeweilige Positionen immer weiter, d. h. zieloffen, ohne feste Endzielidee, zu verbessern (zur Unterscheidung eines Umgangs mit Alternativen im Kritischen Rationalismus und aus einer Erwägungsperspektive vgl. Blanck 1994). Aus der Letztbegründungsperspektive scheint mir durch das feststehende Ziel einer idealen Kommunikationsgemeinschaft letztlich ein aufhebender Umgang mit Alternativen angestrebt zu werden, in dem schließlich alle einen Konsens auf einer gemeinsamen 6. bzw. 7. Stufe teilen würden, auch wenn es in der realen Kommunikationsgemeinschaft darum geht, zwischen unterschiedlichen Positionen, bedingt durch unterschiedliche individuelle Entwicklungsstadien der Moralentwicklung, zu vermitteln. Werden so gesehen aus beiden Perspektiven Alternativen berücksichtigt, nur daß sie einmal als notwendig für die Möglichkeit kontinuierlicher Weiterverbesserungen geschätzt und das andere Mal eher als hinzunehmendes, sich individuellen Entwicklungständen und -defiziten zu verdankendes »Übel« betrachtet werden? Daß letzteres nicht mit einer Einschränkung der Aufmerksamkeit und Suche nach Alternativen einhergehen müßte, wird meines Erachtens deutlich, wenn man die Idee einer idealen Kommunikationsgemeinschaft als leitende Orientierung dafür annehmen würde, möglichst alle Mitglieder der realen Kommunikationsgemeinschaft für sie zu gewinnen (vgl. hierzu auch Apel 1986, 47, wo er den Weg einer Vermittlung zwischen konsensual-kommunikativem und strategischem Denken und Handeln als "moralische Langzeitstrategie" für die "Veränderung der politischen Verhältnisse im Sinne der Aufhebung [...] des Konflikts zwischen Gesinnungsethik und politischer Verantwortungsethik" beschreibt). Die sozial verteilt vorliegenden Lösungsalternativen wären aus der Perspektive von Letztbegründung und idealer Kommunikationsgemeinschaft Ausdruck jeweiliger Moralentwicklungsstände und -defizite. Insofern könnten sie keine adäquaten zu erwägenden Alternativen für jemanden sein, der oder die sich auf der 6. bzw. 7 Stufe befindet. Wenn diese Deutung adäquat wäre, hätte Albert mit seiner Einschätzung recht, als es nämlich keine ernst zu nehmenden Alternativen für die Vertreterinnen und Vertreter von Letztbegründung geben würde. Adäquate Alternativen müßten nämlich der gleichen Stufe angehören.

Damit bliebe zu erwägen, inwiefern Alternativen in einer idealen Kommunikationsgemeinschaft vorliegen könnten, wenn sich alle Mitglieder auf der gleichen Stufe der Moralentwicklung befänden. Apels ideale Kommunikationsgemeinschaft scheint mir sehr wohl als eine pluralistische und insofern alternativenreiche konzipiert zu sein, wenn er fordert, "kein endliches, individuelles Interesse von Menschen ohne Not aufzuopfern" (1976b, 425). Er plädiert für das Prinzip, "daß alle *Bedürfnisse* von Menschen - als virtuelle *Ansprüche* - zum Anliegen der Kommunikationsgemeinschaft zu machen sind, die sich auf dem Wege der Argumentation mit den Bedürfnissen aller übrigen in Einklang bringen lassen" (a. a. O.). Einmal abgesehen von der Frage, für wieviele und welche Bedürfnisse dieses Prinzip wohl gelten könnte, wären die hiernach vorliegenden Alternativen im Sinne des kritischen Rationalismus keine um eine adäquatere Position miteinander konkurrierenden Alternativen. Denn reflexiv hätten die Mitglieder einer idealen Kommunikationsgemeinschaft ja einen Konsens darüber, bezüglich welcher Fragen sie welche Pluralität und Alternativität zulassen wollten. Derartige Pluralität und Alternativität wäre keine Herausforderung und keine adäquate Alternative für den reflexiven Konsens, diese spezifische Pluralität und Alternativität zu wollen. Ein angestrebter Konsens über zuzulassende Alternativen ist von einem grundlegend zugelassenen Dissens und einer Konkurrenz von Alternativen zu unterscheiden.

94 Bei Keuth scheint dies der Fall zu sein, wenn er meint, wenn Habermas' Moralprinzip eine grundlegende Norm wäre, "für oder gegen die man sich entscheiden müsse", und er "uns nur dringend nahelegte, für sie zu optieren, dann wäre seine Diskursethik *dezisionistisch*" (1993, 292).

95 Vgl. statt anderer etwa Wolfgang Welsch, für den es "absolute, letzte Begründung" nicht gibt, "stets ein Rest von Dezision bleibt" und dennoch "Entscheidungen vernünftig zu nennen sind", wenn man "alle Verfahren vernünftiger Klärung genützt" hat (1995, 724). "Die guten Gründe sind stets relativ: Sie überzeugen in einem Kontext, aufgrund von Prämissen, innerhalb einer bestimmten Reflexionskultur" (1995, 726). Auch wenn Welsch an dieser Stelle noch zwischen theoretischer und

praktischer Absicht dahingehend differenziert, daß er Letztbegründung als Ziel theoretischer Vernunft, gute Gründe als Ziel praktischer Vernunft angibt (a. a. O.), ist diese Differenzierung meines Erachtens nur als Verweis auf die bisherige Geschichte des Verhältnisses von praktischer und theoretischer Vernunft zu verstehen (vgl. auch 1995, 784ff.) und nicht als Position von Welsch. Für Welsch gibt es eine "wirkliche »Letztbegründung« [...] nicht" (1995, 787f.), und er meint, "daß wir heute auch Fragen theoretischer Vernunft im Stil einer eher praxisnahen und endlichkeitsbewußten Vernünftigkeit angehen" (1995, 790). - Siehe zu dieser Problemlage auch die oben angeführten Verweise auf Lübbe und seine These, daß selbst ein Mangel an Gründen eine Entscheidung keineswegs irrational machen muß, weil es reflexiv gut begründet sein kann, eine Lösung zu setzen, statt nicht zu entscheiden, wie etwa am Verirrten-Beispiel deutlich wird (s. hierzu II. 2.3.1, Nr. (31), II. 2.4.1, Nr. (75) und II. 2.4.2, Nr. (80)).

96 In diesem Zusammenhang soll wenigstens in einer Anmerkung auf das Freiheitsproblem eingegangen werden. Wenn Kersting die gegensätzlichen Ängste vor Determinismus und Dezisionismus als Angst der einen vor Unfreiheit und Angst der anderen vor "Willkür und Beliebigkeit" (als zuviel Freiheit) schildert, wird damit ein möglicher Berührungspunkt des Dezisionismusproblems mit der Frage von Freiheit und Determination angesprochen (1992a, 29, Nr. (19)). Während für die einen Dezisionen und dezisionäre Spielräume Freiheitsspielräume sein können und damit Freiheit, Dezision und nicht-hinreichende Gründe zusammengedacht und womöglich hinreichenden Gründen und Determination gegenübergestellt werden, hat für andere das Dezisionsproblem nichts mit dem Freiheitsproblem zu tun. Um nur einige gegensätzliche Auffassungen aus diesem Problemkreis anzudeuten, wobei eine nähere Analyse zu klären hätte, inwiefern es sich bei diesen um Alternativen handelt oder ob zum Teil nur ein verschiedener Wortgebrauch vorliegt: Für Walter Gölz folgt aus der These Bittners von der Nicht-Deduzierbarkeit von Entscheidungen aus Erwägungen, daß es bei "jeder Entscheidung [...] einen Freiheitsspielraum" gibt (1992, 54, Nr. (6)). Für Bittner liegt mit dieser Deutung ein "Mißverständnis" vor: "Daß Erwägungen keine Entscheidung logisch festlegen, bedeutet nicht, daß der Entscheidung ein Freiheitsspielraum jenseits der Erwägungen bleibt" (1992c, 99, Nr. (5)); "Zusätzliche Freiheiten zur persönlichen Gestaltung unserer Welt verspreche ich mir vom Fehlen qualitativ hochwertiger Handlungsgründe nicht. [...] Daß wir aus Gründen handeln, mindert nicht unsere Freiheit, weil Gründe nicht zwingen, sondern in Betracht kommen; dies die Verwechslung des Dezisionismus. Der Gedanke eines Freiheitsspielraums jenseits des von Gründen abgedeckten Gebiets scheint mir von Anfang an verfehlt: Gründe haben und frei sein stehen in keinem Gegensatz" (Antwort Bittners in Kaufmann u. a. 1992, 109, Nr. (17)). Nicht nur nicht im Gegensatz, sondern geradezu als aufeinander verwiesen betrachtet Dietrich Dörner freie Entscheidungen und ihre Determination durch Gründe: "Wenn Menschen eine Entscheidung als 'frei' bezeichnen, so können sie gewöhnlich genau darüber Auskunft geben, warum sie gerade diese Entscheidung und keine andere gefällt haben. Bei 'unfreien' Entscheidungen ist das meist nicht der Fall. Unwillkürliche Reaktionen oder 'spontane' Entscheidungen sind vielmehr oft von der Art, daß die Menschen nicht wissen, wieso sie so und nicht anders entschieden haben. 'Wie konntest du das nur tun?' - 'Ich weiß es auch nicht, es kam so über mich!' Hier liegt keine freie Entscheidung vor. Und der Handelnde weiß auch a posteriori nicht, was seine Handlung determiniert hat. "Es" kam so über ihn. Natürlich hatte seine Handlung irgendwelche Gründe. Vielleicht kann man diese später auch noch ermitteln. Aber zunächst einmal sind dem Handelnden die Determinanten der Entscheidung unklar; eine unwillkürliche Handlung oder eine spontane Handlung erscheint also eher als indeterminiert als eine "freie Willensentscheidung". - Zumindest die Alltagsphänomenologie und das persönliche Erleben zeigen also die freie Entscheidung keineswegs als indeterminiert und die unfreie als determiniert. Eher im Gegenteil: Unfreie Entscheidungen erscheinen weit eher indeterminiert oder kryptodeterminiert als freie Entscheidungen" (1996, 128f.). Unter "Kryptodeterminismus" versteht Dörner einen Indeterminismus, "der eine besondere Form von Determinismus" ist, bei dem jeweilige Ereignisse "von so vielen und oft verborgenen Determinanten abhängig sind, daß man sie nicht voraussagen kann" (1996, 127). "Die Indeterminiertheit bezieht sich aber nicht auf die Entscheidung selbst, sondern auf ihre Voraussagbarkeit" (1996, 149). Für Dörner sind Determiniertheit und Freiheit kein Wider-

spruch. Was Entscheidungen trotz Determiniertheit zu "freien" Entscheidungen machen kann und von "unfreien" unterscheidet, ist, "daß im ersten Fall eine Redetermination der primären Determinanten einer Entscheidung möglich ist, im zweiten nicht" (1996, 149). "Redetermination bedeutet, daß die Entscheidung nicht einfach von bestimmten, vorhandenen Determinanten [...] abhängig ist, sondern daß die Determinanten selbst sich im Laufe des Prozesses wandeln. Die Determinantenlandschaft verändert sich ständig, und dieser Prozeß kann dazu führen, daß schließlich ganz andere Größen die Entscheidung bestimmen als die, die zu Anfang sichtbar waren" (1996, 143). Auch wenn reflexiv bedacht für Dörner die ""Redetermination der Determinationen" selbst wieder vollständig determiniert ist" (1996, 148), besteht ein wesentlicher Unterschied zwischen derartig *"mehrstufig determiniert[en]"* (1996, 143) Entscheidungen und gewöhnlicher Determiniertheit. Dieser läßt sich auch als Mentalitätendifferenz beschreiben: Im Falle von gewöhnlicher Determiniertheit verhält sich eine Person fatalistisch, indem sie "die primären Determinanten ohne weitere Reflexion akzeptiert", während sie bei mehrstufig determinierten Entscheidungen deren Determinanten durch Reflexion im Laufe des Prozesses wandeln kann (1996, 143). Mit Birnbacher könnte man hieran anknüpfend festhalten: "Auch eine letztlich determinierte Entscheidung will getroffen werden" (Birnbachers Antwort in: Kaufmann u. a. 1992, 107, Nr. (7)). Wilhelm Keller faßt Freiheit als Selbstdetermination: "Freiheit baut sich über der Determination auf, aber nicht als etwas gänzlich Neues ohne jegliche Kontinuität, sondern als Selbstbestimmung, die im menschlichen Dasein durch die Eigenart der in ihm zugrundeliegenden determinativen, naturhaften Bestimmung selber gefordert ist. Die Freiheit als Selbstbestimmung ist das Komplement der *mangelnden naturhaften Integration* des Menschen, die ihm nicht einmal das bloße Existieren zu gewährleisten vermöchte. Das freiheitliche Dasein ist so gerade von der determinativen Bestimmtheit in ihm höchstselbst gefordert und zugleich ermöglicht" (1954, 134). Auch wenn, wie für Keller, Freiheit wegen Determination ist, wird ihr dennoch der positive Aspekt der Selbstbestimmung bzw. Selbstgestaltung zugerechnet. Im Unterschied zu Birnbachers Position mag man etwa die Position von Niklas Luhmann sehen, für den es Merkmal von "Entscheidung" ist, nicht "voll determiniert" zu sein (1993b, 287), sich somit Determination und Entscheidung ausschließen: "Von jeder Gegenwart aus wird die Vergangenheit als *nicht mehr änderbar,* die Zukunft dagegen als *noch änderbar* beobachtet. Komplementär dazu läßt die Entscheidung sich *durch die Vergangenheit nicht determinieren.* Was künftige Gegenwarten betrifft, geht die Entscheidung aber davon aus, *daß es einen Unterschied machen wird, ob und wie sie getroffen wird.* Also: keine Bindung an die (nicht mehr änderbare) Vergangenheit, wohl aber Selbstbindung in Richtung auf die (noch änderbare) Zukunft. So gibt sich die Entscheidung als motiviert, als intentional, als begründet; und so stellt sie sich für Rückfragen zur Verfügung. Sie macht Bindung sichtbar und trägt damit - auch und gerade dann, wenn sie Folgeentscheidungen weder prognostizieren noch determinieren kann - im System der Entscheidungssequenzen zur Unsicherheitsabsorption bei" (1993b, 291). Unterscheidet man zwischen der »Entscheidungssituation«, dem Prozeß der »Entscheidung« und der durch die »Entscheidung« gefundenen Lösung, so ließe sich vielleicht eine gemeinsame Basis an Determination und Freiheit in »Entscheidungszusammenhängen« angeben. Jede gegenwärtige »Entscheidungssituation« könnte dann einerseits als - durch z. B. vergangene »Entscheidungen« - determiniert, andererseits als offen hinsichtlich der aktuell zu treffenden »Entscheidung« angesehen werden. Sollte sich Birnbacher mit seiner Determinationsthese auf die »Entscheidungssituation« beziehen, Luhmann hingegen auf das Ergebnis, das durch die »Entscheidung« gefunden werden soll, so müßten sich ihre Positionen nicht untereinander ausschließen. (Zu weiteren verschiedenen Meinungen zum Freiheits-/Determinismusproblem vgl. die Diskussionseinheit zu dem Hauptartikel von Mario von Cranach und Alex Ammann 1999.)

97 Zur Diskussion der Rolle von Carl Schmitt in der Weimarer Zeit und in der Zeit des Nationalsozialismus als auch nach 1945 vgl. statt anderer Andreas Koenen 1995, aber etwa auch Christian Graf von Krockow 1990, insbesondere Kap. 2, II und Kap. 3, II, Matthias Kaufmann 1988, § 2; zu negativen Konnotationen mit dem Ausdruck "Dezisionismus" vgl. weiterhin z. B. Michael Th. Greven 1992, insbesondere 193ff. oder Lübbe 1971, 7ff. Wie auch die anderen Autoren und Autorinnen, die für die Zielsetzung dieser Arbeit herangezogen werden, geht es bei der folgenden »Verwertung«

von Schmitt darum, grundsätzliche Anknüpfungspunkte für die Erarbeitung eines Horizontes für eine erwägungsorientierte Bestimmung von "Entscheidung" zu nutzen. Eine erwägungsorientierte Deutung der jeweiligen Autorinnen und Autoren sowie ein dementsprechender Umgang mit der Sekundärliteratur wird nicht angestrebt. Inwiefern dies gerade bei Schmitt ein eigenes Forschungsprojekt sein könnte, machen etwa die Einschätzungen von Vilmos Holczhauser "Zu den Methodenfragen der Schmitt-Literatur" (1990, 259-272) sehr deutlich.

98 Als mögliche Analyseergebnisse sei exemplarisch auf Matthias Kaufmann und Günter Maschke verwiesen. Kaufmann gelangt zu der Einschätzung: "Zwischen juristischer und politischer Entscheidung [...] gibt es keine scharfe, klare Grenze. Doch lassen sich bei den [...] zu unterscheidenden Subjekten der Entscheidung teilweise erhebliche Unterschiede bzgl. des Grades ausmachen, in welchem sie durch gesetzliche Normierungen, juristische Prinzipien und die gängige Rechtsauslegung einerseits, durch gesellschaftliche Ziele und moralische Wertungen andererseits bestimmt werden" (1988, 304). Hinsichtlich der verschiedenen Subjekte der Entscheidung kommt Kaufmann zu dem Schluß, "daß zwischen der Entscheidung, die in der Existenz der Obrigkeit liegt, der Entscheidung der verfassungsgebenden Gewalt und der Entscheidung des Richters nach dem Kriterium der Rechtsbestimmtheit derartige sachliche Differenzen bestehen, daß eine Subsumierung aller drei Fälle unter einen "allgemeinen Begriff der Entscheidung" eher geeignet ist, eine adäquate Beschreibung zu behindern als zu befördern" (1988, 320). Maschke meint über Schmitts Begriffe der Entscheidung und seinen "gesamten Dezisionismus": "Gänzlich unterschiedliche Konzepte der Entscheidung gehen in seinen Schriften ineinander über oder werden konfundiert. Die Entscheidung, die aus dem großen politischen Konflikt heraus die Ordnung gründet, stabilisiert oder rettet, ist eine andere denn die Verfassung "als" Entscheidung und wieder eine andere als jene, die sich in einem aufgrund einer bestehenden Ordnung erlassenen Gesetz ausdrückt. Und noch ein anderes ist die Entscheidung des Richters, die zwar gegenüber der Norm Eigenständigkeit besitzt, sich aber auf eine Norm bezieht und von ihr abhängig bleibt" (1988, 194f.). Einem Einwand von Helmut Spinner zu seinem Referat, nach dem der Aspekt des Abschneidens der Diskussion als gemeinsamer Bezugspunkt (Oberbegriff) für Schmitts verschiedene Verständnisse von "Entscheidung" genommen werden kann (Spinner in der Aussprache zu Maschke 1988, 225f.), stimmt Maschke mit der Ergänzung zu, daß es Schmitt "nicht nur um Abbruch der Diskussion, sondern um einen bestimmten Abbruch" gehe, was für ihn nach "der Aussichtslosigkeit des katholischen Ordnungsversuches" ein Problem gewesen sei (1988, 228). Zur unterschiedlichen Einschätzung von juristischer und politischer Entscheidung vgl. auch Anmerkung II. 102.

99 In "Gesetz und Urteil" scheint Schmitt es nicht auszuschließen, daß es auch Fälle geben mag, in denen eine Subsumtion möglich ist. Das ändert für ihn aber nichts daran, daß es im wesentlichen darauf ankommt - und wie es im folgenden noch dargelegt wird -, daß die getroffene Entscheidung die Zustimmung der anderen Richter findet: "Weil die glatte Subsumtion unter ein Gesetz das sicherste Mittel ist, um die Gewißheit zu begründen, ein anderer Richter hätte ebenso entschieden, deshalb ist die Entscheidung, die im Anschluß an den einleuchtenden Inhalt des Gesetzes ergeht, immer richtig" (1969, 87, vgl. hierzu auch 97f.).

100 Hinsichtlich des schöpferischen, auf die Zukunft bezogenen Aspektes von »Entscheidungen« sind die Überlegungen von Christian Graf von Krockow interessant, der Ferdinand Tönnies' Unterscheidung von Wesenwillen und Kürwillen zur Verortung der Schmittschen Position nutzt (s. Krockow 1990, 97f.). Danach befindet sich der Wesenwille durch seine "Verwurzelung [...] im Vergangenen" und durch seine "Gebundenheit im Sinne der Teilhabe an einer bestimmten überpersönlich-substanzhaften Lebensordnung" in einer "eigentümliche[n] Gegensatzstellung zum Dezisionismus", denn "wenn die Vergangenheit völlig die Führung hat, ist über Gegenwart und Zukunft immer schon im voraus entschieden und die Eigenmacht der persönlichen Dezision wirklich vernichtet" (1990, 97). Dezision scheint so gesehen eher eine Angelegenheit des Kürwillens zu sein, wenn er "das emanzipierte Je-auf-sich-selbst-Gestelltsein des Menschen - seine Will-Kür - bezeichnet" (a. a. O.), ihm "nur in Beziehung auf seinen Urheber - das Subjekt des Denkens - eigentliche Wirklichkeit" zukommt (Tönnies

1991, 73) und er "der Tätigkeit, auf welche er sich bezieht", vorhergeht und außer ihr bleibt (Tönnies 1991, 74). Während vom Wesenwillen her sich Zukünftiges ableiten läßt, scheint dies nicht so beim Kürwillen zu sein. Andererseits können nach Tönnies aus den "Gesamtformen des Kürwillen[s]", welche er als "Systeme von Gedanken, nämlich Absichten, Zwecken und Mitteln" versteht, die "ein Mensch als seinen *Apparat* im Kopfe trägt, um damit die Wirklichkeit aufzufassen und anzufassen, [...] wenigstens die G̲r̲u̲n̲d̲z̲ü̲g̲e̲ ̲s̲e̲i̲n̲e̲r̲ ̲w̲i̲l̲l̲k̲ü̲r̲l̲i̲c̲h̲e̲n̲ ̲H̲a̲n̲d̲l̲u̲n̲g̲e̲n̲ [...] a̲b̲g̲e̲l̲e̲i̲t̲e̲t̲ werden" (1991, 93f.; Unterstreichung von B. B.). Es wäre meines Erachtens zu klären, inwiefern durch diesen Ableitungszusammenhang das dezisionäre Moment des Kürwillens zurückgenommen wird oder - denkt man an die oben bestimmte reflexive Orientierung (das »Selbsterhaltungsinteresse« des Staates), die auch bei einer Entscheidung im Ausnahmefall als eine Art Supernorm bestehen kann - trotzdem mit Schmitts Dezisionismusverständnis zusammenpassen könnte. - Einmal abgesehen von der Frage, inwiefern man Schmitts Position mit der Unterscheidung von Kür- und Wesenwillen interpretieren sollte, könnte es eine Forschungsaufgabe sein, ob man Tönnies' These der Kulturentwicklung - von einem Zeitalter der Gesellschaft, für das eher der Wesenwille charakteristisch ist, zu einem Zeitalter der Gemeinschaft, für das eher der Kürwillen charakteristisch ist - als Wandel von eher vorgabe- hin zu eher entscheidungsorientierten Kulturen interpretieren kann. Daß Tönnies etwa »Gewohnheit« als eine Gestalt des Wesenwillen auffaßt (1991, 80ff.) und »Bedacht« (d. h. "ein freies Verhalten im allgemeinen oder [...] die *Wahl* eines Gegenstandes" (1991, 91; Hervorhebung von B. B.)) einer Gestalt des Kürwillens zuordnet, mag man als Indikatoren nehmen. Insofern der Kürwillen eher ein »männliches«, der Wesenwillen eher ein »weibliches« Vermögen sei (1991, 124ff.), würde eine Zunahme von Kürwillen so gesehen bei Tönnies eine »Vermännlichung« der Kultur bedeuten, was im Gegensatz zu Schmitts vermuteter »Verweiblichung« (durch Zunahme von Verhandlung statt echter Diskussion) der Gesellschaft stehen würde (s. Anmerkung II. 110). - Zum Zusammenhang zwischen Dezision und »schöpferischem Akt« vgl. auch Carola Nowarra, die "eine kreative Chance für die Dezision" sieht (1992, 83, Nr. (20)), wenn es gelingt, "das Moment der Zufälligkeit und Willkür in Kreativität umzusetzen" (1992, 83, Nr. (21)). Nowarra vermutet, daß dies vor allem dann gelingen könnte, wenn die entscheidenden Personen möglichst wenig in Interessen- und Loyalitätszusammenhänge verstrickt sowie bezüglich ihrer jeweiligen Dezisionen korrekturbereit seien (s. 1992, 83, Nr. (20)).

101 Ausdrücklich verneint Schmitt, daß "der einzelne Richter, trotz bester Überzeugung, contra legem eine richtige Entscheidung treffen könne" (1969, 113).

102 Schmitt spricht in diesem Zusammenhang auch davon, daß Sinn der Kollegialgerichte nicht "die Anpassung an eine volkstümliche Rechtspflege" sei (1969, 74). - Darüber, ob Schmitt sich in "Gesetz und Urteil" für eine diskursive und sozial kontrollierte Entscheidungsfindung einsetzt, gibt es verschiedene Einschätzungen. So ist etwa für Wolfgang Schluchter die juristische Entscheidung Schmitts in "Gesetz und Urteil" "sozial vermittelt", auch wenn ihr der irrationale Kern nicht genommen werden könne (1983, 221, s. auch 222). Im Gegensatz zu späteren Schriften, wie etwa auch der "Politische[n] Theologie", werde in "Gesetz und Urteil" auch die Diskussion von Schmitt noch bejaht und nicht als "ewiges Gespräch" abgewertet (s. 1983, 221). Schluchter schließt sich der Deutung von Hasso Hofmann an, für den Schmitts Forderung an eine richtige richterliche Entscheidung, nämlich, daß ein anderer Richter ebenso entschieden hätte, "eine utilitaristische Modifikation des Kantischen Kategorischen Imperativs" ist: "Du sollst eine voraussehbare und berechenbare Entscheidung fällen; entscheide nach derjenigen Maxime, von der du annehmen kannst, daß sie als allgemeine Regel akzeptiert würde" (Hofmann 1995 (1. Aufl. 1964), 36; s. Schluchter 1983, 220). Im Unterschied zur juristischen Entscheidung wendet Schmitt nach Schluchter diesen utilitaristischen kategorischen Imperativ auf den "politisch-staatlichen Bereich nicht an. Die Richtigkeit der souveränen staatlichen Entscheidung kann nicht daran gemessen werden, wie der als Typus vorgestellte moderne Staatsbürger entscheiden würde" (1983, 222f.; vgl. auch 231ff., wo Schluchter erläutert, warum er seines Erachtens Schmitt nicht möglich war, die politische sowie die juristische Entscheidung zu konzipieren). Gegen Schluchters Interpretation wendet sich Matthias Eberl: "Daß Schmitt eine einheitliche Praxis durch Diskussion und Kontrolle gewährleisten will [...] - dafür

vermag ich keine Anhaltspunkte zu finden" (1994, 79, Anm. 149). Vgl. in diesem Kontext auch Kaufmanns Einschätzung, daß sich Schmitts Rechtfertigung von richterlichen Entscheidungen durch ein Rekurrieren "auf deren *Folgen* für die Rechtsbestimmtheit" mit den "Überprüfungskriterien [...] der Verallgemeinerbarkeit und der rationalen Begründbarkeit innerhalb der gängigen Rechtsauffassungen [...] hier in weitgehender Übereinstimmung mit der derzeit üblichen Auffassung" befindet (1988, 306). Siehe weiterhin die Auffassung des Juristen Joachim Lege, der über Schmitts Orientierung am anderen Richter in "Gesetz und Urteil" meint: "Schmitts Analyse hat den Vorteil, das *reale* Auditorium zu bezeichnen, dem das juristische "Gespräch" sich zuwendet. Sie verweist zudem ausführlich auf die Notwendigkeit, mit Gründen zu überzeugen, und in diesem Zusammenhang auch auf die Vorteile der Gesetzesbindung [...], so daß die Maxime in unserer Zeit vielleicht klingen würde: "Argumentiere so, daß alle anderen Richter aufgrund des zwanglosen Zwanges deiner Argumente glauben müssen, sie hätten ebenso entschieden". Damit ist natürlich noch nicht gesagt, daß der "andere Richter" wirklich der richtige Adressat ist. Bemerkenswert ist aber, daß bereits Schmitt das Recht als eine Art autopoietische, sich selbst beurteilende Praxis aufgefaßt hat - wie übrigens auch Kelsen, dieser freilich unter Verzicht auf Kriterien juristischer "Richtigkeit"" (1999, 532).

103 Zur Adäquatheit der Interpretation von Hobbes durch Schmitt vgl. statt anderer Günter Maschke, für den Schmitt "wie andere Klassiker auch, nur in geringen Dosen über die Tugend monographischer Genauigkeit verfügt und Autoren vergangener Epochen gerne zu seinen Vorläufern ernennt" (1988, 196, s. dort auch insbes. die Anm. 12), sowie in der anschließenden "Aussprache" zu Maschkes Referat Wilhelm Hennis, 223: "So faszinierend vieles ist, was *Schmitt* zu *Hobbes*, zur Diktatur, zu *Heinrich von Kleist* etc. geschrieben hat, das meiste davon ist doch Gelegenheit (occasio), Anlaß, um über Probleme zu sprechen, die *Schmitts* eigene waren".

104 Die Relevanz der Ausnahme für Schmitt wird besonders deutlich, wenn er darlegt, warum ihre Beachtung zur Erklärung des Normalen, der Regel, notwendig sei: "Gerade eine Philosophie des konkreten Lebens darf sich vor der Ausnahme und vor dem extremen Falle nicht zurückziehen, sondern muß sich im höchsten Maße für ihn interessieren. Ihr kann die Ausnahme wichtiger sein als die Regel, nicht aus einer romantischen Ironie für das Paradoxe, sondern mit dem ganzen Ernst einer Einsicht, die tiefer geht als die klaren Generalisationen des durchschnittlich sich Wiederholenden. Die Ausnahme ist interessanter als der Normalfall. Das Normale beweist nichts, die Ausnahme beweist alles; sie bestätigt nicht nur die Regel, die Regel lebt überhaupt nur von der Ausnahme. In der Ausnahme durchbricht die Kraft des wirklichen Lebens die Kruste einer in Wiederholung erstarrten Mechanik" (1996a, 21). Vgl. auch Schmitts Äußerung, daß der "Ausnahmezustand [...] für die Jurisprudenz eine analoge Bedeutung wie das Wunder für die Theologie" habe (1996a, 43).

105 Zu einer differenzierteren Betrachtung der Verwendung des Begriffes des "Politischen" bei Schmitt vgl. statt anderer etwa Holczhauser, der in seiner Arbeit drei Hauptbegriffe des Politischen bei Schmitt erkennt, die dieser selbst aber nicht auseinanderhalte (s. 1990, 9). Holczhauser macht den Unterschied der Begriffe des Politischen an "der Anzahl der maßgeblichen Akteure" fest und differenziert zwischen der "Entscheidung des isolierten Subjekts", der "Entscheidung *gegen* den Feind" und der "Entscheidung (Unterscheidung) *zwischen* Freund und Feind" (a. a. O.).

106 Daß mit dem Volk nicht alle Menschen gemeint sind, wird im folgenden insbesondere bei der Erläuterung von Schmitts Demokratie- und Gleichheitsverständnis noch deutlich werden.

107 *Außerhalb* ein und derselben politischen Einheit hingegen folgert Schmitt aus seinem Verständnis des Politischen einen "Pluralismus der Staatenwelt": "Die politische Einheit setzt die reale Möglichkeit des Feindes und damit eine andere, koexistierende, politische Einheit voraus. Es gibt deshalb auf der Erde, solange es überhaupt einen Staat gibt, immer mehrere Staaten und kann keinen die ganze Erde und ganze Menschheit umfassenden Welt"staat" geben. Die politische Welt ist ein Pluriversum, kein Universum" (1996c, 54).

108 So, wie die politische Welt für Schmitt kein politisches Universum, sondern nur ein Pluriversum ist (s. die letzte Anmerkung II. 107), kann man seines Erachtens in "der Sphäre des Politischen [...] nicht vom Politischen abstrahieren und nur die allgemeine Menschengleichheit übrig lassen" (1996b, 17). "Eine absolute Menschengleichheit wäre also eine Gleichheit, die sich ohne Risiko von selbst versteht, eine Gleichheit ohne das notwendige Korrelat der Ungleichheit und infolgedessen eine begrifflich und praktisch nichtssagende, gleichgültige Gleichheit" (a. a. O.).

109 Wie das Zusammenspiel von Diktatur und Demokratie durch das Ineinander- und Miteinanderverwobensein der Gegensätze von konkretem Ordnungsdenken einerseits und Dezisionismus andererseits ermöglicht und gestützt wird, zeigen meines Erachtens Krockows Ausführungen (1990, 94-106). Krockow, der Tönnies' Unterscheidung in Kür- und Wesenwillen zur Interpretation von Schmitt nutzt (s. o. Anmerkung II. 100), charakterisiert Schmitts konkretes Ordnungsdenken durch ein Bemühen, "den Einzelnen auf eine übergreifende, vorgegebene "Wesens"-Gemeinschaft festzulegen und ihn damit jeder eigenständigen Entscheidungsmacht zu berauben" (1990, 96). Für Krockow ist es nur eine folgerichtige Konsequenz des Schmittschen konkreten Ordnungsdenkens, wenn bei Schmitt die Wahl durch eine acclamatio ersetzt und damit die selbständige »Entscheidung« vernichtet wird. Denn wenn - positiv formuliert - "das "Anfängliche" [das überpersönlich Vorgegebene, Wesentliche; vgl. auch Krockow 1990, 99] über jeden Einzelnen hinweg immer schon gewählt hat", wird eigentlich "jede Wahl absurd" (1990, 102). Insofern die Wesens-Homogenität jedoch keine naturrechtliche im Sinne von allgemein und notwendig ist, sondern als jeweils spezifische Substanz eines Volkes zu bestimmen ist - Schmitt geht ja von einem Pluriversum aus -, ist die dezisionistische Diktatur "die unausweichliche Konsequenz des konkreten Ordnungsdenkens": "Was die Substanz der Deutschheit ausmacht, das kann, angesichts der völligen Aussichtslosigkeit, auf diese Frage eine theoretisch begründete Antwort zu finden, nur durch die autoritative E n t s c h e i d u n g fixiert werden" (Krockow 1990, 103). Für Krockow sprengt der Dezisionismus als subjektiver Gewaltspruch das konkrete Ordnungsdenken, und nur durch ein intuitives Ineinander von Dezisionismus und Ordnungsdenken lasse es sich verschleiern, daß es sich um einander ausschließende Gegensätze handelt. Dieses intuitive Ineinander von Dezisionismus und Ordnungsdenken unterstützt meines Erachtens ein Zusammendenken von Diktatur und Demokratie. Es läßt sich wie folgt formulieren: Einerseits werden nach Krockow zwar "alle Entscheidungen autoritativ vom Führer getroffen" (a. a. O.) - das mag man als die "Dezisionismus- und Diktaturkomponente" bezeichnen; andererseits soll der Führer jedoch "deshalb kein Diktator sein, weil er seinerseits unter dem Diktat der in der metaphysischen Substanz der Deutschheit inkarnierten Vorsehung steht" (a. a. O.) - das mag man als "Ordnungs- und Demokratiekomponente" bezeichnen. Was weggelassen wird und das Ineinander von Dezisionismus und Ordnungsdenken ad absurdum führen würde, ist, daß das, was "aber dieses Diktat der Vorsehung inhaltlich ist, [...] wiederum nur: der Führer" entscheidet (a. a. O.).

110 In einer Anmerkung zu dem Verschwinden »echter Diskussion« führt Schmitt den Autor Wyndham Lewis an, der den "Übergang vom Intellektuellen zum Affektiven und Sensuellen" damit erkläre, "daß infolge der modernen Demokratie der männliche Typus zurückgedrängt wird und eine allgemeine Feminisierung eintritt" (1996b, 11, Anm. 1). Es wäre m. E. eine spannende Forschungsfrage zu untersuchen, inwiefern das Schmittsche Entscheidungs- und Dezisionsverständnis ein spezifisch patriarchales ist und von dort her auch die Konnotationen des Willkürlichen und Herrscherlichen rühren. In diesem Zusammenhang wäre auch Schmitts Katholizismus zu beachten (vgl. zur langen Vernachlässigung und Umstrittenheit des katholischen Glaubens von Schmitt auch hinsichtlich seiner Haltung zum Nationalsozialismus statt anderer Koenen 1995, etwa 15ff.; zur katholischen "Grundprägung" Schmitts vgl. z. B. Helmut Quaritsch 1991, 25-35).

111 Für Schmitt hängt die Notwendigkeit eines Einsatzes einer Diktatur zur Beendigung von »entscheidungsvermeidender« Diskussion wesentlich auch mit dem jeweiligen Menschenbild zusammen, wie er in seiner Auseinandersetzung mit Donoso Cortés und de Maistre darlegt. Wer von der natürlichen Bosheit der Menschen ausgehe (z. B. 1996a, 62), ist überzeugt, daß es "im Augen-

blick des letzten Kampfes [...]; angesichts des radikal Bösen [...] nur eine Diktatur" gibt (1996a, 69f.). Umgekehrt müsse ein Anarchist, der vom Axiom des guten Menschen ausgehe, den "entgegengesetzten praktischen Schluß [ziehen], daß nämlich eben deshalb jede Regierung bekämpft werden müsse, weil jede Regierung Diktatur ist. Jede Prätention einer Entscheidung muß für den Anarchisten böse sein, weil das Richtige sich von selbst ergibt, wenn man die Immanenz des Lebens nicht mit solchen Prätentionen stört" (a. a. O.).

112 Wie oben in Anmerkung II. 97 bereits betont, geht es mir hier nicht darum, erwägungsorientiert die verschiedenen Deutungen von Schmitt zu untersuchen, sondern es kommt mir auf mit seinem Namen und seiner Position verknüpfte negative Bestimmungen von »Entscheidung« und »Dezision« an, wie adäquat diese im einzelnen auch immer sein mögen. Für eine erwägungsorientierte Auseinandersetzung mit verschiedenen Verwendungsweisen der Termini "Entscheidung" und "Dezision(ismus)" scheint es mir unerläßlich, gerade auch die negativen Konnotationen zu erfassen, um so einen Interpretationshorizont für Einschätzungen des individuellen und sozialen Stellenwerts von »Entscheidungen« in jeweiligen kulturellen Bereichen aufbauen zu können.

113 Vorhersehbarkeit und Nachvollziehbarkeit können außerdem reflexiv aufeinander bezogen sein. So mag jemand eine »entscheidungstreffende« Person in ihrer Mentalität so gut kennen und einschätzen, daß sie in der Regel damit rechnen muß, daß die Vorgaben nicht nachvollziehbar sein werden. In diesem Sinne wäre dann die Nichtnachvollziehbarkeit der Vorgaben vorhersehbar. Die folgende Erwägungstafel wäre dementsprechend zu erweitern.

114 Vgl. Günter Maschke, für den Schmitts Dezisionismus "immer an die "Einheit" [...] der Kirche, des Staates, des Volkes" gebunden blieb (1988, 220).

115 Wenn Ulrich Steinvorth in seiner Metakritik Grevens Relativismus kritisiert (1990, etwa 267, Nr. (31)ff.), dann hat er vielleicht übersehen, daß Greven in der zitierten Stelle ja keineswegs verbindliche Begründungen und Sicherungen ausschließt, er sieht sie jedoch im Sinne eines Konzeptes der "bounded rationality" an die jeweilige historische Situation gebunden. Insofern es Steinvorth allerdings um "absolut gültige Normen" geht (z. B. 1990, 267, Nr. (33), (34)), spielt dies für ihn aber vermutlich auch keine größere Rolle.

116 Greven nennt mit der Fähigkeit zum Kompromiß eine mögliche demokratische Fähigkeit. Dabei geht es nach Greven um den Ausgleich verschiedener Interessen und nicht um Wahrheitsfindung: "Eine Wahrheit anzuerkennen heißt, entgegenstehende Annahmen aufzugeben. Einem "fairen Ausgleich" von Interessen etwa durch einen Kompromiß zuzustimmen, heißt eben nicht, das eigene Interesse als unwahr oder illegitim aufzugeben. Im ersten Fall handelt es sich um eine Einsicht, im zweiten um die Entscheidung, dem Kompromiß zuzustimmen - was keineswegs ausschließt, das fortbestehende Interesse bei anderer Gelegenheit weiter zu verfolgen. In der Politik geht es insgesamt um soziale Geltung kraft Entscheidung und nicht um Wahrheit. Letztere mag individuell als Motivation für eine bestimmte Entscheidung oder Handlung eine Rolle spielen, aber dann wird sie über den Pluralismus der politischen Willensbildung relativiert und neutralisiert und spielt letztlich für die zustandekommende Geltung, d.h. Anerkennung politischer Entscheidungen, keine Rolle mehr" (1992, 204). Die Frage ist, ob die Gegenüberstellung von Wahrheit und Entscheidung so sinnvoll ist. Ich vermute, daß Greven hier an so etwas wie absolute, objektive Wahrheit denkt. Warum sollte aber nicht in einer demokratischen pluralistischen Kultur ein reflexives Wahrheitsinteresse dergestalt bestehen, als man sich bei der Findung von Lösungen etwa darum bemühte, deren jeweiligen Dezisionsgrad offenzulegen, als auch Lösungen für Verbesserungen offen zu halten, und sei es, um erst nachträglich sich als falsch erweisende Lösungsrealisierungen in ähnlicher Weise nicht zu wiederholen? Wäre ein derartiges Begründungs- oder Wahrheitsinteresse - oder wie immer man es bezeichnen mag - vielleicht sogar ein möglicher Grundzug für »Entscheidungskulturen«, die herrscherliche Willkür verhindern oder zumindest stark einschränken wollen?

117 Denkt man hier nur an die oben angerissene Diskussion um das Problem von Stimmenthaltungen bei Wahlen, dann scheint mir bislang eher wenig als viel erforscht und praktisch erprobt worden zu sein.

118 Das Problem von Einheit und Vielheit würde ich nicht nur an der Konstellation Individuum und Staat festmachen wollen, sondern es ist auch unabhängig vom Bestehen von Staaten meines Erachtens zu bedenken, wie soziale Einheiten als Zusammenschlüsse von Individuen denkbar sein können.

119 Loh (1992) hat vorgeschlagen, »Dezision« als Bestandteil einer »Fortschrittsmoral« zu nehmen. Verstehe man "Fortschritt" vom Verbessern der Begründungen her (s. 72, Nr. (23)), "dann kann Dezision zum Bestandteil von Moral als Rationalisierungsmoral werden, in der offengelegte Inkompetenz Ausgang von Kompetenz ist" (73, Nr. (26)).

120 Nach dem vorigen und dem folgenden Zitat spricht Schleichert einmal von einer Identität zwischen Bewußtsein und Sprache, das andere Mal von einer Identität zwischen Bewußtsein und Sprechen (vgl. auch 1992, 111f.). Wollte man diese These ausführlicher diskutieren, so wäre m. E. der Frage nachzugehen, ob nicht zwischen diesen beiden Gleichsetzungen ein Unterschied besteht. Nach meinem Verständnis ist die Behauptung, Bewußtsein zeige sich in der sprachlichen Mitteilung bzw. Bewußtes müsse sprachlich mitteilbar sein (also Sprechen = Bewußtsein), etwas anderes als die These, Bewußtsein sei Sprache. Ist nicht gerade die beherrschte Sprache ein gutes Beispiel für das Erlernthaben einer hilfreichen Gewohnheit, die glücklicherweise keine besondere Aufmerksamkeit mehr erfordert und fast automatisch abzulaufen scheint, wie das von Schleichert erwähnte Atmen? "Ein Mensch kann vielerlei tun, ohne zu wissen, daß er es tut, ohne sich dessen bewußt zu sein. Er atmet zum Beispiel ständig, aber nur manchmal ist er sich dessen bewußt, weiß er aktuell, daß er es tut. (»Aktuell« heißt, daß man ihn nicht erst durch eine Frage darauf aufmerksam machen muß.) Manche Aktivitäten können nie bewußt werden, z. B. reflektorische Veränderung unserer Pupillen; viele Aktivitäten sind manchmal bewußt. Gibt es auch Aktivitäten, die immer bewußt ablaufen?" (Schleichert 1996, 59). Schleicherts Antwort auf diese Frage bringt nun die Gleichsetzung von Sprechen und Bewußtsein sowie einen weiteren Aspekt ins Spiel, nämlich den Inhalt dessen, worüber gesprochen wird: "Es gibt eine Leistung, die immer bewußt geschieht: das Sprechen. »Was einer sagt, dessen ist er sich im Augenblick des Sagens bewußt«, ist ein gültiger, aber inhaltsleerer Satz, eine analytische Wahrheit" (a. a. O.). Meines Erachtens ist zu unterscheiden zwischen dem Inhalt dessen, worüber gesprochen wird, dem Sachverhalt, daß man spricht (und nicht etwa schweigt), und dem Sachverhalt, wie man spricht, also wie man jeweilige Sätze grammatisch korrekt bildet, welche Worte man wählt usw. Denkt man daran, wie es ist eine fremde Sprache zu erlernen und anzuwenden, dann scheint mir dies im Vergleich zu dem Umgang mit der sogenannten »Muttersprache« ein gutes Beispiel dafür zu sein, daß die Art des Sprechens eher zu den Aktivitäten gehört, von denen Schleichert meint, daß sie nur manchmal bewußt seien.

121 Oder wie Schleichert an anderer Stelle formuliert: "Daß etwas bewußt wird (mentalistischer Dialekt), bedeutet dasselbe wie daß es (laut oder im Stillen) ausgesprochen wird (linguistischer Dialekt)" (1992, 112).

122 Dirk Hartmann scheint diesbezüglich kein Problem zu sehen. Hartmann kommt in seiner Analyse der Verwendung des Terminus "bewußt" wie Schleichert zu dem Schluß, daß dieser als "psychologischer Fachterminus sowohl allgemein als auch im speziellen Zusammenhang mit der Aufmerksamkeitsthematik überflüssig ist. Für alle herauspräparierbaren Verwendungsweisen von 'bewußt' stehen andere, die verschiedenen Verwendungen besser unterscheidende Termini zur Verfügung: 'Erkennen', 'Absicht', 'Aufmerksamkeit' und so fort" (1998, 145). Von Schleicherts Identitätsthese grenzt er sich allerdings ab, weil ihm die Gleichsetzung von Sprache und Bewußtsein "sowohl zu weit als auch zu eng geraten ist" (a. a. O. Anm. 205).

123 Zur Frage eines Bewußtseins bei Tieren vgl. etwa James L. Gould/Carol Grant Gould, die zusammenfassend festhalten: "Wie wir gesehen haben, ist kein einziger Aspekt der menschlichen kognitiven Fähigkeiten wirklich einzigartig. Tiere vieler Arten können, zumindest unter bestimmten Umständen, zielgerichtetes Verhalten in einer Form zeigen, die Denken und Planen erfordert. Viele Arten können in gewissem Maße kategorisieren und klassifizieren; zahlreiche scheinen sich Gegenstände oder Ereignisse vorstellen zu können. Und einige wenige zeigen die Fähigkeit zu formalen Schlußfolgerungen - zu denken" (1997, 250). Dorothy L. Cheney und Robert M. Seyfarth weisen darauf hin, daß die Ungeklärtheit der Rolle des "Bewußtseins beim Denken von uns Menschen" es erschwert, "die Rolle des Bewußtseins beim Denken von Tieren zu klären" (1994, 320). Cheney und Seyfarth vermuten, daß die "Fähigkeit, anderen Bewußtseinszustände oder Sichtweisen zuzuschreiben, [...] ein gewisses Maß an eigener Bewußtheit oder Selbstbewußtsein" voraussetzt: "Ohne einen Zugang zum eigenen Denken können Affen wohl kaum zwischen ihren eigenen Gedanken und Überzeugungen und den Gedanken und Überzeugungen anderer unterscheiden" (1994, 319). Um potentielle kognitive Fähigkeiten der Tiere, insbesondere von Schimpansen und Bonobos adäquater einschätzen zu können, sind weitere Forschungen erforderlich. Besonders aufschlußreich könnten dabei Forschungen zu Täuschungsfähigkeiten von Schimpansen und Bonobos sein. Versteht man unter Täuschung "das absichtliche, auf den eigenen Nutzen zielende Erwecken eines falschen Bildes von vorangegangenem Verhalten, von Wissen oder Absichten" (Frans de Waal 1997, 97f.), so ist dies eine reflexiv hochkomplexe kognitive Fähigkeit. Sie setzt nach de Waal "ein Bewußtsein dafür voraus, wie die eigenen Verhaltensweisen verstanden werden und was die Außenwelt aller Wahrscheinlichkeit nach in sie hineininterpretiert" (1997, 98). Zur Täuschung bei Primaten vgl. auch die Diskussion zu dem Artikel von Andrew Whiten und Richard W. Byrne über "Tactical deception in primates" (1988).

124 Erinnert man daran, daß Unsicherheit für viele geradezu konstitutiv für ihr Entscheidungsverständnis ist (s. o. II. 2.3.1), dann mag man erwägen, ab welcher Sicherheit beim Identifizieren man nicht mehr von "Entscheidung" sprechen will.

125 Klix behandelt diese Fragen nicht, da es ihm, wie der Untertitel seines Buches "Information und Verhalten" (1971) besagt, um "Kybernetische Aspekte der organismischen Informationsverarbeitung" und eine "Einführung in naturwissenschaftliche Grundlagen der Allgemeinen Psychologie" geht.

126 Inwiefern alle "three separate capacities", die McCall als wesentlich für »Entscheidung« erachtet, nämlich die der "representation, evaluation, and choice [...], in the absence of any of which decision-making is impossible" (1987, 282), von Bewußtsein begleitet sein müssen, wird von McCall in seinen Schlußüberlegungen nicht explizit formuliert. Die von ihm angeführten Beispiele legen dies meines Erachtens jedoch nahe, gerade wenn es darum geht, im Zusammenhang von praktischen »Entscheidungen« Alternativen vorzustellen, die es real (noch) nicht gibt (s. 1987, 283). Auch die Beispiele, die McCall unter dem Stichwort "Evaluation" abhandelt, interpretiere ich als solche, in denen Möglichkeiten im Krämerschen Sinne von repräsentational (intentional, reflexiv) bewußt erwogen und bewertet werden, wie zum Beispiel in folgender Situation: "A doctor, deliberating about whether to operate on a patient with a malfunctioning heart valve, concludes that it would be feasible to install a new valve but not desirable, because of the age and general fragility of the patient" (1987, 284).

127 Den letzteren Fall mag man auf den ersten Blick für widersinnig halten. Was aber ist mit Situationen, in denen z. B. eine Frau einerseits - möglicherweise sogar gemeinsam mit anderen - ganz bewußt die verschiedenen Möglichkeiten der Fortsetzung oder des Abbruchs der Schwangerschaft erwägt, vorerst aber bewußt noch keine Bewertung vornehmen will, um "noch einmal eine Nacht darüber zu schlafen". Könnte da nicht vielleicht eine Bewertung zunächst im Nicht-Bewußten erfolgen, bevor diese gleichsam dem Bewußtsein zugestanden wird?

128 "Zuschreibung" meint die Fähigkeit, "anderen Wissen, Ansichten und Gefühle zuzuschreiben", und ist für Cheney und Seyfarth ein Merkmal von Intentionalität höherer Ordnung. "Zuschreibung

[...] setzt eine gewisse Fähigkeit voraus, gleichzeitig zwei verschiedene Bewußtseinszustände parat zu haben. Um dies tun zu können, muß ein Tier erkennen, daß es selbst über ein Wissen verfügt, daß andere über Wissen verfügen und daß es eine Diskrepanz zwischen dem eigenen Wissen und dem der anderen geben kann" (1994, 276).

129 Unabhängig davon, ob man für das Waschzwang- und das Lichtschalter-Beispiel den Terminus "Entscheidung" verwenden will oder nicht, verdeutlichen diese Beispiele meines Erachtens, was es bedeuten mag, wenn Bewußtes und Nichtbewußtes desintegriert sind. So paßt das Beibehalten einer Gewohnheit, wie das nicht-bewußte, automatische Drücken des Lichtschalters, nicht zu dem bewußten Wissen, daß dies derzeit ja gar keinen Sinn macht, weil die Glühbirne nicht mehr funktioniert und noch nicht gegen eine neue ausgewechselt wurde. Beim Waschzwang-Beispiel scheinen Bewußtes und Nichtbewußtes ebenfalls nicht integriert, im Sinne einer fehlenden Übereinstimmung, zu sein, wenn man sich entgegen aller bewußten Einsicht doch immer wieder die Hände wäscht. Vgl. hierzu auch die Erwägungstafel zur Unterscheidung von Zwang und Gewohnheit (in II. 2.2.1, Nr. (17)).

130 Auch zu der vermutlich verbreiteten Auffassung, daß die Relevanz jeweiliger Entscheidungen das Ausmaß an reflektiertem Bewußtsein bestimmen sollte, gibt es Gegenpositionen. Günter Burkart führt Sigmund Freud als einen Vertreter der Gegenposition an: "Freud selbst hat offenbar das Rational-Choice-Modell nur für unbedeutende Entscheidungen anerkannt. 'Wenn ich eine Entscheidung von geringerer Bedeutung traf, fand ich es immer vorteilhaft, alle Für und Wider reiflich zu überlegen. In lebenswichtigen Dingen dagegen, bei der Wahl eines Partners oder eines Berufs, sollte die Entscheidung aus dem Unbewußten kommen, von irgend woher in uns selbst.' (Freud in einem Brief an Reik, zitiert bei Clark 1985, 66f.)" (Burkart 1995, 79, in Anmerkung 34 - Mit dem Verweis auf Clark meint Burkart das Buch von Ronald W. Clark: Sigmund Freud. Leben und Werk. Frankfurt am Main 1985.).

131 Durch den Kontext, insbesondere den folgenden zitierten Satz, ist es m. E. deutlich, worauf es Frankl ankommt. Die "ersten Entscheidungen" werden bewußter getroffen - in welchem Ausmaß auch immer, und insofern "mehr [oder] minder bewusst" - als die "Nachentscheidungen". Deshalb habe ich an dieser Stelle entsprechend ergänzt und das "oder" eingefügt. - Zur Diskussion des in Frankls Beispiel angesprochenen Problems von Freiheit und Determinismus und seine Bedeutung für die Bestimmung des Entscheidungsbegriffs vgl. II. 2.4.5 Nr. (91) Anmerkung 96.

132 Wenn Computer/Roboter in die »Entscheidung-Diskussion« gelangen, dann geschieht dies etwa in dem Sinne, als z. B. von einer "Übertragung von Entscheidungsmustern auf Maschinen, die "stellvertretend" für/gegen Menschen entscheiden" (Bernd P. Löwe 1992, 65, Nr. (8)), gesprochen wird. Hans-Werner Klement und Franz Josef Radermacher (1990) diskutieren die Problemlage im Zusammenhang mit dem Freiheit-Determinismus-Problem (s. o. II. 2.4.5, Nr. (91) Anmerkung 96). Sie sehen nur graduelle Unterschiede zwischen der Entscheidungsfreiheit von Menschen, Tieren und derzeitigen Computern: "Auch Tiere, ja sogar Computer verarbeiten Information, treffen Entscheidungen [...]. Wendet man die hier gegebene Definition von Freiheit an, kommt man deshalb zwangsläufig zum Schluß, daß auch Tiere und Computer tendenziell eine (formelle) Freiheit zur Entscheidung besitzen. Diese Folgerung entwertet aber den gewonnenen Freiheitsbegriff nur scheinbar. Computer haben eine vom Menschen geschaffene Struktur und verarbeiten in einer vom Menschen geschaffenen Sprache vom Menschen eingegebene Information nach vom Menschen festgelegten Programmen: Die (formelle) Freiheit des Computers ist bisher die delegierte (formelle) Freiheit des Menschen. Dies mag sich allerdings zukünftig ändern, sofern man durch Ausnutzung komplexer Nebenläufigkeitsphänomene bzw., sofern vorhanden, spontaner quanten-theoretischer Zufälle diese unmittelbare Bindung an den Menschen on-line graduell abzubauen gestattet und Maschinen schafft, die selber eine komplexe Weltmodellierung individuell aufzubauen lernen. Lebewesen scheinen demgegenüber heute schon von Natur aus als (formell) freier, weil in dieser Hinsicht weniger durchschaubar, wobei der Grad ihrer möglichen (formellen) Freiheit von der Struktur des Nervensystems der betreffenden Art abhängt" (1990, 35). Klement und Radermacher unterscheiden zwischen dem

Inhalt von Entscheidungen, der determiniert ist, und dem Akt der Entscheidung, der vom Menschen als "Willensfreiheit" empfunden wird (s. 1990, 34): "Diese eingeschränkte Art sei als formelle Freiheit bezeichnet. Diese formelle Freiheit, die den meisten Tierarten in diesem Umfang abzusprechen ist, empfindet der Mensch als Willensfreiheit" (1990, 35). - Zur Auffassung Klements und Radermachers über die Entscheidungsfähigkeit von niederen und höheren Tieren im Vergleich zum Menschen vgl. im folgenden II. 3.1, Nr. (117).

133 Vgl. statt anderer Eisenführ/Weber, die in ihrem Kapitel über "Gruppenentscheidungen" u. a. zusammenfassend festhalten: "Sind die Komponenten des Entscheidungsproblems erst einmal bestimmt, läßt sich völlig analog zum Fall einer Individualentscheidung eine Lösung finden" (1994, 297).

134 Faßt man das Freiheit-Determinismus-Problem - wenn man denn diese Gegenüberstellung überhaupt für sinnvoll hält - so, daß es nicht nur biologische, sondern auch kulturelle Determination gibt, dann stellt sich die Frage, in welchem Ausmaß menschliches Entscheiden und praktisches Handeln frei oder durch jeweilige kulturelle Bedingungen determiniert sind. Ich werde diesen Gedanken in III. 1 aufgreifen.

135 Insofern Szyperski/Winand nur von einem Auftreten-*Können* von interpersonellen Konflikten bei multipersonalen Entscheidungen sprechen, macht mein Deutungsvorschlag nur Sinn, wenn eine Strittigkeit von Lösungsalternativen nicht mit dem Vorliegen eines interpersonellen Konfliktes gleichgesetzt wird. Gegen eine derartige Gleichsetzung spricht meines Erachtens vor allem, daß Personen, die zu unterschiedlichen Lösungen gelangt sind, aufgrund ihres gemeinsamen Interesses an einer möglichst adäquaten Lösung gar keine Motive für einen »Konflikt« zu haben brauchen. Im Gegenteil werden sie an einer guten Zusammenarbeit und Aufklärung der Frage interessiert sein, welches die adäquatere Lösung ist. Für eine weitere Analyse wäre der Terminus "Konflikt" zu klären, der hier intuitiv verwendet wird.

136 Die Beteiligung von anderen Personen bei »Einpersonenentscheidungen« betonen auch Eisenführ und Weber: "Einpersonenentscheidungen kommen also in der Regel auch durch Mitwirkung mehrerer Personen zustande, nur daß letztlich ein einziger Entscheider die Situation modelliert und eine Handlungsalternative auswählt" (1994, 298).

137 Auf das hieraus resultierende Problem der »Kriecherei« kann hier nur in einer Anmerkung eingegangen werden. Es soll aber wenigstens kurz erwähnt werden, weil Coleman aus ihm einen für die Erwägungsperspektive höchst interessanten Vorschlag, den des "strukturierten Dissenses" entwickelt, den ich in meinen Vorschlägen für eine »Erwägungsdidaktik« aufgreifen werde. Das Kriecherproblem ist ein Opportunismusproblem, das die Suche nach möglichst guten Alternativen stark beeinträchtigen kann: "Vorausgesetzt, daß Höflinge nur durch ihr persönliches Fortkommen motiviert werden (analog zur Motivation einer politischen Partei, ihre Kandidaten zum Sieg zu führen) und daß das Fortkommen davon abhängt, daß sie die Alternative anbieten oder unterstützen, die letztendlich von dem Befehlshaber gewählt wird, dann wird jeder Höfling versuchen, diejenige Alternative vorzustellen oder zu verteidigen, von der er glaubt, daß der Befehlshaber sie auswählt. Wenn also alle optimal informiert sind, werden sich alle dem einen Punkt, nämlich der Position nähern, die von dem Befehlshaber am stärksten favorisiert wird. Dies führt zu sogenannter Kriecherei, was zur Folge hat, daß der Befehlshaber von einer Schar Jasager umgeben ist - ein Phänomen, das in hierarchischen Organisationen oft zu beobachten ist. Ein Höfling, der für eine Alternative eintritt, die sich von der bevorzugten Position des Befehlshabers beträchtlich unterscheidet, während die anderen Höflinge die bevorzugte Alternative unterstützen, wird in die Isolation geraten. Der Befehlshaber wird feststellen, daß die anderen Höflinge übereinstimmend die von ihm ursprünglich favorisierte Position befürworten. Er fühlt sich in seiner Meinung bestätigt und beurteilt die Höflinge, die sie bekräftigen, als weise, einsichtig und scharfsinnig. Natürlich hat er recht, was Weisheit, Scharfsinn und Einsicht der Höflinge betrifft; was ihm jedoch entgeht, ist, daß sie das Ziel verfolgen, die von ihm favorisierte Alterna-

tive zu unterstützen, und nicht, eine Alternative vorzustellen, die sich auf lange Sicht als die beste erweisen wird" (1992, 85). Um in hierarchischen Zusammenhängen dieser Gefahr zu begegnen, schlägt Coleman eine Institutionalisierung von "strukturiertem Dissens" vor (1992, 87f.), den man aus erwägungsorientierter Perspektive als Entkopplung von Erwägungs- und Lösungsebene beschreiben könnte. Es kommt nicht mehr darauf an, daß die Höflinge in ihren »Einzelentscheidungen« möglichst das erwägen und dann als Lösung vorschlagen, was auch vom Befehlshaber als Lösung gesetzt wird. Statt dessen sollen möglichst viele Alternativen erwogen werden. Die Höflinge werden in ihrem Fortkommen nun gefördert, wenn sie ihren "Scharfsinn beim Aufzeigen der Konsequenzen" (1992, 88) jeweiliger Alternativen zeigen, unabhängig davon, ob dies dann die schließlich vom Befehlshaber gewählte Lösung ist. Strukturierter Dissens kann dabei etwa initiiert werden, indem zunächst in einer Diskussion nach möglichen Alternativen gesucht wird, die dann willkürlich auf die einzelnen verteilt werden mit der Aufgabe, jeweilige Vor- und Nachteile herauszuarbeiten (s. 1992, 87).

138 Aus erwägungsorientierter Perspektive wäre insbesondere zu erforschen, inwiefern eine Unterscheidung in Erwägungs- und Lösungsebene derartige »Gruppenentscheidungen« unterstützen könnte. Zu einigen bisherigen Erfahrungen mit erwägungsorientiert verlaufenden Diskussionen s. III. 3.4, Nr. (33).

139 In diesem Sinne ist auch für Bittner das soziale Eingebettetsein von »Entscheidungen« kein Grund, diese deshalb als "kollektive" zu bezeichnen: "Sich Entscheiden ist ein individueller Vorgang - das ist ein Teil der Antwort an denjenigen, der fragt, was es heißt, sich zu entscheiden, und ob Dezisionismus eine vernünftige Theorie davon ist. Die Entscheidungen der Individuen sind auf vielfältige Weise voneinander und von kollektiven Vorgaben abhängig und sie wirken auf vielfältige Weise auf die Situation anderer ein - das ist ein Teil der Anwort an denjenigen, der fragt, warum die Individuen sich so entscheiden, wie sie es tun, und auf was für Dinge es ankommt, ob eine Entscheidung wohlbegründet ist" (1992c, 100, Nr. (12); s. hierzu auch II. 4, Nr. (127)).

140 Laux und auch Laux und Liermann meinen mit "Mehrheitsregel" in dem angeführten Zitat das "Kriterium des paarweisen Vergleichs" (Laux 1998, 415 und 417f.; Laux und Liermann 1997, 88f.). Diese Zurechnung scheint mir angesichts ihrer eigenen Bestimmungen nicht adäquat zu sein. Denn bei ihrer Bestimmung von einem paarweisen Vergleich soll über verschiedene Paare von Alternativen nacheinander abgestimmt werden, bis eine Möglichkeit übrigbleibt. Es sind also mehrere Wahlgänge erforderlich. Im angeführten Zitat über informelle und formelle Abstimmung hingegen geht es aber nur um ein Paar von Alternativen. Es ist nur ein Wahlgang notwendig, so daß mir eher das vorzuliegen scheint, was Laux und auch Laux und Liermann als "Single-Vote-Kriterium" bezeichnen (Laux 1998, 419f.; Laux und Liermann 1997, 89f.), wobei, bezogen auf das Zitat, eine einfache oder absolute Mehrheit für eine Möglichkeit zustande gekommen sein könnte.

141 Meines Erachtens wäre es weniger mißverständlich zu schreiben: "Bei Wahlen von ..." statt "Bei Wahlen mit ...". Denn es soll hier doch wohl um den Fall gehen, daß von mehreren Kandidaten bzw. Kandidatinnen mehrere, etwa als eine Führungsgruppe, gewählt werden sollen.

142 Die Erwägungskombinatorik wäre weiterzuentfalten, wollte man sich einen Erwägungshorizont denkbarer Abstimmungsregeln erarbeiten. Orientiert man sich an den aufgeführten Bestimmungen, so wären weitere Systematisierungsversuche etwa danach vorzunehmen, in welchen Abstraktions- bzw. Konkretionsverhältnissen unterschiedliche Regeln zueinander stehen oder welche Regeln Bestandteile anderer Regeln sind (Teil-Ganzes-Verhältnisse). Bei ersterem mag man etwa an die abstrakte Bestimmung von "einstufigen oder mehrstufigen Verfahren" denken, zu der es dann ganz verschiedene Konkretionen geben mag. Bei letzterem denke ich z. B. an Colemans Darstellung der Borda-Aussonderung, in der für ihn implizite Zweikämpfe stattfinden (also Paarvergleiche als Teil einer anderen Abstimmungsregel, nämlich der Borda-Aussonderung). Weiter wäre zu beachten, ob es sich um Regeln handelt, die auch Pattsituationen bewältigen lassen oder die in solchen Fällen ergänzender Regeln bedürfen. Denkt man an die Problemlagen von Stimmenthaltungen, insbeson-

re als reflexive negative Bewertungen jeweiliger Alternativenangebote, so wäre meines Erachtens insbesondere auch nach Abstimmungsregeln zu suchen, die solche reflexiven Bewertungen erfassen ließen. In den hier vorgestellten Regeln scheint mir eine derartige Erfassung nur indirekt möglich, so wenn man etwa beim Approval Voting vermutet, daß eine Person, die keinerlei Stimmen vergibt, die zur Abstimmung stehenden Alternativen insgesamt mißbilligen könnte.

143 Je nach Verständnis von »Entscheidung« wird man etwas anders formulieren müssen. Wer etwa die Handlung, mit der eine »Entscheidung« umgesetzt wird, nicht mit zum Gebrauch des Terminus "Entscheidung" dazurechnet, wird vermutlich eher sagen: "»Entscheidungsfähige« Wesen können in verschiedener Weise von den Folgen der »Entscheidungen« anderer betroffen sein" (zum Problemkreis Handlung und Entscheidung vgl. II. 2.2.1).

144 Zum Problem, was es heißen mag, wenn mehrere Personen eine »Entscheidung« treffen, vgl. II. 3.2.

145 Der "kollektive Aspekt von Entscheidungen" ist nicht zu verwechseln mit einer »kollektiven Entscheidung« (vgl. hierzu II. 3.2, Nr. (120)ff. sowie Anmerkung II 139).

146 Gefangenen-Dilemma-Spiele mit vier und mehr Personen lassen das sogenannte »Trittbrettfahren« analysieren helfen. Dabei geht es um die Problemlage, daß Gruppensolidarität von einigen Mitgliedern mißbraucht wird, um auf Kosten der anderen für sich mehr Profit herauszuschlagen (Bohnet 1997, 57f.). Im Rahmen dieser Arbeit kann auf diese Konstellation nicht weiter eingegangen werden. In einem entfalteten Wissen um Entscheidungszusammenhänge und Entscheidungsinterdependenzen wäre sie als eine Grundkonstellation zwischenmenschlicher Beziehungen ausführlich zu erörtern.

147 An der allgemeinen Fassung meines Verständnisses hat sich gegenüber der gemeinsam mit Frank Benseler, Rainer Greshoff und Werner Loh vorgenommenen Bestimmung von 1994 (Seite 18) nichts geändert. Die Unterschiede und Erweiterungen machen sich an dem fest, was dies bedeutet und den Folgeüberlegungen (s. hierzu insbesondere II. 2.3.3.4, Nr. (62)-(70)).

148 Den Terminus "Gedanke" verwende ich in dieser Arbeit mehr oder weniger intuitiv. Zu dieser Intuition gehört, daß ich Gedankliches weder auf Sprachliches noch auf Bewußtes reduziert wissen möchte. Die Bezeichnung "Auswahlgedanken" habe ich vorerst gewählt, um einen Ausdruck für einen Oberbegriff für 'Ziele', 'Fragen', 'Probleme', 'Aufgaben' u. ä. zu haben. Außerdem soll mit ihm die Funktion von Entscheidungen in den Blick kommen, zu einer Lösung zu gelangen, die man für weiteres braucht, seien dies nun bestimmte praktische Handlungen oder weitere allein gedankliche Konzeptualisierungen. Als Funktion von Entscheidung zählt der Auswahlgedanke zwar nicht zum Kern einer Bestimmung von "Entscheidung", ist aber trotzdem für den Entscheidungszusammenhang insgesamt relevant. Ungünstig an der Bezeichnung "Auswahlgedanke" ist vielleicht, daß er mit "Wahl" eine Komponente enthält, die für viele Synonym mit "Entscheidung" ist. Möglicherweise findet sich irgendwann noch ein besserer Terminus.

149 Auch die Worte, mit denen ich umschreibe, was ein Auswahlgedanke sein kann, sind mehr oder weniger intuitiv verwendet. Es kann in einem Entscheidungszusammenhang auch mehrere Auswahlgedanken geben. Diese mögen sich zu einer Einheit, einem System von Auswahlgedanken, integrieren lassen oder aber miteinander konkurrieren. Im letzteren Falle kommt es für die abschließende Bewertung dann darauf an, sich auf leitende Auswahlgedanken festzulegen.

150 Eine Entscheidung, an deren Anfang nicht ein Auswahlgedanke steht, läßt sich retrospektiv beschreiben und mag beispielsweise dann zustande kommen, wenn man bücherbepackt zu einer Verabredung erscheint und gefragt wird, wie das passieren konnte, und man versichern kann, daß man keineswegs vorsätzlich (also mit Auswahlgedanken) den Buchladen betreten habe. Vielmehr sei man ziellos in dem Buchladen herumgeschlendert, um sich die Zeit bis zur Verabredung zu vertreiben.

Man blätterte hier und dort, ließ sich von diesem oder jenem Titel ansprechen, dachte angesichts interessant klingender Neuerscheinungen zum Thema »Entscheidung«, daß man die eigene Bibliothek mal wieder aktualisieren müßte. Die drei zuletzt durchgesehenen Bücher schienen anregend zu sein. Schließlich überlegte man, warum man sie nicht eigentlich gleich kaufen sollte. Mit der letzten Überlegung kam nun ein Auswahlgedanke ins Spiel, zu dem die zuvor angestellten Überlegungen als Erwägungen herangezogen werden konnten. Da man genug Geld bei sich hatte, zu Hause noch über hinreichend freie Regalplätze verfügt und es einem nichts ausmacht, bücherbepackt zur Verabredung zu erscheinen, brauchte nichts neues mehr erwogen zu werden. Die drei in Frage kommenden Bücher mußten auch nicht neu bewertet zu werden. Mit ihrer Einschätzung als "anregend" fand ja bereits eine positive Bewertung statt, die zusammen mit der Aktualisierungsüberlegung der Bibliothek zum Auswahlgedanken führte. Bei einer positiven Bewertung, jetzt gleich einen Büchereinkauf zu tätigen (reflexive Entscheidung), konnte eine Lösung unmittelbar gesetzt (man beschloß, die drei Neuerscheinungen zu kaufen) und realisiert werden (man kaufte sie).

151 Auch der jeweilige Kontext (die historische Situation, Voraussetzungen, Rahmenbedingungen, Folgen o. ä.) gehört für mich zum Entscheidungszusammenhang und nicht unmittelbar zu dem, was ich als "Entscheidung" bezeichnen möchte. Dabei soll nicht bestritten werden, daß Kontexte wesentlich den Verlauf jeweiliger Entscheidungen bestimmen. Das, was eine Entscheidung zur Entscheidung macht, sollte aber m. E. unabhängig von diesen Kontexten angegeben werden können.

152 Die Termini, mit denen ich verschiedene Vorgaben umschrieben habe, werden intuitiv verwendet. Bei einer genaueren Bestimmung von "Tradition" wären etwa Abgrenzungen zu dem, was mit "Brauch" oder "Sitte" bezeichnet wird, zu berücksichtigen. Wichtig ist mir an dieser Stelle nochmals zu betonen, daß Wiederholungen allein nicht als Indiz für eine Orientierung an Vorgaben genommen werden können (s. o. II. 2.2.1, Nr. (17)). Einer wiederholten Lösungssetzung und Realisierung kann eine wiederholte (gleiche) Entscheidung vorausgehen; es kommt nicht darauf an, ob jeweils gleich oder verschieden erwogen und bewertet wird, sondern nur, daß erwogen und bewertet wird.

153 Verschiedene Personen mögen bei gleichen Entscheidungskonstellationen gleiche oder verschiedene Ansprüche an eine problemadäquate Entscheidung stellen. Beurteilt man nun eine Entscheidungsleistung anderer, kann man dies zum einen immanent tun. Man orientiert sich dann an den Ansprüchen der anderen Person und bewertet, inwiefern sie ihren selbst gesetzten Ansprüchen gerecht geworden ist. Zum anderen kann man eigene Ansprüche an problemadäquates Entscheiden zugrunde legen, wenn man fremde Entscheidungsleistungen einschätzen will. Dieses Herantragen nicht-immanenter Ansprüche ist so gesehen dann eine externe Einschätzung. Sie wird vermutlich dann gewählt, wenn man die fremden (immanenten) Ansprüche nicht erkennen kann oder wenn man die fremden Ansprüche für unangemessen (zu niedrig/zu hoch) hält. Kombiniert man derartige immanente und externe Einschätzung von Fremdentscheidungen mit den Selbsteinschätzungen der Person, die entschieden hat, dann ergeben sich folgende 8 Möglichkeiten:

	Für eine Person P_1 ist ein Entscheidungsproblem dem eigenen Anspruch nach	Für eine Person P_2 hat P_1 ihr Entscheidungsproblem ihrem eigenen Anspruch nach	Für eine Person P_2 hat P_1 ihr Entscheidungsproblem dem externen Anspruch von P_2 nach
1. Zeile:	problemadäquat gelöst	problemadäquat gelöst	problemadäquat gelöst
2. Zeile:	problemadäquat gelöst	nicht problemadäquat gelöst	problemadäquat gelöst
3. Zeile:	nicht problemadäquat gelöst	problemadäquat gelöst	problemadäquat gelöst
4. Zeile:	nicht problemadäquat gelöst	nicht problemadäquat gelöst	problemadäquat gelöst
5. Zeile:	problemadäquat gelöst	problemadäquat gelöst	nicht problemadäquat gelöst
6. Zeile:	problemadäquat gelöst	nicht problemadäquat gelöst	nicht problemadäquat gelöst
7. Zeile:	nicht problemadäquat gelöst	problemadäquat gelöst	nicht problemadäquat gelöst
8. Zeile:	nicht problemadäquat gelöst	nicht problemadäquat gelöst	nicht problemadäquat gelöst

Erwägungstafel A1

154 In diesem Sinne schließe ich mich hier der Position von Werner Loh an, für den erst dann, wenn eine "Entscheidung unter dem Sinn steht, daß sie zu verbessern sei", von einer rationalen Entscheidung die Rede sein soll (Loh 1992, 72, Nr. (23)). Nimmt man jeweiliges Verbesserungsinteresse als ein Maß für rationale Orientierung, dann lassen sich Entscheidungszusammenhänge, in denen zwar mit Gründen eine Lösungsmöglichkeit anderen vorgezogen werden kann, dies aber unter Umständen in einer sehr eingeschränkten und borierten Weise geschehen mag, abgrenzen von Entscheidungszusammenhängen, in denen Personen sich bemühen, möglichst adäquat Alternativen zu erwägen, wie folgendes Beispiel verdeutlicht: "Eine Person wolle schnell von A nach B. Sie erwägt, ob sie die Wege a, b oder c nehmen solle. c erweist sich in der Abwägung als der geeignetste und sie wählt diese Möglichkeit aus. [...] Angenommen, es gäbe weitere Wege. Die Person hätte diese auch erwägen können. Doch sie tat es nicht, aus welchen Gründen auch immer. Hierdurch ist ihr aber der weitaus bessere Weg d entgangen. Wollte man ein solches Entscheiden noch "rational" nennen, hätte dies zur Konsequenz, daß man, je borierter man Alternativen erwägt, Entscheidungen um so leichter als »rational« einschätzen könnte." Außerdem "würden diejenigen Gefahr laufen, sich nicht mehr »Rationalität« zurechnen zu dürfen, die möglichst gut Alternativen erwägen wollen, wenn Alternativen berücksichtigt werden müßten, unter denen eventuell nur noch dezisionär auszuwählen ist (z. B. zwischen den gleich guten und geeignetsten Wegen e und f)" (Loh 1992, 71, Nr. (19)). Mit dem Merkmal der Rationalisierungsbereitschaft bzw. des Rationalisierungsinteresses kann man "Rationalität" von "Arationalität" und "Irrationalität" abgrenzen: "Besteht eine solche Rationalisierungsbereitschaft nicht und ist das Wesen aber hierzu fähig, dann könnte man von "Irrationalität" sprechen (ohne solche Fähigkeit wäre dies "Arationalität" zu nennen)" (Loh 1992, 72, Nr. (23)). Betrachtet man das Interesse an der Verbesserbarkeit als ein Merkmal von Rationalität, dann hat dies nach Lohs Beispiel zur Folge, daß dezisionäre Lösungssetzungen "rationaler" sein können als nicht-dezisionäre (s. Loh 1992, 72, Nr. (25)). In den in II. 2.3.3.4) dargelegten Überlegungen zum Umgang mit und zur Unterscheidung verschiedener Zusammenstellungsmöglichkeiten von Erwägungsalternativen sehe ich erste methodische Hilfen zur Entfaltung eines Verbesserungsinteresses. - Die Verknüpfung von "Rationalität" mit "Verbesserbarkeit/Rationalisierungsbereitschaft" erinnert an William Warren Bartleys Position eines pankritischen Rationalismus und seinen Vorschlag, Kritik und Begründung in einer Rationalitätstheorie zu trennen und Rationalität mit Kritisierbarkeit zu verknüpfen (1987, etwa 136 oder 131f.). In einer umfassend erwägungsorientierten Bestimmung von "Rationalität" wären mögliche Gemeinsamkeiten und Unterschiede zwischen den Positionen von Bartley und Loh zu erarbeiten.

155 Entscheidungen, über die reflexiv entschieden wurde, daß sie weniger erwägungsorientiert hin anzulegen seien, damit man in einem anderen Entscheidungszusammenhang die Ressourcen für ein adäquates Erwägen von Alternativen hat, wären somit zu unterscheiden von wenig erwägungsorientierten und auf Verbesserung hin angelegten Entscheidungen ohne reflexive Begründung. Es wäre nach einer adäquaten Bezeichnung für eine solche "reflexiv begründete Irrationalität" zu suchen.

Zu Teil III

1 Von nun ab werden eckige Hervorhebungszeichen bei der Verwendung des Terminus "Entscheidung" bzw. zusammengesetzten Worten, in denen "Entscheidung", "entscheiden" o. ä. vorkommt, nur noch in Ausnahmefällen verwendet. Wenn es nicht extra angegeben wird, dann werden von nun an alle meine Entscheidungsausdrücke im Sinne des zuletzt dargelegten Verständnisses verwendet. Die Entscheidungsausdrücke der im folgenden zitierten Autorinnen und Autoren werden nicht eigens expliziert, was eigene Arbeiten erfordern würde, sondern nur intuitiv verwendet, sofern der Bezug zum eigenen Entscheidungsbegriff dies erlaubt. Nur dort, wo es unbedingt erforderlich ist, wird auf Begriffsklärungsfragen näher eingegangen.

2 Zur unterschiedlichen Verwendung des Terminus "Schlüsselqualifikationen" vgl. statt anderer Helen

Orth, die eine synoptische Übersicht verschiedener Definitionen und Kategorisierungen von Schlüsselqualifikationen an deutschen Hochschulen erarbeitet hat (1999, eine tabellarische Übersicht befindet sich auf den Seiten 38ff.). Daß Schlüsselqualifikationen häufig mit Entscheidungskompetenzen in Verbindung gebracht werden, auch wenn der Terminus "Entscheidung" dabei nicht verwendet wird, mag man etwa an der Bestimmung von Christoph Richter erkennen. Nach Richter führen Schlüsselkompetenzen "dazu, daß der Teilnehmer nicht nur in der Lage ist, das Gelernte situationsspezifisch und flexibel anzuwenden, er ist vielmehr in der Lage,

• das Gelernte nach seinen Bedürfnissen zu verändern,
• neue Handlungsalternativen in dieses System zu integrieren,
• zwischen mehreren Alternativen zu wählen, um sich angemessen zu verhalten,
• neu gelernte Fähigkeiten mit seinen anderen Fähigkeiten zu verknüpfen,
• sein Handlungsrepertoire aus einer in sich selbst begründeten Synergie zu erweitern, also aus der Verknüpfung seiner bisherigen Fähigkeiten mit neu gelernten Fähigkeiten zu weiteren Verhaltensalternativen zu gelangen" (1995, 23).

3 Vgl. statt anderer die Zusammenstellung von unterschiedlichen Verwendungsweisen von "Gesellschaft" im "Historischen Wörterbuch der Philosophie" (Bd. 3, 459-475; hg. von Joachim Ritter), die Zusammenstellung von 164 Definitionen von "Kultur" von Alfred Kroeber und Clyde Kluckhohn, die dabei nur eine Auswahl aus einem noch größerem Spektrum von nahezu 300 Definitionen aus einem begrenzten Zeitraum (1871- 1950) darstellt, wobei Kroeber und Kluckhohn allerdings die Auffassung vertreten, daß das "sampling indicates that the main conclusions we draw from the one hundred and sixty-four would not be substantially altered if we had retabulated to include every possible "definition"" (1978, 149, Anm. 4a), s. auch Gert Dressel (1996, 166ff.) oder den Aufsatz über ""Kultur" und "Gesellschaft". Überlegungen zum Gegenstandsbereich der Sozialgeschichte" von Ute Daniel (1993); weiterhin etwa auch Frank Robert Vivelo 1995, Kapitel 2.

4 Zur weiteren Unterscheidung von mehr oder weniger entfalteten Kulturen vgl. Kroebers Vorschlag zur Verwendung der Termini "Kultur" und "Zivilisation": "The terms civilization and culture are used here not contrastively or exclusively, but inclusively as essential synonyms of sometimes varying accent. There is no difference of principle between the two words: they denote somewhat distinguishable grades of degree of the same thing. Civilization currently carries an overtone of high development of a society; culture has become the customary term of universal denotation in this range, applicable alike to high or low products an heritages of societies" (1962, 9).

5 Darauf, daß der Terminus "Tradition" hier mehr oder weniger intuitiv verwendet wird und Abgrenzungen zu ähnlichen Termini nicht weiter nachgegangen werden kann, wurde bereits hingewiesen (s. Anm. II. 152). Für die Zielsetzung dieser Arbeit reicht es, »Tradition« als eine »Vorgabe« zu verstehen, die im Vergleich zu »Entscheidung« eine alternative Form der Lösungsfindung ist. Zu einer möglichen Abgrenzung zwischen Lern- bzw. Nachahmungstraditionen und Lehrtraditionen vgl. die nächste Anmerkung, III. 6. Im Rahmen einer erwägungsorientierten Auseinandersetzung mit verschiedenen Bestimmungen und Abgrenzungen von "Tradition" wäre meines Erachtens gerade mit Blick auf Lehr- und Lernprozesse zu bedenken, inwiefern neben intendierten auch immer nicht-intendierte Tradierungen (Stichwort "geheime Lehrpläne") stattfinden (zu "Prozessen nicht-intentionaler Tradierung" vgl. Harald Welzer 1998, 158).

6 Geht man davon aus, daß Lernfähigkeiten zwar bei vielen Tieren verbreitet sind, Lehrfähigkeiten hingegen eher eine Kompetenz von Menschen zu sein scheinen, dann könnte man vielleicht die im Tierreich beobachtbaren Lern-Traditionen als "Nachahmungstraditionen" bezeichnen. Für »kulturelle Geschichte« wären meinem Verständnis nach neben Lern- bzw. Nachahmungstraditionen immer auch Lehrtraditionen wichtig. Der Unterschied zwischen Lern- und Lehrtraditionen scheint mir im wesentlichen darin zu bestehen, daß bei Lerntraditionen die Übernahme bestimmter Fähigkeiten, wie

etwa Termitenangeln, vor allem von den Empfängern bzw. Empfängerinnen abhängt. Bei Lehrtraditionen hingegen besteht auch bei den Sendenden ein Übernahmewunsch: sie möchten, daß ihre z. B. deskriptiven und präskriptiven Konzepte und handlungspraktischen Fähigkeiten von den »Jüngeren« übernommen werden. »Geschichtsfähigkeit« und »Geschichtsbewußtsein« scheinen mir eng mit der Fähigkeit, nicht nur lernen, sondern auch lehren zu können, zusammenzuhängen: Wer anderen etwas lehren will, was sie oder er womöglich selbst von anderen übernommen und gelehrt bekommen hat, und mehr oder weniger diesen Prozeß reflektiert, braucht und entwickelt ein Bewußtsein von Vergangenheit, Gegenwart und Zukunft. - Sowohl Nachahmung als auch Lehre setzen nicht unbedingt voraus, daß die Lernenden »jünger« sind. Man braucht nur an die Entwicklung der neuen Computertechnologien zu denken, um aktuelle Beispiele für Konstellationen zu haben, in denen etwa die Kinder den Eltern oder die Schülerinnen bzw. Schüler ihren Lehrern und Lehrerinnen »technische Kompetenzen« beibringen können. Zur Ausbildung und Fortsetzung von »Traditionen« hingegen gehört, daß es die »Älteren« sind, die den »Jüngeren« etwas »vormachen« oder etwas »lehren«. Allerdings wäre eine reflexive Tradition der »Älteren« an die »Jüngeren« denkbar, die etwa besagen könnte, in jeder Generation sollten die »Jüngeren« die technischen Errungenschaften auch immer an die »Älteren« weitergeben, damit der kulturelle Zusammenhalt nicht gefährdet wird.

7 Eine Konsequenz meiner Verwendung der Termini "Gesellschaft" und "Kultur" ist, daß ich deren Beziehung nicht so eng wie etwa Anthony Giddens beschreiben würde und nur dem ersten Teil der folgenden Aussage zustimmen könnte: "No cultures could exist without societies. But, equally, no societies could exist without culture" (1993, 32, dt.: 1995b, 38). (»Kultur« und »Gesellschaft« bestimmt Giddens dabei in diesem Zusammenhang wie folgt: "Culture consists of the values the members of a given group hold, the norms they follow, and the material goods they create. [...] Culture refers to the ways of life of the members of a society, or of groups within a society" (1993, 31, dt.: 1995b, 37f.). "A society is a system of interrelationships which connects individuals together" (1993, 32, dt.: 1995b, 38).)

8 Neben solchen pluralistischen Gesellschaften, die nach Berger und Luckmann "noch auf eine gemeinsame Werteordnung bezogen" sind und in denen "die Interaktion zwischen den Lebensgemeinschaften [...] begrenzt und streng geregelt" sei, gibt es für sie auch Beispiele pluralistischer Gesellschaften ohne eine gemeinsame Werteordnung, in denen dennoch das Leben der einzelnen relativ eindeutig von Vorgaben bestimmt sei, wie "etwa das römische Imperium, das ökonomisch und politisch immerhin gesamtgesellschaftlichen Charakter hatte. Aber auch hier war die Interaktion zwischen den verschiedenen Gruppen und Völkern - sofern diese nicht ohnehin regional getrennt waren - so geregelt, daß die unterschiedlichen übergeordneten Sinnbestände von den institutionalisierten Handlungsschemata der Funktionsbereiche abgekoppelt waren. Die verschiedenen Gruppen konnten also in zweckrationalen Handlungsbereichen zusammenfinden, während zugleich jede für sich ihrer eigenen Wertordnung anhing. Für die Juden z. B. war ihr Verhältnis zu Nicht-Juden durch den sogenannten »Zaun des Gesetzes« geregelt" (Berger/Luckmann 1995, 31). Auch wenn es bei einem Nebeneinander von verschiedenen Gruppen - wie etwa Juden und Nicht-Juden - keine gemeinsame Werteorientierung wie bei Mitgliedern verschiedener Kasten oder Stände geben mag - besteht meines Erachtens aber zumindest dann eine reflexive gemeinsame Werteorientierung, wenn man sich auf ein friedliches Nebeneinander verständigt hat.

9 Je nach Individualitätsverständnis mag man an dieser Stelle wie Pierre Bourdieu zu dem Schluß gelangen, daß ein selbstbestimmter (und in diesem Sinne individueller) Lebenslauf eine Illusion sei (1990): "Den Versuch zu unternehmen, ein Leben als eine einzigartige und für sich selbst ausreichende Abfolge aufeinander folgender Ereignisse zu begreifen, ohne andere Bindung als die an ein Subjekt, dessen Konstanz zweifellos lediglich in der des Eigennamens besteht, ist beinahe genauso absurd wie zu versuchen, eine Metro-Strecke zu erklären, ohne das Streckennetz in Rechnung zu stellen, also die Matrix der objektiven Beziehungen zwischen den verschiedenen Stationen. Die biographischen Ereignisse definieren sich also als Plazierungen und Deplazierungen im sozialen Raum,

also, genauer, in den verschiedenen aufeinander folgenden Zuständen der Verteilungsstruktur der verschiedenen Kapitalsorten, die in dem betreffenden Spiel sind" (1990, 80). Zur Kritik an diesem schon autarkistisch anmutenden Verständnis vgl. Lutz Niethammer (1990), der für die soziologische und historische Biographieforschung eine derartige Auffassung zurückweist. - Zu unterschiedlichen Verständnissen von "Individualisierung" und "Institutionalisierung" bzw. "Individualisierung" und "Strukturierung" s. auch die vergleichende Analyse zu den Positionen von Karl Ulrich Mayer und Ulrich Beck von Monika Wohlrab-Sahr (1992). Nach Wohlrab-Sahr sehe zwar auch Mayer eine Differenzierung der Lebensformen, im Unterschied zu Beck würde dies für ihn nicht mit einer Individualisierung einhergehen, weil gesellschaftliche Institutionen in starkem Maße die Lebensläufe strukturieren würden (1992, 4). Mayer verkürze Individualisierung auf "Entschichtung" und "Entstrukturierung" (a. a. O.): "Nach dieser Konzeptualisierung des Verhältnisses von Individuum und Gesellschaft geht steigender struktureller Einfluß immer auf Kosten individueller Verfügbarkeit des Lebensverlaufs, ist - so muß man annehmen - die Möglichkeit der Ausbildung eines biographischen Sinnzusammenhangs von vornherein gekoppelt an die Existenz eines 'autonomen' Individuums, das, von systemischen Einflüssen weitgehend unbeeinträchtigt, umfassende Lebenspläne und [-]entwürfe konzipiert und realisiert" (1992, 5).

10 Ähnlich wie Kohli unterscheidet auch Detlef Pollack zwischen einem Verständnis von "Individualisierung als einem Prozeß zunehmender Selbstbestimmung des Individuums und der abnehmenden Fremdbestimmung durch äußere (gesellschaftliche) Instanzen und Faktoren" und - in Anlehnung an Monika Wohlrab-Sahr - einem Verständnis, welches »Individualisierung« *"sozialstrukturell als Besonderung* (neuartige Grenzziehungen und Steigerung der Varianz) und *kulturell als Zuschreibungsmodus* (Zurechnung der Handlungsfolgen auf das Individuum" versteht (1999, 58). Wie auch Kohli verbindet Pollack mit »Individualisierung« als einer zunehmenden Selbstbestimmung des Individuums nicht, "daß das Individuum [sich] am Ende [...] im gesellschaftsfreien Raum bewegt. Vielmehr ist sie [die Individualisierung] zu verstehen als Umbau von einer mehr direkten Form der sozialen Kontrolle über face-to-face Interaktionen in Familie, Nachbarschaft und Arbeitswelt hin zu einer mehr indirekten Form der sozialen Kontrolle durch Abhängigkeiten vom Arbeitsmarkt, von Leistungen des Sozialstaates, von Rechtsvorschriften, von Ausbildungsmöglichkeiten usw." (a. a. O.; vgl. Kohli 1988, 35f.).

11 Zur Verwendung dieses Terminus für Burkarts Überlegungen und in meinem Verständnis von »Entscheidung« vgl. hierzu auch die folgende Anmerkung, III. 15.

12 Dabei räumt Burkart ein, daß er an dieser Stelle sich "eine etwas plakative Zusammenfassung erlaubt, in der die Unterschiede zwischen einzelnen Rational-Choice-Richtungen unberücksichtigt bleiben müssen" (1995, 66, Anm. 9).

13 Interessant ist Burkarts Entscheidungsverständnis mit der verbreiteten Einschränkung auf reflektierte (und in diesem Sinne dann wohl auch bewußte) Handlungsalternativen sowie der Betonung des Bewertungsaspektes aus der Perspektive der hier erfolgten Erörterungen u. a., wenn man der Frage nachgeht, wo Burkart »Dezisionen« zurechnen würde. Wie lässt sich etwa das Verirrten-Beispiel mit Hilfe des Burkartschen Konzeptes erfassen? Im Verirrten-Beispiel werden die Handlungsalternativen gesehen [1] und sind auch in dem Sinne verfügbar, als die verschiedenen Wege faktisch eingeschlagen werden könnten [3]. Bewertungskriterien, wie etwa den kürzesten und schnellsten Weg gehen zu wollen, sind vorhanden und würden *grundsätzlich* die Handlungsalternativen schon vergleichend bewerten lassen [5]. Andererseits befindet sich die verirrte Person in der mißlichen Lage, die Bewertungskriterien auf Grund fehlenden Wissens über die Wege nicht anwenden zu können [6]. So gesehen befindet sie sich eigentlich in dem Burkartschen Stadium einer "Entscheidungsunfähigkeit" [10]. Eine derartige Zuordnung ist insofern aber nicht adäquat, weil die verirrte Person ja trotzdem einen Weg einschlägt. Eine Lösung angesichts einer dezisionären Konstellation zu treffen, heißt ja gerade, daß jemand, obwohl sie bzw. er nicht weiß, "warum er [bzw. sie] sich wofür entscheiden sollte" (so

Burkarts Bestimmung von "Entscheidungsunfähigkeit 1995, 74), eine Lösung setzt und ggf. entsprechend handelt. So gesehen müßte Burkart Dezisionen vermutlich eher seinen nichtrationalen Entscheidungen zurechnen [13]. Angesichts dessen, daß es reflexiv gute Gründe für Dezisionen geben kann, und eine Bewertung auch in einer dezisionären Entscheidungskonstellation erfolgt sein kann, nur eben mit dem Ergebnis, daß zwei oder mehr Lösungsmöglichkeiten gleichermaßen in Frage kommen - etwa wenn eine Person mit Hilfe einer Karte mehrere Wege als gleichermaßen kurz und schnell bewertet -, scheint mir aber auch eine derartige Einordnung von Dezisionen unproblematisch.

14 In gewisser Weise erinnert dieses Beispiel an die oben von Berger und Luckmann beschriebenen pluralen Vorgabekulturen, bei denen es zwar insgesamt kulturell eine Vielfalt an Lebensformen gibt, die einzelnen Lebensformen jedoch jeweils auf bestimmte Gruppen und Lebensbereiche beschränkt sind (Beispiel der Kastengesellschaft). Auch in Burkarts Beispiel kommt die Vielfalt von Geschlechterrollenverständnissen nur verteilt in verschiedenen Milieus vor. Andererseits haben die einzelnen - im Unterschied etwa zur Kastengesellschaft - die Möglichkeit, das Milieu zu wechseln, unter welchen Schwierigkeiten dies auch immer nur gelingen mag. Der Unterschied besteht in der Möglichkeit, reflexiv angesichts verschiedener Rollenverständnisse, das eigene Verständnis zu klären und sich einer entsprechenden Gruppe bzw. einem bestimmten Milieu anzuschließen.

15 Bei dem in dieser Arbeit entwickelten Verständnis von »Entscheidungen«, welches die Lösungssetzung und Realisierung nicht mit zur »Entscheidung« dazu rechnet, würde ich diese Spielräume entsprechend "Realisierungs-" oder "Handlungsspielräume" nennen. Der Ausdruck "Entscheidungsspielräume" wäre hingegen eine mögliche Bezeichnung für unterschiedliche weit oder eng gefaßte Erwägungs- und Bewertungshorizonte.

16 Vgl. auch Walter R. Heinz: "Der Prozeß der 'Verindividualisierung' des Lebenslaufs vollzieht sich im Rahmen gesellschaftlicher Strukturen der Ungleichheit, ebenso wie Differenzierung und Wandel der institutionalisierten Lebenslaufmuster nicht ohne individuelle Beteiligung und Lernprozesse geschehen" (2000, 167). Ähnlich wie Burkart kritisiert Heinz an "der rationalen Entscheidungstheorie ('Rational Choice Theory', RCT)", daß dieses "Modell verschweigt, daß Handeln in der gesellschaftlichen Realität einerseits auf variablen individuellen Entscheidungsgründen und andererseits auf dem ungleichen Zugang zu Optionen beruht. Gesellschaftliche Bedingungsgefüge strukturieren individuelle Handlungsspielräume, die die autonomen Wahlentscheidungen einschränken. Und Sozialisationsprozesse definieren die subjektive Relevanz von Handlungsoptionen" (a. a. O. 167f.).

17 Der Ausdruck "Vorgabe" wird in diesem Sinne nicht nur als Gegenbegriff zu einem Daß einer Entscheidung, sondern auch als Gegenbegriff zu dem Wie einer Entscheidung gefaßt.

18 Es wäre genauer zu bedenken, inwiefern eine entfaltete Erwägungskultur mit einem eventuell vergleichsweise reduzierten Lösungspluralismus dennoch durch einen entwickelten Erwägungspluralismus weit aus mehr Grundlagen für befriedigendere Entscheidungen bieten würde.

19 Auch wenn Schmid die Verwendung des Terminus "Wahl" von der des Ausdrucks "Entscheidung" unterscheiden will (s. z. B. 1998, 90f.), wird durch seine Beispiele, etwa Wahl der "Partnerschaft" oder Wahl bei "planetaren Fragen der Ökologie" (1998, 190), deutlich, daß seine Verwendung des Wortes "Wahl" mit der hier geführten Diskussion über »Entscheidung« in Verbindung gebracht werden darf. Wenn Schmid im Zusammenhang mit der Feststellung, daß zu klären sei, in welcher Weise sich eine "Wahl" von einer "Entscheidung" unterscheide, davon spricht, daß die "wichtigste Voraussetzung für die Wahl" zu sein scheint, "ihrer Begrenztheit durch strukturelle Bedingungen Rechnung zu tragen und sie nicht im leeren Raum anzusiedeln" (1998, 91), dann könnte man vermuten, daß Schmid mit dem Terminus "Entscheidung" vor allem an kalkülistische, kontextlose Verwendungsweisen denkt (vgl. hierzu auch Schmids Abgrenzung einer "sensiblen Wahl" von einer "rational choice" (1998, 204f.)).

20 Wenn Schmid dieses Defizit des Nicht-Wissens *nicht* durch "eine Theorie der Wahl" beseitigen will, weil "eine Wahl [...] zu viele Aspekte in sich [berge], die theoretisch nicht zu erfassen sind, zu viele Faktoren wirken auf sie ein, die nicht völlig zu überblicken sind" (1995, 193), so könnte dies mit seiner Abgrenzung von »rational choice-*Theorien*« zusammenhängen (vgl. die letzte Anmerkung III. 19). Schmid will stattdessen eine "Auseinanderlegung einiger Aspekte, um zu zeigen, wie man vorgehen kann, wie man einer Wahl sich nähern kann, welche Gesichtspunkte und Faktoren klugerweise zu berücksichtigen sind, was die notwendigen Voraussetzungen und möglichen Konsequenzen der Wahl sind, welche Zusammenhänge zu beachten sind und welche Unterscheidungen innerhalb der Wahl selbst getroffen werden können. Es kommt darauf an, die Wahl als zentrale Frage jeder Lebenskunst stärker ins Bewusstsein zu rücken, die Sensibilität für sie zu wecken und ihre bewusste Ausübung möglich zu machen. Die Ausbildung von Sensibilität und Urteilskraft befördert das Entstehen jener Klugheit, auf deren Basis allein eine reflektierte Wahl getroffen werden kann" (a. a. O).

21 Die andere, gewaltfreie Möglichkeit beschreibt Giddens als diskursiven Umgang mit Traditionen (a. a. O.). Es wäre zu erforschen, welche Traditionen auf welche Weisen weitergegeben werden. Ich vermute, daß je reflexiver und erwägungsorientierter jeweilige Traditionen aufgebaut sind, um so weniger ihre Weitergabe mit Gewalt einhergehen kann, weil dies in einem Widerspruch zu ihren eigenen Inhalten stehen würde.

22 Eine Inkompetenz bei einer Lebensentscheidung darf nicht verwechselt werden mit einer hohen sachlichen Kompetenz. Eine Person mag vielleicht sogar gerade aufgrund ihres umfassenden Wissens Schwierigkeiten haben, eine Entscheidung zu treffen und läßt sich deshalb beraten.

23 Für Walter R. Heinz "wird die Selbstgestaltung der Biographie zur Basiskompetenz des Individuums in der modernen Gesellschaft erklärt" (2000, 175). Heinz spricht auch von der "Biographie als Selbstsozialisation" (2000, 176). Daß dies mit Entscheidungskompetenz einhergeht wird bei Heinz - wie im letzten Abschnitt zitiert (Nr. (10)) - explizit formuliert. Denn diejenigen, denen es an Selbstgestaltungskompetenzen mangelt, werden als "beratungsbedürftig, da inkompetent in ihren Lebensentscheidungen, betrachtet" (2000, 175). - Zum Zusammenhang zwischen der Förderung von sogenannten Schlüsselqualifikationen und Entscheidungskompetenz vgl. III. Nr. (1), insbesondere die Anmerkung III. 2).

24 Vgl. Blanck 2001, wo eine Unterscheidung in Erwägungs- und Lösungsmentalitäten in Auseinandersetzung mit Konzepten aus der Biographieforschung erörtert wird.

25 Alheit verwendet außerdem die Ausdrücke "biographisches Lernen" und "biographische Kompetenzen" (s. z. B. 1992, 32f.). Auch Rolf Arnold hält "biographische Kompetenz" für eine wichtige reflexive Schlüsselqualifikation (s. z. B. Rolf Arnold 1998, 219, 221). Winfried Marotzki wählt den Terminus "Biographisierung", mit dem er "jene Form der bedeutungsordnenden, sinnherstellenden Leistung des Subjektes in der Besinnung auf das eigene gelebte Leben bezeichnet" (1991, 192). Theodor Schulze verwendet den Ausdruck "autobiographische Reflexion", um die Fähigkeit jedes Menschen zu benennen, eine Autobiographie zwar nicht unbedingt schreiben, aber erzählen zu können (s. 1991, 149). Zu den wichtigsten Momenten, die er mit den Begriffen "Autobiographie" und "autobiographische Reflexion" verbindet, gehören "eine zusammenhängende Gestaltung und eine sich entwickelnde Einheit, die Verbindung von Vergangenheit und Gegenwart, Selbstbeobachtung und Rückerinnerung, Wissen vom Selbst und Wissen um die Außenwelt" (1991, 150).

26 Siehe auch Heinz-Hermann Krüger/Winfried Marotzki 1996, 7; vgl. Susanne Braun, die "*kritische Selbstaufklärung, Selbstentfaltung und das Gewinnen von Handlungsmotivation*" als Merkmale "der biographischen Methode" auffaßt (1996, 112).

27 Mit "Risikosituation" des Menschen meint Speck die Problemlage, daß das Leben der einzelnen

"immer mehr von eigenen Entscheidungen abhängig" und damit "'selbstreflexiv'" und "'risikoreich'" wird (1991, 50).

28 Vgl. auch Meinert A. Meyer, für den der "Umgang mit Ungewißheit [...] angesichts wachsender Pluralisierung der Lebenswelt immer entscheidender" wird (1997, 57). Meyer schlägt vor, "die Erträge der erziehungswissenschaftlichen Biographieforschung [...] in die didaktische Diskussion über die Allgemeinbildung" (1997, 58) einzubringen. Mit seinem Konzept einer Bildungsgangdidaktik vertritt er ein subjektorientiertes Didaktikkonzept, welches "den bildenden Gang der Heranwachsenden zum Ausgangspunkt der theoretischen Bemühungen macht" (a. a. O.).

29 Darauf, daß es für diese Gleichheit der Differenz klare Kriterien des Ausschlusses für all "jene Tendenzen, die monistisch, totalitär, hegemonial, ausbeuterisch und diskriminierend die Gleichberechtigung des Differenten zu zerstören trachten" (Prengel 1995, 184), gehe ich hier nicht weiter ein, weil es für die Intention dieses Absatzes nicht relevant ist. Eine erwägungsorientierte Verortung des Erwägungskonzeptes hätte sich aber meines Erachtens in besonderer Weise mit dieser Problemlage der "Intoleranz gegenüber der Intoleranz" (Preuss-Lausitz 1988, 415, von Prengel zustimmend aufgegriffen 1995, 13) auseinanderzusetzen. Denn aus erwägungsorientierter Sicht kann eine Position, die die eigene Position negiert, mit zu den zu erwägenden adäquaten Alternativen zählen, die auf der Erwägungsebene integriert werden müssen, was allerdings nicht ausschließt, daß sie auf der Lösungsebene dann mit Gründen auch bekämpft werden könnten. Insofern vermute ich hier eine Differenz im Umgang mit "herrscherlichen" Positionen, der in einer eigenen Arbeit allerdings näher nachgegangen werden müßte (vgl. hierzu auch Blanck 1996a, insbes. 3-8).

30 Das Wissen um jeweilige Begrenztheiten kann es dabei auch notwendig werden lassen, hieraus erwachsenes Leid zu verarbeiten, um dadurch Wege der »Entgrenzung« zu finden: "Pädagogik der Vielfalt kann ohne Trauerarbeit, die mit dem Wissen um Begrenztheit einhergeht, nicht auskommen. Nur so kann sie der Illusion widerstehen, mit der Vielfalt menschliche Begrenztheit überwinden zu können. Es ist aber nicht möglich, [z. B.] Leid- und Grenzerfahrungen ungeschehen machen zu können. Möglich ist die Akzeptanz der lebensgeschichtlich erfahrenen ethnozentrischen, geschlechtsspezifischen und behindernden Begrenztheiten im riskanten, schwierigen und schmerzlichen Prozeß der Trauerarbeit. [...] Die paradoxe Wirkung der Trauerarbeit ist, daß die Akzeptanz der Begrenztheitserfahrung nicht einengt, sondern wenn Schmerz und Zorn darüber bewußt werden durften, kann sich der Blick öffnen für die Potentiale, die vorhanden sind und für die realen Möglichkeiten der Entgrenzung" (1995, 190).

31 Vgl. etwa Winfried Böhm, der gleich zu Beginn seiner Erläuterungen zu "Didaktik" schreibt: "Bis heute gibt es keinen allg. verbindlichen oder einheitlich verwendeten Begriff von D. [D. = Didaktik], vielmehr stehen versch. Theorien bzw. Positionen untereinander in Diskussion bzw. Konfrontation" (1994, 169). Friedrich W. Kron stellt fest: "Die Vielfalt der Literatur [zu Theorien und Modellen der Didaktik] ist auch für den Fachmann nur noch schwer zu überschauen und zu systematisieren" (1993, 113). Für Kron ist "Didaktik als Hochschuldisziplin in ein weitgespanntes und differenziertes Netz von wissenschaftlichen und praktischen Aufgabenstellungen eingespannt", so daß eine "einzige gültige Bestimmung von Didaktik [...] daher wenig praktikabel" erscheint (1993, 39). Besonders deutlich zeigt sich der vielfältige Gebrauch des Terminus "Didaktik" und das Fehlen eines gemeinsamen Begriffs bei Übersetzungen und in internationalen Diskussionen über didaktische Problemlagen (s. hierzu Stefan Hopmann/Kurt Riquarts 1995, 10ff.). Aber auch hinsichtlich der Einschätzung zur Umstrittenheit des Terminus "Didaktik" gibt es Gegenpositionen, wie etwa die von Werner Wiater: "Heute besteht unter den Didaktikern im großen und ganzen Einverständnis darüber, daß Didaktik sich mit allen Situationen, Prozessen und Phänomenen des Unterrichtens und Lernens in der Schule befaßt,
- um sie zu beschreiben, zu strukturieren und so ihre zentralen Faktoren zu bestimmen
- um sie erklärbar und möglichst prognostizierbar zu machen

- um aus ihnen Orientierungswissen für die Unterrichtspraxis zu gewinnen
- um an ihnen die Transformation des theoretisch gesicherten Orientierungswissens durch den Lehrer unter konkreten Unterrichtsbedingungen zu erkennen" (1993, 11).

Hinzu kommen weitere umstrittene Differenzierungen und Abgrenzungen, wie etwa die in »Allgemeine Didaktik« und »Fachdidaktik« (vgl. statt anderer Wilfried Plöger 1994) oder zwischen »Didaktik« und »Curriculum« (vgl. statt anderer Ian Westbury 1995) sowie die mehr oder weniger große Umstrittenheit der unter diesen Termini verwendeten weiteren Ausdrücke, wie etwa "Erziehung" (vgl. statt anderer Wolfgang Brezinka 1990). Auch die Verwendung der Termini "Erziehungswissenschaft" und "Pädagogik" ist umstritten, wiederum einschließlich der These, daß sie nicht umstritten ist. Nach Heinz-Hermann Krüger, der sich diesbezüglich den Positionen von Dieter Lenzen und Herbert Gudjons anschließt, "werden die Begriffe Pädagogik und Erziehungswissenschaft bzw. Allgemeine Pädagogik und Allgemeine Erziehungswissenschaft entsprechend dem gängigen Gebrauch synonym verwendet" (1994, 115, Anm. 1). Für andere kann man Pädagogik nicht als Erziehungswissenschaft betreiben (vgl. etwa Johannes Schurr 1998) oder es werden die Gegenstände von »Erziehungswissenschaft« und »Pädagogik« "bei näherem Hinsehen nicht einmal annähernd [als] dasselbe, sondern [...] eher [als] konträr oder bestenfalls noch [als] komplementär" betrachtet (Günter Henner 1998, 47). Henner geht von der Arbeitshypothese aus, nach der "die Pädagogik, mit den wissenschaftlichen Methoden der Hermeneutik, Phänomenologie und Dialektik vorgehend, das Erbe der geisteswissenschaftlichen Tradition angetreten hat, während die Erziehungswissenschaft empirisch-analytisch verfährt und in Anlehnung an naturwissenschaftliche Paradigmen zunächst um ein klares, eindeutiges Begriffssystem bemüht ist, das eine möglichst exakte Überprüfung der zu einem Untersuchungsobjekt aufgestellten Hypothesen gestattet" (a. a. O.). Ich verwende "Pädagogik" und "Erziehungswissenschaft" hier mehr oder weniger intuitiv nicht synonym und nutze zu ihrer Unterscheidung die Differenzierung zwischen präskriptiven und deskriptiven Aussagen und Konzepten. Liegen bei entsprechenden Entwürfen über Lernen und Lehren, Erziehung, Unterricht usw. auch präskriptive Aussagen vor, so spreche ich eher von "Pädagogik". Sind jeweilige Konzepte hingegen nur bzw. vor allem deskriptiv, spreche ich eher von "Erziehungswissenschaft".

32 Zu einem auf Schule und Unterricht bezogenen Verständnis s. die Bestimmung von Wiater in der letzten Anmerkung, III. 32, oder die von Peter Menck, der Didaktik zusammenfassend als "Theorie des Unterrichts" definiert (1995, 122). Auch Wolfgang Schulz betrachtet "Unterricht und Schule [...] als Feld unseres didaktischen Handelns" (1993, 29) und für Rainer Winkel ist Didaktik *die Theorie des schulischen Lehrens und Lernens*" (1993, 79). Ein eher weit gefaßtes Verständnis findet man bei Josef Dolch, für den Didaktik "die Wissenschaft (und Lehre) vom Lernen und Lehren überhaupt [ist]. Sie befaßt sich mit dem Lernen in allen Formen und dem Lehren aller Art auf allen Stufen ohne Besonderung auf den Lehrinhalt" (1967, 45)). Wolfgang Klafki verwendet zuweilen "Unterrichtstheorie" und "Didaktik" synonym (s. 1993a, 11), an anderer Stelle klingt seine Bestimmung von "Didaktik" umfassender: "Meines Erachtens ist es sinnvoll, den Begriff "Didaktik" als übergreifende Bezeichnung für erziehungswissenschaftliche Forschung, Theorie- und Konzeptbildung im Hinblick auf alle Formen intentionaler (zielgerichteter), in irgendeinem Grade reflektierter Lehre (i. S. von reflektierter Lernhilfe) und auf das im Zusammenhang mit solcher Lehre sich vollziehende Lernen zu verwenden. Den Begriff Allgemeine Didaktik benutze ich folglich im Sinne von Allgemeiner Theorie des Lehrens und Lernens" (1995, 92). Hartmut von Hentig setzt sich ebenfalls für ein weiter gefaßtes Verständnis von "Didaktik" ein. Dieses unterscheidet sich inhaltlich aber deutlich von den bisher angeführten Auffassungen: Didaktik "ist keine Lehre von der ökonomischen Nutzung der Zeit, von den Regeln des richtigen Unterrichtens, vom sicheren Erreichen der vorgeschriebenen Ziele. Ich bezweifle sogar, daß diese Kunst im strengen Sinne lehrbar ist. "Didaktik lernen" dagegen muß heißen: sich ein Arsenal von Gegenständen anlegen, die man so gegliedert, befragbar, zeigbar, übbar gemacht hat, wie man sie im *Unterricht* braucht - und nicht für die Abfassung eines Brockhaus-Artikels oder für die Fortsetzung der Forschung. Didaktik wäre demnach eine Sache der *Fach*ausbildung auf die Kinder hin. Verfahren, behaupte ich dem gängigen Klischee zum Trotz, legen fest, Materialien, die ich didaktisch ver-

wandelt habe, erlauben die Improvisation" (1993, 33). Wenn eine Erwägungsdidaktik auch als eine "Verfahrensdidaktik" zu bezeichnen wäre, allerdings ohne die von Hentig befürchtete Festlegung und Gegenüberstellung zu Improvisation, dann hätte sich eine umfassendere erwägungsorientierte Einbettung des erwägungsdidaktischen Konzeptes mit dieser Gegenposition genauer auseinanderzusetzen.

33 Daß dies eine relevante Aufgabe ist, ergibt sich aus der Selbstreferentialität des Erwägungskonzeptes. Auch die Positionen, Konzepte, Lösungen usw., die von einer Erwägungsdidaktik vertreten werden, sind als Ergebnisse von Entscheidungen (einschließlich reflexiver Entscheidungen wie der, einer Vorgabe zu folgen) in den jeweiligen Erwägungshorizonten zu verorten und transparent zu machen. In diesem Sinne ist aus erwägungsorientierter Perspektive Wolfgang Klafki zuzustimmen, der die Offenlegung der didaktischen Entscheidungen in der jeweiligen Didaktik selbst für eine zentrale Aufgabe hält. Nach Klafki ist es "die zentrale Aufgabe der Didaktik, mit wissenschaftlichen Methoden den Sinn didaktischer Entscheidungen, Entwicklungen, Diskussionen, Einrichtungen, die darin oft verborgenen historischen Momente, Zukunftsvorstellungen und philosophischen Implikationen herauszuarbeiten, sie intersubjektiv überprüfbar und diskutierbar zu machen und eben damit den didaktisch Handelnden und Entscheidenden - also z.B.: den Curriculumplanern und den Lehrern, aber auch den Schülern - dabei zu helfen, sich bewußt zu machen, was sie eigentlich tun, worüber und unter welchen historischen Bedingungen sie entscheiden und handeln, was eigentlich *in* ihren und *hinter* ihren Entscheidungen, Überlegungen, Handlungen steckt" (1993b, 100).

34 Damit ist nicht gemeint, daß man jederzeit alle jeweils erwogenen Alternativen präsent hat. Das wäre eine kognitive Überforderung angesichts der Vielzahl an Entscheidungen, die täglich zu treffen sind. Denkt man dabei an die vielen trivialen Entscheidungen, so wäre es außerdem wohl auch eher überflüssig. Es geht um die Grundorientierung, ggf. den Geltungsanspruch »relevanter« Lösungen - seien es eigene oder fremde - mithilfe jeweils problemadäquater erwogener Alternativen einschätzen oder sozial rechtfertigen zu können. Diese Grundorientierung führt zu einer Schätzung von Mehrperspektivität.

35 Mit der Bezeichnung "grundsätzlich" möchte ich das »kontinuierliche« und »aufbauorientierte« Moment einer Aufmerksamkeit für Fragen und Interesse an deren Klärung betonen und damit eine »Forschungsorientierung« z. B. von einer bloßen situativen »Neugierhaltung« oder auch einem »entdeckenden Lernen«, welches für mich ebenfalls wie eine »Neugierhandlung« sowohl zielgerichtet als auch zufällig erfolgen mag, abgrenzen. In diesem Sinne können also auch bereits kleine Kinder schon »forschend« tätig sein. Es kommt mir darauf an, daß die Forschenden sich für sie selbst »Neues« aktiv denkend und ggf. praktisch handelnd erschließen, nicht daß sie bislang kulturell Unbekanntes entdecken. Insofern vertrete ich ein weit gefaßtes Verständnis von "Forschung" und "Forschungsorientierung".

36 Zum Zusammenhang zwischen »Forschung« und der Unabgeschlossenheit bzw. Vorläufigkeit von Wissen sowie die Folge für Lehr- und Lernprozesse vgl. die Auseinandersetzung von Manfred Riedel (1977) mit Humboldts Konzept der Einheit von Forschung und Lehre. Nach Riedel zieht mit Humboldts Verständnis eines "Forschers" "ein neuer Typus des Gelehrten in die Universität ein - der Repräsentant neuzeitlicher, methodisch verfahrender Wissenschaft, die als Wissen prinzipiell unabgeschlossen und als Handeln auf das Zusammenwirken mit anderen angewiesen bleibt. "Forschung" ist der allgemeine Ausdruck für diese Unabgeschlossenheit und jene Handlungsgemeinsamkeit. In ihr löst sich nicht nur die Trennung von Lehren und Lernen, sondern auch die Lebensform der tradierten Wissenschaft, das Verhältnis von Lehrer und Schüler zugunsten dialogischer Einheit auf" (1977, 240). Die Einschränkung der Einheit von Forschen und Lehren auf universitäre Lehr- und Lernprozesse ergibt sich durch die Auffassung Humboldts, daß "die Schule es nur mit fertigen und abgemachten Kenntnissen zu thun hat und [man dort nur] lernt" (Wilhelm von Humboldt 1993 (1810), 256; s. auch Riedel 1977, 241).

37 Expansives Lernen ist für Holzkamp eine "motivational begründete Lernhandlung", bei der vom

lernenden Subjekt "angesichts einer bestimmten Lernproblematik der innere *Zusammenhang zwischen lernendem Weltaufschluß, Verfügungserweiterung und erhöhter Lebensqualität* unmittelbar zu erfahren bzw. zu antizipieren sein" sollte: "Die zu erwartenden Anstrengungen und Risiken des Lernens werden hier also unter der Prämisse von mir motiviert übernommen, daß ich im Fortgang des Lernprozesses in einer Weise Aufschluß über reale Bedeutungszusammenhänge gewinnen und damit Handlungsmöglichkeiten erreichen kann, durch welche gleichzeitig eine Entfaltung meiner subjektiven Lebensqualität zu erwarten ist: Lernhandlungen, soweit motivational begründet, sind mithin quasi *expansiver* Natur" (1993, 190). Expansives Lernen impliziert dabei die Möglichkeit, "eine Lernhandlung zu unterlassen" (a. a. O.). Wichtig ist Holzkamp, daß er sein Konzept expansiven Lernens nicht in die Nähe des Konzepts der intrinsischen Motivation gerückt haben will: "Expansiv begründetes Lernen bedeutet ja gerade *nicht* Lernen um »seiner selbst«, sondern Lernen um der mit dem Eindringen in den Gegenstand erreichbaren Erweiterung der Verfügung/Lebensqualität willen" (1993, 191). "Defensives Lernen" liegt für Holzkamp vor, wenn "ich mich begründetermaßen *gezwungen* zu lernen [sehe], obwohl die Möglichkeit *der motivationalen* Begründung der Lernhandlung (mit der Alternative des Nichtlernens) für mich nicht besteht" (a. a. O.). Gründe können darin bestehen, daß bei einer "Unterlassung oder Verweigerung des Lernens für mich eine *Beeinträchtigung* meiner Weltverfügung/Lebensqualität droht" (a. a. O.). Es ist hier nicht der Ort, in eine genauere Diskussion der Holzkampschen Überlegungen einzusteigen und seine Bestimmungen und Abgrenzungen zu problematisieren. Mir geht es hier allein um den Aspekt der eigeninteressegeleiteten, aktiven Motivation, die durch die Erwägungsgeltungsbedingung und insbesondere auch durch den Reflexivitätsaspekt eine expansive ist, weil sie Möglichkeiten deutlich werden läßt und eine kritische Welterschließung unterstützt.

38 Um nur einen Indikator hierfür zu nennen. Im Rahmen der Ausbildung von Lehramtsanwärterinnen und -anwärtern wird bei jeweiligen Unterrichtsbesuchen in besonderer Weise darauf geachtet, inwiefern nur abfragende W-Fragen (wer, wann wie, was, warum usw.) gestellt oder offene Impulse gegeben werden, die »echte« Gespräche und Diskussionen ermöglichen.

39 Davon kann nach Holzkamp selbst solcher Unterricht betroffen sein, in dessen zugrundeliegenden Lehrplänen, "die Fähigkeit zum Problematisieren als »Erwartungshorizont« für die zu erbringenden Leistungen ausdrücklich vorgesehen ist: Was dabei als angemessene Problematisierung zu betrachten ist, welche alternativen Sichtweisen zugelassen sind, ist nämlich in den Lehrplänen, Unterrichtsbeispielen etc. mehr oder weniger eindeutig vorgeschrieben - und diesen (als sachangemessen, wissenschaftlich fundiert o.ä.) hypostasierten Problematisierungsrahmen darf die Schülerin/der Schüler keinesfalls durch seine Antwort seinerseits problematisieren, wenn er nicht aus dem schulischen Bewertungsrahmen (als Richtschnur für die Möglichkeit/Legitimität des Lehrerurteils) herausfallen und damit entsprechende Sanktionen auf sich ziehen will" (1993, 467).

40 Daß die Frage als Mittel der Pädagogik immer schon umstritten war, wird von Harm Paschen in anschaulichen Zitaten belegt (1997, 25ff.). Daß dabei letztlich der von Holzkamp beschriebene Typus von vorauswissender Frage dominiert hat, dürfte wesentlich an der gesamten Art der Institutionalisierung von Schule liegen (hierzu Holzkamp 1993, 463ff.). Die damit verbundene »Scheinheiligkeit« im Miteinanderumgehen von Lehrenden und Lernenden wird besonders deutlich, wenn man Holzkamps Gegenvision liest, in welchem Ausmaß auch immer man dieser zustimmen mag: "Ich male mir eine (als Konsequenz der Schulreform entwickelte) didaktische Konzeption aus, in welcher dem Lehrer das Stellen von vorauswissenden Fragen im Kontext der Lernförderung als grober Kunstfehler (etwa von der Schwere der Benutzung unsteriler Spritzen bei der Krankenbehandlung) verboten ist. Darüber hinaus hoffe ich auf die Herausbildung einer Konvention, aufgrund derer auch in der Schule vorauswissendes Fragen als ungehörig und unhöflich eingestuft werden kann. (Wenn mich jemand nach dem Weg fragt, mir aber - nachdem ich ihm den Weg erklärt habe - eröffnet, er wüßte ja den Weg und habe nur sehen wollen, ob ich ihn auch kenne, so ist dies im nichtschulischen Leben - außerhalb von umschriebenen Situationen wie etwa staatlichen Prüfungen zur Erlangung eines Taxi-

scheins - eine Ungehörigkeit: Warum sollte man dem Lehrer ein entsprechendes Verhalten in der Schule nicht eines Tages auch als ungehörig ankreiden dürfen?). Als pädagogisch sinnvoll und im zwischenmenschlichen Umgang akzeptabel zugelassen wären in einer solchen Didaktik nur wissensuchende Fragen von Schülern und von Lehrern, womit demonstrative Antworten mangels begründungslogischem Anlaß normalerweise ohnehin entfallen und nur inhaltliche Antworten übrigbleiben würden" (1993, 546).

41 Der Ausdruck "Fehler" ist aus erwägungsorientierter Perspektive eigentlich durch genauere jeweilige Bezeichnungen zu ersetzen. Hierfür bräuchte man eine erwägungsorientierte Klärung der Verwendungsweisen. Aus erwägungsorientierter Sicht wären beispielsweise »Fehler«, weil etwas nicht problemadäquat ist, von »Fehlern«, weil etwas kombinatorisch erzeugtes »unsinnig« ist, zu unterscheiden. Solange ich hier mehr oder weniger auf meine Intuition angewiesen bin, behalte ich deshalb den Terminus "Fehler" im folgenden Abschnitt bei, setze ihn aber in die von mir gewählten Zeichen zur Hervorhebung u. a. von Ungeklärtheiten.

42 Die veränderte Einstellung zum Umgang mit »Fehlern« aus erwägungsorientierter Perspektive wäre meines Erachtens insbesondere auch in Auseinandersetzung mit dem Konzept der "negativen Moralität" von Fritz Oser (1998) weiter zu bedenken. Oser vertritt die These, daß negatives moralisches Wissen (also in der hier verwendeten Terminologie ein bestimmtes »Fehlerwissen«) zur Einhaltung moralischer Regeln (also in der hier verwendeten Terminologie spezifische, vorerst für »richtig« erachtete Lösungen) beiträgt: "Das moralische Regelsystem wird durch die negative Erfahrung seiner Nichteinhaltung moralisch validiert" (1998, 597, Nr. (3); vgl. auch die Diskussion im Anschluß an diesen Hauptartikel von Oser). Das solche negativen Erfahrungen nicht unbedingt auf der Realisierungsebene selbst erlitten sein müssen, wie dieses Zitat annehmen läßt, wird deutlich, wenn man Osers stellvertretende negative Erfahrungen (s. 1998, 600f., Nr. (20)ff.) mit einbezieht, die andere zwar erlebt haben, man selbst aber nur erwägt.

43 Vgl. hierzu die interessanten Untersuchungen von Christian Selter und Harmut Spiegel darüber, wie Kinder rechnen, die deutlich werden lassen, daß da, wo Erwachsene zunächst eine falsche Rechnung sehen, die Kinder aus ihrer Sicht »richtig« und mit angebbaren Gründen gerechnet haben (1997).

44 Solche Fehlerkompetenz, die meines Erachtens gerade auch mit Blick auf Schlüsselqualifikationen - wie Lernen des Lernens oder lebenslanges eigenständiges Lernen - wichtig ist, müßte in jeweiligen Lehr-/Lernzusammenhängen nicht nur gefördert, sondern auch mit in die Bewertung von Lernfortschritten eingehen. Danach wäre es weniger relevant, daß jemand »Fehler« macht, als wie er oder sie mit diesen »Fehlern« umgeht. Dabei wäre allerdings zu beachten, daß dies nicht zu einer Legitimation für unbedachtes oder unverantwortliches praktisches Handeln führt. In diesem Sinne würde zu einem kompetenten Umgang mit »Fehlern« dazugehören, einschätzen zu können, was man nicht nur erwägen, sondern auch realisieren kann unter der Annahme, daß es sich unter Umständen als »Fehler« herausstellen könnte. »Fehler« auf der Erwägungsebene sind von »Fehlern« auf der Lösungs- und Realisierungsebene zu unterscheiden. Hinsichtlich der Förderung von Fehlerkompetenz müßte sich eine entfaltete Erwägungsdidaktik meines Erachtens u. a. mit pädagogischen Konzepten näher befassen, die Selbstkontrolle und Fehlerkompetenz explizit in ihre Lehr-/Lerngestaltungen einbeziehen (vgl. etwa Hildegard Maskulinski 1998, 273).

45 Da eine reflexive Entscheidung, selbst zu entscheiden, ihrerseits wiederum z. B. Ergebnis einer übernommen Vorgabe sein kann, etwa der Vorgabe der Eltern, endlich selbst zu entscheiden und nicht immer von ihnen entlastet werden zu wollen, bräuchte man verschiedene Bezeichnungen, um die verwobenen Ebenen von Entscheidungs- und Vorgabezusammenhängen auch sprachlich auseinanderzuhalten. Hinsichtlich heteronomer Konstellationen wären weiterhin solche aufgrund von »Gehorsam« oder eigenem Wunsch zu differenzieren. Am Beispiel von Bildungsprozessen läßt sich der gemeinte Unterschied verdeutlichen. Einerseits gibt es ein freiwilliges sich Einlassen auf heteronom

ausgerichtete Bildungsprozesse (vgl. s. o. dazu Giegel in III., 1.3, Nr. (11)). Denkt man andererseits an die bestehende Schulpflicht, hat man ein Beispiel für Heteronomie, die nicht von allen gewollt wird, auch wenn sie sich - wegen zu erwartenden Strafen bei anderer Entscheidung - reflexiv entschieden haben, ihr nachzukommen und »gehorsam« zu sein. - Meine Erörterung von »Autonomie« erfolgt hier allein von dem dargelegten Verständnis des Terminus. Es ist im Rahmen dieser Arbeit unmöglich, auf die umfassende Diskussion zu "Autonomie", "Mündigkeit", "Emanzipation", "Selbstbestimmung" und verwandter Termini insbesondere in pädagogischen Konzepten, aber auch in Philosophie und den Rechtswissenschaften einzugehen. Weiterführende Arbeiten hätten die hier verfolgte Verwendungsweise mit anderen Verständnissen zu vermitteln. Nach meinem Kenntnisstand der Literatur vermute ich aber, daß es hier verschiedene Berührungspunkte des angedeuteten Wortfeldes rund um "Autonomie" zum erwägungskonzeptuellen Ansatz gibt. Exemplarisch sei an dieser Stelle nur auf Wolfgang Klafki verwiesen, für den es eine Aufgabe von Didaktik ist, "Aufklärung *über* und Hilfen *zur* Entwicklung von Selbstbestimmungs-, Mitbestimmungs- und Solidaritätsfähigkeit zu leisten" (1993b, 110), wobei "verantwortbare Entscheidungen" treffen zu können ein Aspekt dieser Selbstbestimmungs- und Solidaritätsfähigkeit ist (1993b, 153). Kurz ansprechen möchte ich hier außerdem das in diesem Zusammenhang mir besonders grundlegende Problem der »Stofffülle« auf der einen Seite und dem Anliegen der Förderung von Selbstbestimmung auf der anderen Seite (s. hierzu etwa Kersten Reich 1996, 259). Ist es angesichts bestehender Unmengen an kulturellen Wissensständen und der Notwendigkeit, vieles übernehmen zu müssen, um überhaupt in der jeweiligen Kultur überleben zu können (vgl. hierzu auch Prengel 1999b, 95f.) illusionär zu meinen, Erwägungsorientierung könne gleichsam dabei ein Autonomie förderndes Gegengewicht sein? Noch weiter zugespitzt gefragt: Wäre vielleicht sogar eine umfassende Einbettung jeweiligen zu tradierenden Lösungswissens in Erwägungswissen das »endgültige« Ende aller Bemühungen um Selbstbestimmung, weil sich die »Stofffülle« um ein vielfaches erweitern würde (vgl. aber auch die Gegenerwägung der möglichen »Stoffverringerung« s. o. I. 2.2, Nr. (17))? Läßt man den Reflexivitätsaspekt außer acht und sieht die Qualität autonomen Handelns nicht in Verbindung mit einer Entlastung durch Heteronomie in anderen Bereichen, dann mögen diese Befürchtungen zutreffen. Beachtet man den Reflexivitätsaspekt, so wird man entsprechend auswählend mit vorhandener Stoffmenge umgehen und exemplarisches Lernen bevorzugen (zum »exemplarischen Lernen und Lehren« vgl. Klafkis vierte Studie in 1993b).

46 Die Befürchtung zu indoktrinieren, wenn man als Lehrende Position bezieht, ist ein Grundproblem für die Gestaltung von Lehr- und Lernprozessen in demokratischen pluralistischen Gesellschaften. Ulf Preuss-Lausitz beschreibt dieses Dilemma wie folgt: "*Kann unter Bedingungen einer pluralen, demokratischen Gesellschaft, in der die Vielfalt der Kinderwelten, die Vielfalt der Lebensauffassungen und Kulturen zugenommen hat und grundsätzlich akzeptiert werden soll, eine Lehrerin sich das Recht nehmen, überhaupt eine Erziehungsposition einzunehmen?* Wäre dies gegenüber den Kindern nicht manipulativ, würdig solchen Staaten, die autoritär ihre Ziele auch mit Hilfe der Schule durchsetzen bzw. dies versuchten, wie wir dies auch in Deutschland hatten, im Wilhelminischen Kaiserreich, im Dritten Reich, in der DDR und sicher vielfach auch in der Bundesrepublik? Anderseits: Fordert die Öffentlichkeit nicht verstärkte schulische Erziehungsbemühungen, angesichts vieler desorientierter Jugendlicher? Und schließlich: Kann angesichts der ökologischen Krise, der unsozialen Zweidrittelgesellschaft und des sich verschärfenden Gefälles zwischen armen und reichen Ländern, auch angesichts der emotionalen und sozialen Gefahren in den Aufwachsbedingungen vieler Kinder und Jugendlicher [...] die Alternative zu autoritären Rückgriffen der *Verzicht* auf Bildung in der öffentlichen Schule sein?" (1993, 14). Nach Meinert A. Meyer müssen wir (als Lehrende) "Pluralismus akzeptieren und dennoch unsere Prinzipien vertreten" (1997, 59). Die Befürchtung durch das Beziehen von Positionen in Lehr- und Lernzusammenhängen zu indoktrinieren findet ihren Ausdruck auch im sogenannten "Überwältigungsverbot" von Friedrich Minssen, von dem Herbert Schneider sagt, daß es zu denjenigen Punkten bei der Frage der Gestaltung von politischer Bildung gehöre, die allgemeine Zustimmung fänden (s. Herbert Schneider 1977, 25). Minssen schreibt: "Mit "Überwältigung" sind Inhalte und Formen von Erzie-

hung und Unterricht gemeint, die durch Konditionierung, Einschüchterung, Überredung, Emotionalisierung, durch Verzerrung oder Verkürzung von Sachverhalten die freie Entfaltung der Persönlichkeit und die Gewinnung eines selbständigen Urteils beeinträchtigen" (1973, 15). Ganz ähnlich formuliert auch Günther Gugel in seinen grundsätzlichen Überlegungen zu "Methoden in der Lehrerfortbildung" das "Indoktrinationsverbot": "Es ist nicht erlaubt, die Teilnehmerinnen und Teilnehmer - mit welchen Mitteln auch immer - im Sinne erwünschter Meinungen zu überwältigen und damit an der Gewinnung eines selbständigen Urteils zu hindern" (1997, 10). Zu einem möglichen Umgang mit dieser Problemlage, die in Richtung der hier vorgetragenen Vorschlags geht, vgl. auch die nächste Anmerkung, III. 48.

47 Bei Preuss-Lausitz findet man einen Vorschlag zum Umgang mit dem Dilemma, als Lehrende ohne Manipulationsgefahr und -verdacht Position beziehen zu können, der auch auf der Berücksichtigung von Vielfalt und Alternativen basiert: "Im Unterricht werden die verschiedenen Formen erwachsenen Zusammenlebens, wie wir sie kennen, dargestellt, untersucht, ihre Probleme, Erfahrungen und Chancen; aber weder wird vom Curriculum oder den Lehrern her die klassische Familie, die Ehe ohne Trauschein noch werden andere Lebensformen propagiert. Das schließt jedoch die Kenntlichmachung des eigenen Lehrer-Lebens-Stils nicht aus, sondern gerade ein" (1993, 34, Anmerkung 22). Der Vorschlag von Meyer lautet: "Wir brauchen eine *Didaktik des als-ob*. Ich muß als Lehrender zu meiner Position stehen, obwohl ich weiß, daß ich meine Schüler nicht darauf verpflichten darf, sie zu übernehmen" (1997, 63). Wie u. a. ein Fehlen von Alternativen und Entscheidungsmöglichkeiten zu indoktrinären Lehr- und Lernprozessen führen kann, wird von Annette M. Stroß herausgearbeitet: "Indoktrination wäre demzufolge zu verstehen als ein Akt oder eine Folge von Akten, die eine Person mit der Absicht vollzieht, eine andere Person (oder mehrere) zu veränderten Deutungsmustern, Einstellungen und/oder Verhaltensmustern zu veranlassen, *ohne daß diese Person die Möglichkeit hat zu entscheiden*, ob sie die ihr gegenüber gehegten Erwartungen erfüllen will, ob sie die Lernakte vollziehen möchte, die der Indoktrination korrespondieren, und ohne daß sie die Voraussetzungen, Implikationen und möglichen Folgen der eigenen Lerneffekte einschätzen kann. *Hierfür können sowohl fehlende alternative Angebote* (Fehlen heterogener Diskurse, unterschiedlicher Standpunkte; Nicht-Zulassen von Widerspruch und Kritik etc.) als auch innere Beweggründe respektive Zwänge (Gruppenidentifikationen etc.) ausschlaggebend sein" (1994, 65; Hervorhebungen von B. B.).

48 Erwägungsorientierung schließt ein Engagement für etwas, von dem man überzeugt ist, also keineswegs aus, sondern im Sinne des Kernaspektes eines distanzfähigen Engagements ein. Denn wer überzeugt ist, eine adäquate Lösung zu vertreten, kann im Sinne der eingangs zitierten Überlegungen von Mill über den Vorteil der jeweiligen Alternativenkenntnis nur gewinnen, wenn sie oder er die erwogenen Alternativen angibt (s. o. I., 2.2, Nr. (15)). Sie können mit helfen, andere von der eigenen bevorzugten Lösung zu überzeugen.

49 Ein anschauliches Beispiel für die "Kunst des Aneinandervorbeiredens" im Wissenschaftsbetrieb findet sich bei Heinz von Foerster und Ernst von Glasersfeld (1999, 107ff.). Die beiden diskutieren dort ein Treffen renommierter Wissenschaftlerinnen und Wissenschaftler, ironischer Weise zum Thema "Language and Learning", und die daran anschließende Buchveröffentlichung, die Glasersfeld für "das schauerlichste Beispiel der Nichtkommunikation" hält (1999, 107): "Die waren unfähig zuzuhören. Alles wurde sofort an die eigenen Begriffe assimiliert, und dann stimmte es natürlich nicht. Nicht der geringste Versuch, den anderen zu begreifen. [...] Ich glaube, jeder hat sich an seine Grundbegriffe geklammert, und die sind so eingefleischt, daß es schwer ist, eine andere Perspektive zu erfassen" (1999, 108).

50 Bezogen auf Lern- und Lehrprozesse ist wohl die Grundschule der Ort, an dem in unserer Kultur noch die größte Heterogenität in den Klassen besteht (s. hierzu Prengels Analyse der Heterogenität im Anfangsunterricht 1999b, 20-29).

51 Den Fall, daß man sich mit einer Lösung, die aus einem adäquaten Erwägungsstand hervorgegangen ist, mit Gründen noch »sicherer« im Umgang mit dieser Lösung fühlen könnte als ohne ein Wissen um die Erwägungsgeltungsbedingung, erörtere ich hier nicht weiter. Er illustriert die »angenehme« Kehrseite der Medaille einer Erwägungsorientierung. Auch greife ich hier nicht erneut die Problemlage auf, daß man nicht alles entscheiden kann und gerade gewissenhafte Entscheidungen in einem Bereich die Entlastung durch Vorgaben, deren Erwägungsgeltungsbedingung man dann eben nicht kennt, in anderen Bereichen erfordern mag.

52 Mit folgenden Thesen, die ich wegen ihrer teilweisen großen Nähe zum Erwägungskonzept wenigstens in einer Anmerkung zitieren möchte, will Danner "einen ersten Umriß dieser [Experten-Kenner-]Kompetenz zeichnen:
- Experten-Kenner sind sich ihrer erheblichen Abhängigkeit von Informationen aus zweiter, dritter usw. Hand bewußt.
- Experten-Kenner haben eine nüchterne Haltung gegenüber allen echten und vermeintlichen Experten. Sie sind nicht hyperkritisch, aber doch skeptisch gegenüber den Informationen, die diese darlegen.
- Experten-Kenner emanzipieren sich durch ein Meta-Wissen, also durch ein Wissen über Informationserarbeitung, -verarbeitung, -bewertung, -darstellung und -vermarktung. Dies schließt mit ein das Wissen über Methoden und Ursachen der Informationsverzerrung und -verschmutzung.
- Die Emanzipation des Experten-Kenners bleibt bedingt, weil die direkte Überprüfung der Information in der Regel nicht möglich ist. Im Normalfall bleiben Experten-Kenner letztendlich auf Informationen aus zweiter Hand angewiesen. Den Experten-Kennern ist dies bewußt.
- Experten-Kenner haben die Fähigkeit des Autodidakten. Sie sind in der Lage, alleine Informationen zu sammeln und zu vergleichen.
- Experten-Kenner können, sofern sie die Chance dazu erhalten, sich in direkter Befragung oder Diskussion mit Experten auseinandersetzen. Sie lassen sich von dieser Situation nicht einschüchtern.
- Experten-Kenner sind kooperativ. Sie haben die Fähigkeit, sich mit anderen zusammenzuschließen, um sich gemeinsam und arbeitsteilig von dem Informationsvorsprung der Experten oder einer Expertenorganisation zu emanzipieren.
- Experten-Kenner wissen um die Vorläufigkeit und um die Pluralität im Feld der Aussagen. Sie ertragen diese Offenheit, ohne zu resignieren oder vorschnell endgültige Schlüsse zu ziehen und sich festzulegen oder sich in Fundamentalismus oder Irrationalität zu flüchten.
- Experten-Kenner wissen um die Bedingtheit ihrer Schlüsse und Urteile. Ihre Grundhaltung ist eine skeptische. Sie sind bereit, Schlüsse zu revidieren, wenn sich die Beurteilungssituation durch neue stichhaltige Informationen verändert" (1995, 8f.).

53 In bezug auf schulisches Lernen und Lehren in der Bundesrepublik Deutschland fällt auf, daß zu den schon länger verbreiteten friedenspädagogischen Konzepten (vgl. statt anderer den 3. Band des von Jörg Calließ und Reinhold E. Lob herausgegebenen Handbuchs Praxis der Umwelt- und Friedenserziehung von 1988) in den letzten Jahren zunehmend Schlichtungskonzepte für alle Schulstufen hinzukommen (vgl. exemplarisch für die Klassen 5-10: Karin Jefferys/Ute Noack 1995). Könnte man dies als Indikator dafür nehmen, daß es gesellschaftlich als zunehmend dringlicher angesehen wird, über ein differenziertes Konfliktklärungshandeln zu verfügen und wollte man diese Aufgabe möglichst »gut« lösen, dann wären Unterschiede und Gemeinsamkeiten von friedenspädagogischen Konzepten, Schlichtungskonzepten und dem Erwägungsansatz herauszuarbeiten. Es wären weitere, auf Verständigung zielende pädagogische Konzepte zu berücksichtigen, die etwa unter Stichworten wie "Team-" und "Kooperationsfähigkeit" oder "Konfliktfähigkeit" oder der "Mediation" diskutiert werden mögen. Ein Unterschied zwischen Schlichtungs- und Mediationskonzepten gegenüber dem Erwägungskonzept könnte in der Invarianz des Erwägungskonzeptes gegenüber Konsens und Dissens liegen. Folgt man Christoph Besemer, dann scheint es andererseits eine interessante Gemeinsamkeit zwischen Mediations- und Erwägungskonzept zu geben. Nach Besemer wird mit der Mediation auch versucht, weg von einer kampfesorientierten polarisierenden Auseinandersetzung hin zu einer ergebnisoffenen Diskussion zu gelangen (vgl. Besemer 1995, 32 f.).

54 Den Terminus "Methode" und verwandte Ausdrücke, wie "methodisch" usw., habe ich im Rahmen dieser Arbeit selbst nicht weiter erläutert, weil seine Verwendung innerhalb jeweiliger Kontexte dieser Arbeit genügende Verstehensgrundlage ist. Im weitesten Sinne verwende ich den Terminus "Methode" für reflektierte und regelorientierte Vorgehensweisen in Erkenntnis - und praktischen Handlungszusammenhängen. In Lern- und Lehrzusammenhängen sind für mich so gesehen alle reflektierten und regelorientierten Vorgehensweisen, die das Lern- und Lehrgeschehen unterstützen sollen, »Methoden«. Mit Blick auf die Erziehungswissenschaften und die Pädagogik habe ich damit ein weit gefaßtes Verständnis. Zur Umstrittenheit der Verwendung des Terminus "Methoden" bzw. speziell "Unterrichtsmethoden" vgl. etwa Rainer Winkel, der bezüglich der Verwendung von Unterrichtsmethoden eine "Vielfalt verwirrender Begriffe" feststellt (1991, 12) oder Harald Geißler, der meint, daß es "in der Erziehungswissenschaft keine feststehende Definition von Methode [gibt], das heißt, es gibt keinen allgemeinen Konsens darüber, durch welche Merkmale sich pädagogische von nicht-pädagogische Methoden unterscheiden, wie viele verschiedene pädagogische Methoden es gibt, wie man sie sinnvoll gliedern kann und wie weit oder eng der Begriff zu fassen ist" (1989, 1045f.). Auch die Umstrittenheit selbst ist wieder umstritten. So liest man etwa bei Friedrich W. Kron, daß es "als gesichert angesehen werden [kann], daß unter Methoden die Wege oder die Verfahren der Vermittlung kultureller Inhalte angesehen werden können. Sie schließen die Mittel und Medien ein, die im Rahmen dieser Prozesse eingesetzt werden; sie betreffen auch die Formen der sozialen Organisation der Vermittlungsprozesse" (1993, 38). Im Zusammenhang mit einer Klärung der Verwendungsweisen von "Methode" spielt auch das jeweilige Verständnis vom "Verhältnis von Didaktik und Methodik" eine Rolle (vgl. hierzu Kron a. a. O.). Zum Problem der Unterscheidung zwischen "Methoden" und "Sozialformen" vgl. die nächste Anmerkung, III. 56.

55 Mit den Vorgehensweisen der »Einzel-«, »Partnerinnen- bzw. Partner-«, »Gruppen-«, und »Plenumsarbeit« hat man ein gutes Beispiel für die erwähnten verschiedenen Verständnisse von "Unterrichtsmethoden" (s. letzte Anmerkung, III. 55). Winkel etwa grenzt »Unterrichtsmethoden« von »Sozialformen« ab und unterscheidet zwischen »Gruppenunterricht« und »Gruppenarbeit« (1991, 15). Während "Gruppenarbeit" als Sozialform auf bestimmte Beziehungsstrukturen hinweise, soll mit "Gruppenunterricht" eine Methode gemeint sein, die einen bestimmten Lehr- und Lernweg beschreibt (a. a. O.).

56 Vielleicht kann man beispielsweise hinsichtlich der Kompetenz der (Selbst-)Kritikfähigkeit und -bereitschaft sogar so weit gehen und sagen, daß es wohl kein didaktisches Konzept gibt, welches sich demokratischen Werten verbunden fühlt, das diese Ziele nicht irgendwie für sinnvoll erachtet.

57 Das Tutoriumsprojekt war ein vom Land NRW gefördertes Projekt im Rahmen des Aktionsprogramms Qualität der Lehre und lief unter dem Titel "Begleitung von studierendenzentrierten Seminaren nach einem neuen, erwägungsorientierten hochschuldidaktischen Konzept" vom WS 1994/95 bis September 1996 an der Universität Paderborn. Die als Tutorin und Tutoren sowie als wissenschaftliche Hilfskraft beschäftigten Studierenden waren Thorsten Bührmann, Elmar Eberhardt, Sabine Eggers, Johannes Golombek, Andreas Gronski, Arndt Küsgen, Birgit Noll und Werner Roth. Sie haben die Entwicklung von Erwägungsseminaren auf vielfältige Weise unterstützt. Von ihren verfaßten Papieren sind einige als Tutoriumsprojekt-Papiere in der Arbeitspapier-Reihe der »Forschungsgruppe Erwägungskultur« erschienen (s. Tutoriumsprojekt-Papiere 1 (1994)ff.).

58 Die Erwägungstafel entspricht bis auf kleinere Änderungen der erstmals in Blanck 1998, 180 veröffentlichten Tafel. Ich habe hier u. a. statt des Terminus "wählen" den Ausdruck "setzen" verwendet, da ich ihn angesichts der vorangegangenen Klärungsarbeiten für adäquater halte.

59 Als Ausgangspunkt für eine erwägungsorientierte Theorie verschiedener Leitungsstile wäre diese Tafel mit Hilfe des in dieser Arbeit entwickelten Entscheidungsverständnisses weiter auszugestalten. So könnten auch Erwägen und Bewerten sozial verteilt vorliegen und Konstellationen mit einer gemeinsamer Entscheidung und Lösungssetzung sind von solchen zu unterscheiden, in denen gemeinsa-

me Entscheidungen nicht gelingen und Abstimmungen erforderlich sind. Usw. Auch muß bei sozial verteilt vorliegendem Handeln in bezug auf Entscheidung und Lösungssetzung beachtet werden, wie die Einheit des Entscheidungszusammenhangs gewahrt bleiben kann. Usw. usf.

60 Zu bedenken wäre gerade auch unter Berücksichtigung der Erfahrungen mit lehrendenzentrierten Erwägungsseminarphasen, ob ein lehrendenzentriertes Erwägungsseminar nicht eine größere Nähe zu lehrendenorientierten Erwägungsseminaren haben könnte als zu lehrendenorientierten Seminaren ohne Erwägungsorientierung. Denn auch wenn eine Leitung die Interessen der Studierenden nicht berücksichtigt, können die Studierenden durch das erwägungsorientierte Vorgehen der Leitung die Möglichkeit haben, sich mit ihren Anliegen in den erwogenen Alternativen wiederzufinden. Das muß natürlich nicht immer der Fall sein.

61 Dazu, daß dies nicht selbstverständlich ist und hieraus didaktische Konsequenzen zu ziehen sind, wenn man einen kritischen (selbstdenkenden) Umgang mit Texten fördern will, vgl. einen Vorschlag von Karel van der Leeuw und Pieter Mostert im Umgang mit philosophischen Texten, der in eine ähnliche Richtung zu gehen scheint: "Viele philosophische Texte argumentieren übrigens überhaupt nicht. Da wäre eine Alternative, den Autor in eine Skala möglicher Positionen einzureihen und selber die Argumente für diese Einreihung zu erarbeiten" (1985, 47).

62 Die fehlende Berücksichtigung alternativer Interpretationen wird nicht nur aus erwägungsorientierter Sicht bedauert und insbesondere auch für Lehr-/Lernwerke als sinnvoll eingeschätzt. Leeuw und Mostert stellen selbst für sogenannte problemorientierte Textsammlungen fest, daß "regelmäßig die Tendenz wieder[kehrt], dem Schüler ein allgemeines Verfahren zur Textinterpretation zur Verfügung zu stellen. Ursächlich dafür ist u. a., daß die Ordnung der Probleme nicht einer lerntheoretischen Problemtypologie, sondern der Einteilung der Philosophie in Disziplinen, Strömungen und Perioden folgt" (1985, 45). Dagegen wünschen sich Leeuw und Mostert: "Im Idealfall wäre die Textsammlung eine Art Kursbuch, in dem jeder bei gegebenem Ausgangspunkt und Reiseziel sich seinen Weg aussuchen kann. Die Sammlung würde vieler solcher möglicher Wege umfassen" (1985, 46). Ihren Ansatz für den Umgang mit Texten fassen sie in folgendem Bild zusammen: "Der philosophische Text ist eine Art Dschungel; zwar sieht er chaotisch aus, aber er hat viele mögliche Strukturen und Ordnungen. Es gibt keine bevorzugte Darstellung. Der Dschungel enthält immer mehr Möglichkeiten als der Reisende sehen wird, der ja immer einen bestimmten Weg geht [wobei aus erwägungsorientierter Sicht relevant ist, ob hierbei ein Wissen - einschließlich eines Wissens um Nicht-Wissen - um die anderen Wege vorhanden ist oder nicht]. Zwar gibt es allgemeine Mittel, sich im Dschungel zu orientieren, wie z. B. den Kompaß, aber dieser nützt nur, wenn der Reisende ungefähr weiß, wo er ist und wo er hin will. Eine detaillierte Anleitung geben nur Karte oder Reisebeschreibung, aber diese nützen nur für *diesen* Dschungel oder gar *diese* Reise. Die allgemeinen Hilfsmittel wie der Kompaß dienen dazu, eine solche Karte herzustellen. Und darin liegt die Aufgabe des Herausgebers der Textsammlung und des Lehrers in der Klasse" (a. a. O.).

63 Vgl. die in der letzten Anmerkung, III. 63, zitierte These von Leeuw und Mostert, daß den Reisenden im Dschungel eines Textes der Kompaß nur dann etwas nutzt, wenn sie wissen, wo sie sind und wohin sie wollen.

64 Zu den Vorteilen, die das individuelle schriftliche Festhalten von Positionen gerade auch z. B. für Schüchterne haben kann, vgl. die Überlegungen von Marion Bergk zu ihrem Verfahren einer "Demokratie auf Folienstreifen und Plakaten" (1998, 139ff.).

65 Selbstreferentiell muß man sich mit jedem erwägungsorientierten Vorgehen immer auch auf die Möglichkeit einlassen, daß ein Nicht-Erwägen gegenüber dem Erwägen vorzuziehen sein könnte. Das Erwägen des Nicht-Erwägens gehört mit zur Erwägungsorientierung und darf bei einer Darstellung der Vorteile von erwägungsorientiertem Vorgehen schon allein deshalb nicht fehlen, weil die

Qualität jeweiliger Erwägungen in einigen Fragen auch immer davon abhängt, wie viele Ressourcen einem hierfür zur Verfügung stehen, weil man in anderen Fragen vom Erwägen entlastet ist.

66 Auch wenn die Leitung sich in der hier skizzierten Phase weitgehend heraushielt, weil die von den Studierenden ausgehende Fragestellung der Beteiligung sich nur auf sie selbst bezog, war die Frage auch Thema auf Seiten der Lehrenden, insbesondere da sich die Leitung aus einem Team von zwei Männern und einer Frau zusammensetzte. Da häufiger Seminare mit gemischtgeschlechtlicher Leitung angeboten wurden und eine Tutorin, Birgit Noll, als einen Arbeits- und Beobachtungsschwerpunkt »geschlechterstereotypes Verhalten« gewählt hatte, erhielten wir hier interessante Rückmeldungen über weibliches und männliches Lehrendenverhalten sowie die entsprechenden Reaktionen der Studierenden auf das Lehrendenverhalten - wiederum mit geschlechtsspezifisch beobachtbaren Unterschieden. Die Beobachtungen wurden teilweise im Tutorium und im Seminar diskutiert. Es wäre meines Erachtens höchst interessant, diesen Beobachtungen und Eindrücken genauer nachzugehen und dabei zu untersuchen, inwiefern eine entfaltete Erwägungsorientierung gleichsam »entpatriarchalisierend« wirkt (s. o. Anmerkung I. 14).

67 Für Erwägungsseminare ist zu bedenken, daß eine ähnliche »Motivationsfalle« entstehen kann, wie sie Holzkamp für Schulen beschrieben hat. Es ist nach Holzkamp eigentlich fast unmöglich, einerseits die Schülerinnen und Schüler zu expansivem Lernen zu motivieren, ohne sie zugleich aufgrund der strukturellen Rahmenbedingungen gleichsam sofort wieder »ausbremsen« zu müssen, gerade wenn es gelungen ist, sie so für eine Sache zu interessieren, daß sie nun eigenen Gedanken nachgehen (s. 1993, 477f.). Holzkamp beschreibt die »Falle« aus der Sicht eines Schülers: "So kann ich [...] meine mentale Anwesenheit im Unterricht, gerade *weil* ich tatsächlich etwas zu lernen angefangen habe, nicht mehr erfüllen: Ich bin »unaufmerksam«, und der Lehrer hat, indem er für ein bestimmtes Problem mein Interesse wecken konnte, diese Unaufmerksamkeit selbst provoziert" (1993, 477). Übertragen auf die Vereinbarung von individuellen und gemeinsamen Aufbauprozessen heißt dies: Wenn sich ein oder eine Teilnehmende(r) in einem Monolog oder zwei Teilnehmende in einem längeren Dialog engagieren und für sich einen Aufbauprozeß des Verstehens und Weiterkommens aufbauen wollen, dann darf die Motivation hierfür nicht mit einem Verweis, wie, "jetzt müssen aber die anderen mal das Wort bekommen", genommen werden.

68 Bisher wurden die Notizen während des Seminars vor allem an den verbreiteten Kreide-Tafeln festgehalten. Es ist noch zu erforschen, inwiefern die neuen Medien - etwa elektronische Wandtafeln - hierfür geeigneter wären. Was an einer Kreidetafel nämlich manchmal kaum oder gar nicht mehr möglich ist, z. B. der Umbau von Thesenabfolgen oder das Dazwischenschreiben von Beispielen oder Gegenthesen, könnte mit einer elektronischen Wandtafel vielleicht leichter bewältigbar sein.

69 Zu Erfahrungen mit einem philosophischen Tagebuch im Schulunterricht vgl. Christian Thies 1990.

70 Erstmals habe ich in einer Anmerkung in Blanck 1998, 188f. darüber berichtet.

71 Das trifft sogar auf den quantitativ auszählenden Umgang mit Alternativen zu, wie Heinrich Winter bedauernd feststellt: "Das Auszählen von Möglichkeiten wird wahrscheinlich am wenigsten in der Schule praktiziert, dabei ist es von besonderem Wert für das Verstehen von Wirklichkeit" (1992, 16).

72 Dieser Eindruck wäre in einer erwägungsorientierten Einbettung des erwägungsdidaktischen Konzeptes mit der Problemlage von Autonomie und Heteronomie in Lehr- und Lernprozessen bzw. allgemeiner von Autonomie und Heteronomie in der Identitätsentwicklung zu vermitteln. Zum diesbezüglichen Streit von »Nachvollzug« und »Selbstdenken« in der Philosophiedidaktik vgl. Blanck 1998, 172f.

73 Zur Diskussion eines Lernens und Lehrens mit und ohne Texten vgl. statt anderer Norbert Diesenberg, der dies für den Philosophieunterricht erörtert (1993).

74 Auf die Methode der Pyramidendiskussion bin ich durch Volker Frederking (1996, 48f.) aufmerksam geworden.

75 Die Vorteile verschriftlichter Diskussionen, wie sie Marion Bergk für den Grundschulunterricht aufzählt, treffen auch für Erwägungsseminare zu: alle können in Ruhe und genauer überlegen, ein Wettstreit ums Wort fällt weg, die Schüchternen und Langsameren erhalten eine Chance; es findet insgesamt eine Verdichtung des Gesprächs statt (s. 1998, 141).

76 Zur Methode des Schreibgesprächs vgl. Peter Orth, der diese Methode als eine Gesprächsform im Schulunterricht ab der Sekundarstufe I beschreibt (2000, 17).

77 Das waren neben den Studierenden aus der Tutoriumsprojektgruppe (s. o. Anmerkung III. 58) Werner Loh und die Autorin.

Literatur

Adam, Dietrich: Planung und Entscheidung. Wiesbaden 1996.

Adorno, Theodor W.: Negative Dialektik. Frankfurt am Main 1982.

Albert, Hans: Traktat über rationale Praxis. Tübingen 1978.

Albert, Hans: Traktat über kritische Vernunft. Tübingen 1980.

Albert, Hans: Die Wissenschaft und die Fehlbarkeit der Vernunft. Tübingen 1982.

Albert, Hans: Kritik der reinen Erkenntnislehre. Tübingen 1987.

Alheit, Peter: Biographieorientierung und Bildungstheorie. Müssen wir "Leben" lernen? In: Jahrbuch Arbeit, Bildung, Kultur Bd. 10 1992 (hg. vom Forschungsinstitut für Arbeiterbildung), S. 4 - 47.

Alheit, Peter: »Biographizität« als Lernpotential: Konzeptionelle Überlegungen zum biographischen Ansatz in der Erwachsenenbildung. In: Heinz-Hermann Krüger/Winfried Marotzki (Hg.): Erziehungswissenschaftliche Biographieforschung. Opladen 1996, S. 276 - 307.

Apel, Karl-Otto: Das Problem der philosophischen Letztbegründung im Lichte einer transzendentalen Sprachpragmatik. In: Bernulf Kanitscheider (Hg.): Sprache und Erkenntnis. Innsbruck 1976a, S. 55 - 82.

Apel, Karl-Otto: Das Apriori der Kommunikationsgemeinschaft und die Grundlagen der Ethik. In: ders.: Transformation der Philosophie. Bd.2. Frankfurt am Main 1976b, S. 358 - 435.

Apel, Karl-Otto: Das Problem der Begründung einer Verantwortungsethik im Zeitalter der Wissenschaft. In: Braun, Edmund (Hg.): Wissenschaft und Ethik. Bern u. a. 1986, S. 11 - 52.

Apel, Karl-Otto: Die transzendentalpragmatische Begründung der Kommunikationsethik und das Problem der höchsten Stufe einer Entwicklungslogik des moralischen Bewußtseins. In: ders.: Diskurs und Verantwortung. Frankfurt am Main 1990, S. 306 - 369.

Arnold, Rolf: Weiterbildung - notwendige Utopie oder Stiefkind der Gesellschaft? In: Heinrich Dieckmann/Bernd Schachtsiek (Hg.): Lernkonzepte im Wandel. Stuttgart 1998, S. 208 - 234.

Arrow, Kenneth J.: Social Choice and Individual Values. New Haven/London 1972.

Assmann, Aleida: Zeit und Tradition. Köln u. a. 1999.

Axelrod, Robert: Die Evolution der Kooperation. München 1988.

Bamberg, Günter/Coenenberg, Adolf Gerhard: Betriebswirtschaftliche Entscheidungslehre. München 1996.

Bartley, III, William Warren: Flucht ins Engagement. Tübingen 1987. (Engl.: The Retreat to Commitment. LaSalle/London 1984.)

Bauman, Zygmunt: Schwache Staaten. Globalisierung und die Spaltung der Weltgesellschaft. In: Ulrich Beck (Hg.): Kinder der Freiheit. Frankfurt am Main 1998, S. 315 - 332.

Bayertz, Kurt (Hg.): Evolution und Ethik. Stuttgart 1993.

Beck, Ulrich: Risikogesellschaft. Auf dem Weg in eine andere Moderne. Frankfurt am Main 1986.

Beck, Ulrich: Die Erfindung des Politischen. Frankfurt am Main 1993.

Beck, Ulrich/Beck-Gernsheim, Elisabeth: Nicht Autonomie, sondern Bastelbiographie. In: Zeitschrift für Soziologie 22 (1993)3, S. 178 - 187.

Beck, Ulrich: Was ist Globalisierung? Frankfurt am Main 1998.

Becker, Gary S.: Der ökonomische Ansatz zur Erklärung menschlichen Verhaltens. Tübingen 1993.

Becker, Peter-René: Werkzeuggebrauch im Tierreich. Stuttgart 1993.

Benseler, Frank u. a.: Grundlagenprobleme wissenschaftlicher Kommunikation als Entscheidungsverfahren. In: Frank Benseler u. a.: Alternativer Umgang mit Alternativen. Opladen 1994, S. 9 - 25.

Berger, Peter L./Luckmann, Thomas: Modernität, Pluralismus und Sinnkrise. Gütersloh 1995.

Berger, Peter L./Luckmann, Thomas: Die gesellschaftliche Konstruktion der Wirklichkeit. Frankfurt am Main 1996.

Bergk, Marion: Geschreib wie Gespräch. In: Heiko Balhorn u. a. (Hg.): Schatzkiste Sprache. Band 1: Von den Wegen der Kinder in die Schrift. Frankfurt am Main/Hamburg 1998, S. 138 - 151.

Bernays, Paul: Some Empirical Aspects of Mathematics. In: Stanislas I. Dockx/Paul Bernays (Eds.): Information and Prediction in Science. New York/London 1965, S. 123 - 128.

Besemer, Christoph: Mediation - Vermittlung in Konflikten. Königsfeld u. a. 1995.

Birnbacher, Dieter: Dezisionen in der Ethik - Widerspruch oder Wirklichkeit? In: Ethik und Sozialwissenschaften 3(1992a)1, S. 7 - 16 (Hauptartikel).

Birnbacher, Dieter: Wider die Trivialisierung des Dezisionismusproblems In: Ethik und Sozialwissenschaften 3(1992b)1, S. 93 - 97 (Replik).

Birnbacher, Dieter: Tun und Unterlassen. Stuttgart 1995.

Bittner, Rüdiger: Was ist eine Entscheidung? In: Ethik und Sozialwissenschaften 3(1992a)1, S. 17 - 22 (Hauptartikel).

Bittner, Rüdiger: Es gibt kein Dezisionismusproblem. In: Ethik und Sozialwissenschaften 3(1992b)1, S. 43 - 44 (Gesamt-Kritik).

Bittner, Rüdiger: Einige Klärungen. In: Ethik und Sozialwissenschaften 3(1992c)1, S. 98 - 101 (Replik).

Blanck, Bettina: Magersucht in der Literatur. Frankfurt am Main 1988. (1. Auflage 1984)

Blanck, Bettina: Zum Konzept von Erwägungsforschungen für »nicht-patriarchale« Wissenschaften. In: Maja Pellikaan-Engel (Ed.): Against Patriarchal Thinking. Amsterdam 1992. Geringfügig geändert wieder abgedruckt in: Frank Benseler u. a.: Alternativer Umgang mit Alternativen. Opladen 1994, S. 59 - 67.

Blanck, Bettina: Erwägen von Alternativen und Wissenschaft. In: Frank Benseler u. a.: Alternativer Umgang mit Alternativen. Opladen 1994, S. 49 - 57.

Blanck, Bettina: Pluralitätskompetenz. Arbeitspapier 1996-4 des Lukács Instituts für Sozialwissenschaften e. V. Paderborn 1996a. (auch als Arbeitspapier der Forschungsgruppe Erwägungskultur 1996-2)

Blanck, Bettina: Erwägung und Didaktik. Arbeitspapier 1996-4 der Forschungsgruppe Erwägungskultur. Paderborn 1996b.

Blanck, Bettina: Erwägen als philosophische Orientierung und Didaktik. In: Karl Reinhard Lohmann/ Thomas Schmidt (Hg.): Akademische Philosophie zwischen Anspruch und Erwartung. Frankfurt am Main 1998, S. 164 - 195.

Blanck, Bettina: Zur Bestimmung von Entscheidungsmentalitäten und Förderung biographischer Kompetenz in Erwägungsseminaren. In: Loh, Werner (Hg): Erwägungsorientierung in Philosophie und Sozialwissenschaften. Stuttgart 2001, S. 5 - 37 (zuerst erschienen unter dem Titel: Vorüberlegungen zur Erforschung von Entscheidungsmentalitäten als eine Grundlage entscheidungs- und vielfaltsorientierten Lehrens und Lernens. Arbeitspapier 1999-8 des Lukács-Instituts (LIS) e. V. - Institut für Sozialwissenschaften an der Universität/Gesamthochschule Paderborn.

Blanck, Bettina/Loh, Werner: Schaltungen, Aussagenlogik und Denken. Arbeitspapier 1992-2 der Forschungsgruppe Erwägungskultur Paderborn. (Veröffentlicht in: Frank Benseler u. a.: Alternativer Umgang mit Alternativen. Opladen 1994, S. 37 - 48.)

Blanck, Bettina/Herzig, Bardo/Loh, Werner: Undurchsichtigkeit und Kontexte als Herausforderung - Ansätze zu einer Metakritik. In: Ethik und Sozialwissenschaften 9(1998)4. S. 657 - 661 (Metakritik).

Blanck, Bettina/Herzig, Bardo/Loh, Werner: Metakritik als Erforschung des vielfältigen Umgangs mit Vielfalt. In: Ethik und Sozialwissenschaften 10(1999)1, S. 144 - 151 (Metakritik).

Bocheński, Joseph Maria: Grundriß der formalen Logik. (Aus dem Französichen übersetzt, neu bearbeitet und erweitert von Albert Menne.) Paderborn 1983.

Bock, Ulla: Androgynie und Feminismus. Weinheim/Basel 1988.

Böhler, Dietrich: Transzendentalpragmatik und kritische Moral. In: Wolfgang Kuhlmann/Dietrich Böhler (Hg.): Kommunikation und Reflexion. Frankfurt am Main 1982, S. 83 - 123.

Böhm, Winfried: Wörterbuch der Pädagogik. Stuttgart 1994.

Bohnet, Iris: Kooperation und Kommunikation. Tübingen 1997.

Bollnow, Otto Friedrich: Thesen im Rahmen des VII. Symposions "Situation und Entscheidung" auf dem Dritten Deutschen Kongreß für Philosophie in Bremen 1950. In: Helmuth Plessner (Hg.): Symphilosophein. München 1952, S. 273 - 275.

Bourdieu, Pierre: Die biographische Illusion. In: BIOS - Zeitschrift für Biographieforschung und Oral History 3(1990)1, S. 75 - 81.

Braun, Susanne: Biographisches Lernen als Methode in der Erwachsenenbildung. In: Hannelore Faul-stich-Wieland u. a. (Hg.): Literatur- und Forschungsreport Weiterbildung 37(1996), S. 109 - 115.

Bräutigam, W.: Zwang. In: Christian Müller (Hg.): Lexikon der Psychiatrie. Berlin u. a. 1973 S. 586 - 587.

Brentel, Helmut: Soziale Rationalität. Opladen/Wiesbaden 1999.

Brezinka, Wolfgang: Erziehung. In: ders.: Grundbegriffe der Erziehungswissenschaft. München/Ba-sel 1990, S. 34 - 99.

Brunkhorst, Hauke: Entscheidungen und Gründe. In: Ethik und Sozialwissenschaften 3(1992)1, S. 45 - 48 (Gesamt-Kritik).

Buchwald, Delf: Der Begriff der rationalen juristischen Begründung. Baden-Baden 1990.

Bührmann, Thorsten: Planung, Durchführung und Auswertung eines Leitfaden-Interviews zur Ef-fektivität von Erwägungsseminaren. Arbeitspapier 1995-3 der Forschungsgruppe Erwägungskultur. Paderborn 1995.

Burkart, Günter: Individualisierung und Elternschaft - Das Beispiel USA. In: Zeitschrift für Soziolo-gie 22 (1993a)3, S. 159 - 177.

Burkart, Günter: Eine Gesellschaft von nicht-autonomen biographischen Bastlerinnen und Bastlern? - Antwort auf Beck/Beck-Gernsheim. In: Zeitschrift für Soziologie 22 (1993b)3, S. 188 - 191.

Burkart, Günter: Biographische Übergänge und rationale Entscheidungen. In: BIOS - Zeitschrift für Biographieforschung und Oral History 8(1995)2, S. 59 - 88.

Burns, Tom R./Dietz, Thomas: Kulturelle Evolution: Institutionen, Selektion und menschliches Han-deln. In: Hans-Peter Müller/Michael Schmid (Hg.): Sozialer Wandel. Frankfurt am Main 1995, S. 340 - 383.

Calließ, Jörg/Lob, Reinhold E. (Hg.): Handbuch Praxis der Umwelt- und Friedenserziehung. Band 3: Friedenserziehung. Düsseldorf 1988.

Cheney, Dorothy L./Seyfarth, Robert M.: Wie Affen die Welt sehen.München/Wien 1994.

Ciompi, Luc: Die emotionalen Grundlagen des Denkens. Göttingen 1997.

Claessens, Dieter: Das Konkrete und das Abstrakte. Frankfurt am Main 1980.

Coleman, James S.: Grundlagen der Sozialtheorie. Band 2: Körperschaften und die moderne Gesell-schaft. München 1992.

Cranach, Mario von/Ammann, Alex: Die Annahme der Willensfreiheit und ihre Konsequenzen für die Sozialwissenschaften. In: Ethik und Sozialwissenschaften 10(1999)2, S. 257 - 267 (Hauptartikel).

Daniel, Ute: "Kultur" und "Gesellschaft". Überlegungen zum Gegenstandsbereich der Sozialgeschich-te". In: Geschichte und Gesellschaft 19 (1993), S. 69 - 99.

Danner, Stefan: Der Verstand muß mehr verstehen. In: Neue Sammlung 35(1995)3, S. 3 - 21.

Davidson, Donald: Handlung und Ereignis. Frankfurt am Main 1985.

Descartes, René: Abhandlung über die Methode des richtigen Vernunftgebrauchs und der wissenschaftlichen Wahrheitsforschung. Stuttgart 1979.

Descartes, René: Von der Methode des richtigen Vernunftgebrauchs und der wissenschaftlichen Forschung: französisch - deutsch. Übers. und hrsg. von Lüder Gäbe. Hamburg 1960 (2. verb. Auflage 1997)

Dewey, John: How We Think. In: ders.: The Middle Works, 1899-1924, Vol. 6: 1910-1911, hg. von Jo Ann Boydston. Carbondale u. a. 1978, S. 177 - 356.

Diekmann, Andreas: Homo ÖKOnomicus. Anwendungen und Probleme der Theorie rationalen Handelns im Umweltbereich. In: Jürgen Straub/Hans Werbik (Hg.): Handlungstheorie. Frankfurt am Main/New York 1999, S. 137 - 181.

Diesenberg, Norbert: Mit oder ohne Text? In: Zeitschrift für Didaktik der Philosophie 15(1993)4. S. 241 - 250.

Dittrich, Karl-Heinz: Wertorientierungen und Wahlverhalten. In: Hans-Joachim Veen/Elisabeth Noelle-Neumann (Hg.): Wählerverhalten im Wandel. Paderborn u. a. 1991, S. 163 - 208.

Dörner, Dietrich: Der freie Wille und die Selbstreflexion. In: Mario von Cranach/Klaus Foppa (Hg.): Freiheit des Entscheidens und Handelns. Heidelberg 1996, S. 125 - 150.

Dolch, Josef: Grundbegriffe der pädagogischen Fachsprache. München 1967.

Dornes, Martin: Der kompetente Säugling. Frankfurt am Main 1996.

Dressel, Gert: Historische Anthropologie. Wien u. a. 1996.

Druwe, Ulrich/Kunz, Volker (Hg.): Rational Choice in der Politikwissenschaft. Opladen 1994.

Eberl, Matthias: Die Legitimität der Moderne. Marburg 1994.

Eckerle, Gudrun-Anne/Kraak, Bernhard: Wissenschaft zur Handlungsplanung - Zwei Vorschläge zum Umgang mit Wissen. In: Forum Lehrerfortbildung 24-25 (1993), S. 68 - 93.

Eilfort, Michael: Die Nichtwähler. Paderborn u. a. 1994.

Eisenführ, Franz/Weber, Martin: Rationales Entscheiden. Berlin u. a. 1994.

Engels, Wolfram: Betriebswirtschaftliche Bewertungslehre im Licht der Entscheidungstheorie. Köln/Opladen 1962.

Enste, Dominik H.: Entscheidungsheuristiken - Filterprozesse, Habitus und Frames im Alltag. In: Kölner Zeitschrift für Soziologie und Sozialpsychologie 50(1998)3, S. 442 - 470.

Erdmann, Benno: Logik. I. Band: Logische Elementarlehre. Halle a. S. 1907.

Essler, Wilhelm K.: Einige Anmerkungen zur Grundlegung der Transzendentalpragmatik. In: Wolfgang Kuhlmann/Dietrich Böhler (Hg.): Kommunikation und Reflexion. Frankfurt am Main 1982, S. 333 - 346.

Falter, Jürgen W./Schumann, Siegfried: Der Nichtwähler - das unbekannte Wesen. In: Hans-Dieter Klingemann/Max Kaase (Hg.): Wahlen und Wähler. Opladen 1994, S. 161 - 213.

Feger, Hubert: Zur Psychologie der Entscheidung. In: Ethik und Sozialwissenschaften 3(1992)1, S. 48 - 53 (Gesamt-Kritik).

Feist, Ursula: Die Partei der Nichtwähler - eine neue Bewegung. In: ausser schulische bildung 25(1994)1, S. 5 - 8.

Fellmann, Ferdinand: Intentionalität und zuständliches Bewußtsein. In: Sybille Krämer (Hg.): Bewußtsein. Frankfurt am Main 1996, S. 213 - 226.

Ferchhoff, Wilfried/Neubauer, Georg: Patchwork-Jugend. Opladen 1997.

Festinger, Leon: Theorie der kognitiven Dissonanz. (Herausgegeben von Martin Irle und Volker Möntmann) Bern u. a. 1978.

Feyerabend, Paul K.: Erkenntnis für freie Menschen. Frankfurt am Main 1980.

Feyerabend, Paul K.: Probleme des Empirismus. Braunschweig/Wiesbaden 1981.

Foerster, Heinz von/Glasersfeld, Ernst von: Wie wir uns erfinden. Heidelberg 1999.

Frank, Manfred: Ist Subjektivität ein »Unding«? In: Sybille Krämer (Hg.): Bewußtsein. Frankfurt am Main 1996, S. 66 - 90.

Frankl, Viktor E.: Anthropologische Grundlagen der Psychotherapie. Bern u. a. 1975.

Frederking, Volker: Wer bin ich? Was soll ich tun? In: Zeitschrift für Didaktik der Philosophie und Ethik 18 (1996) 1, S. 40 - 50.

Frege, Gottlob: Logische Untersuchungen. Göttingen 1986.

Frey, Dieter/Gaska, Anne: Die Theorie der kognitiven Dissonanz. In: ders./Martin Irle (Hg.): Theorien der Sozialpsychologie. Band I: Kognitive Theorien. Bern u. a. 1993, S. 275 - 324.

Garbarino, Merwyn S.: Decision-Making Process and the Study of Culture Change. In: Ethnology 6 (1967), S. 465 - 470.

Geißler, Harald: Methode. In: Dieter Lenzen (Hg.): Pädagogische Grundbegriffe. Band 2. Reinbek bei Hamburg 1989, S. 1045 - 1052.

Geldsetzer, Lutz: Logik. Aalen 1987.

Gerard, Harold B.: Choice difficulty, dissonance, and the decision sequence. In: Journal of Personality 35(1967), S. 91 - 108.

Gethmann, Carl Friedrich: "Letztbegründung". In: Joachim Ritter/Karlfried Gründer (Hg.): Historisches Wörterbuch der Philosophie. Band 5. Darmstadt 1980, S. 251 - 254.

Gethmann, Carl Friedrich/Hegselmann, Rainer: Das Problem der Begründung zwischen Dezisionismus und Fundamentalismus. In: Zeitschrift für allgemeine Wissenschaftstheorie 8 (1977), S. 342 - 368.

Geulen, Dieter: Das vergesellschaftete Subjekt. Frankfurt am Main 1989.

Giddens, Anthony: Die Konstitution der Gesellschaft. Frankfurt am Main/New York 1992.

Giddens, Anthony: Sociology. Cambridge/Oxford (UK) 1993 (dt.: Soziologie. Graz/Wien 1995b).

Giddens, Anthony: Living in a Post-Traditional Society. In: Ulrich Beck u. a.: Reflexive Modernization. Cambridge/Oxford (UK) 1995a, S. 56 - 109 (dt.: Leben in einer posttraditionalen Gesellschaft. In: Ulrich Beck u. a.: Reflexive Modernisierung. Eine Kontroverse. Frankfurt am Main 1996), S. 113 - 194.

Giegel, Hans-Joachim: Konventionelle und reflexive Steuerung der eigenen Lebensgeschichte. In: Hanns-Georg Brose/Bruno Hildenbrand (Hg.): Vom Ende des Individuums zur Individualität ohne Ende. Opladen 1988, S. 211 - 241.

Glaser, Ivan: Sprachkritische Untersuchungen zum Strafrecht. Mannheim u. a. 1970.

Gluchowski, Peter: Lebensstile und Wählerverhalten. In: Hans-Joachim Veen/Elisabeth Noelle-Neumann (Hg.): Wählerverhalten im Wandel. Paderborn u. a. 1991, S. 209 - 244.

Gölz, Walter: Dezisionismus oder Agnostizismus? In: Ethik und Sozialwissenschaften 3(1992)1, S. 53 - 58 (Gesamt-Kritik).

Goldstein, William M./Hogarth, Robin M.: Judgment and decision research: Some historical context. In: dies. (Eds.): Research on judgment and decision making. Cambridge (UK) u. a. 1997, S. 3 - 65.

Goleman, Daniel: Emotionale Intelligenz. München/Wien 1996.

Gollwitzer, Peter M.: Abwägen und Planen. Göttingen u. a. 1991.

Gollwitzer, Peter M.: Das Rubikonmodell der Handlungsphasen. In: Niels Birbaumer u. a. (Hg.): Enzyklopädie der Psychologie. Themenbereich C: Theorie und Forschung. Serie IV: Motivation und Emotion. Band 4: Motivation, Volition und Handlung (hg. von Julius Kuhl/Heinz Heckhausen). Göttingen u. a. 1996, S. 531 - 582.

Goodall, Jane: Feeding behaviour of wild chimpanzees. In: John Napier/N. A. Barnicot (Ed.): Symposia of the Zoological Society of London, Number 10: The Primates. London 1963, S. 39 - 47.

Goodall, Jane: Tool-using and aimed throwing in a community of free-living chimpanzees. In: Nature 201(1964), S. 1264 - 1266.

Gould, James L./Gould, Carol Grant: Bewusstsein bei Tieren. Heidelberg u. a. 1997.

Grabitz, Hans-Joachim/Grabitz-Gniech, Gisla: Der kognitive Prozeß von Entscheidungen: Theoretische Ansätze und experimentelle Untersuchungen. In: Psychologische Beiträge 15 (1973), S. 522 - 549.

Green, Donald P./Shapiro, Ian: Rational Choice. München 1999.

Greshoff, Rainer: Kampf- oder erwägungsorientierte Wissenschaft? Max Webers Umgang mit »deskriptiver« und »präskriptiver« Vielfalt. In: Agathe Bienfait/Gerhard Wagner (Hg.): Verantwortliches Handeln in gesellschaftlichen Ordnungen. Frankfurt am Main 1998, S. 225 - 269.

Greshoff, Rainer: Die theoretischen Konzeptionen des Sozialen von Max Weber und Niklas Luhmann im Vergleich. Opladen/Wiesbaden 1999.

Greshoff, Rainer/Loh, Werner: Ideen zur Erhöhung des Theoretisierungsniveaus in den Sozialwissenschaften. In: Österreichische Zeitschrift für Soziologie 12 (1987)4, S. 31 - 47. (Wieder abgedruckt in: Frank Benseler u. a.: Alternativer Umgang mit Alternativen. Opladen 1994, S. 99 - 123)

Greven, Michael Th.: Die politische Gesellschaft als Gegenstand der Politikwissenschaft. In: Ethik und Sozialwissenschaften 1(1990a)2, S. 223 - 228 (Hauptartikel).

Greven, Michael Th.: Die politische Gesellschaft - was sonst?! In: Ethik und Sozialwissenschaften 1(1990b)2, S. 255 - 261 (Replik).

Greven, Michael Th.: Über demokratischen Dezisionismus. In: Dieter Emig u. a. (Hg.): Sprache und Politische Kultur in der Demokratie. Frankfurt a. M. 1992, S. 193 - 206.

Grohs, Elisabeth: Frühkindliche Sozialisation in traditionellen Gesellschaften. In: Klaus E. Müller/ Alfred Treml (Hg.): Ethnopädagogik - Sozialisation und Erziehung in traditionellen Gesellschaften. Berlin 1996, S. 35 - 67.

Gugel, Günther: Methoden-Manual I: »Neues Lernen«. Weinheim/Basel 1997.

Gutzmann, Gabriele: Kombinatorisches Philosophieren und Emanzipation. In: Manon Maren-Grisebach/Ursula Menzer (Hg.): Philosophinnen. Von Wegen ins 3. Jahrtausend. Jahrbuch 1 der Internationalen Assoziation von Philosophinnen e. V. Mainz. 1982, S. 57 - 84.

Gutzmann, Gabriele: Kombinatorische Frauenforschung. In: Halina Bendkowski/Brigitte Weisshaupt (Hg.): Was Philosophinnen denken. Zürich 1983, S. 112 - 126.

Habermas, Jürgen: Legitimationsprobleme im Spätkapitalismus. Frankfurt am Main 1973.

Harris, Marvin: Kulturanthropologie. Frankfurt am Main/New York 1989.

Hartmann, Dirk: Philosophische Grundlagen der Psychologie. Darmstadt 1998.

Hax, Herbert: Die Koordination von Entscheidungen. Köln u. a. 1965.

Arbeitskreis Hax der Schmalenbach-Gesellschaft: K. H. Breinlinger u. a.: Wesen und Arten unternehmerischer Entscheidungen. In: Schmalenbachs Zeitschrift für betriebswirtschaftliche Forschung 16 (1964), S. 685 - 715.

Hegel, Georg Wilhelm Friedrich: Enzyklopädie der philosophischen Wissenschaften im Grundrisse. Erster Teil. Frankfurt am Main 1983 (Theorie Werkausgabe des Suhrkamp Verlags: G. W. F. Hegel: Werke in zwanzig Bänden. Band 8).

Hegel, Georg Wilhelm Friedrich: Wissenschaft der Logik II. Frankfurt am Main 1986 (Theorie Werkausgabe des Suhrkamp Verlags: G. W. F. Hegel: Werke in zwanzig Bänden. Band 6).

Heinen, Edmund: Grundlagen betriebswirtschaftlicher Entscheidungen. Wiesbaden 1976a.

Heinen, Edmund: Grundfragen der entscheidungsorientierten Betriebswirtschaftslehre. München 1976b.

Heinen, Edmund: Einführung in die Betriebswirtschaftslehre. Wiesbaden 1985.

Heinz, Walter R.: Selbstsozialisation im Lebenslauf - Umrisse einer Theorie biographischen Handelns. In: Erika M. Hoerning (Hg.): Biographische Sozialisation. Stuttgart 2000, S. 165 - 186.

Henner, Günter: 'Lehren und Lernen' im Spannungsfeld von Erziehungswissenschaft und Pädagogik. In: Winfried Böhm/Angelika Wenger-Hadwig (Hg.): Erziehungswissenschaft oder Pädagogik? Würzburg 1998, S. 47 - 64.

Hentig, Hartmut von: »Humanisierung« - eine verschämte Rückkehr zur Pädagogik? Stuttgart 1993.

Herzig, Bardo: Förderung ethischer Urteils- und Orientierungsfähigkeit. Münster 1998.

Höffe, Otfried: Autonomie und Verallgemeinerung als Moralprinzipien. Eine Auseinandersetzung mit Kohlberg, dem Utilitarismus und der Diskursethik. In: Fritz Oser u. a. (Hg.): Transformation und Entwicklung. Frankfurt am Main 1986, S. 56 - 86.

Hofmann, Hasso: Legitimität gegen Legalität. Berlin 1995 (1. Aufl. Neuwied/Berlin 1964).

Holczhauser, Vilmos: Konsens und Konflikt. Berlin 1990.

Homann, Karl/Pies, Ingo: Wie ist Wirtschaftsethik als Wissenschaft möglich? Zur Theoriestrategie einer modernen Wirtschaftsethik. In: Ethik und Sozialwissenschaften 5(1994)1, S. 94 - 108 (Replik).

Holzkamp, Klaus: Lernen. Frankfurt am Main/New York 1993.

Hopmann, Stefan/Riquarts, Kurt: Didaktik und/oder Curriculum. In: dies. (Hg.): Didaktik und/oder Curriculum. Zeitschrift für Pädagogik. 33. Beiheft. Weinheim/Basel 1995, S. 9 - 34.

Huber, Gerd: Psychiatrie. Stuttgart/New-York 1981.

Humboldt, Wilhelm von: Über die innere und äußere Organisation der höheren wissenschaftlichen Anstalten in Berlin (Berlin 1810). In: ders.: Werke in fünf Bänden. Band IV: Schriften zur Politik und zum Bildungswesen. Darmstadt 1993, S. 255 - 266.

Husserl, Edmund: Analysen zur passiven Synthesis. Den Haag 1966.

Husserl, Edmund: Erfahrung und Urteil. Hamburg 1985.

Irle, Martin: Lehrbuch der Sozialpsychologie. Göttingen u. a. 1975.

Irle, Martin: Theorie. In: ders./Volker Möntmann: Die Theorie der kognitiven Dissonanz: Ein Resümee ihrer theoretischen Entwicklung und empirischen Ergebnisse 1957-1976. In: Leon Festinger: Theorie der kognitiven Dissonanz. (Herausgegeben von Martin Irle und Volker Möntmann) Bern u. a. 1978, S. 274 - 365.

Jakob, Gisela: Das narrative Interview in der Biographieforschung. In: Barbara Friebertshäuser/ Annedore Prengel (Hg.): Handbuch Qualitative Forschungsmethoden in der Erziehungswissenschaft. Weinheim/München 1997, S. 445 - 458.

Jaspers, Karl: Allgemeine Psychopathologie. Berlin u. a. 1973.

Jefferys, Karin/Noack, Ute: Streiten - Vermitteln - Lösen: das Schüler-Streit-Schlichter-Programm für die Klassen 5-10. Lichtenau 1995.

Jespersen, Otto: Language. London 1969.

Jungermann, Helmut u. a.: Die Psychologie der Entscheidung. Heidelberg/Berlin 1998.

Kade, Jochen/Seitter, Wolfgang: Erwachsenenbildung und Biographieforschung. Metamorphosen einer Beziehung. In: Ralf Bohnsack/Winfried Marotzki (Hg.): Biographieforschung und Kulturanalyse. Opladen 1998, S. 167 - 182.

Kamlah, Wilhelm: Philosophische Anthropologie. Mannheim u. a. 1972.

Kant, Immanuel: Kritik der reinen Vernunft. Bd. 1. In: Wilhelm Weischedel (Hg.): Immanuel Kant - Werkausgabe Band III. Frankfurt am Main 1981a.

Kant, Immanuel: Schriften zur Metaphysik und Logik. Bd. 1. In: Wilhelm Weischedel (Hg.): Immanuel Kant - Werkausgabe Band V. Frankfurt am Main 1982.

Kant, Immanuel: Schriften zur Metaphysik und Logik. Bd. 2. In: Wilhelm Weischedel (Hg.): Immanuel Kant - Werkausgabe Band VI. Frankfurt am Main 1981b.

Kappelhoff, Peter: Soziale Interaktion als Tausch: Tauschhandlung, Tauschbeziehung, Tauschsystem, Tauschmoralität. In: Ethik und Sozialwissenschaften 6(1995)1, S. 3 - 13 (Hauptartikel).

Katona, George: Rational Behavior and Economic Behavior. In: William J. Gore/J. W. Dyson (Eds.): The Making of Decisions: A Reader in Administrative Behavior. New York/London 1964, S. 51 - 63.

Kaufmann, Matthias: Recht ohne Regel? Freiburg (Breisgau)/München 1988.

Kaufmann, Matthias: Eine Entscheidung für Dezisionen? In: Ethik und Sozialwissenschaften 3(1992)1, S. 3 - 6 (Vorwort).

Kaufmann, Matthias u.a.: Nochmals nachgefragt und nochmals geantwortet. In: Ethik und Sozialwissenschaften 3(1992)1, S. 106 - 112 (»Statt Metakritik«).

Kaufmann, Matthias: Begriffe, Sätze, Dinge. Leiden u. a. 1994.

Kazmierski, Ulrich: Grundlagenkrise in der Volkswirtschaftslehre (Hauptartikel); Streit über Grundlagenkrise und Grundlagenstreit (Replik I); Zur Grundlagenkrise und zum Umgang mit der Grundlagenkrise (Replik II). In: Ethik und Sozialwissenschaften 4(1993)2, S. 283 - 295, 342 - 355, 363 - 368.

Kazmierski, Ulrich: "Ökonomische Theorie der Moral" und "Integrative Wirtschaftsethik" - Ein systematischer Alternativitätsvergleich mit methodischen Reflexionen. Habilitationsschrift im Fachbereich 5 der Universität-Gesamthochschule Paderborn 1996.

Kazmierski, Ulrich: Erkenntnisfortschritt durch Dogmenhistorie? In: Jahrbuch für Wirtschaftswissenschaften 49(1998)2, S. 109 - 123.

Keil-Slawik, Reinhard: Das Gedächtnis lernt laufen - Vom Kerbholz zur virtuellen Realität. In: Manfred Faßler/Wulf R. Halbach (Hg.): Cyberspace. München 1994, S. 207 - 228.

Keller, Wilhelm: Psychologie und Philosophie des Wollens. München/Basel 1954.

Kersting, Wolfgang: Moralphilosophie und Dezisionismus. In: Ethik und Sozialwissenschaften 3(1992a)1, S. 23 - 36 (Hauptartikel).

Kersting, Wolfgang: Dezisionismusintegration, pragmatische Begründung, persönliche Gründe. In: Ethik und Sozialwissenschaften 3(1992b)1, S. 101 - 106 (Replik).

Kettner, Matthias: Der Dezisionismus, mit dem rationale Moralbegründung leben kann. In: Ethik und Sozialwissenschaften 3(1992)1, S. 58 - 62 (Gesamt-Kritik).

Keuth, Herbert: Erkenntnis oder Entscheidung. Tübingen 1993.

Kirchgässner, Gebhard: Homo oeconomicus. Tübingen 1991.

Kirsch, Werner: Entscheidungsprozesse. Dritter Band: Entscheidungen in Organisationen. Wiesbaden 1971.

Kirsch, Werner u. a.: Entscheidungsprozesse in Frage und Antwort. Wiesbaden 1973.

Kirsch, Werner: Die Handhabung von Entscheidungsproblemen. München 1994.

Kirsch, Werner: Kommunikatives Handeln, Autopoiese, Rationalität. München 1997.

Klafki, Wolfgang: Die bildungstheoretische Didaktik im Rahmen kritisch-konstruktiver Erziehungswissenschaft. In: Herbert Gudjons u. a. (Hg.): Didaktische Theorien. Hamburg 1993a, S. 11 - 26.

Klafki, Wolfgang: Neue Studien zur Bildungstheorie und Didaktik. Weinheim/Basel 1993b.

Klafki, Wolfgang: Zum Problem der Inhalte des Lehrens und Lernens in der Schule aus der Sicht kritisch-konstruktiver Didaktik. In: Zeitschrift für Pädagogik. 33. Beiheft: Didaktik und/oder Curriculum. Weinheim/Basel 1995, S. 91 - 102.

Klement, Hans-Werner/Radermacher, Franz Josef: Freiheit und Bindung menschlicher Entscheidungen. In: conceptus 24(1990)63, S. 25 - 42.

Kleinknecht, Reinhard: Grundlagen der modernen Definitionstheorie. Königstein/Ts. 1979.

Klix, Friedhart: Information und Verhalten. Bern u. a. 1971.

Knoll, Jörg: Kurs- und Seminarmethoden. Weinheim/Basel 1995.

Koenen, Andreas: Der Fall Carl Schmitt. Darmstadt 1995.

Kohler, Georg: Entschluß und Dezision - Zu einem (oder zwei) Grundbegriff (en) der praktischen und politischen Philosophie. In: Kohler, Georg/Kleger, Heinz (Hg.): Diskurs und Dezision. Wien 1990, S. 37 - 60.

Kohli, Martin: Erwartungen an eine Soziologie des Lebenslaufs. In: ders. (Hg.): Soziologie des Lebenslaufs. Darmstadt/Neuwied 1978, S. 9 - 31.

Kohli, Martin: Normalbiographie und Individualität: Zur institutionellen Dynamik des gegenwärtigen Lebenslaufregimes. In: Hanns-Georg Brose/Bruno Hildenbrand (Hg.): Vom Ende des Individuums zur Individualität ohne Ende. Opladen 1988, S. 33 - 53.

Kraak, Bernhard: Der riskante Weg von der Information zum Wissen. Göttingen u. a. 1991.

Kraak, Bernhard: Wenn Risikofurcht das Denken regiert - Dogmatische und konformistische Urteils-bildung und die Notwendigkeit einer Ethik des Denkens. In: Ethik und Sozialwissenschaften 10(1999)1, S. 3 - 9 (Hauptartikel).

Krämer, Hans: Integrative Ethik. Frankfurt am Main 1995.

Krämer, Sybille (Hg.): Bewußtsein. Frankfurt am Main 1996a.

Krämer, Sybille: Einleitung. In: dies. (Hg.): Bewußtsein. Frankfurt am Main 1996b, S. 9 - 15.

Krämer, Sybille: »Bewußtsein« als theoretische Fiktion und als Prinzip des Personverstehens. In: dies. (Hg.): Bewußtsein. Frankfurt am Main 1996c, S. 36 - 53.

Krieger, Martin H.: Big Decisions and a Culture of Decisionmaking. In: Journal of Policy Analysis and Management 5(1986)4, S. 779 - 797.

Kroeber, Alfred L.: A Roster of Civilizations and Cultures. Chicago 1962.

Kroeber, Alfred L./Kluckhohn, Clyde: Culture - A Critical Review of Concepts and Definitions. Millwood (N. Y.) 1978.

Krockow, Christian Graf von: Die Entscheidung. Frankfurt am Main/New York 1990.

Kron, Friedrich W.: Grundwissen Didaktik. München/Basel 1993.

Krüger, Heinz-Hermann: Allgemeine Pädagogik auf dem Rückzug? In: ders./Thomas Rauschen-bach (Hg.): Erziehungswissenschaft. Weinheim/München 1994, S. 115 - 130.

Krüger, Heinz-Hermann/Winfried Marotzki: Einführung. In: dies. (Hg.): Erziehungswissenschaft-liche Biographieforschung. Opladen 1996, S. 7 - 9.

Kuhlmann, Wolfgang: Reflexive Letztbegründung. Freiburg (Breisgau)/München 1985.

Kuhn, Thomas S.: Die Entstehung des Neuen. Frankfurt am Main 1978.

Kuhn, Thomas S.: Die Struktur wissenschaftlicher Revolutionen. Frankfurt am Main 1981.

Kunz, Volker: Theorie rationalen Handelns. Opladen 1997.

Kurthen, Martin: Das harmlose Faktum des Bewußtseins. In: Sybille Krämer (Hg.): Bewußtsein. Frankfurt am Main 1996, S. 17 - 35.

Kutschera, Franz von: Grundfragen der Erkenntnistheorie. Berlin/New York 1982.

Lakatos, Imre: Die Geschichte der Wissenschaft und ihre rationalen Rekonstruktionen. In: ders/ Musgrave, Alan (Hg.): Kritik und Erkenntnisfortschritt. Braunschweig 1974, S. 271 - 311. (Der Artikel ist auch in Lakatos 1982, S. 108 - 148, abgedruckt.)

Lakatos, Imre: Falsifikation und die Methodologie wissenschaftlicher Forschungsprogramme. In:

ders.: Die Methodologie der wissenschaftlichen Forschungsprogramme. Braunschweig/Wiesbaden 1982, S. 7 - 107. (Der Artikel ist auch in Lakatos/Musgrave (Hg.) 1974, S. 89 - 189, abgedruckt.)

Lakatos, Imre/Musgrave, Alan (Hg.): Kritik und Erkenntnisfortschritt. Braunschweig 1974.

Landmann, Michael: Thesen im Rahmen des VII. Symposions "Situation und Entscheidung" auf dem Dritten Deutschen Kongreß für Philosophie in Bremen 1950. In: Helmuth Plessner (Hg.): Symphilosophein. München 1952, S. 278f.

Laux, Helmut: Entscheidungstheorie. Berlin u. a. 1998.

Laux, Helmut/Liermann, Felix: Grundlagen der Organisation. Berlin u. a. 1997.

Lavies, Ralf-Rainer: Nichtwählen als Kategorie des Wahlverhaltens. Düsseldorf 1973.

Lawick-Goodall, Jane van: Cultural elements in a chimpanzee community. In: Emil W. Menzel, jr. (Ed.): Precultural Primate Behavior. Basel u. a. 1973 (Symposia of the Fourth International Congress of Primatology, vol. 1, main editor: William Montagna), S. 144 - 184.

Lazarsfeld, Paul F. u. a.: Wahlen und Wähler. Neuwied/Berlin 1968.

Leeuw, Karel van der/Mostert, Pieter: Der Dschungel und der Kompaß. In: Zeitschrift für Didaktik der Philosophie 7 (1985), S. 42 - 48.

Lege, Joachim: Pragmatismus und Jurisprudenz. Tübingen 1999.

Lenk, Hans: Typen und Systematik der Rationalität. In: ders.: (Hg.): Zur Kritik der wissenschaftlichen Rationalität. Freiburg i. Br./München 1986, S. 11 - 27.

Löwe, Bernd P.: Denken und Entscheiden. In: Ethik und Sozialwissenschaften 3(1992)1, S. 62 -67 (Gesamt-Kritik).

Loh, Werner: Kombinatorische Systemtheorie: Evolution, Geschichte und logisch-mathematischer Grundlagenstreit. Frankfurt am Main/New York 1980.

Loh, Werner: Wahn, Vorurteil und Wissenschaft. In: Conceptus 23(1989)59, S. 31 - 48.

Loh, Werner: Dezision als Bestandteil einer Fortschrittsmoral. In: Ethik und Sozialwissenschaften 3(1992)1, S. 68 - 74 (Gesamt-Kritik).

Loh, Werner: Erwägungsforschung und Erwägungskultur. Arbeitspapier 1995-2 der Forschungsgruppe Erwägungskultur. Paderborn 1995a.

Loh, Werner: Erwägungsdidaktischer Leitfaden für das Seminar "Verständnis - Medien - Formalismen". Arbeitspapier 1995-6 der Forschungsgruppe Erwägungskultur. Paderborn 1995b.

Loh, Werner: Technikfolgenabschätzung, Expertendilemmata und Erwägungskultur. In: Heinz-Ulrich Nennen/Detlef Garbe (Hg.): Das Expertendilemma. Berlin u. a. 1996a, S. 50 - 60.

Loh, Werner: Kommunikationsformen entsprechend den Fähigkeiten mit Andersartigkeiten umzugehen? In: Ethik und Sozialwissenschaften 10(1999)4, S. 632 - 633 (Kritik).

Loh, Werner: Erwägende Kritik als Teil einer Historischen Ethik? In: Ethik und Sozialwissenschaften 11 (2000)1, S. 39 - 41 (Kritik).

Lompscher, Joachim: Die Lehrstrategie des Aufsteigens vom Abstrakten zum Konkreten - Ausgangspositionen. In: Empirische Pädagogik 5(1991)1, S. 5 - 23.

Lorenz, Konrad: Die Rückseite des Spiegels. München 1984.

Lotze, Rudolf Hermann: Logik. Erstes Buch. Vom Denken. Hamburg 1989a.

Lotze, Rudolf Hermann: Logik. Zweites Buch. Vom Untersuchen. In: ders.: Logik. Leipzig 1928, S. 187 - 474.

Lotze, Rudolf Hermann: Logik. Drittes Buch. Vom Erkennen. Hamburg 1989b.

Lübbe, Hermann: Theorie und Entscheidung. Freiburg 1971.

Lübbe, Hermann: Dezisionismus - eine kompromittierte politische Theorie. In: ders.: Praxis der Philosophie, Praktische Philosophie, Geschichtstheorie. Stuttgart 1978, S. 61 - 77.

Lübbe, Hermann: Aneignung und Rückaneignung. In: Georg Kohler/Heinz Kleger (Hg.): Diskurs und Dezision. Wien 1990, S. 335 - 371.

Lueken, Geert-Lueke: Inkommensurabilität als Problem rationalen Argumentierens. Stuttgart/Bad Cannstatt 1992.

Lütterfelds, Wilhelm (Hg.): Evolutionäre Ethik zwischen Naturalismus und Idealismus. Darmstadt 1993.

Luhmann, Niklas: Organisation und Entscheidung. In: ders.: Soziologische Aufklärung 3. Opladen 1993a, S. 335 - 389.

Luhmann, Niklas: Die Paradoxie des Entscheidens. In: Verwaltungs-Archiv 84(1993b)3, S. 287 - 310.

Luhmann, Niklas: Soziologische Aspekte des Entscheidungsverhaltens. In: ders.: Die Wirtschaft der Gesellschaft. Frankfurt am Main 1994, S. 272 - 301.

Lukács, Georg: Prolegomena. Zur Ontologie des gesellschaftlichen Seins. 2. Halbband. Darmstadt/ Neuwied 1986.

Mach, Ernst: Erkenntnis und Irrtum. Darmstadt 1980.

Mach, Ernst: Die Principien der Wärmelehre. Frankfurt am Main 1981.

March, James G.: Bounded Rationality, Ambiguity, and the Engineering of Choice. In: Jon Elster (Ed.): Rational Choice. Oxford 1986, S. 142 - 170. (Dt. in: March, James G. (Hg.): Entscheidung und Organisation. Wiesbaden 1990, S. 297 - 328.

March, James G./Simon, Herbert: Organizations. New York u. a. 1958.

Margraf, Jürgen: Die kognitive Seite der Zwangsstörung. In: Gerhard Lenz u.a. (Hg.): Spektrum der Zwangsstörungen - Forschung und Praxis. Wien/New York 1998, S. 19 - 26.

Marotzki, Winfried: Bildung als Herstellung von Bestimmtheit und Ermöglichung von Unbestimmtheit. In: Otto Hansmann/Winfried Marotzki (Hg.): Diskurs Bildungstheorie I: Systematische Markierungen. Weinheim 1988, S. 311 - 333.

Marotzki, Winfried: Bildungsprozesse in lebensgeschichtlichen Horizonten. In: Erika M. Hoerning u. a.: Biographieforschung und Erwachsenenbildung. Bad Heilbrunn/Obb. 1991, S. 182 - 205.

Marris, Robin: Implications for Economics. In: Massimo Egidi/Robin Marris (Eds.): Economics, Bounded Rationality and the Cognitive Revolution. Aldershot (England)/Brookfield (USA) 1992.

Martin, Albert: Affekt, Kommunikation und Rationalität in Entscheidungsprozessen. München/Mering 1998.

Maschke, Günter: Die Zweideutigkeit der "Entscheidung" - Thomas Hobbes und Juan Donoso Cortés im Werk Carl Schmitts. In: Helmut Quaritsch (Hg.): Complexio Oppositorium - Über Carl Schmitt. Berlin 1988, S. 193 - 221.

Maskulinski, Hildegard: Primarstufenpraxis und Bildungsgangdidaktik. In: Meinert A. Meyer/Andrea Reinartz (Hg.): Bildungsgangdidaktik. Opladen 1998, S. 271 - 278.

Mayr, Ernst: Grundlagen der zoologischen Systematik. Hamburg/Berlin 1975.

McCall, Storrs: Decision. In: Canadian Journal of Philosophy 17(1987)2, S. 261 - 287.

McCall, Storrs: Deliberation Reasons and Explanation Reasons. In: Ray Jackendoff u. a. (Ed.): Language, Logic and Concepts. Cambridge (Mass.)/London (England) 1999, S. 97 - 108.

Menck, Peter: Anmerkungen zum Begriff der "Didaktik" in Deutschland. In: Zeitschrift für Pädagogik. 33. Beiheft: Didaktik und/oder Curriculum. Weinheim/Basel 1995, S. 115 - 126.

Mendelejeff, Dimitri: Die periodische Gesetzmässigkeit der chemischen Elemente. In: Lothar Meyer/Dimitri Mendelejeff: Das natürliche System der chemischen Elemente. (Hg. von Karl Seubert). Thun/Frankfurt am Main 1996, S. 41 - 118.

Mentzos, Stavros: Neurotische Konfliktverarbeitung. München 1982.

Metzinger, Thomas (Hg.): Bewußtsein. Paderborn u. a. 1996.

Meyer, Meinert A.: Trampelpfade und neue Wege. Bildungsgangdidaktik als didaktisches Instrument zur Verbesserung von Unterrichtsplanung und -gestaltung. In: Landesinstitut für Schule und Weiterbildung (Hg.): Auf dem Weg zu einer Bildungsgangdidaktik. Bönen 1996, S. 273 - 312.

Meyer, Meinert A.: Die "lernende Schule" als Antwort auf kulturellen Wandel. In: Josef Keuffer/Meinert A. Meyer (Hg.): Didaktik und kultureller Wandel. Weinheim 1997, S. 33 - 66.

Mill, John Stuart: Über die Freiheit. Leipzig/Weimar 1991.

Minssen, Friedrich: Legitimationsprobleme in der Gesellschaftslehre - Zum Streit um die hessischen "Rahmenrichtlinien". In: Aus Politik und Zeitgeschichte, B 41/1973.

Mojse, Georg-Matthias: Wissenschaftstheorie und Ethik-Diskussion bei Hans Albert. Bonn 1979.

Münzberg, Olav: Realismus oder Idealismus - Zu einer erotischen Zeichnung, dibujo erotico, des Russen und Mexikaners Vlady. In: Ästhetik und Kommunikation 11 (1980)40/41, S. 154 - 156.

Musgrave, Alan: Alltagswissen, Wissenschaft und Skeptizismus. Tübingen 1993.

Neubauer, Alfred: Chemie? Chemie! Leipzig 1981.

Neumaier, Otto: Mentalismus in der Cognitive Science. In: Zeitschrift für philosophische Forschung 43(1989)2, S. 331 - 346.

Neumann, Ursula: Aufwachsen in kultureller Vielfalt. In: Marianne Horstkemper/Peter Zimmermann (Hg.): Zwischen Dramatisierung und Individualisierung. Opladen 1998, S. 233 - 252.

Niedermeier, Nico/Zaudig, Michael: Definition und Beschreibung der Zwangsphänomene. In: Michael Zaudig u. a. (Hg.): Die Zwangsstörung. Stuttgart 1998, S. 1 - 10.

Niemann, Hans-Joachim: Unter der Bank lesen sie alle Popper. In: Ethik und Sozialwissenschaften 11(2000)1, S. 130 - 131 (Kritik).

Nienhüser, Werner/Weber, Wolfgang: Probleme der subjektiven und intersubjektiven Begründung von Entscheidungen. In: Ethik und Sozialwissenschaften 3(1992)1, S. 74 - 79 (Gesamt-Kritik).

Niethammer, Lutz: Kommentar zu Pierre Bourdieu: Die biographische Illusion. In: BIOS - Zeitschrift für Biographieforschung und Oral History 3(1990)1, S. 91 - 93.

Nowarra, Carola: Bessere Entscheidungen? In: Ethik und Sozialwissenschaften 3(1992)1, S. 80 - 83 (Gesamt-Kritik).

Oelmüller, Willi (Hg.): Transzendentalphilosophische Normenbegründungen. Paderborn 1978.

Oeter, Karl: Ethik - Entscheiden - Dezisionismus. Und wo bleibt der Mensch? In: Ethik und Sozialwissenschaften 3(1992)1, S. 83 - 89 (Gesamt-Kritik).

Orth, Helen: Schlüsselqualifikationen an deutschen Hochschulen. Neuwied/Kriftel 1999.

Orth, Peter: Gesprächsformen im Unterricht. In: Pädagogik 52(2000)2, S. 14 - 17.

Oser, Fritz: Negative Moralität und Entwicklung - Ein undurchsichtiges Verhältnis. In: Ethik und Sozialwissenschaften 9(1998)4, S. 597 - 608 (Hauptartikel).

Ott, Konrad: Ipso facto. Frankfurt am Main 1997.

Paschen, Harm: Pädagogiken. Weinheim 1997.

Perrig, Walter J. u. a.: Unbewußte Informationsverarbeitung. Bern u. a. 1993.

Plöger, Wilfried: Zur Entwicklung und zum gegenwärtigen Verhältnis von Allgemeiner Didaktik und Fachdidaktik - Ein Rückblick. In: Meinert A. Meyer/Wilfried Plöger (Hg.): Allgemeine Didaktik, Fachdidaktik und Fachunterricht. Weinheim/Basel 1994, S. 23 - 41.

Pollack, Detlef: Individualisierung und soziale Integration. In: Sociologia Internationalis 37(1999)1, S. 57 - 66.

Popper, Karl R.: Das Elend des Historizismus. Tübingen 1979.

Popper, Karl R.: Logik der Forschung. Tübingen 1984.

Prengel, Annedore: Pädagogik der Vielfalt. Opladen 1993. (2. Auflage 1995)

Prengel, Annedore: Impulse aus der jüngeren Kritischen Theorie für eine Pädagogik der Vielfalt. In: Heinz Sünker/Heinz-Hermann Krüger (Hg.): Kritische Erziehungswissenschaft am Neubeginn?! Frankfurt am Main 1999a, S. 231 - 254.

Prengel, Annedore: Vielfalt durch gute Ordnung im Anfangsunterricht. Opladen 1999b.

Preuss-Lausitz, Ulf: Auf dem Weg zu einem neuen Bildungsverständnis. In: Otto Hansmann/Winfried Marotzki (Hg.): Diskurs Bildungstheorie I: Systematische Markierungen. Weinheim 1988, S. 401 - 418.

Preuss-Lausitz, Ulf: Die Kinder des Jahrhunderts. Weinheim/Basel 1993.

Priddat, Birger P.: 'Rational Choice' in multiplen Kontexten. In: Sociologia Internationalis 37(1999)1, S. 9 - 34.

Quaritsch, Helmut: Positionen und Begriffe Carl Schmitts. Berlin 1991.

Quine, Willard Van Ornam Quine: Grundzüge der Logik. Frankfurt am Main 1974.

Rausch, Adly: Probleme der Bestimmung und Abgrenzung von 'Handlung' als sozialwissenschaftlicher Grundbegriff. In: Ethik und Sozialwissenschaften 9(1998)1, S. 3 - 13 (Hauptartikel).

Reich, Kersten: Systemisch-konstruktivistische Pädagogik. Neuwied u. a. 1996.

Richter, Christoph: Schlüsselqualifikationen. Alling 1995.

Riedel, Manfred: WILHELM VON HUMBOLDTS Begründung der "Einheit von Forschung und Lehre" als Leitidee der Universität. In: Zeitschrift für Pädagogik. 14. Beiheft: Historische Pädagogik (herausgegeben von Ulrich Herrmann). Weinheim/Basel 1977, S. 231 - 247.

Rippe, Klaus Peter: Moralische Meinungsunterschiede und Politik. In: Josef Römelt (Hg.): Ethik und Pluralismus. Innsbruck 1997, S. 117 - 154.

Ritter, Joachim (Hg.): Historisches Wörterbuch der Philosophie. Band 3: G-H. Darmstadt 1974.

Ritter, Joachim/Gründer, Karlfried (Hg.): Historisches Wörterbuch der Philosophie. Band 7: P-Q. Darmstadt 1989.

Rödig, Jürgen: Die Denkform der Alternative in der Jurisprudenz. Berlin u. a. 1969.

Rombach, Heinrich: Entscheidung, Entschiedenheit. In: ders. (Hg.): Lexikon der Pädagogik, Neue Ausgabe, Band 1. Freiburg u. a. 1970, S. 357.

Rosenmayr, Leopold/Kolland, Franz: Mein »Sinn« ist nicht dein »Sinn«. Unverbindlichkeit oder Vielfalt - Mehrere Wege im Singletum. In: Ulrich Beck (Hg.): Kinder der Freiheit. Frankfurt am Main 1998, S. 256 - 287.

Rothacker, Erich: Probleme der Kulturanthropologie. Bonn 1965.

Roy, Bernard: Selektieren, Sortieren und Ordnen mit Hilfe von Prävalenzrelationen: Neue Ansätze auf dem Gebiet der Entscheidungshilfe für Multikriteria-Probleme. In: Zeitschrift für Betriebswirtschaftliche Forschung 32 (1980), S. 465 - 497.

Rudolph, Wolfgang/Peter Tschohl: Systematische Anthropologie. München 1977.

Rüstow, Alexander: Ortsbestimmung der Gegenwart. Bd. 3: Herrschaft oder Freiheit. Erlenbach-Zürich/Stuttgart 1957.

Ruschmann, Eckart: Philosophische Beratung. In: Ethik und Sozialwissenschaften 10(1999)4, S. 483 - 492 (Hauptartikel).

Schaare, Jochen: Erziehung zur Autonomie. Neuwied 1998.

Scharpf, Fritz W.: Demokratietheorie zwischen Utopie und Anpassung. Kronberg im Taunus 1975.

Scheele, Brigitte: Emotion - Reflexion - Rationalität. Grundpostulate einer epistemischen Emotionspsychologie. In: Ethik und Sozialwissenschaften 7(1996)2/3, S. 283 - 297 (Hauptartikel).

Schick, Frederic: Making Choices. Cambridge (UK) u. a. 1997.

Schleichert, Hubert: Der Begriff des Bewußtseins. Frankfurt am Main 1992.

Schleichert, Hubert: Über die Bedeutung von »Bewußtsein«. In: Sybille Krämer (Hg.): Bewußtsein. Frankfurt am Main 1996, S. 54 - 65.

Schluchter, Wolfgang: Entscheidung für den sozialen Rechtsstaat. Baden-Baden 1983.

Schmid, Wilhelm: Philosophie der Lebenskunst. Frankfurt am Main 1998.

Schmidt, Uta C.: Zwischen "Abscheu vor dem Paradies" und "Suche nach dem Absoluten" - Historische Kategorien in der feministischen Theorie. In: beiträge zur feministischen theorie und praxis 12(1989)24, S. 15 - 24.

Schmitt, Carl: Gesetz und Urteil. München 1969.

Schmitt, Carl: Verfassungslehre. Berlin 1993.

Schmitt, Carl: Politische Theologie. Berlin 1996a.

Schmitt, Carl: Die geistesgeschichtliche Lage des heutigen Parlamentarismus. Berlin 1996b.

Schmitt, Carl: Der Begriff des Politischen. Berlin 1996c.

Schmitz, Hermann: Bewußtsein als instabiles Mannigfaltiges. In: Sybille Krämer (Hg.): Bewußtsein. Frankfurt am Main 1996, S. 167 - 183.

Schnädelbach, Herbert: Rationalitätstypen. In: Ethik und Sozialwissenschaften 9(1998)1, S. 79 - 89, 155 - 164 (Hauptartikel und Replik, beide mit demselben Titel!).

Schneider, Herbert: Der Minimalkonsens. Eine Einführung in ein Problem der politischen Bildung.

In: Siegfried Schiele/Herbert Schneider (Hg.): Das Konsensproblem in der politischen Bildung. Stuttgart 1977, S. 11 - 36.

Schulz, Wolfgang: Die lehrtheoretische Didaktik. In: Herbert Gudjons u. a. (Hg.): Didaktische Theorien. Hamburg 1993, S. 28 - 45.

Schulze, Gerhard: Die Erlebnisgesellschaft. Frankfurt am Main/New York 1992.

Schulze, Theodor: Pädagogische Dimensionen der Biographieforschung. In: Erika M. Hoerning u. a.: Biographieforschung und Erwachsenenbildung. Bad Heilbrunn/Obb. 1991, S. 135 - 181.

Schurr, Johannes: Über die Unmöglichkeit, Pädagogik als "Erziehungswissenschaft" zu betreiben. In: Winfried Böhm/Angelika Wenger-Hadwig (Hg.): Erziehungswissenschaft oder Pädagogik? Würzburg 1998, S. 87 - 101.

Schuttpelz, Peter: Computertechnik - Entscheidung - moralische Verantwortung. In: Deutsche Zeitschrift für Philosophie 35(1987)6, S. 492 - 501.

Selter, Christoph/Spiegel, Harmut: Wie Kinder rechnen. Leipzig u. a. 1997.

Shils, Edward: Tradition. London/Boston 1981.

Sigwart, Christoph: Logik. Erster Band. Die Lehre vom Urteil, vom Begriff und vom Schluss. Tübingen 1921a.

Sigwart, Christoph: Logik. Zweiter Band. Die Methodenlehre. Tübingen 1921b.

Simmel, Georg: Soziologie. Frankfurt am Main 1992.

Simon, Herbert A.: Models of Man. New York/London 1957.

Simon, Herbert A.: Entscheidungsverhalten in Organisationen. Landsberg am Lech 1981.

Simon, Herbert A.: Reason in Human Affairs. Stanford (California) 1983. (Dt.: Homo rationalis. Frankfurt a. M./New York 1993.)

Simon, Herbert A.: Models of Bounded Rationality. Volume 3: Empirically Grounded Economic Reason. Cambridge (Mass.)/London (England) 1997.

Speck, Otto: Chaos und Autonomie in der Erziehung. München/Basel 1991.

Sousa, Ronald de: The Rationality of Emotion. Cambridge (Mass.)/London (England) 1987. (Dt.: Die Rationalität des Gefühls. Frankfurt am Main 1997.)

Stegmaier, Werner: Der Rat als Quelle des Ethischen - Philosophische Grundzüge. In: ders./Gebhard Fürst (Hg.): Der Rat als Quelle des Ethischen. Stuttgart 1993, S. 13 - 33.

Stegmüller, Wolfgang: Probleme und Resultate der Wissenschaftstheorie und Analytischen Philosophie. Band II: Theorie und Erfahrung. Studienausgabe, Teil A: Erfahrung, Festsetzung, Hypothese und Einfachheit in der wissenschaftlichen Begriffs- und Theoriebildung. Berlin u. a. 1970.

Steinvorth, Ulrich: Politikbegriff oder Begriffspolitik? In: Ethik und Sozialwissenschaften 1(1990)2, S. 261 - 268 (Metakritik).

Stroß, Annette M.: Erziehung und Indoktrination. Leistung, Begründbarkeit und Stellenwert einer Unterscheidung. In: Klaus-Peter Horn/Lothar Wigger (Hg.): Systematiken und Klassifikationen in der Erziehungswissenschaft. Weinheim 1994, S. 47 - 68.

Szyperski, Norbert/Winand, Udo: Entscheidungstheorie. Stuttgart 1974.

Tarski, Alfred: Einführung in die mathematische Logik. Göttingen 1977.

Tenorth, Heinz-Elmar: Skepsis und Kritik. In: Dieter-Jürgen Löwisch u. a. (Hg.): Pädagogische Skepsis. Sankt Augustin 1988, S. 23 - 34.

Thies, Christian: Das Philosophische Tagebuch. In: Zeitschrift für Didaktik der Philosophie 12 (1990) 1, S. 26 - 32.

Thomae, Hans: Der Mensch in der Entscheidung. München 1960.

Thomae, Hans: Konflikt, Entscheidung, Verantwortung. Stuttgart u. a. 1974.

Thomae, Hans: Psychologische Anmerkungen zur Dezisionismus-Debatte. In: Ethik und Sozialwissenschaften 3(1992)1, S. 89 - 93 (Gesamt-Kritik).

Tönnies, Ferdinand: Gemeinschaft und Gesellschaft. Darmstadt 1991.

Trömel-Plötz, Senta: Frauensprache: Sprache der Veränderung. Frankfurt am Main 1982.

Tutoriumsprojekt-Papiere 1: Erwägungsseminare - Grundlagenpapiere. Mit Beiträgen von Bettina Blanck und Werner Loh. Arbeitspapiere der Forschungsgruppe Erwägungskultur 1994-2. Paderborn 1994.

Tutoriumsprojekt-Papiere 2: Erwägungsseminare. Mit Beiträgen von Sabine Eggers, Andreas Gronski, Arndt Küsgen, Birgit Noll und Werner Roth. Arbeitspapiere der Forschungsgruppe Erwägungskultur 1995-4. Paderborn 1995.

Tutoriumsprojekt-Papiere 3: Erwägungsseminare. Mit Beiträgen von Bettina Blanck, Thorsten Bührmann, Sabine Eggers, Johannes Golombek, Rainer Greshoff, Andreas Gronski, Arndt Küsgen, Werner Loh und Birgit Noll. Arbeitspapiere der Forschungsgruppe Erwägungskultur 1995-5. Paderborn 1995.

Tutoriumsprojekt-Papiere 4: Erwägungsseminare. Mit Beiträgen von Thorsten Bührmann, Elmar Eberhardt, Sabine Eggers, Rainer Greshoff, Arndt Küsgen, Werner Loh und Birgit Noll. Arbeitspapiere der Forschungsgruppe Erwägungskultur 1996-9. Paderborn 1996.

Tversky, Amos/Griffin, Dale: Endowment and contrast in judgments of well-being. In: William M. Goldstein/Robin M. Hogarth (Eds.): Research on judgment and decision making. Cambridge (UK) u. a. 1997, S. 411 - 428.

Vivelo, Frank Robert: Handbuch der Kulturanthropologie. Stuttgart 1995.

Vollmer, Gerhard: Mehr oder weniger Vernunft? In: Forum für interdisziplinäre Forschung 5(1992)1, S. 9 - 16.

Waal, Frans de: Der gute Affe. München/Wien 1997.

Walter, Henrik: Authentische Entscheidungen und emotive Neurowissenschaft. In: Philosophia naturalis 34(1997)1, S. 147 - 174.

Walter, Henrik: Neurophilosophie der Willensfreiheit. Paderborn u. a. 1998.

Weitbrecht, Hans Jörg/Glatzel, Johann: Psychiatrie im Grundriß. Berlin u. a. 1979.

Weise, Peter u. a.: Neue Mikroökonomie. Heidelberg 1993.

Welsch, Wolfgang: Vernunft. Frankfurt am Main 1995.

Welsch, Wolfgang: Vernunft und Übergang - Zum Konzept der transversalen Vernunft. In: Ethik und Sozialwissenschaften 11(2000)1, S. 79 - 91 (Hauptartikel).

Welzer, Harald: Erinnern und weitergeben. In: BIOS - Zeitschrift für Biographieforschung und Oral History 11(1998)2, S. 155 - 170.

Wendel, Hans Jürgen: Fallibilismus und Letztbegründung. In: Volker Gadenne/Hans Jürgen Wendel (Hg.): Rationalität und Kritik. Tübingen 1996, S. 29 - 55.

Westbury, Ian: Didaktik und Curriculumtheorie: Zwei Seiten einer Medaille? In: Zeitschrift für Pädagogik. 33. Beiheft: Didaktik und/oder Curriculum. Weinheim/Basel 1995, S. 211 - 236.

Wettersten, John R.: Eine aktuelle Aufgabe für den kritischen Rationalismus und die Soziologie. In: Volker Gadenne/Hans Jürgen Wendel (Hg.): Rationalität und Kritik. Tübingen 1996, S. 183 - 212.

Weyl, Hermann: Philosophie der Mathematik und Naturwissenschaft. München/Wien 1966.

Whiten, Andrew/Byrne, Richard W.: Tactical deception in primates. In: Behavioral and Brain Sciences 11(1988)2, S. 233 - 244 (Target Article).

Wiater, Werner: Unterrichten und lernen in der Schule. Donauwörth 1993.

Windelband, Wilhelm: Über Willensfreiheit. Tübingen 1918.

Winkel, Rainer: Die siebzehn Unterrichtsmethoden. In: Herbert Gudjons u. a. (Hg.): Unterrichtsmethoden. Hamburg 1991, S. 10 - 23.

Winkel, Rainer: Die kritisch-kommunikative Didaktik. In: Herbert Gudjons u. a. (Hg.): Didaktische Theorien. Hamburg 1993, S. 78 - 93.

Winter, Heinrich: Sachrechnen in der Grundschule. Frankfurt am Main 1992.

Wohlrab-Sahr, Monika: Institutionalisierung oder Individualisierung des Lebenslaufs? In: BIOS - Zeitschrift für Biographieforschung und Oral History 5(1992)1, S. 1 - 19.

Wohlrab-Sahr, Monika: Individualisierung: Differenzierungsprozess und Zurechnungsmodus. In: Ulrich Beck/Peter Sopp (Hg.): Individualisierung und Integration. Opladen 1997, S. 23 - 36.

Wohlrapp, Harald: Die Suche nach einem transkulturellen Argumentationsbegriff. In: Horst Steinmann/Andreas Georg Scherer (Hg.): Zwischen Universalismus und Relativismus. Frankfurt am Main 1998, S. 240 - 290.

Wüstehube, Axel: Rationalität und Hermeneutik. Würzburg 1998.

Wuketits, Franz M.: Moral - Eine biologische oder biologistische Kategorie? In: Ethik und Sozial-wissenschaften 1(1990)1, S. 161 - 168 (Hauptartikel).

Wulff, Hans J.: Klassifikationen, kulturelle Einheiten und Inhaltsanalyse. In: Dutz, Klaus, D. (Hg.): Studien zur Klassifikation, Systematik und Terminologie. Münster 1985, S. 357 - 384.

Ziehen, Theodor: Lehrbuch der Logik. Berlin/New York 1974.

Zima, Peter V.: Dialogische Theorie - Zum Problem der wissenschaftlichen Kommunikation in den Sozialwissenschaften. In: Ethik und Sozialwissenschaften 10(1999)4, S. 585 - 597 (Hauptartikel).

In dieser Reihe bereits erschienen:

Erwägungskultur in Forschung, Lehre und Praxis

Band 1 Erwägungsorientierung in Philosophie und Sozialwissenschaften

Herausgegeben von W. Loh

2000. VIII/206 S. kt. € 24,90 /sFr 44,40 (ISBN 3-8282-0151-2)

Problembewältigungen hängen auch von der Güte der Erwägungen in Entscheidungen ab. Dennoch gibt es bisher keine Tradition, die vom methodisch orientierten qualitativen Erwägen her Probleme zu bewältigen trachtet. In diesem Band wird von verschiedenen Disziplinen aus in die Welt des Erwägens eingeführt. Zunächst werden Zusammenhänge zwischen Lebenslauf und Lehr-Lern-Verhältnissen erwägungsorientiert erörtert.

Danach wird am Beispiel der Auffassungen von Max Weber dargelegt, wie die Orientierung an Kampf Wissenschaft und Erwägen behindern kann. Sodann wird der entwicklungspsychologische Ansatz zur Erfassung von Moralentwicklung von Lawrence Kohlberg kritisch vom Erwägungskonzept her beleuchtet und um den Erwägungshorizont erweitert.

Weiterhin wird die These entwickelt, dass das Problemlösungspotential der Umweltpolitik durch das Ausmaß an Kooperation bestimmt wird und inwiefern Alternativen erwägendes Problemlösen für eine konsensuelle Kooperation konstitutiv ist.

Schließlich werden einerseits zum Idealismus-Realismus-Problem systematisch Alternativen erwogen, wodurch eine neue Lösung ermöglicht wird, sowie andererseits Erwägungen als Disjunktionen behandelt, und es wird nachgewiesen, dass die klassische Aussagenlogik Erwägungsdisjunktionen nicht formalisiert erfassen lässt.

Aus dem Inhalt:

Einleitung
Werner Loh

Zur Bestimmung von Entscheidungsmentalitäten und Förderung biographischer Kompetenz in Erwägungsseminaren
Bettina Blanck

Kampf- oder erwägungsorientierte Wissenschaft?
Rainer Greshoff

Werterziehung in der Schule
Bardo Herzig

Kooperative Umweltpolitik
Ulrich Kazmierski und Klaus Schafmeister

Multilateraler Realismus
Werner Loh

Erwägungsdisjunktion und klassische Aussagenlogik
Werner Loh

 *Stuttgart*

Dimensionen der Verteilungsgerechtigkeit

Von Frank Dietrich

2001. VIII/222 S., kt. € 27,- / sFr 48,10
(ISBN 3-8282-0180-6)

Im Zentrum dieses Buches steht das Thema der Verteilungsgerechtigkeit. Die Darstellung folgt der Einsicht, dass verschiedene Problemdimensionen der Verteilungsgerechtigkeit auseinandergehalten werden müssen. Grundsätzlich wirft jede Verteilung drei Fragen auf:·
- Wer soll bei der Verteilung berücksichtigt werden?·
- Was soll bei der Bewertung der Verteilung betrachtet werden?·
- Wie, d.h. gemäß welcher Prinzipien soll die Verteilung vorgenommen werden?

Diese Verteilungsfragen stellen sich von der Kleingruppe bis zur globalen Menschheitsgemeinschaft für praktisch alle Formen menschlichen Zusammenlebens. Überall, wo Menschen um knappe Ressourcen konkurrieren oder kooperativ Güter produzieren, muß ein Modus für die Verteilung der Güter bzw. der Arbeitslasten gefunden werden. Den Bezugspunkt der vorliegenden Untersuchung konzentriert sich ausschließlich auf die staatliche Gemeinschaft - genauer gesagt: die staatliche Gemeinschaft in modernen westlichen Demokratien und deren normativen Vorstellungen, die in rechtstaatlichen Prinzipien zum Ausdruck kommen.

Kultur als Problem der Weltgesellschaft?
Ein Diskurs über Globalität, Grenzbildung und kulturelle Konfliktpotenziale

von Jens Aderhold und Frank Heideloff

2001. VI/189 S., kt. € 19,90 / sFr 36,-.
(ISBN 3-8282-0169-5)

Eines der herausragenden Merkmale der Globalisierungsdebatte ist in einer einseitigen Schwerpunktlegung zahlreicher Beiträge zu sehen. Spätestens seit der polarisierenden These von Samuel Huntington, der einen Zusammenprall der Weltkulturen erwartet, ist deutlich geworden, dass Globalisierung mehr als nur die wirtschaftliche oder die politische Dimension gesellschaftlicher Veränderung umfasst. Der Prozess Globalisierung ist längst ein polydimensionales Phänomen, das - darin stimmen viele Beobachter überein - vertraute Unterschiede, Grenzen und Chancen auf gravierende Weise verschieben wird. Die in diesem Buch dargelegten Überlegungen wollen in einem ersten Schritt vorgelegte Beschreibungsangebote der Globalisierungsdebatte nach relevanten Problem- und Konfliktpotenzialen abfragen, um in einem zweiten Schritt Folgeüberlegungen anzuregen, die neben der Einordnung kultureller Konfliktpotentiale in den Analyserahmen einer global ausgreifenden funktional differenzierten Gesellschaft eine systematische Erfassung anschlussfähiger Problemformeln der modernen Weltgesellschaft anstreben.Schwerpunkte der Darstellung sind: Kultur und Gemeinschaft, Globalisierung und Organisation, Arbeitsgesellschaft und Globalisierung, Projekt Moderne, Phänomen Weltgesellschaft.

 *Stuttgart*

Bei Fragen zur Produktsicherheit wenden Sie sich bitte an:
If you have any questions regarding product safety,
please contact:

Walter de Gruyter GmbH
Genthiner Straße 13
10785 Berlin
productsafety@degruyterbrill.com